近代社会思想コレクション 21

黒須純一郎 訳
Jun'ichiro Kurosu

ガリアーニ 貨幣論

Della moneta

京都大学学術出版会

DELLA

MONETA

LIBRI CINQUE.

IN NAPOLI MDCCL.

PRESSO GIUSEPPE RAIMONDI

CON LICENZA DE' SUPERIORI, E PRIVILEGIO.

『貨幣論』初版の扉（ドイツ語版より）

DELLA

MONETA

LIBRI CINQUE

DI

FERDINANDO GALIANI

EDIZIONE SECONDA.

IN NAPOLI MDCCLXXX.

NELLA STAMPERIA SIMONIANA

Con licenza de' Superiori.

『貨幣論』第二版の扉（*HEI*, IX/2001/３）

フェルディナンド・ガリアーニ（ドイツ語版より）

チェレスティーノ・ガリアーニ（ドイツ語版より）

ジョン・ロー，財務曲芸師でアカデミー会員
（ドイツ語版より）

表面の銀メッキが削り取られた貨幣（ドイツ語版より）

凡　例

一、翻訳の底本は、イタリア語版、Della Moneta libri cinque. in Napoli MDCCL（出版は1751.）. Presso Giuseppe Raimondi *con licenza de'superiori, e privilegio.*（初版の復刻版 Diese Faksimile Ausgabe FERDINANDO GALIANI DELLA MONETA erschien 1986 innerhalb der von Prof. Dr. Wolfram Engels, Prof. Dr. Herbert Hax, Prof. Dr. Friedrich A. von Hayek und Prof. Dr. Horst Claus Recktenwald herausgegebenen Faksmile-Edition»Klassiker der Nationalökonomie«im Verlag Wirtschaft und Finanzen GmbH, Dusseldorf / Darmstadt）、および Della Moneta *libri cinque* di Ferdinando Galiani *edizione seconda*. in Napoli MDCCLXXX. Nella Stamperia Simonniana *Con licenza de'Superiori.* である。それらと主として、第二版に準拠した Ferdinando Galiani, Della moneta e scritti inediti, con introduzione di Alberto Caracciolo *e a cura di Alberto Merola* Universale Economica, Feltrinelli, Milano, 1963.；初版に準拠した Illuministi italiani Tomo VI *Opere di Ferdinando Galiani*, a cura di Furio Diaz e Luciano Guerci, Milano-Napoli, Ricciardi, 1975（a cura di Furio Diaz, pp.1～265）．と初版に準拠した伊仏対訳版 Ferdinando Galiani *Édité et traduit sous la direction de André TIRAN Traduction coordonnée par Anne MACHET* De la Monnaie / Della Moneta, Economica 49, rue Hericart, 75015 Paris, 2005. のテキストも比較対照して邦訳した。

　Feltrinelli（メローラ）版には旧語法を現代語に訂正した注が付されているので、これを適宜注として訳出したが、不要と思われる注は省略したので Feltrinelli 版の注番号と一致していない。それは（注1）…と示し、邦訳者注は別に（訳注1）…を付した。なお Furio Diaz 版と伊仏対訳版には初版と二版の異同がその都度明示されているので、これも異同を表示する際には参考にし活用した。左のドイツ語版は、伊・仏版で代名詞の表現の場合に、普通名詞で表現してある場合が多く、名詞特定に参考になった。
その他の参照したイタリア語版は以下のとおりである。

1. *Della Moneta*, terza edizione. Scritori classici italiani di Economia politica.,Vol.III e IV, con cenno bigrafico del barone Pietro Custodi, Milano, Destefanis, 1803.
2. *Della Moneta libri cinque* di Ferd. Galiani, quarta edizione coll' aggiunta, delle notizie su la vita e le opere dell' autore stese dal barone Pietro Custodi per raccorta degli scrittri classici italiani di Economia politica, Milano, per Giovanni Silvestri, MDCCCXXXI, 2 Voll.
3. *Della Moneta* quinta edizione, a cura di Fausto Nicolini, Bari, Laterza, La Santa, Societa Anonima Notari, 1st. edizione italiana 1929.
4. *Documenti del pensiero giuridico-economico italiano nel 700*, a cura e con introduzione de Luigi Tomeucci, Messina, Ferrara, 1947.

英語版には，Ferdinando Galiani, *On Money : a translation of* Della Moneta, by Perter R. Toscano, Ann Arbor : Published for Dept. of Economics, University of Chicago by University Microfilms International, 1977.がある。

ドイツ語版には Werner Tabarelli, *Ferdinando Galiani «Über Das Geld»*, Dusseldorf, Verlag Wirtschaft und Finanzen Ein Unternehmen der Verlagsgruppe Handelsblatt GmbH, 1999.がある。

二、原文中のイタリック体の字句は〈 〉で示した。原文でギリシャ語、ラテン語の部分のうちFeltrinelli版編者のイタリア語訳のあるものはそれに準拠して邦訳した。ロック『利子・貨幣論』田中正司・竹本洋訳（東京大学出版会）、ホメーロス『イーリアス』、『オデュッセイアー』呉茂一訳（岩波文庫）、ペトラルカ『カンツォニエーレ』池田廉訳（名古屋大学出版会）など翻訳書で定訳のあるものはそれに準拠しながら若干訂正した。

三、初版、他の版とFeltrinelli版の異同は［ ］で本文中に示し、その都度訳注で示した。その他の大文字、小文字の異同、イタリック体か否かは本文中で表示した。文中の数字は、初版、他の版では1, 2, 3, Feltrinelli 版ではI,II,III になっているが、異同は示していない。また、初版、他の版では、小見出しが各該当箇所の余白に書かれており、Feltrinelli 版では各章の冒頭にまとめられているが、邦訳書では、各該当段落前に埋め込み、ゴシック体で表示した。

四、三六項目からなる「第二版への注釈」は、Feltrinelli 版、Frio Diaz 版、伊仏対訳版も照合しながらともに底本とし、六点の「補足史料」は Feltrinelli 版に準拠して訳出した。さらに、Feltrinelli 版の「度量衡・貨幣表」(Illuministi italiani Tomo IV, pp.12–16：伊仏対訳版 pp.LXII-LXIX. も参照)、出版業者G・ライモンディの「あいさつ」、「一七八〇年版への予告通知」も訳出した。「補足史料」とこれらについては読者の便宜のためにFeltrinelli 版のページ数を付しておいた。

五、本文中のルビは〔 〕内のものはテキスト自体に付してあるもので、その他は邦訳者が付したものである。表示のない「 」部分は原文“ ”。

目次

第四編　貨幣流通について

第五編　貨幣の利子について

この上なく清廉にして寛恕に満ちたナポリ、シチリア、エルサレムの王にして、ともにスペイン親王でもあられるカルロス国王へ

陛下は、至高の権威者にして公共の幸福の使徒ministri（注1）であられます。それ故に、人々は野蛮生活、不幸な自然状態から引き出され、文化社会へ導かれ、君主に自己の諸権利の擁護を全員一致で手渡し、平和と平穏の配慮のすべてを委ねるのです。いま君主が首長であられる一般団体で、貨幣が、結ばれ活性化されその諸力を維持し慣れている神経であるとすれば、君主が、貨幣の至高、公正、賢明な規正者であらねばならないことはいつでも当然のこととして知られております。ここに拙著を陛下に謹呈し奉る理由がございます。しかし、理由はそれだけではありません。なおいっそう陛下に捧げるにふさわしい事実が必要でした。なぜなら、陛下の王国が祝聖される理に適った輝かしい諸著作の中には、英知と美徳によって、わが国の貨幣に最適の秩序が与えられ、公共の信用が有効に堂々と述べられ、さらに並外れて見事な著作は一冊もないからです。現代で、それが稀であればあるほど、陛下のためにはますます称賛すべきで輝かしいことであります。陛下の王国は、惨めなイタリアの災いに満ちた時代に、非常に賢明な調整と卓越した行政官の選択によって維持された国内的平穏と富裕のために、外国軍に対する陛下の強力な行動によって得られた平和のた

めに、神に感謝する少なからぬ理由がありましょう。したがいまして、公共の喝采の、全員の感謝のしるしとして、陛下の忠実な臣民たる私奴《わたくしめ》のなします奉納を受け給わんことを。それが、匿名の著書であることが礼儀にそむくことはないと存じます。その目立たない名を他人に明かしても、おそらく同じく知られないでしょう。著者が誰であれ、叙述の真摯さが証明するごとく、たんに熱意ある一般人で忠実な臣民であることはよくお分かりになれます。何の野心もなしに生きていることを、自分の名を語らぬことが証明していま す。それ故に、陛下、その著書のみを庇護し給え。その著作にて、御身の指揮そのものを守り給わんことを。陛下のこの上ない思慮深い統治下で、世界内に存在が説明されるわが国の貨幣の歴史と同じく、貨幣科学の真の諸原理を本書で説明できると確信できるからであります。さらに、本王国が、「地方の不幸な状態で長年受けた打撃から」(注2)、すでに大部分でなされたように、全面的に修復され、結局期待したごとく並外れた富裕に導かれましたがゆえに、私どもの中で、私どものために愉快にお過ごし給わんことを。

陛下へ

慎ましい臣下

ジュゼッペ・ライモンディ、出版業者

［一七五〇年一二月九日に(注3)］

（注1） 行政官 gli amministratori, 責任者 i responsabili

（注2） dalle battiture ... ricevute： 他の王国に、すなわち、まずスペインに、一〇年足らず後にオーストリア帝国に従属した時受けた屈辱、突然の痛手 ferite subite から。

（注3） 日付は、初版には付いていなかった。

一七八〇年版への予告通知

『貨幣論』という作品は、匿名で一七五〇年(注1)にはじめて世に出た。しかしながら、それは、フェルディナンド・ガリアーニの若年の成果であって、なお二一歳を超えないうちに書かれたのである。彼はそれを誰の助けも借りずに、僅かの本の助けだけで書いたのだ。彼は、それを誰にも隠すほどの秘密のうちに、後に実際そうなったように、令名高い伯父のガリアーニ猊下(注2)すらをも愉快に驚かすために書いて出版してみたかったから、彼は他人の助けを受けなかった。この秘密維持が困難で驚くほどであればあるほど、それだけ彼は長いこと監視されながら、厳格な配慮と規律の下に自分自身の家で生きていたのだ。さらに、ガリアーニ猊下は、華々しく行使する専属司祭長の職務によって、大学の研究、全知識人、ナポリで出版された書に対して多くの権威を行使し検査をおこなったので、この種のどんなことでも隠すのは不可能のように思われた。それにもかかわらず、秘密は、同年代の二人の若者だけに託されて守られた。この二人とは、名前だけで賛辞に値するドン・パスクワーレ・カルカーニ氏 il signor don Pasquale Carcani とドン・パスクワーレ・ディ・トッマージ氏 il signor don Pasquale di Tommasi であった。後者には、文壇が、一七四六年ナポリにおける『クルスカ』(注3) Crusca の立派な出版の際、フィレンツェの学会が見落としてしまったきわめて多くの語彙を豊かにしてもらった恩恵を負っている。彼らは、その手稿への当然の出版許可を要求し、それを得て出版業者に渡し、ほとんど印刷機に向かう最終校正に、最後に、隠れた著者を補佐できるすべてのことに専念するつもりであった。こうして、彼らは、二ヶ月以上（著者が）知られぬままに、あらゆる読者階層の公平で真摯な判断を聞き、全博識者がその著者をむなしく推測してひどく思い悩むのを知り、休み時間にふつう他の新刊書を読むように、読書を義務とした彼自身の伯父がその作品を褒め称えるのを聞くという、きわめて稀な楽しみを同じく味わうことができた。これは、最終的に評価する本の著者を知ろうと、もし誰が著者かを推測できたら聞くつもりでいる心配きわまりない伯父を何度も見ることになったから、ことを企てた未熟者の過ぎた骨折りには十分な報いであった。多くの要求にも、フェルディナンド・ガリアーニは、その著書が全部読まれ判断されないうちは、自分の正体を示そうとしなかった。目下のところ、彼は、伯父が体験した満足が、もし彼を発見した時、ある重篤な病状の結果をしばし抑えることに役立つのではと浅はかに考えていた。伯父の病気は、少し前に精神の憂うつ、四肢の極度の疲労という軽微な徴候からはじまって、この年の初めに半身不随の症状を生み、一七五三年七月まで憔悴させた挙句、生命を奪った。彼が幸運と言うより名高い修復者であった人文学にとっては、祖国には深刻で取り返しのつかない損失であった。

さらに、我々が前述したように、その若い著者には書物の支援が不足していた。後には、きわめて急速な進歩と加速度的な動きで、多くの人を得るに至った諸国家の経済運営のこのきわめて気高いほとんど新規な（貨幣）科学の著述家は、当時きわめて稀だった。だから、成熟の域に達する前に、フランスでは「エコノミスト」と呼ばれて然りであった人々に、曖昧で分かりにくい業界用語を教え込む羽目になった。すなわち、その無駄話によって、まずは狂ったように渇望され、次に当然なるようにたちまち疲れ果て興味が失われて、今、衣装や髪形でそうなるように疎かにされ流行遅れになるしかなかったのだ。しかし、一七四九年には、著作者はなおきわめて僅かだったし、全作品が遠い隔たりに阻まれナポリには届くこともなかった。自分の作品に添えた序文で、目に映じたことについて思い起こさせることが神聖な義務になった。我々が前述した秘密の必要だけが、やはり後に公言し、今日ありがたくも出版物の公表を誇りとするかの人を当時は沈黙させたのだ。当時ナポリに暮らしていて、彼が関与していた他の多くの科学と同様、貨幣科学できわめて深遠な高い学識をもつ二人の人物から多年にわたり傾聴した談論は、彼にはどんな書物よりもこの上なく役に立った。彼らは、アレッサンドロ・リヌッチーニ侯爵（il marchese Alessandro Rinuccini, 1685–1758. ナポリ王国の土地所有者で農産物取引業者。企業精神に富む進歩的貴族、タヌッチの友人。）とバルトロメオ・インティエーリ修道院長（l'abate Bartolommeo Intieri, 1678–1757）で、二人ともトスカーナ人だった。一方は、きわめて高貴な家柄で、他方は、出生ははっきりしないが、友情、学識、美徳では等しく、ほとんど兄弟のようだった。彼らは、青年期以来好んで永続的に滞在したこの都市に、長く確実な友情の徳の高い光景を与えた。彼らの友情は、インティエーリが八〇歳近くなって病気で亡くなる前に絶えることはなかった。野心やどんな類の

（注1）この日付については、Feltrinelli版、テキストへの注釈 p.XXXVIII.参照。

（注2）チェレスティーノ・ガリアーニ Celestino Galiani

（注3）『クルスカ学会イタリア語大辞典』*Vocabolario degli Accademici della Crusca*

栄誉からも離れ、彼らは、一冊の本すら出版しなくても最高の学識をもつ、何の職務も受け入れず何一つ権限がなくても、彼らの祖国にとって最高に有益な人々と言ってよかった。一国民には、唯一の誠実な模範と同じだけ、自由な学識と勇気に満ちた精神の声による唯一の教訓があるものだ。

（今日、初版がきわめて希少になったので、多くの人々の要求により、我々が再版する）この作品は著者によって増補されたから、そこに含まれた問題の幾つかをさらに幅広く論じられただろう。たとえ、彼が自分の理解では、当時胸に抱いていて、同様に彼に残っていた感情や意見について何も変わらなくても。しかし、その作品の最大のメリットが、その種の貨幣問題で政治的に扱われた最初で最古の一書であることと、二一歳の天才青年（注4）の作品であることだったので、彼は、何はともあれ少なくともこれら二つの威信を維持するために、ほとんど何も変えず、手直しもしまいと決心した。同じことの幾つかの語句は、当時ごく知られた事実を暗示すれば分かったが、今日ではかなり曖昧になり、おそらく完全に記憶から失せてしまった。つまり、当時なら暗示をごく容易に理解できたが、今日ではもうそうはいかない。だから、彼は、当時の物事や意見の状態を人々の記憶に呼び戻すことが必要だと考えた。彼は、その作品（注5）の後ろに付けられた幾つか（三六）の短い注釈でその必要を満たすことにし、このほとんど歴史的な明確化が必要と思われた箇所に言及した。だから、現行版にこれらの注釈が付加されさえすれば、テキストの改変はまったく必要なかったのだ。

そのような明確化が必要だという何らかの考えを読者に提示するために、我々は、この作品の出版に何年か先立つ一七四三年（メッシーナのペスト蔓延で記憶すべき年）に、カルラントニオ・ブロッジャ Carlantonio Broggia によって、『公租、貨幣および衛生管理政策論』*Trattato de'tributi, delle monete e del governo politico della sanità* と題する本が日の目を見たことを明らかにする。ブロッジャは才人であった。彼は、青年時代には、政策や統治の類似の研究手法を鼓舞していたバルトロメオ・インティエーリやリヌッチーニ侯爵と長く親しく生活してきた。彼らから国事を判断することを学んだように、同様に間合いを持し、何も渇望しないことを学んでいたら幸せであった。しかし、ブロッジャは、その後、政府の役職に登用されもっと上の社会的地位に己を高めようとして評価されたがったvalutato（注6）。この野心が、後に彼を悲劇的で哀れむべき結末へと導いた。ブロッジャは、これら二人の著名な友人から生活の知恵で離れただけではなく、公租問題や貨幣問題に関する多くの意見でも離れてしまった。彼の作品が出版されても、期待する彼らの賛辞も口に上らなかったので、彼らとの友情が冷めてしまうということにもなった。しかしながら、フェルディナンド・ガリアーニにとっては、ブロッジャに反対するそれらの意見全部で、彼を引用せず、彼に対抗せず、決して反証しないことが好ましかった。善意で書き、現代では出版によってきわめて有益で気高い科学の研究を奨励した最初の人であった現存する著者に彼としては敬意を表していたので。今日彼は死んで、彼の本もほとんど忘れられているので、ブロッジャの異なった意見を暗示した現行作品の箇所は、幾らかの明確化の意義がありそうに思われた。

ナポリと彼の王国の違った現状が、当時の状況によって同様に問われよう。一七三四年に独自の君主（カ

（注4） ガリアーニは、一七二八年一二月二日に生まれた。

（注5） これらの注釈は、我々によって、Feltrinelli版、pp.306–346.（本訳書三八八—四五三ページ）に再録された。

（注6） apprezzato

ルロス三世）を戴いて良い方に変わったそれの運命。その後イタリアで突然起こった長期の戦争。それらは、これらの王国に大した損害をもたらさなかったどころか、そこにスペイン、フランス、ドイツ、戦争のあった各地のほとんどの莫大な貨幣を流通させた。一七四九年にヨーロッパに再び平和が戻るやいなや、技芸と商業を奨励するための政府の最善の秩序が、国家の経済をまったく変えてしまった。(注7)したがって、その原因は、新たな勢力とより良い衛生状態を得ることに由来した。しかし、気づかれるべき明白で第一の結果は、苦痛、争い、不満、病気であった。貨幣が不足しているように思われ、為替が悪化し、あらゆる物価が高騰した。買占め商人と非製造業者の瞬時の幸運はしぼんでしまった。最後に、従来の全秩序と国家の原動力は、まったく削がれるか台無しにされたように見えた。そして、奢侈のせいにする人、宗教心が冷めたせいにする人、政府の怠慢のせいにする人、あることを義務付ける人、他のことを進言する人がいた。新たな悪化と租税負担は、その知恵と節度があまりに目に見えて明らかだったので、君主のせいにはされなかった。しかし、このこと以外ならさらに何でも言われた。為替に立法すべきだ、貨幣の品位を落とせ、金・銀間の少なくとも銀・銅間の比率を変更せよと助言する人がいた。製造された銀が奢侈により溶かされて、消失したと信じられた。ありもしないことが、あたかもあったかのように、すべて邪推された。誰もが、治療のために毒を勧めた。ブロッジャは、わが国で二つの変種として（フランス人にビロン billon と呼ばれた）(注8)計算貨幣か法定貨幣の導入もしくは、銀メッキした小銅貨の製造実施を提案していた。目下旧来のわが評議会の諸権利の名残が集中しているナポリ市行政を掌握にしている他の人々は、貨幣の価値の引上げ（価値減価）か自国でも金貨を製造する必要性を提案した。それらの見解に対しては、今は亡きラウリーノ Laurino のトロイ

アノ・スピネッリ公爵 Troiano Spinelli duca が、ある弁論で賢明にも反対した。(注9)

要するに、兆候や特徴という根拠のない外観によって本質が欺かれて、それを支える人の精神を不安にし混乱させるに至って、あたかも内部疾患によって脅かされたかのように、ナポリ王国の成長作用と新たな健全さを阻害するための措置が講じられる危険は明らかであった。バルトロメオ・インティエーリだけが、暗黒の真ん中にはっきりものを見て、陽気になり楽しみ、その世紀、その君主、その国民を祝福し、実際に到来した繁栄を祈り、(麦打ち器械を発明した) インティエーリの名で、二年後にガリアーニ自身が出版した『穀物の完全な保存について』*Della perfetta conservazione de' grani* という本で後世に証拠を残したほどの理解を享受した。(注10) しかし、インティエーリは名声をかち取ったものの、彼の言葉を信じる者は少なかった。なぜなら、彼は、無礼のように見える政府の叱責も、それとは逆に、たとえ実行すれば、当然実行者の野心とか追従のそぶりを見せることになっても、どんな賛辞でも厭わないからだ。幼児すべての成長過程と成長に

(注7) 一七三四年からナポリのオーストリア支配が終わって、一七四八年にはアーヘン Aquisgrana の和約で、列強間で続いたほぼ半世紀以上の戦争が終結した。

(注8) billon：低純度合金。小片の貨幣製造に応用された。その問題については、Feltrinelli版、pp.327 sgg. のガリアーニの注釈 XVIII, 三七〇ページ以下を参照。

(注9) トロイアノ・スピネッリ・アクアーラ Troiano Spinelli di Aquara,『貨幣科学の若干の論点に関する政治的考察』*Riflessioni politiche sopra alcuni punti della scienza della moneta*, s.l s.d., しかし、ガリアーニの学術書にわずかな年限先立ってナポリで出版された。

(注10) バルトロメオ・インティエーリ、『穀物の完全な保存について』、ナポリ、一七五四年。なお、Cfr. la nota XXVII, G.,alle pp.336–337, 注釈、三八二ページ、参照。

しばしば発熱や病気の兆候が伴うことは、言わずもがなのことである。すなわち、発熱は横になり給養すべしという人体が起こす反応と発育の一環でしかないから、まったくおそれも治療する必要もない。つまり、あらゆる改善が国家に熱を与え、物理的実体から精神構造に導かれる類推と議論は常に自然で確かであり、前にはやせて色つやの失せた栄養失調の四肢の箇所に、より大量に体液が流れそこを回復させはじめれば、流出しすぎた他の箇所は失われた分を取り戻そうと不平を言わずにおれないから。それは、しばしば、怠惰な首都だけの少数者の訴えを全国民一般の声だと信じ込ませるに違いない。

これらの話題のすべては、思慮深く妥当だとしても、狭いサークルの人々だけから出ている声なので、幅広い持続する印象となるには不十分である。これが、ガリアーニに現行書（『貨幣論』）を書かせた唯一の原因ではないとしても、実のところ、主要原因である。『貨幣論』を注意深く読む人は、貨幣にことよせて、諸国家の経済全体について、しかも主としてこのわが国（ナポリ王国）について論じられていることに気づくだろう。

著者は今日二重の満足を得て、ほとんど誇らしげで堂々としている。つまり、一七五〇年のこの王国の状態について、まことしやかな兆候にもかかわらず、いかほどの発展と繁栄が期待されるべきであったかの判断が、後に、あらゆる場所で年々まさに見られ確認され、さらに、すでに単にイタリア全国民だけでなく全ヨーロッパが納得したことを知ったからだ。第二に、彼は、このわが王国を統治した人の英知によって、まさしく同じ方法、同じ手続き、貨幣に関するごく似た対策が講じられはじめたことを認めて喜んだ。それらは、彼が適切で有効だと信じたことだ。たとえその書に何ほどか貢献があったことを誇りにするどころか想像すらしないとしても、それでもなお、これほど華々しい賛同に満足しないことはあり得ない。結果が期待に一致したのだからなおのこと、この王国で見られた稀な例だとしても、その時以来、貨幣は、常に最適規準にあり平穏で、僅かの動揺も混乱もない。

「序　言」

精神修養(訳注1)に熱中していて、賢人、有徳の士の名を得たいと切に願うほとんどすべての人が、幾分社会からずれて暮らしているので人間社会に無用になり始めて、なぜ自分にも僅かしか、他人には何の役にも立たない研究やその種の生活にふけるようになったのか説明するのは、並外れてひどく難しい問題である。まさにこの忠告によれば、彼らは叱責され軽蔑されてもいいのに、人々にこぞって賛美され誉めそやされた。それで、一番必要な多くの科学が、すべて放棄されるか疎まれることになった。すでに死んだ言語、旧来の慣習、天体の運行、未知の自然的原因をめぐる他人の意見の情報とか、あるいはことによると、わが国の住民たちの曖昧模糊としたおきての理解が、宗教、統治、気質、歴史に分け隔てられて、学識の厳かな名声を得た。そのような事柄に秀でた人々が命令する資格があるように見えるのだ。ソクラテスは、妥当にも古代に天上界から哲学を引き戻して、人間生活に向けて恩を仇で返した祖国に有為な市民を育成しようと努めた。しかし、哲学のほとんど全学派が彼から派生したとしても、彼ほどの巨匠の忠実な模倣者は一人として出なかった。こうして、統治術が他のどの技芸にもまして不十分で現代にまで至り、それを描き出す材料だけが準備された。これらの材料は歴史に含まれている。歴史は人類の錯誤と懲罰の途切れのない物語である。だから、その中で思慮をめぐらし他者の誤りに学んで賢くなり、誤りをただし知恵を守るのはたやすい。何世紀にもわたる天文学的観察の実施から、[惑星体系の運動 moto de pianeti](訳注2)を思い浮かべることは困難ではなかった。統治術でも然りだった。だから、おそらくいつでも歴史家は、特に、個別の同時代史を叙述した歴史家は、政治に精通した者に評価されたのだろう。しかし、彼らは全体の小部分にふれただけだった。彼らは、君主に支配権を獲得、保護し、臣民の服従を巧みに心地よくする技巧を教えるよう更にせかされた。だから、貨幣の正確な調整の検討がすっかりなおざりにされてもおかしくない。それは、一見、君主よりも臣民の方に重要のように見えた。それでもなお、現代にもっと近づいてからも、きわめて熱情的な多くの著作者が、善良な大衆のために貨幣について何一つ書かなかったのは奇妙なことだ。

[訳注3]こうして偉大で不滅のロドヴィコ・アントニオ・ムラトーリRodvico Antonio Muratoriは、その最近の著書〈死にゆく老人の白鳥の歌〉[注1] *morientis senis quasi cygnea vox* となった『公共の福祉について』[注2] *Della pubblica felicità* で、無力ぶりをありのままに告白して、貨幣を検討すべき箇所を素通りした。だがしかし、おそらく他の者のように、理解してもいなかったのに僭越に論じたよりはずっと見上げたものだった。

だから、貨幣を論じている人々のうちで、『商業論』の著者がムロン氏[注3]だと信じて見分けられるのは私だけだ。彼はきわめて偉大な才能をもち、まことに誠実で有徳な精神をもつ人である。しかし、彼は、自分の作品で習い覚えた真実を証明に加えなかったので、誰よりも熟考したのに、他の誰よりも信奉者が少なく、彼を理解できるほどの精神の明敏さを天から授からなかった人々によって、反論されるためにだけ読まれることになった。ムロン氏の後、私は、イギリス人、ジョン・ロックGiovanni（John）Locke[注4]を指名したい。彼は、一書簡に、一方は利子率の低下に関する、他方は貨幣の価値の引き上げalzamento[注5]に関する、二論考を収めた。彼からは、書いたものでもっと方法や順序が教えられ、不確かな書簡ではなく秩序だった著作が、彼のような人物によって著されることが望まれよう。しかし、彼はそれらの問題をあわてて取り扱って、ある部分は完全に黙過し、他の部分はあいまいに書いたので、ことによると読者には利益とか便宜は何もないかも知れない。名誉ある回想も、一方は、貨幣の科学全体で、カルロ（カルラントニオ）・ブロッジャ Carlo（Carlantonio）Broggia（一六八三年～一七六三年。『公租・貨幣・政府の衛生政策概論』ナポリ、一七四三年）に、他方は、価値の引上げを扱って称賛されたアクアーラ Aquara の公爵、トロイアーノ・スピネッリ Troiano

---

（訳注1）初版では、「序言」は全文イタリック体。

（訳注2）初版、他「星の体系の動き」（sul moto delle stelle sistema）。

（訳注3）初版、他では、改行されていない。

（注1）*Della pubblica felicità*, oggetto de'buoni principi, trattato di L.A.M.,ルッカ Lucca（しかし、ヴェネツィア）、一七四九年。Cfr.la nota I del G. pp.306-7.注釈三八八―九ページ。

（注2）morientis ... vox ：come canto del cigno del vecchio che muore.

（注3）ジャン・フランソワ・ムロン Jean François Melon（ガリアーニは、いつも Melun と読んでいた）。一七三四年に、続いて増補版が一七三六年にパリで出版された *Essai politique sur le commerce* の著者。

（注4）John Lock, *Some considerations of the consequences of lowering and raising the value of money, in a letter sent to a Member of Parliament in the year* 1691, ロンドン、一六九二年；Cfr. la nota II, G., alla p.307., 注釈三八九―九〇ページ。Appendice, Documento II, pp.380～389. 史料五一二―三〇ページ。

（注5）alzamento della moneta（仏 rehaussement de la monnaie, 独 Abwertung des Geldes, 英 raising of the coin）：現代の用語では、インフレーション inflazione、平価切下げ svalutazione；それからその逆が、減価 sbassamento あるいは、abbassamento、すなわち、デフレーション deflazione。

Spinelli（一七一二年～一七七七年。ナポリの経済学者。『貨幣学の若干の問題に関する政治的考察』一七四七—五〇年?）にふさわしい。

これらの人々から、私がさまざまな情報を引き出したことは否定しない。たとえそうでなくても、他人から情報を得たように思いながら、おそらく、自ら熟考して多くを得たことは本当である。もしその作品で、引用に少しも手間をかけなかったとしても、扱う諸問題で、私は権威からではなく道理から効力を得たいと思うので。同じく、私は、真実の証明が自ずと極めて力強い誤りの反論になると思うので、それを引用して他者への反論をいつも差し控えた。引用するとか多くの人に返答するとか、それにこだわる虚栄は、つねに了見の狭さから生じることだと思う。さらに、私は、高度な幾何学で感じた[注6]あらゆる慣用句を避け、これほど曖昧な問題を実例と反復表明に頼ってでき得る限り明瞭に証明しようとした。おそらく、そのことを他人に説明しようとしても自尊心を傷つけるだけだろう。なぜなら、説明される問題は単純で明白のように見えるので、読者は、私ではなく他人が説明してそれを紛糾させていることを忘れて、それを古くてすでに周知の問題だと思うからだ。すなわち、真実の光はそのようなものなので、人の知性に明白に公然と提示されれば、常にほとんど古くて周知の真実が訪れるのだ。しかし、私は、他人の利益にならないのに、困難で訳の分からない研究に精進しているのだと自認するよりむしろ、自嘲的に公共の福祉を守りたかったのだ。いわくありげな言葉遣いは子供っぽくて他人をさらに失望させる。非常に有益な問題についてうまく話すことが私には不向きだから。最後にここで、自信ありげに振舞うのに不慣れなことに同情や許しを求めないし、不真面目な告白もしない。自身が取るに足りないと思う人は、公然と自分をさらけ出すべきではない。敢えてそうしたら譴責や懲罰に値する。私は自分のために、たとえ作品がどうなろうとも、私が賞賛に値すると信じる十分教養のある人々には持ち前の純真さで告白する。私が神から授かったすべての力と才能を祖国や人間社会に報い捧げるかぎり、天が望み給うそれらに対する私の限りない義務は、少なくとも一部は果たされて祖国や人間社会のためになっただろう、と。

（注6） che sentisse ... geometria ：「困難で訳が分からないように思われた」（che potesse apparire ardua e astrusa）。

第一編　金属について

#「序　文」

私は自分に許される力量と才能にしたがって、貨幣の、あるいは、文明諸国民があらゆる他物の等価物として取得し渡すのを常とする金属の本質と特質を論じ例証することを決意した。それは、指導者によって命じられた問題というよりも、きわめて大きい利益のためにと同様それを包み隠す曖昧さのためにも、もっと十分に研究され認識されるべき問題である。私は、まず、金属、主として金・銀について、なぜ人々がこぞって貨幣として絶えず役立てたのかを説明したい。それには諸金属の価値に根源がある。これは人間の恣意からも君主の法律からも形成されず、制定されずあるいは規制されず、金属の価値から貨幣が自体の価値を引き出すということである。そこで、あれほど悪名高く神秘的な貨幣価値の引き上げと引き下げの本質と諸結果の説明に移ろう。次に、貨幣の必要性、その流通、公益のためにつくられた紙片carta[注1]によるそれの巧妙な表示が検討されよう。最後に、とてもむつかしいように思われる利子、打歩aggio[注2]、為替については、それを規制し動かしているあらゆる更なる秘密のからくりやあらゆる原理が明かされよう。もし私が困難であることを良く承知しているその観念の広さにまさに事実が一致しようとしているなら、それを自分にではなく私の読者に語ることが有益であろう。しかしながら、私は、公共の福祉への愛が私の執筆意欲をそそる限り、その誉れ高い企てに特に与えられ、私がそれのみを必要とする至高の手suprema Mano（初版s.m.他S.M.）の救いに不足はないし、ひどく長い道中に置き去りにされないことを確信している。[注3]

(注1)「手形か紙幣」cedole, o cartamoneta

(注2)「他の計算貨幣と交換する際に支払われるか受け取られる金属貨幣の内在価値と額面価値の差額」(『クルスカ・アカデミー辞典』sub voce)

(注3) Cfr. la nota III del G., alle pp.307-8. 注釈三九〇―一ページ。

第一章　〈金銀の発見とそれらによってなされる交易について。どのようにして、いつから貨幣として使われはじめたのか。貨幣の増減の物語。その現状〉

貨幣を使用しているすべての国で、貨幣は三つの金属で構成されている。一つは価値が高く、もう一つは中位の価値で、第三の金属は価値が低い。金と銀が、何の例外もなしにあらゆる国で第一位と第二位を占めている。第三の金属は、さまざまな時代にさまざまであった。今日ヨーロッパ全体が銅を使っている。旧来それを使っているが、ローマ人は非常に多く黄銅あるいは真鍮と青銅を使っている。［青銅は、アレクサンドロス大王の後継諸君主[注1]やギリシャ諸都市も利用している。[訳注1]］ギリシャやチェーザレ Cesar（e）（Gaius Julius, ユリウス・カエサル、前一〇二／一〇〇年?～前四四年）の時代の大ブリテンでは鉄が使われた。多くの国民は、今日二つの金属の混合物を低額貨幣に応用している。これに加えて、金属ではなく果実、塩、貝とかを利用している諸国民も欠いていない。カンボジア Cambaia[注2] ではアーモンド、アメリカの幾つかの地域では、カカオやトウモロコシ maitz[注3]、エチオピアでは塩、あるいは貝（サザエ）chiocciole marine[注4] という具合であった。これらのものが貨幣であるかないかを、ここでそれらの表現に関して論議しかかるなら議論百出になったろう。しかし、議論は名称についてであって、ものについてではない。したがって、他の金属についてはあまり気にかけず、金と銀について、まずそれらの発明と旧来の使用について言及することにしよう。

〈金属の発見〉　多くの鉱山を、博識者たち filosofi[注5] は想像した。鉱山によって最初の人類は金属の認識に至ったのだろう。鉱山についてこのことは、私には最もありそうな話のように思える。思うに認識されるべき最初の金属は、明らかに鉄と銅であったに違いない。なぜなら、これらは、大して深くもなく隠れてもいない富鉱から、しばしば、大量のほとんど純粋な金属の堆積で採り出されて、経験と注意深い探査の母である感嘆が、石や土とは外観の違うこれらの物質を幼年期の人々に火に近づけるように誘うことができたし、溶解され液化されて地表を流れるのを見て、それらの性質が認識されたからである。したがって、重要であればあるだけますます必要も多く、物体の属性が未知であるだけ好奇心が人々をこの認識に導いた。あらゆる重大事の発見がふつう当然そうなる場合にそれもなったのだ。人々は、金属の塊を普通の石と区別しないで、おそらく木材を節約し下から支えるために金属を火に近づけたところ、それが解けるのを驚いて見ただろうから。あるいは最後に、時おり溶けた金属の［混ざった溶岩］**lave miste** をもたらす火山の噴火から人々はそれを［溶かし加工する技術（訳注2）］**l'arfe di fondergli e lavorargli** を学んだことだろう。したがって、おそらく大昔の寓話や歴史が金属の加工者として語る諸民族は、実のところ、かつて自然の火や火山が燃えさ

（注1） マケドニア・ヘレニズム古代王国の〈ディアドコイたち〉**diadochi**（アレクサンドロス大王麾下の将軍たち。大王の死後大帝国を争奪した。）

（訳注1） 初版、他では「古代には、確かに鉛の貨幣もあった」（**e sonovi pure monete di piombo certamente antiche**）。

（注2） カンボジア **Cambogia.**

（注3） トウモロコシ **mais, granturco.**

（注4） **chiocciole marine**：ここでは一般に貝 **conchiglie.**

（注5） すなわち、**i sapienti, i dotti.**

（訳注2） 初版、他では「溶けた溶岩の奔流」（**torrenti di liquefatti metalli**）、「加工する技術」（**l'arte di lavorare**）。

かった諸国の住民であるに相違ない。しかし、感知しがたい筋状できわめて硬い石の真ん中に散在し隠れている、あるいはきわめて微細な砂礫状態で砂の中に混ざっている金や銀は、他の金属の発見によって、すでに人々がこの種の物体の特異な性質を知らなかったなら、火に溶けて混じりあい可鍛性があるという認識を与えることはなかっただろう。なぜなら私は、どこであろうときわめて多くの土地が金を海に運ぶ河川の砂の中で、人々がこの金属を最初に採取し、さらに山の上でこれらの微粒子が水によって浸食され押し流されたことを論証すれば、彼らも山を掘り始め、その天然の鉱脈に金を掘りに行き始め、そこで、ほとんどいつも金の連れである銀も発見するという意見を支持するから。

〈それらの最初の使用〉 こうして発見されて人々に気に入られた理由は、それらの並外れた美しさと光沢 lustrore（注6）であった。古代でも人々がこのように考えたことは、今日でも未開人やインド人がこのように考えていることから理解できる。だから、遠く隔たった時代に起こったと言われることから真実を見い出すのに、我々の遠くに住む未開諸民族の現在の習慣を検討することほど容易な方法はない。場所の隔たりは、時間の隔たりと同じ作用をするから。だから、隔たった諸人民によってその習慣になお模倣が見られるノアの洪水から現代に至るまでの過ぎ去った全時代が、現世紀に存在していることが事実によって確認される。さて、今日身体を飾り立てることにきわめて貪欲な女子供や最も勢力のある男のいない野蛮民族は一つもなく、自分の荒っぽい飾りにできるなら、金・銀に決して事欠かないとすれば、彼らは最初の人類と同じと言うべきである。アメリカ全土で、その発見以前には、たとえ貨幣の使用が全然なかったとしても、金・銀はあらゆる素材より高く評価されたし、畏敬すべき神聖なものとして崇拝され、自分たちの神の礼拝、君主やご主人の飾りつけに活用されたに違いない。残っている二冊の古代の書、モーゼ五書 **Pentateuco**（注7）とホメロスの詩集 **I poemi d'Omero**（注8）から、同じ評価と使用が古代にあったことがわかる。軍隊の隊長の装飾のすべてが金・銀で組み合わされ、しばしば小さな釘で飾られていたことがホメロスから知られる。しかしながら、銀については、金について語られるのとは比較にならないほど語られることが少ないという判断は妥当である。私に分かる限りでは、当時金の評価に対して銀の希少性と評価は等しいか凌いでもいたことが分かる。たとえ一見すると奇妙に見えるどんなことでも、良く考えればそうでしかありえないことが分かる。河川の砂の中に散在するすべての金属のうちで、金ほど豊富にあるものはないように、逆に、銀にはそこで決してお目にかからないことを知らざるを得ない。さて、粗野な民族すら驚かせ、まさに砂の中ですべての方法のうちで一番簡単に最大の採集ができるということが、金より銀の採集を少なくしたのか。こうして今日、それは野蛮人の間でも起こっているので、古代には銀以前に金が知られていたことも当然本当である。侮辱されたユリシーズ **Ulisse**（オデュッセウス **Odysseus**）にアルキノオス **Alcinoo** 王が、無礼者エウリュアレ **Eurialo** から提供させた剣は柄に〈銀の釘〉（訳注3）が付けられていたのだから、きわめて大きな価値があったのだ。

〈アジア及びヨーロッパでの金属の最初の取引〉 しかし、ギリシャ人がなお無学だったのに対して、アジ

（注6） lucentezza.

（注7） 五書とは、『創世記』*Genesi*、『出エジプト記』*Esodo*、『レビ記』*Levitico*、『民数記』*Numeri*、『申命記』*Deuteronomio* を含む『旧約聖書』*Vecchio Testamento* の前半。

（注8） ホメロス『イリアス』と『オデュッセイア』。

（訳注3） 邦訳では「白銀の」（ホメロス『オデュッセイア』岩波文庫（上）、二四三ページ）。

アとエジプトはそれより文化的な習慣で生活していて、富はずっと豊かであった。ヘブライ人にオリエント商業の扉を開き、商人たちに報いたソロモン Salomone（イスラエル第三代の王、在位前九七〇年～九三一年、ダビデの子）は、その船隊でオフル Ofir やタルソス Tarsis からイェルサレム Gerusalemme に莫大な富を引き寄せた。それらの場所のうち、一つは、私が評価するように、アフリカの東海岸であり、もう一つはスペインである。[注9]［不毛だが安全な港に満ちた土地に位置するフェニキア人 i fecici やテュロス人 i tirii は、ヘブライの平和と豊饒の世紀、そのため、〈ソロモンの世紀〉と言われた後そう経たないうちに、他のあらゆる国民から海上支配権を奪い、[訳注4]］やっと商い mercatantare をし始めた。［彼らは、当時、すべてきわめて豊かな金・銀鉱山に満ちたギリシャ、イタリア、シチリア、スペイン、トラキア Tracia にまで無数の植民地を点々と配置して、シリア、エジプトに金銀を運び、別の諸商品と交換し始めた最初の人々であった。[訳注5]］この交換では、彼らは、金属の質は常に等しいから、重さあるいは量だけで、比率を規制すれば足りることを非常に速やかに察したに違いなかった。なぜなら、採掘は常に等しく、調査は一般的で、質は決して違わないのだから。当時、合金の技術は知られていなかったし、その無教養な時代にはカラット carati[注10] の僅かな自然的違いの認識もまるでなかったので。そのため、諸金属を採掘し交換する諸国民は、もっと便利に評価できる一定の重さと量を決めねばならなかった。そのことは、（今日シナモン、カカオ、香料と同様、恐らく当時幾つかの国では特別で希少な植物であった）ワイン、小麦、オリーブ油を収穫する他のすべての国民には、常に商品の質の違いからどうしても真似できなかった。すでに適正な重量に分割された金属が交換されているから、何か印を刻印して為替・取引市場に前もって存在する公的権限によって、これらの交換が開始されることにも困難はなかった。

まさにここに打刻と貨幣の自然で本来の導入がある。したがって、おそらくヘロドトスErodoto（前四八四年頃~四二五年、古代ギリシャの歴史家、ペルシャ戦争を題材に『歴史』九巻を著す）は、打刻の最初の発明をリディア人lidiiの案と考えるのだろう。なぜなら、リディア人は、彼らの河川で多くの金を採集し、それをテュロス人tiriやフェニキア人にゆだね、これらの人々によって他の諸地域に運ばれることで、金から貨幣

（注9） 現代でも、アフリカの最も豊かな鉱山は、ソファラSofala海岸のオフルOphurだと言われる。そのことが、他者によって報知されたかどうか私は知らない。

（訳注4） 初版、他「それから、不毛だが安全な港に満ちた土地に位置するフェニキア人やテュロス人は、大して時を経ずに他のあらゆる国民から海の支配権を奪い」（I Fenici e Tiri indi posti in suolo sterile ma di sicuri porti ripieno, non molto dopo ad ogni altra nazione tolsero il dominio del mare）。

（訳注5） 初版、他では「彼らは、金・銀をギリシャや小アジアに大量に準備して、そこの人々に知らずしらず貨幣を使用させるようにした最初の人々であった。なぜなら、彼らの植民地はシチリア、スペイン、アフリカのきわめて豊かな鉱山をもつ地域に満ちていて、その地から金を引き出して、ギリシャにそれを運び、他の商品と交換し始めたからである」（Furono essi i primi che, dell'oro e dell'argento provvedendo copiosamente la Grecia e l'Asia Minore all'uso di moneta gli fecero insensibilmente pervenire. Perché avendo delle loro colonie ripiena la Scilia, la Spagna e l'Africa, paesi di miniere ricche abbondanti, di la l'oro traendo cominciarono in Grecia a portarlo, e con altre merci a cambiarlo.）。

（注10） カラットは金の尺度単位。四グレインに分割できるやはり宝石の尺度単位と同じく、合金の二四分《ぶん》に含まれる純金分を示している。なお度量衡・貨幣表六二六ページ参照。

をこしらえるという普遍的な同意を得ることになったからだ。(注11) これらの偶然事の説明が、地中海で行なわれた最初の航海と商業、行われた商業に起因する略奪と戦争の混乱した歴史を正しく特徴付ける神話全体とギリシャの聖なる寓話を形作っている。(注12) それらの時代と現代の間に、私は大から小に流れるもの以外の違いを見ない。今日大洋 **Oceano** は、当時は地中海 **Mediterraneo** であって、〈世界〉は地中海によって潤わされた唯一の陸地だと言われた。古代エジプト人司祭によるあいまいな情報で賞賛されるほど、私がかの有名なアトランティス **Atlantide** 島だと信じたスペインは、我々の知るアメリカに一致した。黒海 **Colchide** とは現在のギニア **Guinea** であり、ヘレスポント **Ellesponto** やトラキアは、インドであった。テュロス人、シドン人、カルタゴ人は、現在の海洋列強で商業共和国の人々であった。(注13) エジプトとバビロニア帝国は、大部分商業民族に由来する現代の大君主国に呼応する。もっと狭い空間では、航海の同じ出来事があり、ありふれた発見があり **scoperte gli Ercoli e gli Ulissi**、現代のコロンブスたち **Colombi** とガマ（ヴァスコ・ダ・ガマ **Vasco da Gama**。一四六九年?〜一五二四年。ポルトガルの航海者、一四八九年喜望峰を回るインド航路を発見）が出くわす。当時、牛、馬、オリーブ、ブドウの木、小麦、オレンジは、今ではコーヒー、タバコ、スパイスのように、それらの自生国から運ばれ他の諸国に移植された。

〈貨幣の由来〉 したがって、商いが始まってほとんどすぐ後に計量された金属が使われた。このことが、もしアメリカ人の間でも同じように行なわれなかったら、この取引と輸送もさまざまな手によって行なわれなかったろう。困難なことは、計量された貨幣と［なお鋳造されていない貨幣］(訳注6) の間に差をつける必要があるなら、今貨幣の由来を明確にすることである。［なぜなら、アブラハムの時代以来記憶されている銀貨のシケル（ヘブライ人の主要銀貨）といつもホメロスが口にする金貨のタラントは、[訳注7]」確かに、ギリシャ人とヘブライ人の間の重さの呼称だったから。しかし、このことは、後でもそうだったように、当時は貨幣すらなかったことを証明するだけだ。なぜなら、リッブラあるいはリラとオンスは、我々の間では、やはり貨幣にふさわしい重さの呼称だから。もし、当然本物の貨幣として、計量されて一般に受け入れられた金属があると考えられれば、トロイ戦争時に金と銅が貨幣として使われたと確実に断言できる。ホメロスは、金持ちには〈金と銅があふれている〉と言うのを常とする。ユリシーズの宝物庫には、〈多くの金と銅が積み上げられた〉νητὸς χρυσὸς καὶ χαλκὸς ἔκειτο。貨幣がローマ人によって青銅 aes、ギリシャ人によって青銅、フランス人によって銀と言われたのだから、貨幣をその金属と同じ名で呼んでもおかしくない。[注14]したがって、ギリシャ人が使った最初の貨幣は金貨と銅貨であった。銀は、その希少性のために、所持できなかったので。金貨は、しばしば、金の属性でホメロスによってそう呼ばれていたタラント、半タラントであった。それは、「適正な」や「あふれ出るばかりの」というイタリア語に一致する。さらに、牛で何でも評価したのであれ、

（注11）ヘロドトス『歴史』第一巻五〇。

（注12）Cfr.la nota IV, G.,alle pp.308–310. 注釈三九一―四ページ。

（注13）商業共和国 repubbliche negozianti：西ヨーロッパの重商主義的傾向の列強。

（訳注6）初版、他「貨幣」（moneta）。

（訳注7）初版、他「なぜなら、アブラハムの時代以来銀のシケルと金のタラントは」（Perche I sicli d'argento sin dal tempo d'Abramo nominati, e i talenti d'oro）。

（注14）aes は文字通り bronzo を意味する。Argent は常に文字通り argento. Cfr.la Annendice, Documento I, G., alle pp.351–379. 補足史料四〇〇―四八ページ。

私が信じ始めたように、これが貨幣の名であれ、牛を象徴するボスBosと言う語が計算貨幣のために使われている。もしそれが貨幣だったとすれば、『イリアス』Iliadeの二三書に、非常に手先が器用で勤勉な女奴隷が牛四頭と同等に評価されたことが読み取れるから、確かに金貨であった。(注15) この評価法が長いこと使われた。スパルタ王のポリュドロスPolidoroの未亡人が、この方法で評価された家を売却したことで知られる。刻印に牛の画像があるために、この名称が貨幣につけられたと信じる人も多い。私はその意見に与《くみ》しないで、おそらく同じタラントであったこの貨幣が、はじめのうちは牛一頭の価格に一致し、古代ギリシャ人は、後にサクソン人sassoni（初版、他S.）が自分の法律で使っているように、貨幣自体を家畜で評価したとむしろ信じたくなっている。しかし、後に金属がもっと豊富になるともう家畜の価値に一致しなくなる。したがって、おそらく、ホメロスが書いた時代に有名な一〇〇頭の牛の犠牲(注16)が、すでに一〇〇頭の牛の数を象徴せずに、時には子ヤギや子ヒツジも使われた犠牲の呼称になるということが起こったのだろう。

〈貨幣打刻の最初の考証〉 しかし、トロイ戦争時には、オリエントでもこの違いを伴って貨幣が使われ始め、記憶が我々に近づくにしたがって、金貨の前に銀貨が利用された。シケルは銀貨だったし、『創世記』五三章冒頭にあり〈子ヒツジ〉と説明されたヘブライ語のケシタ*Kesita*が、一頭のヒツジの価値と等しいその古代の価値から、すでに深く心に刻まれたイメージからもそのように言われた銀貨であったことは本当らしい。それに、確かに、［アラビア人やアジア人］(訳注8)は、その頃大部分が放牧生活をしていたので、諸物の価格は彼らの家畜の価格で比較されただろう。しかし、オリエントでの貨幣の変遷について、我々の最近の領域とはちがう歴史をそんなに急いで研究することはない。したがって、これらに問題を限れば、ギリシャでの銀貨の由来は、私には不明だと言っておく。新カルタゴ下でハンニバルによって採掘されだしたカルタゴ人の鉱山は、銀がきわめて豊富だったということを私は知っている。ギリシャ人の私有であったアッティカの〈ラウリウム〉*Laurium* の鉱山と同じくらいだった。しかし、これらは、ダリウス大王の時代には、金よりも価値が少なかった銀は、ギリシャにもそんなに多くはもたらされなかったので、もっとのちになって採掘されたのだ。デルフィ Delfo の神殿に捧げられた奉納金について、その歴史の大部分をそれらの司祭の伝統から引き出したヘロドトスがなした綿密な叙述から、この事実が理解される。(注17) しかしながら、他方では、それらは、以下の寓話からも得られるはずである。マケドニア王ピリッポス（フィリップ）は、きわめて希少なものだから、金杯を自分の枕の下にしまってから眠り、スパルタ人は、アポロ像の顔に金メッキするために、ギリシャ中でそれに足りる金を見つけられず、シラクサの最初の王、ヒエロン一世 Ierone（?～前四六六年、在位前四七八年～四六六年。シチリア全土を平定し、対エトルリア戦に勝利。文学を保護し宮廷にアイスキュロス、ピンダロスらを集めた）は、コリント人のアーキテル Architele から小さな彫像を作るための金も得られなかったというものである。この希少さは、私が言ったように、度を越していて間違っている。だか

（注15）「また敗《やぶ》れた者へは、一人の女を　真中に据えて置かせたのは、多くの手技《てわざ》に堪能で、四匹の牛と値ぶみされていた」（ホメロス『イリアス』第二三歌七〇四—五。邦訳、岩波文庫（下）、三〇七ページ）。

（注16）文字通には、一〇〇頭の牛の犠牲。Appendice I, pp.375 sgg. 補足史料五〇六—九ページ。La nota V, G., alle p.310. 注釈三九四—六ページ。

（訳注8）初版、他「アジア人たち」（gli Asiatici）。

（注17）ホメロス『イリアス』第一歌五〇。

ら、ヘロドトスは、デルフィで自分が見た富を数えあげて、クロイソス Creso（前五六一年頃～五四七年。大富豪のリディア最後の王）だけが、六掌尺 palmi（一 palmo＝約二五センチメートル）、三掌尺、粗掌尺と長さの違う、そのうち四つが各二タラント半の重さのある純金[注18]の一一七個の延べ金を神託に寄贈し、他の全部は、すなわち、低カラットの白金だったと言っている。さらに、クロイソスは、一〇タラントの純金のライオンと、一つは金、一つは銀で八タラント半の重さがあり、六〇〇個のアンフォラ壺ができる二つの杯、四つの銀の大桶やなお他の多くの贈り物も寄進した。これらの大いに信じてよい記述から、当時の豊富な、少なくとも、並みの貴金属量が見いだされる。

〈アレクサンドロス大王以後の貴金属と貨幣の状態〉 この月並みの状態で、アレクサンドロス大王にいたるまでの生活が営まれた。彼によってペルシャ帝国、インド帝国の門が開け放たれ、世界の外観すべてが変えられ、他の水路を通じて取引が行なわれ、かなり多くの富でギリシャ、シリア、エジプトが満たされた。そのことは、彼らの葬儀の華麗さから、それ以上に、今日でも信じられないこととして驚き呆れて読まれるプトレマイオス王 Tolomeo Filadelfo の戴冠式から理解される。しかし、これらの富はローマが全部吸収し貪り食った。貧しく生まれたあのローマは、[自己の確執を通じて戦争慣れして、軍隊と厳格な習慣とでゆっくり勢力を増大させ、後には富と贅沢によって圧迫されるがままになり、長期にわたる自己の放縦と諸君主の怠惰の中で、][訳注9] 何世紀も保持してきた美徳を絶やしてしまった。パオロ・エミリオ Paolo Emilio、ルクルス Lucullo（前一〇六年～前五七年、ローマの将軍、食通）、ポンペイウス Pompeo（前一〇六年～前四八年、ローマの将軍）の凱旋は、ローマを金・銀の中に泳がせ、インド発見後も、幾つかの他の都市がその時までに持っていたよりも確実に多かったほどの富に満ちあふれさせた。その時代と現代の差異には驚嘆すべきものがある。当時富は、軍隊の道連れであって、それらの浮沈のままになっていた。今日それは平和の仲間である。当時最も勇敢な諸国民が最も富裕であった。今日最も富裕な諸国民は最も戦争にむかない穏やかな諸国民である。このことは、戦いでの違った長所 virtù から出てくる。

〈ローマでの貨幣の状態〉　しかし、ローマ人の貨幣の歴史の何かもっと詳細な問題を述べるには、ローマには、最初セルウィウス・トゥッリウスServio Tullio（Servius Tullius）によって打刻され、〈ペクニア〉*pecunia*（注19）と呼ばれた銅の貨幣しかなかったことを知らねばならない。さらに彼らは金貨や銀貨を知らなかった上に、これは彼ら自身の貨幣ではなく、強力で教養があり勤勉な民族である隣人のエトルスキ人 etrusci（初版、他E.）から、いくらかは明らかにオリエントから渡来したのである。その建国から四八四年で最初の銀貨が、その六二年後に金貨が打刻された。その間、ポエニ戦役で共和国が被った被害から、銅の価格は異常な変化を伴い、銅の一部が〈アス〉*as* と呼ばれ、昔の二四分の一に一致するまでに変化した。真に極めて大きな変化は、もし言葉でと同じく物でもそうだったとしても、［内在価値を変えない］（訳注10）諸商品は、名目の変化に

（注18）〈純金〉*oro di cappella* ：oro fino「灰吹き皿 cappella は貴金属精錬用の容器」。

（訳注9）初版、他「自己の確執によってゆっくり勢力を増大させたが、長期にわたる自己の放縦と諸君主の怠惰の中で、これらの確執によって抑圧されるがままになった」(cresciuta lentamente per le sue discordie, resto da queste oppressa, e nella lunga scostumatezza sua ed ignavia de' suoi principi)。

（注19）*pecunia*：ラテン語で貨幣denaro。しかし、家畜、羊、山羊の群を表す *pecus* に由来。

つれて、価格で変化する。銅に連動して銀の価値も大いに変化した。これらの変化の後、ローマ人は僅かに変更を実施し、ペルティナクス Elvio Pertinace（Publius Helvius Pertinax、皇帝在位、一九二・三年）の後に即位した皇帝たちは、指図も規制もなしに、ただカラットの純度 bonta で貨幣を堕落させていった。

〈野蛮時代の状態〉(訳注11) しかし、旧来の習慣や意見の変化によって、ローマ帝国が、その偉大さや武勇から逸れ始めて以来、金・銀の豊富さが少しずつ減少するのが見られた。なぜなら、野蛮人たちは、もはや鉄や力によって撃退されたのではなくて、金や公租によってローマ人の土地から遠ざけられたから。こうして、これらの金属は広大な北部地域に散らばり、消費されて消え失せた。野蛮人どもが帝国になだれ込み破壊をこととしたので、(注20) 都市の破壊と略奪で多くの金属が地中に埋められ、多くが破壊され、散らばって、すでに中断され消え失せた商業によっても立ち直れなかったので、富裕はもっとずっと減退した。したがって、偉大な時代の後、我々の諸地方がノアの洪水に近い時代になって無教養と貧困そのものの状態に戻ってしまったように思われる。もしローマ人たちが貨幣価値を引き上げるのを常とするように、貨幣価値を下げてもそうはならなかったろう。しかし、彼らは、つねに一度引き上げられた価値を支えるので、貨幣が再び減少すれば、後に諸商品の価格を下げざるを得なかった。この貧困から、これらの時代の政府の秩序、主として［封建法、主従関係、隷属状態、罰金刑、財産税(訳注12)］一〇分の一税、その他類似の慣習が派生した。なぜなら、主権者や支配者は、人身的奉仕か土地の産物以外の仕方で租税を徴収することができなかったから。

こうして、人々は苦しみ、互いに弱り果て、盗み合って、一四世紀まで惨めに暮らしてきた。それどころか、我々の貪欲が政府の秩序を乱したので、誰一人豊かにしないで全員を貧しくしてしまう。しかし、品性ある規制によって抑制されるなら、諸国家は豊かになり、力と幸福を増すことになる。したがって、一五世紀には、なお西インド諸島の発見前に、ヨーロッパではもっと規則に則った生活が始まったので、金・銀がまた大量に現れるようになった。

〈西インド諸島の発見と金属に対するそれの諸結果〉　しかし、一四九二年、我々の権利回復の時期に先立って、ジェノヴァ人クリストフォロ・コロンボ Cristoforo Colombo（コロンブス、一四五一年〜一五〇六年。ジェノヴァ生まれ、一四九二年にアメリカ大陸に到達）が、スペイン船隊によって新インド（西インド諸島）を発見し、同時にポルトガル人たちが、ギニア海岸、黄金海岸へ商売で儲けようと踏み込むことで新たな道が開けたので、ヨーロッパは莫大な量の金・銀を獲得できた。何世紀にもわたってアメリカ先住民が採集してきた金属全部が、短期間でアメリカから引き出された。これがどれほど莫大な量であったかは、直ちに頭に思い描くことができよう。その時には、臣民の勤勉と君主の貪欲に余地が開かれ、互いにさらに剥ぎ取り合わなくても、誰もが金持ちになれそうに思えた。こうして、精神が平和思想に向けられて、以前には武装や戦

（訳注10）初版、他は（　）に入っている。

（訳注11）他の版では、欄外見出しがここに変更。初版では、同じ段落の切れ目のない二一行目「もしローマ人たちが…そうはならなかったろう」（Il che non farebbe）の余白にある。

（注20）*inondato ... l'imperio*：ローマ帝国に侵入し廃墟にした。

（訳注12）初版、他「封建法、主従関係、隷属状態、財産税」（le leggi feudali, il vassallaggio, la schiavitú, i censi）。

争で疲弊しきっていた国庫資金が、船団、植民地、港、要塞、倉庫、道路の建設に使われ始めた。以前には戦争で運試しをしようと徴兵されていた人々が、その時には、海路の旅で信じがたい熱意をもって新世界の発見と征服に向かった。そのことが無害なアメリカ先住民に略奪、隷属、大虐殺、悲嘆をもたらすや否や、すでに商業、会社、産業のすべてが不確実になっていたヨーロッパに、平和と人類愛、諸技芸の改善、奢侈、華美を引き起こした。それによって、ヨーロッパ全土が富と幸福で見事にいっぱいになった。なおひどく残酷に扱われていた我々の奴隷は、アメリカ先住民とアフリカ黒人がなっていたので、ヨーロッパから奴隷の野蛮な使用は消えた。すなわち、一国民が他国民を貧しく不幸にせずには豊かになれないことは、熟慮する人には明々白々だったからである。［そして、ローマ人たちが、スペイン、ガリア Gallia、ゲルマニア Germania の征服によってイタリアを繁栄させたように、我々ヨーロッパ人は、たとえ自分たちはローマ人たちと同じ残酷な征服者だと信じなくても、他民族の貧窮によって富裕になっているのだ。(訳注13)］たとえ空間の大きな隔たりが、アメリカで我々の奢侈の不幸な犠牲者が被っている災難を我々の目に強く印象づけなくても、だから、勤勉と無害な取引が利得を与えているのだと我々が信じ込んでいるにしても。ポルトガルにも結びついているインドがほとんど全部スペインに供給する富が、真っ先に滴り落ちる。しかし、その国民の災難はすぐに富を別の所に移させた。もし思いがけずそれらの流通のために広い水路が開かれなかったら、豊富な新たな金属を引き出すために、インドの鉱山がたしかにもうそれほど機能しなかっただけ、どんなに量が多かったにせよ、すべての物の価値は増えただろう。

〈古代インドの金属不足〉　古代インドはいつでも、我々以上に金とさらにもっと銀を必要としていて、ヨーロッパ商人の利得を通じてそこに運ばれた。プリニウスの時代にはこうであった。我々は彼からこう知らされた。「この額が五、〇〇〇万ということは本当らしい、五〇万セステルスだけということはない。」「これは注意すべきことである。毎年インドは、少なくとも五、〇〇〇万セステルスをローマ帝国から奪い去る。[注21]」ジョバンニ・ヴィッラーニ Giovanni Villani（一二八〇年～一三四八年、フィレンツェの年代記作者）は金について、〈商人たちは、稼ぐためにそれを集め、多くを必要とされるところへ、海を越えて運んだ[注22]〉と言っている。一三三八年に、アンドレア・デイ Andrea Dei の『シエーナ年代記』*Cronaca sanese* へのウベルト・ベンヴォリエンティ Uberto Benvoglienti のメモの中に、ベヌッチョ・ディ・ジョヴァンニ・サリンベーニ Benuccio di Giovanni Salimbeni によって書かれたソリア Soria の商業の思い出がある。彼は、シエーナのカメルレンゴ（高位聖職者）で、私人身分ではきわめて富裕な人物であった。

（訳注13）初版、他「そして、ローマ人が、征服によってイタリアに繁栄をもたらしたように、たとえ我々が征服者だと思わなくても、やはり、他民族の貧窮に基づいて富裕になっているのだ」（e siccome I Romani colle conquiste resero prospera l'Italia, così noi, sebbene conquistatori non crediamo de essere, pure sulle miserie altrui siamo arricchiti)。

（注21）『自然史』ed. Mayhoff, ライプツィッヒ、一八九八年、VI, 23, 26.

（注22）ジョバンニ・ヴィッラーニ『年代記』、XII,96.

「翌一三三八年に、上述のベヌッチョは多量の銀と銅をつかんだが、ソリアの大商人が、多量の絹製品を持ってポルト・デルコーレ Porto d'Ercole にいつものようにやって来ると、上述のベヌッチョに全部買われ、銀と銅で支払われた。(注23)」

ものの価値すべてが金一三万フロリンに達した。わが国の貨幣をどれだけオリエントが吸い取ったかを知るためには、読むだけの興味がわき熟考に値することである。しかし、この取引は、一部は地べたでしかも敵にもなる強欲な人々と行われねばならないから、あまり頻繁にはなくてイタリア人とだけなされた。ポルトガル人ヴァスコ・ダ・ガマ Vasco di Gama は、バルトロメオ・ディアズ（バーソロミュー・ディアーズ）Bartolomeo Diaz が少し前に発見した喜望峰を一四九七年に通過した。到達したオリエントで、彼は、自分のお手本と後に行なった征服とで、その地域との最も容易ですばやい取引を全ヨーロッパに開いた。銀の不毛なインドは、ヨーロッパに滞留していた余分量を直ちに吸収した。そのために、金属の価値はヨーロッパでは、アメリカから渡来した量に比例してではなく、ごくわずかしか変化しないということになった。すなわち、貨幣の運動法則は水の流れる法則に似ているので、地球の広い空間に貨幣が広がっても、どこでもそれだけ量が増えるわけでも、価値が下がるわけでもないから。

〈貴金属の現在の流通〉　この問題の事情はなお持続する。新インド(注24) Nuova India がヨーロッパに諸金属を送る。我々は、奢侈のためにその多くを溶解する。幾らか僅かの人々が貨幣量を増やそうとするから、貨幣は、感じられないほどでもいつも価値を下げていく。我々は、多くを高価な道具だとみなす。残りは、我々のきわめて多くの生活便宜品、すなわち、スパイス、織物、布、［硝石］[訳注14] 塗料用材 legno da tingere、象牙、宝石、磁器、だがとりわけ、コーヒー、紅茶、薬品と引き換えに旧インド India antica に送られる。多くの善良な人々は貴金属のこのような使用法をまるで富の喪失のように嘆く。すなわち、彼らは、富とは本来そうであるように、多様な豊かさに由来する割合ではなくて、ある絶対的な物を直感的に富だと信じるほど思い違いしやすいのだ。もし金・銀が使用に供されなかったら、これらの金属がもっと多く富でなくなることも理解しやすい。しかし、これらの貴金属が、銅のように等しく豊富であったら価値は等しくなるだろう。そのことから、もし、金・銀を準備してから、取引や奢侈にこと足りる限り、［残りの金属を最も必要とする諸国民に委ね］[訳注15]、それを他の諸財に換えるとすれば、その人々がいかに理性的で賢いかが理解できる。だから、人間の活動についてよりよく理解し、諸国民全員の姿勢が検討される時には、自己をあまり過信せず、もっとゆっくり改善する方がいい。

〈鉱山労働の減少が金属量に生み出す諸結果〉 アメリカの諸鉱山は、今日ヨーロッパにあるものとは比べものにならないくらい豊かである。あるいは、同じ労苦で多くの金属量が採掘される。このことから、ヨー

（注23） L.A.Muratori, Rerum italicarum scriptores, XV, 95, n.46.

（注24） 新インドは、西インド諸島、すなわち、現アメリカ。もっと先に出てくる旧インドは、アジアの亜大陸インドとインドネシア Insulindia を指している。

（訳注14） 初版、他では「硝石」salnitro がない。

（訳注15） 初版、他「残りを最も必要とする諸国民に委ねる」（il resto ai piu bisognosi lo danno）。

ロッパの鉱山は、少ししか稼働しないかまったく稼働しないようになってしまった。それどころか、金属の消費量が減ったら、結果としてアメリカでも早晩大して採掘しなくなるだろう。だから、金属量の増加につれて稼働に適格な鉱山の数が減るということに気づくべきである。ある国で金属の鉱脈が豊かであるだけでは十分ではなく、稼働して利益を上げねばならないからだ。さて、金・銀は、ふつう硬く取り除くのに労力を要する[注25]石の層の間に少量おさまっていて、ほとんど常に他の金属や不純な素材と結合しあっているので、すべてたいそうな価格で買われた黒人によってうがたれる洞穴の致死性の空気のために、同じく、鉱石に流れ込む水銀のために、多くの労力、多くの出費を要する。あらゆる鉱脈が、それ自体でも他の鉱脈と比較しても、等しく富鉱というわけではない。だから、たとえば、もし一〇〇年後、大箱（カッゾーネ）につき純銀五オンスを産するコルディリエーラ Cordigliera[注26] に二〇〇の銀の鉱脈があるとしても（これは五〇キンタル［一キンタル、一〇〇キログラム］、あるいは、鉱石五、〇〇〇リッブラ［一リッブラ、約三〇〇グラム］の量）、これらの五オンスのうち、二オンスを支出が食ってしまえば、三オンスが所有者の利潤として残る。すなわち、今日これら全部の鉱脈は利益が出ないので、もう採掘できない。なぜなら、銀の量が二倍になって価値が半減してしまったのに、五オンスの銀には、大箱作業の費用がかかるからだ。これが、フランス科学アカデミーが、赤道 equatore[注27] 近くの子午線の水準測定に行って、至る所で、主として大陸で、しかもペルーの北部で見出したことの本当の理由なのだ。そこには、鉱山が、ポトシ Potosi、プラタ Plata、チリ chily の南部にはないほどふつう貧弱で全般的衰退を来たし、採掘施設 mine[注28] が放棄され、廃墟になり倒壊した採石場の明らかな跡を見せる、旧来の生産活動を示す多くの場所がある。それどころか、もっと奇妙に思えることには、キト Quito（南米エクアドルの首都、海抜二、八五〇メートル）で、少しばかり前にはその職業に就かない人々が見なされていたごとく、その職業に就く人々全員が気狂いとして扱われたので、彼らは、この種の産業に一般的戦慄と嫌悪を覚えているのだ。アカデミーによって間違って生来の怠惰と愚かさのせいにされたこの心構えを、私は、この地域が、人口を減らして破滅させる鉱山の生産活動を放棄して、もっとましな状態になり始めようとする予兆と知らせであると信じている。そうなれば、我々はその人々から野蛮人と呼ばれるだろう。

〈貴金属価値が自然に維持されるべきバランス〉 ともあれ、きわめて多くの著作者が示している、いつの日にか金・銀の豊富さが銅のそれと等しくなるかも知れないという懸念は無用である。唯一の場合にそれはあるかも知れない。すなわち、鉄と銅のそれらと同様に、これらの金属のそれほど豊かな鉱山が見つかる場合である。それは、事物の自然秩序に一致するとは思えない。なぜなら、最も豊かな金・銀の鉱山でも、大箱につき一二か一四オンスしか産出しないのだから。何がしかの時間で一〇〇オンスまでも産出した鉱脈の幾つかの区画は、それらの希少さからすれば考慮しなくていい。法律や模範の影響で奢侈が減ったから金属があり余るということも懸念には及ばない。その時には、地の奥底から少量だけ採掘されて、いつも大体同

（注25） laboriose：労苦を要すること。

（注26） アンデス山脈。

（注27） 子午線の水準は、一七三五年ペルーでそのような目的で組織された遠征で、パリの科学アカデミーの科学者たちによって測られた。

（注28） miniere. 鉱山、採掘施設。

じような希少性が保たれるから。こうして、自然は、それが決して超えず、無限にまでは拡大しない、永久に同じ変化にもとづいて堂々巡りする一定限界を諸事物に設定しているのだ。

〈古代の貨幣価値に関する考察〉 以上が、貨幣のさまざまな出来事の手短な説明である。なお述べるべきことはいつも使われている貨幣の価値についてだけだろう。いかに骨の折れる企てについても、偉大な天才によってどれほど懸命な努力がなされているかは信じがたいほどである。主に、ギリシャ人やローマ人の貨幣に関する古代の成果の理解のために多大の労力を費やしたヒューマニストの碩学《せきがく》たちがいる。ビュデ Budeo、グロノーヴォ Gronovio、サルディ Sardi は、他者の上に抜きん出ている。(注29) しかし、多くの偉大な天才たちが、自分たちが無駄に費やしてしまった時間と労力に気づいていないことを示しているのは、驚くべきことでありほとんど信じ難い。古代の貨幣の重さがどれほどか知ることと価値がどれほどか知ることとは、別のことである。よく保存された多くの古代貨幣が、我々のところに保管されているから、重さを知ることは容易い。しかし、他の諸物全部が評価された貨幣に基づいているように、貨幣は諸物に基づいて測られるので、価値は他の諸物との貨幣の比較である。この尺度は、各世紀どころか毎年でも変化する。第一ポエニ戦役以前の時代の一オンスの同じアス as (asse) は、チェーザレ(カエサル)の時代には別の価値をもっていた。なぜなら、チェーザレの兵士たちは四アスでやっと買うことができたのに、ポエニ戦役時には一アスで買えたからである。もっと現代に近い時代には、フィレンツェのフロリン金貨は、常に一ドラクマか、純金一オンスの八分の一の重さであった。しかし、ジョヴァンニ・ヴィッラーニが言及した一、〇〇〇フロリンは、価値に関しては、今日の一、〇〇〇フロリンとはあまりにも事情がちがっていた。だから、古代のタラントやセステルスを等しい重さに従って、フランスのリーヴルとか我々のドゥカートに換算して、同時代の歴史家たちが理解したように、現代の読者に理解させたと信じている現代の歴史家たちは笑われても仕方がない。貨幣価値を大雑把に知るためには、これらの認識は優れている。しかし、古代の習慣を描いたそれらの叙述を読めばもっと役に立つ。歴史家たちが、当時の貨幣によって諸価格を評価することでほとんど満足して、これらの情報を伝える配慮を怠っていることは事実である。私は、小麦、ワイン、労働者 operari(注30) の価値は当時どうだったかを書く術を述べているのだ。しかし時には、彼らも気づかずに、それらを書き残していた。これらの散在する情報は、丹念に収集していかねばならない。ムラトーリ『古代イタリア』*Antiquitates italicae*(注31) の二八番目の論考には、古代パルマ人、ピアチェンツァ人、モーデナ人の習慣の若干の叙述がある。確かにそちらの方が、貨幣の重さからよりも歴史事実が良く分かる。だから、私は、新旧貨幣の重さと価値がどう違うかを知ることは重視しない。わが読者諸兄には、常に諸商品の価値を知ることに専念して、真の貨幣価値とは何かを理解することだけをお願いする。

（注29） いずれも貨幣（古銭）研究 numismatica の碩学。Guillaume Budé（一四六八年～一五四〇年、フランスの法学の碩学、小冊子『アスについて』*De asse* の著者）、Giovanni Federico Gronovo（一六一三年～一六七一年、『セステルス』*De sestertiis* の著者）、Alessandro Sardi（一五二〇年～一五八八年、フェッラーラの碩学、『貨幣研究』（一五七九年）*De nummis tractatus* の著者）。

（注30） operai, 手工業労働者 lavoratori manuali.

（注31） L. A. Muratori（一六七二～一七五〇年、歴史家、碩学）, in *Antiquitates italicae Medii Aevi.* 第二八論文の表題は、*De diversis pecuniae generibus quae aoud veteres in usu fuere* である。

第二章　〈すべての物の価値が生まれる諸原理の宣言。価値の安定した原理、効用と希少性について。それらは多くの異議に答える〉

〈金属の自然価値をめぐる多様な意見〉　最も高価な貨幣がつくられる金・銀の獲得は、いつの時代でも多数者の欲求の究極目標で、「賢人」という尊敬すべき名を僭称する少数者の軽蔑と嫌悪の的であったし今でもそうである。そのような対立する意見のうち、一方はしばしば卑しさか不正に規制されるように、他方は大抵不公平かあまり真摯とは言えない。ともあれ、一方はそれを過大に、他方はそれを過少に評価し、これらの金属の価値について健全に評価し根拠付けるものは一人も残らない。きわめて多数の人々に、私は、それらの価値が純粋に空想的で恣意的であり、教育と共に我々の中に生じる通俗的な誤りから来ることをうまく説得できるように思う。だから、その誤りによって、これらの金属は常に〈狂気 *pazzia*、妄想 *delirio*、欺瞞 *ingamo*、虚栄 *vanità*〉（初版、他 p.d.i.v.）という侮蔑的な資格で引き合いに出されたのだ。もっと節度のある人がいる。彼は、貨幣使用を決意した人々の同意が、これらの金属に、自らはもたないのに進んで役立つ価値をはじめて与えたと信じている。ごく僅かな人々だけが、これらの金属が、それらの性質自体と人間精神の気質の中で適正な威信と価値を確実に固定され確定されたことを認めている。先に進む前に、この事実を明確にすればどんな結果になるかについて、貨幣の額面価値、価値の引き揚げ、利子、為替、均衡を各節ごとに議論すれば、常に一定の内在的・自然的価値に根拠のあることが分かって（注1）、読者はその答えを知るだろう。

〈アリストテレスの意見〉　だがしかし、偉大きわまる驚異的な天才、アリストテレスは、『慣習』*Costumi*の非常に優れた考察がおこなわれた第五巻第七章で、貨幣の本質をめぐって次のように考えた。「法律の決定によって貨幣 **il nummo** が決定され、そのような動機によって、まさしく法律のお陰で存在し、性質によってではなく法律によって価値をもち、最後に、それを訂正しその価値をなくすことが我々の権限にあるために、貨幣は〈法律〉と呼ばれた(注2)」。それから、『政治学(注3)』*Opere politiche* 第一巻第六章で、彼は同じことを繰り返す。ところが、もしそれらの教訓で、この哲学者がその義務以上に我々の不利益を伴って言い続けるとしたら、それでは義務を果たすどころではなかった。だから、司教（ディエーゴ・）コヴァッルビアス(**Diego**) **Covarrubias**（一五一二年～一五七七年。サラマンカの教会法規の教授）が、こうして師に倣って議論をすすめていることが分かる。「もし貨幣が自然の法則によってでなく君主の決定によって価値を得るなら、したがって、君主の布告で価値をなくすことができるなら、その場合には確かに、金とか銀であろうと、金属の価値は、貨幣がそれ自体で評価されるほどには評価されないだろう。したがって、もし（金属の性質が）法律にではなくまさに性質によって高く評価されたなら、正確な価値をもつだろう(注4)」。アリストテレス主義

（注1）「価値の合理的根拠 **causa razionale** を得る。」

（注2）アリストテレス『ニコマコス倫理学』第五巻第五章八（原文ギリシャ語、ラテン語。編者のイタリア語からの訳）。

（注3）アリストテレス『政治学』第一巻第九章八―一一（e G.が考えるように、第一巻第六章ではない）。

者たちは、彼らから道徳学者や法律顧問官の一団が作られたと言えるが、同様に推理する。そのような結論がいかに正しいかは、真実の基礎がおかれれば明らかである。そのような結論が一国民にどれほど致命的な悲嘆を生み出すものであるかを、自身の体験が一度たりとも証明してくれない方がましだ。しかし、これらの意見には、その基礎をぶち壊さずには反論できない。だから私は、ジョン・ロック Giovanni（John）Locke（一六三二年～一七〇四年）、（ベルナルド・）ダヴァンツァーティ（・ボスティキ）（Bernardo）Davanzati（Bostichi）（一五二九年～一六〇六年）、『商業論』[注5]という作品の著者（カルラントニオ・）ブロッジャ Carlantonio Broggia（一六八三年～一七六七年?）、『法の精神』[注6]という作品の他の著者が、他の少なからぬ人々と共に、最初の原理を否定せずに、あれこれの弱さもぐらつきも感じずに、どうして反対の見解をもち、しかも誤った基礎上にしっかり固まることができたのか知らないし、知るに至らないだろう。だから私は、単に貨幣を構成する諸金属だけでなく、世にある他のあらゆる金属も、一つの例外もなく、確実で一般的で不動の原理に由来する自然の価値をもち、恣意も法律も君主も他のものも、これらの原理とそれらの結果に暴力をふるうことはできず、最後に、それらの評価では、人々は、スコラ哲学の信奉者たちが言うように、「借り方にあると思わねばならない」[注7] *passive se habent* とずっと以前から深く確信していることを証明するために、何よりもまず、自分のどの研究によっても全力を尽くす覚悟である。これらの基礎上に建っていれば、どんな建物が建てられても、長持ちし永続するだろう。読者諸兄は、私の話がいかに長引いても、問題の重要性をかんがみ寛恕されたい。そのために私を告発したかったら、多くの真実を知らなかったか、適合するように証明しようとしなかった無数の著作者を、多くの根拠を添えて告発していただきたい。

〈価値の定義〉（私は万事一般的に論じるから）諸事物の価値は、それらについて人々が行なう評価で、多くの人々によって明確に決定された。しかしおそらく、これらの意見は、最初の意見以上に明確で際立った考えを呼び覚まさないだろう。だから、その評価、あるいは価値は、〈ある人の概念の中の、ある物の所有と他の物の所有との間の比率の一観念〉であると言っていい。こうして、小麦一〇スタイオ（ミラノでは一八・二七リットル、地方によって違う――訳者）がワイン一瓶と同じ価値をもつと言われる場合、ある物か他の物を持つことの同等の比率だと表現される。そのために、人々は、自分の快楽が騙し取られないように、いつもこの上なく慎重にある物を他の物と交換することになる。平等には損失もごまかしもないから。

〈そのような定義の結果である価値の多様性〉すでに私が述べたことから、人間精神の意向も必要もさまざまだから、諸事物の価値もさまざまであることが分かる。したがって、他の物は、一般的に享受され追求されるので、「通用する」と呼ばれる価値をもつことになり、また他の物は、それの所有を熱望する人とそれを与える人の欲求によってだけ評価される。

（注4）（原文ラテン語、編者のイタリア語からの訳）この文章の著者は、ディエーゴ・コヴァッルビアス・イ・レイヴァ Diego Covarrubias Y Leiva（一五一二〜一五七七年、神学者で教会法学者）。

（注5）これらの言及については、la nota I・II, G., alle pp.306–307. 注釈三四一―三ページ。及び *sopra* alle pp.8 e 13, n.3参照。

（注6）『法の精神』の著者は、シャルル・スゴンダ・ドュ・モンテスキュー Charles Secondat du Montesquieu（一六八九〜一七五五年）。

（注7）debbono ritenersi una passività.

〈価値を構成する根拠〉　したがって、価値は一つの根拠であり、これは、効用 utilità と希少性 rarità（初版、他 *u.*, *r.*）という名で私が呼ぶ二つの根拠からなっている。私が精通することは、異説に基づいて言い争わずに、実例で明言していくつもりだ。人間生活できわめて有益な要素である空気と水は、希少性がないために、何の価値もないことは明らかである。逆に、日本の砂浜の一袋の砂は希少なものだろうが、もし特別な効用がないとすれば価値もないだろう。

しかし、ここですでに私は、きわめて高価格の多くの商品にどれほど大きな効用を見出すのか、私に問う人がいなくならないことを承知している。この自然で煩瑣な困難が、人々が無分別で道理をわきまえないと明言するようになり、同時に、貨幣科学がもつ基礎を台無しにするから、諸事物の効用について、これがどのように測られるのかもっとあまねく言っておかねばなるまい。もし効用が依拠する確かな根拠をもたなければ、諸物の価格さえもないだろう。そうなれば、証明も確実性もないところには科学は存在しないのだから、もう貨幣科学もないだろう。

〈効用の真の説明〉　私は、我々に幸福をもたらすある物の適性を〈効用〉*utilità*（初版 *u.*, 他 *u.*）と呼ぶ。人間は、気まぐれな力で行動する熱情の合成体である。熱情を満足させるものが快楽であり、快楽の取得が幸福である。そのことについて（なぜなら、私はエピキュリアンではないし、そう思われたくもないので）幾分自説を説明し、企てられた議論から逸脱したとしても許されるだろう。他の熱情を傷つけ邪魔するある熱情の満足は、完全な快楽ではないことを知らねばならない。しかし、それどころか、もし受ける不愉快が快楽より大きいなら、実質的な損害と苦痛がひどく毛嫌いされるのは当然である。もし苦痛が快楽より小さくても、幸福ではあるが、途切れて半減した幸福だろう。こうして、このことは、あたかも他の永遠なものと共に自分をうっとり見つめるかのように、この絶対だと考えられた生活の快楽を配慮してすすむ。（摂理のお陰で）この生活の後、現在の行為と密接に結びついている快楽とか苦痛を別の生活で体験することは自明である。だから、今私が言ったことと変わらなければ、別の生活の快楽を損なわないこの生活の快楽は、本物で完全である。しかし、その生活で心配を生み出す快楽は（ある生活と別の生活の快楽と心配の間の相違は無限にあるので）、たとえ望まれるこちらの楽しみがどれほど大きく、そちらの損害がいかに小さくても、つねに快楽は見せかけで、贋物になるだろう。もし、多言を要しないこの表明が誰からなされようとも、エピクロス派とストア派の間や、享楽と美徳の間のごく古い口論は聞かれないし、ストア派が間違っていたか、愚かにも空論を弄したことが分るだろう。(注8) 出発点に戻ろう。

(訳注1) 効用は、真の快楽を生み出す、すなわち、熱情の刺激を叶えるすべてのものである。さて、我々の熱情は、すでに食う、飲む、眠る欲求だけではない。これらは、第一次的なものだから、充足されると別の欲求がすみやかに現れてくる。なぜなら、人間というものは、一つの欲求がいやされるや否や別の欲求が現れ始め、つねに第一次的なものと同じ力でそれを刺激し、永久にこのような運動状態におかれていて、決して完全に満足しきれないようにできているから。だから、有用なものは、生活の第一次的必要にまた必要になる

(注8) ガリアーニは、美徳（ギリシャ語）と楽しみ **voluptas** の違いをめぐるギリシャの哲学派閥間の議論を暗示している。

(訳注1) 初版、他では改行されていない。

ものだけだと言うのは間違っている。すなわち、我々に必要なものとそうでないものとの間には限界や境界はない。ある物を手に入れてそれの必要がやむや否や、他の物を手に入れたい欲求が始まることはきわめて真実だからだ。

〈人々が得ている学習方法によれば一番効用のある物は何か〉　しかし、人間精神の中に現れるすべての熱情のうちで、動物と共通であり、個とか種の維持に限定されたものが充足されると、他人の間で目立ったり、他人を凌駕したい欲求ほど、人間を激しく強く突き動かすものはない。これは、我々の内なる行動原理というべき自己愛の長子だから、あらゆる他の熱情を越えて、それを充足するのに役立つものが、他のあらゆる快楽の獲得を、しばしば生活自体の安全も犠牲にして、最大の価値をもつことになる。もし人々が、このように考えて適度に振舞って的確に行動するなら、誰でもそう判断するだろう。しかしながら、食糧が供給されても、貴族の称号しかもっていなければ、もっと大きな理由で、人々が食糧を買わないことは確かである。なぜなら、もし我々は、絶食していて惨めで不幸だとしても、同様に評価されず目に留めてもらえなくても不幸だから。時おりこの不幸は、むしろ我々を死ぬか、他人の尊敬を受けずに不幸に生きるよりは、命を失う明らかな危険にさらす気にさせるほど大きい。それでは、たとえ厳しく長い貧窮や労苦を伴っても、はるかに有益なある物を獲得する以上に、どんなことが、たくさんのすばらしい快楽を生み出すために理に叶うのか。もし他人の評価と敬意の快楽というこの感覚が嘲笑されるなら、このことは、我々の本質を非難することになる。その本質は、除去できずに、我々しかもっていなかったような精神の素質が与えたのだ。そのことについて、我々は、飢え、渇き、眠気と同じく、何ひとつ配慮とか理由を与えるべきではないし、与えられもしない。もし幾人かの哲学者が、この評価について他人に軽蔑のそぶりを見せたら、富と威厳を踏みにじったということだ。もし彼らが、他人の敬意は自分たちには快楽を与えないから軽蔑したと言うなら、彼らは嘘つきである。すなわち、彼らは、別の原則でこのように語って証明するより、（他人の敬意を）軽蔑していると考えるそぶりを見せた方が民衆から大いに拍手喝采され称えられるはずだと確信しているからだ。（注9）

〈豪奢を求める人々の熱情〉　要するに、我々に尊敬をもたらす諸物は、最大の価値をもって当然である。そのようなものは、大抵全部、実体のない物に伴う威厳、称号、名誉、気品、指揮権である。それらのものは、美しいということで、いつの時代でも人々に歓迎され求められてきた何かの実体の後に直接つづく。偶然、それらを所有し、身を飾った人々は、重んじられ妬まれもした。これらは、宝石、珍奇な石、幾らかの皮革、最も美しい金属、すなわち、金・銀、それ自体に多くの労苦と美を含む幾らかの芸術作品である。人のうわべの飾り付けを尊敬する人々みんなの思考様式によって、これらの実体は、指摘したように、目に見える最高の快楽の源泉である優越性を他人に示すのにふさわしくなった。したがって、それらの価値は大きくて当然なのである。あいにく、君主たち自身が、臣民たちの崇敬の最大部分をつねに彼を取り巻くうわべの華麗に負っていることは事実であるから、以前彼らがもっていた精神と権力の同じ資質を維持していたとしても、華麗が剥ぎ取られれば、自分たちへの敬意は大いに弱まることを心得ていた。だから、真の力や権

（注9）　ディオゲネス（前四一二〜三二三年、犬儒派の哲学者）の、プラトン以上の豪奢 fasto は、よく知られている。

限より弱いそれらの権力は、いっそううわべの豪華さに注意して、人々の観念を支配しようと努める。彼らの間の尊厳なる者や壮麗なる者は、しばしば、諸学派から引き出され、十分当を得て合わされた〈形式〉*formalità*（初版、他f.）と呼ばれる何か大げさなつまらないものでしかない。それについて、彼らは、「ないと言う事実には、まったくも些《いささ》かもない」*id quod non est, neque nihil, neque aliquid.*[注10]と理解している。

〈美を求める女性の熱情、このことはどれだけ理に叶っているか〉 しかし、もし男性に購買欲が、これらの自然の非常に珍奇で美しい産物への欲求を生じさせるとすれば、女性や幼児に美しいと思われることのきわめて激しい熱情が、これらの実体を評価できる金額にする。人類の半分をなし、全部か大部分我々の宣伝と教育にのみ運命付けられているように思われる女性は、男性に向ける愛にしか価格や価値をもたない。このほとんど全部が美から派生するので、彼女たちは、男の目に美しいと思われる以外の余計な配慮はしない。このことにどれだけ寄与するか、装飾が世論によって公言された。だから、価値 valuta[注11]が、女性では、愛らしさから生まれ、これは美から生まれる。それは、装飾によって増え、当然過ぎることとして、彼女らの判断では、これらの価値が最高になるに違いない。

〈幼児の装飾〉 幼児に留意すれば、彼らは両親の最も愛情のこもった関心の対象である。この別種の愛の優しさは、彼らの目に愛された対象をしとやかで愛らしくすることでしか人々に明らかにできないだろう。ところで、妻を満足させ、子供を引き立たせる欲求に動かされる時、男はどうするだろう。こうして、まず、河川の砂の中から、次に、大地の奥底から、ひどく苦労して最も美しい金属が採掘されることになった。したがって、これらの金属に恵まれていると思っている諸国民自身には、メキシコ人やペルー人のように、なお宝石に続いて、金・銀以上に評価できるものはない。もし彼らが、我々のガラスや鋼鉄といった取るに足らないものを高く評価するとしても、このことは、私が前述したことを台無しにせずに確認する。我々の作品の美しさが彼らを魅了したからだ。さらに、自然にではなく技芸によってつくられたガラスや水晶のこの美しさがあることは、希少性が変わる以外には価値を変えない。このことは、アメリカ人には未知のことだから、私が証明したことと逆の根拠とはみなされない。

〈評価された多くの物が無駄だという卑俗な抗議に答える〉　しかし、大部分の人々が、ベルナルド・ダヴァンツァーティ(注12)と一緒に、次のように推論する。「自然の子牛は、金の子牛より貴重だが、どれだけ安く評価されていることか」。答え。もし一頭の自然の子牛が金と同じくらい希少だったら、それの効用と必要の方が金の子牛よりも大きいだけ、金の子牛より高価だったろう。これらのことは、価値は、複雑な理由をつくるために一緒に結びついている多くの原理からではなく、唯一の原理に由来すると想像させる。別の人が次のように言うのを聞く。「一リッブラのパンは、一リッブラの金よりも効用がある」と。答え。これは、〈多くの効用があるとか大して効用がない〉とかは、諸個人のさまざまな状態に応じて評価される相対的な言葉であることを知らないから出てくる、恥ずかしい詭弁 paralogismo(注13) である。もしパンも金もない人

（注10）　*Cio che non e ne nulla ne qualche cosa.*「絶対的に存在しないもの、スコラ学派の用語では *formalitas* と言われるものを意味する」。

（注11）　pregio, valore.

（注12）　Bernardo Davanzati,『貨幣の学術講義』*Lezione accademica sulle monete*, Firenze, 1588.

について言えば、パンの方が有益なのは確かだ。しかし、パンを残して金をつかんで飢え死にする人は一人もいないから、このことは、事実に反するどころか一致している。鉱山で採掘する人たちは、食べたり寝たりすることを決して忘れない。しかし、飽食している人にはパンほど余計なものはあるか。だから、その場合、彼は別の熱望を満足させればいい。したがって、これらの金属は、奢侈の、すなわち、第一の欲求がすでに満たされた状態にある人の友である。だから、もしダヴァンツァーティが「金半グレインという高値にある一個の卵が、なお一〇日間塔の中でウゴリーノ伯 conte Ugolin の命を飢えから生きながらえさせるに値するなら、それは世界の金全部より貴重である」と言うとすれば、彼は、なければ飢えて死ぬかもしれない卵に支払う価格とウゴリーノ伯の欠乏の間についてひどく勘違いしている。伯爵が金一、〇〇〇グレインでもその卵に支払わなかったと誰が言ったのか。この勘違いの証拠は、少し後でダヴァンツァーティ自身が我々に明らかにしているが、気づかずに彼はこうも言っている。「実に嫌なものはネズミである。しかし、カシリーノ Casilino(注14)の包囲では、ネズミ一匹が二〇〇フロリンの超高値で売られた。それでも高すぎなかった。なぜなら、ネズミを売った方は餓死したが、買った方は生き長らえたから。(注15)」まさに天の思し召しで、彼も一度は〈高い〉、〈安い〉は相対的な言葉であることを告白している。

〈なぜ最も効用のある物が最高の評価を受けないのか〉　さらに、もし誰かが、最低の効用しかない物がひどく度を越して高いのに、まさに最も効用のある物全部がいかに安いかに驚くとすれば、彼は、この世界が、不思議な摂理によって、我々のために、一般的に言って、効用が希少性と決して出会わないほどうまくつくられていることに気づかねばなるまい。しかし、それどころか、最初の効用が増えれば増えるだけ、それはあり余るほどになるから、価値が増えるはずはない。我々に栄養を与えるものは、価値がないかその年にはかなりさし控えるほど、地上全域にたっぷりあふれている。だがしかし、こうした考えから、我々の意図を非難する誤った意見や、多くの者がするように、我々が尊重しているものの不当な軽蔑に後退してはならない。しかしむしろ、神の慈愛に満ちた手のおかげで恭順や感謝の念がつねに生まれ、いつでもそれが祝福されねばならない。そうするのはごく少数の人だけだが。

〈哲学者たちのしつこい軽蔑〉　おそらく、私が証明したように、たとえ宝石や珍奇な品々の価値が、人間本性に基づいていることが本当だとしても、それにもかかわらず、私は、多くの哲学者から、これらは、自分たちには依然として馬鹿げた発想で軽蔑すべき妄想のように思われると言われそうだ。そういう人々には、彼らにはそのように思われない何かの人事を彼らが見つけるかどうか私は知らないと答える。こう言って、彼らを苛立たせようというのではない。しかし、私は、優れた哲学者が、現世の欺瞞によって顔色をなくし、ほとんど人間性を失い、我々死すべき哀れな人間を笑ったり嘲ったりできるほど他人の上に立った後、これらの考えから離れて、元に戻り（生活の必要に迫られて）社会に加わることを願うものである。私

（注13）　ragionamento fallace

（注14）　Casilino. カプアにあり、前二一六年の冬にカルタゴのハンニバルに包囲されたため飢餓で降伏した。

（注15）　Davanzati, *op. cit.*, プリニウス（『博物誌』第八巻五七、八二）、セスト・フロンティーノ（*Strategematicon*, IV,5,20）、ウァレリウス・マキシムス（『著名言行録』*Factorum et dictorum memorabilium* 第七巻六・三）が援用されている。

は、哲学者ではなく普通の人に戻ってもらいたいと言うのだ。哲学者ぶって、彼が今影響を与える精神を癒した笑いは、そういう仲間や他人の気持ちを狂わせかねない。これらの発想は彼の心の中に閉じ込めておいた方がましだ。彼の仲間と知り合って同情するとして、もし彼が望むなら、私は彼に譲歩するので、人間が獣より少しましなかぎり改善しようとするから、彼に悪いようにはなるまい。彼にはこの企ては無理だろう。もし、我々の崇拝すべき宗教で人間が完全な美徳に導かれるとすれば、わが師匠連は超自然の神々しい力に助けられたのだろう。もし我々の中で至高の完全さのお手本が見られるとしても、これらは、人間本性のではなく天の恩寵のわざだろう。したがって、そのような武器を自ら携えている人は十分そうできるので、我々を完全にしてくれるだろう。しかし、哲学はこうするに至らないのだ。だから、ストア派が、人間を完全に有徳にしたがって、耐えがたく傲慢にすることになるのである。他の人々は、彼らを寡黙で観想的にさせようとして、大食漢にした。誰かは、清貧の人、不信心の人にしようとする。ディオゲネス Diogene は、人間を偏見から浄化しようとして、不名誉な血類の犬を指定した。(注16) したがって、かの輩は平和に生きていった。彼らは、評価がどうであれ、持っている貴金属や宝石をほったらかしにした。ホラティウス Orazio は、もう、

一番近い海に宝石や高価な石を、さらに、最悪の罪の基《もと》、無益な金も投げ込もう(注17)

と叫ばない。もしこれらの無益な物体によって、我々が、互いに食い合っている野獣生活から平和で取引して生きる市民生活まで窮乏なしに移れなかったとしても、いま英知の厳しさによって、野蛮生活に戻ること

はなかろう。こうして我々は、摂理の賜物によって幸運にも生き残っている。大多数の人々は、諸観念で一定の限界を越えて改善されることはない。何とかそうしようとしても、物事の秩序が壊れて台無しになる。

したがって、表面的で不完全な瞑想の娘であるこれらの考察全部を軽蔑にさらせば、男たちに尊敬を増すそれらの実体は、女たちには美しさ、子供たちには愛らしさが、有益で当然貴重であると一度《ひとたび》結論される。このことから、金・銀が、貨幣になる以前の金属として、価値をもつというきわめて重要な結論が出て来るのは当然である。このことは、次章でもっと詳しく論ずる。今や、価値一般について私が語るとすれば、私は〈効用〉という言葉で理解したことを説明したので、希少性について語ることになる。

〈希少性、及び同じものを構成する根拠とは何か〉　私は、ある物の量となされた使用の間にある比率を〈希少性〉*ralità*（初版、他 r.）と呼ぶ。私は、ある人がそれを使用するかぎり、この物が他の人の欲求満足を邪魔するある物の占有と同じ消費を〈使用〉*uso*（同 u.）と呼ぶ。たとえば、一〇〇枚の絵が展示されて売られるとする。もしある紳士がそれを五〇枚買うとすれば、絵は消耗したためではなく、五〇枚が金ずくで取り去られたために、ほとんど二倍希少になる。このことは、何かの具合で、絵が取引外に出たということである。しかしながら、この取引からの分離よりも諸物を消滅に委ねる方が実際的である。すなわち、消滅はあらゆる希望をまったく取り去るのに、分離は、占有され滞留している絵が、金ずくで、取引に戻る確率に

（注16）ディオゲネスの信奉者たちは、犬儒学派 cinici と呼ばれた。ギリシャ語で（κυνικός）犬のようなを意味した。

（注17）ホラティウス（『頌歌』第三巻第二四歌四七―五〇）。

よって評価されるから。このことは十分考察に値する。

〈物質の量〉 さて、物の量について述べるとすれば、物質には二つの類がある。幾つかでは、物の量は自然が産出する豊富さの違いに依存している。他の幾つかでは、そこで用いられるさまざまな労苦や労働にだけ依存している。第一類の物は、短時間で再生産され消費によって消滅する種類からなっている。それらは大地の産物と動物である。それらでは、大体同じ労苦で、季節の変化に応じて、［ほんの一年前になされるよりも八倍や一〇倍も］(訳注2) 多くの収穫が可能である。したがって、豊富とは人間の意志にではなく、気候や諸要因の配合に依存していることになる。他の類には、鉱物、石、大理石のような、ある種の物質を数え上げねばならない。それらは、毎年さまざまに生産されるのではなく、全部一緒に世界に散在しているので、それらの採掘は我々の意志に一致している。なぜなら、より多くの人々が採掘に雇用されれば、それだけ多く大地の奥底から得られるので。要するに、この類の物質を当てにしたいなら、物質量はいつでも採掘に一致するから、［採掘の努力］(訳注3) 以外は計算に入れなくてよい。私は、新しい金属や宝石が自然という偉大な働き手の中に再生しないと考えるわけではないが、この生産はきわめて緩慢なので、消滅に等しいと考えられねばならない。

〈労苦〉 さて、私は労苦について語り始める。労苦は、単に絵画、彫刻、板刻などのように、全体的に技芸の労働すべてにあるだけでなく、鉱物［岩、森林に自生する植物など］(訳注4) のように、多くの物質にも、物に価値を与える唯一のものである。しかしながら、物質量は、労苦の増減によってしか、これらの物質に価値で協力しない。こうして、多くの河川の岸で、もし、誰か、砂に金が混ざっているのに、なぜ砂より金の方に価値があるのか聞いて、ある人が一五分で彼の袋を砂でいっぱいにしようとし、気楽にそうできることが彼に分かっても、実際、袋を金でいっぱいにしたいなら、その砂が含んでいる金のきわめて微量を採集するのに、たっぷり何年も要するだろう。

〈それの計算〉 労苦を計算するには、三つのことを念頭におかねばならない。すなわち、人間の数、時間、労働する人々の価格差である。最初に、人間の数について述べよう。誰も生きるためでなければ労働しないし、生きていなければ労働もできないことは確かである。だから、もし一梱《こり》の生地の製造のために、刈り込まれた羊毛から店頭にならべる状態にまで数え **supputare**(注18) 始めて、五〇人の労働が必要とされるなら、この生地は、その羊毛以上の、労働時間に等しい時間の、これら五〇人の食物の費用に等しい価格に相当するだろう。すなわち、もし、二〇人が一日中、一〇人が半日、および二〇人が三日間働かされるなら、生地の価値は、一人の八五日分の食物に等しくなるだろうということ。これらの労働日のうち、二〇日を第一の人々が、五日を第二の人々が、六〇日を第三の人々が稼ぐ。この人々が全員、等しい賃金を得ていると仮定すれば、このことは明らかである。では、時間について述べよう。

〈時間〉 時間では、労働に従事している時間だけでなく、休息時も人は養われねばならないから、休養し

(訳注2) 初版、他「ほんの少し前になされたよりも」(di quello che poco tempo prima si sarà fatta.)。

(訳注3) 初版、他「労苦」(fatica)。

(訳注4) 初版、他「岩、森に自生する果実など」(i sassi, i frutti silvestri ecc.)。

(注18) ラテン語、*subputare*, contare, calcolare.

ている時間も計算されねばならない。しかしながら、このことは、労苦が、怠惰によってではなく、技芸自体の性質か法律によって中断される場合である。もしこの怠惰も、慣習や法律と同じように、活力を持つ国民ほど一般的でないなら。こうして、労苦抜きでそれらを遵守する諸国民間の祝典も、他の諸国民よりも高い商品をもたらす。なぜなら、一人が一年のうち三〇〇日労働して、一〇〇足の靴を作り上げると仮定すれば、これらの価値は、彼の一年の食料全部に相当する必要があるから。しかし、別の人が、三六〇日労働して、一二〇足の靴を作り上げても、もうこの人は、最初の人が彼の一〇〇足から得た稼ぎと別に、一二〇足の靴から稼ぎを得る必然性をもたないから、彼の靴は五分の一以下しか売れないだろう。

〈何時間が必要として評価されるのか、されないのか〉 さらに、自然がたゆまず営むことができない幾らかの仕事がある。芸術がそのようなものである。すなわち、幾人かの彫刻家とか音楽家が、一年のうち一〇〇日以上骨を折っているとは私は思わない。多くの時間が準備作業、英気の喚起、旅行その他に必要とされるから、彼らの勤勉は当然ながら高価である。最後に、さまざまな職業に応じて、人が自分の労苦によって異なる年齢から、利得を引き出しはじめることが分かる。それらの芸術、それらの研究は、習得に多くの時間と両親に多大の出費を要求するから、価値が大きいのである。松や胡桃《くるみ》の材木は、それらがポプラや楡《にれ》の木よりも生育が遅い木なので、高価格が支払われるように。

〈人間労働のさまざまな価格、それは何に由来するのか〉 これが時間についてである。しかし、労苦の違いから価格が生まれる人の才能のさまざまな価値について正しく計算することは、非常に難解な研究であり、まだよく知られていない。私は、それについて推論している著作者を一人も見出さないので、他人が私をどう判断するかまだ自信もないままで、そのことを考えていると言っておこう。もし違うふうにもっとうまく考えてくれた人によって、道理をもってまじめに批判されるなら、私は無上の喜びを感じるだろう。

私は、人々の才能の価値は、無機物の価値とまったく同じやり方で評価され、希少性と効用という同じ原理の上に一緒に結びついて成り立っていると考える。人々は、摂理によってさまざまの職業に配剤されているが、希少性の不平等の割合で、人間の必要のための感嘆すべき英知に釣り合って生まれた。こうして、一、〇〇〇人のうち、たとえば、六〇〇人は専ら農業に、三〇〇人はさまざまな気に入りの技芸の製造業に、五〇人は最も富裕な商業にふさわしくなり、五〇人は研究や指導に配列されてうまくいっている。さて、それを前提に、農民と比較すると、文人の価値は、この数の相互比率では、六〇〇対五〇、あるいは、一二倍以上になるだろう。だから、価格を唯一管理するのは効用しかない。なぜなら、神は、第一の効用の職業に従事する人々が沢山生まれ、これらの仕事はほとんど人々のパンやワイン作りで、その価値も高くならないようにしたから。しかし、才能のうちでは宝石にあたる博識者や賢人は、当然ながらきわめて高い価格を得る。

〈同じ主題に対する別の考察〉 しかしながら、希少性は、天才が生み出される比率にではなく、彼らが成熟に至る比率に応じて評価されるべきであることが分かる。だから、天才が、きわめて偉大な彼にふさわしい水準に到達できるための困難が大きいほど、その時彼の価格はいっそう高くなるのである。君主エウジェーニオ Eugenio[注19] とかテュレンヌ Turena[注20] 元帥のような最高指揮官は、一兵卒との比較では計り知れない価格をもつ。なぜなら、前者に似たごく少数の天才は自然が生み出すのではなく、自分たちの才能を発揮して、勝利報告によって偉大な隊長に思われるほど非常に幸運な状況にある者たちは、きわめて稀であるから。この点では自然も同じことをする。自然は、樹木の種が、まるで多くが失われることを予測しているかのように、後で生えてくる樹木の数よりもかなり多くの量を生み出し、地上に落とす。だから、樹木は種よりも高価だ。これらの確固とした原理によってまじめに熟慮すれば、ああ、人々の判断力の正しさがどれほどすばらしく光り輝くことか。何ごとも尺度で評価されているのが分かるだろう。他のやり方では、ある人の富は、彼の労働の公正な代価の支払いでしか生じないことが分かるだろう。たとえ人が、これらの富を手に入れるに値しない人に贈るとしても。実際、自分の功績か、功績で富を得た人の贈与によってでなければ、どの家族も人物も富をもっているはずがない。この恩恵は、生前なされれば、〈贈与〉*favore*〈初版、他f. 以下、同〉と言われ、死後なら〈遺贈〉*eredità*〈e.〉と呼ばれる。しかし常に、ある人が不当に得ている富の手がかりをたどっていけば、最初は功績によって、全人間集団に対して獲得されるべきだったと指摘される。実際にはしばしば、何百年か何百人かを概観しなければならないが、最後にはこの状態に行き会い、理性がそのことを教えてくれる。

〈すべての異議に答える〉 しかしながら、私は、常軌を逸した所業を度重なる悪辣きわまる人間の不正行為として否定するほどには、功績とか美徳がしばしば報いられないことをすでに自覚している。しかし、ここでは、その自覚のない人に気づかせる擬似的な推論をお許し願いたい。第一に、たとえ希少性や困難がかなりあるにせよ、それでもなお、価格が付くのは少数者によってではないから、大衆に真の効用も快楽も生み出せない表明を〈美徳〉*virtù*〈v.〉や〈学識〉*sapere*〈s.〉と呼んではならない。第二に、人は美徳と悪徳から合成されているので、美徳が褒賞されないのだから、悪徳の徒も同時に褒賞されないと考えるべきである。実際、かつて誰も悪徳が褒め称えられた場に居合わせたことはないだろう。人には自分を改善する有益で優れた才能があり、時折彼の欠点がたまたま障害を起すだけである。しかし、もしこれらの欠点がなかったらもっと向上していたのは常に事実である。第三に、他の人はある職を得られ、他の人はその職をうまく遂行できる手腕をもっていると、やはり認めるとしよう。前者の事例は、専ら彼に職を与えた人への好意の手管であり、弁護士業（司法官職）**toga**[注21]であろうと軍職であろうと、強く頼まれるものとやはり同じである。職を遂行できる手腕は、さまざまな任務に応じてやはり違っている。ところでまれに、職に就いているのに、それを得るだけの手腕がなかった人がいるだろう。彼には職を遂行する手腕と職を得る知識が結び付いていないから、十分な働きができず非難され、不適任だと見なされることが実によく起こるだろう。なぜなら、人々は、得た職を存分に遂行できることにだけ〈功績〉*merito* の名を付与するから。そうでない人に

（注19）サヴォイアのエウジェニオ **Eugenio**（**Eugene de Savoie-Carigan**）。オイゲン公（一六六三年～一七三六年）、フランス出身のオーストリアの将軍、スペイン継承戦争や反トルコ戦争期、神聖ローマ帝国の軍役の指揮官。

（注20）アンリ・ドゥ・ラ・トゥール・ドヴェルニュ **Henri de la d'Auvergne**、テュレンヌの子爵 **vicomte de Turenne**（一六一一年～一六七五年）。フランス軍元帥。三〇年戦争で神聖ローマ軍を、フロンドの乱でコンデ公を破り、名将、戦略家として名高い。サスバッハ **Sassbach** の戦闘で戦死。

（注21）トガ **toga**（古代ローマ市民［成人］が外出時に着用したゆるやかな外着。外交官、弁護士、大学教授の官服）**nell'avvocatura.**［転じて、弁護士の職］。

は、人々は、まるで力量がないか努力や手際を求めないかのように、気に懸けない。したがって、人々は、自信をもって、うまく遂行できないことを〈不当〉と呼ぶ。しかしながら、ここでも、生身の人間の恩恵である他人の愛顧によってか、祖先の遺産である家系によって、ある種の要職を得る人々は考慮しなくていい。私は、自分の作品の限界のみならず、議論の限度をこえているのを心得ている。しかし、私の作品は有益でここで論じられるにふさわしい主題だと思われるので、どうしても触れざるを得なかったのだ。読者諸兄が寛恕されようと、告発されようと、もし私見に同意を得るなら、うれしく思う。それでもなお、私は、同意する人が少なければ心配する。自分自身を落ち度から守り、他人の不正を告発するには、多数の人々の同意が望ましいから。

〈すでに述べたことの結論〉 価値が派生する原理については、すでに十分述べた。それらは、確実、不動、普遍的で定められた世俗事の秩序と本質に基づいているので、恣意的で偶然のことは我々の間には一つもなく、すべてが秩序、調和、必然であることは分かりきっている。価値は多様ではあるが気まぐれではない。価値自体の変化は、正確で不変の秩序や規則によっている。価値は理想ではあるが、必要や楽しみに、すなわち、人の内部組織に植えつけられた我々の観念自体が、それ自ら正義と安定性を保つのだ。

〈流行に関する、その効力に関する考察〉 唯一の例外が、私が述べたことから生まれざるを得ないように思われる。価値や我々の観念には、時々流行 **moda**（初版 *M.* 他は *m.*）も作用するということである。流行というこの言葉の意味には、長い時間考えぬいた挙句、〈新たに届かないためだけで、多くの物を少なからず高価にしてしまうヨーロッパ諸国民に特有の知性の愛着〉（初版は “…”、他はイタリック体、Diaz 版（…）という定義のほかにしようがなかった。これは、少なからぬものに支配権を及ぼす精神の病である。もしそこに幾分の良識でも見出したければ、この嗜好の多様性は、大部分最も支配的な諸国民の慣習の模倣から生まれると言わねばならない。しかし、議論すれば、流行に言及せざるを得ないから、自分の目的のためには、流行の支配権の限度を私が定義しなければならない。あまりふさわしい箇所とは言えないけれども、私はここでその定義をしておこう。流行の支配権は、万事美しさに関わっていて、少しも効用に関わっていない。なぜなら、何か非常に有益で快適なものが流行していれば、私は、それを〈流行〉*moda* とは呼ばず、生活の技術やくつろぎの改善と呼ぶから。美しさには二等級ある。すなわち、一方は、我々の発生と同時に、我々の精神の中に刻み込まれた一定の観念に基づいている。他方は、ありはしなくても、それを美しいと思わせる感覚の単なる慣れである。第一の等級よりもかなり範囲の広いこの第二の等級の上に、流行は専らその力を伸ばしている。したがって、幾らかの宝石や金・銀の美しさは、一部は何かの流行にしたがったり、甘んじて支配を受けるということでは決してなくて、普遍的に定められた我々の精神構造に基づいていると言わねばならないことになる。そのために、それらの価値は、並外れてますます大きく認められるのだ。しかしながら、この流行の力によっては、我々の観察はいささかも変わらない。なぜなら、これは、使って試される快楽を多様化することによって、諸物の効用を変える以外のことではないから。すなわち、残りは全部同じことである。

〈唯一の物の価値について〉　目下、一つしかなくて独占的なものの価値について、すなわち、メディチ家のヴィーナス Venere de'Medici(注22) の彫像のように他のもので償えないもの、あるいは、売り手が単独で一つしかないものの価値についてだけ言っておこう。私は、きわめて賢明な著作者たちも、これらの商品は〈無限の〉*infinita*（初版、他 *i.*）価値をもつと言うのをしばしば読んだ。しかし私は、その言葉が、致命的な問題について推論する人のまったくというほど不適切な言葉だとは思わない。おそらく、彼らは〈不定の〉*indefinita*（同、*i.*）と言いたかったのだろう。だが、それですら的確に言い得ていない。なぜなら、私は、あらゆる人事には順序と限界があるが、それらから無限と不定は大して無縁ではないと思うから。したがって、それらには次のような限界がある。すなわち、それらの価格は、つねに買い手の必要か欲求と一緒に結びついている売り手の値踏みに一致していて、それらが合成された根拠をつくるということ。そのために、時おり［一つしかないものの価値が無価値同然にもなる］（訳注5）ことがある。たとえあまねく同じことが起こらなくても、つねにそう規制されるのである。

〈ア・プリオリな価格の計算の困難〉　おそらく、今までになされた考察を認めた多くの人々には、それらに応じて、万物の価値を決定することは容易であるように見えるだろう。しかし、今まさに言おうとすることを十分に考察したとすれば、このような考えにとどまるべきだろう。論理学者たちが言うように、〈ア・プリオリ〉*a priori*（注23）にあるそれらの原理によってこの計算をすることは、我々にはきわめて困難で、しばしば不可能である。なぜなら、希少性と価値が消費に依存するように、消費は、価値に応じて形成され多様化されることが自信をもって確定されるべきだから。この連鎖によって、問題は、それらの間で何か関係のある未知の二つの量が互いに出会うごとに、不確定になる。

〈価格と消費の間の連鎖、どのように一方が他方に依存するのか〉　もし呼吸すべき空気と自分が立つ地面以外に、人間は絶対的で永久的な必要をもたないことに注意すれば、価格から消費の多様性が生まれることは明らかである。栄養を摂る必要はあるけれども、特に何の食物でもいいし、あれよりもこれの方がいいということもない。今、空気や地面は希少性もどんな種類の価値ももたないとする。だとすれば、他のものを、どっちみち人間はさし控えるかもしれない。だから、取得に要する不快と労苦に相応するものを、各人は望むのである。そのために、価値が少ないものでも大いに好まれて消費されだすのだ。こうして、希少性から生まれた価格によって、消費が規制されるのである。

〈なぜ消費は価格に負い、なぜ高価格は消費を減らすのか〉 逆に、切望によっても価格は規制される。なぜなら、もし、たとえば、ある国で、五〇、〇〇〇樽のワインが消費されていて、同じだけ収穫されている時、この国に突然軍隊がやって来て、さらに多く飲まれることになれば、ワインの価格は高くなるから。さてここで、ある人々は、解けない結び目と悪循環に出会うだろう。しかし、彼らは、私が言った多くの商品のうちで、希少性と豊富さが、人間労働抜きの外部的要因で、それどころか、季節順で突然変わることを考えて、結び目を解くだろう。これらの商品では、価格は希少性にならう。人々が等しくない富をもっているように、富裕の一定の段階には、常に一定の快適の買い入れが一致している。もしこれらの快適が、富裕の

（注22） フィレンツェのウッフィッツィ美術館 Galleria degli Uffizi に保存されたギリシャ彫刻。

（訳注5） 初版、他「価値は無価値同然にもなる」（il valore puo esser anche uguale niente,）。

（注23） 論理学で使用するスコラ学派の用語。（論理的に）最初にあること：cio che（logicamente）e primo.

劣った身分にいる人を落胆させたとしても、彼はそれを買う。こうして、もしそれらが高くなれば、以前にそれらを使っていた人々は使用を差し控え始める。このことは、分かり易い観察によって確証される。ナポリ王国では、収穫が良好の時[注24]には、その年全体でおよそ一、五〇〇万トゥモロ tumoli[注25]（tumulo）の小麦が消費される。経験によれば、たとえ時おりきわめて豊作の年に六・七〇〇万トゥモロまで平年作をこえて収穫されたとしても、それでも一五〇万トゥモロ以上の量は決して輸出されない。保存される量も同量をそれほどこえない。逆に、不作の年には、時おり八〇〇万トゥモロをこえて収穫されないのは確かである。外部からも一〇〇万トゥモロ以上は一度もナポリに運びこまれなかったし、［先立つ何年間かに我々が保存していた小麦は、二〇〇万トゥモロにも達せず、なんとか飢饉をやり過ごすのに足りただけであった。[訳注6]］その理由はこうである。比類のない豊作の年々には、多くの小麦が食べられ、消費し尽くされ蒔かれるし、天災時にはその逆だということ。したがって、消費の限界は、トゥモロの尺度によりも価格に固定されていると言わねばならない。たとえば、「ナポリ王国は、毎年小麦を一三〇万ドゥカート消費する。」すなわち、この金額で、一、五〇〇万か一、〇〇〇万トゥモロだけ買い入れれば、常に同じことであろうと。[注26]

〈この連鎖を考慮すれば、変化はどこから生まれるのか〉 さらに、収穫の差に左右されない商品は、流行 **moda**（初版、他 *m.*）以外に希少性を変える外部的原因をもたない。しかし、貴金属や宝石は、それらの至高の美しさによって、不安定な採掘のあれこれの気まぐれに左右されない。だから、他のどんなものよりも確実な価格をもつ。それでもなお、アメリカの発見時にそうだったように、もっと豊かな鉱山の発見には採掘の差は左右されるだろう。こうして、価格低下が生じた。そうなれば、使用は増加するだろう。すなわち、そのような使用によって、後に需要が増えた分だけ価格を下げなくてすんだのだ。なぜなら、この連鎖から、万物の均衡という重要できわめて有益な結果が生まれるから。この均衡は、たとえ人間の慎慮とか美徳からではなく、浅ましい金銭的利得というきわめて低劣な刺激から出ていても、生活の快適という公正な豊かさと世俗の幸せに驚くほど調和している。すなわち、限りない人類愛のために摂理を得て、しばしば我々の臆病な熱情が、ほとんど我々の腹いせに対して、万人の幸福のために命じられたかのように万物の秩序を組み立てたのだ。

〈価格は消費と消費は価格とどのように繫がっているかが説明される〉 さて、これがどうして起こるのか、我々の目的のためにそれを明らかにしよう。全員がマホメット教徒でその慣習をもつ国が、同時にキリスト教とそのしきたりの国になると仮定しよう。その国にブドウの木が植えられているのはきわめて珍しい。なぜなら、マホメット教徒はワインを飲むことを禁止されているから。私は、彼らがこの法律に従っていると仮定する。いま［突然ワインを飲む習慣が許可されたとすると、収穫は少ししかないから、希少性が

（注24） Cfr. la nota VI, G., alle pp.311–2. 注釈三九六―八ページ。*Raccolta*：農産物の収穫（別所では、*ricolta* 等）。

（注25） トゥモロ Il tumolo は、ナポリ立方 cubici の三ピエディ piedi の五〇分の一以下に相当する尺度である。

（訳注6） 初版、他「先立つ何年間かに我々が保存していた小麦は、二〇〇万トゥモロにも達しなかった」（ne quello che avevamo serbato dagli anni anteriori giungeva a due milioni.）。

（注26） Cfr. la nota VII, G.,alla p.312. 注釈三九八ページ。

ワインを高価にし、（訳注7）」そのため商人たちは、大量のワインを他国から運び込み始めるだろう。しかし、誰もがこんな大もうけを味わおうとして、「多くの新しいブドウの木が植えられ、多くの外国産ワインが持ち込まれる（訳注8）」や否や、誰もがたっぷり荒稼ぎしようとし、各々がよろしく大もうけするだろう。こうして事態は、常にそれらに本来備わった自然状態であるだけの同一水準に落ち着く。しばしば、最初の噂《うわさ》と最初の例に惹きつけられて、衝動的に、だがあまりに遅く、その種の産業に向かう人々の数が増えるのに応じて、価格は適正なところまで下がっていく。その頃になれば、各々は自分の軽挙妄動の罰を贖《あがな》うべく、誰もがそれから身を引き始め、こうして再び適正な限度に戻る。

　このことから、二大結果が引き出される。第一は、あることの最初の運動にではなく、永久的で安定した状態について考慮されねばならないということ。これには常に秩序と平等が見られる。もし一壺の水の中に何か変化が起こるとしても、ある混乱と不規則な動揺の後、いつもの水面に戻るように。第二は、自然には諸事を無限の果てまで導く偶発事は起こらず、万物の中のある種の実質的な重力が、永久とはいえ有限の一つの円の中で捻じ曲げて、常に無限の直線から引き離すということ。私が述べたことすべては、貨幣にも繰り返し何度も適用されるだろう。だから、読者諸兄は、重力と流体の法則に商業の法則がまったく正確に一致することを心に止められ、納得されたことだろう。それ以外には何もないのだ。物理学には重力があり、人間には、お金を稼ぐとか、幸せに暮らす欲求があるということ。こう仮定すれば、物体についての物理法則全部が、それを熟慮できる人によって、我々の生活の中の教訓で完全に確認できる。

（訳注7） 初版、他「希少性がワインを高価にし」（la rarità renderà caro il vino）。

（訳注8） 初版、他「多くの新しいブドウの木が植えられ、多くのワインが持ち込まれる」（tante nuove vigne si pianteranno, tanto vino si porterà）。

第三章　〈金属は、貨幣としてよりも金属としての用途の方が価格が高いことの論証。この事実を確認する二つの計算〉

この著作を書き始めてからというもの、私は、自分の胸のうちでは、人間に対する怒り、万物の創造者への敬意と感謝の念を常に掻きたてられてきた。人々が、私をいらだたせる。時には、我々の過ちを摂理のなせる配合とゴッチャにし、時には、摂理そのものを非難して、自身の功績の観念でいっぱいの、特に〈賢人〉***spienti***（初版、他*s.* 以下同）の名をわが物にしている人々が、私をいらだたせる。彼らは、すべてが不正であり、起こることすべてが混乱だと叫び、自分たちの不信心を隠すために〈運命〉、〈宿命〉、〈天命〉という名目を発明したのだ。逆に、私は、すべてが我々の効用のためにつくられた秩序を沈思黙考するたびに、至高の御手を祝福する。その御業の中で、私が向かうどこででも、正義と平等以外には出会うことがない。**〈多数に圧倒された諸物の適正価格を知る困難〉**[訳注1]それから、個別事項に降ると、私は、価格があらゆるものに配置される正確さに感嘆する。私は感嘆すればするほど、ただ一人でこの計算をし、価格を決めたいと望むなら出あうと思われる困難を認識する。どんな算術家が、一リッブラの金の、すなわち、アメリカくんだりからわが国に運ばれる一商品の価格を言えるというのか。無数の人間が、［食糧の価格もまちまちで、］[訳注2]人口や富裕さもまちまちのどこでも、肥沃度の不平等なまったく違った地域で、自分の生業に勤《いそ》しんでいる。他の人々は、一日の仕事に、他の人々は一ヶ月の仕事に、また他の人々は、等しい時間に一リッブラではなく、一〇〇や一、〇〇〇リッブラで就業している。多くの違った人々の才能の釣り合いはきわめて不ぞろいである。もし販売に留意しても、誰が好み、必要、豊かさの異なる雑多な買い手に正しい釣り合いを見つけられるのか。さまざまな国のさまざまな集団は何か、主要な商業中心地から誰が近くにいて誰が遠くにいるのか。見込みと同じく重大な損害がまちまちなことに、君主の関税、商業為替、脱税、密輸、最後に、ほとんど無限の危険や損失を付け加えてみるといい。これらの原理すべてからも、一つの物の価格が引き出されるはずだ。もしある一人だけが度肝を抜かれ、手を引くとしても、利害をもつ多数の人々が見つけられる。すなわち、個別の事どもについては、たった一人の賢人よりも多数の無学者の方が多くのことを知っている。それから、この人々は思い違いをしないから、本当に時価が適正であるかがこうして判明する。もし金の取引で競っている人々全員が、すべて暮らしを立て、食べていて、勤勉な者が富裕になり、怠惰な者がその罪を当然の損で罰せられているとすれば、各々が、自分で正当な稼ぎを考えることで、確かに誰も仲間を傷つけないだろう。あるいは、ある階級の人々が絶えず損をしていれば、彼らによってこの産業は嫌悪され放棄されるだろう。こうして、すべての商品の流れは、［歯車の歯が一つ欠けているだけで時計が時を刻むのをやめる］(訳注3)ように、止まるだろう。それから、他の階級が並外れて富裕になったなら、

（訳注1）　初版、他では改行されていない。

（訳注2）　初版、他「貨幣の価格がまちまちなどこでも」（ove è vario il valore della moneta）。

（訳注3）　初版、他「歯が一つ欠けているだけで、（時計が）時の刻みをやめる」（per la mancanza d'un solo dente dal suo corso si arresta）。

他の人々は、自分たちのあまり儲からない商取引を放棄して、この新たな商取引に向かう人々の数は多くなり、その結果、以前に得られた一時的な儲けが減少することが知られ、人々の数は適正水準に導かれるだろう。

〈金属の価値は、主に貨幣としてもつ用途からは生まれないことが分かる〉　したがって、他のやり方では、他のすべての商品と比べてふつう幾らになるのか聞いても、金の適正価格がいくらであるかは確実に知ることはできない。しかし、私には、前章で定めた諸原理に背くことなく、金属価値についてもう少し止《とど》まり、金属が、使用のされ方についてと同様摩滅 struggimento（注1）についても、貨幣としてより金属としてかなり多くの価値をもつ他のきわめて重要な事実を証明する必要がある。それによって、価値があるから貨幣として使われるのであって、貨幣として使われるから価値があるのではないと結論できよう。このことは、この科学のあらゆる事実が拠って立つそれの本質的な意義をしっかり確定することに役立つ。だから、私は、貨幣で使われる金属と使われない金属の間にどんな不均衡があるかを説明したい。価格を構成する諸原理は、後者の使用からよりも前者の使用から生じるように思われる。そのことを証明するには、算術計算が必要である。

〈ナポリにおける銀の計算〉　私は、わが王国だけで二、六〇〇万ドゥカートの銀（計算を容易にするために金は省く）を保持していると考える。一五ドゥカートと一〇分の六が、［わが国の純銀一リッブラに等しい］（訳注4）ことが周知だから、私は、この〈ドゥカート〉*ducato*（初版、他 d.）の語を重さとして使う。リッブラで計算ができたろうが、常にもっとよく知られた語やもっと明らかな観念を使用する方がいい。この私見の根拠は以下の如しである。貴金属がきわめて豊かな都市であるナポリで、全教会がことのほか銀であふれている。サン・ジェッナーロ san Gennaro の礼拝堂の宝物庫は、［一〇万ドゥカート以上の銀を、(訳注5)］多くの教会が六万ドゥカート以上を、少なくとも五つか六つの教会が、五万以上を所蔵している。しかし、聖杯、聖体皿 **patene**(注2)、香炉などからなる最も不可欠の道具類だけでもこの計算をすれば、多量の銀を拝むことができる。ナポリには、三〇四の教会と一一〇以上の他の礼拝堂、信者会、信心会があり、すべてにたっぷり備品が付いている。すなわち、これら二、〇〇〇以上のきわめて立派な装飾を備えた祭壇が列挙されねばならない。このすべてから、私は、全部で三〇〇万ドゥカートの銀が、ナポリでは聖なる虚飾に捧げられたと敢えて結論する。諸個人の家に、もし私が五〇〇万ドゥカートあると言えば、おそらく、実際の額より少なく見積もることになろう。なぜなら、奢侈が、時計、かぎタバコケース、剣やステッキの握り、食器、カップ、銀の皿を信じがたいほどに俗悪にしたから。これに、ナポリ人たちが、古《いにしえ》のスペイン人に慣習でほとんどまったく似ていて、彼らが〈スクリットーリ〉、〈スカラバットーリ〉（宝石箱）と呼ぶ自分たちの金庫を古い銀製品で満たすことに無上の喜びを見出すことが付け加えられる。このすべてから、私は、自分の仮定で思い違いをしなかったと思うし、それが事実であることに確信を得たい人は、ナポリの銀行や公営質屋にある証拠

（注1） usura, logoramento.

（訳注4） 初版、他「一リッブラの純銀に等しい」(eguagliano una libbre di puro argento)。

（訳注5） 初版、他「一〇万スクード以上の銀を所蔵している」(ha sopra cento mila scudi di argento)。

（注2） *patene*（もっと先では、*tondini*）: piattini

を見に行くほかない。そうすれば確信できるはずだ。確かに、抵当銀行の僅かの担保だけでも、小さな飾りや宝石の価値の四〇万ドゥカート（初版、他、スクード）以上保管されている。その中には、少なくとも銀が五万ドゥカート（同、スクード）あるだろう。だから、ナポリには、鋳造されていない銀が八〇〇万ドゥカートある。王国には、その首都の八倍以上の人口がいる。今日、私は、住民は三四万人に達すると思う。彼らが比類なく非常に貧しいことは事実である。しかし、たとえ何が乱雑に散らばっていようと、集められ知られているよりも少なく見えることに注意すべきだろう。確かに、王国の教会は、ナポリの三〇（初版、他、二〇）倍以上ある。これらの多くの名の通った聖域、多くのきわめて富裕な修道院、多くの見事な大聖堂の中には、銀がたっぷりある。すなわち、王国の最も貧しい場所に創設された多くの礼拝所が、どれほど富裕であるかも信じがたい。さらに、多くの都市は、昔の住民数を次第に減らしていたけれども、往時まったく隠遁者や処女で成り立ったテーベ地方 **Tebaide**(注3) にあった古《いにしえ》の都市に似ているように見えるほど神聖な場所をいっぱい残していた。だから、私が、六〇〇万ドゥカートの銀が王国の神聖な場所にあり、六〇〇万だけが世俗にあるといっても、奇妙には思われないだろう。それゆえ、王国には、鋳造されていない銀が二、〇〇〇万ドゥカートあるのだ。さらに、貨幣に関しては、私は十分に知られているように思う。カルピオ **Carpio**(注4) 公爵が、銀貨全部の一般的改変で、五、六〇四、三〇九ドゥカートになる三五二、三八八リッブラの銀を打刻したことが知られている。今や、たとえ奢侈が現在法外に増えたとしても、それでも銀貨の量は、当時に比べて等しいかおそらくもっと少ないことは疑いない。なぜなら、金貨については、限りなく使用が増えているし、お金を代表する紙幣はもっと多いし、結局お金が多いか少ないかの外見は、金属の量ではなくお金の流通速度だから。今日銀が少ないことは議論の余地がなく、三〇〇万リッブラの紙幣を発券しているナポリの諸銀行に、四〇万ドゥカートの銀しか保管されていないという認識に至る。カルピオ公爵この方常にナポリ王国で銀貨が刻印され続けられたことが、何か支障を来たしたとは思わない。だから、全部で一、七〇〇万ドゥカートが打刻されたのだ。なぜなら、カルピオ公爵のものはきわめて広大な地域ですでに不足していて、多くのもっと新しい貨幣も、溶解されるかどこかへ消え去るか失われたことが、誰にでも分かるから。そのために、刻印されても、まったくお話にならないほど少ない貨幣しかないと言うほかないのだ。これが、私ができた計算であり、それに基づいて多くのことを熟慮し見極めた。

〈政治算術とそれらの不正確についての熟慮〉 政治算術の計算は、確かに危険なことであり重大な錯誤の源泉である。なぜなら、ほとんどまったく確実性がなく、形成される何か周知の諸原理しか確定しないから。それらの原理だけは、もしこれらの高貴な研究に専念したら、それらの権威によって事実と経験を現実のものにできるだろう。さらに、熱情が、事実を発見するためではなく、何の動機もなしに言いたかったことを確認すべき理由を見つけるために精神を誘導するなら、これらの誤りはもっとずっと安易に発生することになる。これの惨めな例は、イギリス人、カヴァリエーレ・ウィリアム・ペティ cavalier・Guglielmo

---

（注3） 高地エジプトの砂漠地帯。前三世紀以来、テーベ san Paolo di Tebe の例につづいて、隠遁者の生活で名をあげた。別名、人々が独居で暮らす平穏の場所。

（注4） Gaspar de Haro, marchese del Carpio, ナポリ総督vicere（在位一六八三～八七年）。Cfr. la nota XIV G., alle rr.324-5. 注釈四一六―七ページ。

（William）Petty（一六二三年～一六八七年。イギリスの経済学者、政治家）であった。彼は、創意に富む学術書『政治算術』(注5)で、あらゆる事実からまったくかけ離れた多くの問題を、かの国民の真実ではなく栄光を最終目標として予め決めたので、自分の計算で楽々と証明した。だがしかし、その計算の威信は、奇怪な推計によって笑わざるを得ないほど膨らまざるを得なかった。このような致命的な例から、私は、たとえ二〇〇万か三〇〇万間違ったとしても、事実がなくなるという結論は少しも出てこないことを学んだ。なぜなら、確かに私はそんなに間違うはずがないから。第一に、私は、打刻されない銀地金は、打刻されたものの四倍以上あるから、私が前章で説明した原理によれば、銀の価値は貨幣として有益であることより金属として有益であることに四倍以上依存していると確信せざるをないことに気づいた。さもなければ、一国家が、その取引に足りる貨幣でいっぱいになった後、諸鉱山はもう採掘されなくなるか、貨幣の価格が恐ろしいスピードで騰貴していくかだろう。なぜなら、半世紀で、五〇〇万の、少なくともわが国の銀塊が増加したことは否定できないので、その価値が半減ではなくもっと減ったことが経験によっても分るから。そのため、奢侈が、その価値を貪り食い飲み下し、持続的出資にもかかわらず、それによって、価格をそれだけに維持したのだと言わねばならない。

〈右でなされた計算から出てくる結果〉　もし使用済みだが消耗していない金属が貨幣よりずっと多くても、非打刻金属に生ずる摩滅は、貨幣の溶解に比較して、比べようもないほどひどいということになる。このことによって、新たなもっと確実な論拠と共に、金・銀は、貨幣としてよりも奢侈の金属として使った方が多くの価値をもつことをなお疑った人も納得する。このことをもっと詳細に論じると、観察によって、五〇年でわが国のカルリーノ貨幣は九％摩滅したことが分かる。さらに、一二、一三グラーノ貨幣の七％が、他の最も大型の貨幣類の四％、二％、一％が摩滅した。それゆえ、条件を中位にとれば、銀貨全体で四％摩滅した。このことは、実際より少ないどころかむしろ多い。だから、五〇〇万ドゥカートの貨幣のうち、二〇万ドゥカートが台無しにされたのだ。さて、金目《かねめ》の物に目を向けよう。貨幣が、摩滅しないために最良の方法で保管されるのに反して、金目の物の大部分がまったくひどく消耗してしまうことは確かだ。皿、食器、杯、テーブル上の他の容器、ステッキや剣の柄《つか》、バックル、ボタン、かぎタバコ入れは、洗ったり、きれいに手入れしたりすることによって、手で擦《こす》れたり使い古して、貨幣とは比べようもないほど早く消耗してしまう。しかし、この半世紀で四％以上消耗しなかったとしても、この価値も八〇万ドゥカートである。しかし、木部や銅の銀メッキに活用されるそれのために、および、純銀全部が造り出す偽のメッキで、五〇年のうちに王国全体で三〇万ドゥカート以上台無しにされたことを疑う人がいるだろうか。衣装、飾りひも、高級織物、口で言い表せない刺繍で、我々の奢侈が蕩尽するそれは、七〇万ドゥカートに達しないことがあり得るか。他の多くの浪費の仕方は放っておいて、すでに述べたことに限定しても、貨幣のうち二〇万ドゥカートが消散した一方で、銀の残りのうち、二〇〇万以上が消え失せたことが明らかになる。銀の価格

（注5） ウィリアム・ペティ、『政治算術』*Two esseys in political arithmetick*, London,1686.他、多くの作品の著者。つづいて、彼の計算に対して起こされた異議に答えたものが、*Five esseys in political arithmetick*, London, 1690.であった。

は、貨幣での使用よりも商品での使用に一〇倍以上依存しているので。似たような計算は、金でもできるし、同じ結果が出せる。それから、この結果が、現にそうであるように、ある人には分からなくても、貨幣として使われる低位金属を検討すれば、彼にもきわめてよく確信できるし、どの国民でも、石ころや皮の切れ端のように無益なものは活用されず、有益な商品だけがこの使用に用いられることが分かるだろう。だから、人々は、［貨幣をそれらで造ろうと考えたから］[訳注6]、金属を評価したのではない。そうではなくて、それらが評価と効用をもつから、［それらを貨幣として使用しようと考えるのだ。］[訳注7] 金属の本質自体と貨幣の必要条件が結びついたのは、それらの自由で気まぐれな選択ではなく必要であった。だから、そのことは、次章でもっと詳細に論じよう。

〈もっと幅ひろい別の計算は示唆されるほど確実ではない〉　私が論証したこの真実を確認するために、別の計算が使えた。その計算からは、二世紀この方我々の奢侈が無に帰してきた金・銀の無限量が現れる。しかし、この計算は、非常に幅ひろいので、あまりにも重大な誤りに陥り易かった。それも、電光石火の指摘が好ましい。どれほどの銀が、西インド Nuove Indie からこっちに運ばれたかを知るためには、ドン・ガスパル・デ・エスカローナ don Gaspar di Escalona[注6]（?〜一六五九年）が、ポトシ鉱山 il Potosi がはじめて発見された一五七四年から一六三八年までに、その鉱山から三億九五、六一九、〇〇〇〈ペソ〉の銀が採掘されたと言っている（し、彼がそれを知り得た）ことを知れば足りる。〈ペソ〉は、我々の約一二カルリーノほどになる。もしこれが六四年間で生じたとすれば、一六三八年から今現在の一七五〇年までに、すなわち、一一二年間で、幾分鉱山が疲弊したとしても、少なくとも同量が採掘されたことは明らかである。それは全部で八億六、〇〇〇万ドゥカート以上になる。さらに、アメリカ全体から（ポトシ以外に、チリ Chily のきわめて豊かなコピアゴ Copiago 鉱山とプラタ Plata 鉱山がそう。それに、メキシコ、テッラフェルマ Terraferma[注7]、ブラジルも銀が豊富なところ）ポトシ鉱山だけからの二倍の量が採掘されたという人は、確かに実際よりかなり少な目に言っている。だから、全合計額では、アメリカ America（初版、他、インド India）発見以来、二五億ドゥカートよりかなり多くの銀がヨーロッパに送られたのだ。何世紀もの間に採掘され加工されて西インド人 indiani の手にあった金属全部を加算してみたまえ。さらに、ヨーロッパに目を向ければ、クリストフォロ・コロンボ Cristoforo Colombo（コロンブス、一四五一年〜一五〇六年）以前からあって、確かに、貨幣や少なからぬ奢侈に足りた銀全部に留意される。後にヨーロッパの鉱山から採掘された銀全部が加算された。もしスタール Stahll[注8]が、アメリカ America（初版、他、インド Indie）よりもドイツ Alemagna を重んじて主張したことが間違っているにせよ、すなわち、四〇〇年間で五、〇〇〇万リラの銀の利益が出たことは確かだ。これらドイ

（訳注6）初版、他「それらで貨幣を制定するために」（perché la moneta con essi instituirono）。

（訳注7）初版、他「それらを貨幣として使用する」（gli usarono per moneta）。

（注6）『ペルー王室の財宝』*Gazophilacio regis peruvico* (*Arcae Limensis gazophilatium regium Perubicum*), Madrid, 1646, p.193. Gaspar de Escalona Y Agueroは、エクアドルのリオバンバ Riobamba 生まれの法律顧問。

（注7）Tierra Firme. 現在のヴェネズエラ Venezuela にあたるアンティル Antille 海沿いの南アメリカの地域。

（注8）ドイツの医師で科学者のゲオルク・エルンスト・スタール（Stahll, Georg Ernst, 一六六〇年〜一七三四年）は、さまざまな著作で金属の研究に専念し、『医学論真髄』（*Theoria medica vera* 1707-8.）に諸成果をまとめた。

ツの鉱山は、やはり今日も稼働すれば利益が出るので、常に富鉱であったと考えねばならない。二世紀半で、私は、四〇億ドゥカートの銀がヨーロッパにあったと確信しているからだ。けれども、今では到底一、五〇〇ドゥカート以上はないと考える。オリエントから発送されたものは、一、〇〇〇ドゥカートにも達しない。残りの全部を奢侈が貪り食い、吸い取り、蕩尽した。貨幣の増加では、三（初版、他、二）億以上にならなかったことは確かである。こんなことは、全体からすれば、取るに足りない問題だ。実のところ、私が、すでに明白な事実の確認で、あまり信用すべきできないことを知っていても、この計算は有益である。もうこのほかに付け加えることはないと思う。

〈今までに説明されたことの結論〉　ともあれ、わが読者諸兄は、金・銀が、貨幣使用にも、我々の気まぐれにも、諸国民の同意にも由来しない真の内在価値をもつことを、私が証明したことに気づかれるだろう。したがって、事物一般全部の価値原理を展開し、それを金・銀に適合させることが必要になった。さらに、私は、この内在価値は、単に以前からあっただけでなく、貨幣で使われている現在も価値があることを知らしめた。貨幣としてよりも金属としてずっと価値が高いし、多く利用されているから。しかし、内在価値についての議論すべては、他の高額商品にも通じることなので、貨幣がなぜ、宝石、希少な皮革、磁器製品、硬い石、琥珀、水晶その他からではなく、金・銀だけから造られるのかが追究されなければ、何の役にも立たないだろう。つまり、私は、このことが、我々の同意や自由選択にさえ由来するのではなく、貨幣の本質が、他の何物にも増して金・銀の便利な利用を自らに導くことを万人に論証したい。次章は、そのためにあてられる。

第四章〈なぜ金属は貨幣のために必要なのか。貨幣の定義。貨幣に必要な金属の特別な性質。結論〉

〈偉大な制度は人間からは生じない〉 市民生活のうちにある非常に有益で見事な制度すべてについて、私は、何一つ我々の精神の英知に帰すべきでなく、すべてが慈愛に満ち溢れた神意の純粋で絶対的な賜物であるとはっきり評価する。そして、確かに、それらの偉大な事象は、事前の進み方では、ごく些細な目に見えない端緒、緩慢な増加、揺るぎない力をもつので（それらに運動を与えるために秩序づけられた自然自体によって支えられているから）、人は、原理に気づくこともそれらの拡張を止められもせず、確定されているからそれらを解体することもできない。何人《なんぴと》もその短い生涯の限界に加えて何の力も拡張しないのだから、誕生以前に新しい事象を予測することは不可能だし、死後自分の目的に従っていくことも定かではない。人々が、何か調和のとれた立派な秩序を知って、それの維持を誇りとし確立しようとして、（彼らが言うように）それを完成しようとすることは妥当である。しかし、この完成は、人間に完全に基づくものですらない。なぜなら、その完成は、事象の性質に一致していればそれにならうか、逆なら自ら瓦解するかだから。ロムルス **Romolo** は確かに広大な帝国を興そうとは思わなかったし、アウグストゥス **Augusto** も帝国を完成し確立しても、自分がそれを崩壊させることは悟らなかった。共和国の拡張に協力したあの美徳自体とそれを破壊したあの悪徳は、これらの結果を生み出す準備をしたあの国家の秩序と欠陥に由来する人々の中にあった。

そして、我々の主題に向かうために、きわめて重大なことは、明らかに貨幣の制度である。しかし、人々が、前もってそれを使用しようと考えていたとするのは間違いである。貨幣は、（私が語ったように）それが使用されていることがほとんど知られずに、それの効用も理解しないで使われ始めた。貨幣が、周知され普通に comunale[注1] 使われて以来、人々がそれを改良しようと熱中し、その性質が一致したので、打刻や他の技術に助けられた。しかし、確実に従うべきであるが、神意が、諸事をこのようにお命じになったので、我々が貨幣の効用を得られ、金属を知らしめて、貨幣が必然的に導入されざるを得ないことを望まれたのだということを、私は本章で証明したい。さらに、貨幣が導入されると、一方の必要と他方の属性を強く求めて、金属については、それらを何か他の商品と取り替えざるを得なくされた。この主題は、きわめて重要であるだけに、私は、わが読者諸兄にそれだけ面白く実り多かれと願うものである。

〈貨幣は普遍的同意によって定められなかった〉　多くの人々は、昔人々全員が同意して、それ自体では何の用途もないこれらの金属を貨幣として使用することを承認して、それらに価値を与えたということをまさに大いに笑うべきである。人類全体のこれらの会議、これらの協定は、かつてどこであったのか。どんな時代に、どんな場所で、どんな代表者たちが、スペイン人、中国人、ゴート人、アフリカ人が、諸国民がお互いの存在さえ知らないのに、何世紀たっても決して考えを変えないほどしっかりと同意したのか。ローマ帝国を破壊した野蛮人たちとそれを防衛したローマ人たちが、他のあらゆることでは、強情な敵同士として互いに反抗し合ったのに、このことだけに、金・銀が富として価値があるという同意を維持したとは。ああ、万人が同じ見解に同意し、何世紀もそれが続いたのに、すでにこれ questo（初版、他 questi）は、バベルの塔

torre di Babilonia の下とか、ノアの箱舟の出口とかで開催された会議［の決議 la deliberazione］[訳注1]ではないと言わねばならないとは。すなわち、これらは、実にいつも同じことで、同じことはいつの時代にもあったので、我々の精神の素質で物事固有の構造なのである。そして、私が言うのと同じことは、明白な事実まで論証されよう。どんな問題についても、私はこのように論じたい。

〈貨幣と金属の間の関連が証明される〉　二物間の必然的な関連を知らせたいと思えばいつでも両者の性質を十分調べる必要があり、この識別に基づいて両者間にある揺るぎない連鎖を発見しなければならない。したがって、私は貨幣の性質を調べることから始めて、さらに先に進んで、銀・金の属性に言及したい。そうすれば、貨幣がこれらなしにはあり得ないことが分かるだろう。それから、たとえ貨幣については次編で論じねばならなくても、すでにその近い箇所にきているので、適切な根拠でそれを説明し確認することは次編にとっておいて、今から貨幣の定義を明らかにしたい。

〈貨幣の定義〉〈諸物の価格の尺度であるかぎりでの貨幣の定義〉　貨幣には〈想定〉*ideale*[注2]と〈現実〉*reale* の二種類ある。二つは、諸物の価値を評価するためと、それらを購買するための、違った用途に使われる。価値評価のためには、想定貨幣は現実貨幣と同様か、おそらくそれ以上に有用である。あらゆる貨幣

（注1）　d'uso comune.

（訳注1）　初版、他「すでにこれらの会議でではない」（non sono gia questi congressi）。

（注2）　*ideale*，あるいは、immaginaria，あるいは、di conto は、ふつう実際に流通していなくて、不変の尺度単位のような商取引で使われる貨幣を呼ぶ。

の代わりに、何か物を評価する時、想定貨幣として考えられる。すなわち、それは、あらゆる物を評価するために、数字で最もよく表現され理解される割合だけで価格が成立するので、言葉だけ、数字だけで事足りることを意味する。したがって、この使用に関して、私は〈貨幣は、あらゆる物の価格を知るための共通の尺度である〉（初版……）と貨幣を定義する。あらゆる見解にもまして、この使用はきわめて有益である。共通の尺度がないと、諸物の割合が間違って知られるからである。ところが一方、ある物が他の物に関わると、それら二物間の根拠だけが理解されることになる。私が「一バレルのワインは、五〇リッブラのパンに値する」と言うなら、私は、小麦とワインの割合しか知らないことになる。しかし、私が、そのバレルのワインが一ドゥカートに値することを知っていれば、直ちに、私は、違った観念でそのワインと無限数の商品の間の割合を理解することになる。どれほどわずかな努力で、この知識が得られることになるかは誰にでも分かる。その知識が役にたつかどうか私は疑うべきでもないと思う。すべての不幸の原因は、一つの例外もなしに、誤り以外にはないから、我々の幸福は、的確で正しい判断からしか生じないのだ。それらの判断は、諸観念が知性の中で生き生きと明断でなければ、決して正しくない。

〈あらゆる物に等価である限りでの別の定義〉　貨幣の他の使いみちは、それが評価する諸物自体を買うことにある。この役目には、現実貨幣、すなわち、金属貨幣しか使えない。もし何か外観の違った物で買っても、これらの物も金属に値するから、どうしても初めは、金属が、等価で何かを買うことになる。だから、私は、現実貨幣は以下のように定義されねばならないと考える。〈貨幣は、公権力によって互いに等しいか比例した諸部分に分割された金属片である。それらの金属片は、いずれは、これらの金属片を得るために委ねられた物と等価の、他者から取る義務のある担保や永久保障として、万人によって確実に与えられ受け取られる〉（初版“……”）と。私は、この定義で十分明快であると思う。買い物で詐欺とかペテンに引っかからなければ、価格や契約は、想定貨幣で評価され現実貨幣で実行されると考えればいいので、誰も困らないからだ。したがって、誤りは常に想定貨幣という共通尺度に基づいてある物の価値を間違って見積もることから生じるのであり、常に誤りとか悪意のない真実で正確な等価物である現実貨幣からは生じない。

〈貨幣に使える諸金属の効用に相応するそれらの属性〉〈それらの重さ〉 貨幣のあらゆる用途を説明したので、私は、諸金属の、特に金・銀の性質に議論を移す。金属は、自然の最も重い物体であり、火に熔け、冷気で凝結し硬くなり、機械的手段で人が望む形にできる。それらの重さが、それらの効用として貨幣に利用されるのではなく、それらだけが熔けやすく fusili（注3）可鍛性があるからである。しかし、おそらく、銀がごく純粋であれば、金・銀比率が、一九、六三六対一一、〇八七だと知っても不快ではなろう。（注4）諸要素のこの同じ分割によれば、鉛は、一一、三四五、水銀は一四、〇一九、ただの水は一、〇〇〇。さらに、パリ・ピエディの一立方インチの金は、フランス尺《じゃく》の一二オンス二グロッソ三七グレインの重さになる。銀のそれは、六オンス五グロッソ三八グレインになる。しかし、これは、大して火に煽られていない銀についてでだから、実際はもっと軽い。これが重さについてである。今、私は、この重さの長所は、やはり銀よりも重い

（注3） fusibili, soggetti a fondersi.

（注4）『哲学的和解』*Transazioni filosofiche* の、n. 169, p.926, e n. 119, p.694, で報告されたように。

鉛に何の役にも立たないように、諸金属の価値に少しも寄与しないと繰り返して言う。同じことは、金・銀の多くの長所の中にもある。その長所について、たとえプリニウスや彼以後、他の多くの人が、非常に重要なことのように列挙したとしても、評価を上げるために付け加えた意見には根拠がない。なぜなら、効用とか希少性が変らなければ、決して価値も変らないからだ。賢明にもジョン・ロックは、時おり、何物にもある生活上の多くの効用の量も、消費が増えなければ、価値も増えないと言っている。こうして、小麦から腎臓結石 **mal della pietra**(注5) に確実に効く薬が開発されることが公表されるなら、小麦の価値は上がるだろうが価格は上がらない。もしトウモロコシの円錐花序が、想像できる最もぼやけた真紅色をしているならもっと美しいだろうが、新たに使用されなければ高くならないだろう。私の言うことがどれだけ妥当するか知らしめるために、ここで金銀の属性を手短に比較しておけば便利だろう。私は、それを人に貨幣として使う気にさせ、プリニウスが言う通り(注6)になるのかどうか検討する気にさせる属性として称賛するのは軽率だと感じているが。

〈特定の著作者が言うように、貴金属の多くの属性は、貨幣使用に少しも役立たない〉〈それらの実質〉〈不変性〉(訳注2) これら二つの金属だけが、土中の何かの、すなわち、砕け易く無駄な、火でガラスのようになり易い物質の一部もその中に含んでいないから、化学者によって〈完全〉*perfetti*（初版、他 **p.**）だと言われる。そのため、他の劣位の物質全部が〈不完全〉*imperfetti*（同 i.）の状態にあると言われる。だから、それらの実質は水銀 **mercurio**（初版、他 *m.*）と硫黄 **solfo**（*s.*）とでできている。この二つの語で、化学者は一定の物理的原理を表現するから、すでに普通にいう水銀と硫黄を指していない。彼らは、揮発性ではなく熔け流動化し造形し易い物質を〈水銀〉と呼ぶ。それは、その細孔全部に溶けている塩や火を貫通させるが、それらに入り込まれたり変質させられたりはしない。火に揮発し、塩を溶かし、それをうちに含み、色づけして、水銀に実質、硬度、彩《いろどり》を与える微粒子が〈硫黄〉*solfo*（s.）と言われる。おそらくこの硫黄は、光の微粒子にほかなるまい。そのような組成は、他の何にも分解されず、あらゆる実験にも常に永久不変なので、当然彼らに〈ごく単純な物質〉*semplicissimi*（初版、他*s.*）と呼ばれる。なお他の物体のどんな力によっても（チルナウゼン Tschirnausen［Ehrenfried Waiter von、一六五一年～一七〇八年、ドイツの物理学者、数学者］の燃焼用レンズに集められた光の熱線を除いて）限度を変えるとか減らすとかもできなかった。そのために、あい変らずそれらの最初の性質と量に戻らなかった。ロバート・ボイル（Roberto Boyle、一六二七～九一年、イギリスの化学者、物理学者）は二ヶ月間三オンスの金を流動化してみたが、一グレインすら減らなかった。同期間銀をそうして

（注5） la calcolosi renale.

（注6）［原文ラテン語、編者のイタリア語からの訳］すなわち、「この金属の最大の価値は、色でも重さでもなく、火で、火事や盛大な焚き火 roghi でも、消滅しない物の中で唯一の物であるからだと思う。第二のもっと重要な動機は、使用してもそう簡単に磨り減らないことである。他の物質は、あまり広く普及しないか、さらに細分できない。とりわけ、それは錆《さ》びないか、純度を損なうか重さを減らす他の物資の現象を生まない。それどころか、実質を変えるのを常とする塩や酸にも浸食されない。すなわち、他の何ものにもまして、毛織物のように、しかも毛織物なしに、編んだり織ったりできる」。

（訳注2） この欄外見出しは、この段落の二〇行先「彼らに〈ごく単純な〉と呼ばせる」（gli fa chiamare semplicissimi）の余白にある。＊行数はイタリア語初版に準拠、以下同じ。

おいたら、一二分の一だけ減少した。だがこの部分は、銀から分離した異物質ではなかった。これらの金・銀の性質全部の説明は、それを望む人がいれば、科学アカデミーでホムベルク（Wilhelm Homberg、一六五二年～一七一五年、法律家で、酸、燐、鉛の研究で著名な医者、化学者。一六九一年、王立科学アカデミー会員。）が解釈した推論を読んで知ることができる。それらは、確かに面白く有益な研究で、私の精神的気質に一番合っている。しかし、私の目的は右にとどめたことしか必要ではないから、それ以上は言及しない。

〈化学的溶解〉　金で貨幣に有用な属性だと不正にも信じられた完全な金属の溶解に話を移したい。彩《いろど》り、それらの性質が似ているので完全に液状になり、流動体の中を浮遊し流れているきわめて微細な部分への物質の分割が、〈溶解〉*dissoluzione*（初版、他 d.）と呼ばれる。だから、完全に粉末になれば、普通溶液で一般に全金属が溶ける。水銀も、油を含んだ部分から純化された全金属を溶かす。しかし、実を言えば、酸か塩が物質を実際に溶かしている。しかしながら、海水塩以外には、これらの何ひとつ金を溶かす力がない。硝酸カリウム **nitoro**（注7）だけが、銀を溶かすように。さらに、他の金属はどんな酸にでも溶かされる。奇妙なのは、海水塩は硝酸カリウムと化合すると、いっそう大きな力を発揮して金を溶かすことである。これが〈王水〉と言われ、硝酸カリウム二分の一、硫酸塩三分の一、海水塩五分の一が一緒に蒸留されると出来上がる。しかし、銀を溶かす硝酸カリウムは、海水塩と交じり合うと無効になる。蒸留したての王水（注8）の粘液質は、幾らかの金の小片を溶かした後、銀を溶かせることは事実である。偶然が発見したこれらの経験は、後に幸運にもそれに出くわしたホムベルクによって説明された。（注9）

〈純粋さ〉〈並外れた柔軟性〉（訳注3）　海水塩で揮発しないし空気も土も含まないので、そのため金は錆びつかないことになる。しかし、硝酸カリウムは銀に喰らいつく力があり、空気や土に散在していて、まるで低位金属のように、銀が黒ずんだり錆びつくことになる。同じ原因で、プリニウスが気づいたように、酸は金を侵食しないし、金の純化に使われる鉛、水銀とか他の鉱物は、溶けた金の浮きかすを残す力もない。銀はそうならない。銀は、たとえ鉛に抵抗しても、それでもやはり、アンチモンに腐食されガラス状にされる。最後に、これらの金属（金・銀）は両者とも、鉛と錫の次に、最も順応性があり、最も流動化が容易で並外れた柔軟性がある。プリニウスが当時行ったと記憶していることは、今日行っていることに比べれば僅かにすぎない。プリニウスは、金について「何オンスかの金が、表面積で親指大（一インチ）平方の薄板七〇枚とか五〇枚に細分されるほど引き延ばせ、それほど微小に細分できる金属は他にはない」(注10)（初版、イタリック体）と言っている。すなわち、一オンスで一万二、〇〇〇平方インチに引き伸ばされた。フランス人レオミュー

（注7） 硝酸カリウム salnitro、カリウム硝酸塩 nitrato di potassio。

（注8） *flemma* は、ここではまさに熱した流動体である。〈王水〉は、貴金属を溶解する属性によって、錬金術師によってこう呼ばれた塩酸と硝酸の混合物である。

（注9）『一七〇六年の思い出』（*Memorie del 1706.*, p.127.）ガリアーニは、ここと次の注 note で、パリの『科学アカデミーの思い出』（*Memoires de l'Academie des sciences*）に言及している。

（訳注3） この欄外見出しは、この段落の一六行先「並外れた柔軟性がある」（sono di prodigiosa arrendevolezza）の余白にある。

（注10）［原文ラテン語。編者のイタリア語からの訳］「何オンスかを親指四方の表面積の七〇枚か五〇枚の薄版に細分できるほど引き延ばせるか、非常に微細にできる金属は金以外にない」（プリニウス『博物誌』、第三三巻三・一五）。

ル（Rene-Antoine Ferchaul Reaumur[注11]、一六八三年〜一七五七年、物理学者、博物学者。一七〇八年科学アカデミー会員）のきわめて入念な観察によれば、今日わが国の金箔師たち battiloro[注12] によって、一オンスが、二万一、〇〇〇平方インチ以上になる一四六平方ピエディの広がりを覆うまでに打ち伸ばされる。なおこの金の可分性は、それがどのようであれ、どのくらいであれ、何かの金属のメッキのために重ね合わされて、それと一緒に広げられると比類がない。このような天然の性質をもつので、たとえ初めはかなり実質のある一枚の金属の上に置かれても、この一枚がダイスに沿って伸ばされると、分割できなくなるほど金もそれにならい、驚くほど厳密で均一に新たな表面全体の上に配分されるからだ。この可分性がどこまで届くかは、一オンスの金が、三六〇イタリア・マイルの長さにまで伸ばされる一枚の銀を明白に金メッキすることを見れば理解できる。しかし、今日大方に知られているこれらの観察について、これ以上付き合わなくてもよかろう。今は、これらの属性全部が、他の金属に対して、金・銀を［あまり高価にしない（a render men caro）[訳注4]］ことだけにしか寄与しなかったことに、ごく少数の者しか気付かなかった事実を知らせておけばいいだろう。

〈これらの属性は、金属から価値を取り去り増やさない〉確かなことは、人々が金・銀で身を飾りたがるようにしむけるものが、その光沢と美しさだけだということだ。これらが、あまりに早く消耗せず大して伸びなかったら、人々にそれらの使用を控える気にさせただろう。だから、人々がそれらを消費して楽しみ、いくら代償を払っても（人間本性が奢侈に傾くように）非常に大きな喜びを見出すことが分かる。金・銀は、ほとんど我々に無頓着に、水、鉄、火、時間、錆がそれらをすり減らすほどには消耗しづらく、ごくわずか減っても、それらの輝く外観が気に入るように鍍金《めっき》できるほど容易に伸びるから、それほど希少にならないし、地の奥深くから掘り出された後、非常にゆっくり将来にかけて消滅し、当初の根源に溶けて再び地中で一つにまとまり、我々が言うように、再生するためにそれらの起源に帰る。だから、もしインドから運ばれた金の一〇倍以上が消滅するがままになったとすれば、我々の保蔵する量は今かなり減っているだろう。したがって、金はもっと高くなるだろう。この不利益にさらされたとしても、それが美しければ評価は高いだろうから、金の評価が下がるとも言えない。この類のことは、真珠からも分かる。真珠は、私には金ほど美しいとは思えないが、長く使用に耐えず希少だから非常に高価である。私が指摘したことについて、殊更うがった見方をせず、風潮から離れれば、必ず私に似た意見になるだろう。その風潮は、金を貨幣として見慣れているために、金を無頓着に貨幣にする属性として、さらに金の属性すべてを直ちに数え上げる。これらのことは偶然生じた。だから、諸金属がもち、専ら貨幣に役立つはずの素材から探求される特質を論ずることにすればいい。

〈貨幣に役立つためにある物に求められる特質〉　まず私は、現実貨幣、あるいは、購買貨幣に不可欠の特質を述べたい。ある物がこの用途をまっとうするには、以下のことが求められる。すなわち、第一に **primo** [初版、他、I.]、あまねく受け容れられること。第二に **secondo** [同、II.]、運搬と交換のためにかさ

（注11）『一七一三年の思い出』（*Memorie dell'anno 1713*, p.267.）に。

（注12） orefici.

（訳注4） 初版、他「もっと安っぽくし、あまり貴重にしない」（a render piu vile e meno prezioso）。

ばってやっかいでないこと。すなわち、きわめて高価なものは人々がなしで済ますから、等価物として役に立たないので、ある物がいつも普通に受け取られなければ、それのお陰で、それの所有者が手に入ると心中想像したものを決して手にしないことは確かだ。さらに、あまり量が膨大だと交換に骨が折れるから、すぐにその代わりをするもっと軽いものに取替えねばならない。

〈普遍的容認を得られるためのある物の特質〉 ある物が誰にでも受け入れられるためには、四つの資格が求められよう。Ⅰ．内在的・実質的価値をもち、同時に一様に評価されること。Ⅱ．その実質価値が容易に分かること。Ⅲ．不正行為を犯しにくいこと。Ⅳ．長期保存がきくこと。以上のことでは、私が主張する本当らしさの証明にこだわらなくていい。なぜなら、わが読者諸兄は、熟考してそれを理解すれば私の説明は無用になるし、それとも、理解しなければこの作品を読んでも無駄だからだ。

〈貨幣に役立たない商品〉 さて、私は、その性質から生ずる商品である貨幣に不可欠だと説明したこれらの資格を適用しさえすればいい。その性質が適切にそれらに付与したので、貨幣に役立つ用途に向けられた資格がいかなるものか分かるだろう。

［まず］[訳注5]、内在価値をもたず、協約上の価値しかないものすべてが排除される。なぜなら、価値が公共の約束や信用に依存する商品を手にすることが安全でないのは分かりきっているから。それらは人になくてはならないか手助けになる以外に役に立たない。この商品は、一般的に言って、貨幣になれない。だから、一国は、長期間決して皮革とか紙券 bulletini[注13] を貨幣に利用できないだろう。たとえ、紙幣が貨幣として多くの地域で流通しているにせよ、紙券を使っているこの国が、どこか近隣の敵国民の属州になった時、もし征服

者が、紙券で満足して支払いさせつづけておくか、金属貨幣を望むかどうか、私には分からない。公共の信用と普通の考えの違いは非常に大きい。この違いは、普遍的であるだけに変わらない。その信用は、約束した諸個人や諸国民をこえて拡がらないし、どんなささいな出来事でも動揺し、しばしば解消されるから。だから、一国民は、長期間代用貨幣を使えない。だから、諸金属の価値と貨幣として使うことが人間の協約であることから、ますます根拠の薄いことが分かる。

第二に、公共の信用が頼りないだけ大衆の空想も変わりやすいので、同じ理由から、流行の抗いがたい力に左右される諸商品も全部排除される。

第三に、慣習や宗教の信心の違いで価値が変わる諸商品。金・銀につづいて、どんな例外からも免れているものは僅かであるように思われる。そして、このことは、第一の必要条件に関わっている。

〈金属は貨幣として役立つために正確に限定される〉 しかし、第二の必要条件は、貨幣としてだけ使用されるべき金属を厳密に限定することである。第二章で説明されたそれら多くの構成要素をなす根拠が、もっと単純な数字にならなければ、どの商品の価値かは正確には分からない。目下、金属は、それらだけで、根拠全部が一つに、それらの量になる固有で独自の数字をもつ。内部組成でも外部形態や打刻でも異質なのは、性質によって受け入れなかったからだ。世界の金全部が同じ性質と純度をもつが、もっと正確に言え

(注13) bollettini, すなわち、持参人一覧払い紙幣 biglietti, cartamoneta.

(訳注5) 初版、他では改行されていない。

ば、簡単に同質にできるのだ。なぜなら、実際のところ、金・銀は、鉱山や河川の砂 arene [初版、他、浜 sponde] の中に完全に純粋にではなく、他のもっと品位の低い金属か鉱物と常に混ざりあって発見されるからである。しかし、これらの金属が、望みどおりの合金にして純度を下げるか、逆に完全になるまで純化できることも知られている。しかしながら、ワイン、小麦粉、他の多くの商品は、そうはいかない。それらは至るところで異質だし、イスキア Ischia・ワインをトカイ Tokai[注14]（j）・ワインに造り替える技術もない。だから、同じ重さの基準では、世界のワイン全部を同価格で売ることはできない。金・銀は、単に評価されず、その性質が重さで最適確実に認識されるはずの総体量だけに注意を払って評価されねばならない。さらに、二立方インチの金片は、一つで一立法インチの金二片と同値である。しかし、一〇グレイン[注15] grani（二・五カラット、〇・五グラム）のダイヤモンドは、一つで五グレイン二個と同値ではない。これは、金二片についてなら一つに結合できるからだ。技術による埋め込みとか嵌め込みではなく、自然が行う和合であり、技術は自然を分類したり感知したりできない。しかし、二つのダイヤモンドについては、それを一つにする技術はない。これと同じことが、大きさの違う動物、木材、大理石、宝石、珍品についても言える。それらは、総量に応じて算術的に評価できないからである。たとえ何か食料品が重さで売られていたとしても、それでも、みんなが、それらのうちの一つが、たとえば一匹の魚のように、並の大きさ以上になるや否や、重さという同じ根拠で評価されずに、さらにそれ以上の評価になることを知っている。そんなことは、金属には決して起こらない。第三に、折られたり曲げられた、不恰好な金の延べ棒でも、真っ直ぐで完全なものと同じ価値がある。水晶、磁器などはそうはいかない。なぜなら、金に対しては、外面的仕上がりは価値を与えも削ぎもしないから。他の物に対しても然りである。私は、ここで、仕上がりに関するかぎり、自然は、粉末状やきわめて細かい分枝で、つまり、役に立たない形でそれらを産出するから、金属に形状の威信を与えないと言いたいのだ。すなわち、火がそれらを結合し、技術で加工すると、この形状に価値がでる。しかし、形状は、素材の価値からすっかり区別されていて、そのために完全に異なっている。だから常に、素材は、たとえどんな形状をとろうが、形状を損なっても、その重さに比例した価値付けに従う。しかし、宝石には、形状と別の素材の価値はない。それらの品質は、透明度の明澄さ、精彩、光輝、青白味、曇り、削《そ》げ **scheggiature**（注16）によって、無数の違った等級を得る。だから、法律は一般的価値を決められないのだ。つまり、きわめて熟達した宝石細工師は長い熱心な努力によっても、不慣れな金銀細工師が金の価値を知っているほどには、宝石の価値を十分に知らないことをみんなが知っている。ところで、人が、明らかに欺瞞のないことが分かる場合にしか敢て契約しないことは確かである。もし貨幣があらゆる契約を媒介するならば、それが評価し易い素材なのは当然すぎるほどだろう。しかし、私は、貨幣が、金・銀以上にふさわしくも安全なものもないと見なすことを証明した。純度と重さを知ることがどれほど容易であるかは、中国国民の例が論証する。そこでは、みんなが、自身で純度を調べ、重さを量り、完全にそれを評価できる。［他の諸国

（注14）**Tokai**は、トカイ・ワインには貴重なハンガリーの地域。イメージ全体が、貴重で希少なものが容易に発見できることを指摘している。

（注15）グレイン *grano*：四分の一カラット **carato**、あるいは、**0.05g**。

（注16）宝石の属性。

民では[訳注6]」、君主や共和国が、金属の純度や重さを知り、彼らの信用に基づき自分たちの刻印で各々を確認する厄介ごとを背負い込んだ。こうして、彼らは、次編で述べるように、金属の使用を貨幣として完成に導いたが、「それを貨幣にする打刻は不必要なことだった[訳注7]」。

〈同じ主題の続き〉　目下、私に残っているのは、貨幣の他の二つの資質を述べることだ。金・銀が、他のどんなものよりも優れて長期保存がきくことについては、私は探求を繰り返さない。不正行為ができないことについて、私は、周知のように、人々が金を模倣したり、それを増やすためにどれほどの労苦をかさねたかを手短に述べたい。錬金術と言われるこの神秘科学は、おそらく他の時代にはどれほどたたえられ敬われたにせよ、現代の光りの中では、非常に笑うべきものになり蔑まれた。自然の秩序に不釣合いな利益を約束する神秘的な欺瞞は、時代や真実にほとんど抗えない。それにも関わらず、今でも奇妙に思えるのは、この（神秘）科学、まさに軽蔑する人にも偉大で秀逸のように見える科学が、提案する目的のためではなくそれが達成できない理由を知っているために、自嘲することを心得ていることである。その目的は、性質全体か、少なくとも、鉄や石のような多くの無価値な物質を金に変えることにある。この科学が成功したら、誰が滑稽で有害だとあざ笑うのか私は聞いていない。それが不可能なことだけ聞いている。実際には、錬金術が今までに成功しなかったことは、合理的に geometricamente[注17] 論証されなかった。しかし、無数の人々の長年月の努力も何ものも生み出しはしなかったし、自然のどの産物も、今まで技術によって増加されたり再生されることがなかったように、誰一人、一粒の小麦、「一本の木」（初版、他、一個の軽石）、一個の大理石、一本の材木も化学的に作れないだろう。錬金術が論証したと称する多くのこうした実《まこと》しやかさとはこんなものである。別の理由も提示される。すなわち、完全な金属の至高の純真さは、技術がそれらを消滅させたり溶解するしかできないように、増やせるとは思えなかったことである。この根拠は、そうでなくなって五〇年経つまでは極めて強い根拠だった。化学は、旧来の化学を超えて、物体に作用する新たな力を得た。ドイツ人チルナウゼン Tschirnhausen によって、並外れた二度と見られない大きさのレンズ(注18)が加工されるに至った。それは、オルレアン公 duca d'Orleans が手に入れて、科学アカデミーで使用されて、金を太陽光線で溶かせ、減らせ、壊せ、透化できることがホムベルク侯爵に知らされた。一七〇二年と一七〇七年の『思い出』*Memorie* で、たとえ事実であるにせよ、多くの人々にはまったく信じられないように思われるこの驚くべき事実に関する議論と批評のすべてを長々と読むことができる。

〈その目的も達成した場合の錬金術の真の成果〉 目下、なおその使用法が完成されていないこの新たな力によって、何ができるようになるかはまだ分からない。しかし、はじめからずっと知られていて、知ってもしょうがないことが、錬金術の目的自体の欠陥である。その目的は、すでに鉄を金に変えることではなく、

(訳注6) 初版、他「最も文明的な諸国民では、君主や共和国が」(Nelle nazioni pui culte si hanno I principi e le repubbliche presa la briga di)。

(訳注7) 初版、他「このことは必要ではない」(non è questo cosa necessaria)。

(注17) razionalmente に、論証のための証拠を提示して。

(注18) それは一六〇フランス・リッブラの重さがあり、直径三ラインラント・ピエディあった。『一七〇九年の思い出』(*Memorie del 1709*, p.16)。

金を鉄に変えることである。すなわち、有害で専ら我々が貧しくなるように仕向けられた目的である。私は、その欺瞞を感じさせるために、人間の精神に最も普遍的で頻繁に生じ、最も悩みを与えない目的だと言っておく。現にあるのと違った事態にあるなら、現状の観念を変え、然るべき事態に合う仮定に適合させねばならない。今日、我々が〈金〉と言う時には、富裕、豊かさ、要するに望ましく立派だとしか耳に響かない。〈鉄〉という時には、我々は直ちに卑しく蔑むべきものと考える。確かに現状では、我々は間違っていない。しかし、もし人の欲しがるだけの鉄全部が純金そのものに交換されるなら、その時には、金と言っても、今日鉄と言われる時生じるのと同じ安っぽい観念が目覚めるだろう。金の美しさは鉄の卑俗さに対して価値を失わないから、その評価を持ちこたえられる。なぜなら、他のあらゆる物に対して美しい水晶は、岩壁の中から掘り出されるもの以外に技術で造れる商品なので、それに値するだけの最小の希少性以上の値はつかない。だから、言葉の欺瞞を一掃すれば、錬金術は我々を貧しくするだけ、すなわち、希少なゆえに貴重なもの、金・銀の数量を強奪するだけのことだ。そのことは、もし錬金術が宝石も作れたなら、力を見せびらかし、美しさを飾り立てるべきあらゆる手段を私たちからまったく剥ぎ取るだろう。金の消費も増えないだろうが、それどころか、その価値もきわめて低くなって、奢侈はもう金を追求しないだろう。自然物は、その鉱脈の中に隠れたままだろうし、人工物は鉄のままだろう。この損害も別の損害、すなわち、貨幣が我々から奪われることに比べれば大したことはなかろう。その場合には、貨幣全部が銅、〈黄色い鉄〉や〈白い鉄〉の貨幣になるだろう。だから、その時、これが〈金〉・〈銀〉の二つの得がたい威信を奏でただろう。銅と鉄の貨幣しかなければどれほど不快感を引き起こすかは、別の箇所で述べたい。さらに、無用になっても、それら自体にはない快適さと引き換えに、他の諸物に金・銀を代用できないだろう。だから、きわめて有効であるように思われるこの理由によっても、造物主は、そのアス asse に関してのように、貨幣に関するすべてが維持され、向かうべき宇宙の美しい道徳秩序が、錬金術によって台無しにされるかもしれないことを決してお認めにならないだろう。その目的に到達しても、それほど有害で致命的な技術にさらに従うことは、人々の役にも立たない。ここで、私は、もし自分の目的から逸れなかったとすれば、我々に約束したその不滅と万能特効薬 medicina(注19) も、ばか者たちに有利に見えるほどには、万人にそれほど致命的で嘆かわしくなさそうなことを証明できよう。なぜなら、宇宙の限りなく美しい秩序を乱し、我々の無知が混乱と呼ぶそれらの災難に愚かにも対策を約束したものすべては、今もなお真実に反し、未来を閉ざし、摂理に非礼を犯し、たとえ対策があったとしても、人類に災いをふりまくからだ。

〈上述のことについての結論〉 上述の議論によって、現実貨幣が重さで量《はか》られ、不正行為や消耗から望めるだけ安全に存続できる金属で造られることがいかに必要であるかが分かる。そうするには、金・銀が準備される以外には手立てがないように思われる。そのために、金・銀が現実貨幣の必要のためにいかに必要不可欠であるかという結論になる。私は、価格測定器である現実貨幣のことに言及しなければなるまい。けれども、現実貨幣については、それを構成するには名称と数だけで十分なので、多くの人には、それが金属と

(注19) 理想貨幣を理解するためのアカデミーの隠喩。本章でアカデミーが度々『科学アカデミーの思い出』(*Memoires de l'Academie des Sciences*) を引用している。

必要な関連をもつようにしか思えないだろう。しかし、こう考えることによって、現実貨幣によらなければ、ある国に理想貨幣が導入されないと考える人がいるだろうし、想定貨幣が計算に使われている所ならどこでも経験から分かるように、かつてこの貨幣が現実貨幣であったことが自信をもって考えられるべきである。抽象的な数やそれに一致する取るに足りない何かの素材を計算するのに前もって慣れた有能な人などいない。しかし、事物の変化によって、気づかないほどに扱われるなら、彼らはそれについて、かなりうまく順応するだろう。それについては、さらに次編でゆっくり言及するつもりだ。事物の尺度は、どんな類のものよりも金属がうまくやれることがざっとお分かりだろう。

考えられる限り安定した不動の尺度が必要だが、この安定性は人事の中に何ひとつ見つける見込みが立たない。だから、それに、どんな変化にも動揺せずひどく混乱もしない、ゆっくりした変化と穏やかな進行か増減が代えられねばならない。だが、小麦、ワインなどにはないこの条件が、「最も貴重な金属にはある」(訳注8)。それらは、私が言ったように、(きわめてまれな偶発事である)新鉱山の発見以外には、採掘の差異、消費の多様性にも左右されないから、価格はほとんど不変であり、それらの普遍的評価によって、多くの属性ではなく幾つかの属性だけで、どこでも同じものである。すなわち、金属であるために、要するに、並外れた美しさを授けられているために、いつの時代にもみんなに尊重されたのだ。だから、金属は万物を評価するのに劣らず支払いにも最適なのである。こうして、金属は、当然貨幣 **naturalmente moneta**(初版、他、*n. m.*)として見なされねばならないのだ。貨幣は構成する素材を人間の自由選択に委ねず、それ自らが金・銀に拠っているはずなのに、それらの規則を変えようとするから、「自然法則に対する混乱と侵害を生む」(訳注9)のだと考えるべきだ。
要するに、この第一編で述べられたことすべてから、私は、わが読者諸兄が神の摂理に感謝することを望む。それが、我々の幸福のために金・銀が創造され、我々にそれらが知らされた後に、わずかに重さで取引を始めさせ、そのために内在価値と他のふさわしい天賦の属性をそれらに与え、こうして貨幣として使い始めさせたのだ。流行の変わりやすさ、慣習の野蛮さや貧困、富裕の行き過ぎも、他の商品に取り替えて、人々の評判によって根こそぎにする力をもたなかったことが、哲学者たちも決してさげすまず、錬金術師たちも増やせないことが、非常に美しく金・銀を飾った。さらに、私は、地上の最高権力者に謝意を表されんことを望む。彼らは、金属の固有の性質を改善し、それらの完成に導くことによって、純度を調べ、純化し、重さを量り、分割し、市民の安心のために崇敬すべき独特の刻印によって、金属に目印をつけた。市民社会によってなされたこれらの改善については、本書の次編で詳論したい。

（訳注8） 初版、他「大して貴重でない金属にある」(l'hanno I metalli men preziosi)。

（訳注9） 初版、他「自然法則に対する混乱と侵害が生ずる」(che disordine e violenza alle leggi della natura ne nasca)。

第二編　貨幣の本質について

「序　文」

詩人たちと他の雄弁な著述家たちが人々に及ぼした重大で目に付く害悪のうちで、我々の頭脳の観念を大衆の観念から引き離して、誤らせて台無しにしたことが疑いもなくきわめて重大であった。大衆の観念は自然に生み出されるから、ふつうそれ自ら正義と真実を含む。彼らは、自然のきわめて不幸な状態を〈黄金時代〉*secolo d'oro*（初版、他 *s. d'o.*）と称する人々であった。まるで人間が野獣とまったく同じになることが完成の極みであったかのように、野獣生活と天性の邪《よこしま》な性向から悪業、残忍、憎悪、そねみ、貪欲にまで我々を引き戻す市民社会の全秩序を、ほとんど思いつきの無邪気さと素朴さからの堕落を、私にはなぜか分からないが、彼らは非難した。彼らは、自分たちがもっていない銀・金をまず口を極めて猛然と軽蔑した人々だから、得られず得る資格もなかったそれらの富に仕返ししようとしたのではないか。彼らの作品は、くまなく雄弁の飾りに満ちていて、誰にでも読まれ学ばれているから、いつの時代にも賢人たち自身も、詩人たちの言葉に符丁を合わせて語ることになった。しかし、経験によって、人々は大抵、真実を照らす自然が自分たちに示唆する然るべき生き方に応じてふるまうことを知っているから、これらの言葉は諸国民の行動に影響を及ぼさなかった。さらに、彼らは、自分たちの生活態度に合うか、まるで合わなくても、他人が雄弁に述べて自分たちはそらんじただけの警句を粛々と繰り返してみせた。だから、みんなが万事罪とがの源泉で邪《よこしま》な性向の挑発者として非難する貨幣は、当然途切れることなく愛されるということになる。いつの時代も結局そうなる。しかし、少数意見を賛美し信奉することに不慣れで、多数意見から離れることは真実への確実な歩みではないと常に信じる私は、貨幣が本当に害を及ぼす物なのか、それどころか、我々が幸せに生きるために市民社会の秩序を完成に導く手段なのかどうかを検討したかったのだ。熟考の結果、私は、貨幣が、すばらしいきわめて有益な発見であり、つまり、至高善を人間技によるものとしてはならないので、我々が食物を扱う場合と何ら変わりなく、貨幣も、神にごく控え目な感謝の念を捧げねばならないようなものであると知った。どのような認識にどのようにして達したかを、私はこの章で進んで明らかにしたい。貨幣の効用と便利さについて、本編で余すところなく論じていきたい。

第一章　〈貨幣の本質とその効用の論証〉

〈人々の間の商業の必要性とその定義〉　生活資料と世俗の幸福を得るために商業が必要であることは、当然すぎることである。商業とは、各人のもつ相互的必要の息子である。したがって、商業は、〈人々が共通の必要を満たすために相互に自主努力をおこなうつながり〉（初版“……”、他《…》）と定義できる。だから、商業を助けることもすべて、商業にきわめて有益である。さて、物と物との物々交換という旧来の、そして以前の慣習の不便ほど明らかなものはあるまい。なぜなら、私にありすぎる soverchia(注1) 物が足りない人を、あるいは、私にない物を持っている人を、私が見つけることはあまりにも厄介だから。すべての物を運ぶこともできず、長期保存もできず、おそらく今か共通の必要の求めに応じて、過不足なく均《なら》すとか、分割したりもできない。だから、この不便を償おうとして、私は、共同生活ができないかどうか考えた。宗教的秩序をもつ多くの小規模な団体（修道院）が、他の諸団体よりも幸福にうまく共同生活を営んでいることは、経験から良く知られているので、大規模な団体や都市それに王国も、平穏無事に共同生活ができると思われるからだ。しかし、必ずしも選ばれた善良な人々ばかりで満たされていない後者では、開いている普通の店で、みんなに自主的に骨身を惜しまず働き、後片付けをしろと命じてもだめなことが分かった。その店には、みんなに必要なものすべてが他の職人によって蓄えられていて、それで自分の楽しみを分けあえる。ところが一方その際、怠け者は、公然と他人の成果を横取りして、他人の骨折りで不正に生活するかもしれない。さらに、そこでは、人は、富裕になる見込みもないし、困窮する心配もないだろう。そのために、勤勉な人でも、利得の刺激に駆り立てられないから、あまり骨を折りたくなくなるだろうし、怠け者は、他人の労苦に頼って、僅かしか、あるいはまったく働かないだろう。終いには、善良な人たちも、自分たちの職分をこえた豊かな暮しをしたがるだろう。なぜなら、我々は、各生業の優越性の違いで、商人と農民の稼ぎの違いを知っていて、一方は豊かに、他方は貧しく暮らしているのを知っているからだ。しかし、共同生活のこの秩序の中では、みんな等しくよい暮らしをしたがっているから、この秩序は維持できない。したがって、この秩序を修正するために、私はこうすればいいと考える。

〈共同生活を営み全取引で最も完全な共和国の理想〉　各人が骨折り、さらに自分の勤労で団体に貢献するのに応じて、どれだけを他人と分かち合うほかないということになるだろう。だから、自己労働を店にもたらす各人は、その引き換えに、以下の条件、すなわち「しかじかの者は、かくかく量の品物を、たとえば、一〇〇足の靴と言っておこう、公共の店に引き渡したので、その価値分の団体に対する債権者也」(初版、他、イタリック体)と書かれた受領書を受け取ったと名乗り出る必要があろう。それから、彼の債権である某《なにがし》の受領書の提示なしには、何人《なんぴと》も店の品物に手を触れるべからず、及び、この自己債権の価値と量をそれ自体に含む以上の品物を何人も取り出すべからず、と決定されねばなるまい。等価の品物なら何でも受け取られて決済が済めば、受領書は捨てるか引き裂く必要がある。さらに、もしある人が、たとえば、一〇〇

(注1)「私にはあり余っている」(che per me sovrabbondante)。

足の靴を供出したから、一、〇〇〇リッブラのパンを受け取る権利があると言っても、この受領書はパン店だけにしか受理されず、一種類の物だけを入手できる権利しか受領書に書かれていないから他の品物は受け取れないとしたら、いかに不便かが分かる。だが、どれだけの物を準備すべきかは、みんながこの上なくよく知っているから、私は、すべての店の入り口で自由に領収書が受け取られねばならないことを知った。そうするためには、君主が、すべてのものに価値を与え、あるいは、たとえば、スタイオ（枡）の小麦は、それなりのワイン、それなりの肉、オリーブ油、衣服、チーズなどに相当すると宣言して、共通の尺度に基づいてあらゆる物の価値を規制することが必要である。さらに、そのような尺度や定価に応じて、彼が作った品物に応じて受け取り、彼の債権が決済されれば、各人にどれだけ帰属するかが分かるだろう。終いに、一定数の受領書が君主に委ねられねばならない。それらは、君主によって、団体全体に奉仕した人々に、彼らが、自己の職務の重要性や功績に見合った豊かさに応じて暮らすために、配分されることになろう。なぜなら、誰にでも分かるように、この制度では、店は、そこに実際にある品物量に見合う受領書以上の債務がないことが必要だから、私には〈無償で〉すなわち、受領書の比較照合を受けずに、団体の管理者たちに配分するために君主に委ねられた受領書総額だけの商品量を倉庫 fondachi（注2）に運び込むことが、市民全員に義務付けられることが必要なことが分かる。私は、自分が述べたすべてのことが明白な事実であり、そうして、どんな混乱からも救われるだろうと思う。

〈さまざまな不都合の対策〉　今、このことをさらに熟慮して、私は、この政府に起こる主要な、それどころか、唯一の不都合は、受領書に対する詐欺行為であったことを理解した。性格の違った多くの倉庫管理人は、本物と偽物を須《すべか》らく十分には区別できないだろう。大勢いるその人々が、信用や徳性を欠いていれば、管理人たちは、友人や親類縁者の利益のために、彼らが時おり持ち込んだ商品価格を水増しして債権者だと公表するかもしれない。たとえば、一〇足の靴しか持ち込まなかったある者が、一、〇〇〇リップラのパンの債権者だと宣言すれば、まるで彼が一〇足の靴ではなく一〇〇足の靴を運びこんだかのように。それは、店を実際以上に豊富に見せかけることになるだろう。さらに、こうして、商品量では実際以上の債務者になるので、まことに不当にも、この欺瞞で店はまもなく空になるだろう。今、そんなことにならないために、何とかして店を守り通すための最善の方法は、私には、唯一の君主が所定量の受領書に署名することとし、同じ価格の物全部を、一リップラのパンの価格、及び紙か羊皮紙《ようひし》 **cuoio**（注3）に署名できる諸物の価格というふうにして、品物の管理者たちに適正総額を配分することだと思われる。彼らは、品物を持ち込む人には受領書を与え、取り出す人からはそれを取り戻すのだ。そうすれば、一リップラのパン以上の価値のある品物を持ち込むかの人は、その価格は全部唯一の受領書では表わされないから、その品物の価値に等しいだけの受領書を受け取るだろう。こうして、さまざまな性格の混乱、偽造、新証書の持続的振出に対策が講じられる。管理人たちは、自分たちの正確な計算書を提出できよう。終いに、受領書が何人《なんびと》からも詐欺の恐れで拒否されないことが確かだったら、これらの秩序によって、一団体は統治され存続できるように思われる。熟慮してこの目的を遂げるなら、私には本当にこうなるように思われる。しかし、とかくするうちに、私は、新た

（注2） 倉庫（magazzini, depositi commerciali）。

（注3） ここでは、羊皮紙（pergamena, cartapecora）。

な克服されるべき困難が残っているかどうか、あるいは、逆に、実例で私の考えを確認した幾つかの国民について、歴史家とか旅行者が語ったかどうかの探求に目を向けたい。まさに、まるで目からうろこが落ちたように、だしぬけに、私は、自分が現代世界にたどり着き、はるか遠くにあると思っていた祖国の土の上を歩いていることに気づいた。そんなわけで、わが読者諸兄も議論に参加されたい。

〈我々の現状は共同生活のうちにあり、不都合はすべて貨幣によって償われる〉　商業とそれの第一の原動力である貨幣は、各人が別々に考える惨めな自然状態から、各人がみんなのために考え骨を折るきわめて幸せな共同生活に我々を導いたことを私は見たし、今は誰にでも見られる。だから、我々は、（諸国民全体にかかわる場合にはそれだけでは不十分な絆である）徳性や慈悲の原理だけによるのではなく、私的な利益や各人の快適さという目的のためにもこの状態を維持している。私は、貨幣が受領書であるのを見た。要するに、貨幣は信用の一つの代表である。人は、それによって、自分か自分に貨幣を提供した他人に支えられた労苦によって社会に根付いている。実のところ、我々の間には共通の店などはなく、それらには私的な店が相当する。よくよく考えてみれば、受領書、すなわち、貨幣は、管理人全員によって与えられ受け取られるのではなく、みんなが自分の労苦を按配して、自分の店を物で満たすために貨幣を手渡し、取引して、販売によって取り戻すのだ。こうして、受領書は消え失せないから、そこでは店番の徳性とか信用も君主の監視も必要ない。しかし、各人は、自分だけ思い通りにし彼らに渡すことを控え、彼らが貨幣を渡せば自分らの労苦を提供する。すなわち、こうすることで、仮定された最初の状態では徳性で十分に抑えられなかった不都合が、こうした現状では自己利益によって完全に修正され、その自己利益の力は、欠陥があっても堕落しない人間精神の中に常にある。だが、確かに、人が生まれず、成人のみが受け入れられる狭い選り抜きの社会は、徳性だけに基づいているならきわめて幸福であるけれども、諸国民や諸王国は、もしそれらを支える徳性が世俗利益と結び付けられないなら、広大な団体をそこに生じる悪の芽から十分に浄化できないから、潰れかかった頼りない政府をもつことになろう。

〈公租とは何か〉 私は、君主に差し出された受領書は、みんなが労苦の幾分かを〈無償で〉譲渡しなければならなかったので、租税や公租になることにも気が付いた。すなわち、これらは、共有にされ、君主が配分した貨幣に帰するみんなの労苦の一部に他ならないから、君主が支払う給料と費用である。要するに、どんな素材で作られようとも、受領書がもつあらゆる不便が、金属貨幣を改良した。貨幣の性質、打刻、構造が、私人の不正行為から安全を確保し assicurano［初版、他 assicura］、その内在価値が、君主が抑えられなかった濫用から我々を保護する。［皮革とか紙が使われている場合のように］（二版で追加）、その素材が貨幣のもつ価値全部を含んでいなくても、君主は余計な数の受領書を印刷できるからだ。君主が生むかもしれないこの疑惑だけで、信用 fede［初版、他、価値 prezzo］をなくすか低下させ、流通を遮断するのに十分である。しかし、貨幣の素材を倍にできるのは神以外にはいないから、それを採掘するとか他所から運ばせようと思っても、さらにそれ相応の費用がかかるから、それを増やしても利益にはならない。これは、貨幣がその価値全部を、観念にではなく自然で内在的にもつ商品につくられたことのきわめて重要な意義である。

〈結論〉 ともあれ、これ以上長く論じなくても、わが読者諸兄はこれらの考察を発展させ、社会、契約そして貨幣の構造のきわめて優れた認識を得ることだろう。総合的なこの分析方法の中にぶちまければ、貨幣の利益の最良の論証になるだろう。すなわち、貨幣は、多くの著作者によって褒め称えられたり、冷酷きわまる無礼によって限りなくひどく侮辱されたりしたけれども、それがどれだけ有益で卓越しているかを誰かが分かりやすく示した例を、私は見たためしがない。本章で論証された効用という諸物の共通尺度について語るのはさしあたり次章にとっておくが、貨幣が効用を身につけることがどんな欠陥を帯びるかも知らしめねばならない。

第二章(注1) 〈I．(訳注1) 貨幣の本質について、それが価格、想定貨幣と計算貨幣の共通尺度であるかぎりで〉

他の物すべてを買い、それらと等価値である貨幣は、どのようなものか、当然どのような用途を与えるかを論証したので、〈生活必需品すべてがもつ割合の基準とは何か〉、一言でいえば、〈諸物価〉と言われるものに言及する時がきた。さらに、なぜ一般に商品は想定貨幣か計算貨幣で評価されるのかについても、なおもっと述べるつもりだ。

〈理想貨幣とは何か〉 まさしく価値に一致する完全な金属片をもたないものが、〈想定貨幣〉と言われる。こうして、ローマのスクード scudo 銀貨（初版、他、ドゥカート ducato）は、銀一〇パオロを含む貨幣はもう打刻されないので、スクード銀貨（同）は、もう市場で流通せず、好事家だけに保存されているから、今日では理想貨幣になった。わが国のオンス、イギリスのポンド・スターリング、フランスのリーヴル・ド・コーント、国庫のドゥカート金貨、ヴェネツィア銀行のドゥカート銀貨、その他のきわめて多くの貨幣もそうなっている。ふだん、この同じ理想貨幣で計算するのが常である、つまり、それで約定がなされ、契約が結ばれ、あらゆるものが評価されるのだ。それは同じ理由から生まれた。すなわち、今日は理想貨幣だが、それらは、あらゆる国民の最も古い貨幣であり、かつてはすべてが現実貨幣であったし、現実貨幣だったから計算に使われたのだ。しかし、君主たちが、貨幣の量や形を変えたので、それらは想定貨幣になって、さらに計算を容易にするためにだけ考えられた。フランスのような、幾つかの国では、君主たちの厳格な勅令によって、他の貨幣ではなく幾つかの貨幣でだけ、何度も約定、契約が統制された。このことは、そこではきわめて重要なことだと考えられたのだ。しかし、ほとんどすべての国民には、わが国でと同様に、それを余儀なくする法律しかない。然り、三つの違った貨幣で計算される使用法が導入されたのだ。それらには、一つの貨幣が別の貨幣を、分数は除いて、整数倍の数で含んでいる。これらの数は、ほとんど至る所で、二〇と一二である。このようにして、我々は、ドゥカートで、ドゥカートの五分の一のタリ（ところが、両方とも現実の銀貨である）で、タリの二〇分の一のグラーノで計算するし、後に我々が一二分の一に分割する銅貨は、この貨幣が得たアラゴン王たちの旧来の刻印から〈カヴァッロ〉と言われ、小額になりすぎてもう打刻されないから、今日では想定貨幣になった。

〈価格変化をめぐって決定されるべき原理、それは尺度の、すなわち、お金の変化から生じる〉 さて、私は、計算貨幣と理想貨幣について、それらの効用についてもっと詳細に論じるために、自明の理によって、どのように決定されるべきかに言及する。つまり、ある物の価格、あるいは、それの他の物との割合が、すべての物と比例して変わるなら、他のすべての物ではなく、ある物の価値だけが変わった明らかなしるしであると言うことだ。だから、もし、一オンスの純金が、一〇トゥモロの小麦、一五樽のワイン、一二スタイオのオリーブ油の価値があるかそれらに相当するとしても、後にこの割合が変わって、一オンスの金が、二〇トゥモロの小麦、三〇樽のワイン、二四スタイオのオリーブ油に値するようになれば、他の諸商品が下げないのに、ひとり金だけが価格を高めたことは確かである。なぜなら、もし小麦だけが価格を下げたのなら、たしかに、二〇トゥモロの小麦が、一オンスの金に値することになるだろうが、ワインとオリーブ油はそれらの価格を変えなかっただろうから。三商品全部が価格を下げたとも言えない。なぜなら、全商品がそのように等しく豊富であることは、あり得ないほど稀なことだから。したがって、全商品が値を上げるとしても、これが一時的でも不等な値上がりでもないとすれば（なぜなら、戦争、飢饉、災害は、物価高騰をもたらすが、このことは多年にわたりはしないし、全商品に比例的に起こりもしないから）、貨幣が価値を下げたのだと結論せざるを得ない。ところが、あらゆるものが値を下げれば、貨幣は価値を上げるのだ。

〈諸価格の共通尺度が変化することは避けがたい不便である〉 この結果は、貨幣が必然的に万物の共通の尺度だということも一緒に引き出す。確かに、このことは面倒でないこともなく、それどころか、私が論証するように、重大な誤りの原因にもなる。しかし、それを避けようとすれば、どんな変動にも影響を受けない一つの共通の尺度を見つけねばなるまい。けれども、この尺度は人事の間に望むはたやすく探し当てるは難《かた》しだ。永続的な安定性や堅固さはこの世で望むべくもない。逆に、これは自然の秩序全体と天性自体にまったく矛盾する。自然の特性は不変ではないからだ。すなわち、ゆっくりだったり急だったりする永久の循環の中で、それ自らの一定限界と先に進まずぐるぐる巡る無限の間を曲がりくねるまさに偶発事の絶えざ

（注1） Cfr. la nota VIII del G., alla p.312. 注釈三九八―九ページ。

（訳注1） 初版、他では、Ⅰ、Ⅱとも付いていない。

る回帰だからだ。だから、安定した普遍の尺度は、期待しなくていいし追求しなくてもいい。それには、ゆっくりであまり目立たない変化が取って代わるからだ。今この違いは、貨幣とed［初版、他ではe］小麦［や人間に最も必要な他の諸商品］（二版で追加）の間に生じる。その中で、小麦が、非常に短い期間に価格できわめて大きな変化を被る。しかし、自然の変遷の一定期間には、昨今二〇年の収穫の平均状態をとれば、（人口と小麦耕作面積が同じとして）アウグストゥスの時代の同年限のそれは、彼我でこんなに時代が隔たっているのに、ナポリ王国での小麦の価値は、まさに同値であったことがほとんど確実に確認される。逆に、この時代に金属はきわめて大きな変化を被った。そのため、アウグストゥスの時代には、一リッブラの金は、今と同量ではなく、もっとずっと大量の小麦に相当したのだ。小麦価格が金に基づいて量られるように、金の価格は、時代の大きな隔たりの中でも、小麦に基づいて訂正されねばならない。その期間に、自然にあるものすべてに価格があるのだから、金にも価格があるだろう。しかし、要する広大な時間の隔たりによって、どうなっていて、いくらなのか分からないし価値が分かっても仕方がない。だから、私が前述したように、ゆっくり変化する共通の尺度が、安定した尺度が存在しないのだから、安定した尺度とほとんど同じくらい十分に使えるのだ。それでもなお、想定貨幣が安定した堅実な手段だと言って、それを評価し賞賛し、それだけを計算に利用できると思い込んでいる人たちがいる。それどころか、そういう人たちは沢山いて分別ある人々である。他の人々は、おそらくもっと思慮深く、貪欲とか奢侈もそれの採掘の緊急性も決して増すことがないし、一番低価格で僅かな変化にも対応できるので、すべての金属のうちでも銅がそうだと思い込んでいる。すなわち、そのような素材が我々の考察に適っているのだ。だから、私は、想定貨幣と現実貨幣のうち、どっちの方が安定しているか、さらに、計算に一定の貨幣だけを使用する利益があるかどうか、これらの現実貨幣とか想定貨幣はなくてはならないものなのかのかどうか、知りたいのである。最後に、どのような、どれだけの欺瞞や不当な苦情が、貨幣が不変の尺度だと信じ、その動きを感じない誤った世論を生み出すのかを知ることはきわめて重要だろう。

〈想定貨幣は現実貨幣ほど安定した尺度ではない〉 もし想定貨幣が、価格の観念をあらわす数の絶対的名称であって、ある観念が我々の頭の中に固定され、何の動きにもかき乱されないほど万物から切り離されていたなら、確かにそれは不変で一定だろう。しかし、それは、未だかつてそのようなものであったためしがない。たとえば、わが国のオンスが想定貨幣なのだから。だが、それの価値は六ドゥカートに決められているし、それにドゥカートは現実の可変の貨幣だから、ドゥカートの変化に応じて、オンスの価格も変化する。つまり、実際にこんなふうに行われたのだ。我々は、アクィーノ伯トッマーゾ（トマス・アクィナス）Tommaso de'conti di Aquinoが、説教者叙階で、後に、その気高い徳行と超自然的な学説によって、聖人、天使的叡智《えいち》と宣言され、ナポリ国王によって、当地の公立学校に彼をおいておくために、月額一オンスを付与されていることを知る。当時、この報酬は大金と見なされた。(注2) だがしかし、今日では、月額六ドゥカートは乏しい給料で、従僕たった一人分にふさわしい。要するに、六ではなく、現在の六〇ドゥカートが実際のところ辛うじて旧来のオンスに相当するのだ。価格が現実貨幣に対して低下するか、新たな造幣所で純度や

（注2） Cfr. la nota IX del G., alle pp.313–314 e 345–346. 注釈三九九—四〇一ページ。

重さが変われば変化しないということも想定貨幣には役立たない。これは、想定貨幣はこれらの紆余曲折に左右されないから、不変のままだと信じている大勢の人々の共同の欺瞞である。しかし、これらのことだけが貨幣価格を変えるということが誤りであるように、この意見も誤りである。真の変化の根拠は、多かれ少なかれ一国内に流通している金属の豊富さに由来する。この変化が貨幣に拠っているように見えないのは事実である。なぜなら、もし君主たちが貨幣を変更しなければ、それらは決して変わらず、物全部の価格に拠っているように見えるので、このことは同義反復になるからだ。価格は一つの根拠からなる。その根拠は、変化するには、条件の一つが変化しさえすれば足りる。すなわち、貨幣が変わらなければ、それが計るものの価格が変われば足りる。こうして、もし一君主が、王国で使う長さの尺度を変えたければ、そのことを感じさせずに、彼が、六パルモ（掌尺、約二五センチメートル）に決められた彼らの兵士の身長が、一二パルモと言われ、そう見なされ、こうしてあらゆる他の尺度が比例的に連関するように命じれば足りることになる。彼は、それについて触れも説明もせずに、パルモを半分に縮小したことになる。君主が諸商品の価格についてやらないことは、公正に多数の人々がやる。価格は人々の骨折りの尺度だから、尺度にはそれの準備が必要とされる。もしある物に君主が価格をつけるとしても、彼は、服従させたければ、国民の尺度に合わせざるを得ないだろう。さもなければ、どんな価格も付かないか、勤勉が中断されるかだ。えり好みしていては、君主は自分の目的を遂げられない。だから、結局、この不変の貨幣は夢まぼろしで、錯乱である。非常に豊かなどんな新鉱山が発見されても、尺度にかかわることは示さずに、計られた諸物の価格を変更するから、すぐにすべての尺度が変わるまでだ。

〈不変の尺度とは何か〉〈おそらく、この安定した尺度は人間だろう〉（訳注2） おそらくここで、ある人は、もしその金属に価格が変化する不便があるなら、もっと変わりにくい他種の金属を使えばいいと言うだろう。正直言って私は、何度となくあれやこれや考えた挙句、未だにそれらの使用や認識がなければ諸国民の全世代もいなかったほど人間に必要な四要素（四大《しだい》、空気、水、土、火）を除けば、自然には何一つ産物や素材がないことを知った。だがまさにそれら四要素は、豊富すぎるために価格がつかないのだ。あらゆる国民が、その主食となる、いわば小麦という一種の糧を得ているのは事実である。こうして、オリエントには米が、アメリカにはトウモロコシが、極地には干し魚がある。この食物については、収穫の中位の条件をとれば、安定した尺度をつくれるように思われる。しかし、さらに、それの価格がさまざまな栽培に支えられ、これがさまざまな国民から出ていることを考慮すると、誰にでもそうできる訳ではない。実のところ、世界が、何か偉大な時期の始まりに近づき、それも遠くないように思われる光明と真実の歩みへ大きく前進した我々の時代に、物理学者たちは、不変の尺度と万物の三大尺度である時間、空間、運動の間の驚くべき結合を発見するに至った。すなわち、時間が太陽の運行に釣り合わされ、それを振り子の振動で計って等しく小部分に分ける方法が発見されたのだ。振り子の長さから、地上のすでに不変の位置が決定され、振動の速度から発見されて、一緒に結びついた永遠の絆のために、これらが三大尺度（注3）にされた。しかし、諸物の価格には、す

（訳注2） この欄外見出しは、この段落一八行後（「おそらく」forse）の余白にある。

（注3） 時間 tempo の、運動 moto の、空間 spazio の。

なわち、我々の必要に対するそれらの割合には、まだ決定的な尺度はない。おそらく、それは見つかるだろう。(注4) 私は、自分としては、その尺度は人間自身だろうと思う。なぜなら、諸要素に続いて、人間よりも人間に必要なものはないし、さまざまな数の人間に万物の価格が依存しているからだ。人と人の間にはほとんど無限の距離があることは紛れもない事実であるが、計算が中位の程度を見つけるに至れば、人はいつでもどこでも同じであったし、現にそうで、これからもそうであるかぎり、これが確かに真の尺度になろう。

〈この見解の諸根拠〉 このことが、諸国民が、ギニア海岸で、(注5) 確実で理想的な尺度だと信じた真の理由であると思われる。彼らは、(一〇単位に相当する)〈マクーテ〉*macute* (macoute 仏、Macuta 独) と〈セント〉*cento* (cent 仏) で数え、ものを評価するにはいつもそうしている。彼らは、ふつう黒人一人で換算する自分たちの商品価格を所与の〈マクーテ〉数で決める。たとえば、三〇歳以下の健康で申し分のない奴隷一人は、〈インド・ピース〉*piece d'Inde* (注6) (pezza d'India) で三〇五〈マクーテ〉と言われる。さらに、我々が交換をしたいと言えば、ナイフ一丁は二〈マクーテ〉、鉄砲一丁は三〇、一〇リッブラの火薬は三〇に値踏みされることから始まり、このようにして、三〇五〈マクーテ〉に至るまでになる。それで、ヨーロッパ商人が満足すれば、交換が成立する。アンゴラ Angola 海岸のロアンゴ Loango ではこのように計算される。マリンボ Malimbo とカビンド Cabindo でも同様に〈ペッツァ〉が使用され、それらの各々が三〇〈マクーテ〉に相当する。ヨーロッパ商人たちは、これらの語が純粋な理論数だから、一番使い勝手のいい数だと考えたのだ。サヴァリー (兄弟) Savary (注7) や『法の精神』(注8) という書の著者はこのように考えた。しかし、私には、この理論数の一国民への導入は不可能のように思われる。つまり、至る所で支払われる貨幣は、そこで計算される貨幣であることを断乎として考えると。従って、彼らの主要商品が奴隷なのだから、彼らの貨幣が人であることは事実である。すなわち、不変で計算が簡単な貨幣は、彼らがしているように人で評価されれば、肉体の質だけである。まるで〈マクーテ〉が彼の価格の再分割であったかのように、人体が〈マクーテ〉で評価された。そこでは、経験に照らして、人間貨幣が最も安定した貨幣であることが分かる。一国民が奴隷所有の習慣をやめることはあるかも知れないが、まだそれを続けているかぎり、それらの価格が一番変らないだろう。

〈計算貨幣について〉〈一定の貨幣だけで計算を決めるのは無駄である〉（訳注3） さて、我々の目的に戻り、計算貨幣に関する議論を検討すれば、私は、計算貨幣を法律で決定することが（安定した貨幣がなければ）いかに無意味であるかを明らかにしたと信じてよかろう。実のところ、もし全貨幣がうまく規制されたあらゆる国家で、純度が等しく、三貨幣間の比率が正しく安定していても、どうしたって計算貨幣にはならない。もし貨幣は不均衡だが、まったく自由に流通しているとすれば、良貨で契約が締結されるだろうが、各人は悪貨

（注4） Cfr. la nota X del G, alle pp.314–316. 注釈四〇一―四ページ。

（注5） もっと一般には西部アフリカの黒人のアフリカ。

（注6） インドのペッツァ pezza d'India。*Pezza*（*piece*）は、フランス貨幣の呼称だった。

（注7） Jacques des Brulons de Savary（et Louis-Philemon Savary）は、一七二三年パリで『一般商業事典』（Amsterdam, Jansons, 四巻、一七二六～一七三二年）を出版した。

（注8） モンテスキュー（Charles-Louis de Secondat Montesquieu）。

（訳注3） この欄外見出しは、この段落五行後（「実のところ」veramente）の余白にある。

で支払いを済ませようと努めるだろうから、良貨は国家外に流出するだろう。もし、これらの同じ貨幣で契約、取引の実施が命じられ、これが、悪貨を除去するのと同じことなら、新貨幣は打刻されずに、国家は貨幣なし状態になるだろう。つまり、計算貨幣のこの安定化は、いつも余計で役に立たないのだ。もし立法者が、貨幣を計算用でない諸貨幣と交換する便宜のためにこの法律をつくるとすれば、彼は、不手際で最悪の操作をしてしまい、災害を招いたも同然になる。貨幣全部か、同一金属の全貨幣の価格高騰が有害なケースにならないように、一金属の貨幣の一部だけの変更も毒にも薬にもならない。事実、金貨は、ほとんどの国民にも計算貨幣として利用されていないけれども、計算に関わらなくても、この金属すべての価格は高騰するかもしれない。しかし、（そもそも、金貨は他のあらゆる貨幣にもまして決して関わらすべきでないが）そうなるために、法律をつくる必要はない。なぜなら、もしそうしたことで貨幣から利益を引き出そうとして、最高権力が貨幣価格を高くすれば、以前の貨幣価値を侵害するはずだから。それは、臣民たちに計算を命じた同じ貨幣のままでなければならない。つまり、この貨幣が関わりをもたなければ、価格が引き上げられるか改変された別の貨幣で支払わねばならない。そんなわけで、以前の法律に違反したその法律は誰にも実施されないだろうし、価値の引上げが語られる場合には、長いことそれが公言されるから、その弊害は続くだろう。

〈それはフランスで確認される〉　このことの真実は、フランスの出来事を考えれば分かる。一五七七年、アンリ Errico 三世によるブロア Blois の有名な総身分会 Stati(注9) で、リラ lire（リーヴル livres）、ソルド soldi（スーsous）、ダナーロ denari（デニール deniers）での旧来の計算が禁止され、スクード scudo（エキュ ecu d'or）金貨での計算に切り替えられた。勅令の動機は、国王によって掲示され是認された会計院 Corte delle monete（La Cour des Monnaies de Paris）の代表権[注10]にあり、次のようになっていた。Ⅰ．商品価格が過度に高騰したこと。Ⅱ．フランス産商品を買い入れた外国人からの受取貨幣が減ったこと。Ⅲ．価値の引上げ実施で高騰しなかった幾つかの貨幣を外国商人が増やしたこと。Ⅳ．貨幣で約定された賃貸借料や納付金での実質収入が激減したこと。Ⅴ．国王の歳入が激減したこと。

〈ブロアの貨幣法院の抗議の第一章に関する考察〉　一賢人がこの勅令を考察できることが、貨幣科学全体に光明を投げかける。この代表者が、価値の引上げによって生じた損害を説明していることが真っ先に分る。しかし、このことは、計算貨幣と何の関連もないしあるはずもない。勅令で命じられたことではなく、価値の引下げを問う方がもっと理に叶っていた。不変の貨幣で計算が求められたと言うべきでもないから、価値の引上げの損害に対しては、ほぼ無言で対策が求められる。なぜなら、もしこの不変の貨幣が存在しないなら、キメラ（幻想）が求められ、これを廃止したアンリ四世の新しい法律が、その目的を達成しなかったことを証明するからだ。さらに、想定貨幣は、現実貨幣よりも安定しているとみんなが信じている。会計院もやはり、計算を安定させるために、想定上のリラ（リーヴル）から現実のスクード scudi（エキュ ecus）[初版、他ドゥカート ducati（or ducat）] へ計算を移す法律を要求した。確かに奇妙なことだ。まさに法律を排除するものである勅令や法令で、安定や安全を得ようとすることも同様に奇妙である。もし法律が求めら

（注9）*Stati*：gli Stati generali.

（注10）*rappresentanza*：何事かを承認する司法証書。

れるにしても、ことの本質から発見されるほかない。

〈第二章に関する考察〉　第二に、価値の引上げに対する苦情も全部が全部妥当なわけではない。最初の一般的な苦情は、価値の引上げ後に物価が上がるのは根拠がないというもので、噴飯《ふんぱん》ものである。物は言葉の上で高くなるのであって、実際に高くなる訳ではないからだ。なぜなら、価値の引上げは名目の変化にすぎず、貨幣を変える名目は、同等に諸商品の価格を変えるだけだから。一〇〇ドゥカート払えばすむのに、倍の二〇〇ドゥカート支払うことを義務付けられた人にこのことは似ている。つまり、彼は、まず「一〇〇」"cento"（初版、他"…"がない）の数の響きを耳にする一方で、たった今「二〇〇」"duecento"（同）という別の最もきわめてぞっとする数を聞いて不平を言うのだ。さらに、高価に買われるなら、高価に売られることも明らかに確かである。要するに、価格高騰を嘆くのは、諸物が良い値で売られるのを嘆くことだからだ。

〈第三章に関する考察〉　外国人が利益を得るということも事実ではない（これは、苦情の第三章である）。なぜなら、外国人たちは他の諸国家では君主ではないので、国民的に設定された価格に、つまり、同じ名目の変化に支配されるからだ。要するに、一方と同じく他方も、たとえ呼称はどうであれ、金属の同じ重さを与えねばならないのだ。しかし、このことについては、後で述べることにする。今のところは、読者諸兄の気持ちを笑いでリラックスさせるために、悪性の価格騰貴が貨幣の騰貴のあらゆる成果を直接台無しにし、現実は同じままで言葉だけを変えるのだということが分れば十分である。だから、フランス人たちは、あらゆる物の価格を上げたことを悔やんで、ひどく毛嫌いされた価値の引上げが成果を生まなかったと不平を言ったのだ。そのため、彼らは別のことを望んでいたように思われる。つまり、確かにもし少数者の忠告が一国民に罪を負わせたのなら、それらは懲罰に値しただろうと。

第四に、若干の貨幣は、法律によって変質するにまかされなかったので、国民によってそうなったという苦情の正当な動機にすらならなかった。I．なぜなら、自然によって最も富裕な王国であるフランスで、ほんの小規模な取引をしていた外国人から、こんなことが生じるはずがないので。II．なぜなら、もしそのようになったとすれば、ことの自然がそのように望まざるを得なかったからだ。つまり、真の原則が、諸国民の行為が自然で正常な流れに従うか、できるだけそれから離れずに常に向かう何世紀もの経験によって確認される原則があるのだ。逆に、立派に統治すべき人の諸組織が、時折彼を悩ませ害を与えるように、それらが自らもつ力の分だけ害も与えるなら、国家を混乱に陥れることにもなろう。しかし、神の摂理は、それに抵抗し、それを弱めるあらゆる行為を撲滅する自己保存の無限の力を自己の法そのものに自然に与え給うた。社会のこの力は、適切に道徳的順応性と呼ばれるだろう。それについては、別の箇所で語ることにする。すなわち、そこでも、結局その建言を容れることが正しいかどうかが、つまり、それが正しくないか国家全体に害を及ぼさないかどうかが分るだろう。さしあたり、建言に呼び覚まされた不運では、誤りにせよ正しいにせよ、計算貨幣を定めても癒される人は誰もいないと結論していい。

〈アンリ四世の勅令〉　さて、アンリ四世の一六〇二年の勅令に話を移そう。一五七七年の勅令が無効になり、リラ（リーヴル livres）、ソルド（ス sous）、ダナーロ（デニール deniers）が復権した。そのような変更の理由は、別の計算貨幣が、「あらゆるものに見られる出費と過剰、及びそれらの価格上昇の原因になった」（初版、他、イタリック体）からであった。これらがその勅令の文言である。だから、呪詛や嫌悪の言葉と共に、スクードscudi（エキュecus）［初版、他、ドゥカートducati（ducats）］での計算は駆逐され呪われた挙句、旧（貨幣の）計算に戻されたのだ。けれども、この勅令は、実のところ、他の多方面の人々全員のではなく、当時フランスで上の方にいた人々のことしか説明していない。勅令で言われていることのすべては、統治術の周辺できわめて曖昧模糊とした闇の中に生きる人々からしか出てきようがない。豪奢な過剰と支出は、平和と繁栄する国家の忠実な連れ合いであり、商品価格を高めることは、一国民が繁栄する紛れもない現れである。これらすべてが、有徳この上ない国王の英知に帰せられるべきだった。だから、要するに、会計院は、アンリ四世に彼の優れた政府に反した勅令を布告させ、多数の無思慮な声が、彼がフランスに与えた限りない恩恵によって救済手段とせざるを得なくしたのだ。そのために、フランスは、彼の栄誉を復興者で創設者として正当にたたえた。それは悪夢を見た人々の効きもしない薬くらいの役には立った。つまり、フランスは、絶えず富が増えても、困りものの過剰支出がますます増えることを知って、こうなったことを自覚したのだ。

〈この勅令の動機〉〈計算貨幣の量は、それを使用する国民の富裕の徴候であるというのは本当かどうか〉（訳注4）

もしこの勅令の明らかな根拠はいったいどのようなものであったのか問う人がいれば、私は、それについて熟慮した後、やっとそれを見つけたと答えることになる。しかし、確かに、それは根拠のうちの一つだった。第一に、私は、人が苦情を言う時には、その原因を的中させることはめったになく、いつも彼にごく記憶に新しい最後の出来事のせいにすることに気づいた。おそらくこうして、フランス人たちは、アンリ三世が禁止したリラ（リーヴル）での旧来の計算ときわめて重大な配慮についてなお記憶していて、（多くの利益はすぐに受けて当然だと期待するのに、必要な苦労はしようとしない人間の性《さが》として）現状に満足を感じないで、（スクード金貨［エキュ金貨］での）（二版で追加）計算にあらゆる罪を着せて、それが無効になるのを熱心に見届けて、国王が、それ自体には毒も薬も含んでいない変更で、彼らの熱望を満足させてくれたことに興奮したのだろう。第二に、当時、多くの賢人から私も繰り返し聞いて信じられていた一国の富裕の手掛かりはその国が計算する貨幣価値の大きさだろう、ということがあるかも知れない。つまり、このことは、現代ではイギリス人がきわめて富裕であることに由来していると思う。彼らが、いくつかの国民で使用されている最大の計算貨幣であるポンドで計算しているので、この偶然の出会いから、そのために一般原則がつくられたのだ。そのような誤りを知るためには、歴史の一例を尋ねれば足りる。きわめて強力な王国であるフランスは、常にかなり低位の貨幣であるリーヴルで計算した。ジェノヴァやヴェネツィアもそうであった。オランダはフロリンで計算した。しかし、同時期に最大で最富強国であったスペインは、（レアルと）（二版で追加）最小貨幣の〈マラベディ銅貨〉*maravedis*[注11] で計算している。貨幣のこの小ささも少しも倹約には寄与しない。なぜなら、もし高額の価格が必要なら、フランス人は、今日でもルイ金貨を使うし、スペインはペソとドブレを、フィレンツェはフロリンを、ジェノヴァとヴェネツィアはツェッキーノを、ドイツはターレルとハンガリー金貨を、モスクワ大公国はルーブルを使っているから。それから、このことは、古代ローマに起こっ

（注11） 同じくらい金属の豊富なポルトガルは、今日もなお等しく最小貨幣の〈レイス〉*reis* で計算している。

（訳注4） この欄外見出しは、この段落の一八行後（「第二に」**in secondo luogo**）の余白にある。

たことからもさらによく知られる。古代ローマは、セステルスという一番低位の貨幣を計算に使用し、一度もそれを変えなかった。しかし、絶えず無数のセステルスの存在が聞き知られるくらい権力と富が増した後で、〈無数の〉*mille*（初版、他 m.）声が自ずと黙り込み、今まで他所では一度も使われなかったのに、（重さで）（二版で追加）現在の **nostri**（初版、他、ほとんど **quasi**）二五ドゥカート以上にあたる最大の計算貨幣が、突如として使われることになった。これで、想定貨幣と計算貨幣については十分である。だから今は、物とかお金の尺度のささいな変化が生む誤りについて述べておこう。

私が今まさに言おうとしていることは、きわめて重大な熟慮に値する。つまり、もし私が主題の広範さに応えられず、その重圧でぐらつくとしても、少なくとも、読者諸兄が、もし私が話すのをやめても、その箇所から僅かな歩みで、最後までその主題を先に進められんことを期待する。

〈金属の内在価値の変化を知らないための根拠のない苦情に対する考察〉 君主の立派な行為の大敵はその国民の叫び **grida**（注12）である。それらは、いつも不正なためにではなく、いつでも耳を貸すべきではないからだ。すなわち、時には病に苦痛がともなわず、時には治療法自体が苦痛を伴うので、病人のうめき声が、彼のケアをする人の採るべき処方にいつも役立つ訳ではないのと何ら変わらない。だから、政治体の特効薬を委託された最高権力は、臣民たちの苦情にどのような起源があるのか、適切なケアはどのようなものかを熱心に調べねばならない。つまり、貨幣に関わる苦情で間違いを犯さないためには、経験がしばしば教えるように、貨幣が不変の尺度ではないことを万人が周知していないから、人々に無思慮な話が出てくる理由を説明する必要がある。そうした話に行政官が耳を貸してやるから、大して重要でないだけ（本質に反するので）

踏みにじられるか侮辱される法律や法規が公布されるのだ。主要な錯誤は四つに収斂する。Ⅰ．一国が富裕であるのに、飢饉や窮乏の不平の気配がする。けれどもそれらは省みられない。Ⅱ．近隣諸国民は、比較してみて、軽蔑とか同情に値するであろう meriterebbero（初版、他、値する meritano）古い時代をうらやむ。Ⅲ．時折昔減額した分を増やして清算するほかなければ、君主が増税しても評価される。Ⅳ．〈豊富 *o.*、温和 *m.*、勤勉 *i.*〉と呼ばれていいことが、〈奢侈 *l.*〉、〈怠惰 *p.*〉、〈下賤な手管〉*ignobili arti*（初版、他 o.以下同）だと非難される。

〈繁栄における不足という根拠のない苦情とそこから生まれる立派な政府〉 多くの賢人が気づいたように、人間は、本性的に決して満足できない動物だから、いつも不満たらたらで気難しい。このことから、何ごとにつけ、いつも悪い局面に目を向けはじめ、時には摂理の、時には同胞の、時には自分のせいにして非難し、自分の状態がどうなっていても、いつも不満を示すということになる。それらの事実はその言葉に一致しないから、確かに言葉ではなく事実によってそれを判断しなければならない。だから、私は、人間が、しばしば言葉で不正で不合理で無思慮なだけ、行為で抑制が効いて慎重であることをこの根本原則に決めた。それらの行為は、ほとんど彼自身がそれに気付かないので、理性や真実からめったに逸脱しないからだ。今最善の生活ができる国はどこかを知ろうとして、誰かの言葉に注意をはらう必要は少しもなく、人々が祖国を後にし、どこに居を構え、どこで多くの子孫を産むかを知るだけでいい。つまり、それが彼自身な

（注12） 抗議（proteste）、催促（sollecitazioni）。

のだ。そして、これらの客たちが、（我々の間でよく聞かれるように）後にした土地を愛惜したとしても、祖父たちは自分たちの息子の貧困を嘆いたろう。だが、引き返すか妻なしでとどまるかしないかぎり、彼らを信じてはならない。

〈同じ主題の続き〉 赤貧の訴えにすら注意をはらう必要はない。[注13] 一国で産業が増進すれば、彼らは近隣諸国に対して債務者より債権者になる。自分たちに諸商品を供給してから、余剰で自分たちの所へ金を引き寄せるからである。金が増えて比率が変化すると、物全部の値段が高くなるように見える。しかし、もし商品の値段が高くなれば、賃金もあらゆる他の稼ぎも等しく増えるだろう。この価格上昇については、みんな、飢饉のように嘆き、増加や入手しやすさについて（人は飽くことを知らないほど貪欲だから）認めたり喜んだりしない。支出にだけ、まるでそのために金が自分たち同胞へではなく、外国人のところへ移っていくかのように不平を言う。だが、真に国民全体のではなく、他人よりもよく分かっていると信じているから盛んに語り、知らない人々に自分たちと同じことを語れと教える人々だけのこれらの声が、しばしば繁栄に反して貧窮を助長するために、勅令や法律を公布するほど統治者の精神に影響を及ぼしたのだ。

〈食糧が安い国の世俗的賛辞のばかさ加減〉 私は、ナポリよりローマを賞賛したくて、話の目的全体が（本当であったかどうかは私には分らないが）、あらゆる物価がここよりもそこの方が安かったと示したがるのを人々がしばしば耳にしたことを思い出す。［そのことが事実なら cio essendo vero、ローマの方が劣っていたことになる dimostrata のにも、［訳注5］］彼らは気付かないのだ。マルケ Marca やアブルッツォ Abruzzi の諸都市で、あらゆる種類の物が、二つの首都（ローマ、ナポリ）よりもさらに安い mercato[注14] ことが分かるかどうか、このことから議論を進めれば、ナポリやローマの諸地域の町が優先されるべきだと結論できるかどうか聞いたとしても、彼らは答えようがないだろう。だから、たとえどう言われても、ローマはいつもナポリ・アブルッツォ間の比例中項なのだ。そして、やはり彼らの誤りは、多くの専門家の精神にもあふれるほどに拡がった。すなわち、ローマで乳製品、朝鮮アザミ、猟の獲物の豊富さを称賛することは、未開の牧場、イバラの実、藪の動物が首都の田園の名誉になったこととほとんど違わない。

〈商品の最高価格はよい政府の印である〉　だから、逆に、最大の富がどこにあるかを知るためには、諸物の最高価値が最も確実な備えであると結論せざるを得ない。これらが、人々自身にそれらをもたらし、人々がよりよく暮らせるところへ行くのだから、そうすることで、どこに最善の政府、それの娘である幸せがあるかが分る。だから、物みなが非常に高くなるロンドンやパリに名誉があり、そのために、これらの都市は物の値を下げないのだ。現代が今までで最良の時代であると証明することが、この名誉なのだ。

〈なぜ高価格だと不足だと言われるのか〉　しかし、この共通の欺瞞がどこから生ずるかを明らかにしたければ、価格高騰が、一方ではある場所のお金を全部干しあげ、他方では増やすという違いを伴って、あらゆる災害が物価を高騰させることに注意せよ。（それのすべてが、天賦の産物の欠乏に他ならない）災害では、ある

（注13）　sott.：君主の側からの注意。

（訳注5）　初版、他「このことが証明されても」（cio dimostrato）（ローマが劣っていたことが）「明らかにされたことに」（discoperta）。

（注14）　mercato：a buon mercato.

国がものを与える以上に受け取るから、お金が出ていくというのがその理由である。すなわち、繁栄時には、最大の勤勉がお金を呼びこむし、その際には沢山のお金が入ってくるので、高価格だと有利である。こうして、イギリス製品は、その完全さによってみんなが競って買うので、イギリスにお金を引き寄せるのだ。今そこで安価で暮らせるなら、諸製品の価格は低いだろうから、それだけしかお金を引き寄せないだろう。だから、イギリスでは生活費が高くて当然なのだ。(注15)

〈災害のためか繁栄のためかで高価格になる違い〉〈ナポリ王国の二つの奇妙な出来事の説明〉(訳注6) 目下、災害の高値と繁栄の高値を識別しようとすることは、統治者には最高に有益な認識であるが、そのしるしがここにある。(注16)

飢饉から生じた価格上昇は長くは続かず、あとにひどい価格低落がくる。すなわち、繁栄の価格上昇はいつも長く続いていく。(注17) この理由は、戦争かペストか季節の異変が収穫を奪った年には、売り手の数が、買い手に比べて減るからである。(注18) だから、価格が上昇し、多くの人々が困窮するのだ。多くの人々が困窮すれば、高値のものは何も彼らに買えなくなるから、物を入手せずにいるか、その国から出ていくかするので、どっちみち買い手が減ってしまう。こうして、時々きわめて大量の売却の必要のある売り手も、偶然出くわした価格で売るしかなくなる。それで、価格は下がるが欠乏と窮乏は続くことになる。さらに、ある国が、自国の成果を収穫しないなら、外国から運び込まねばならず、この費用はお金で支払わねばならないから、それが流出する。すなわち、そうなると、その希少さによって貨幣価値が高まるので、あらゆる物の価値が下がる。［しかし、］(訳注7) 繁栄時の価格上昇はお金の最大流通量から生じる。しかも、このことは、その豊富さから区別されていないので、単に持続するだけでなく、儲ける期待から人々を外国から引き入れもする。このことが自ずと新たな豊富さをもたらし、貨幣の豊富さによって、（物の）価格はますます上昇する。だからここは、たとえ奇妙に思えても、しばしば起こる二つの出来事を説明するための箇所だと思われる。第一のことは、多年にわたることではないが、現在気付かれることである。その年は僅かな小麦しか収穫されなかったので、誰もがきわめて高い価格を期待していた。しかし、あいにく、オリーブ、小麦が被害を受けたのに、価格が高騰する代わりに、下がってしまって、あらゆる方面から食糧不足のうめきと苦情が聞かれるのに、この状態がずっと続いた。こうした予期せぬ出来事の理由は、産業の主要な長が不足していたので、数限りない人々が、オリーブ畑で就労できずに貧窮の極にいたことであった。貧乏人は、欲しくても、物が高ければ支払えない。そのために、大して困窮していなかった小麦の売り手には、収穫の乏しさにではなく、買い手の購買力に折り合いをつけることが必要だったのだ。逆の災難が、物みなが異様に豊富であったこの年に体験された。ひどい低価格が予想されたが、それでもそれは見られなかった。このことは、誰もが

（注15） il costo della vita sia alto.

（訳注6） この欄外見出しは、この段落の三一行後（「だからここは」E qui）の余白にある。

（注16） Cfr. la nota XI del G., alle pp.316–317. 注釈四〇四—五ページ。

（注17） Cfr. la nota XII del G., alle pp.317–322. 注釈四〇五—四一四ページ。

（注18） *raccolta*, e altre volte *ricolta* : il raccolto dell'agricoltura.

（訳注7） 初版、他では、ここで改行されている。

対策を講じていて、窮迫を追い払ってしまった富裕そのものに由来している。窮迫していない人は売却しないで、好機が来るまで保存するので、売却が殺到[注19]しなければ、価格は下がっていかない。こうして、時々飢饉が、それ自ら低価格に引っ張っていき、豊富が高値を引っ張るのだ。

〈結論〉　さて、終わりにあたり、私は、言葉の欺瞞にではなく真実に従って、自己の君主の存在が、我々の間で、しっかり物の価格を高め、豊富とお金のきわめて早い流通の娘である費用の異常高が導入された事実を喜ぶことを、すなわち、お金が遠隔の宮廷に吸い取られていたために、食料品がもっと安かったその地方の不幸な時期[注20]を、嫉妬ではなく軽蔑の目で見直すことを市民読者諸兄にお願いする。さらに、わが食糧管理機構に気を配る人たちに、欠乏してありもしない豊富さ **gracia**[注21] を要求して、自分自身と同類に逆らって怒りで震えている下層民の無思慮な声で愚かにも誤りに導かれないように、切にお願いする。すなわち、価格を適正以下に下げて、我々を養うために雇われた人々の罪のない要素を圧迫しないことも、彼らの控え目な稼ぎを台無しにして、我々を貧窮と飢餓に追いやらないために費やすことほど良い使い道のないお金を、客嗇家たちが貯め込まないようにすることも、切にお願いする。

〈過去の時代に増税されたと考える誤り〉　第三の誤りは、すでに述べたこれらのうちで、君主を圧制の廉《かど》で不当に非難させたので、さらに致命的でもある。彼は毎日のように税金を重くしたので、これが庶民には抑圧で圧制のように思われたと聞く。しかし、多くの場合この増額は根拠がない。その理由はこうである。課税は、商品価格と国家の必要につねに比例して、一定量の貨幣で決定されるのが普通である。これらの必要とは、主権者が付与する俸給である。貨幣が増えれば、これらの俸給を増額しなければならない。商品価格が上がれば、物の価値とこれの税金の比率は同じままではない。このことは、もし君主が失脚したくなければ、彼が新たな比率に増額することを余儀なくする。しかし、これは実質的な増額ではなく、清算である。アルフォンソ Alfonso I（V）一（五）世の時代には、わが国の旧来の税金すべてが廃止され、かまど一個につき一五カルリーノに減額された。[注23] すなわち、今日では、物品税以外に、炉に五二カルリーノ支払わされる。パチパチ薪のはねる音が当時は妬まれ、現在は不平の種になる。惨めこの上ない。貨幣価格は、今日当時より少なくとも七倍になったことが明らかに証明される。だから、当時の一五カルリーノは、今日一〇〇カルリーノ以上になる。今では驚くべきことだが、炉税には関税も付加されていたのか。それなしには、ナポリ王国は必要経費を支えられなかったのだろう。内在価値の目立たない変化もずいぶんあるだろう。この欺瞞が多くの人々の頭にどれだけ広がったかも、一六四七年の大衆の凶暴な反乱[注24]で知られるだろう。その時群集は、新たな課税の廃止とカルロス五世 Carlo V によって承認されたアルフォンソ一（五）世の租税だ

（注19） 売却の切迫（urgenza di vendere）。
（注20） *tempo ... di provincia*：ブルボンのシャルルに先立つ時期。ナポリは首都ではなかった。
（注21） abbondanza.
（注22） Alfonso I d'Aragona, detto il Magnanimo che fu stabilmente a Napoli fra il 1442 e il 1458. アラゴンのアルフォンソI（V）（実は五世…伊仏対訳版訳注、p.648.[23]）。一四四二年と一四五八年の間ナポリを安定させて、寛大王（ルネッサンス君主）と言われた。
（注23） 炉（*fuoco*）：課税目的で国勢調査された家庭の中心炉（focolare nucleo familiare quale veniva censito ai fini tributari）。
（注24） マザニエッロ（Masaniello, Tommaso Aniello, 一六二〇年～四七年）に指揮された一六四七―八年の反乱。

け残すことを無分別にも要求した。損害とそれを求める多数者自身の破滅を含む要求は、狂気にも等しく罪深いものだった。確かにこの惨めな王国の痛ましい災難は、すべてスペイン君主制の必要に供される税金からではなく、あまりにも違っていて、今枚挙していく時間のない諸原因から生まれたのであった。しかし、動じることなく関税のことを言う段に来たので、たとえこの部分は、『統治術』*L'arte del governo*（注25）すべてを含む別の作品で論じたとしても、今現在の問題に適切な主張をせずに先に進むわけにはいかない。

（注25） Cfr. la nota XVI del G., alla p.326. 注釈四一九—二〇ページ。e l'"*avviso*"*premesso all'edizione* 1780, pp.5–11, e inoltre l'*Appendice*, III, pp.390–392. 補足史料五三一—三五ページ。

〈Ⅱ. 税金に対する逸脱、それらの本性としばしば有害な理由〉

〈税金の害は何に由来するのか〉 税金は、「君主が取り立て、後に付与して戻す私人の財産の一部」（初版“……”、他《…》）である。ところで、これがそれを差し出した同じ人々に戻って、たとえ私人の財産全額に等しくなっても、誰の損にも得にもならないだろう。だから、税金は、本性上毒にも薬にもならない。しかし、税金がそれを支払った人々に報いられなかったら、ある人々は得をし、他の人々は損をする。今税金を委託される人々が、一国の誠実な人々であったなら、税金の適切な使用によって、悪人を全員罰し、善人に報いるだろう。だから、税金の使い道には、それ自体最高で無限の効用があり得る。その重みはこの利益を妨げず、それどころか、それを増加する。なぜなら、勤勉な者や誠実な者の褒賞が増えるだけ、怠惰な者、乱暴者、破廉恥な者の罰がそれだけ厳しくなるから。だから、公租は重課によって害にはならない。それの害のすべては次の三点にある。すなわち、普遍的でないこと、不正に課されること、不正に使われ配分されることにある。第一の場合には、怠け者全員に重課されず、ふさわしい人全員に十分な褒賞ができないから、国家は不便が大きい割には軽い負担しか課せない。諸君が一頭の馬の耳にその適正な積荷の半分を吊るすとすれば、馬は立ち止まるか、力なく倒れこむだろう。この不均衡は、不正に規定された課税で最も頻繁に起こり、野蛮時代の諸政府では当たり前であった。それらは、時おり不正に設置され、勤勉を妨げかねない。このことが、どれだけ損害の源泉になるかは言葉で言い表せない。君主が財産の半分を取っても、獲得の自由と便宜を与えれば、ごく僅かな部分しか取らないことになり、何か獲得できる手段を認めない君主の臣民ほどには貧しくしないことは誰にでも分るから。すなわち、胸部に結んだロープで楽に重い荷物を引いている馬に、諸君が馬の両脚の間にロープをかけたなら、どんな小さな荷物も引けないだけでなく、同じロープが馬を動けなくするか倒してしまうように。

〈税金の誤った使用〉［最後に］(訳注1)、国家の破滅は、犯罪者、不適任者、怠惰な者が、君主によって褒賞され職を得るとすれば、税金の使用から生じる。あるいは、誠実な人々が君主に税金を支払わざるを得ないのに、これらの者たちが負担を免れ放題になっているなら。国外で消費されるか、外国人に与えられるかしても同じことである。私は、国外に在住するか、ある国に来ても豊かになりに他所へ出て行く人々を〈外国人〉***stranieri***（初版、他 *s.*）と呼ぶ。しかし、その国の外で生まれたのに、その国に居を構えに来る人々は、国民自身より愛し愛護するに値するし、別個に多くの人々を引き寄せる国は、他の諸国以上に強力で幸福になるだろう。かつては惨めで湿地の多かったオランダは、その富強のすべてをこれらの外国人に負っている。プロイセンもその国力を、モスクワ大公国は技能と文化をこれらの人々に負っている。彼らが、今日ナポリ王国が体験している富裕の第一の原因である。以前には、少数の外国人たちが貧しくしたとしても、今日では、あらゆる国から来る多くの外国人が富裕をもたらしているのが分るから。前者は、ほとんど何世紀にもわたって、自分たちの富を十分に獲得したのだけれども、国外に運び去り、奪い取ったのだ。後者は、

（訳注1） 二版ではここで改行されていない。

自分自身の利得に加えて、［多かれ少なかれ、(訳注2)］はるかな父祖伝来の財産も誘引し、ナポリでそれを費消して噴出させた。(注26)

税金について私が述べたことから、それらが重いか軽いかが損得を生むのではなく、それどころか、双方とも効果があることが分る。それから、これらの増加に根拠がないか、もし自分だけで考えて正しいとしても、いまだかつて有害であったためしはないので、増税への不平が不当であることがますます明らかになる。

〈どんな手段で、どんな徴候で国家は衰退するのか〉〈衰退の自然的結果〉ところで、ここを終える前に、真実の兆しを欺瞞の害から区別するために、いかに、どんなふうにして国家が堕落し破滅するのか述べておこう。一国家の富は、動物は自分以外の成果を牧草地に生み出さず、大地の産物の類に数えられるので、土地、家屋、金《かね》である。これらの富のすべてを、人間が発生させ、消費する。それらを富にする者は人間なのだ。だから、私が人間自身を富の一つとして検討しても奇妙ではなかろう。それどころか、人間は唯一、真の富なのである。

今、全部で四つあるこれらの富のうちで、初めの二つは、不動の物であり、あとの二つは動かせる物である。けれども、人間よりお金の方が出て行きやすい。なぜなら、お金は、出て行くと、それがあとにする場所である貧しくなる国家に多くの必需商品の形で別の富を入りこませるから。しかし、人間たちは、出発すれば、いつも自分たちの役割を失う。なぜなら、土地、家屋、親類、名誉、祖国もすべて後にし、お金だけが彼と一緒についていくから。多くの人々が一緒に一国を放棄することを切望すれば、家屋も土地もあとに残され、売却されるから、相応のお金に転換されよう。だから、お金よりも人間の方が動きが鈍いと言うのだ。土地や建物は、移動に関しては、まったく不動のものである。しかし、建物は建てられたり壊されるし、土地は耕されたり不毛にされたりする。これだけがそれらのもつ動きである。（貴重な動産 mobili[注27] すべてをどんな名目で買うにしても）お金が出て行けば、一国家はあらゆる富を失う。人間たちが、そこから出て行くか死んで消滅するがままになれば、もう子孫も生まれてこない。建物も壊れる。土地は荒れるにまかされる。これらの事態が将来維持する秩序は、まさに前述したごとくである。自然は、さまざまな気まぐれに応じて、あるがままに求める。この衰退のすべてから飢饉が生じる。飢饉は、時折季節の天候不順から生じる。これは最もわずかな原因である。なぜなら、幾らかの稀な例を除けば、年々の災難は決して引き続き三年以上は続かないから。もしそれ以上続くように思われても、それは過去の災害のせいである。それが植民者たちを窮乏させて、十分種蒔きをさせなかったのだ。種が蒔かれなければ、収穫もないのは当然だ。人間のペスト（疫病）からも飢饉は起こる。しかし、この罰は、経験によって知られるように、人間の怠慢と同じく神の怒りに帰するものに他ならない。良好な規制で、さらにめったに起こらないようになる。牡牛のペストも飢饉を生む。これは、ほとんど抑えるに至った（人間の）ペストの代わりに、防疫措置も講じられずに今世紀に頻繁に認められることになった。しかし、戦争は、全災害のうちで最大であるどころか、その

（訳注2）（molte o poche che sieni）二版で追加。

（注26）*Quelli* ... *questi* ...：この対比は、ナポリのオーストリア支配期と（スペイン）ブルボン支配期になされた。

（注27）mobili：すなわち、I beni mobili.

名の下に全災害を集めるので、飢饉と一国の没落のいつもの原因になるものである。しかも、すべてが人間に由来し、自分自身の受難ほど人間を癒すものはないのだから、救いのない災害である。

ある場所からお金が出ていっても、欠乏が感じられないうちは、人間は出て行かない。しかし、お金が大部分出ていって、祖国が痛ましく惨めな様相を示すようになって初めて、人間も出て行く。第一の人々は、あまり去らない人々、すなわち、商人や芸術家である。次に、他の人々は次第に去って行く。居残る人々は、妻を娶ろうにも貧窮に阻まれるし、死者によって人口減少が加速する。すでに述べたことに加えて、出産減少は、オリエントでのように、政府の残酷さか、ポーランドでのように、富の不均衡か、アフリカや、自由意志かハーレムや宦官が放置された国々と同じく野蛮な風習でか、妻が残酷にも夫の死に同伴するどこかの国のように、迷信でかが原因だと見なせる。人間が減少すれば、国家を破滅から救う道は何もなくなる。[それどころか、外敵の侵入が、非常に急激に隷属や破壊をもたらすかもしれない。(訳注3)]

〈衰退の最初の兆しは価格上昇であり、それは国家の繁栄の兆しと同じである〉 ところで、見られるように、貧窮の兆しのうち、以下のことを除けば、繁栄国家に似ていることは何もない。すなわち、災害の初めには、お金は、閉じられていた財布から大量に流れ出るので、貨幣が多量に流入して増加したかのように、物すべての価格が上昇する。(注28) しかし、この後、あらゆる兆しが変わり、災難時には、私が前述したことがつづき、繁栄時には逆のことがつづく。それらのことは、何か真実を知ろうとするなら、今日それ自らすべてを承知のわがナポリ王国について検討するしかない。そして、臣民たちには彼らが行う勤勉の功績や、彼らのものぐさや怠惰の罪もまったくないので、このことは、国民の徳義にではなく、君主に帰せられることである。時おり、悪徳、ノラクラ、性悪《しょうわる》だと国民に罪を着せるありふれた表現にも倣うべきではない。彼らには罪はない。すなわち、悪い政府に不服従で無駄な抵抗をした後でも、愚かに身構えるのが臣民の本性だから。反逆者がいれば、君主には臣民は役立たず同然になり、君主に臣民がいないかのように弱体化するので、この愚かさが、最後の最も安全堅固なとりでなのだ。経験は、人は、行動するよりも苦悩に耐えて強くなることを、そして、抑圧する人と我慢する人のうち、征服者も無気力になることがあるので、まず前者が、後に後者が譲歩することを知らしめた。すなわち、そのような警句にも昔の歴史が満ちていることに加えて、アメリカ住民によって真実が知らされた。彼らは、旧来の勤勉 industria（初版、他、慎慮 prudenza）と違う野蛮な無感覚で消耗したので、ヨーロッパ人のあらゆる技能に馴化した。それで、こうして、確かな仕方で、彼らの無防備な徳義が砕けなかったクビキから逃れられたのだ。さらに、このことから、被抑圧国民は、しばしば打撃を受けて損得を懸念するので、犬をステッキで痛めつけておびえさせ無理やり鎮めるように、腕ずくで利用されるほど理不尽な目に会う。

だから、このことについては、貨幣の動きを知らないことから生じる欺瞞について述べれば足りるだろう。今や、そのことについてさらに詳細に、しかもとりわけ、多種の金属に応じて打刻された貨幣について論じる時である。

（訳注3）初版、他「隷属や侵入が非常に急激に破壊だけをもたらすかも知れない」（e solo può la schiavitudine e l'invasione renderne più subitanea la distruzione.）。
（注28）繁栄して（nella prosperità）。

第三章　〈銅貨、銀貨、金貨について〉

〈さまざまな価値の多くの金属の効用〉　貨幣の便宜を増す効果のために、価値の違う多くの金属を使用することは、証明しなくていいくらい容易に理解できる。すなわち、それらは、素材の量だけで量《はか》られるから、貴金属は、細分された各々があまりにも小さすぎると、小片を量れない。だが、低品位金属は、不適当に大きくて重過ぎるために、大きな一片を都合よく同じにできない。だから、リュクルゴスは、賢人 savio か［変人 strano(注1)］（初版、他、うそつき falso）のどっちであったにせよ、スパルタ人たちを貧しくしようとして、彼らに銅貨だけを残したとすれば、自分の企みのために最善策をとったのだ。それから、逆に、私は、もしアメリカ原住民たち americani(注2) が貨幣を使わなかったとすれば、貴金属しか金属を知らなかったせいだと思う。しかし、もしこの差に大きな利益のあることが本当だとすれば、しばしば（人事には損得が混ざりあっているように）大損害の原因になることも事実だろう。これらの金属間の割合を軽率に決めることは、一つか二つの金属のうち、対策も講じずにどちらかを奪い去って一つだけ残すとすれば、一国を貧しくしかねない。そうなると、私が言ったように、ほとんど役に立たないと言っていいほど煩わしい使用になる。しかし、この不釣合い sproporzione(注3) については、第三編で存分に触れよう。今から私は、三等級の金属の各々の価値について予備的に述べ、然る後に、もっとふさわしい場所として、第六章で〈ビロン〉と言われている二種の金属の貨幣について論じることにする。

〈わが国の銅貨に関する考察〉　今日わが国には、純粋な銅貨は、六種の違った貨幣で流通している。すなわち、〈トレ（三）・カヴァッリ〉（〈カヴァッロ〉*cavallo* 貨から付けられた名称。それはこの貨幣の三分の一に相当し、アラゴン王フェルディナンド一世によって認められた刻印からその名が採られた）、〈クワットロ（四）・カヴァッリ〉、〈セイ（六）・カヴァッリ〉あるいは［〈トルネーズ〉*tornese*］(訳注1)（トゥール Tours 市でこう呼ばれた。そこの造幣所では、リラ（リーヴル）やソルド（ス）の名で呼ばれ、アンジュー家 Angioini によってわが国に導入された）、〈ノーヴェ（九）・カヴァッリ〉、〈プブリカ〉である。これは〈グラーノ〉と一グラーノ半に相当し、*Publica commoditas*（公益）と読める銘 leggenda(注4) によってこの名がついた。

〈銅貨は最も有用な貨幣である〉（その名の下に、私は低品位金属全体を含める。なぜなら、私が銅という場合には、諸国民が貨幣として使っている鉄にも該当するから）銅の効用は、他の諸金属にましてきわめて大きい。納得させる他の証拠がなくても、ローマやスパルタ、古代サクソン、フランクの国民のように、諸国民すべてが

（注1）賢人（saggio）か（o）狂人（folle che fosse）。そのスパルタ人の立法者の伝説は、彼の律法が与えられ、市民によって彼の復帰まで遵守の誓約がえられた後、リュクルゴスがクレタ島に赴き、そこで謀殺されたことになっている。

（注2）すなわち、アメリカの先住民（le popolazioni indigene dell'Americani）。

（注3）この関連の検査について（dell'esame di questa relazione）。

（訳注1）一七八〇年版だけ「我々のトルネーズ」（d'un nostro tornese）となっている。

（注4）銘（*leggenda*）：貨幣の縁に沿って全部か要約された言葉全体。一般的には、皇帝、教皇など典型が描かれて伝えられた。

別の金属を使っていなかったといえば十分だろう。しかし、低品位金属がなかったせいで、貨幣を知らなかった国民は一つもないだろう。トルコ人には、銀貨でもある〈アスプロ〉より低位の貨幣がないということも私見に対抗できない。なぜなら、銅に僅かに銀を混ぜた色彩は、それによって本質を変えないし、〈ビロン〉貨は、銅と区別されるに値しもしないから。だから、銅貨は、最も卑しくはあるが、最も有用な貨幣である。そのことは、経験が指摘し、理性がそれを確認し証明している。

〈その主な効用〉 だから、一クワットリーノ、あるいは、わが国の一トルネーズよりも高くはない多くのものがあることは確かだけれども、一グレイン（〇・〇六四八グラム）の砂よりも少ない微量の金を手に取らねばならないのだから、この価格を金で表現することはまったく不可能だということには誰も私に反対しないだろう。このグレインを、他の金属と融合して li (e) gandolo（注5）、手にもっと感じやすくふさわしい大きさにすればいいという意見も役に立たない。なぜなら、こうして、低品位金属の必要性が認められるからと言っても、低品位金属が固有の価値をもち、それ自体だけで貨幣として十分に役立つ場合には、それを金に混ぜ合わせても仕方がない。もし金を、石ころや土くれのように、何の価値もない物と混ぜ合わせたり製造したりできたなら、この結合は役に立つだろう。しかし、それができないことに加えて、砂金 acino d'oro（注6）を抽出するこの作業は、素材価値以上にかなりコスト高になるから、それはどんなやり方でもできない相談である。同じことは銀についても言えるはずだ。しかし、それに反して、銅で価値を表現できなければ、金によっても価値は表現されなかった。［一〇〇万ドゥカート］（訳注2）は、金で持てるように、望めば、銅でも持てるだろう。私は、このことが大きな障害になることを否定しない。しかし、要するに、困難の大きいことと絶対不可能なこととの差は、銅の有用性と金のそれとの間にある差と同じである。これは銅がもつ最大の長所である。

〈副次的効用〉　そうわずかでもない別の長所は、銅が、貨幣に関してなされる詐欺や手管にあまり左右されずに、十分信用されて取引されることである。人々は、大きな危険に取り囲まれていれば、小さいじれったい稼ぎを好まない。君主たちは、多額の金の授受で、貴金属しか使わないから、銅など考えさえしない。造幣所を管理する人々も、銅を混ぜて彼らの君主を決して欺かないだろう。すなわち、彼らに些細な利益を与えるために、きわめて重大で明らかになるはずの不正行為はしないだろう。最後に、人々は、この貨幣の欠点に気づかないし、その内在価値についても少しも配慮しない。なぜなら、詐欺の恐れがなければ、消耗と時間の結果は尊重されないから。このように、支払われる銅貨が、完全でも磨り減って scarse[注7] いても困惑したり、正常なものでも脇におかなかったり、金や時には銀でするように、磨り減るか損なわれたものから譲ってしまう人もいない。それに、この無頓着は、わが国では目方の重い貨幣が軽い貨幣の半分の価値しかないと見られるまでにさえなる。だから、皮革の貨幣が〈代理〉貨幣になれば、貨幣価値はもっと下がるように思われる。わがナポリ王国での混乱は、過去の時代に多くの個別の勅令 prammatiche[注8] によって銅貨の変

（注5）　それを混合して合金に（mescolandolo in una lega）。

（注6）　*l'acino d'oro*：きわめて純粋な極小部分の金（la purissima e infinitesima porzione d'oro）。

（訳注2）　初版、他 un milione.

（注7）　決定に適正か不足する重さ（di peso giusto o inferiore al decretato）。

造に対策を講じなければならなかったので、信じがたいほど大きくなっていたと言わねばすまない。わずかばかり儲けるために、悪党たちをあらゆる不安から解放してやらねばならなかったのだ。そして、そのような者たちが本当にいたので、そのことを歴史が語り、彼らに対して作られた多くの法律が明らかにするのだが、多くの法律はいつも無効の証拠でしかない。

〈では、銅貨が通貨になったことは有益なのかどうか〉〈それは否であることが証明される〉(訳注3)〈第一の仮定〉(訳注4)

銅のこれらの性質から、多くの人が、計算貨幣としてそれを所有すれば役に立つだろうと推論する。たしかに、銀の想定貨幣について、きわめて有益な慣習であるかのように愚かにも愛好している人々の考えよりもましである。しかし、銅によってこのことが達成されるかどうかさえ私には分らない。では、スペイン人たちがレアル reali〔初版、他、マラベディ maravedis〕で計算したように、我々はグラーノとトルネーズで計算することにしてみよう。お陰さまで、一体ことはそれでうまく運ぶのだろうか。まず、私は、何グラーノが一ドゥカートに相当するかが法律で決められるのかどうかを問いたい。もし決められるというなら、この計算は一定の貨幣ではできなくなることは明らかである。なぜなら、一ドゥカートが一〇〇グラーノに相当する毎に、たとえ何百グラーノでもグラーノで計算することに違いはないから。この一〇〇と表現すべき一語だけをどれほど使い損なうかも、私には分らない。この〈ドゥカート〉という語は、頭で考えれば棘もなく難しくもなく心地よい響きがある。だから、なぜ使ってはならないのか。今、ドゥカート銀貨が常に一〇〇グラーノに相当すると法律が望めば、もう銅ではなく銀が計算貨幣になる。しかし、私は、銀の価値が変わることを証明した。だから、銅が法律によって銀にリンクされ結ばれているかぎり、あらゆる変化で銀に従うはずだ。銅は、価値変化の原因ではないので、鉱山か使用が増えなければ、新鉱山とか新奇の奢侈とか君主の法律によって変化した銀の対抗や変化に倣わないとも言えない。すなわち、法律が、銅を指示するなら、それも法律に従うか背くかしなければならないから。つまり、価格上昇に見合うこの事態では、二つの金属の一つが、消え去るか法律が変えられねばならない。だが、このことは、はじめは私に同意していたこと、すなわち、銀と銅の間の比率が決められたことに反しているのだ。同じことは金と銅の間にも言えるはずだ。つまり、価値が他の諸金属の価値で決定されるかぎり、銅を計算に使っても役に立たないことはまさに分かりきっているからだ。

〈第二の仮定〉 今、これらの金属間の比率が決定されなかったと仮定しよう。このことは、(銅貨だけを刻印し、銀・金は他の商品のように売買している) 中国人たちを除いて、たとえどの国民に例がなくても、称賛に値する効用がそれ自体にあるなら、やはり検討される価値がある。私は、無数の人々が、価値は、現にあるように、すでにあらゆる場所、時間、人で変わる外部関係ではなく、物の内部の性質だと信じる誤りを犯しているのを知っている。だから、彼らは、銀、銅、金の価値をこれらの金属で不変の物として語り、この価値を誰ともどんな物とも比較して語らないのだ。測る点を示さずに、人の背が高いか低いかを語るのとまったく同様に。今この錯誤の起源を発見するために、私は、いかにしてある金属を他の金属ではかり、法律の

(注8) 慣例 (prammatiche : ordinanze, editti)。

(訳注3・4) これらの欄外見出しは、この段落の一〇行後「まず、私は、」(In prima io) の余白にある。

賞賛に値する他の権威でそれを決定したかを人々に認識させ、決定されて周知の、だから相対的ではなく絶対的な物についておおよそ価値を語らせたいと思う。実際、人が一ドゥカート（銀貨）はどれくらいの価値があるのか聞いたとしても、もはや「多くの小麦とワインに値する」とは彼に答えられない。なぜなら、これが、適切な答でも、然るべき割合が決められないために、与えることができないから。だが、「一〇〇グラーノ（銅貨）に値する」と言われるなら、この答えは、銅と銀の比率だけしか表していないから、前のよりよくない。比率が決まっているために、俗物どもに金属の価値を証明しているように思われる。だから、比率について、周知のありふれた物についてと同様に語られるのだ。

〈計算用に銅貨を決めることの無益〉 さて、法律がそのような比率を決定しなかった場合には、それらの金属間では、小麦とワインは銀によってしか別の性質をもたないだろう。そうなると、単に不便なだけでなく、銅で計算すれば今よりもっと不便になるだろう。なぜなら、結局、計算後何グラーノの銅が一ドゥカートに相当するのかが分るだけだろうし、しかもこれはつねに動揺し変化する比率だから。そして、大口支払いは銀か金でなされる必要があるから、銅での計算は無駄になるだろうし、気づかないうちに、事物の自然の力によって、それは銀や金での計算に戻るのが落ちだろう。要するに、銅での計算が小麦かワインに対して行われれば、同じことになるだろう。結局、計算貨幣に関するこの配慮は、望まれるほど十分なものとは言えない。つまり、商品であれ金属であれ、常に支払われるものが計算されるもの自体になることが分かるだろうから。

〈銅貨は価値の上昇に従わなければ役に立たない〉 今私は、幾人かは、銅は贋造者の詐欺や時宜を得ない価値の引上げからも安全だから、いつもそれで計算するのが得策だと言うと思う。それに対して、私は、計算は現実よりも想定で行われるから、詐欺は計算を変えないと答える。すなわち、計算に銅が関わらなければ価値の引上げに根拠はない。そして、それが事実であれば、まさに計算に使われないためだろう。それから、本質自体が、それに有害でも、うまくごまかして押さえつけない最高権力の決定を、気まぐれな慣習で阻止しようとするのはかなり馬鹿げている。価値の引上げか必要とする何かの策を君主が進んで実施しても、このことが銅での計算によって邪魔されたら、彼は真っ先に計算を変えてしまうだろう。つまり、これこそ、鉄砲水で崩れ去ってしまう他愛ない堤防である。

〈銅貨には価値の上昇も下落もないというのは間違っている〉　しかし、銅には価値の上昇も下落もないというのは間違いのきわみである。しかも、私は、間違いがこれほど明らかなのに、多くの人々がこの間違った意見を信じていることにいかに驚かされることか。〈上昇〉*alzare* と〈下落〉*abbassare*（初版、他 a., a.）とは相対的な用語である。だから、いつ銀に対して価格が上がるのか、どういう事情で下がるのかというぐあいになる。いくらになるかは、食糧品にも他の諸商品にもまかされず、売り手の自由になる。だから、銅や金に任されたのだ。そのために、銀の価格が上がる毎に、銅の価格は下がる。しかし、このことについては、別の箇所でもっと十分に述べよう。[注9] ここでは、わが国では銅貨がどんな害をなすか、どんな秩序が有益で必要になるのかを吟味 scrutinare する方が有益である。

（注9）　esaminare, considerare attentamente.

〈わが国の銅貨の現状〉　銅貨は、わが国で打刻が中止された intermesso[注10] 最初の貨幣である。フェリペ五世 Filippo V[訳注5] 以来、ほとんど五〇年[注11]というものずっと、王国で少しも打刻されなかった。それでもなお、この君主の貨幣は、大部分まあまあどうにか保存されたか、使用によってのみ形を崩された。しかし、フェリペ四世 Filippo IV（一六二一年～一六六五年）の貨幣とカルロス二世 Carlo II（一六六五年～一七〇〇年）の幾つかの貨幣は、悲惨な時代にすべてひどく不細工に縁を削り取られ tosate[注12] 台無しにされた。その時代[注13]、この王国は悪党どもに責めさいなまれた。多くの貨幣の価値は、刻印で証明している旧来の価値の辛うじて半分しかなかった。さらに、〈国民的〉と言われたほど記憶すべき犯罪と災害の時期の幾つかもそれに入る。それらは、グイーザ Guisa[注14] 公による一六四七年の反乱時に刻印されたグラーノ grana（初版、他 *g.*）とプブリカ publiche（同 *p.*）であり、片面に［ナポリの自由 Libertà napoletana］（同 *l. N.*）の紋章（冠を戴いた鷲…ドイツ語版 p.198）を、裏側に［富裕 Abbondanza］（同 *a.*）（宝角《たからづの》…同 p.198）を刻印している。すなわち、両方とも同じく妄想 delirio[注15] である。これらの貨幣は、他の貨幣の半分以下の価値しかなく、富裕や自由の代わりに、ありうる限り、ペテンや暴力沙汰が国民に起こることをよく示している。

〈かなり溶解され不足しているのに、なぜ銅貨は流通するのか〉　これほど不揃いで傷んで不備な貨幣が、なぜ区別なく流通でき受け取られたかは大きな驚きである。そして、理由なくはないこの驚きは、この理由を明示して雲散霧消させるだけの意義がある。低品位貨幣は、そんなにひどい損傷 difetti[注16] の難にはさらされない。さらに、一国の銅貨は悪質でどんな状態であったとしてもそれを使わざるを得ず、金・銀の場合のように、全部隠せも溶かせも持ち去りもできない。なぜなら、もっと大規模なあらゆる製造の支えになる些細な費用を支払うために取引にはぜひとも必要なので、人は、銅貨で僅かな稼ぎを得るために、勤勉やたゆまぬ活動全部を台無しにして、決してそれを溶解しないからだ。この貨幣供給が、〈カヴァッロ両替商〉*cagnacavalli*(注17)（初版、他 *cagna cavalli*）と呼ばれる人々の生業の資になっていることを我々は知っている。さらに、銅は、一国から他国に移らないし、耐え難く無価値になればなるほど、ますます逃げ足が遅くなる。最後に、銅の流通速度(注18)は、少なくとも、銀の四倍以上、金の六倍以上なので、いつでも売り払えて安全だから、

（注10） interrotto.

（訳注5） フェリペ五世（一六八三～一七四六年）、スペイン王でルイ一四世の孫。アンジュー公。ブルボン朝初代の王。スペイン継承戦争後王位が承認される。

（注11） フェリペ五世（在位一七〇〇～四六年）。一七〇〇年のカルロス二世の死後、スペイン国王。

（注12） 〈削り取り〉（*Tosatura*）は、金属を削り去るために高価な貨幣に鑢《やすり》をかける作業を言う。内在価値を減らしてしまう。（一七一四年から一七三四年の時期に、贋造者たちは盛んに貨幣の削り取りを実行した。その作業は、目立たないように各貨幣に含まれる貴金属量を減らすことにある）（伊仏対訳版編者注、p.648［10］）。

（注13） 国王カルロス三世 Carlo III の即位に先立つオーストリア支配期。その時期に王位に就いた。

（注14） グイーザ Guisa 公アンリ二世。一六四七～四八年に短期間ナポリ市の指導者 capo であったマザニエッロ Masaniello の反スペイン革命時にナポリに赴いた。

（注15） 狂気（follia）、精神錯乱（vaneggiamento）、自由と豊富さの兆しへの言及（riferimento agli auspici di libertà e di abbondanza）。

（注16） 〈縁の削り取り〉について（della *tosatura*）。

（注17） 両替商（cambiacavalli）。ナポリ、シチリアの王、アラゴンのフェルディナンド一世が、一四七二年にカヴァッロ cavallo 貨幣を発行してからこう呼ばれた。

（注18） circolazione.

誰でもそれを受け取ることになる。そして、悪貨でも良貨と同じ流通が維持されることは、いつもの欺瞞が続く限り、誰もが自分の隣人が悪貨を拒まないと期待するので、歴史によって確認されるほど明らかである。つまり、新しい出来事が、みんなに別の容貌が見えるようにして、同時にみんなに誤りを気づかせ、悪貨を他人に手渡せる希望よりも受け取る恐れの方が大きいことを示さないかぎり、この流通は続くのだ。国家紙幣、後にフランスの王立銀行券、イギリスの証券は、多年を経ずに、このことの明白なお手本になった。だから、わが国でそんなふうになった銅貨が流通してもおかしくない。

さて、新貨幣をどのように、どれほど打刻すべきかを論じたいのかと言えば、私は、新貨幣を打刻するなら、その内在価値より少し高い価格にするのが得策だという意見をもたざるを得ない。しかし、この新貨幣は、一度に少しずつ打刻すべきで、それ以上に打刻すべきでないだろう。(注19)

〈わが国の銅貨を良好な状態におくためになされねばならないこと〉　私がプロであることを証明しないで、この問題を扱うのは大胆すぎると言うのは間違いだろう。なぜなら、私ほども精通していない多くの人々が、仕事で占めるかもしれない立場を言葉で使っても、国家に損害を与えないから。つまり、私が書いて犯す誤りは、不利益なしに訂正できるが、仕事で犯された誤りは、国家の破産によってしか知ることができないのだ。

だから、私が表明したことを証明する段になれば、前述のことに関しては、致命的なことが頻発してからでなければ次の安定を得ないことが誰にでも分かるし、事故の頻発で毎日貨幣が失われ、他の貨幣は使いすぎで摩滅するから、残りを除いて更新されざるを得ないことをきわめてよく理解するだろう。その処方のために、避けられる損害を放置しておいてはならないから、正確な必要が守られることも同じく明らかである。たとえば、一万ドゥカートの年支出を負担する必要と一年だけでそれを五〇万分の一にする必要との間の差は、あまりに大きすぎる。

しかし、後半に関しては、一定の信念と正義に満ちたりて陶酔していて、私が銅貨に内在価値と違う額面価値を付与させようとして君主に良くない忠告をしたが、これの収入は結局国家の損失になると叫ぶ人々がいることを、大方がすでに聞いていると私は思う。それに対しては、自分も同じく公共の信用の良心的な賛美者であると思っているし、お追従精神にはまるで無縁な私が、この自分の忠告の根拠を手短に説明しよう。

〈なぜ新銅貨に内在価値よりも少し大きい価値を与えれば有益なのか〉 二つの害が、各等級の貨幣で懸念されざるをえない。一つは、貨幣は、打刻された後、道具として役立てられるか、国外に送り出すために私人によって再び溶解されるから、不足しやしないかということである。他の害は、君主による打刻に加えて、臣民か外国人によっても打刻されるから、過剰にならないかということである。一方か他方の出来事が、どれほどの損害を引き起こすかは明らかである。一方は、君主が優良すぎる貨幣を打刻する時に起こる。すなわち、I．それの内在価値より額面価値が少なかったなら、II．近隣諸国の貨幣かその国の旧来の貨幣に比べて、それの内在価値が大きいか、ふつうに言われるように、強かったなら。もし君主が今日純銀

（注19） Cfr. la nota XIII del G., alle pp.322–324. 注釈四一四—六ページ。

一一カルリーノを含むドゥカート貨を打刻したなら、この貨幣は、直ちに見えなくされ隠されて **appiattata**[注20]、ほとんど出回らなくなることをみんなが知っている。彼らは、一一カルリーノでの支払いを受け入れたら、これらのドゥカート貨を溶解するか貴金属商や外国の造幣所の賃貸料を得る商人に委託するからだ。すなわち、二つの貨幣間に力の均衡が成り立つごとに、弱い貨幣が同じ金属の強い貨幣を駆逐するという不変の基準があるからだ。だから、たとえば、もし君主が王国の銀貨全部を自分のところへ引き揚げ、然る後に、新貨幣を打刻し、このドゥカート貨に一一カルリーノの銀を付与したなら、この新貨幣は消え去らないだろう。その際、今日〈一一カルリーノ〉という耳に心地よく響く〈ドゥカート〉貨の言葉の意味が変らざるを得ないから。つまり、結果的に旧ドゥカート貨に対してそれ（新貨幣）による見かけの価値の下落にならざるを得まい。駆逐する力がないから、その銀貨も出て行かないだろう。旧貨幣については存在しないか、大口支払いに不十分なほどしかないからだ。私は、二つの金属間で決定された割合が不自然なら、やはり同じように進展する一金属の他金属に対する力については、ここでは立ち入らない。

〈銅貨の内在価値〉 だから、私の最初の議論に戻れば、我々が使っているグラーノ貨幣は、まずはじめに一二トラペソ **trappesi**[訳注6]（初版、他 *t.*）のグラーノ貨であった。しかし、これは、今日全部縁が削られ損なわれている。その後打刻され、カルロス二世 **Carlo II** と一七〇三年のフェリペ五世 **Filippo V** の貨幣であるグラーノ貨は、それらに詐欺によって小さくされた旧貨幣との幾分の均衡と均等性を与えるために、一〇トラペソ *t.*（同 *t.*）、あるいは、三分の一オンスで打刻された。目下未加工のリッブラの銅は、ナポリ王国では約二〇グレインに相当し、加工されたものは三分の一強に相当する。そのため、三二グレインが、一リッブラの銅になるはずであった。しかし、そのリッブラのうち、造幣所で三六グレインが引き出される。だから、一リッブラについて四グレインの、あるいは、一一％の儲けになる。さらに、この内在価値より大きい額面価値にきわめて重大である腐食と摩滅が重なれば、銅貨は、あらゆる品位の総額を受け取ったとしても、流通額の実質価値の二五％以下にしかならないことが分るだろう。さて、もし君主が、その内在価値に従って新貨幣を全部打刻するとすれば、彼は、流通をやめる［すでに削り取られた旧貨幣を alle antiche gia mozze］(訳注7)補填するはずの価値を失う以上に、新貨幣は、旧貨幣に比べてあまりに不平等に良質になるから、溶かされるか、旧貨幣の受け取りが拒否されるだろう。いつでもこの費用は、必要がなければ何の利益にもなるまい。だから、君主が、額面価値をそれに少し足して、沢山ある旧貨幣と何とか釣り合わせればいいのだ。だが、私は、この付け足しは、リッブラにつき四グレイン以外であってはなるまいと思う。そうすれば、害にならなかったことは経験ですでに分っているし、それどころか、私は有益であったと思っている。

〈なぜこの内在価値より大きい額面価値から損害が出ないのか〉 次に、この貨幣が相当する価値以下の金属しか含まないから、損害をもたらす心配はしなくてもよかろう。流通貨幣が非常に不足しているのが分っているかぎり、それが溶解されたり打刻される不都合もかつて被らなかったからだ。そして、それが偽造さ

(注20) 秘匿されて（occultata)。

(訳注6) トラペソ trappeso は、ナポリ、パレルモの重さの単位で一オンスの三六分の一、あるいは〇・八九グラムに相当する（伊仏対訳版編者注、p.649［13］)。

(訳注7) 初版、他「削り取られたものを」(alle mozze)。

れても、責任は、良貨にではなくあらゆる権威の奪われたspossate[注21]法律のずさんな執行にあった。さらに、一一%は、銅では目立たないもので、残忍な刑罰の恐れによって、多くの人々にこんな些細な稼ぎをする気を起こさせないほどである。外国人たちは、僅かな稼ぎだから、それをする状態にはない。大きな総額では銅貨は受け入れられず、少額では人々はこんなに骨の折れる報酬をとても待てないから、対策が講じられた王国に銅貨を導入することは困難である。一つには、銅貨は、良質でよりも悪質で罪を犯す方がましである。なぜなら、良質銅貨が過剰だと、銀によって駆逐され、銀が最大の悪者になるし、悪質銅貨が過剰だと残るが、銀と競争できず、それを駆逐する力はないし、銀を駆逐したとしても、害は少ないからだ。取引では、他のどの貨幣よりも銅貨の必要が大きく、次に金貨、最後に銀貨となる。このことが、きわめて劣悪な銅貨しかないわが国は、それを更新して、十分良質な銅貨を作らなくてもよいと私に思わせたのだ。

〈なぜ少しずつ何度も打刻されねばならないのか〉　さて、なぜ、新貨幣は一挙に大量にではなく、年ごとに少しずつ打刻する必要があるかに議論を移そう。一国家が無罰のままに貨幣を減らす縁の削り取り人どもに苦しんでいるなら、まず、彼らを一掃して撲滅し、ついで、旧貨幣を集めてraccorre[注22]その流通を抑えながら、新貨幣を外部から供給しなければならない。なぜなら、もし諸君が、それが流通外へ出ていくのに応じて、外部から新銅貨を一度に少しずつ供給すれば、河川の水が海を穏やかにするように、害が除去され改善されるからだ。[訳注8]それどころか、一国家が、政府の監視によって害の張本人を絶滅し、まさにわが国の場合のように、その効果が残ってさえいれば、大出血をして損傷貨幣全部を改める必要はないし、最悪状態の銅貨を少しずつ引き上げ、新銅貨と取り替えれば害もない。さらに、流通銅貨の半分と言うがごとき、一度に沢山改めよという中途半端な忠告は有害だろう。なぜなら、群衆は、その麻痺状態からほとんど目覚めているから、新旧銅貨間の差額に気づき、一方を軽蔑し他方を熱望し、こうして国家を、隠されたか損なわれて残っている等級の貨幣の半分を欠乏状態 Stato［初版、他 s.］におくかもしれないから。

このことは、貴金属でかなり目立って進行する。銅では無視されるから、こうは行かない。最良の新貨幣を二五％ではなく一〇％だけ造れという私のはじめの警告に従えば、どんなに尤もらしくても気づかれまい。この危険にも有効な規則は決して広まっていない。それに対して、残りの貨幣を直ちに改める以外に対策はないように、国家に突如降りかかるこのような大出費が危険を無害にするためになるのかどうか私にも分らない。おそらくそうなれば、新たな中途半端な忠告と根拠薄弱な方策によって、拙い忠告だけが生む損害をますます深刻化させよう。だから、ある等級の欠損貨幣を改める必要があり、政府の命令が我々を安心させるとすれば、全部一緒か少しずつ貨幣を打刻していい。これは優れた忠告のように思われる。新貨幣は、気づかないほどに打刻されると、その美しさや純度で歓喜のきらめきを生み出すほかかない。ところが、旧貨幣の使用は、少しでもひどく嫌われるから、やめさせるしかない。そうしている間に、新貨幣が消耗し始め、国民は使用に慣れる。

（注21） private.
（注22） raccogliere.
（訳注8） 原文は、non si emenda il mare, come l'acque de'fiumi non raddolciscono il mare. となっているが、文脈から見て、non は二つとも冗語であるように思われる。

〈わが国の銀貨の現状〉　銀の議論をする段になった。私は、それはわが国では最良の状態と秩序の下にあると見なしている。今日、我々を統治している人の慎慮は、この事実を知っていて、旧貨幣に倣って純粋金属の一一オンスを費やして、一二オンスといえるだけの新貨幣を刻印し、残りは、合金、請求書、造幣権でそれを保存し、カルピオ Carpio 侯爵によって三二％の貨幣に打刻されて、価値の引上げに応じて評価された。[(注23)] 私は万物の創造主とこの王国の守護聖人にお祈り申し上げる。彼らが、かくも幸福な時代にかくも高潔な諸君主の下に我々を導き給うた上は、政府の賢明で寛大な原理そのものと同じくそれらの尊い生命を我々に末長く保護せんと思し召すように。なお、それらの原理は、君主の慈愛と同じく、それらの行政官の徳にも負うものである。

〈俗説の誤り〉　多くの人々が、銀の価値を引き上げるか、もしくは銀と他の諸金属の比率を変えることが妥当だと言う。そのことを、私は正しいと思わないが、もし正しかったら、銅と金の価値を変更することが優れた忠告になろう。比率についてなら問題は同じだが、結果は違う。銅が変化すれば、価格変化で取引は少し撹乱《こうらん》される。わが国ではすべて外国産の金が変化しても、臣民たちはそれを恐れなくていい。しかし、この変化は、また繰り返して言うが、必然的でも何かに有益でもない。他の人々は、不滅で輝かしい思い出の人、カルピオ侯爵によって刻印されたドゥカトーネ銀貨と半ドゥカトーネが雲散霧消したのを見ているので、銀貨には欠陥があると思っている。しかし、この輩は、これが、ドゥカトーネの細分である〈一三グラーノ〉*tredici grana*（初版、他 t. g.）と〈二六グラーノ〉*ventisei*（同）がきわめて豊富にあるので、最上質の銀から生まれていないことにしか気づかない。細分を避けようと、三二％ではなく三〇％だけ価値の引上げをしたために、やはりそれらも、単にきわめて同質になるばかりか額面価値も少なくなる。だから、この貨幣の消失の原因は、最古の貨幣はあっても、多くの偶発事故を経て、時間がそれを磨り減らしたということになる。さらに、大型貨幣は、小型貨幣より磨り減りにくいから、それらを溶解しても損失は少ない。つまり、それらの消失については、アラゴン家やアンジュー家の君主の貨幣が廃止されたことほどには悲しみ悩むべきではない。

〈金貨の状態〉〈金はどのように扱われるべきか〉(訳注9)　わが国にある金はすべて外国産だが、今年、三つの違った大きさで、ナポリの〈ツェッキーノ〉*zecchini*（初版、他 z.）、〈ドッピア〉*doppie*（同 d.）、〈オンス〉*once*（同 o.）と呼ばれて、わが国の四ドゥカートと六ドゥカートの二つで、少し刻印された。(注24)　一王国で流通する外国貨幣については、私は別の箇所で論じたい。すなわち、ここでは、金は非常に貴重で必要な金属であり、金での誤りは、たとえ独自の造幣所で打刻されたとしても、商品や宝石のように、全面的にそれに関与する必要があるほど重大であるとだけ述べたい。経験は、打刻の権威にではなく、重さによって流通させることが得策だと君主に知らしめた。だから、どこでも、それを重さで量って使っていて、すでに一部で商品として扱われるので、刻印は重さでだけ価格を保証する。私は、この他の真実を担当者に知らせもし、重

(注23)　Cfr. la nota XIV del G., alle pp.324–325. 注釈三六六ページ。

(注24)　Cfr. la nota XV del G., alle pp.325–326. 注釈四一六―七ページ。

(訳注9)　この欄外見出しは、この段落の七行後「すなわち、ここでは」（: qui diro）の余白にある。

さが各自の自由検査に任せられるように、価値も任せるべきで、刻印 impronta[注25] は合金の純度に根拠を与えるためにだけ維持されねばならないことを、神に望み願い奉る。このようにすれば、貨幣は完全きわまる規則をもつから、そうなれば、貨幣に生じるはずのない病を癒す術や研究も必要とされまい。私は、政府に関わりのある真実の認識はきわめて遅く、ずっと以前からすでに知られていた改善の導入はなおいっそう遅いことを良く知っている。そのため、このことは、期待すべき以上に切望されるべきであると思われる。しかし、私は、我々を支配する君主の徳を信頼しており、そのことになお絶望していない。

〈なぜ国家の問題でこれほど改善が遅れるのか〉 政治の諸問題では、常に日に日に改善されてゆく他の諸科学でのような訳にはいかない。すなわち、それらの問題は持続的に進歩しないからだ。神が人間に最高の贈り物をなさる時、並外れた英知と力量を備えた一君主を与え給うて、一国家が指図される。すなわち、彼が死んで、彼にふさわしい後継者を得るまでに何世紀もが過ぎ去るので、もう問題は改善せず、後継者が得られてもやみくもにではないが、ゆっくり腐敗が進んでいくことになる。たとえ徳が高かろうと下級の行政官からは、何事も期待すべきではない。彼らは、恐れと私的な昇任期待の欲求に気を散らされ過ぎている。偉大な企ては、妬みや悪意に打ち勝つ人に支えられなければ、めったに成功するものではない。間違いが犯される毎に、その企てを推進しているかそれに助言を与えている誠実な行政官には致命的になる。

（注25）　打刻（conio）。

第四章　〈貴金属と貨幣の公正な評価について、および、不足より過剰の方がどれだけ害があるか。真の富は人間である〉

〈貴金属を適正以下に評価するよりも、適正以上に評価する人の方が多い〉　正義は、常に過剰と過少の中間にありという俗諺《ぞくげん》のように、貨幣には不当な軽蔑者と卑しい偶像崇拝者がいるもので、いつの時代でもそうだった。しかし、これら二つの人間類型の数は一律ではない。なぜなら、一方のたいそういかめしい衣装で仮装している少数の賢人や別の多くもない人々を、それと他方の人間の残りのほとんど全部としばしばあからさまに貨幣を軽蔑する人々も含むので。これらの不適切な意見の結果を同じ調子で懸念すべきではない。前者は、群集と意思疎通できないので害を生まないのに、逆に他方は、自身ともども諸国家を破滅させる重大な害悪の原因にも誤りにもなるからだ。そのような成り行きだけによれば、つい最悪のことを察知してしまう。だから、私は、貨幣の効用と必要性を論議し、それの評価に公正な限度を予め決めておこうと決意した。そうすれば、人々は、イメージを事実と、道具を作品と思い違いするいつもの誤りから身を引いて、［貴金属 i metalli preziosi］（訳注1）は奢侈品であり、必需品ではないことを理解する。貨幣は富ではなくそのイメージであり、それを欺く道具である。そのような混乱によって、たとえ真の富が増える度ごとに起こるとしても、このようなことはさらに数限りなく起こるように見えるが、事実ではない。すばやい交換は、人々にそれが二倍行われているように見えようとも、火の点《つ》いた石炭をすばやく振り回して、火の輪全体を手で握っていると人目に信じさせる者のすることと違わない。

〈金・銀の間違った称賛〉 群集が貨幣を〈人間の血と生活や幸福の主要な支えに応じて、戦争の活力、あらゆる支配力の基礎〉と呼ぶことは、その無知に加えて、イメージと事実の観念結合のゆえに見逃してもよかろう。しかし、統治する人がついこの誤りに陥ってしまうことは、そのために生じるかもしれない損失を思えば、どうしても容認できない。サルダナパロス Sardanapalo（前七世紀のアッシリアの王）、クレゾ Creso（富豪のリディアの王）、ダリウス一世 Dario（前五五〇年頃〜四八六年、ペルシャの王）、ペルセウス Perseo（注1）の富は、このペテンのために貯め込まれたのだ。それから、これらの人々は、戦争は、金ではなく人間と鉄とで行うことを忘れ、その富の上で休むために、彼らが、防衛のために貯め込んだことによって、もっと貪欲に剥ぎ取られた。

〈富の定義〉 さて、この低俗な誤りの程度を証明するには、富とは何かを定義すれば足りる。そうすれば、貨幣所有者が富裕だと呼ばれるのかどうかが分るだろう。富とは〈持てる者よりも持たざる者がいっそう欲しがる何物かの所有〉（訳注2）である。多くの物はある人には非常に有用だろうが、不運にもそれを有用だと感じない人がいれば彼は貧しいとは言えないし、多くの物を所有する人も彼に比べて富裕とは言えない。それ

（訳注1） 初版、他「貨幣の金属は」（il metallo delle monete）。

（訳注2） イタリック体ではなく、初版“……”、他《…》。

（注1） *Sardanapalo* … *Perseo*：伝説的に富裕な古代の諸君主。

と同様に、逆に、多くの物が無用か有害だとしても、間違って多くの要望があれば、それを持つ人は富裕だろう。

〈富は常に人間の間と事物の間で相対的である〉　この定義から、富とは二人の人間の間の比率であり、あらゆる人に対して一人が不平等に富裕であることが理解される。さらに、望まれる物の量だけではなくて、それらのさまざまな質も構成根拠として富の尺度になるので、最も有用な物をもつ人が最も無用な物をもつ人よりも富裕である。さて、有用物の系列には第一の構成要素がある。そこで、すべてのもののうちで他の人に対して最も有用なものは人間である。次に、食べ物に、それから衣装に、引き続いて住居に、最後に過大でない快適と人間の二次的快楽の満足をかなえる諸商品がある。この等級には、宝石からかけ離れていない諸金属があるので、それらも有用だが人間ほどではない。だから、もしキュロス Ciro（ペルシャの王）、ローマ、アレクサンドロス大王 Alessanndro（前三五六年～三二三年）が、多くの人々を、もっと分り易く言えば、クレゾ、ペルセウス、ダリウス一世より優れた人々を抱えていたとすれば、もっとずっと豊かだろう。勝利は財産では得られなかったし、言い換えれば、最も強い者が最も優位に立ったとしてもおかしくない。お金を沢山もつ人を強い人と呼ぶのは誤りである。だから、ローマ人は恒常的な財産を持たなかったが、権力の絶えざる優越性をもった。〈偶然〉*caso*（初版、他 c.）と〈運命〉*fortuna*（同 f.）は、我々の無知から生まれた言葉で、自然には存在しない。我々が発展させられない法律の命令を惨めな〈偶然〉（同）と言おう。運命は、我々と違った意図に対応する言葉である。そのため、賢人は常にばか者から〈運のいい人〉*fortunato*（同）と呼ばれた。だから、私は、運命という言葉は我々にとりひどく恥ずかしいとも、我々を統《す》べる神意にひどく無礼だとも思わない。

〈金属がまったく無益だという間違った結論〉 だから、金・銀がまったく無益だとまでは言えないにしても、まして万物の君主で幸福の主人だと公言するには値しない。オリーブ油やワインが、無駄でなければ決してこうは言われなかったように。金属は奢侈の商品である。すなわち、奢侈は、第一の必要が容易に充足される繁栄状態から生まれる。災害が再び到来すれば、奢侈は死滅する。さてやはり、富が災難の避難所として以外に評価できなければ、一体どうして富が幸福な時だけにあり、後に悲惨な時には無用の極みにあるものだと言えるのか。どのような根拠が富をそうできるのか。

〈多くの退蔵金・銀を持つことに対する間違った希望〉 つまり、多くの国民でもやはりそうなっているのだ。ポルトガル人たちは、ほとんど銀の在庫品で作られた教会の聖具室を見て満足し、この銀をあらゆる必要への救済手段とみなす。もしそうなら（私は、それが決してありはしないことを天に祈る）、彼らはその金属に相応の値打ちがあると気づくだろう。彼らは、それを貨幣に変形できると考える。彼らにそうする時間があるかどうか私は知らないが、もし時間があったとしても、器物を貨幣に変形したように、貨幣を人間やパンに変形できるかどうかは知らない。そして、もしそうできなければ、銀は災害の救済手段にはならないだろう。私人は、自分の不運は大抵他の人々全体のそれと無関係だから、うまい具合に貨幣を当てにできる。しかし、国家はそうはいかない。小さな害なら金がそれを癒す。一国家の大損害は、敵とその援軍によってすみやかにそれが強奪されるから増える。アッダ川 Adda のギエーラ Ghiera の戦い(注2)でヴェネツィア人たちは、なお国庫は彼らの財宝でいっぱいだったのに、それに守られることなく国家全体を失っている。十分に俸給の支払われた軍隊が生み出したその損害は、パドヴァを防衛し共和国に給料の負担をかけない貴族の武勇によって償われた。

〈全歴史系列で富は常にいっそう貧しい国民と戦った人々を破滅させてきた〉もし、誤った反対の確信によって犯されたおびただしい量の誤りを見ずに、無数の人々が貨幣を〈戦争の活力〉と呼ぶのを聞かなかったなら、私は、読者諸兄をこれほど明白な事実で煩わそうとは思わなかっただろう。確かに、二、〇〇〇年の歴史の中で、［金はあるが戦闘準備がひどく不十分の国民の］例は一つも知られないのに、［貧しいが数の多い国民が破滅せず、あべこべに、貧乏人が金持ちから略奪した多くの例を、］（訳注3）この警句が人間精神からなお根絶しなかったことは驚くべきで信じがたいことである。バビロニアの富は、貧しいメディア Media や未開のペルシャの餌食になった。これらの国民は、多くの戦利品で富裕になると、あらゆる力や徳性を失った。そのために、極貧の人々であるトラキア人 traci やギリシャ人は、ダリウスやクセルクセス Serse（前五一九年頃〜四六五年、ペルシャ王）の軍隊を散々に打ち破った。彼らの後継者たちも、堕落したスパルタやほとんど買収されたアテネといったアジアの諸都市が金と専制君主であれほど満たされていなかったら、決してギリシャ以上の利益を得なかっただろう。当時、テーベ Tebe とアカイア achea 同盟が奏効し始めており、アテネの平和のお金と芸術よりも兵士たちと彼らの勇気の方に価値があった。そんなに後でなく、貧しいマケドニアは、古代ペルシャ帝国を解体させ始め、彼ら自身と共に金に対抗して鉄を導入して、二つの金属のうちどっちの方が強いかを証明した。鉄はインドに至って金と出会ったが、金は鉄に打ち勝つどころか、それを研ぎ澄ました。しかし、アレクサンドロス大王が死ぬとすぐ、富は、それらが本当に生み出す効き目をあらわした。いわば、軍備から活力を奪ったのだ。こうして、常に貧しく生きて、金持ちのシチリアや富裕きわまるカルタゴを支配下に置いたローマは、アレクサンドロス大王の後継者たちによって分割されていたこの帝国をなおガツガツむさぼり食うことができた。それをガツガツ平らげてしまうとすぐ、ローマは衰えて、富がその偉大さの終わりを記した。諸国民の残酷な行動によって、アジアの財宝を受け取れなかったそれらの北部地域は、広大な帝国を解体するに違いない軍事的勇気の種を育む状態にある。

〈同じことは現代にもっと近い時代にも起こった〉 現代に最も近い時代も同様な例に乏しいわけではない。タタール人たち **tartari** は、中国、インド、ペルシャやサラセン勢力を屈服させた。スイス人たちは、最も貧しい人々であったが、最も勇敢な人々であった。スペイン人たちは、アメリカが発見されたので、新たないわゆる〈戦争の活力〉***nerbo della guerra***（初版、他 **n. d. g.**）によって、きわめて勇猛な人々の名に値した。いかに彼らの軍隊が至るところで弱体化し、あらゆる有用物のうち金《かね》以外得られなくなったかを理解できなくなるまでは。すなわち、敗北の恐れが迫れば、金が入隊させるべき **soldare**（注3） 人々も、食料になるパン

（注2） カンブレィ同盟（一五〇九年五月一四日）によってヴェネツィアが敗北した戦闘は、実際にはアニャデッロ **Agnadello** であった。ガリアーニは、この一節全体で、マキアヴェッリの『ティトス・リウィウスの最初の一〇巻に関する議論』の第二編第一〇章を説き起こす。

（訳注3） 初版、他「貧しいが数の多い国民を滅ぼした金のある国民の」（例は一つも知られないのに）、「貧乏人が金持ちを略奪した多くの例を、なおこの警句が人間精神から根絶しなかった」(**di nazione denarosa, che ne abbia distrutta una povera ma numerosa, molti che i poveri abbiano depredati i ricchi, no si sia svelta ancora questa sentenza dagli animi umani.**)（のは驚くべきで信じがたいことである）。

も見つけられなくなることに気づかなかったのだ。逆に、鉄を活用できる人々が、決して金不足に苦しまなかったように。もう例を挙げるのは無駄である。スペインとスウェーデンとに対抗して二人のグスタヴ Gustavi[訳注4] の下に結束した諸地方、［イタリア同盟に対抗し、大胆王 Ardito[注4] と言われたブルゴーニュ Borgogna のシャルル公にも対抗した］[訳注5] スイス人たち、及び、ハンガリー人たちがそう昔からではなく、アイルランド人たちが、現代ではコルシカ島民も、貧困の中にどれほどの価値が保持されていたかを明らかにした。

〈このことの根拠〉 その根拠は経験にも反していない。金持ちは、貧乏人ほど常に危険にさらされていないが、その生活は甘美であるだけ、それだけ高くつく。商業国民のうちにも、決して勇敢な兵士はいないだろう。だから、カルタゴ、ヴェネツィア、オランダは、外国人傭兵隊を確保しなければならなかった。彼らは、自分たちの富のほんの一部を与えれば、残りの人々を救うために人殺しをする人々を探すのに十分だと信じていた。友軍は自分たちの財宝の貪欲で嫉妬深い敵と同じだということを、彼らは事実に基づいて苦しみながら知った。これが一根拠である。同様に有力な別の根拠は、過剰な金を持ちそれを過剰に愛するよりも、僅かしかそれらを持たない方が、戦争の損失も少ないということである。富は、それ自体と共に吝嗇《りんしょく》も引っ張ってくるから、それを持つ人の精神を貧しくするが、戦争は過度に倹約を望まない。アテネは、マケドニアのピリッポス（フィリップ）との戦争すべてに敗北した。なぜなら、平和の諸技芸がその共和国に平穏への嗜好、隷属の前兆、費やし戦うための時宜を失した出し惜しみを導き入れたから。ペルセウスの惨めな精神は、彼をローマ人たちに服従させた。それから、わが父祖の時代には、デ・ウィット de Witt[注5] 二兄弟に統治されたオランダは、危険のきわみに走ってしまった。なぜなら、陸でも海でも戦争に適したあらゆるものも倹約する習慣になっていたので、十分な対抗策がとられなかったからだ。そして、もし誰かに苦情を言うとすれば、これらの共和国が海では非常に強力で勇敢だったように、彼らは、いかに海軍が、敵とよりも自軍の構成人員と戦わねばならないかを反省しなければなるまい。平時に取得された腕前であるこの航海術の練達は、富の貪欲と商業だけが与えるのだ。後に、物欲から生じた大胆さが、戦争する必要がある時に、勇敢さに変わることがある。

（注3） assoldare, arruolare.

（訳注4） 二人のグスタフは、グスタヴ・ヴァーサ Gustave I Vasa（一五二三〜一五六〇年）とグスタヴ・アドルフ Gustave II Adolphe（一六一一〜一六三二年）のこと。「ガリアーニは、フェリペ二世に対抗してユトレヒト同盟（一五七九年）に結集した低地諸国七地方によって支持された長期の独立闘争に関説している」（伊仏対訳版編者注、p.649.[10]）。

（注4） もっと正確には、勇胆王 Temerario のシャルル Carlo Temerario（一五世紀の王）。ブルゴーニュ公。一四七七年にナンシー Nancy でスイス人に敗北（戦死）した。大胆王 Ardito と呼ばれたのは、シャルルの祖父のフィリップ Filippo。

（訳注5） 初版、他「イタリア同盟とシャルル公に対抗して、および、ハンガリー人たちが、」（contro la lega italiana e il duca Carlo, e gli Ungheri）。「ガリアーニは、ハプスブルグ朝に対するハンガリー人の、一六・一七世紀のイングランドに対するアイルランドの抵抗、および、一七三六年に始まり、フランスへのコルシカ島の割譲によって、一七六九年にやっと達成されたジェノヴァに対するコルシカ人たちの反乱を示唆している」（伊仏対訳版編者注、p.649.[12]）。

（注5） ヨーハン Johan、コルネリス Cornelis・デ・ウィット。オランジュ家に反対する党派に組し、第二次対オランダ戦争で先頭に立ったが、一六七二年に殺された。

〈貨幣は一国の真の富ではない。真の富は人間である〉 今までに述べられたことすべてから、国家体の中で血液としてきわめて有用な貨幣は、それが流れる血管に釣り合った一定限度内に維持されねばならないことになる。限度を超えて増加したり減少したりすると、貨幣が支える身体に死をもたらすことになる。だから、君主によって、無限に蓄積されたり宝物にされたりするのは適切ではない。真の富であるために、徳の誉れ高い熱望の唯一の対象でなければならないものは〈人間〉*l'uomo*（初版、他 l'UOMO）である。人間は、そうではない被造物よりも仲間にもっとずっと愛され大切にされていい被造物である。人間だけが、どこに満ちあふれていても、国家を繁栄させる。

〈人間の人間に対する優越と効用〉 私は、自分が人類のためにもつ熱情を万人に伝えるのに適した表現力が得られればいいと思うし、人々が互いに愛し合い始めることは現代にふさわしいだろう。私には、我々に似た被造物の一部が蔑まれ、奴隷にされ、家畜のように扱われているのを見るほど奇怪なことは、何一つないように思われる。すなわち、そのような慣習が、野蛮時代に生まれ、我々の醜悪な傲慢によって、皮膚の色、目鼻立ち、服装とかその他ある種の外面的性質の無益な評価によって育まれて、なお現代まで続いているのだ。しかし、人間に生まれるにふさわしい者は誰にも、神によるこの生命にふさわしい最大の贈り物が、〈社会〉といわれるわが同類の一団であることはよく知られているはずだ。アダムは、平和裏に土地全部を所有したので、最も偉大な皇帝であったが、自分の手でそれを耕したので、最も惨めな皇帝であったとも言える。さらに、一王国の価値は人がどれだけいるかによるのであり、それ以上の何ものでもなく、狭い土地に人が沢山いるだけ、それだけ強力である。植物が根付かないことが確かな土壌に樹木を植え替えるために、一つの森を根こそぎにすることがバカげているように、他の王国を征服するために、一王国の人口を減らすほどバカな政策はない。もし君主が、騎兵の馬の飼育を倹約しようとして、それらを屠殺させ皮をはがさせ、皮に藁《わら》を詰め込んで、これらの多額の費用を要しない馬の世話をしたとすればバカげているように、国家を維持するために住民を徐々に消耗させるほど誤った解決策はない。住民のいない都市の壁は中身のない皮と違わないからだ。最後に、経験は現代でも、人々が他の人々になす侵害に、すでに何世紀来、多くの国が真の必要もなしに自国の人口を減らしたために、いまなお未解決の悩みを抱えていることにどれほど執着する神がいるかを見せている。

〈中国政府への賛辞〉 だから、人間以上に価値のあるものはないし、人間がどれほど儲かる商品か、いかに商品として取り扱い始められたかを理解することが望まれよう。おそらく、貪欲は、徳義がさせないことを行えるだろうから。中国人たちは、その統治術が、意見の種々の変化で、多くの人々にはかなり評価されたり、他の人々には蔑まれたりするが、彼らの国がいかに人口稠密か、いかに統治秩序が住民に役立っているかを証明して、自分たちを引き立てるために、偉大で輝かしい証拠をもっている。

〈人口はどうして・いかなる方法で増やせるのか〉 しかし、統治術のこの部分は、際立って重要だし、現在の問題とまったく無縁でもないので、たとえその部分は、私の他の作品[注6]でぜんぶ明らかにされているとしても、やはりここでも論じた方がいいように思われる。ところで、人口を増やすべき手段は、六つある。

（注6） Cfr. le note III e XVI del G., alle pp.307–308 e 326. 注釈三九〇―一、四一九―二〇ページ。

（訳注6）Ⅰ. 厳密な正義と自由、それは優れた法律が言及することである。ここで私は、〈自由〉を統治に参加することではなく、高潔な理性と同じものである本当の信仰によるかぎりの平和の執行だと理解するので、禁止されないし、国家全体の利益を損ないもしない。この正義と自由は、至るところで、気候や祖国の美しさに報いる。スイス人たちの絶壁やロヴィーゴ Rovigo の湿地のポレジーネ Polesine（ヴェーネト州のアーディジェ川とポー川に挟まれたデルタ地帯）が、これらの術で人口稠密な肥沃なロンバルディアになったことを見よ。

Ⅱ. 隷属を防ぐ軍事的勇気と悪疫に対抗する賢明な対策。たとえこれら二つのうちの前者が常に優れた法律から生まれたとしても、もし自由がなければ勇気も生まれない。

Ⅲ. 公租の公正な配分。それは、技芸や取引を損なわず、人々を物乞いに追いやりもしない。なぜなら、物乞いは結婚や子孫の数を減らすので、時おりペストそのものより害がある。

Ⅳ. 富の平等。遺言の不平等な分配の仲間である奢侈は、家族の分枝を断ち切り、至るところで、独身の強制と対になっているからだ。

Ⅴ. 独自の君主。彼がいなければ、右に枚挙したすべてが安んじて立ち行かない。

〈商業に対する農業の優越〉 Ⅵ. 農業は、どんなことにもまして、それから商業よりも好ましい。人間は大地に育まれる動物である。商業は、土地の新たな成果を産み出さず、それらを収穫するか輸送するか分配するだけで、それから売りに出すのだ。そのために、もしこれらが不足すれば、あらゆる取引が消え失せる。だから、農業は、商業の母であるが、それがなくては、たとえカツカツであっても人は生きられないだろう。農業がなければ、まったく生活することはできないのだ。そのために、いつも〈商売〉、〈商売〉とこの言葉を機械的に繰り返し、農業を理解せずに、それが流行《はや》るためだけで褒めたたえる非常に多くの人々によって、農業が軽蔑されることはまったくと言っていい不吉な誤りである。それに、農業を口にする人が、たとえ彼がそれをどんなふうにやろうとも、偉そうで重苦しい風や神秘的な添え物でも伴えば、政治や国家の場に知識人として立ち現れるのだ。彼らは、巷間や家庭のおしゃべりを通じて我々の損害を増やすから、我々の日常にも国家にも同じく有害な類の人々である。

ここではこれで十分である。残りのことは、全統治術を含んでいる私の別著で議論してある。自分を押さえつけほとんど砕こうとする運命のいたずらが、変わったとは言えないがいささか途切れたので、私は統治術を間違いなく公表する。(訳注7)

(訳注6) 初版、他ではI, II, …が改行されていない。

(訳注7) ガリアーニは、恐らく一七八一年に著される『君主の中立義務について』(De' doveri de' principi neutrali verso I principi gurreggianti, e di questi verso I neutrali,1781. in : *Illuministi italiani*, Tomo VI, Riccardo Ricciardi, Milano-Napoli, 1975, pp.643-681) を暗示している (伊仏対訳版訳注、p.650 [17])。

第五章　〈刻印 conio について〉

〈刻印の語源とその本質〉　〈刻印〉*Conio*（初版、他 C.）は、〈イメージ〉*immagine*（同 i.）を現す εἴκον〈イコン〉というギリシャ語から引き出された言葉であり、それから、何物かの画像を刻印するために、訛《なま》って〈イメージする〉になった。その一般的な意味から、さらに特別に、権威付けの役をする画像を貨幣の上に刻むことに応用された。古代以来のこれの多くの使用については碩学たちが論じてきたし、どの国民でも同じ目的で使われてきたことが分る。なぜなら、自分たちの神の画像とか皇帝の頭部とか、終いに寓意画とか、ほとんど自分たちの都市の偉業とかで目印が付けられたので。しかし、これらの探求や研究は、統治術よりもずっと広い知識が必要とされる。私には、別の箇所でその議論を展開することがふさわしいと思われる。つまり、刻印に関しては、約束手形とか受取証書の上に署名がしてあるのと同じものが、今まで金属にはないことに気づかねばならない。なぜなら、これらの署名は、約束手形で価値のすべてを構成し、署名されている作成書類は、他人の好きなように、印字の大小額を受け取るのに等しく適しているから。だから、受取証書には額面価格しかない。それらに作成書類の価格の半額以上の内在価値があるとも言えない。貨幣では事態はちがったふうに進む。刻印は、貨幣がすでにそれ自体にもつ価値を証明するだけで、価値は生まない。刻印が、それによって別の価値を証明しても、後者は前者を台無しにせず、両者とも価値は互いにそのままである。だから、〈額面の〉と言われる刻印と法律の価額は、法律が拡がり効力が及ぶところまで通用する。ところが、その本質と金属に含まれる別の価値は、そのために〈内在的〉と呼ばれてそのまま残り、前者がその価値をもてないどこででも自己表示する。だから、刻印とは、公権力によって公正に作られ、正確に適用された内在価値の啓示なのである。すなわち、君主の恣意で好きな価値を刻印貨幣に与えるのでもなく、（一般的に言って）価値を内在的なものに一致させねばならない。このことについては、貨幣としての［その使用から離れて、便利と楽しみの商品として金属の］[訳注1]内在価値が示されたところで述べられているから、ここで繰り返し言及するには及ばない。

〈刻印費はどれだけ必要か〉［まさに、刻印貨幣の価値が金属の価値と同じか違っているべきかどうか］[訳注2]調べることだけが残っている。何らかの素材に基づいて、公国全体で、貨幣は、刻印費がほんの僅か付け加わるだけ金属板より価値的に大きいことが今日まず知られるべきである。これは、さらに、フランス人には〈貨幣刻印権〉*droit de seigneuriage*[注1]と呼ばれ、造幣所の権利として君主が自制し、普通二・五％かかる金である。刻印費は、さまざまな国の労働者の生活費と賃金の違いに応じて違っている。しかし、大雑把には、銅の内在価値の三分の一、銀のそれの五〇分の一、金のそれの四〇〇分の一に相当する。

（訳注1）初版、他「それの使用と関わりのない金属の」(del metallo indipendente dall'uso suo)。
（訳注2）初版、他「まさに、打刻する価値が、金属の価値と同じか違っているべきかどうか」(se il valore del coniare abbia ad essere per appunto lo stesso che quello del metallo, o diverso)。
（注1）diritti di signoria.

古代には、たとえ確かには知られていなくても、［古代人たちは、自分たちの貨幣を、まず神、祭典、神聖な競技を代表するために、ついで、偉大な行事の思い出を子孫が伝承するために使うと］見なすので、刻印費は貨幣価値に含めなかったと思う。つまり、［諸国民の最終目的であった栄光の不滅というこの欲求が、］[訳注3] 我々の間では（真実のおかげで）第二の生命であるように、不滅のものにふさわしいと考えた出来事 accidenti［初版、他（と人物）ed uomini］をこの上なく高貴な彫版で貨幣の上に刻み込むという至高の配慮を施すようにしたのだ。

〈刻印をめぐるダヴァンツァーティの諸見解〉それを前提にして、造幣所が、貨幣価値に含まれるから貨幣の受取人から支払われる方がいいか、君主によって造幣所の維持に充てられる何ほどかの税金を徴収して大衆から支払われる方がいいか見ることにしよう。ベルナルド・ダヴァンツァーティ Bernardo Davanzati（一五二九年〜一六〇六年。フィレンツェ人、碩学、経済学者）は、以下のような見解で、彼の思慮のない『貨幣論講話』*Discorso sulle monete* を結論付けている。

「貨幣については、事態を完全に信用でき orrevole[注2] 明白で確実にすることが、流通と同じく実体にも望まれるだろう。すなわち、砕けたか棒状の金属と同様、合金の貨幣にも相応する金か銀が費やされること、自分の好きなように費用なしで金属を貨幣に、貨幣を金属に両棲類のように移せること。要するに、造幣所が貨幣にするために受け取るのと同じ金属を貨幣にする必要があろう。それでは、造幣所は自分の費用を我々に払わせようというのか。もちろんだ。なぜなら、市民の判断として、多くは、自由と正義を維持するために、兵士の給料や役人の報酬に関わるように、共和国にその血液を維持するために、一般にそうした支出に関わろうと努力するから。さらに、貨幣自体は、低く抑えられた刻印費を払い、什器、家具、他のあらゆる加工品のように、元の地金価値以上に値することが適当であるようだ。最後に、貨幣から費用を引き出す古代の慣習は、諸国民周知の下に規定され、君主たちが引き受けることになる。私は、巨匠連と議論する必要はない。すなわち、たとえ造幣所がこの支出を被るべきでないのに、少なくともごく僅かでも払うとすれば、私はかなり貨幣が安っぽくなるとはっきり言う。しかし、(誰かが望むように)なぜむしろそれを古い刻印方法に戻さないのか。ここにはあらゆる利益があるだろう。二つの鋼鉄の刻印版が、二つの母型で貨幣の表と裏を刻印し、バリ、屑、石炭以外の費用なしに、二人の男がいれば、大体銅の鋳型が、どんな金額でも一日で、重さと形がまったく同じものを打ち出す。だから、縁削りとか贋物を見分けるのは非常に容易《たやす》い。すなわち、重さの軽い偽の金属の貨幣はありえないから、正規の形のものであっても、秤には隠せないし、多かれ少なかれ、幅が広いか大きいかは見れば分ってしまう。つまり、もし役人 uficiali[注3]が、善良で賢い古い市民によって定められた鉄製の大窓の内側にいる人々の目の前で、溶解、混合、刻印を見守っていたなら、公正になされよう。このやり方に、人は、出費、詐欺、稼ぎ、さらに、削り取られて、常に減少し、貨幣の質を落とす最悪の根が一掃された[注4]ことを

(訳注3) 初版、他「古代人は、貨幣について、栄光と名声に適っていたので、神聖な物として評価した。つまり、この栄光の欲求が諸国民の最終目的であった」(che gli antichi delle monete, come di cosa sacra, perché confacente alla gloria ed alla fame, fecero stima. E questo desio di gloria, ch'era l'ultimo fine di quelle nazioni)。

(注2) onorevole.
(注3) funzionari del governo.
(注4) ridotte.

見いださないか。最後に、ほとんど必然的帰結として、商人は、これらのありがたい貨幣のために、多くの困難と迷惑を被ることを付け加えておきたい。おそらく、それは、中国の商人が昔も今もやっているように、貨幣をなくし、金・銀は重さや小片で使う方がましだったからだ。彼らは、用具として、家の中に大バサミや天秤を運び込み、熟練と比較で分るとは言っても、貨幣の純度にだけは奮闘しなければならない」(訳注4)。

彼がどんな技巧を凝らそうとも、確かにこんな僅かな行にさらに誤りを含みこめるはずがないし、このことが、困難な問題にいかに取り組んだかについては称賛に値するけれども、取り組んだ問題について彼の理解が浅いことを示している。

〈これらの見解の検討〉〈ロックによって発見されたイギリス貨幣の欠陥(訳注5)〉 もし貨幣の刻印が、君主の造幣所に保持されなければ、不自然だし悲惨だろう。刻印機のきわめて立派で驚くべき発明よりも旧来の不完全で不便なハンマーによる刻印法を重んずるのは、その道の専門家にふさわしくない。わずか数百スクードの倹約のために、不朽を認められた公共の作品である貨幣を不細工で洗練に欠けるものにするのは、けちくさく惨めな精神にふさわしい。貨幣を追放しようとしたり、彼らの文字と言葉とまったく同様に、非難と軽蔑に値することで中国人を褒め称えたりすることは、嫌気を起こさせる煩わしい老人にふさわしい。

そして、第一のことについて。まず私は、なぜダヴァンツァーティの提案が実施されねばならないのか問う。これは、他人が貨幣を打刻しないようにするのに役に立たない。なぜなら、この人は打刻して儲かると思うに違いないし、ひょっとして君主の造幣所と同様一私人にも有益だとしても、もし、彼が提案する場合に、損失が出れば、現状では儲けはないだろう。さて、何か罪を犯しそうな人を刑罰と恐れによって制止するには、彼が損をしさえすればいい。十分な儲けがなくてもことは足りる。要するに、彼が考え提案することが役に立たず、もっとひどければ損をする。貴金属商たちは、彼らのあらゆる必要から、金属の流動体より入手がずっと容易な貨幣を打刻するだろう。だから、国家は、貴金属商によってほとんど血の出る思いをさせられただろう。そのために、常に刻印し続けなければなるまい。たとえば、もし今日目立たない摩滅を常に補充していくために、［二〇万ドゥカートの銀・金貨が毎年刻印されれば[訳注6]］足りるとしても、その場合にも、四倍以上は打刻しなければなるまい。造幣所は、その本質上、他の公共料金のように、大衆の負担増になり、常に大衆から負担を引き出す。なぜなら、公正な君主とその人民の間には、言葉にさえ決して何らの違いも認められるべきではないからだ。さて、ダヴァンツァーティは、熱意が高じすぎて、彼には英雄的に見える操作を提案することで、大衆へ四倍の負担増を課すことを提案している。つまり、彼にはそれによる致命的な結果が分っていないのだ。この私の考察は、経験によって知られた諸人民の例も欠いていない。一六九八年のイギリスは、貨幣を刻印される練り物以上には評価せず、ワイン課税によって、造幣所を維持した。スペインから供給される［原鉱石 verghe[注5] についてのように[訳注7]］外国の造幣所の請負人が、イギリスの

（訳注4） 初版では«…»、他ではイタリック体になっている。

（訳注5） この欄外見出しは、次段落三二行目の「一六九八年のイギリスは」の余白にある。

（訳注6） 初版、他「五万スクードの銀・金貨が打刻されれば」（si zecchino cinquanta mila scudi d'argento ed'oro）。

（注5） *delle verghe*：すなわち、原鉱石の。

（訳注7） 初版、他「石板についてのように」（come delle lastre）。

貨幣を商品のように扱うに到るまで、そのようにイギリスを干上がらせて、あらゆる金に刻印しているかぎり、どれだけの貨幣が絶えず打刻され、どれだけが直ちに流動化したか信じがたい。このことが、どれだけの儲けを造幣所の役人にもたらし、どれだけの負担を大衆にかけたかをジョン・ロックと後に議会自体が知った。彼は、価値の引き上げが造幣所の不備から生じたこの損害への誤った対策であったことを知った。だから、このダヴァンツァーティの忠告は、造幣所の役人だけにはありがたく有益であるが、万人には無益であるどころか有害である。

しかし、さらに、もし刻印が貨幣に便利さを付け加えるとしても、便宜は金持ちが享受するのに、酒飲みやブドウの木の栽培者に損害をかぶせようとすることは不正なことではないのか。税金は、多くの便宜に対する不快の生産者であるから、それで利益を受ける人々が比例的に負担を被ることが常に望ましく公正なのである。貨幣に作業の価格が含まれれば、[e compreso il prezzo dell'opera][訳注8] まさにこれが達成されるのだ。

明らかに、刻印器具に関するダヴァンツァーティの忠告ほど非難すべきものはない。このことについて、私は、わが読者諸兄に（ムロンの）『商業論』*Saggio sul commercio*[注6] の第一八章をお読みいただきたく思う。そこには、会計院総裁アンリ・プレーン Errico（Henry）Poulain が、今日使われる刻印機の発明を締め出すために、一六一七年に行ったことが語られている。それは、発明者ニコラス・ブリオ Nicolas Briot（一五七九年～一六四六年）によって提案され、後にイギリスで実行に移された。確かにその明敏な小著全体のうちで最も見事であるこの章には、誰にも銘記されるに値するだけのその種の品のよい嗜《たしな》みやそれこそ生きいきと描かれた筆致によって、その生活態度で今あつかましく余計に生きている貴顕に比較された、プレンに似た人々の特質が見られる。

完全に事実を言い当てているロックに数え上げられた刻印機の利益とはこうである。

[訳注9] I．貨幣の重さの最高の同一性。なぜなら、一つ一つではなく、延べ板で刻印され、然る後、多くの丸い小片にカットされ、刻印が終わる前に、重さが量られ調整されるから。

II．贋造の懸念から我々を解放すること。旧来のやり方では、全作業を人間だけが行い、刻印とか極印も人間だけが打刻した。だから、他の人が自分の家で密かに[君主の刻印を模倣する][訳注10]ことも困難ではなかった。今日一人が自分の家できわめて重い刻印機全体をもつことは大ごとだろう。だが、そうでもしなければ、刻印の違いが詐欺を見破ってしまうだろう。最近では、わが金貨でそうなっているように、縁にも刻印できる。すなわち、それが縁削り **risegamento**[注7] の懸念から解放するのだ。

III．時間、費用、工員は最小になるし、貨幣の美しさは比類がない。

刻印については余すところなく述べた。次章では、金属がおびる純度について述べることになる。

（訳注8） 初版、他では、il prezzo dell'opera e compreso になっている。

（訳注9） 初版、他では、I. II. III. とも改行されていない。

（訳注10） 初版、他「刻印を模倣した」（i conii imitasse）。

（注6） Cfr. la nota XVII del G., alla p.327. 注釈四二〇―一ページ。

（注7） risegamento : tosatura ; cfr. p.121, n.11.

第六章 〈純度について〉

貴金属は、自然の鉱脈に生じる時、単に固い石の間に閉じ込められ、きわめて微細な分脈でそれらにはめ込まれて **intralciati**[注1] 存在するばかりでなく、それらの物質自体に合体した低品位金属の幾分かを常に含んでいる。それは〈混合物〉*lega*（初版、他 l.）と言われる。河川の水流に沿って下の方へ走っていても、この不純物から純化されもせず、火と技術 **arte**[注2] によってのみ分離できる。その場合、金の中に大抵銀が混ざっているし、水銀も銅も混ざっている。すなわち、銀には鉛や水銀が混ざっている。さて、自然は生み出さず、技術だけが与えられる金属のこの純度は、金銀細工師によって、純度が測られる比率に応じて、一定割合と等級に分割される全体として考えられた。金には、我々の間で〈カラット〉と言われる割合が二四ある。銀には〈オンス〉と言われる一二の割合があり、〈スターリング〉[訳注1] *sterlini*（初版 s.）に細分される。金・銀が自然にもつこの純度は、諸貨幣が刻印されてもち、受け取るそれに起源を与えた。これが、混合物の価値が考慮に値しないほど不平等に、貴金属に混ぜられる卑金属の比率である。だから、フランスのス貨とヴェネツィアやトルコの低額貨幣のように、ある金属素材と他の金属素材の半々であっても、銅貨は〈合金の貨幣〉とは呼ばれず、二種の金属の貨幣と言われる。

　この使用の必要性は二つの主要原因から生まれた。一つは、金属をあらゆる不純物から純化するのは、大変な時間と労力を費やす作業であるということだ。そこから、自然に帯びている純度で諸金属を処理する溶解が生まれた。しかし、後に、純度はさまざまで、掘り出される最も純粋な金が辛うじて二三カラットなので、次第に一六カラット、時おり一二カラットの金もあることが分ったので（古代人には〈淡色の金〉（金・銀の合金）や恐らく我々の〈トンバック〉銅と亜鉛の合金 tombacco,*tombaca*,tombac である）[注3]、余計な不純物を除去し、最も純粋な決定的等級にまで純度を高めることで、同じ等級に造られるべき練り状態に全部変えなければならなかった。今日では、このような手順で作業が進められている。こうして、フランスのルイ金貨には二二カラットの、スペインのドブロン金貨には二一と四分の一カラット、ヴェネツィアのツェッキーノ金貨には二三と四分の三カラットの純度が予め決められた。金属の硬度は等しくなくても、フロリン金貨やハンガリー金貨も同程度であった。それに、銀に関しては、フランス人たちは、我々がしているように、貨幣に一一オンスの純銀と一オンスの混ぜ物を与えた。もう一つの理由は、きわめて純粋な金は軟弱すぎ、混ぜ物で非常に硬化するということ、それに焼きを入れる技術をものにしたことも同様に考慮すべきであった。それに対して、銀は、きわめて純粋であると非常にもろい。非常に強烈な打刻の激動に、金はたわみ、銀は砕けて、十分持ちこたえられない。だから、混ぜ物の利用がごく古くからあるのは驚くに当たらない。ギリシャ、ローマ、カルタゴ、スペインの貨幣は違った量の混ぜ物を含む。すなわち、銀貨、主にローマ

（注1） incastrati.

（注2） 人工的な融合や加工によって（mediante fusione e trattamento artificiale）。

（訳注1） ナポリ王国の〈スターリング〉は二〇分の一オンスの重さに相当する。

（注3） 天然磁石（magnete）。

のそれは、現在の貨幣以上に混ぜ物を含んでいる。金貨は、アレクサンデル・セウェルス Alessandro Severo（Alexander Severus, 二〇八年頃～二三五年、ローマ皇帝、在位二二二年～三五年。ペルシャと戦い、キリスト教には寛容）の時代までは特別に純粋である。マケドニア王の金貨は、純金二三カラット一六グレインを含んでいる。ローマ帝国の貨幣では、ウェスパシアヌス（在位六九年～七九年）の金貨は、七八〇分の一以下しか混ぜ物を含んでいないとみていい。銀のコンソラーレ貨は一〇オンス以上の純銀を含まない。しかし、アレクサンデル・セウェルス以来この方、混乱、詐欺、卑劣な継続的混合の共謀にしかお目にかからない。金貨は、純金の五分の四も含まず、銀貨は純銀の三分の一も含まない。このように絶えず減少していき、一帝国から別の帝国[注4]へとゴート族（スカンディナヴィア起源のゲルマン系民族）まで悪化していっている。それらの不幸のゆえに〈野蛮〉と呼ばれるにふさわしい次の時代には、貨幣の純度のための一定の規則とか尺度は見当たらない。シャルル・マーニュ Carlo Magno[訳注2]や後にフリードリッヒ二世 Federico II（ドイツ皇帝、一二一二年～一二五〇年。シチリア王、一一九七年）が、それらをもっと我慢できる状態に提示したのは事実である。しかし、その直後からそれらは逸脱している。フランスでは、ほとんど毎年信じられないほどの混乱と不一致を伴って規則と尺度が変化している。我々が、非常に綿密な情報を得る年である一三〇二年から、猶予も規則も一度も存在しなかった。フィリップ六世 Filippo VI（在位、一三二八年～一三五〇年）、ジャン Givanni（Jean II.フィリップ六世の息子。フランス王、在位一三五〇年～一三六四年）の王国下で、一三四五年から一三五七年までスクード（エキュ）銀貨に比較してフロリン金貨の価値がどう変化しどれほど大きな被害を被ったかを知れば、驚愕し戦慄を禁じえない。一三五五年の復活祭からその年の終わりまでに、二二回も貨幣価格が変わったし、一月の一日までに、価値は一六スクードから五三スクードにまで達し、その五日までに、一三スクード四デナーロ（デニール）に下がった。最後に、フランスでは、他のあらゆる国民にもまして、もっと頻繁に貨幣に手が付けられ、衣装替えのような変わりやすさで変更されたので、ル・ブラン **Le Blanc**[訳注3][注5] その他の人の話の中に、誰の目にも悲惨で災厄に満ちた時代の特異な遺物の観を呈している。この博学のフランス人の作品を持っていない人には、〈貨幣〉*moneta*[注6] という語にサン・マウロ San Mauro の神父たちによって増補が

（注4） 東と西のローマ帝国で。

（訳注2） Charles Ier le Grand　カール［一世］大帝、シャルルマニュ（七四二〜八一四年）：フランク王（七六八年〜八一四年）、西ローマ帝国皇帝（八〇〇〜八一四年）として西方キリスト教世界を統一。

（訳注3） François Le Blanc,『フランスの貨幣史概論―王国の発端から現在までのそれらの画像つき―』*Traité historique des monnoyes de France, avec leurs figures depuis le commencement de la monarchie jusqu'à présent*, Paris, Boudot, 1690. の著者。僅かに増補された第二版がアムステルダムで一六九二年に出ている（仏伊対訳編者注、p.650［12］）。

（注5） おそらく、フランソワ・ブランシャール François Blanchard を暗示している。彼は、一六四七年パリで、『一三三一年から現在までのパリ高等法院の法官帽の主宰者』*Les presidens au mortier du Parlament de Paris depuis l'an 1331 jusques à présent* を出版した。それは後に、フランソワの息子のギョーム Guillaume によって引き継がれた作品であった。彼は彼で、『正義、治安、財政に関する…王令要約集を含む年代記』（*Compilation chronologique contenant un recueil abrégé des ordonnances ... qui concernent la justice, la police et les finances* パリ、一七一五年）を出版した。

（注6） シャルル・デュ・フレーヌ・ドゥ・カーンジュ Charles du Fresne du Cange,『初級中級ラテン語著作者語彙集』（*Glossarium ad scriptores mediae et infimae latiniatis*）。

なされたドゥ・カーンジュ Du Change の『辞典』が、十分埋め合わせをする。

〈野蛮時代におけるイタリア貨幣の混乱〉　フランスではただ一君主の悪徳政府がもたらしたのと同じことを、わが国では多数の異なった君主が引き起こしたのだけれども、当時のイタリア貨幣の混乱もかなりひどい。なぜなら、たとえ小都市であっても、イタリアでは、そのさまざまな変遷の中で、［自由と独立の影 ombra］[訳注4]を何ほどの時間帯にも楽しまず、この時期に貨幣を打刻しようとしなかった者は誰一人いなかったことが分るからだ。

ナポリ王国では、ロンゴバルド王国の消滅後、そのまま残った［ベネヴェントの］[訳注5]諸君主、サレルノ人たち、ナポリの行政長官や総督が独自の貨幣を造った。それから、ノルマン人たちによって、唯一の王国に変えられて、一度もこの国家から引き出されなかったので、全イタリアでナポリだけ、ほとんど失われた自由の代償として、唯一の貨幣を享受した。だから、これらは最も整序されたものになった。ノルマン人たちによってシチリアで、スウェビ人たち Svevi によってメッシーナ、ブリンディジ Brindisi[注7]で、後に王座になり始めたナポリで打刻された。しかし（きわめて小さな都市でまったく違うし、これらの都市は、ある時は小暴君の下に、ある時は自由まがいの中で、さまざまな分派的気質によって、惨めに分断されて一五世紀まで生きてきた）（初版、他（　）なし）、イタリアの残りも貨幣を打刻しなかった都市や領主はなかったが、重さや純度で他と区別できないほど［質が悪い］（初版、他では（　））。今日、ローマ教会 Chiesa に属する唯一の国家で、教皇、ローマ元老院が、（ゴート族 g.（初版、他 G.）、総督 esarchi（同 E.）、その司教 vescovi（同 V.）の下で）（初版、他（　）なし）ラヴェンナ、リーミニ、ボローニャ、フェッラーラ、フォルリー、ペーザロ、シニガーリア、アンコーナ、スポレーティ、アスコーリ、グッビオ、カメリーノ、マチェラータ、フェルモが貨幣を打刻した。イタリアの残り全部が同じやり方に基づいていた。多くの混乱を引き起こしたことを推測するのは容易である。君主の圧制は、常に臣民の愚かさに結びついていた。混ぜ物と価値の引き上げで権力者が生みだそうとする不利益を、臣民は感じもせずほとんど気付かずに甘受してしまう。取引は戦争や強奪よりもっとゆっくり富裕に導くので、いつも起るように、軍隊の騒ぎが、これらの手管で臣民に与えると思われたのとは違った動きを伴って貧困と富裕の向きを変えさせたかぎりで。しかしながら、どの貨幣も全くもって信用のおけないものでもなく、大抵支払われるべき貨幣があれこれと決められた契約に付け加えて使われなかったこともなく、それに〈主の、正しく吟味され、純粋で最良の、比較考量され正確に評価された〉(注8) ***aurum dominicum, probatum, obrizatum, optimum, pensantem, expendivilem,*** その他の〈金貨〉の資格が重なった。最も信頼された貨幣の中で、我々がよく記憶しているパヴィアとルッカの〈パピエンセス〉***papienses***（初版 ***P.***）と〈ルケ

（訳注4） 初版、他「自由の影」（un'ombra di libertà）。

（訳注5） 初版、他「サレルノの」（salernitani）。

（注7） Riccardo da San Germano が、一二三一年にその『年代記』で語るように。Cfr. la nota XVIII del G., alle pp.327–9 e 345–6. 注釈四二一—五ページ。「リッカルドは、フリードリッヒ二世（一一九四〜一二五〇年。神聖ローマ帝国皇帝、在位一二二〇年〜一二五〇年。フェデリーコ一世としてシチリア王を兼務）時の帝国の公証人。彼の年代記は一一八九年〜一二五四年をカヴァーしている」（伊仏対訳版編者注 p.651.[16]）。

（注8） *sic*, しかし、F・ニコリーニがその ed. Cit. p.142, で訂正しているように、〈純粋〉（*purum*）と読まれねばなるまい。

ンセス〉*lucenses*（同*L.*）と言われた貨幣があった。フィレンツェ人たちが、純金一ドラクマの自分たちのフロリン貨を打刻していて、これによって他の貨幣全部が覆い隠され征服されているかぎりでは。それらの時代に、貨幣の多様性のために、多かれ少なかれ混ぜ物の量を表す〈フォルティス（価値の多い）〉*fortis* と〈デービリス（価値の少ない）〉*debilis* という貨幣の名が生まれた。それから、これから、少し後、〈インフォルティアータ〉*infortiata* か〈インフォルティアトルム〉*infortiatorum*（共に「補強された」）という他の貨幣も生まれた。なぜなら、諸国民が価値の引上げと混ぜ物に対して盛んに不平を漏らしたように、君主はしばしばひどく劣化した貨幣を改めねばならなかったから。そのため、[その時代には〈補強〉*infortiare* されて、〈初版、他 *inforziare*〉〈補強貨幣〉*moneta infortiatorum* と言われたのだ。[訳注6]] これらの貨幣については一一四六年以来言及されてきている。

〈損傷貨幣に関する考察〉 たとえ私の目的にふさわしくなくても、その特異さと新奇さによって評価されるかも知れないある自分の推測を黙って通りすぎるのは残念だ。私は、〈補強、インフォルティアトゥム〉*Infortiatum* と題される〈学説彙纂〉*Digesti*[注9] の第二部に書いてあることは、この貨幣の名に由来すると思っている。補強貨幣は、旧良貨と低品位新貨の中間の余地を占めた。すなわち、この釣り合いが〈旧彙纂〉*Digesto vecchio* と〈新彙纂〉*Nuovo* にその名を提供したし、中間のものだから誰にも気づかれず、当時称賛されたこの貨幣の追憶がそれにそのような名を得させたのだ。確かに、これの語源が異質らしい割には、他の二つを検査しても、それらの仲間にふさわしくないとは思えないのだろう。[一方は、表題の扉の〈あらゆる古い用例より集められた学説彙纂〉*Digestorum ex omni veteri iure collecti* に、他方は、〈新たに発表された作品について〉*De operis novi nuntiatione* に由来する。[訳注7]」こんなに拙く理解された不体裁なことが、大いに道理にかなった語源に〈補強〉*infortiatum* の名を保証するべきではないが、すべては時代の不運として見逃されよう。

〈混ぜ物は貨幣を悪化させない〉　さて、自分の目的に戻って、私は、混ぜ物が貨幣を傷つけるのではないかという強い嫌悪を念頭から消し去らねばならなるまい。そのために、良貨と悪貨についてしばしば議論される。貨幣はすべて等しく良貨である。一〇カラットの混ぜ物を含む貨幣も、混ぜ物を含まない貨幣と同じく良貨である。その理由は、貨幣は、その総重量によってではなく、それが含む良質金属部分の量で評価されるからだ。だから、もし二四カラットの純金を含む一リッブラの金貨が、一八カラットの貨幣の一リッブラと四分の一に相当するなら、誰もが、混ぜ物の金属はいつでも貴金属から分離できるので、混ぜ物が大きく違っても、貨幣が等しく良貨であると理解している。それでは一体なぜ、多くの人々は混ぜ物が多い貨幣

（訳注6）　初版、他「その時代には、〈補強する〉、ラテン語で〈復位する〉、つまり〈補強貨幣〉、概ね〈復位貨幣〉と言われた」（fu detto in qui'secoli *inforziare* in voce latino *restituere*, e *moneta infortiatorum*, quasi *Moneta*（他 *m.*）*Restituta*）。

（注9）　『学説彙纂』*Digesto*。六世紀のユスティニアヌス帝の助成による『ローマ民法大全』*Corpus iuris civilis* の一部。いわゆる Infortiatum の箇所は、『学説彙纂』の tit. 1. XXIV の III から1. XXXII までによる。

（訳注7）　初版、他「一方は、標題の扉の〈古い用例から詳しく説明された〉に、他方は、同じく〈発表された新たな作品について〉に由来する」（L'una viene dal frontispizio del titolo, che ha *de veteri iure enucleando*, l'altra da quello *de novi operas nuntiatione*.）。

を悪貨と呼ぶのか、とよく言われる。このことは、詐欺や法の強制力がたびたび、もしその全重量と素材が純粋金属からなっていたら含むはずの価値と引き換えに、混ぜ物の多い貨幣を受け取らせたために生じた。こうして、二四カラットの一リッブラの金に四分の三だけ金の一八カラットの一リッブラが相当するなら、他の四分の一が混ぜ物になる。だから、貨幣を悪貨にするのは、混ぜ物ではなくて法律である。一国家で貨幣をすべて良貨にしようと望む人は、そのために少しも役に立たないし、それらの価格を与えもしない。なぜなら、もし互いに評価されて不平等なら、最も公正で忠実な尺度である多数によって均されるだろうから。もしすべて等しく混ぜ物が少ないなら、明らかにあらゆる物が高騰するので、それらが含んでいる良質金属の部分に応じて、商品価格に対してそれらの割合に結び付けられよう。

私の主張がごく妥当であろうことは、他の理由に加えて、フランスで〈ビロン〉、スペインで〈ベジョン〉と呼ばれた半分が貴金属、半分が卑金属で構成される多くの混ぜ物をした貨幣が、ほとんどの諸国民で使われている事実を知れば明らかだろう。これは、受け取りを拒否する人はいない。なぜなら、それ自体が含む良質の混ぜ物によって評価され流通するから。だが、このことについては、約束どおり、本編[注10]の終わる前に論じたい。

〈ビロン貨幣に関する考察、およびその効用〉 多くの重要な著作者や最良に秩序立てられた共和国は、権威と慣習でこれら二つの金属の貨幣を褒め称え尊重し、きわめて有益で驚くべき制度としてそれを保護する。そのような例や声によって、多くの政府が、あらゆる大災害の特効薬として、ほとんど期待だけでひどい伝染病の際使う〈エリキシル（経口用液剤）〉でいつもの結末になっても、それを使う気にさせられている。この種の貨幣の真の利益は、ブロッジャが数え上げているように、以下のとおりである。

Ⅰ.（訳注8）小型の銀貨はひどく消耗し、それがすべて高純度の銀でできていれば、損害は低純度の銀貨より大きいこと。

Ⅱ. 造幣所に届いた銀は、そこで打刻されるもっと低カラットの大型の貨幣に使用されること。すなわち、そのような銀は、精練する必要があれば、溶解してもっと多くの混ぜ物を入れて低品位にする以上の費用がかかる。

Ⅲ. 小口取引に便利であること。

これらの利益はまったく理に適っていて妥当である。しかし、一国家にある貨幣全部と比べてかなり少ない。つまり、消費に関しては、私は、この倹約が、ナポリ王国で実施されても、五〇年でも二万ドゥカート以上の、あるいは、一年で四〇〇ドゥカートの額にはならないだろうということを次編で証明しようと思う。王国全体にとって経済は、気力をくじかれたように貧弱で惨めだ。この真実は、確かな周知の原理から得られたある計算全体によって証明された。すなわち、大雑把な断言と問題の数字的検討の間には大きな差がある。

他の実利はこれよりも目立たない。それは、一〇〇万ドゥカートの打刻で、辛うじて二、五〇〇ドゥカー

（注10） Cfr. la nota XIX del G., alla p.330. 注釈四三六ページ。

（訳注8） 初版、他では、**I. II. III.** は改行されていない。

トの額に達するにすぎない。なぜなら、非常に低純度の銀によるほかないし、精錬の倹約しか必要でないから。わが国の造幣所では、費用は一リッブラの銀につき三二グラーノに評価されるから、そのリッブラはほぼ一、六〇〇グラーノになる。この倹約は、リッブラにつき四グラーノにも達しない。だから、（すべてが精錬されねばならないと仮定する）一〇〇万ドゥカートでは、費用は二万ドゥカートになるから、後者に基づいて、利益は［一、五〇〇］[訳注9]になる。この計算はまったく楽にできる。今、我々のものである一王国で、〈ビロン貨〉の一〇〇万ドゥカート以上になるはずがないということが分かる。それを大量に打刻することが、少なくともある時代に起こる。〈ビロン〉を打刻するには、ほとんど二倍の銀を要し、［銅の価値は、その内でほとんど失われるということが付け加わるだろう。[訳注10]］それで、誰もが損をするか利益がまったくないことを知るだろう。

〈なぜあやしげだと言われたビロン貨が導入されるのか〉　取引がきわめて容易になることはほめられても、このような配慮が、現在以上に過去何世紀も余計に必要であったということ。低額貨幣が導入されると、銀の減少によってローマ帝国でもリシオー Lexovio（Lisieux）の司教、ニコル・オレーム Nicolo Oresmio（Nicole Oresme 一三二五年頃～八二年）によるごとく、以下のように言われた。

> 「時おり、幾つかの州では銀が十分になく、それどころかひどく乏しいので、一リッブラのパンと公正な交換で一般に与えられる少量の銀は、ほとんど手で触れられない財であり、まさに、値打のない金属が銀に混ぜられ純度の低い貨幣が造られた。だから、それが、小さい取引に利用された黒い（非合法）貨幣の起源になっ

た」（原文ラテン語）[注11]（『貨幣の変遷について』*De mutatione monetarum*）。

この貨幣は、それらの時代の文書にしばしば言及されている〈黒色貨幣〉*moneta nigellorum* そのものだ。だから、我々が、カヴァッロやドゥエカヴァッロで実施したように、最低額の銅貨を処分し始めるほど金・銀が豊富な現代ではないほうが良く、なくすべきだと思われる貨幣はむしろ処分される方がいい。我々にプッブリカとカルリーノの間の中間貨幣 **moneta mezza**[注12] がなくても、周知のように我々はいっこうに何の不便も感じない。処分した上で、我々が、合金貨幣と同様、一二グラーノと一三グラーノ、それから、それらの倍額グラーノで実施しているように、カルリーノとドゥエカルリーノの間に、良質な銀貨を入れ替える方が得策だろう。つまり、たとえわずかばかり便利だとしても、中間貨幣が見つけられなければ導入しなくてもいいということをこの大きくきわめて強い根拠が納得させる。すなわち、著しく有益でないなら、新奇な物は新奇さゆえに不評だからだ。

〈国家に止まることは低額貨幣にふさわしい属性ではない〉 もし低額貨幣に一国にとどまり消失しなかった長所があったのなら、多くの人が納得したように、このことは非常によいことだから、これが打刻されるほかないだろう。しかし、この貨幣の流出や漏出、逆に流入や流通とは狂乱である。貨幣は逃げず、それら

（訳注9） 初版、他「二、五〇〇」（2500）。
（訳注10） 初版、他「銅はほとんど内部で失われる。それで、誰もが…」（il rame che quasi vi si perde dentro, e ognuno）。
（注11） *De mutatione monetarum*. 編者のイタリア語からの訳。
（注12） intermedia.

の丸みや軽さも、［転げ落ちるとか風に持ち去られるがままに］(訳注11)はならなかった。私は、もしそれらが使われずになくなれば、私の損になることを誰にでも請合う。それらの貨幣を持っている人々がいるが、これらの人々は、必要とか効用があるから持っているのだ。

もしやむをえず、(訳注12)彼らが不運や欠乏を癒すために貨幣を送れなければ、彼らはいないも同然だ。たとえ貨幣を持っている人が持たない人よりも有力だとしても、貨幣は人がいなければ何の価値もない。だから、窮乏には、貨幣を引き止めずに、貨幣を出させて救済がなされる必要がある。

悪貨は良貨を駆逐するから、(注13)貨幣にも生じる効用に、この原理は確実に守られるべきである。悪貨とは、金属の割合で品質が劣ると評価され、法律による額面価値以下しか（貴）金属を含まない貨幣である。だから、評価の低い〈ビロン〉貨に残るだけの効能があるというのは正しくない。それには、銀や金を追い出す力がある。そして、このことが望ましいかどうかは明らかである。最も遺憾なことは、国家で物乞い状態を引き起こして、最後にビロン貨もなくなり始めることである。だから、良質だと評価されれば、その場合に貨幣は、それらに内在的欠陥があっても決して流出しないだろうが、悩みの種は別の側にあり、そこでは貨幣に基づかない対策を適用する必要がある。それから、不釣合いな評価が、一国家から貨幣が流出する唯一の過ちであることは次編で証明されよう。

（訳注11）　初版、他「風に持ち去られるがままに」（le lasciaportar dal vento）。

（訳注12）　初版、他では改行されていない。

（注13）　Cfr. la nota XX del G., alle pp.330–1. 注釈四二六―八ページ。

第三編　貨幣価値について

〈序　文〉

この第三編には、深刻なだけに非常に重みのある問題が含まれている。だから、最も多くの著作者が、まるで貨幣の全認識が含まれていたかのように、これらの問題だけを議論したのだ。すなわち、そのことは、もし一方で弁明に値しても、他方では確かにそれに値しない。それらの問題は、最も災いに満ちた事件と諸国家のきわめて喧騒に満ちた行為のすべてが、貨幣価値の変化から起こっていると考えれば、申し訳が立つように思われる。しかし、他方で、第一編、第二編で私が論じた諸問題や第四編で扱うつもりの諸問題は、どうしても見過ごしておけないのに多くが気づかれないままだ。それでもなお、もし少なくとも、価値に関わるこの問題が称賛されるほど注意深く扱われたなら、多くが好意的に承認されるだろう。しかしそれどころか、ここには、もっと大きな混乱、無秩序、誤りがある。人々が、利子や利益について論じねばならない時、つねに過度な恐れとか放逸な貪欲に身を委ねるからこそ、それらの原因になるのだ。司法当局の勅令が、ほとんどいつも私人の助言とか大衆の評判から引き起こされるか中止されるように、一般的利益が目的や根拠になるようなことがたまにある。非常に賢いと思われた多くの人が、きわめて長い時代、我々の政府に対して誤りを犯しその罰を受けているのに、それと共に重大な損害をもたらした貨幣に関する法律statuto（注1）を何も咎めないのは、我々にはちょっとした称賛に等しい。

しかし、深い闇に秩序と光明をもたらすために、貨幣間のこの割合如何を説明することは理に適っている。そして、まず貨幣の内在価値が金属の価値と少し違っていることを予め言っておけば都合がいい。製造費 fattura（注2）や時には主権者への納付金も付け加えねばならないので。これは、わが国では、大体銅の価値の三分の一、銀の五〇分の一、金の四〇〇分の一に達する。しかし、これは固定された不変の費用なので、貨幣価値の変化は、全体的に金属の変化に依存しこれと連動する。だから、貨幣の内在価値が語られる時には、打刻費は黙って見過ごされて、常に金属の価値と理解される。このような起源を証明するために、第一編全体が費やされた。その起源を説明したので、この価値の本質について語る段になる。

（注1） legge, provvedimento.
（注2） 製造費を付加すること（aggiugere la spesa di fabbricazione）。

第一章　〈貨幣用の三金属の価値の比率について〉

我々の精神を取り巻き、永久に繰り返される非常に多くの誤りのうち、言うは易いように、絶対的意味に理解される相対的な言葉に由来する誤りが避けられたら、きわめて僅かな誤りしか残らないだろう。もしそうなったとしたら、この第三編は省いてよかろう。なぜなら、貨幣価値について、博学者が書いたり君主が決めたりしたことのすべてが、大抵〈価値〉とは関係を表現することであるのに気づかずに、そうされたからである。引き続いて、価値の引上げが探求されるにしても、それが有益であろうとなかろうと、有益とは相対的であることが銘記されたなら、それほどいい加減には扱われなかっただろう。

〈価値は一つの関係である〉〈なぜ金属の価値は安定していると言われるのか〉(訳注1)　だから、私は、価値とは相対的なものであり、ある物の他の物との同等を表現することだと言えば足りるし、すでに、貨幣価値は、法律とか習慣によって決められたり固定されたりするものでも、人知のなしうるところでもないと理解する。なぜなら、一つの根拠を定めるには、二つの条件に固執しなければならないから。だから、貨幣価格を定めようとすれば、小麦、ワイン、オリーブ油、しまいには、物全部にしっかりそれを与えねばなるまい。できない相談である。いったい貨幣価値はどのようにして決められたというのか、とある人は訊くだろう。この問いかけは間違っている。なぜなら、貨幣の比較対象である無数の商品のうちの、一つの他の商品との比率が決定されるだけだから。この他の商品とは貨幣自体である。私は、貨幣は多くの金属の状態にあると言った。ところで、ある金属と他の金属の間には、両方を正しく量るために、価格の比率が想定される法則がある。さらに、同じ金属の諸貨幣の間で、それらが含む素材の比率に応じて、価格が決定される。これは、比率の法則というよりむしろ打刻の顕示である。この言葉の誤用からは、たとえば、貨幣が小麦と比率を変える時、真実が自ずと語るように、貨幣価値が上がるとか下がるとかではなくて、小麦について言われるだけのことだ。すなわち、銀を銅に変えれば、貨幣の品位が落ちたと言われるだけのこと。

〈法律の効力で与えられた間違った比率の結果〉 さて、法律の権威によって決められたこの比率は、自然の動きに応じて変わらなければ、何時でも今も貨幣が自己の内部にもつ重大な弊害の根源であった。それどころが Anzi、（初版、他 a.）贋造や縁の削り取りのような他のすべての弊害は、このことから害毒を生み出している。すなわち、［自然の動きが、法律によって与えられた比率が変わらないのに、自然の比率を変えるから。（訳注2）］つまり、価値の不自然な比率から生じる損害はこれなのだ。価値とは、ある物か他の物を所有することの間の比率だから、価値が自然条件に適っていれば、二つの物のうちの一つの物を必要とする人だけが他の物との交換の準備ができているのだ。残りの人々は準備ができていないけれども、それでも交換すれば、二つの物のうちの一つの物が妥当値以下しか得られず、他の物が妥当値以上を得るのは余儀ないこと

（訳注1） この欄外見出しは、この段落の一一行目の「いったい貨幣価値は」（Come dunque）の余白にある。

（訳注2） 初版、他「自然の動きが自然の比率を変えるのだから、法律によって与えられた比率ではない」（che mutano la naturale proporzione, ma non quella che dalla legge è data）。

だ。だから、必要のない人にも、一つの物を与え、他の物を受け取れば儲かるだろう。まさにここから、自然に拠らずに法律による儲け口が生まれた。すなわち、誰でも労苦も才能もなしにやり、誰でもやれる取引が生まれたのだ。だから、自然価値以下に評価される物は、それと交換される他の物が多すぎれば、不足するだろう。法律の力があっても値をせり上げられないから、比率を保てもしまい。つまり、そのような物が有用だとすれば、我々は、生活で有用なある物に事欠くままになり、この生活では［幸せはいつも満足できる実益から生じるので、］（訳注3）これは最悪の弊害である。

〈右で既述されたことを実例で説明する〉 この結果は、価値が定められる物すべてに関わる。しかし、お金に価値を適用しようとすれば、今日、金・銀間の自然的比率は、一リッブラの金を持つ人は、約一五リッブラの銀を持つ人に等しい相応の準備があると確認される。さて、公的権力が介入して、一三リッブラの銀は一リッブラの金に等しいとする。一リッブラの金の債務を返済するためにもはや一五リッブラではなく、一三リッブラだけ与えればよくなれば、直ちに銀で支払うことが得になる。金を留めおく方が有利になる。そして、銀三〇リッブラの収入と一五リッブラの負債のある人は、なお金を銀一五リッブラに評価し続けている所へ送れば、この変化につれて、銀三四［初版、他、一七］の収入と一三リッブラの負債があることになろう。だから、金は消え失せ、［銀だけが残る］（訳注4）はずだ。もしこの勅令 **stabilimento**（注1）がつづくなら、金は全部出て行くだろう。もし、大いに必要な一等級の貨幣がなくなったことが分かって、その法律が廃止されれば、［すでに生じた **era gia seguito** 結果のその部分の損害が立証されるだろう］（訳注5）が、不均衡がそのままで、一〇万オンスの金が採掘され、銀と交換されると仮定しよう。すると、一三〇万オンスの銀が入ってきたことになろう。もし金を取り戻したかったら、この国家は、別途一〇万オンスの金を得るだろうか。そうはいかない、なぜなら、金を失った人の法律が効力を持たないので、金が一五リッブラに相当する諸国から取り戻さねばならないからだ。要するに、八六、六六六オンスだけ戻るだろう。すなわち、少なくない残りのすべての金は、その国家が永久に失なって、もっと目先の利く人々の手に入るのだ。もしこれらのことが諸外国で起これば、いかに途方もない贈り物と、どれほど莫大なものが彼らに生じたかが良く分る。すなわち、もし市民たちが関わっていれば、損をしなかったのはへまな政治家一人だけだったと言えよう。富は、効用とか快楽を他人に与える人にだけ報いるはずだというのが自然の法則だから。人が何の快楽も得ずに、自分の何がしかの稼ぎを費消したり失うがままにされる国はどこでも、政府や幸福の秩序も何もありはしない。税金、公租、官吏 **magistrati**(注2) の報酬は、平和と節度のある自由を維持できる最も賢明で徳の高い人物に生計の資を与えて、我々の平穏を助長するように命じられる場合には、公正である。専制政治とは、他人に有用ではないか損害を与える人が富を得る有害な秩序に他ならない。だから、専制政治とは、たまたま金貨で満ちている人の富が、何の理由もなしに、銀貨をもつ人に移転させられることである。両方とも市民たちであれば、国家全体に損害はないと言いたい人は、一国を破滅させるすべてのことのうちで、専制政治以上に速や

（訳注3） 初版、他では「幸せは実益に由来するので」（essendo la felicità da'comodi originata）。

（訳注4） 初版、他「銀は増加する」（l'argento multiplicarsi）。

（注1） decreto stabilito.

（訳注5） 初版、他「生じた結果の損害が立証されるだろう」（si proverà il danno dell'effetto seguito）。二版では、「生じるはずの」（sarà seguito）。

（注2） Pubblici funzionari.

かにそうさせるものはないと考えたまえ。

さて、金属に間違った価値比率を与えるとどれほど害があるかを明らかにし、その問題に導かれて、なぜ今まですべての国民とか王国がこの比率の決定を望んだのかを論じることは、目的から外れることにはなるまい。まずそれが必要であったかどうかを論及し、必要でないということになったら、なぜそうなったのかも論及したい。

〈この比率を法律で決定しても無駄である〉　利子と為替の価格と同様に、貨幣でもそのような比率を法律によって決定することが無効であることを証明するために、ジョン・ロックがその論文でこの論拠を用いている。事物の自然がそれを決定するのだから、法律は介入すべきではないということだ。なぜなら、あるいは、比率は自然から逸れることはないので無駄だし、あるいは、逸れれば不当なので、不当なものはすべていつでも誰にでも有害だから。しかし、周知のように、公正な法律は自然の確認なので、無駄だったり不備だったりするのは避けがたく、結果的に法律を想定すべきでないことも起こるだろうから、一般的な条件で思いつくような論拠は、有効とは言えない。要するに、このことは、契約価格のように、自然の侵害を恐れなくていい場合だけに限られねばならない。売買は、双方の承諾に依存する他のあらゆることと同じく、市民身分でも十分な自然的自由の状態にある。我々が気に入るか必要になるはずだということは、法律でも定められず食欲や怠惰も助長できない。だから、価格の根源であるその同意は、自然によって創造されるので、法律がそれを撹乱《こうらん》すべきではない。法律は、観念を捻じ曲げて評価や同意を根拠のないものにする詐欺や欺瞞を予防し、同意を実《じつ》のあるものにするためにだけこれらの契約で必要である。

〈物価をめぐって我々が使用する三つの方法〉　そして、もし我々が、自分たちの習慣を考えるならば、売買契約での三項目、すなわち、商品の質、量、価格について、我々が法律をつくったことを知るだろう。はじめの二つについて、法律は、売るのに適したあらゆる商品すべてを包括するし、我々はそれらが有用であることを実験するから、一度たりとも有害商品を見たためしがない。しかし、価格については、法律はそのかぎりではない。それは、私が前述したとおりの事実である。そして、もしさらに、どんな法律を我々が価格についてつくったかを詳細に検討するなら、どの法律が優れ、何がそうでないかを知るだろう。きわめて多くの商品、生鮮・乾燥果実、野菜、皮革、靴底、石炭、木材、織物、卵や他の無数の物のように、多くの必需品にさえも、わが国では価格規制がない。これがないことからは、価格の動揺、独占とか不正も生じない。それどころか、たとえ時折輸入品 non patri（注3）や大きな価格変動に見舞われる商品があっても、近隣諸国が無数の規則で生活必需品に不足を来たしているのに、わが国には多くの規則がないので、相応の救済措置のあることが見てとれる。さらに、他の幾つかの商品には、おそらく非常に有用だと思われているために、ノルマン人の言葉で〈公定価格〉*assisa*（注4）と言われる固定価格がある。この効用は以下のとおりである。Ⅰ．公定価格に甘んじる低額商品の売り手である者として、公定価格によれば、大抵自分自身の損になる最下層庶民の愚鈍な精神をなだめるために。Ⅱ．多くの下級官吏に生計の資を与えるために。つまり、この公定価

（注3）　*Non patri*：d'importazione.

（注4）　公定価格 calmiere、商品の命令価格 prezzo d'imperio delle merci、封建会議 assemblee feudali、あるいは価格を決定する法会議 assise でこう言われた。

格違反が放置されても、諸商品が、良品を得るためには、少しだけ高いが甘んじて黙って満足しない人が独りもいないほど、一定で公正な価格をなんとか受け取れるから。それによって、この公定価格は、低価格の維持がふさわしい最貧階層の食糧に充てられるきわめて安っぽい一定商品を除いて、社会には何の役にも立たないことが分る。そして、確かに、買い手が売り手より金持ちなら、法律は、買い手ではなく売り手に有利であるべきだ。なぜなら、常に価格は、必要に迫られているので、より多く売ろうとする人の方に不利だから。それから、それが非常に煩わしいし信用できる人々もそれを強いられるので、誰かが、なぜ（行政運営でこの役割を手中にしている）わが国の貴族たちが公定価格を遵守させるために多くの配慮をするのかと聞けば、私は、旧来の意見や庶民の評判が、十分陶冶された人々にも一番優れた効力をもつからだと答える。公定価格を課すのは、売り手の階級ではなく買い手の階級だからなおさらだ。

〈ナポリ王国で使われる取決め価格、およびその効用〉　なお、我々には、〈取決め〉*voce*(注5)（初版、V.）と言っている第三種の価格がある。これは固定価格であって、強制価格ではない。これは、小麦、ワイン、オリーブ油、チーズ、及び第一必需品のほとんど全部で使われている。〈取決め〉の効用と便宜は言葉では表せない。それは、二者が自発的に取決め価格を信用せざるを得なかった契約で基準として役に立つ。このように、決定された基準の必要性に契約する自由が混ざり合って、その力が、取決めの法律ではなく、自由な協約にする。この原理に、我々は取引の回転全体を負っている。取引は、ナポリ王国には貨幣が十分にないので、ほとんど貨幣なしでやらねばならず、取決めなしには、取引を回せ **raggirare**(注6) ないだろう。それに、取決めはきわめてよく知られていることなので、それをたたえて敷衍しないでおこう。指導的役割を果す人にはこれほど立派で有益な習慣の維持だけは推奨したい。その習慣は、国民が取決めの公正さとそれを与える人々の誠実さや知性がもつ信用によって、専ら維持され支持される。つまり、もしこれが、これから短年月の失策で（公共の信用は消え失せるどんな煙よりも微妙なので）失われたら、我々全体が損害を受けるからだ。

〈すでに述べられた貨幣への応用〉 貨幣にこの決定の多様性を当てはめ、それをもっとよく整備する方途を知りたいので、私は、諸金属の比率をまったく決めないでおくことは得策ではないと思う。だから、比率には、以下の要件がある。

Ⅰ.(訳注6) 貨幣、為替、支払い、貨幣でなされるあらゆる契約の容易な評価のために。

Ⅱ. 造幣所は新貨幣に価格をつけずには打刻できないために、この価格は、それが認識しもしない貨幣に対しては多数の量を規制して維持できないために。

Ⅲ. それらの契約のために、説明されず、必要にもされなかった法的な宣言が必要になる［ために］（二版で追加）。

Ⅳ. 若者、未亡人、被後見人が、ずる賢い人 accorti(注7) の餌食にならない［ために］（同）、少なくとも助言と規則が役立つかもしれない。

（注5） Cfr. la nota XXI del G., alla p.331. 注釈四二八ページ。

（注6） far circolare, far correre.

（訳注6） 初版、他では、I, II, III は改行されていず、III, IV には「ために」（Preché）がない。

（注7） astuti, esperti；その例はJ. ロックから採られた。*op. cit.*（E cfr. l' *Appendice*, II, pp.385 sgg. 補足史料五一二―三〇ページ。）

これらの理由は、たとえその必要性を全部証明しなくても、その有効性を証明するだろう。なお不完全で不適切な政府命令でいっぱいの中国人や他の諸国民の例も、私の主張を台無しにはしない。

しかし、それに対して、固定され強制された比率を与えようとしても、もしこれが間違っていると、国家が破滅しかねないことを多くの人が恐れねばならない。不均衡は、貨幣がもつ唐突な結果の唯一の大きな弊害である。決定された至高の権限によって前言を撤回したり改めることはまれでゆっくり行なわれることだし、行われないか不適切に行われたりもする。だから、一番いいのは第三の指図である。すなわち、取決めvoce（初版、他では）と同じやり方でか、ちょうど、四％に決定されてはいるが協約によって上げたり下げたりすることが禁止されない利子の結果によく似た例を採って、固定されているが強制されない比率を与えることである。

〈貨幣には強制されない価格が与えられねばなるまい〉　全貨幣に、自国貨幣にも（我々がこの表現を使うのは妥当である）この取決め価格を与えることは危険全体を回避する。取決め価格は、貨幣が造幣所からまずもって出てきた価格に他なるまい。すなわち、出てきた後には、同じ価格の何かになることを強いられてはならず、商品として扱われねばなるまい。つまり、大方の同意が造幣所の価格と食い違っても、この価格は、自由にしておけば常に真実がついてくる多数の価格に一致するに違いあるまい。貨幣は国家から少しも出て行かないだろうから、そうなる時間はあるだろう。

どこにも独占がありえないなら、常に正義と平等があるかぎり、国民が価格を不適当にすることも懸念しなくていいだろう。それから、造幣所は貨幣をすべて外部に提供し、確かに貨幣の唯一の売り手と言える所なので、もし貨幣の価格が不適正でなければ、国民は決して不適正な価格を付けられないだろう。だから、もし誰にそれを変える自由が許されても、それが適正な価格であったら、それを維持するだろう。もしそうでなかったら、適正な価格に変わるだろう。それから、たとえ徳義ある人々に規制された公正な君主の造幣所は、決して貨幣に根拠のない価格を付けまいと考えるべきにせよ、確かに、少数者は、たとえどれほど研究熱心でも、多数者に導かれない限り、いつでも誤りに陥ることがあるものだ。

〈そうすることは不名誉ではない〉　最後に、不名誉な根拠のない考えをこれほどの大仕事で国民の律するがままにしておくのは、賢人たちにふさわしくもない。小麦、ワイン、オリーブ油の価格は、もっとずっと大きな問題である。土地、家、賃貸借、利子、為替の価格は、もっと重要である。すなわち、やはり人々の同意を除けば、法律には何らの規制もない。そして、確かに、彼らに十分な自由を残すことが破廉恥だと言うなら、どんなことに奉仕するのが名誉の極致なのか。行政官たちは、多数者の幸福と彼らの自由の維持を運命付けられた管理者であるし、君主自身は神によってこの任務に正統な人であると認められたのだ。

〈なぜそうされないのか〉　今誰かが、なぜ諸国民すべてが、私の言うことに反して、法律でそのような比率を設定するのが常であるのか知りたいと思えば、根拠になることを二つ認める。一つは、きわめて強い根拠で、人々が、比率を設定すれば常に利益があると考え、設定しなければ損失があるに違いないと考えることである。比率を設定しないで名誉だと思いたがる行政官もいないだろう。だが、比率を設定しないことは、単に名誉と利益を幾層倍も満たすことだけでなく、さらに、比率を設定することに比べればずっと困難で骨が折れることでもあるのだ。それから、もし我々が、幾つかの問題に実施できる優れた法律のすべてが一挙に公布され、一枚の書類にまとめられるのを検討すれば、万事うまく設定されても、（既存の比率に従うのに不満で）やはり命令し続けることが必要で、適切な設定を台無しにし、誤った設定がはじまるのが不可避であることが分るだろう。たとえ誤って設定されなくても、物事をあまり細かく命令しようとすること自体が、最悪の欠点になる。たとえば、（その市民の精神の性質がそうであるように）フィレンツェ共和国は、きわめて細かい下らないことも常に完全に行なおうとしたので、一度も大事業に命令が下ったことはなかった。

フランスとローマの貨幣については、損害の大部分の原因がこの根拠にあるというべきである。これらの宮廷は、他のどこよりも行政官や裁判で満ちていた。すなわち、一方は、要職の金次第に、他方では、仕えるべき多数の者に職を世話する必要性に帰せられる。ところが、それに対して、わが祖国は、このことでは称賛と羨望にふさわしい。すなわち、（別の場所では〈治政〉と言われ、我々は〈負担増〉と呼ぶ）[訳注7]会社、独占、〈禁止法〉*jus prohibendi*、命令、法律によって悩まされなかったし、政府のあらゆる小さな後見にも行政官が感化されなかったから。そして、我々だけが、稀で輝かしい例によって、銀貨と（最も重要である）金貨の間の比率を大部分外国貨幣によって、最大限自由に任せたのだ。

〈金・銀間比率の歴史〉 諸金属の相対的価格が固定された別の根拠は、なぜ人々はひどい激痛が起こらなければ自分の体の病気に薬を与えないか、まして国家の病気になおさら薬を与えないのかということである。ひどい苦痛は比率の相違を示せないのだ。なぜなら、その相違は、歴史で私が証明することになるように、何世紀に渡ってさえも目立って動かないから。

きわめて多くの批評家は、金・銅のきわめて古い比率をホメロスの一節から聞き及んで納得した。『イリアス』*Iliade*（クストディ版、VI）で、長話と友情の印の武器の交換につながるディオメーデース Diomede（トラキア王）とグラウコス Glauco の戦闘を語りながら、ホメロスは、次のように言っている。

「この折またもや、クロノスの子ゼウスが、グラウコスの心をまどわしたので、テューデウスの子ディオメーデースに対して代わりに贈ると、青銅の物の具にかえ黄金のを、九牛の値《ね》のに一〇〇牛の値《あたい》のものを贈ってやった。」（原文、ギリシャ語。ラテン語。[注8] 編者のイタリア語。邦訳（上）二二九ページ）（第六書、二三四―二三六）

これから、金は銅に対して一〇〇対九だったと推論される。どんな結果のうちでも、これほど誤っていてこれほど不条理な結果は、なお世界に引き出されない。もしそうだったとすれば、金の量が多すぎるために、金で壁が作られ、街路が舗装されたことだろう。我々が多くの金を持ち、銅については、多かれ少なかれ当時の量を持っていない今日、比率は、約一、一〇〇対一くらいになる。つまり、当時は、一一対一くらいになったのだろう。すなわち、一〇〇倍以上の金量を、トロイ人たちは持っていたのだろう。だから、この発見が一笑に付され、最も尊敬すべき著作者たちが、言葉を訂正しながら感情を誤解した人文主義者たちの手に落ちたことが同時に嘆かれるべきだ。もし、自分の目的に無縁でなかったとすれば、今私は、あらゆ

（訳注7）初版、他には、この括弧（ ）はない。

（注8）邦訳に準拠。

る比率を除外する純度と卓越さの最大の差を表すためには、「金製の武具は、重いし強度の脆さによっても一合の打撃にも耐えられないので、武具は両方とも純銅製であったことを、だがしかし、一方の銅製と他方の金製と言いうほかないことも」(訳注8) 証明したいと思う。そして、その種のうちであらゆる秀逸なものを表現するこの言葉、すなわち、「金の」d'oro（初版、他 *d'ò*）という言葉は、すべての言語の中でも最も頻繁に使われる。

ホメロスには古代の比率の痕跡が残っていないので、それについて述べた最初の人は、ヘロドトス Erodoto（前四八四年頃〜四二五年頃）である。彼は、第三編で、ダリウス Dario（前五五〇年〜四八六年、ペルシャ王）の収入を説明して、まず、銀の公租はバビロニア・タラントで、金の公租はエウボイア euboici（エーゲ海西部のギリシャ最大の島）・タラントで支払われたと言っている。次に、彼は、その後、きわめて多数の国民が、川から採取された三六〇タラントの金、あるいは金粉で公租を支払ったと言っている。最後に、ダリウスの全収入がエウボイア・タラントでどれだけ増加したか知るために、次のように言っている。「他国で、金が銀の重さの一三倍に相当すると計算されると、金粉は四、六八〇エウボイア・タラントに相当することが分る」（原文、ギリシャ語。ラテン語。(注9) 同）。だから、比率が一三対一であることは明白である。

次に、この比率が、ソクラテス Socrate（前四六九年〜三九九年）の時代のギリシャで、対話『利得の熱望について』(注10) で、プラトン Platone（前四二七年〜三四七年）が考えた比率によって、幾分変えられたように思われる。そこで、ソクラテスは、ヒッパルコス Ipparco と議論して、半リッブラの金を与え、丸々一リッブラの銀を手に入れる商人は、儲けるのか損するのかどうかを彼に聞いている。ソクラテスにヒッパルコスは次のように答えている。「おお、ソクラテスよ、明らかに損をします。一二リッブラの金に相当する額の代わりに、二リッブラに値する額しか得られないのですから」（原文ギリシャ語。ラテン語[注11]。同）。しかし、おそらく、このことは、アテネの貨幣でなされた混ぜ物に由来するのだろう。

ローマ人たちは、最初の金の打刻で、一五対一の比率に決めていた。それについて、プリニウスが「金貨は、スクループル（二四分の一オンス）が、二〇セステルスに相当するように、銀貨の五一（初版、他、六二）年後に打刻された」（原文ラテン語[注12]、編者のイタリア語訳からの訳）と我々に言っているから。さて、二〇セステルスは、五デナーロに等しく、これらの各々は、アッティカ・ドラクマに等しく、三スクループルをなす。［しかし、そのように構成される比率は、純金属の内在価値より、混ぜ物と打刻されるのが常である貨幣を余計に尊重する。さらに、武器だけが価値をもち、強奪が富を分配した時代に[訳注9]、］［以前には決して打刻され

（訳注8）　初版、他「武具は両方とも純銅製であったこと、だがしかし、一方が銅製で、他方が金製と言うほかないことを」（le armature erano ambedue di rame puro, e che non per altro si dicono l'una di rame, l'artra d'oro）。

（注9）　Erodoto, Istorie, III, 95, 1.

（注10）　〈ヒッパルコス〉は、〈欲張りな人〉という副題でも知られる（*Ipparco*, 231 *d*.）。

（注11）　（『博物史』、XXXIII, 3, 13）

（注12）　（*Ipparco*, 231 *d*）

（訳注9）　初版、他では「しかし、そのような比率に、それらは確実に保護されてもいず、我々は信頼できもしなかった。武器だけが価値をもつ粗野で暗い時代には」（Ma di tale proporzione ne essi potettero esser certi, ne noi ce ne possiamo fidare. In tempi rozzi e oscuri ove l'armi sole aveano pregio）。

なかった〕[訳注10]新たな金貨に、誰がどれだけ入念に価格を与えていたのか。事実、この比率から変えられ、皇帝の時代には、アウレウス金貨は二デナーロの重さがあり、二五デナーロに評価されて、一二・五対一で一定した。[注13]しかし、おそらくこのことの［一部は、インドやアジアの取引を吸い取った多くの人々によって、銀が減らされたことに起因した。帝政末期には、野蛮人たちが多くの金を干し上げたので、その比率は高騰した。[訳注11]］アルカディウス Arcadio（三七七年頃〜四〇八年、初代東ローマ帝国皇帝）やホノリウス Onorio（三八四年〜四二三年、初代西ローマ帝国皇帝）のある法律では、一リッブラの銀は五ソルドの金に相当したのである。[注14]同じ皇帝たちの別の法律では、金一ソルドにつき銅二〇リッブラと評価される。[注15]アレクサンデル・セウェルス Alessandro Svero（一四六年〜二一一年）に誤って帰属させられる第三の法律では（その法律はヴァレンティニアヌス Valentiniano（三六四年〜三七五年）とヴァレンス Valente（三六四年〜三七八年）のだから）、『テオドシウス法典』で、金一ソルドは、七二分の一リッブラ、あるいは、七分の一オンスであると認められる。[注16]これらの三つの法律から、一緒に比較されると、金の比率が銀に対して一対一四と五分の二、金は銅に対して一対一、四五〇の比率、銀は銅に対して一対一〇〇だったことが判明する。

野蛮時代には、銀はもっとずっと稀少になって、比率はほとんど一〇％ほども下がった。あるいは、このことは、混ぜ物の多い悪質金貨が打刻されたためにも起こった。[注17]しかし、この状態はごく僅かの期間で終わった。一三五六年にポーランド使節のジョヴァンニ・ディ・カブロスピーノ Giovanni di Cabrospino が、当時流通していた独自の紙幣をローマの国庫に差し出した。その紙幣には、〈一リッブラの金は九六フロリン。一リッブラの純銀、あるいはマルクは八フロリンに相当する〉[注18]〔原文ラテン語、編者のイタリア語訳からの訳）と書かれている。だから、比率は一対一二くらいであった。アメリカ発見に至るまで、この範囲の僅かな動揺に維持されたが、そのような発見後一世紀以上経っても、なお大きな変化はなかった。さらに一世紀この方、比率は、今日では一対一五に非常に近づくほど上昇していった。それは注意深く維持されていたうちで最大の比率である。私は、アメリカ発見が、それ以前には、一対一〇だと決められたこの比率を変えたと極めて多くの人々に信じられていたことが、いかに間違っているかを証明するために、前述のことを敷衍

（訳注10）初版、他「決して見られなかった」（e mai più non veduta）。

（注13）このことは、ハリカルナッソス Alicarnasso のディオニュソス Dionisio, I, 55, さらに、明白な証言と共に、ディオーネー Dione やゾナーラ Zonara によってもいるように、一緒に対比されたスエトニウス Svetonio やタキトゥス Tacito の権威によっている。

（訳注11）初版、他「一部は、かなり混ぜ物が加わった銀貨と、逆に、極めて純度の高い金貨が打刻されたことに起因した。ローマ帝国末期には、インドや野蛮人たちが金を大量に干し上げたので、比率が高騰した」（derivò in parte dall'essere fatte le monete di argento non molto scarse di lega, e quelle d'oro per contrario purissime. Nel basso Imperio la proporzione alzo, perché l'India, e barbari asciugarono l'oro di molto.）。

（注14）*Cod.*, X, 76（銀の価値について *De argenti pretio quod thesauris infertur*）, I.

（注15）*Cod.*, X, 29（銅の比率について *De collatione aeris*）, I.

（注16）*Cod.*, X, 70（*De susceptoribus, praepositis et arcariis*）, 5, del consolato di Lupicino e Ionnino.

（注17）*Infetto...lega*：「他の金属と混ざりすぎて不純な」（impuro per molta mescolanza con altri metalli）。

（注18）［Foglio］inserito dal Grimaldi, nella sua opera inedita De sudario Veronicae, e stampato dal Muratori nelle Antiquitates medii aevi, II, 28.

したかったのだ。ごく古い時代以来、その比率は、時折現在とほとんど等しかったと見られる。

やっとのことで、法律で比率を決定しても間違わないほどの確実さが生まれた。古い時代には、それを間違えることはそれほど重大なことではなかった。なぜなら、諸国民は粗野でどんな取引もしない野蛮人たちと境を接して住んでいたので、良貨を吸収したり悪貨を返したりできなかったからだ。だから、ローマ人たちが貨幣に対してもった権威は、今日では、どんな君主でも損害なしには行使できない。私が、さまざまな金属の貨幣間の比率を設定する際に、非常に用心したのもこのせいなのだ。なぜなら、一金属の諸貨幣についてなら似たような純度にし、重さに応じてそれらを評価すれば済むから。さて、色々な仕方で構成される〈比率の変化〉について語ることにしよう。さらに、〈価値の引き揚げ〉についても語りたい。それは、たとえば、もはや一オンス、一トラペソ（二〇アチーノ）と一五アチーノの銀ではなく、四九二アチーノ半の銀が〈ドゥカート〉と呼ばれることになれば、言葉の何かの響きで古来の観念を変えることに他ならない。つまり、同時に金貨という名の観念も変わるので、その観念はそれらの不均衡間にではなく、銅貨と商品価格でいくらかという計算に使われる想定貨幣によってのみ、引き起こされる。たとえ私ができるだけ言葉を絞り簡潔にしようとしても、その議論の大きさと多様さが短く済ませはしないだろう。

第二章　〈ある金属貨幣と他の金属貨幣間、および同一金属貨幣間の不適切な価値比率について〉

〈各部分の分割〉　どんな仕方であれ、貨幣価値が受ける変化のすべては、あれこれの貨幣相互の一部にか、その旧来の状態と隣接政府の状態に応じて全貨幣に生じる。貨幣の一部の変化は、他の金属に対する一金属全部にか、同一金属の二種類の貨幣の間に生じる。これらの変化は六つの仕方で生じる。すなわち、新鉱山の採掘があり、慣習とか奢侈の変化が起こるなら、事物の本質、自然の摩滅、純度、重さの減少、貨幣の縁の削り取り、最後に、法律の権威によって生じる。私は、区別して〈価値の引き揚げ〉と呼ぶ貨幣全体の変化は、次章で述べるつもりなのでここで論じないでおき、一部の変化についてだけ述べることにしたい。つまり、このことがそれ自体〈比率の変化〉を含んでいるから、私は、いつもこの呼称でよびたい。それから、この構想を再編して、どのように比率が生じ、どんな利益、どんな損害が自ずと生じるのか、それから、どんな風に、いつ生じたのか、それは癒されるのかを論じていくつもりだ。

〈自然の原因で起こる比率の変化について〉　だから、自然によって生じる変化は、一金属と他の金属の間でしか起こらないし、法律によって比率が決められたところでしか起こらない。つまり、自然が法律に反して作用し、法律の変更が自然に反して作用する変化は同じことなので、次に、両方とも一緒に扱うことにする。ここで私は、この変化が、いかにごく僅かな変化しか伴わずに、同じ状態で一、〇〇〇年以上も持続していたことは経験によって知られるけれども、それは極めてゆっくりしていて、ほとんど気づかれないほどだと言いたいだけだ。

〈摩滅の結果〉 性質について述べるとすれば、金属の自然的性質によって、あらゆる人的対策を超える摩滅による量目減損を連想せざるを得ない。つまり、たとえそれがゆっくり進行し（もし不正行為の疑いがないなら、人々が非常に大雑把に考えるように）人々を驚かさないことは確かでも、それでも、それがかなり進めば、配慮され除去されねばならない。まさにこの目的のために、多くの著作者が、銀貨と銅貨を提案し、これによって、多くの政府がそれらを使用し評価している。ところが、私は今までこの救済策を無視しているので、ここでその理由を明らかにしたい。

〈ビロン貨の無効〉 第一に、一国家の貨幣は、それらの使い古され方が違うばかりでなく、大きさも違うので、まったくまちまちに摩滅することを知るべきだ。そして、常に一番小さい貨幣が、二つの原因から早く摩滅する。すなわち、Ⅰ．それらが他より頻繁に使用され扱われるから。すなわち、小型貨幣は低価格と高価格を表すのに、大型貨幣は高価格を表すが、低価格を表さない。Ⅱ．貨幣は、重さに応じて価値があり、それの表面積に応じて摩滅するから。私は、（貨幣がほとんどそうであるように）対応する側面の相互比率で類似物質間の耐久性に応じて摩滅度合いがあることを［計算した］(訳注1)。だから、他の貨幣の二倍の直径のある一貨幣は、同じ時間で、最小貨幣が失う金属の半分以下しか摩滅で損なわれまい。そのために、小型貨幣だけは、もし損傷がもっとひどくなれば、極めて多くの利益があったことから、〈ビロン貨〉（少量の貴金属を含む合金）が造られることになったのだ。しかし、事実の真の本源である計算で、どれだけ利益があるか正確に知りたいので、私は、わが国の最小貨幣であるカルリーノ銀貨、一二グラーノ銀貨と一三グラーノ銀貨が、一六八六年から、そして、一六八八年からこの方、一方は七・八％、他方は五・六％が摩滅していたことを真っ先に考える。そのために、五〇年間全体で五％溶解されたと述べた人は、さらに同じ事実を主張したことになる。ナポリ王国は、さまざまな君主が打刻を行ったために、他のどの国にもましてこれらの小型銀貨があふれている。けれども、私は、現在それが、王国に二〇〇万ドゥカート以上あるとは思っていない。だから、これらで、一〇万ドゥカートが失われたのだ。これら三つの銀貨は、〈ビロン合金〉で造られてきたので、良質銀の半分が摩滅から免れていると仮定しよう（そのことは、経験が示すように、前述から事実である）。だから、五万ドゥカートが節約された。これによって、合金、それらの嵩《かさ》、内部に消え去り摩滅にさらされる銅によるこの混ぜ物の多い貨幣で、造幣所がさらに多くの出費を要する事態は免れた。読者諸兄は、王国はその年に、二〇〇万ドゥカートの貨幣で四〇〇ドゥカートしか稼げなかったことを知るだろう。すなわち、四〇〇ドゥカートの税金を差し引けば、すぐに無くなってしまう笑うべき惨めな稼ぎだ。もしこれに、偽で贋造のように思われる貨幣に対して国民精神に呼び覚まされる軽蔑、政府に降りかかる非難、縁の削り取りの容易さその他が加えられれば、読者諸兄は、旧来から使われていなかった諸国への〈ビロン合金貨幣〉の導入は、単に有益でないばかりか、致命的でもあることを知るだろう。[訳注2] それから、過去の世紀の君主たちの下で、銀と銅の半カルリーノ貨やチンクイーナ貨が、〈ザッネッタ〉***zannette***（半カルリーノ

（訳注1）初版、他「発見した」（scoverto）。

に相当）と言われる貨幣の完済によらなければ、癒しがたいほどの損害と災難を引き起したわが国の歴史的事実を確認されたい。

〈摩滅に対するさまざまな対策〉 だから、量目減損に対しては、貨幣が形無しにされるのを最小限に抑える対策を講じ、それらを手に余らないほどの二倍の大きさにする必要がある。このことでは、ギリシャ人やローマ人の知恵を真似るのだ。陸路での貨幣の荷馬車輸送を禁じ、時おりわが国の銀行でやっているように、それらを数えさせずに重さを量らせるとか、その他の似たような配慮をすることで。さらに、それらが使用されすぎれば、目立たないように回収し溶解し、必要分を加え、流通量を回復せねばならない。この過剰は、何かの税金として引き出され、橋や道路のリフォームのような公共の必要経費とみなされねばならない。野蛮時代になされたように、それらの負担を軽減する必要もない。さらに、もしそれらが全部ひどく摩滅し損耗していれば、貨幣の不等価が誘発されるから、決して少しずつ改められるべきではなく、旧貨幣とはまったく別の部分から採らせた銀で、全部一挙に最大量の貨幣が打刻されるべきである。然る後、旧貨幣は、ナポリ王国の副王であった聖ステファノ Santo Stefano(注1)（副王在位、一六八七年〜一六九五年）によって、きわめて称賛されるべき指揮により時間をかけずに実行されたように、溶解され、破棄されるべきである。

〈他種の比率の変化について〉 さて、他の四種類の変化について論ずる段にきたので、私は、諸国民とか君主たちが、いかにそれを生むかを述べる。公民か外国人からなる諸国民は、贋造とか縁の削り取りをやって変化を生む。固有の系譜か外国系譜の者からなる君主たちは、法律によってもよらなくても、黙ったままでもほとんど詐欺によってでも変化を生む。

〈私人が貨幣に与える損害について〉〈さまざまな贋造〉[訳注3]［それから、まず諸国民について言うなら、[訳注4]］偉大で至高なことどもが評価されればされるほど、それだけ悪党どものペテンや詐欺にどこでも取り巻かれているということが、全秩序に適合する。こうして犯すべからざる君主の富である貨幣にそのことが起こった。［古代研究者たち antiquari[注2] はみんな、古代には[訳注5]］外面に盛り上がるほどに像が浮き彫りされた貨幣が使われたので、銀貨に似た銅貨を造る贋造者に、良質銀の薄片をその上に被せて、まともな貨幣のように生み出す便宜を与えたことを確認した。これらの貨幣は、時代の推移と共に、今日内部の金属が発見されても、評価を失うどころか、それらの贋造が含む〈下に浮き彫りされた〉*foderate*[注3] 古代の一定の特性のために、

（訳注2）フェリーペ二世（一五二七～九八年。スペイン国王、在位一五五六～九八年）とフェリーペ三世（一五七八～一六二一年。ポルトガル国王としてはフェリーペ二世、在位一五九八～一六二一年）によってナポリで打刻されたカルリーノ銀貨の二分の一に等しい銀貨（伊仏対訳版編者注、他。p.653. [2]）。

（注1）サンティステバン伯、フランシスコ・デ・ベナヴィデス・イ・アラゴン（Francisco de Benavides y Aragon, conte di Santisteban, viceré di Napoli dal 1687 al 1695.）。

（訳注3）この欄外見出しは、この段落の六行目「古代には」（Negli antichi tempi）の余白にある。

（訳注4）二版ではこの文は前の段落末尾についていて、e conforme all'ordine になっていて、初版は、新段落で E conforme all'ordine … で始まっている。便宜上この箇所は初版に倣った。

（注2）studiosi dell'età antica.

（訳注5）初版、他「古代には」（Negli antichi tempi）。

（注3）Cfr. la nota XXII del G. alle pp.331-2. 注釈四二九―三〇ページ。

いっそう珍重された。世に出される下に浮き彫りされた貨幣の量によって、きわめてひどくなったと思われる多くの損害に、古代人たちは、浮き彫りの少ない貨幣を刻印して補償したのだろう。この新しいやり方は、たとえ貨幣の古代美を破壊したとしても、それでも実利にはどんな装飾美も譲歩すべきだから、諸国民全体によって確実に踏襲された。こうして、我々は、似たような詐欺から安全になったのだ。

それに対して、銀の上に塗って、きわめて微細な彫刻にもまったく損傷を与えずに、薄片をほとんど引き剥がす粘液の発明も同様に有害である。(注4) そのような技術によって、一ドゥカートの銀から、金属の一〇分の一が物の見事に奪い去られた。しかし、これは、はっきりした軽減が詐欺を発見する貨幣でより、銀の器物や大きな部分でもっと懸念されるべきである。

〈縁の削り取り〉 すでに述べたこと全体から、貨幣での最もありふれた詐欺は、それらの模倣や贋造は非常に困難であまり割が良くないと見られていたことからも、縁の削り取りだった。縁の削り取りでは、他のどれにもまして銀貨が被害を受け易い。次に銅貨で、最後が金貨であった。その動機は明らかである。銅貨では利益がほとんどないし、金貨では、ふつう重さを量るので、削り取りは何にもならないからだ。金貨は、重さを量られなくても、削り取りの危険を冒す人はほとんどいない。削り取りが分って受け取ってもらえなければ、非常に高価で貴重なものがむなしく手中に残る恐れがあるからだ。銀貨については、大型よりも小型の方が削り取り被害に遭いやすい。なぜなら、被害が少ない場合には、人々はそんなに気にかけないのがふつうだから。そのため、大型よりも小型銀貨の方が、受け取り拒否される恐れは少ないのだ。

〈その対策〉 しかし、なお、それこそ多くの法律や慣例が公正で強力な保護を与えなかった贋造のあれこれの損害に、今日貨幣を刻印している刻印機が保護を与えた。すなわち、新たな実例によって、研究や教訓以上にますます事実が認められたので、政府行政官には抽象的で精神面のことで市民生活のどんな利益ともかけ離れて見えた刻印機が、法律自体よりも市民秩序の改善に役立った。つまり、政治が成果を得るに至らないことが、何かの物理的発見とか何かの機械的発明によって得られたのだ。その刻印機によって、小規模な悪質贋造者 ***mal monetiere***(注5) だけに操作される道具では贋造が困難であるという印象が与えられた。わが国の新しい銀貨や金貨に慎重に使われる極めて創意に富む別の機械によって、貨幣の縁自体に刻印がなされる。こうして、刻印されない部分は残らないので、すぐに分らないように縁を削り取る余地は残らない。今や、貨幣の使用は、商品か労力と貨幣の間の交換契約だけなので、貨幣での詐欺の容易な識別が最良の解決策である。契約では、互いに契約する二者の同意がどれだけ必要かは明らかである。すなわち、他者の詐欺を識別する側から同意を得ることがいかに困難かは、論証を要しない。だから、縁削りをする輩には、このことが最大の損害になる。たとえば、彼が貨幣の一〇分の一を削り取るなら、手には無益な貨幣部分がそっくり残る。すなわち、自分の犯罪の年貢を納めることを世間にさらさずには、裁判官に訴えることもできない。受取人に自分の貨幣を良貨として強制も説得もできない。こうして、この悪事はつまずき、最大の困難を引き起こすことになる。しかし、それが生じ増加して極めて多くなったら事態の進みかたは違ってくる。

（注4） Cfr. la nota XXIII del G., alle pp.332–3. 注釈四三〇—一ページ。

（注5） *mal monetiere*：falsario.

〈災難の結果〉　一国に（解決策よりも先に言わねばならない）大量の縁が削り取られた貨幣があることから生ずる損害は、以下のとおりである。すなわち、

Ⅰ．買い手と売り手の間の重大で永遠の論争。後者は、貨幣が適正か、軽さを補うに足るだけ多くの貨幣を与えるかしなければ、自分たちの商品を貨幣と交換しようとしない。だから、価格は高まる。前者は、一方では高くしたくないし、他方では高くできない。その間両者とも、取引の中断によって、生活に困り、呻吟するようになり、ほとんど飢えて死にそうになる。だから、縁の削り取りの損害は、削り取り人の利益にならないが、吸われる血がほとんどないために、残金全額が動かず凍結されたままになる。

Ⅱ．縁の削り取られた貨幣を流通させずに残しておけないので、罰を受けずに手にする良貨を削り取り、自国に送り返す便宜が外国人に与えられる。

Ⅲ．臣民自身は、悪事が増えれば、多数の罪人によって保護される。なぜなら、多くの人が考え違いをする所ではどこででも誰も罰を受けず、多くの犯罪でお目溢《めこぼ》しが期待されて、一般的被害は個別的被害よりもかなり辛抱強く見逃されるから。

〈救済法〉　縁の削り取りの救済法は以下のとおりである。貨幣を削り取る輩を根こそぎにし撲滅すること。これ以外のことを先にやっても無駄だ。これをやらなくては次善の策はない。これがいかに事実であるかを、私は、自分の経験によって、わが王国で知った。その時、カルピオ Carpio 侯爵の前任の副王はみんな、後に自分の統治の終わりに先立って、惨めに削られた貨幣を見て、新貨幣の打刻以外のことはやらなかった。その史実は、彼らが、被害の原因を絶やすことにいかに熱意がなかったかを我々に説明する。すな

わち、彼らが発表した数々の立派な勅令も被害を阻止していない。何事かを禁止するすべての方法のなかで最も無力なのは、法律に逆らった行為でも見逃すことなので。

縁の削り取り人を撲滅するのに十分な効果がない場合、講じられるように思われる唯一の対策は、銀貨を全部回収して、紙幣に取り替えることだろう。しかし、これを実施することは極めて困難である。偽札造りが容易である分だけ、縁の削り取りに従事しなくてよくなるから、とてもその被害の良策にはならないだろう。

〈この問題をめぐる根本原理〉 だから、私が言ったことに着手できないなら、対策を講じても仕方ない。辛抱してもっといい折を待たねばならない。しかし、かりにそれが着手されたとしても、すでに受けた傷口をふさがねばならない。そうするには多くの方法があり、そのうち選べると判断できるものは、こんな事実がすべての根拠から認められよう。

一国に二種類の貨幣があり、一方が良貨で、他方が悪貨だとすると、もしそれらの間に力の均衡があればつねに、悪貨は隠されるか良貨は駆逐される。もし良貨がかなり多くあれば、悪貨はいやいや受け取られるか、大抵拒否されるので、幾らか流通しなくなるだろう。もし良貨がかなり少なければ、次第に流出するかそれを持つ人誰もがそれをわが手に隠し持つだろう。これら三大被害のすべてが、取引を撹乱するか国家を疲弊させる。だから、以下のような配慮が必要になる。最悪の第一の被害には、大量の良貨をほとんど同量の悪貨と出くわせないことである。第二の被害には、法の効力で悪貨を流通させていては、良貨を台無しにするか損傷貨幣の更なる劣化を助長するので、もう沈静化できない。まったくのところ、悪貨を直ちに回収し、良質の新貨幣と取り替えなければならない。第三の被害には、ごく少量の良貨でも、すみやかに増やされありふれた貨幣になることを理解させることによって。こうすれば、愛着や評価はなくなっていくから、望めばいつでも大量の良貨を貯めこもうする人も、一つも保存しようとしなくなるだろう。

〈悪貨を排除する第一の方法〉 これらの原則を仮定した上で、貨幣交換のさまざまな方法について述べることになる。医者たち fisici（注6）が今まで楽に実行できなかった、身体中の血液全部の交換に似た困難でデリケートな作業がある。それを行う前に、どれだけの出費になるかを知ればためになる。その大きさに度肝を抜かれなくてもいい。その出費は縁欠け貨幣所持の被害に比べれば常に少ないから。出費は削り取られた全金属量の分、使用で摩滅した全金属の分、その他工賃が必要である。すなわち、一緒くたの用済みの全部は、極めて稀には総重量の八分の一、もっと多くは六分の一を超える。これが分れば、国力が大きく力強いか弱々しいかを検討することにもなる。最初のケースでは、最良の助言は、たとえこれらが、銀行か私人の金持ちの宝物庫にのらりくらり滞留していようとも、旧貨幣と全部別の部分から金属を手に入れて、少なくとも旧来の三分の二に等しい銀貨量を打刻することである。然る後、一般の同意なしには重量さえ付与できないので、さまざまな場所にそれを配分し、同時に全流通をストップさせねばならない旧貨幣と即座に交換させることである。新銀貨は交換のために競って流通するだろうが、それでも総量の三分の二が短時日で全部捌《は》けるはずもなかろう。その銀については、引き出されている間、どこかで交換すべき新貨幣がなくなっても、もし幾分打刻される必要があれば、少しの時間も無駄にせずに残りの銀貨が刻印され、等しい速度で全損傷貨幣が一掃され、約束手形が引き出されねばならない。称賛すべき英知によって、この作業は、カルピオ侯爵の後継者S・ステファノ伯によって、わが国で一六八九年になされた。それは、確かに可能な倹約をすべて含み、何の苦痛も与えない万事に最善の策であった。

〈レモス伯の誤り〉 繰り返しになるが、一六〇九年にわが国で経験したように、さらに劣化させないために、旧貨幣全部を使用禁止にしなければならない。レモス伯 Lemos(注7)（一五七六年～一六二二年。副王在位一六一〇年～一六一八年）はある勅令で、縁の削られた大型貨幣はもはや流通させてはならないと命じ、見立て違いの必要に心を動かされて、〈ザッネッタ貨〉と〈チンクイーナ貨〉の流通を放置した。それらの低品位銀貨は、他の貨幣よりも劣化していたのだが。だから、造幣所や銀行は、縁の削り取られた大型貨幣を持参した人に、もっと削られて劣化した小型貨幣を支払い始めた。僅かの日数で国民はほとんど負担を軽減された。そのため、六月九日の勅令が、一二日の別の勅令とともに撤回されて、全貨幣を重さで流通させざるを得なくなった。この助言は、第一の助言よりはましだったが、優れているわけでもなかった。貨幣を重さで与えねばならず、減価した貨幣が彼らの手に残って我々に損害がないか、少額ならそうなるように、貨幣を重さで与えずに稼げる間は、縁の削り取り ritagliare(注8) から悪党の気を逸らさないからだ。

〈第二の方法〉〈ザパッタ枢機卿の誤り〉(訳注6) 国家に信用がなく、これほど多額の突然の出費を支えるに足る

（注6） I medici.

（注7） レモス伯、ペドロ・フェルナンデス・デ・カストロ（Pedro Fernandez de Castro, conte di Lemos.）。実際には、一六一〇年五月にやっと任務に就いた。

（注8） Nello stesso significato di *tosare*.

（訳注6） この欄外見出しは、この段落の一四行目の「最後に」（In ultimo）の余白にある。

権力がないので、多くの人々が、多量の新貨幣の刻印を習慣づけ、旧貨幣の流通を遮断せずに、重さでそれを評価させつづけ、旧貨幣を新貨幣に換えるために望めば誰でも造幣所に行ける自由が与えられて、辛抱強く待ったとする。しかし、このことは、縁削り取り人が消え失せたという完全きわまる確実性がなければ、損傷貨幣を良貨と交換する希望によって再び削り取りが増えるだろうから、決して企てられるべきではない。すなわち、旧貨幣の流通が禁止されなければいつでも、新貨幣が国外に遠ざかる危険をさらに甘受することになる。最後に、貨幣をゆっくり打刻していけばいいと思い込んではならない。(注9) すなわち、それは、一六二二年のわが国の副王ザパッタ **Zapatta** 枢機卿の二つの誤りのうちの一つだったからだ。(注10) 彼は、磨り減りきった〈ザッネッタ貨〉を始末するために、三〇〇万の無傷の新貨幣の刻印を企てた。一部は、凶作から、一部は、〈ザッネッタ貨〉を原因とする中断された取引から生じた食糧飢饉が、民衆の騒動を引き起こした。その解決策として、彼は、時期尚早にも旧貨幣の使用を禁止することを発表した。新貨幣はやっとのことで六分の一が刻印されたにすぎなかったが、各家長分に約三〇個の〈ザッネッタ貨〉が配分された。いまだかつて当時ほどの悲運は見られず、ひどい呻き声、金切り声も聞かれたためしはなかった。かつて主権の尊厳と民衆の信頼が、これほど重大な危険にさらされたこともなかった。旧貨幣は使えず、新貨幣は多くの取引で足りず、絶望した民衆が騒動を起こし、副王に向けられたさまざまな侮辱の後、三〇〇人の逮捕者とかなりの数の死者を出した挙句抑えつけられた。罰としてはほとんど死刑にも等しい苦境と苦難の非情に絶望して犯罪者になった臣民の違法行為を罰せねばならないのは、君主のつらい立場である。

スペイン宮廷の慎慮がこの態度を非難しないはずはなく、すぐさま枢機卿を呼び戻して、アルバレス

Alba(注11)公に代えた。彼は、多くの銅貨を打刻して損害の一部の埋め合わせをした。損害全部の埋め合わせには、支配国民の練達と慎慮ではすでに足りなかった。それどころか、それは、ウェルギリウスVirgilio(注12)が、もし立派な技法とあまり有効ではないその実施の配慮で他者に屈服するなら、命令する技法は他者のものであるという、ギリシャ人についてローマ人に語ったことがよく当てはまるだろう。しかし、戦争の窮乏はそれを許さない。

だから、総額の三分の二ほど新たに打刻すれば足りる。なぜなら、旧貨幣を流通から排除する必要はなく、逆に新貨幣を傷つけ追放するほど多くが残る必要もないから。それに、旧貨幣を排除するにせよ、「商業が衰退しquesto languiscaないために、(訳注7)」新貨幣がそれの血管を満たすだけはあるからだ。紙幣polizze(注13)で困難を切り抜けるのはいいが、平穏な生活を送るには足りない。すなわち、被害を先延ばしするあらゆる解

(注9) *traviata fuori* : indirizzata, trasportata all'estero.

(注10) アントニオ・ザパッタ（Antonio Zapatta あるいは、ザッパータ Zappata. 一五五〇～一六三五年）、一六二〇年一二月から一六二二年までナポリ副王。

(注11) アルバレス三世公、アントニオ・アルバレス・デ・トレド（Antonio Alvarez de Toledo）、一六二二年末から一六二九年まで副王。

(注12) 『アエネーイス』*Eneide* の有名な一節（第六歌八五二）。「だが、ローマ人よ、そなたが覚えるのは諸国民の統治だ」（岡道男・高橋宏幸訳『アエネーイス』京都大学学術出版会、二九二ページ）。

(訳注7) 初版、他「衰え消滅させたくないために」(per non voler che cada e muora)。

(注13) con emissione di nuova moneta cartacea「新紙幣の発行で」。

決策をさらに講じることが肝に銘ぜられねばならない。つまり、しばらく以前から怠惰で知恵のない人々が大いに信頼していることは、壊疽《えそ》にかかるのを待つしかないに等しい。

〈ザパッタのもう一つの誤り〉　今、私は、一六二一年にナポリ政府に加わるとすぐにザパッタ枢機卿が犯したもう一つの誤りに注意を促がしたい。削り取られたmozze[注14]貨幣の受け取り拒否が価格を高め、購買を撹乱し、貧しい下層民が貨幣を手にしたまま死に追いやられるのを知るにつけ、彼は、それらが自由に流通するようにし、ザッネッタ貨zannette（初版、他、z.）の将来の廃止で損害は私人身分には出ないと「信頼と君主の言葉で」（初版、他はイタリック体、二版は“……”）約束して、それらに担保を与えようと考えた。またたく間に、まだ我慢できる貨幣が屑られてもっとひどい状態になって、それらに基づく厳密な税金によってそのたびに償わざるを得ないから、私人がこの損害を被らないわけにはいかない。そのため当然のこととして、彼は、これほど無分別な約束を、君主から手厳しく叱責された。

削り取りについてはこれで十分に述べたと思う。贋造については、他の被害と似た結果と解決法になるし、私のしていない（削り取りと贋造の）言葉の変更は読者諸兄ができるので、同じことを繰り返すのは二度手間だと思う。そして、以上が、貨幣に損害を与える臣民の罪に属するすべてである。

〈臣民でない国民が与える損害、およびその対策について〉　隣接諸国民も、贋造したり削り取りをして一国家の貨幣に損害を与えるかもしれない。そのことについては、彼らの君主に懲らしめを求める以外に解決法はない。ジェノヴァ人たちgenovesi（初版G.）は過去の時代に、他の諸国民と一緒に、大スルタンgran signore（初版G. S.）国を並み以上に美しい光り輝くアスプロaspri[注15]で満たした。だが、それは大いに歓迎されはしたものの、その実ほとんどひどく低品位の金属からなっていた。トルコ人の無頓着はそんなことに気づかずに硬貨の流通を放任した。すなわち、もし気づいたなら、彼らはその流通を禁止したろうし、国家が被ると総額がだいたい計算できる損失については、アスプロで取引を行った諸国民の商人の手にあるはずの同量の商品を没収し占有して取り戻しただろう。その解決策は野蛮でけち臭いが、原因の根底をつかみ、何らかの公正さを得ただろう。もし商人たちが依存する諸国家 **signorie**（初版、**S.**）が、トルコ **turco**（初版 **T.**）が自分の臣民にするだけの配慮を彼らのためにしていたら。しかし、実際には、［キリスト教徒の商人たち **mercanti cristiani**］（訳注8）（初版 **mercanti**）には、アスプロで儲けた彼らの同胞による損害はなかった。

〈貨幣の修復費はどこから引き出されるべきか〉 議論を終える前に、新貨幣の打刻費を貨幣自体からか、一国の取引の他の部分に課される何かの税金から引き出すことが必要かどうかを解決しなければならない。これは重大で困難な問題である。何ほどか明らかにし整理したいので、私は、使用によるか削り取り **forbicia**（注16）によって損耗した旧貨幣を回収するために、新貨幣がいかに打刻されるかを述べる。最初のケースでは、造幣所の費用を他所から引き出さねばならないから、総額ではなくて、少しずつ打刻される方がい

（注14） *mozza*, 他の箇所にように、*corrotta*, *tronca*, *tagliata* 常に *tosata* の意味。

（注15） **L'A.** おそらく、一六七七年にジェノヴァでなされた九アスプロの良質銀貨の打刻を暗示している。〈大スルタン国〉**Lo** *Stato del gran signore* とはオスマン・トルコ帝国である。

（訳注8） 初版、他「しかし、商人たちには」(**Ma a'mercanti**)。

（注16） すなわち、**dalla** *tosatura*.

い。これで、野蛮時代の政府はみんな誤りを犯している。重さを軽くするとかカラットの品位を下げるとか、あるいは価値の引き上げ、すなわち、発想や取決めの変更を行って、貨幣から費用が引き出される。これら三つの方法すべては、貨幣の一部だけが打刻されるなら、ひどく嫌悪すべき不均衡を誘発して損失をもたらす。全貨幣を打刻する必要はない。そうすれば、損失はいっそう大きくなるだろう。

しかし、損傷したり削られたりした貨幣を撲滅するために貨幣全部を打刻し直すなら、二つのうち一つの忠告に従えばいい。大多数の政府は、いつも二つの忠告に同時に従った。こうして、わが国では一六二二年にアルバレス伯が打刻した。同様に、S・ステファノ伯は、カルピオ侯爵によって打刻された貨幣を公けに提供した。だが、私はこれが最良の方法だと確信している。なぜなら、税金は一度課されると永久に残る危険を広めるから。出費は莫大で瞬時に生じるので、もし全額税金から引き出されるなら、これらはかなりの重課にならざるを得ない。

貨幣に関しては、重さを減らすとか純度を下げる必要は少しもなく、ただ価値の引き上げをすればいい。最初のケースでは、それらは小型化し、信用を失い、嫌悪される。第二のケースではそうではない。とはいえ、たとえこの問題について記述しようとした多くの善良な人々が諸国民を圧迫するはずがないと叫んでも、私は、至高の権力が、不足している金属を無から創造せざるを得ないと強弁しているとは考えない。だから、国民から金属を引き出すべきだとすれば、金切り声や苦痛なしには決して引き出されないだろう。

〈貨幣に対する君主の操作について〉 さて、貨幣に対する君主の操作を論じることに移るが、私は、まず、黙秘のうちにこっそりと重さを減らし、純度を下げたりすることは、人に命令すべく生まれてきた君主の精神に生ずるにふさわしからぬ手法であると言いたい。それは、至高の恣意によって、貨幣の贋造者や削り取り人になることである。だから、そのような事態が起こらずに何世紀も経過したとしてもおかしくはない。だが、もっと近い時期にそういう事態が起こったとすれば、造幣所の賃借制の詐害《さがい》であって、彼らの君主のではない。さらに、それが野蛮時代にふつうに行われたことは驚くに当たらない。人事の過程を捻じ曲げるために、欺瞞の仮面や公然たる暴力が失われた英知や恩恵に取って替わったので、以前に暴政や詐欺の対象からしか身を守らなかった人々によって正義の規範が見分けられないほど無知が増加した。だから、今日君主にそれらの操作を断念させることが妥当である。

はっきり勅令によって比率が変えられてもいい。このことは、ひょっとして間違った助言があったとしても、それでも面目を失うことにはならない。そのことをめぐって、以下の原則が決められねばならない。

〈根本原則〉 I．銅と貴金属間の比率の変化は、もし極めて大幅でなければ有効ではないし、全般的な価値の引き上げのようなものである。銅の重さが、ローマでのように重すぎたとか、ナポリでのように軽すぎたとしても、少なくとも一〇％の不均衡もない僅かな国々がある一方で、こんなことはほとんど至る所で見られる。フランスでは、価値の引き上げは、銅と交換されるかどうかはほとんど配慮せずに、一定の比率が維持された貴金属だけに実施された。

その理由は、銅と品位が上位の金属の間に力の均衡がないことである。銅は、少なくとも量では六倍か八倍少なく、同様に流通ではそれだけ多い。こうして、「八〇〇万から一、〇〇〇万ドゥカート」(訳注9)の銀があるナポリ王国では、一五〇万ドゥカートの銅もない。そこにある質の悪い銅はいつもそのままである。つまり、妥当以上に評価された時でも、決して銀・金と争うだけの効力を得るに至らない。さらに、これら二つの金属は効力でどれだけ等しいのか。すなわち、金だけが出入りがいっそう機敏である。

Ⅱ．悪貨は良貨を駆逐する。だから、残っている貨幣の忠誠をではなく、逃げ出す貨幣の不誠実を愛好しなければならない。それらを多量に持たせる分だけ、多くの混ぜ物で貨幣が台無しになって残っている諸公国は、それを盗み合わないために、自分の庭に野生の喰えない果物を植える人のようなことをしたのだ。

Ⅲ．同じ金属の二種類の貨幣間の不均衡は、別種の金属間のそれよりも有害である。この不均衡は、隣人が容易に偏見を引き起こすために損をする。それは、外国人と同胞に害を与えながら儲け方を示す。

Ⅳ．私が〈不均衡〉と呼ぶ個別的な価値の引き上げには何の利益もない。利益は、全般的な価値の引き上げでもそう大きくはない。しかし、損害は、比べ物にならないくらい大きい。この見解の前半は明らかであるが、他の見解の証明がまだある。一部の価値の引き上げは、他の部分の価値の引き上げを凍結するか消し去り、こうして国家を疲弊させる。しかし、全般的な価値の引き上げは貨幣の運動の邪魔をしない。全般的な価値の引き上げは、債権者、すなわち、最も富裕な人々に基づいて君主が得る儲けになる。不均衡は、罪のない者、単純な者、気の毒な者の資産のうちの、目先の利く、狡猾で金持ちの外国人とか臣民に軽率に与えられた進物である。価値の引き上げが多くの公国で実施されたのに、対策を講じなくても（古代ローマ帝国でそうだったように）被害はなかった。不均衡は、調整されないかぎり、常に損害を与えた。例としては、前世紀のオーストリア・フランドル、スペインやアイルランド、とりわけ、一六七四年に行われた〈四ソルド貨〉*quattro soldi*（四ス quatre sous）発行のフランスがある。(注17) そのことを論じる中で、ジョン・ロックは、直ちに信用を失墜させることにもなる外部の偽造貨幣を流入させないために、内部諸地方にスクードにつき一五ソルド、海港では二〇ソルドでそれらを流通させる政府の巧妙な手管を役に立たないと考えている。引き抜きや導入の禁止を期待してもダメである。そんなことは遵守されないだろうから。少数者に対しては、効力は十分あるが、多数者は、利害自体で誘導されねばなるまい。最後に、貨幣の一部の価値の引き上げは、二つの価格をバラバラにしてしまう。すなわち、一方は自然価格で、他方はそうではなくなり、両者とも価格は法律で命じられる。全般的価値引き上げは、確かに、商品の旧来価格と貨幣価格の間の不均衡に導く。しかし、この場合には、一方は法律によって確定しているが、他方はそうではない。だから、社会 comune(注18) によって形成された諸価格の変化と共に、それ自体で価値の引き上げが処理される。不均衡は、もし法律が変わらなければ、誰一人処理できない。

上述の理由のすべてによって、個別的価値引き上げより全般的価値引き上げの方が被害は少ない。そのため、悪貨を受け取ってそれを補強するとか、残っている良貨を劣化させるかが解決法として与えられることになる。一方によっても、他方によっても同じ結果が生じる。たとえ、前者が非常に寛大な忠告だとしても、後者は大衆を憤慨させるだろう。

(訳注9) 初版、他「六〇〇万から八〇〇万」(ove saranno da sei in otto milioni.)。

(注17) 〈タイユ〉*taille* の引き下げ。フランス製品を振興し、外国商品の参入を阻止するために、一六七四年にコルベールによって実施された。「彼は、一六七四年に最も低位カテゴリー商品に課する税の引き下げも試みた」(伊仏対訳版訳注、p.653. [10])。

(注18) *comune*: comunità, società.

〈国内で生じた貨幣の不均衡への対策〉　そして、さらに殊更に対策を述べるとすれば、貨幣価格の変更を非難する多くの国々のうちで、それを非難した後に、奇妙なことにそれが実行されるにしても、いかに訂正すべきだったかを主張した国が一つもないのに気づく。まるでそれらの禁止が、災害事故、悪徳政府、誤りから博愛によって仲間を安心させるのに十分であるかのように。だが、そのことは、被害の原因と結果を論ずるよりはるかに重要でもあった。だから、私は、話をあちこち移したくないので、同一金属の貨幣間の不均衡がすぐさま排除され、それらが均衡されねばならないと言いたい。良質の部分も劣化しなくてすむ。なぜなら、それを回収し、打刻し直し、流通に戻せば、必要以上の時間流通するからだ。不均衡が金属と金属の間にあるなら、法律のあらゆる強制力は排除され、常に水平面に向かいがちの自然の作用にまかされる。不均衡がとまるその度合が、それなりに適当なら、法律で正当化される。もしそうすることが不名誉なら、少なくとも、立派に統治された諸公国では均衡とはどのようなものかが検討され、それらに均衡が模倣されよう。しかし、この忠告は、前者ほど確かではない。このことは、法律が本質を間違えるか、本質が旧来の法律から遠ざかるかで、一様に経過する。だが、偶然石につまづいてできたとか、祖国のために勇敢に戦って受けたり、裏切り者によって悪意をもってつけられた一つの傷は、まさに同じやり方で癒されることを常に念頭におかねばならない。すなわち、何の救済もしなければ犯人の処罰にもならない。

〈貨幣をめぐるローマの現状、およびその原因〉　ローマでの貨幣の被害は銀に生じた不均衡から生まれたというのが不変の意見である。だから、多くの人々は、ここで私がそれを論じることを期待するだろう。しかし、私は、それらの事態についてはあまり知らないし、時代と苦悩と共に、運命の不可思議と長いこと戦い、功績に権利を認めさせる人々のように、ローマには他のどこよりもはるかに優れた賢人たちがいると信じることに加えて、それらの被害が、僅かな部分でも貨幣の本質的欠陥によってではなく、長い人生の一時期に腰が曲がり体力の衰えた人体に見られる軽い持病の合併症から来ているという意見である。だが、老人が、ほとんど当然のこととして、重病を単に寄る年波のせいだと考えるように、摂理が確定して固定した変遷の秩序には逆らえなくても、（多くの人が無礼にもやっているように）先達の無思慮のせいにするのは間違っている。

〈わが国の金貨に対してなされた操作に関する考察〉 ナポリ王国では、遠ざけるよりもむしろそれを調整するために、外国金貨の価格が変更されている。スペインのドブロン金貨とハンガリー金貨（ハンガリー・フロリン金貨）は、不釣合いに評価されているために、もはや元に戻されないので、わが国にはツェッキーノ金貨しか豊富にないことは事実である。そのような決定がどのような根拠に由来するのかは、開催された会議に出席しなかった私には知る由もない。そのことが、ほとんど知らされずに行われたことは、多くの人から聞きすでに文書でも読んだ。しかし、私には、そこに分別ときわめて重要な思慮や熟議があると見るのはうかつだと考えようとすれば、かなり大胆不敵であるように思える。おそらく、それは、あまりに差がある外国貨幣を排除し遠ざけておくために行われたのだろう。これは最良の欲求である。すなわち、そこで採られた手段は確かであり、我々はそれが間違いだとは思っていない。つまり、巧妙に、前述の別の評価の高い完全な貨幣である、ツェッキーノ金貨やフロリン金貨を大量に持とうとしたように思われる。

〈銀貨に関する考察〉 銀には、ある勅令によって一〇〇グレインの価値のある貨幣が、一三二グレインに相当するとされた時の一六九一年からこの方変更はなかった。ごく少数の者だけが、その時何が行われたかの理由を理解している。しかし、多くの人々は、そのことに頼りきって話し合い決定した。誰が、それが価値の引き上げだと言っているのか。誰が有害きわまると言っているのか。誰がAと判断し、誰がBと判断しているのか。真相は、無意味ではなかったがカルピオ侯爵が犯した誤りの訂正というだけのことだ。かの侯爵は、銀貨の造りかえで、為替について十分研究していなかったので、それをローマの貨幣に等しくしようとした。それは無駄で、おそらく有害でもある欲求だったろう。彼は、ナポリの銅貨が、金属量でどれほどローマの銅貨を下回っていたかに気づかなかったのだ。彼は、一〇〇グレインのドゥカトーネを打刻して、そのドゥカトーネに実質をほとんど五〇%上回る額面価値を付与した。このことは、銀を別の容器に移し替え、銅を放置することだ。だから、然るべく比率を変更し銅貨の価格を引き下げねばならなかった。だが、ここで何がなされたか。もし同時に計算貨幣が変らなかったら、価値の引き上げにならなかっただろう。実際、グレインの価値が変わって、グレインが一〇〇分の一であった（銀一オンス、一トラペソ一五アチーノの[訳注10]）ドゥカートの一三二分の一になるとすれば。だがそれにも関わらず、このことがドゥカートの低下を一〇〇グレインまでに防いだので、商品と為替の名目価格を変えること以外には、本質上一三二分の一にならないので、結果的に価値の引き上げは他の損害を生まなかった。むしろ sibbene（初版 si bene）貨幣打刻費の大部分を支払うのに役立った。

〈ヴェルガーラの見解が検討された〉[注19]　このことに関して、ブロッジャは賢明に論じた。チェーザレ・アントニオ・ヴェルガーラ **Cesare Antonio Vergara**（一六七三年～一七一六年）はそうしなかった。彼は、著作のすべてで、貨幣に関してなされた類似の操作について勇気ある沈黙を守ることで、一六九一年の勅令に意見を述べて、まさにその操作の目的を遮断しようとして、不幸にも不名誉な結果に終わった。彼は以下のように述べた。

「おそらく、この貨幣の変質は、幾人かには有益だと評価されたし、たった一晩の間にへそくりが増えたのを知って幾らかの満足を得たであろう…。しかしながら、多くの人の、つまりは、全員の判断によれば、特に短時日に、一〇〇ローマ・スクードにつき一五二ドゥカートに上昇したローマ市場の物価や為替価格の変化によって、ナポリ王国では致命的になったし、今後もなるだろう。事実、ル・ブラン（François Le Blanc）氏は、ルイ一三世の貨幣について書いて、貨幣価値を減らすどころか増やすのは危険であるし致命的でもあると比較考量している。つまり、王国で最も富裕であるために利益が常に大きく、臣民たちから税を徴収するはずの君主たちが、もっとこのことに気付かねばならなかったのだ。」

もし片言隻句でそれ以上はないほど愚かに描く言うことが熟達と言うなら、ヴェルガーラは、優秀で勇敢な人だとの確かな賞賛にも値しよう。変化が致命的であって現にそうなら、きっぱり変化を取り消さないか

（訳注10）初版、他には（ ）はない。

（注19）『ロッジェーロ一世王から極めて神聖な支配者、皇帝カルロ六世とカトリック三世王までのナポリ王国の貨幣』（*Monete del Regno di Napoli da Roggiero primo re sino all'augustissimo regnante Carlo VI imperatore e III re cattorico, raccolte e spiegate*, Roma, Gonzaga, 1715., pp.174-5.）の著者。

ぎり、我々は刑罰の話を聞くはずだ。しかし、我々の幸福な状態は、貨幣に関するかぎり、それを否定する。物価や為替価格の変化は、言葉のであって、実物のではない。つまり、それは、彼が非難する価値の引き上げの自然の治療なのだ。だから、為替を一五二ドゥカートまでに上げるということは、彼が為替の変化なのか価値の引き上げなのか分っていないことを示す。事実、四%しか貨幣が変化しなかったとしても、目下為替は一五二ドゥカートから一一八ドゥカートまでかそれ以下にまでも下がっているのが分った。物は互いにそれだけ下がる。ル・ブラン氏の権威は大して重みがなく、彼の発言には何の意義もない。彼の言い分によると、為替高が公租を軽減しても、貨幣の減価がそれを過重にするだろうから。つまり、このことは、諸国民には非常に遺憾であり、さらに致命的で不都合になるはずだ。だから、ヴェルガーラは、ばからしく誤ったことしか言わなかったのだ。貨幣の伝説を説明できることとそれらの価値に与えられた根拠を適切に判断することとの間にはなんと大きな隔たりがあることか。

第三章

〈I.(訳注1)価値の引上げ、あるいは、全貨幣・諸商品価格間の比率の変化について〉

〈価値の引上げをめぐるさまざまな意見〉 特に、当初論じると心に決め、どんな害を自ずと帯びるのかが考察され、それを除去する方法が示された諸貨幣の一部の価値の引上げの性質すべてを論じたので、私は、今から一般的に、全貨幣の価値の引上げを論じることにする。それを、はじめから、法律とか貨幣全部の再打刻とか重さやカラットの純度の減少とかで論じる。この問題は、さまざまな意見によって先行する他のすべての問題よりずっと熱心に争われて不明瞭にされるが、極めて重要な考察のすべてで満たされよう。なぜなら、多くの人々が、国家に災いをなすものとして、それを毛嫌いし、それから、多くの人々が称賛するから。仇なすそれらの人々自身のうち、多くの人々は、それが行われても、万事を旧状に戻して癒すことが必要だと判断するし、逆に、多くの人々は、これで被害が倍に増えると判断する。さて、多くの議論で、一人一人の著作者全員に従おうとすれば、曖昧さ、混乱、なぞしか生まれないだろうから、私は、四つの章で、多くの人々によって今まで述べられ想像されてきたことに限定するつもりである。まず、私は、この価値の引き上げによって君主や臣民に約束され、間違って夢想された類の利益について述べよう。次に、両者には、多くの著作者たち以上に恐れられているが、真実ではなく無知から言明される損害について述べよう。

さらに、それには、結果的にまさしく本来の損害が続く。最後に、価値の引上げから時折期待される真の利益について述べよう。それによって、（人事の決定には常に利害が混ざっているので）利益が損害を超えれば、価値の引き上げを称賛できる時期と諸事の条件があるかどうかが分るだろう。

〈それの定義〉 一つの定義によって、価値の引上げの本質を説明しようとすれば、すでにその言葉から明らかなように、私は、貨幣の価値の引き上げは、〈君主と国家が、諸商品と貨幣の価格に関して大衆の観念連鎖の緩慢な変更から引き出す利益〉(訳注2)と定義できると思う。人間精神の最も偉大な作業で、あらゆる科学のうちの基礎を成し、大きな距離で我々を動物から分け隔てるその観念連鎖は、最も特異で並外れた意志が基《もとい》とするものと同じである。だから、私がこの定義をからかい半分で提起しようとしたと考えるなら、その人は私を侮辱することになろう。なぜなら、貴族階級や称号の売却、名誉や他の無数の習慣は、私が価値の引き上げに付与したのと同じ定義をもつに等しいことを証明できるからだ。これらについて誰も利益を否定しないし、支配と自由な権限は誰も君主と対立しない。貴族階級の売却がすでに形成された観念連鎖の利用であることは、もしある君主が自分の臣民全員を貴族にすると宣言するなら、彼らの名誉は増えるどころか、〈貴族階級〉という言葉を奪うことになると気づけば、誰にでも分かる。その言葉は意味を変えるのだ。もし君主が階級の紋章を制定し、すでに栄誉があり敬意に値する人々に真っ先に授与しなければ、これらの諸観念は結びついてはいるが、自分の従僕にそれを授与するのだから、この紋章にどんな格式があっても、それは召使の制服に過ぎないだろう。なぜなら、その多数が諸観念を真実から引き出して着想し、これらに言葉の響きを連結させるから。すなわち、それらの言葉に基づいて、権力を公正に行使すれば、君主は、他者に報いるとか災難に反発する力を支援することで、至高のおきてである国家の利益に寄与する。もし彼が権力を濫用すれば、その連鎖は解消し言葉は意味を変えて、諸物は元のままにとどまり、馴化できない自然の力が勝ちを占める。

〈その本質〉 これがまさに価値の引き上げ **alzamento**（初版、他 *a.*）である。それは、言葉以外は、諸物の変化を何も生み出さない。だから、諸商品の価格は、諸物では元のままだから、それらも言葉に関するかぎりで変化させられるべきだ。もし言葉の変化が、価値の引き上げがなされた同日に生じたなら、すべてが倣っただろうし、すべてが比例するから、価値の引き上げはまったく何の結果も生まなかっただろう。成り立った法律によって、貨幣がイタリア語で呼ばれる代わりに、ただラテン語、ギリシャ語、ヘブライ語とかで表示せざるを得なくされたかのように。だから、価格で評価が変わっても、諸物は以前と同じ状態のままである。すなわち、評価は不動でも、諸物は変化するのだ。諸価格の上昇は、周知のように、価値の引上げの特効薬である。それがたまたま全商品に生じて調整されると、価値の引上げは、朝霧が太陽に雲散霧消するように消え失せると言っていい。だから、諸価格の変化を遅らせれば、価値の引上げの効果が生まれるのだ。つまり、人々が、ある料理に一ドゥカート支払うことに慣れていて、〈一ドゥカート〉*un ducato*（初版、他 **u. d.**）の物を手にする毎に、それを料理と交換しようとすれば、変化は遅れる。つまり、料理を拒否した

（訳注1） 初版、他には、**I, II, III, …**はない。

（訳注2） 初版は「貨幣の価値の引き上げは、（君主と国家が）」（Alzamento della moneta）から“…”で括られている。

人のけち臭さで人々が考え直したり不平を言わないか、あらゆる物の価格上昇を愚かにも他人のせいにしないかぎり。最後に、価値の引き上げにつけ込んで毎月それを実施した君主は、価格と商品間の観念連鎖を破壊するので、それをすっかり無意味で無効にしてしまうだろうし、別の遣り様によってしか、今日価値の引き上げが得ている効果を得られないだろう。さて、価値の引き上げがすでに商品価格の変化によって無に帰したことが確認され証明されたので、私は、価値の引上げについて語る毎に、その結果を出す前に、常にそれについて注釈していく。つまり、私の定義は十分説明され擁護されたと思われるので、前に語ると決めた問題に取り掛かりたい。

〈II．君主と国民に約束された価値の引上げの間違った利益〉

私は、諸国民と賢いと世評のある大多数の著作者が貨幣の価値の引上げについてもつ嫌悪は、極めて稀には徳の高い君主の本当の必要によって、ほとんどは常にけち臭い見かけの利益しかない誤った忠告によって、それが実施されたことから生じたという意見をかたく信じている。そこから、不正で専横な災厄に満ちた俗悪な見解が生じた。つまり、私は、平素君主に保証される価値の引き上げの利益がいかに誤っているかを示し、後に、彼らに真の利益を示すことは、非常に有効で役に立つと思うので、実例を示して彼らに保証される稼ぎのたわいなさを知らしめたい。

〈価値の引上げは君主の富を二倍にしない〉　もしある君主が、長身の兵士たちを保持したいと思うが、死せるプロイセンの君主(注1)が費やした支出に甘んじて従いたくないなら、目先の利く大臣はこうすればその欲求を満してやれるだろう。掌尺《しょうじゃく》が一二ディト dita（単数 dito 指の幅）以上ではなく、たった九ディトになることを決定する法律を発布せよと君主に提案するのだ。こうすれば、寝ていた彼の兵士全員は、身長五掌尺であれ、六掌尺であれ、奇跡が起こったように一晩で、身長八掌尺や九掌尺の人に引き伸ばされて目覚めることだろう。もしこの身長が、なお君主の広大な理念にそぐわないなら、別の法律で再び引き伸ばせるだろうし、彼が望めば、まず七ブラッチョ、ついで七ペルティカ、最後に七マイルにも人一人を成長させられるだろう。誰もが私の意見を笑うことは承知している。ところが、これも尊重され称えられた貨幣の価値の引上げなのだ。人々は、兵士の身長が引き延ばされると約束すれば笑い、富裕になれると語れば笑わない。身長よりも財産の貪欲がこんなに人を盲目にするとは。しかし、たとえ人間精神の中に生まれる科学や認識に、事物や言葉が（重大な損害はないにせよ）惨めに一緒くたにまとまって根付いていたとしても、言葉には事態を変える力がないということが自然の秩序である。

〈しかし、喧騒なしにその支出を減少させる〉　だから、君主の収入が増えると考えるなら、それは誤りである。君主には以前より少額が義務付けられるだけだから、支出が減るのは事実である。しかし、たとえ君主が、国家の財産が許容する以上の支出も彼が自尊心を傷つけられるほどの方法も一度も余儀なくされな

（注1）　フリードリッヒ・ヴィルヘルム一世（一七一三〜一七四〇年）、プロイセン王。軍人王 sergente といわれた。

かったにせよ、言葉の変更は誰にもあまり君主らしくも寛大にも見えない。それでも、価値の引上げによる不払いは全方策のうち最悪ではない機会である。

〈まして諸国民を豊かになどしない〉　価値の引上げで富裕になると信じている諸国民の利益に関することで、ジョン・ロックの見解によれば、これはクアットリーノ銅貨を増やそうとして深鍋で煮させる狂人の決意に似ている。ここでは、こんなことは利益になりはしないと言っておけばいい。

〈Ⅲ．君主から生じると言われる価値の引上げによる根拠のない損失〉

〈利益と損失については、常に別々に論じられるべきである〉　国事を議論し、国益をはかると主張する多くの人が、〈有益〉*utile*（初版、他 *u.*）と呼ばれることが何かを知らないのは確かにきわめて恥ずかしいことである。彼らはあるがままに、それを相対的な量ではなく絶対的な量として把握する。決意には、大部分の人間がそうであるように、良いことと悪いことが混ざっているのに、お互いを正確に算定し計量すべきであることも知らない。それから、最大から最小を引けば、どれだけ超えてどれほどになるかも知らない。パンは有用だが、それを飽食させることは有益ではない。水は有用であるだけでなく必要だが、水腫患者には有害で致命的である。だから、ある物の効用は、主として、適用されるその物の使用と事情によってはかられる。ある人が、物を濫用するかまずく不適切に利用すれば、その物が有害だとは言われず、その人が愚かか有害かが判明する。だから、国民に税金を課すことが彼らの利益のために必要だろうが、税金を徴収するどんな方法もないその時機に、国家にまさに利益になるかどうか調べずに、国民を圧迫して貧乏にするのだと、その立案者は絶対的に考えてしまって、価値の引き上げを致命的で不正だと説明したのだ。たとえ深遠な研究の学術書があふれていても、繁栄している国家ではほとんど必要がないだけ、貧しく苦悩している国家では大して顧慮されないだろう。つまり、悪い君主はそれを読まないだろうし、良い君主はそれの利用に及ばないだろう。

〈多くの検討により、価値の引上げは常に君主の損失になると言うのは間違いである〉　さて、価値の引上げの有害な結果を数え上げていくと、件の著作者たちが言ったように、第一の最大の結果は、君主の瞬時の稼ぎのために収入の莫大な部分を永久に失い、極めて大きな損失を受けるということである。諸国民に見かけは等しいが、以前に彼らに払わせたよりも実質的には少ない支払いですむようにしたのだから。この発見は、彼らには才知にたけ秀でてもいるように見えよう。しかし、私は、この真実まがいの外見をもつ欺瞞に陥っていない著作者を一人として知らない。ダヴァンツァーティは、価値の引上げで「私人の財産と公的収入はなお減少する。なぜなら、君主たちは、価値の低減で一度だけは利益を上げても、自分たちの収入を悪貨で徴収するたびに損をする」[注2]（初版、他、イタリック体）ことを証明したと思っている。ムラトーリ Muratori やフランス人のデュ・ト du Tot[注3]（DuTot, 生没年不詳）、それにもっとおかしく見えるが、貨幣学全体について

（注2）　Cfr. la nota I del G., alle pp.306 e *passim*. 注釈三八八―九ページ。

この点だけ惨めな成果を語ったサン・ピエール神父 abbate di San Pietro (シャルル・イレネー・カステル Charles Irenee Castel de Sant Pierre, 一六五八年~一七四三年)も同じことにぶつかった。(注4) 彼は、大衆を褒め称える欲求とあいにく至高の権威のつねに尊敬すべき行為を非難し侮辱する一般的欲求が、啓蒙された精神にもどれほど影響を及ぼすかの記憶すべき実例である。彼は立案者になれなかったので、それらの助言についての検閲者になろうとするのだ。

〈公租の減少は常に損失ではない〉 だから、私は、我々に指摘される有益な発見である歳入の減少という明白な虚偽を数え上げるだけで、わが読者諸兄が笑うきっかけにしたい。だがしかし、まず私は、たとえ誠実な君主の財産は国民の財産と不可分だとしても、頭の中ですら相互に区別できないか区別すべきではないと言いたい。愚かにも互いに対立し、ひどく質《たち》の悪いことには、時おり君主を狼と呼ぶのを常とするこれらの著作者たちの話し方に、まさに語る内容ではやはり私も同調しよう。だが、価値の引き上げの問題になると、私は、金《かね》を外部に送らないのに、君主を貧しくし、国民も貧しくするというような言い方にどのような決まりがあるのかが分からない。価値の引上げは、誤った比率にならなければ、金の流出をもたらさないことが証明された。だから、もし、彼らが言うように、価値の引上げが国民にも君主にも損害をもたらすとすれば、金はどこへ行くのか。いったいこれが無に帰するとすれば、自然の秩序に矛盾するのではないか。彼らは、君主の財産は臣民から奪うだけ豊かになると見なし、これが価値の引上げの原因なのだと言う。それから、彼らは、君主が富裕になるわけではないと付け加える。だから、君主も利益を得ないし、臣民も損をしない。すなわち、ある時に損をしても、別の時に取り戻す。だから、最悪でも、価値の引上げは利益が上がらないだけだし、君主には損でも、公租支払いが減る彼の国民には利益がある、と。そして、確かに、公の収入が公租以外にはないなら、これらの収入が減ることは公租の軽減になる。だが、著作者たちが悔やみ、税金を軽減してくれたのに君主を侮辱して、国民が反抗することほど奇妙なことがあるか。物価が上がり、臣民自身自分たちが売り手だと言っているのに、彼らの収入が増えないのは事実に反する。君主が税金を減らすために、臣民が大いに世話を焼き、大騒ぎするという話を信じられるだろうか。私は、こんなに特異な臣民の熱意の例はないと思う。

しかし、別の面を考えて見ると、彼の歳入の、すなわち、彼にこんなに親愛な国民の公租の減少を彼の損害だと言うこと以上に、徳の高い君主に対する耐えがたい侮辱があるだろうか。公正な君主に、公の負担を排除することによって、自分の歳入を常に減らして乏しくする以外のどんな重要な配慮があるのか。それに、もし彼が常にそうしなくても、彼の歳出は国益にはどうしても必要なのだ。けれども、同じ公租を支持し、それが常に増加していくことも君主の利益であると考える人は、常に考え違いをしている。君主の利益の尺度は彼の国民の利益だからだ。つまり、国民が軽減を求めれば、自分が貧しくなることが君主には繁栄

（注3）デュ・ト。東インド会社の会計係。『財政と商業に関する政治的省察』（*Réflexions politiques sur les finances et le commerce*, L'Aia, 1738.）でムロンの試論に答えた。

（注4）Cfr. la nota I del G., alle pp.306–7. 注釈三八八—九ページ。「貨幣増加反対と年金擁護論」Discours contre l'augmentation des monnoyes, & en faveur des annuitez, in：『サン・ピエールの修道院長の政治論集』*Ouvrages de politique par M. l'Abbe de Saint Pierre*, Rotterdam, Jean Daniel Beman, 1733, T. II, pp.199–230, 所収（伊仏対訳版訳注、p.654 [6]）。

なのである。

〈価値の引上げによって、公収入が常に減少するわけではない〉　政治問題に何の理解もない人物によって提案され、どのように検討してみても誤りに満ちているので、価値の引き上げに関する誤った省察はここで終わりにはならない。私は、王室の歳入の減少が、つねに損害だとは言えず、絶対に推奨しない訳でもないことを証明した。今、私は、価値の引き上げの結果、歳入減が起こると言うのは誤りであることを証明したい。つまり、不幸な結果によって、国内で生活している人の数によって、(注5) 税金がさらに加重されればますます有益であり、軽減されればそれだけ不利益になると考えることは、極めて大きな誤りである。税金が加重されれば、絶対に必要でない商品は、人があきらめて使わなくなることは経験が王国全土で限りなく証明しているので、そのために、増加したと信じられた税金が失われたのだ。もしわが都市の扉を、夜中の二時以降に通行したい人は誰でも、一グラーノ銅貨 grano(訳注3) を支払うと決めれば、この税金は一〇万ドゥカートを生み出すかもしれない。もし一ドゥカート金・銀貨を払わねばならなかったら、一、〇〇〇ドゥカートすら得られなかったろう。その理由は十分明白である。つまり、このことは税金全体でも同じである。だから、もしこれらの著作者たち自身が告白するところによれば、商品価格が上がれば、農民は以前より多く受け取り、すなわち、王室の歳入が減れば、農民の支払いは減るから、彼の公租支払いはもっと楽になるだろうという結論になる。もし農民たちが他者と比較にならないほど国家の大部分を占めていて、彼らの公租支払いが暴力的取立てによらないことが、（それらが基本的根拠として万事を決定する）国家の健全さと君主の最大利益だとすれば、価値の引き上げからさらに多くの公租の成果が出るはずがないとまでは私も考え及ばない。

要するに、これらの著作者たちは、四項目で有罪である。すなわち、彼らの公租を軽減することを損害と呼び、なんとしてでも君主の気を逸らそうとするから、国民に対して。彼を専制君主としてしか判断せず、歳入の減少を説けば彼を不安にさせると信じているから、君主に対して。臣民に生まれて、自分たちの利益のために企てられた活動をしながら、君主が彼らに与えようとする恩恵を非難し攻撃するから、彼ら自身に対して。歳入の減少が常に損失だというのが誤りであるように、それが常に価値の引上げ後に生じるというのも誤りである限り、事実に対して。大事業の長い実践によっても深い瞑想によっても何の認識も得ないなら、この問題を扱うことは非常に危険である。

〈諸国民は価値の引上げで貧乏にならない〉 価値の引上げから生じるにちがいないと思われる別の損害があるという意見は、さらに奇妙に思われる。諸国民はさらに貧しくなって、辛苦を極めながら支払うほかなくなり、とても公租を払いきれないと言われる。それは誤っているし、それを流布する人にとっても謂《いわ》れない意見である。なぜなら、価値の引上げが全商品価格を高くするという根拠に導かれて、二つの結果が出てくるからだ。一つは、多くの人々が商品を買い控えるなら、相応に前に想定された税金が減るということ。もう一つは、諸国民がさらに貧しくなり、支払いがもっと困難になるということが。しかし、そのような考えが誤っていることは確かで、私が前に証明したことを、価値の引き上げは言葉の変更であって事物のでは

（注5） *numerosità … dentro* : il numero di quanti vi sono implicati.

（訳注3） 初版ではバイオッコ baiocco。二版でグラーノ grano に変更。

ないことを思い出せば足りる。だから、その結果のすべては、言葉のであり事物のではない。すなわち、言葉で商品が高くなり、言葉で臣民が貧しくなるのだ。もしこの観念上の貧困から惨めな支払いが生じるのなら、誰もがそのことを見ている。価値の引上げの現実の唯一の結果は、貨幣の価格変更に先立つしかじかの額の債務者を同額の債務の返還義務から解放することである。しかし、そのような変更は、二人の臣民の間で同等なので、国家への歳入減を生み出すことはない。全員の中で最大の債務者である君主も、返済義務から解放される。だが、もしこの方法によって、彼が幾らか貧しくなるとしても損をしているとは言えず、債務が減少するだけ公租の成果も減少するので、それ以上得をしないと言うことである。つまり、説かれているこのことは、つねに損失の根拠のない懸念だろう。天才的鋭敏さと人事の知識によって誰よりもはるかに抜きん出た人である『商業試論』*Saggio sul commercio*(注6)の孤立した著者は、そのような真実を知っていて、流れに抗してそれを支持することを恐れなかった人であった。彼は、価値の引上げは農民の救いになると考えている。そして、本当にそうであることを、後で私が証明することになろう。

第三に、君主は彼の歳入が減っても、いやむしろ自分の大臣たちの俸給を上げねばならず、常に使用の必要があり慣れ親しんだ自国商品に高く、外国商品にさらにずっと高く支払わねばならないので、歳出は減らせないと言われる。そのようなことは、そう主張する人が、価値の引上げによって生み出された結果の自然の流れを経験していないことを示している。だから、私がそれを説明する意義がある。二つの状態で、価値の引き上げが考えられる。物価の変更の前と後で。

〈それらの自然の成り行きによる価値の引上げの結果〉　価値の引上げが実施されると、商品価格は、新尺度に適応するためにすぐにではなく、前述したように、人間の精神の心構えとはそのようなものだから、ゆっくりと徐々に変わる。価値の引上げの結果全体は、君主によってなされた変更と国民のそれとの間に過ぎゆくこの隔たりにある。すなわち、変更の後には、君主の変更は雲散霧消し後には何も残らない。起こるべきこれらの変更がすすむ経過は以下のようである。

君主が、貨幣に言葉の変更を実施する。すなわち、見かけでは、彼は、同額の貨幣でではなく、同様の言葉で支払うので、以前と同じ額の債務者のように見える。ところが、実際には、彼は歳入を増やさずに、自分の債務を減らすのだ。だから、価値の引き上げの損害全部が、彼から俸給を得る人々にまず落ちかかることになる。しかし、この連中は、以前と同じ買い物ができるので、損をしているとは感じない。それから、もしこの変更が、どんな外国取引からも隔離された島で行われたとすれば、旧来の観念の変化は極めてゆっくりすすむだろうし、恐らくむしろ、諸金属価値の自然的観念が変わるだろう。しかし、取引が最初に変化するのは、諸国家のバロメーターである〈為替〉だとする。そして、もしこれが変わらなければ、一国家は他の国家の貨幣に吸収されるだろう。為替が変われば、すぐに外国商品の価格が変わる。なぜならPerché、[(訳注4)]我々は、ある商人がある国で銀一オンスで商品を買い入れ、一ドゥカート貨が銀一オンスの価値のある他国

(注6) 最も頻繁に引用されるムロンMelon (Jean-François Melon, *Esser politique sur le commerce. Nouvelle édition augmentée de sept chapitres, et où les lacunes des éditions précédentes sont remplies*, s.m.l.e., 1736, p.238. 伊仏対訳版訳注、p.654, [7].)。

(訳注4) 初版では：で前文とつづいているので、perché.

にそれを運んだところ、後に価値の引き上げが実施されて、もはや五分の四オンスの価値しかなくなったと仮定しているので。すなわち、確かに、この人は、一ドゥカート貨と引き換えに商品を提供できない。すでに実体に基づいている為替は、一オンスではなく、五分の四オンスの所有者に自分の見返りを受け取らせるから。外国商品が高くなると、もうそれらが買えない人々は、故国の成果である自分たちの収入から利益を引き出そうとし、外国人と同じく同胞市民にももっと高く売る。外国人には、為替の変化によって、それと同じ重さの金属が残っているから、もう価格が高いようには思われない。たとえば、ある国で一オンスの銀が一スクードに、他の国では一ドゥカートに値するとしよう。もしこれで価格がドゥカートに対して一〇分の一変化すれば、一〇〇ドゥカートにつき一〇スクードだった為替は、一一〇対一〇〇になる。見かけの変更は事実の変化ではない。だから、以前一〇〇ドゥカートしたものを買いに外国に行って、それが一一〇ドゥカートするのを知る人は、自分の祖国で常に一〇〇スクード受け取ることに、何の心配も要らない。

しかし、価格上昇は同胞市民に深刻な不平を引き起こす。すなわち、それは、正当だとも不当だとも言えず、間違いであると言わねばならない。根拠のない価格上昇なのに、どんな名目であれ売り手が同じ重さの金属を要求すれば、正当ではない。すなわち、名目でだけ以前と同じ貨幣で債権と俸給が支払われるなら、同じ重さではなく同じ価格を受け取る人々にとっては、旧来の重さと変化した価格で買わねばならないことは困難だから、不当ではない。それらは、まったくもって誤った不平である。俸給の減少という実損が言葉の欺瞞であるかぎり、彼らは不平を言わない。根拠のない損害だから。

そのような不平の状態では、誰もがそれを慰めるために、家、土地、動産といった売るとか賃貸せねばならないものの価格を上げる。この階級の人々は経済的に立て直せるが、つまりは同額貨幣を持ち続けているが、それから同じ商品を得られない賃金労働者たちにまず君主から始まった損害が戻る。この連中の不平が、ついに賃金引上げを君主に余儀なくする。それによって、終いには、万事が君主に逆戻りする。それでは、価値の引き上げの利益とは何なのか。君主がそれを損失だと感じて、急激ではない循環が求められるのはまさにこのことである。目下、価値の引き上げは極端な損害を伴ってのみ実施されねばならないので、緩慢な損害をもたらす対策が有効である。なぜなら、耐え難い損害には持ちこたえられないが、変更の不利益が君主に戻るか、国家が癒される前には金属の重さに従って等しいままなので、変更に従って公租を増やせば足りるから、治療しやすいので。つまり、その場合、万事が、あたかも一切何も行われなかったかのように、損害なしに観念と名目だけが変化したのだ。すなわち、さもなければ、国家は崩壊、死滅するので、どんな極端な施術で治療しても悔やまなくていいし、人事万端に神が定め給う生存の期限が来ていることが分れば、ただ慎ましくその埋葬に立ち会うまでである。

〈価値の引上げ直後には君主の支出は増加しない〉　だから、その問題に戻ると、君主が、価値の引上げ直後に賃金を上げる必要があるというのは間違いで、賃上げにはそうとう時間がかかる。次に、この公租の増加は、それ自体で考えれば、税金の一部の還付である価値の引上げを訂正するための言葉の上だけのことだから、心配しなくていい。すなわち、その還付は、国家の重大疾患が、旧来の重さにそぐわなくなってそれを求めるなら、必要で有益なのである。

外国商品の購買については、多産な諸国ではわずかで必要も少ない。すなわち、購買が少ないだけに多くを望んでも、価値の引上げの利得全部を決して吸収しない。

君主が公租を自由に賦課できる諸国家では、そのような権力を彼から剥奪する以外には、どんな操作でもそれを減らせないということも理解したい。君主が公正であれば、彼は歳入に対して歳出をではなくて、歳出に対して歳入を規制するはずなので、公租がもっと少なくなるように最大限努力するだろう。

〈価値の引上げは、自然に反しているという理由では禁止されなかった〉 非常に才能があるのに、価値の引上げは自然に対して加えられた暴力だと言えば、うまく言い当てていると思う人がいる。すなわち、そのことはごく妥当だけれども、実は何ひとつ明らかにしていない。自然にふるわれるすべての暴力のうちで最悪のものは、一人の人間の死である。善意の統治者が、幸福にしてやるためだけの権限しかもたない誰かに、最悪の損害（死）を引き起こすことほど馬鹿げて見えることもない。だが、時にはその（死の）権限も正しい。価値の引上げも同じことである。

〈価値の引上げは不正ではない〉 最後に、価値の引上げが専制的で不正だと言うことに反対する。つまり、（統治する人の精神には、徳性以上の力は何も宿らないから）この反対は最も適切なことであると言っておく。それは、大いに妥当であっただけに重要である。しかし、もしその不正を十分検討すれば（確かに、我々は価値の引上げにその幾つかを見出すので）、我々は一度も検討されないことをやるまでだと知るだろう。

不正とは以下のことである。すなわち、

I．決定額が支払われなければ、臣民を圧迫し彼らをひどく傷つけること。

Ⅱ．報酬が減少すること。

Ⅲ．功罪がないのに、ある者から取り上げ、他の者に与えること。

Ⅳ．君主の最も貴重な財宝である、相互的でなければ続かない信用 la fede(注7)（初版、LA FEDE）を傷つけること。最初から一つずつそれらを検討しよう。

〈第一の理由〉 臣民と言わず人と生まれた誰しもが、税金と公租にほかならない私的な収入の悪化と減少を絶対的に不正だと言うことは、誤った言い草だし不適切である。我々は、アメリカのイロクォイ族やアフリカのホッテントット族にまったく似ていないとしても、これらの悪化に対しては、まさに債務者である。同様に、一国家は、多くの人々に損をさせずには、災害から救われないだろう。人々は、人間社会の限りない恩恵に与っているのだから、社会に献身するのは理の当然だ。だから、価値の引き上げが一つの税金だとすれば、新しいことを言っているわけではないから、不正だと言うのは賢明ではない。必要でないのにやるべきではないとしても、何ら珍しくも驚くことでもない。すなわち、我々の公正な現政府の下で、価値の引き上げが適切ではないと言うのは、教会を取り壊し、田畑を荒廃させ、無実の者を殺害し、銀行から金を盗む時期ではないことの証明に労力を費やすようなものだ。こんなことの推定だけでは君主の美徳への侮辱になる。しかし、重大な正義の戦争の危険のさなかに、耕地に野営し、高い場所に塔を建てることを政府に断

（注7） fiducia, credito.

念させたとしても、取り壊す必要のある教会を信仰心から建てなおし、銀行とか聖具から銀を取り去って最も忠実な臣民に災いを招くとすれば、思慮分別のある企てだろうか。一方では無益なだけ、他方では非難に値する。

次に、不正な政府の下では、時宜を得ない価値の引き上げの懸念は尤もだとしても、君主に尊重されも読まれさえもしない印刷された協定や文書によって、彼に申し立てようとする対策は馬鹿げていよう。〈優れた支配者（マルケルス Marcellus。前二六八年〜二〇八年、ローマの将軍。「ローマの剣」とたたえられた）は実行を望み、凡庸な者は耐えること〉(注8)だけが得策だ。

〈第二の理由〉　君主が決定額を支払わないことに不平を言うのも不合理である。なぜなら、彼は払いたくないか払えないからだ。もし払いたくないなら、彼には価値の引き上げに加えて、不払いのための無数のやり方がある。すなわち、もし払えないなら、彼の臣民たちが君主から何とかして払ってもらおうとするのは馬鹿げたことである。もし彼が私的に自分のものを何も持っていないのに、つまり、物や生命に対する至高の権威しか持っていないのに決定額を払ってしまうと、臣民たちに自分自身の物を与えるかぎりで、邪悪で無為徒食のサークルを生む。それでは、全員から徴収し、他人よりも優れた少数者に与えるということと大差ない。しかし、君主の債権者たちが最も裕福なのに、大して困っていない人々に給付するためにもっと貧しい人々から徴収すれば、非常に不正なことになろう。悲惨な状況では、農民や下級職人といったまさに君主に奉仕していない人が貧窮化することになる。だから、もう金がないのに、富裕この上ない財務官を十分満足させるために、戦争の野蛮さによって悲嘆にくれた不幸な農民を疲弊させることが得策でないことを見極めれば、もし決定額の支払いが少なくなり報酬が減っても、君主は称賛に値する。それによって、厳格な原則をひけらかしながら、莫大な報酬に反対して叫び、そのような歳出について、丸裸で窮乏した耕作者たちから抜き取られた多くの血についてと同じように論じる著作者たちが、どれほど矛盾したことを喋《しゃべ》っているかが分る。さらに、彼らは価値の引き上げを非難している。それに、もっと驚くことには、彼らは価値の引上げが、損害の特効薬であることを知っているのだ。

〈他方の臣民からではなく一方の臣民から奪うことは、常に暴政というわけではない〉 これまでに述べられたすべてのことから、他方の損害と判断されねばならないことが、すなわち、他方に付与するために一方から奪うということが明らかになる。有無を言わさぬそのような見解はまさに暴虐の定義であるから、嫌悪をもよおす。それが、〈とにかく、多かれ少なかれどの国家にも見られる状態である。そこには、褒賞と処罰に不正の配分がある〉(初版……他《 》)。しかし、奪われる人々が、与えられる人々ほど困窮していなければ、それは正しい行為だろう。国家の諸負担は、義務として担える人々からもたらされるほかないので、彼らは、単に君主に支払うだけでなく、一般課税の損をもっと貧乏な人々のために埋め合わせもする。それから、価値の引上げで生じることはここから少し後で分かるだろう。

〈必要によってなされた行為は信用を傷つけない〉 最後に、時宜を失しないかぎり、価値の引上げで君主

（注8） 原文ラテン語 *bonos imperatores voto expetere, qualescumque tolerare*. 編者のイタリア語から邦訳（Tacite, Histoire, IV, 8, 2. 伊仏対訳版訳注、p.654, [9]）。

の信用はぐらつかない。約束を果たさなくても、必要やむおえざる時には、ジェノヴァ共和国で、我々が長い年月ではないが、それが起こったことを知っているように、信用をなくさずかえって同情が増す。利害関係の恐れとか長上の権威に抑えられない限り、人々には自然的原因から生じる不運ではなく、むしろ不徳や不信が疑惑を与える。君主が公正なら、彼に信用が与えられる。価値の引上げが必要な時に行われるなら、誰一人そのために嘆く人はいないだろう。支払えなければ支払わないまでだし、支払えないことも彼の罪ではないから、大いに同情されるし、人々の盛んな熱意で救済されよう。

〈根拠なしに実施されたのなら、価値の引上げについて語られる必要はない〉　私の念頭にはある不安が浮かぶ。それは、君主が必要もないのに価値の引上げを実施したら、多くの人々が、私とは違って、それについて議論するつもりになって、別のことを考えても良かろうと思うことである。もし彼らが、私が考えなかったことを、しかじかだと考えるとしたら、彼らはますます非難に値するようになる。なぜなら、薬効について書いても、健常者に処方を与えようとする医者は一人もいないだろうから。法律家も無実の人々が不当に宣告された刑罰は取り扱わない。折悪しく根処もなしに処理されるたびにさも必要だったとみなさせるのは、ある問題を注意深く記述することを自負する人にはふさわしくない。必要とみなしても、僅か数行だけで全内容を説明できるなら、一冊の本を書く必要はない。それは例外を許さない判断である。すなわち、見苦しく不適切に処理されることはすべて有害である。つまり、薬草 semplici(注9) の効能について論じようとする植物学者は、適切に説明すれば、本の表版だけで事は足りよう。

〈Ⅳ. 国民の根拠のない損害〉

価値の引上げによって国民に及ぶと言われる損害についてここでは手短かに述べ、次章でさらにゆっくり論じるとしよう。

〈価値の引上げは税金ではない、だから、それが実施されても常に非難されるわけではない〉 第一に、価値の引上げは税金だろうと考えられている。税金は一体化されて〈国力〉と言われるものを構成する多くの同胞市民の富の分離だから、その物言いは不適切である。王室紙幣は、租税総額に加えて国家によってなされた無理強い **sforzo**（注10）だから、前もって徴収された税金である。価値の引上げはこの債務の破綻である。それは税金ではなく、それらの債務を増やさず、同時に払わないための対策、あるいは、以前になされた非現実な力の行使である。だから、是が非でもなされねばならず、つまりは価値の引上げで得られる債務の完済によらずには、途方もない歳出で背負《しょ》い込んだ債務に悩まされるほかない。

そして、価値の引上げが税金でないということは、そのような著作者たちが、君主に彼の歳入減を予言するのと同じことから当然出てくる。だが、これが税金を減らす税金であるという以上のたわごとは聞いたためしがない。価値の引上げは、まず国民の損害の次に君主の損害になるから、このことは時間を異にして起

（注9） *semplici* : erbe medicinali.

（注10） Sforzo : arbitrio.

こるなどと言っても何にもならない。しかるに、永続的な救済のために一時的な苦痛を我慢する気力に乏しい国民とはどういう国民なのか。

しかし、価値の引上げが税金だとすれば、いったいその税金は害悪なのか。これは、それを課せば不正であるというつい今しがたの別の宣告と同じく馬鹿げた宣告である。それらの不正や悪意は特殊な状況から来るので、それらの本質にも関わりはない。

〈価値の引上げは国家を貧しくしない〉　第二に、国家が貧しくなると言われる。誰にも理解されずに、すでに異口同音に言われた。一国家の富は、私が別所で言ったように、土地、家屋、人間、金である。価値の引上げは、耕地も荒らさず、家も壊さず、人々を殺しもしない。だから、貨幣を毀損しなければ、確かに貧困を生み出しはしない。実際、貨幣を追い出し、人々の言うところでは、君主の歳入が少なくなるので、君主の手にそれを与えないけれども、それを損傷しない。だから、いったいどうして、君主は貧しくなるというのか。唯一の結果は、一方で支払われ他方で費やされる臣民たちと君主の間を流通する貨幣量の減少である。しかし、このことは、貨幣が少ない時には、非常に際立って有益である。河川の水量が少なくて航行できないのに、流れが遅くなり、膨張したように堂々としていることがある。もし取引の水路が貨幣の枯渇で細っても、［取引から差し引かれて、国民から君主へ殺到して流れるはずの貨幣が減少すれば、取引では、それだけ多くの貨幣が流通しまわり、取引を再生し復旧させるのが見て取れただろう。(訳注5)］

〈特有の商品の値上がりは損害にならない〉　第三に、自国の商品が高くなると言われる。しかし、そのために、まさかその価格を外国人に支払うことはない。

〈外国商品の値上がりは有益である〉　第四に、外国人が値上げしてくること。だから、大して金は出て行かないし、国家も大して衰えない。多くの自国商品や製品が外国人に売るほどあり余っている。諸国家の経済は、まさに買いよりも売りにあり、すなわち、輸入よりも輸出にありだ。そして、もしこのことが常に有益であるなら、（自国への真実の愛でいっぱいの、最良の時代にふさわしい教皇ベネディクトス一四世（注11）が少し前に実施したように）うまく統治された諸国家では、未加工品を除いて、自国商品の輸出からあらゆる関税が取り除かれ、加工される材料は除いて、外国商品の輸入には課税されている。すなわち、いったい誰が、緊迫した不安な時代に外国商品の値上がりを公国の損害だと信じ込むのか。

第五に、君主の支払いは少ないこと。それについては、前述した。

〈取引は中断されない〉　サン・ピエール San Pietro（注12）（Saint-Pierre）の修道院長は、六番目の理由を付け加える。それは、彼によって数え上げられた四つのうちの一つであり、取引は、価値の引き上げの期待のある間、もっと高値で売れるという希望で中断されると言うものである。それは、他の三つと同様、まったく根拠のない考えである。価値の引上げが実施されれば、商人は、旧価格で売れば、状態の悪い貨幣を得るし、

（訳注5）　初版、他「貨幣があまり速やかに動かないので、長い無駄な流通から取り除かれて、直ちに満杯になるのが分かる」（togliete i curcuiti lunghi ed inutili, sicché la moneta cammini con minor fretta, e gli vedrete tosto riempiuti）。

（注11）　他のさまざまな対策のみならず、小麦の自由（取引に関する一七四八年七月八日の〈教皇自発教令〉*motu proprio* で。

（注12）　サン・ピエール Saint Pierre の修道院長。それについては、Cfr. la nota I del G., alle pp.306–7. 注釈三八八―九ページ。

価格を高くすれば、いっそう多数の貨幣を得るが、同じ重さの金属を得るので、もとより儲けは増えない。だから、期待はずれに終わる。

多くの誤った考えから、一度正しい考えに移ることにしよう。

〈V．価値の引上げが生む実際の損害〉

〈いつ価値の引上げは有害か〉〈ムロンの第一の間違い〉(訳注6) 君主の行政官たちの俸給を減らすことが無意味で有害な時はいつでも、価値の引上げは無意味で有害だろうから正しくない。価値の引き上げは、貧民たちには災害時には救済になるのと同じだけ、繁栄時には負担になる。この問題を他の誰よりも適切に語ったムロン氏は、欺瞞がほとんど見分けられないほどささいな価値の引上げの利益が彼に示した三段論法につまづいた。彼は、価値の引き上げは、債務者に利益を、債権者に損害を与えるというふうに論じた。すなわち、今債務者は、常に最下層の人々である。だから、価値の引上げは、貧乏人には救済になるのだと。欺瞞は〈金持ちが、然るべき同等の労苦の提供義務を負わずに、自分でその労苦を得ることでか、以前になされて金《かね》に換えられたもっと多くの労苦かで、他人の労苦を享受できる手段をもつ連中である〉(初版：……) ことのうちにある。だから、金持ちとは、多額の金の所持者で労苦の債権者である。貧乏人は金を所持しないが、彼が金持ちに負う自分の労苦を介して金持ちに対する(金の) 債権者である。今、金と労苦が秤の両側にあるとすれば、金持ちが金の債務者で、貧乏人が債権者である。今、価値の引上げは、労苦の債務者にではなく金の債務者に有利になる。だから、より多くの労苦に対して、金属の同量の実質価値が得られるはずだとすれば、金持ちに有利である。（私は、ここで、労苦の価格変化に先立って価値の引上げについて話している。後に価値の引き上げの効果は台無しになる。）そうして、金持ちが富裕になり、貧乏人には重い負担になるから、それは不正なのだ。

しかし、国家が苦しんでいたら、金《かね》の最大の債務者である君主は、最も富裕な人なので、金では貧しくなる。だから、価値の引き上げは、俸給という同額の債務を履行しなくても、彼を行政官たちに対する同じ労苦の債権者のままでいさせてくれる。社会の中心である君主の利益のためには、誰の利益でも譲歩せざるを得ないので、たとえ貧乏人を圧迫していても、それに不平を言うのは得策ではあるまい。しかし、事実、貧乏人は、新たな負担のうち、彼らが最小部分に関与するかぎり、（ムロンが信じたように）絶対的にではなく相対的にそれから救いを得る。君主が、自分の行政官たちに実施するあらゆる倹約のために、後者は、他者に対して自分の労苦のために直ちに価格を引き上げることができない。そのため、交換された貨幣［の価値のために］(訳注7)、なにがしかの損失を彼らは我慢しなければならない。損害を与える人々は、自分たちも損をし、

(訳注6) この欄外見出しは、この段落の七行目「(彼は、) della) がなく、ただ「交換された貨幣によって」(per la moneta combiata)。

価値の引き上げ」(L'alzamento) の余白にある。

(訳注7) 初版、他「の価値のために」(cagione del valore

こうして損失は次第に君主に戻る新たな公的負担の支払いで、農民に達するまで全員に配分される。今、君主の歳出循環で、彼が一方の端に、農民が他方の端にいるとして、税収循環では、直ちに農民から君主へ移されるから、歳出の倹約では農民の損害は最小になり、税金の引き下げでは彼らの利益が最大になるという結果が出てくる。必要の極みで実施されれば、これら両者共々の効果を、貨幣の価値の引上げは自ら備えているのだ。このことの生きたイメージを与えるとすれば、井戸の真ん中に落とされた石の一撃によって水面がつくる動きが考えられる。私が述べたことすべてが、最も自然な直喩なのだ。

〈ムロンの第二の間違い〉　ムロンが陥った別の間違いは、第一の間違いに類する。彼の言うところを結論付ければこうなる。「貨幣の価値の引上げは、造幣所の手数料を得るには有害であるが、課税によって負担が増大した農民を救済するためには、必要である」(初版、他　イタリック体)。断固として言うが、この必要には根拠がない。税金の実質価値を減らさないで、それ以上に取り去るかぎりでは。自国民から二億フランを徴収するフランス王が、いったいなぜ、ひどい負担から彼らを救済しようとして、むしろ五、〇〇〇万フランの税金をなくしてしまわないで、貨幣を変更して、二億フランが旧来の一億五、〇〇〇万フランだけに一致するようにしなければならないのか。数の、しかし、変更された事態のまさにその虚飾を聞きたがるのは、笑うべき見栄である。だから、一方では負担軽減が避けられず、他方でははっきりとそれが実施できないなら、その場合にこそ価値の引上げが必要なのである。このケースがしばしば起こることは、厄介で骨が折れるだけそれだけ重要で深刻なこの問題の解決に熱中したムロンには、周知のはずであったように思われる。

〈ムロン問題とその解決〉　彼は問う。「国家の権威に支払う必要のある税金が、それの債務者たちが完全な軍事演習の厳しさで絶対的にそれを支払う方法がない時、立法者はどうしなければならないのか」（初版、他、イタリック体）。ムロンに返答できると信じていた人々は、一人も問題解決に着手しなかった。その問題は、たとえ何度起こっても、実際には、深刻な災害とひどい混乱の中で、行動への判断をあまり得られなかったので、なお確実で熟慮された根拠によって解決されたとさえ言えない。私は、その問題はこのようにして解決されねばならないと思っている。解決できない人は、それを乱暴に求めても、ほとんど解決の見込みさえ与えないかぎりそれを要求してはならない。歳出の必要がこのことに抵抗する。だから、来るべき年々の税金で、これらは国家紙幣、証券や我々が〈利札〉*arrendamento*（注13）（初版 a.）と呼ぶもので消化するとか、歳出の緊縮で、埋め合わせねばならない。つまり、これが価値の引き上げなのだ。もし嵐が終わっていると思われるなら、価値の引上げの損害が君主に戻るとしても、すべてのことがすでに平穏になれば、それがよく効いたのである。もしそれによってなお間近の平穏も期待できずに動揺させられるなら、他にもっといい助言もあるだろう。それから、両方ともだめなら、隷属あるのみだ。それは（私が、そのことをサグント **Saguntо**（**Saguntum**）、カルタゴ、イェルサレムで証明するように（注14））、栄光のオラトリオによってのみ信じられた不幸で絶望的な防衛よりましだ。なぜなら、それらには、親近性のせいで、狂気じみた犠牲的精神が入り混じっ

（注13）　appalti.

（注14）　ローマ人によって破壊された古代の有名な不屈の諸都市。

ているから。

だから、価値の引き上げは、歳出を改善したいなら必要である。しかし、戦争の必要のためにあからさまにそれを示せないし、軍人や行政官を不快にし反乱を起させないために、俸給を縮減できないのだ。

最後に、納付金や金銭収入の減少も価値の引き上げの損害である。だがしかし、それは、私が第五編で証明することになるように、ささいな損害であり、時には利益にさえなるのだ。

〈VI. 価値の引上げの実質利益〉

〈価値の引上げの三大利益〉 価値の引上げ自体がかなり含み、意見の相違に応じて非常に長たらしく論じるすべてのことが、なお粗野な時代であるとはいえ、ローマ人の慎重さによって理解され、きわめて重要な著作者であるプリニウスによって、簡潔にまとめられた。すなわち、〈青銅のリッブラの重さが、第一次ポエニ戦争時に、国家が出費にうまく対処できなかったので減らされた。それから、アス assi（asses 古代ローマの銅貨）が六度も軽量化のうえ打刻されることが決定された。こうして六分の五の利益が得られ、債務は完済された。[注15]〉まさにここに、深刻な困窮の補償、歳出の縮減、債務の清算の三大利益がある。

〈第一の利益、困窮の補償〉 価値の引上げを非難する多くの人々のうち誰一人、一度もそれ以上の良策を提案できなかったことが第一の利益の明白な証拠である。我々の間で、〈利札〉と言われる公債は、国家が本当に貧しくなれば、第五編で証明するように、さらに劣化している。国家紙幣の創造は他の策ほど拙くはないので、それについては、第五編で論じるつもりだ。今は、価値の引上げを非難する人はおしなべて、紙幣に対してもひどい罵声を浴びせるとだけ言っておく。だから、最善策とはとうてい言えないまでも、決して悪い策ではないから、価値の引上げは、公共の困窮を補償するには良策なのだ。

〈第二の利益、歳出の縮減〉 課税の増加にではなく、歳出の縮減に役立つのだから、価値の引上げの利益はいや増しに増える。それから、君主の眼前に常にあるべき金言は、〈倹約は多大の歳入である〉(注16)ということなので、一方では、公租負担が減り、支払いの簡素化でさらに歳入が増え、他方では、戦争被害では、単に巨額だと言うだけではなく、大抵過度な濫費になる歳出を縮減する riesca(注17) 手立てが、最良であると考えられるべきである。君主の倹約から、彼の周囲にいる不自由のない裕福な人々の倹約が結果として出てくる。彼らは、単に俸給が減るばかりでなく、借地人や債務者から受け取る支払いも減るが。こうして、貧乏人は、君主の税金と私人のさらに過酷な徴収から、二重に救済されることになる。だから、このことがいかに不正のように見えようとも、そんなことはないのだ。より大きな公的利益からたまたま生じる私的不正が不

(注15) 原文ラテン語。編者のイタリア語からの訳。なお原文は以下のとおり。*Librae autem pondus aeris imminutum bello Punico primo, CUM IMPENSIS RESPUBLICA NON SUFFICERET; constitutumque, ut asses sextantario pondere ferirentur. ITA QUINQUE PARTES FACTAE LUCRI, DISSOLUTUMQUE AES ALIENUM*（『博物史』XXXIII, 3, 3）.

(注16) 原文ラテン語 *parcimonia magnum est vectigal.*

(注17) diminuisce.

正でなくなり、必要と権利になるかぎりで。

〈第三の利益、債務支払い〉 だから、国家債務に比べて私人間の債務も同様になるという債務支払いの第三の利益がある。前者については、害はまったくもって君主の支払いが中断されるだけのことだ。なぜなら、それらが中断されれば、彼の債権者たちも、自分たちの支払いを中断し、こうして、時計は全部各々の歯車を止めることになるから。彼らの債務が君主のそれをぐるぐる回ると、思いがけずここに国家紙幣が生まれる。それには、君主が明らかに破産せざるを得ないか、実体以下しか支払わなくても、全部払うそぶりをせざるを得ないかに同意しなければならない。それから、たとえ国家行政官たちと君主に身を捧げる人々が十分支払われない害があるにせよ、それを自ら緩和することによって、この連中が最も金持ちになり、国家の動揺が続けば続くほどますます富裕になることが分る。

〈サン・ピエール神父の間違った推論〉 このことから、サン・ピエール神父の推論がいかに根拠のないものであるか、その立証がいかにくだらないかが分る。彼は、価値の引き上げはまったく「最も不正で、不釣合いな重課」であることを証明しようとする。彼は、以下のように述べて論証する。「価値の引上げで、永続的納付金や貨幣で決められた収入を得ている人は大部分損をする。期日が来ればそれが変わって、賃貸借した人の損失は減るから。すなわち、賃貸借している人は何の損も感じないし、それどころか、もっと高値で売って儲ける」（初版、他、イタリック体）。だから、結論はこうなる。「単に臣民の三分の一のみによって、別の人々によって五・六年、また別の人々によって永久に支払われる支援金ほど質の悪いものを想像できるか」（同）と。もし別の多くの仕事でも、これほど高潔な人物がふさわしい評価を得なかったとすれば、この良識が、彼がどんな公租が不正であるかを知らなかったことを我々に証明する。ある場所に市民によって壁の建設が必要になったとして、少女、幼児、老人、病人にその仕事を免除し、住民の三分の一だけにその負担を負わせることは正当か不当か。誰の上にも平等にではなく、強い人の肩にかかる税金が、公正なのである。さて、納付金や固定収入を得る人は、旧来の領主、きわめて金のある救貧院、富裕な教会や修道院である。すなわち、永小作納付金 **censi enfiteutici**(注18)も農民たちしか支払わない。賃貸借料を支払わない連中は、単に楽をするだけではなく、怠け者でものぐさでもある。彼らは、国家の富を増やさずに、払うのが当然の分以上に、自国の富だけでなく外国産の富も消費してしまうのだ。これらの者たちはごく少数だから、孤児、寡婦、少女、被後見人という哀れっぽい言葉で救済を求めたり、我々をおびえさせたりしはしない。孤児、貧乏人にあたる人々は、勤勉な農民、職人、水夫、商人である。この連中については、同情しなければならないし、彼らは、いつも賃貸料を取られているから、価値の引き上げで利益を得る人々である。

〈**彼の間違いの原因**〉　こうして、告訴や当時のフランスの悲惨な様相、および、彼が自分の論述の最後に〈論証されねばならないのはそのことである〉(注19) *guod erat demonstrandum.* との敬意を表すべき言葉を常に添え

（注18）　ある土地の所有者に長期小作人によって支払われるべき地代（メローラ版）。：それらの賃貸料は、財政問題にかかわるナポリ王国の最高行政職〈総王室会議〉*Regia Camera Sommaria* によって指名された国家監督の下に管理される諸個人に確定された国家への間接税であった（伊仏対訳版訳注、p.655［14］）。

ざるを得なかった猛烈な欲求に引きずられて、極めて明敏で偉大な才知の人が誤りに陥ったのだ。それは、数学者によって正式に真理だと認められていても、他の人々は無教養で科学になお無知なので、彼らがそれを濫用して、低俗化することが禁じられねばならない言葉である。

〈なぜ債務者を支援する必要があるのか〉　私人間の債務について、まず、私は、それが減らなくても正当だと告白する。しかし、いかに戦争という最大の害悪が国民を貧困に陥れるかだけでなく、金を別の所に移し、少数者の手中に全部集めているかを同時に知らねばならない。それは私が次編で論じる最悪の損害である。不安定な政府組織から生じるこの損害によって古代ローマは悩まされたが、不正のように思われるがそうではないことから債務者の解放が生じた。すなわち、消化不良と多血症になった身体には、不健全な性質の欠陥に対して荒っぽい浄化が不可欠な処方だから。所有額以上の債権・債務者間の訴訟沙汰で満ちている公国の欠陥も同様に小さくない。それらの訴訟は想像上の富を増加させ、実質的な富を減少させる。なぜなら、一方で与えられ、他方で支払われる一、〇〇〇ドゥカートは、明らかにそれを所有していない人と同様近々期待する人もそれを所有していると吹聴するので、二、〇〇〇ドゥカートあるように見えるから。彼らが相互に奪い合いを演じている間に、両者とも取引をして実際に富裕になるために利用できる時間と労力を消耗する。だから、貧しさを自覚してあくせく働いて稼げと、実際に存在する以上の富を期待している人の迷いを解いてやることが君主にふさわしい配慮である。だから、債務と思い上がりの消滅が、たとえどのようになされようとも、一国家には大きな利益である。

〈負債を負わないことが君主にはどれほど必要か〉　同様に、君主 sovrano（初版 S.）は、できるだけすみやかに、彼の債務者たちをなくすべきである。それから、依然貧しいままの人には、好機によって精励に励むべき可能性 ozio(注20)があると知らせることが、少なくとも有益である。しかし、破産か否かをはっきり言わねばならないかどうか、これが前に約束したように、私が検討したい不明な点である。

〈いったい君主には破産者と呼ばれる必要があるのか〉その破産は、明らかに新たな税金よりましである。それは非常に容易ですばやいし、フランスでジョン・ロー(注21)がやったように、幾人かの大胆な企画者にペテンで大金持ちになる余地も与えない。しかし、破産はあまりに急に激しく打ちのめす。さらにひどいそれは、君主の周辺にいる最も権勢のある人々を打ちのめし、暴動や謀反の恐れを生み出さずにはおかず、深刻で拭いがたい汚点によって彼の信用を傷つける。

価値の引上げは破産と同じ効果をもつが、損害はそれよりゆっくり生じ、万物の上に広がりながら終わる。すなわち、そのため、大して痛みも伴わずやかましくもなく、それどころか、歳出に対しては自ずと倹約も含んでいる。

〈価値の引上げが実施されるべき方法は三つある〉〈第一の方法は拙い(訳注8)〉私は、本章がもはや長くなりす

(注19) 原文ラテン語。編者のイタリア語からの訳。

(注20) ここでは、可能性（possibilità）。

(注21) John Law（一六七一年〜一七二九年）。スコットランドの財務家。一七一六年から一七二〇年の間フランスの経済、銀行指導に招聘された。数々の貨幣の実験を試みた挙句、結局破局的インフレーションになり終わった。なお、二七〇ページ以下参照。

(訳注8) この欄外見出しは、この段落の八行目の「第一の方法」（La prima maniera）の余白にある。

ぎたことを承知している。しかし、私は、それが拙いとも思わないし、前もって価値の引上げが儲けにつながり、最善になると考えられる方法に言及せずに終わっていいとも思わない。手段は三つある。すなわち、刻印merco(注22)、新たな貨幣打刻、貨幣価格の簡単な勅令である。第一の方法は、おそらく、古代に使われた。なぜなら、おそらく、それらの価値の変更を表す手段で刻印付きの多くの古代貨幣が見つかっているから。しかし、そのような刻印は簡単に模造されるから、造幣所と私人の間の貨幣変更の儲けは分裂することになって、当然のこととして廃止された。

〈第二の方法はフランスで採られた〉　別の方法が現世紀のフランスで習慣になった。新貨幣打刻や摩損貨幣で多額の費用が失われるので、金属不足を満たす余儀ない必要から価値の引上げの利益が減ることを除けば、その方法は極めて優れているだろう。さらに、取引がしばしの間中断され、変更の混乱の中で固定され、あらゆる物が動揺し混乱し放題になる。

サン・ピエールの修道院長は、外国人もまた類似の貨幣打刻で得る儲けを多くの不都合に加える。それからさらに、そのような儲けは国家の敵によって得られるから、損害の計算では二倍になる。これらは子供を脅す案山子《かかし》である。ナポリ王国では、五〇〇万カルリーノの貨幣が打刻され、それらは後に三〇％価値が引き上げられたが、国外では一カルリーノすら打刻されなかった。そして、同じことがフランスであった。他のやり方はあり得ない。かりに外国人が打刻しようとも、価値が引き上げられた所へ後にどのようにして自分たちの貨幣を参入させようというのか。彼らは、贈与では貨幣を送らないだろう。自ら充足できない憔悴した国では商品を買うためにすら送らないだろう。旧貨幣の交換で、これをもし君主が回収し再打刻するなら、送れないだろう。一体それはどのようにして入ってくるのか。要するに、それらの恐れは無用なのだ。

〈第三の方法は現にわずかな公国で採られている〉 勅令で貨幣の価値を引き上げる第三の方法は最良であるが、貨幣なしの状態にある君主にはほとんど利益がない。銀行に多くの金が預けられているナポリ王国だけで、君主はそれらの儲けを全部自分のものにできるだろうから、貨幣全部を再打刻する費用がなくても、彼は、そのために利益を得るだろう。しかし、他の諸国では銀行には多くの富はない。そもそも銀行がないとか、オランダの銀行でのように、信用と安全以外に財産がないかぎり。つまり、このことから、前述の二つの方法を使わざるを得ないことになる。

〈国民が貨幣の変更を嫌悪する原因〉 私が今までに述べてきたことは、まったく俗説の奔流に反するものである。その流れは、賢人たちも共々引っぱっていく力を十分もっていたので、私が多くの追随者を得ようと苦労しても、それを実現できるとも思っていなかった。それについて、私が不平を言うはずだと思われようが、逆に、私はそれに喜んで満足している。私は、欠乏とか間違って非常にわずかな必要を見えよがしにして、しつこく価値の引き上げが提案され実行されることがいかに安易であるかを理解している。つまり、確かに、俗説の出所《でどころ》を探す人は、それが、他の多数意見全部と同様、個別的帰納法による推論の一般的結果であることを除けば、誤りに他ならないことを知るだろう。だが、それらが由来する諸事実は、すべて俗説を作るのに似つかわしいことが分るだろう。価値の引き上げに対する憎しみの出所はこれである。

（注22） 刻印（marchio）、検印（bollo）。Cfr. anche *Appendice*, V, pp.398–400. 補足史料五四六―五五一ページ。

〈野蛮時代における政府形態〉(訳注9)〈君主によってなされる造幣所の濫用の原因〉(訳注10)　古代の人々は、たとえそう思っていても、北方の野蛮人の支配に行き着くまで、貨幣の変更に不平を言わなかった。この連中がどこでも確立に至った政府形態は、専制的・貴族的であった。それはごく少数の創始者だけが考慮する政府だったので、ほとんど気にも止められなかった。その政府形態は、征服者と敗者という二国民の接木から必然的に生まれた。前の住民は野蛮人の奴隷になった。しかし、後者は、以前は貴族的に暮らしていたので、そのように暮らし続けたがった。だから、彼らの間に、彼らが〈高等法院〉*parlamento*（初版 *P.*）と呼んだ元老院が組織されると、名目と紋章と自分たちの自発的恭順だけを与える一つの君主制を選んだ。こうして、君主たちは、自分の相続財産以外には、兵士も歳入も自分の行政官たちももたなかった。しかし（自分たちの領地ではすべて専制君主だったから、兵士、租税権、富を持っている）選帝侯たちは、やむを得ず仕えねばならなかった。ドイツやポーランドの一部では、今なお類似の政府が続いているが、他の国々では、もはや過去の時代ほど多くはない。目下、そのような秩序によって、君主や皇帝はごくわずかしか自己権力を持たないことになった。だから、統治権の印として造幣所が彼らに与えられたので、それに基づいて、彼らは、研究や技芸に向かい、自分たちの不正な強欲を満足させ始めたのだ。こうして、造幣所は公益のためにつくられた機関のうちで歳入と利益のトップに、全部自分のものだから、君主たちがもった最善の機関になった。すなわち、それから、税金や通行税に等しい王室収入が認められ始めた。こうして、それが、君主によって正当に得られた統治権とか支配権に付加されることになった。造幣所については、なお権威と権力に満ちていた高等法院が、時折貨幣の変更を禁じ、誓約でそれを義務付けるという貪欲の拙い規制のために君主たちが多くの濫用を行った。最悪の災難からはほとんど解放されていた国民は、自らの自由意思でそれを知った。もし価値の引き上げという有益な操作が、他のすべての賞賛に値しない操作と混ざってごっちゃにならなかったら、先祖伝来の嫌悪がフランスの極度の困窮によって国民精神から除去されたかも知れない。だから、それ自体は拙くて不快なので、さらに何度かの残酷で血なまぐさい戦争と同じほど、必要で有益なそれがなお恐れられ嫌悪され続けている。しかし、私は、必要もないのに貨幣に手をつけることもはばかる。生活の未来の運命を天から得ていた時代と君主の完全な知識がなかったなら、私はその真実を書かなかったか、幾つかの問題を書くのは控えただろう。いずれにせよ、彼の美徳が、極端で、ほとんど絶望的なと言おう、困窮なしには、決して貨幣に触れないことを十分私に保証する。彼の偉大で当然の幸運によって、彼の存命中には、そのような状態には決して至らないことを私は確信する。

(訳注9) この欄外見出しは、この段落の五行目の「この連中がどこででも確立に至った政府形態」(La forma di governo, che costoro stabilirono ovunque giunsero) の余白にある。

(訳注10) この欄外見出しは、この段落の二四行目の「目下、そのような秩序によって」(Ora da si fatti oridini) の余白にある。

(訳注11) 初版、他では、ここから改行されていない。

第四章　〈貨幣価値の引上げに伴う貨幣の新たな打刻に起因する一七一八年のフランスの諸事件に関する考察〉

価値の引き上げについて言われることは、フランスではすべてルイ一五世の最も短い時代に、高等法院と宮廷の間で争われた極めて重大な本音の角逐と共にあったし、引き続き極めて深刻な諸事件を招いたので、私は、一方の提案を他方の応答と共にここで再検討しても無意味ではないと考える。強力で才知に長けた国民の例ほどいかなる教訓にも増して教えるところ大であるからだ。

〈一七一八年のフランスの状態〉〈価値の引上げが提案される〉[訳注1]　一七一八年にフランスは、最近の戦争[注1]に起因する災難で圧迫されていた。その災難は、原因は残っていなかったが、決して癒されていなかったので、なお持続していて絶えず悲惨になっていった。摂政で君主の叔父にして偉大な精神の持ち主のオルレアン公フィリップ（一六七四年〜一七二三年、ルイ一四世の弟）も、救済策が不確かなだけ災難に苦しんだ。財務官に加えられた迫害で国民の怒りはある程度晴らされ癒されたが、財政に秩序は与えられなかった。〈財務長官〉*controleur general*[訳注2][注2] デマレ Desmarets（Nicolas. 一六四八〜一七二一年）氏によって提出を命じられた会計報告は、十分にそのことを立証したので、災難がほとんど不治の病であることを明らかにした。一七〇八年までの **fino al**[訳注3] 債務総額は六億リラ（リーブル）にのぼり、一〇年間絶えず増え続けた。これらの債務は、自由貿易に与えられる書類上で表されるが、極めて多額になったそれらの数字とそれほど多額の債務を支払うべき王室金庫の無力の認識は、当局の信用を剥ぎ取った。そのために、取引は過度に甚大な損害を被り、困窮した人々は、〈不当利鞘稼ぎ〉***agioteurs***(注3)（初版 *A.*）と呼ばれる貪欲きわまる高利貸しに血を吸い取られた。その類の手形を廃止するために、大規模な割引が実施された。しかし、その実施後も、多年にわたるそれらの利子によって、なお二億リラ以上の債務が残ったので、国璽尚書《こくじしょうしょ》のダルジャンソン d'Argenson（一六五二～一七二一年）氏は、全旧貨幣分を新たに打刻し、価値をほぼ三分の一引き上げる、金貨・銀貨全部の価値の引き上げをデマレ公爵に提案した。こうして、別の外観の下に、非常に長い変転の挙句、残りの手形は支払われず、引き裂かれることになった。要するに、賢人みんなが予測したし、必然でもあったように、宮廷は全般的破産に陥ったのだ。

〈それに高等法院が反対する〉〈検討された価値の引上げに反対する高等法院の第一の根拠〉(訳注4)　そのような新たな勧告に反して、パリ高等法院《パルルマン》 **parlamento**(注4)（初版 P.）は、公共の必要の熟慮によりも私人の憤慨や国民の拍手喝さいに動かされて、決議した。一七一八年五月一八日に、それは君主に抗議するために提出され

（訳注1）　この欄外見出しは、同段落の二六行目の「ダルジャンソン氏」（il Signor d'Argenson）の余白にある。

（注1）　スペイン継承戦争（一七〇〇～一四年）。一七一三―一四年ユトレヒト（Utrecht e Rastadt）の和約で終結した。

（訳注2）　初版では（Controleur General）。

（注2）　財務行政の長。capo dell'amministrazione finanziaria.

（訳注3）　初版では「一七〇八年の」（del 1708）。

（注3）　Aggiotatori, speculatori.

（訳注4）　この欄外見出しは、同段落の九行目「自分の目的に属する」（che apparteiene al mio istituto.）の余白にある。

（注4）　*parlamento*：Il *"Parlement de Paris"*, alta Corte avente funzioni giudiziarie e di controllo.

た。これらのうち、私は、高等法院の司法権侵害とその政府の他の個別の論争の喧嘩は無視して、自分の目的に属することだけを検討に付したい。その演説では、次のように言われている。

閣下、[訳注5]―摂政の宮は公爵に語りかけて―勅令が手形に支払って、それを破棄する意思を示す限り、損害はすべて貨幣を造幣所に持ち込む者に帰すると述べることをお許し願いたい。まさにここに一例があります。私人が、一マルク（マール）比四〇リラ（リーヴル、フラン）になるそれらの五、〇〇〇リラに相当する一二五マルクの銀を造幣所に持ってきて、国債二、〇〇〇リラを得るとします。次に、それから、もう一一六マルクの重さのない新貨幣で七、〇〇〇リラ引き出すとします。すなわち、彼は、彼の債券全部と他に一二五マルクに対して九マルク失います。法律は全体的なので、債券を持っていない人も持っている人と同様に損失を被ります。とりわけ、君主によってだけ返済されるべき多くの割引実施の後に、債券への支払いが国家の優先的債務になる時には。[注5]

高等法院が説明したことは妥当ではあるが、公爵の偉大な知性を知らないはずはないので、そのことを多数の面前で暴露したことは無礼である。大方には、明確に感知させない方が得策だった。実際のところ、高等法院はそれで何を推論できたのか。オルレアン公は、彼の化学的研究で金《きん》を作り出す技術を発見すべきだったのか。もし君主の歳入が、高等法院に周知であったように、多額の債務支払いに十分でなかったら、債務を支払わない以外に、どんな別の忠告があったと言うのか。どうすれば、このことが債権者の損害をなくさせられるのか。高等法院は新税を望まないが、富裕な臣民たちと少なくない外国人に支払うために貧しい臣民たちにそれを課したら有害だったろう。だから、なされることは、各人にいっそう害を少なくするためには、誰にも損害がかかるようにうまく按配された支払いのまったくの見せ掛けが必要だった。だから、価値の引き上げが誰にでも降りかかることを示すのは、不備ではなく長所を述べることである。君主だけに債券支払いを望むことは、極めてひどい無作法というものである。孤立した君主が、高等法院が望む税を課す権力がなくて、彼の高価な動産を売りにでも出さなければフランスで一番貧しい人であるかぎり。もし債券が優先的債務であると言われたなら、信用と君主の約束がそれらの生命だから、それらに寿命と流動が存続するようにしたということだ。それらがことごとく消え失せてしまわないかぎり。

〈検討された第二の根拠〉 高等法院は言い続けた。

君主の臣民のことごとくが損害を被ったことはまったく明らかで、消費を増やさないのに、各私人あたり四分の一出費が増えると例外なく断言できます。それから、収入が三分の一減るでしょう。いずれにせよ、新勅令

（訳注5） 初版イタリック体。ガリアーニは、初版でも一七八〇年の二版でも引用文を続けて記述しているが、メローラ Alberto Merola 版にならって一行あける。以下（字体も）同じ。

（注5） ガリアーニは、イエズス会士、ラ・モット Yves Joseph La Mothe の作品からつづく諸事件の話を引き出している。La Hode とも呼ばれる。一七一五年に支配君主を批判してフランスに亡命した。作品は二巻本。M. L. D. M. のイニシャルと表題『オルレアン公フィリップの生涯』*La vie de Philippe d'Orleans, petit-fils de France, regent du roy pendante la minorie de Louis XV*, 1736. ロンドンと表示（実際はハーグ）。以下の諸節同様、ガリアーニに自由に訳されているここに引用された一節は、t. I, p.165 にある。

によって貨幣に与えられた価値とそれらの内在価値の間の差異によって、取引全般、特に外国貿易は計り知れない損害を被るでしょう。(注6)

出費が増えることは極めて確かだが、収入全部にではないから、このことも一部妥当する。けれども、収入が多くの人でバラバラに減り、出費が多くの人で増えるのだから、これらの損害両方が結びついていくということは間違いである。しかし、誰によっても、このことは、非常に望ましい全般的節約と貯蓄に行き着くほかない。次に、外国貿易が損害を被るということは、為替の変化が価値の引き上げを外国人に感知させないから、まったく根拠がない。強制された経済が遺憾であり、煩わしかったとしても、不平を言う時期は、一七一八年ではなくて、それより一八年以前であったということ。君主制の奢侈は戦争と同じである。国民誰もがつましく質素な生活に追いやられずには、平時でもその影響から免れない。しかしながら、価値の引き上げに不平を言うにしても、フランス人たちの言い分は考慮に値する。なぜなら、患者は放縦な生活をして病気にかかる時ではなく、治療の時泣き喚き悲鳴を上げるから。だから、戦争が陽気な歌とお祭り騒ぎに満ちているとすれば、貨幣の変更は痛ましく悲惨なのだし、そのために、貨幣の変更が混乱と伝染病であると論じ立てねばならないとしても、これらは特効薬なのだ。

〈検討された高等法院の議論の結論〉 議論は以下のように結論付けられる。すなわち、

外国人については、もし我々が彼らの一人から、旧二五リッブラ（リーヴル）に等しいマール銀貨を受け取るとすれば、引き換えに、旧六〇リッブラ払わねばなりません。彼は、我々に払うものを、彼には内在価値しか

要しない我々の貨幣で払うでしょう。(注7)

ところで、これはまったく間違った考えである。外国人は、実際には新貨幣で払うだろう。しかし、高等法院自体がすべての物価が上がるだろうと予告したので、すなわち、その外国人は、高くなったことを知った価格を甘んじて受け入れねばならないので、より多額のリラ（リーヴル）で支払うことになって、たとえいっそう軽薄な貨幣でであれ、最も高い商品に払うだろう。そこで、重さで倹約する人は、数で損することになって、何の利益も得ないのだ。

それによって、その議論の最後に、国外で打刻された貨幣の導入が抱え込むように思われる懸念が、極めて不幸にも立証された。諸金属間の不均衡のないところでは、打刻で利益があげられないからだ。しかし、懸念されていたことが起こるかもしれなくなった時、ほとんど金が残っていなかったフランスでは大いに歓迎されるべきだったろう。だから、高等法院は、ありえないきわめて大きな恩恵を気にかけ、それを将来の致命的災難であるかのように懸念したのだ。高等法院が一晩だけで決議したことは、長いこと検討したとしても同じことだったろうから、口実として申し立てられるだけの意義があるとは誰一人信じない。このことは、大部分の人々がふつうにする皮相な考慮から、いつも心に浮かぶことだから。

〈宮廷と高等法院の対立の記述〉〈先行する議論への宮廷の応答〉(訳注6)　さて、その話をつづけると、君主は、

（注6）La Mothe, *op. cit.*, t. I, p.266.
（注7）La Mothe, *op. cit.*, t. I, p.267.

（訳注6）この欄外見出しは、同段落の一二行目「これと初めの」（A questa ed alla prima）の余白にある。

高等法院に、もはや勅令と操作は中断も撤回もされないという回答しかしなかった。自己の権威で高等法院は大胆になって、煽動的表現をもつ勅令を廃止し無効とした。これは軽率な勧告で、それはフランスにとって致命的だった。国務院 Consiglio di Stato は、六月二九日の高等法院の命令 arresto[注8] を直ちに無効にし、他の表明もしなかった。それどころか、初代長官によって十分恭しい言い回しでなされた新たな抗議を平穏に傾聴して。これと初めの抗議に対して、国璽尚書は、統治する人の英知と精神の優越にふさわしい返答で七月二日に最終的に回答した。彼は次のように述べた。

> 君主は、契約されたことを擁護して、国家の債務は国家自身によって支払われねばならないこと[訳注7]を納得しておられ、自己の王国の全秩序はそれの返済を競うのであり、威厳、血統、もしくは特権で、それらに熱意や忠誠という不適切な逃げ道を求めていないとお考えであります。債権者の私的損害は、公益支払いと債務者の最も容易で速やかな弁済によって償われます。国家の真の富である国土は、保証債券より有益であるから、歳入と価値を増やすでしょう。惨めな国民に対する税金の徴収はもっと簡単になるので、彼らにはいっそう軽くなり、君主にはいっそう潤沢になりましょう。つまり、六月の歳入はすでにそれを見せて vedere[訳注8] おります。[注9]

老練な思慮深さを含むこの回答は、わずかな言葉で反対派の誤りを暴いている。その回答には、重大な記憶すべき六月二六日の〈高等法院に反対する君主の決定〉*lit de justice*[注10]（初版 *J.*）に終わる新たな誤解された抗議がつづく。その決定によって、高等法院は意気阻喪させられ辱められ、そのような落ち込みからもはや二度と立ち直れなかった。

しかし、そのような事態が起こる前に、すでに会計法院 Camere de'Conti と租税法院 de'sussidi［初版 dell'Aiuto］の二役所が、遅れをとるまじと、すでに六月三〇日に彼らの代表になっていた。

〈検討された会計法院の不服〉 会計法院は、パリ長官 presidente（訳注9）（初版 P.）の口を通して以下のように事情を説明した。

価値の引上げは、外国人たちの間にあるフランス貨幣を彼らの足下に留めおくことによって、取引をできなくし、為替を法外にし、外国商品の価格を倍にもします。贋造の容易さと無限の利得の甘い期待が、フランスを変造貨幣で満たします。国内取引も、消費を減退させる価値の引き上げによって損害を被ったのであります（注11）。

万事が根拠もなしに、見苦しく述べられている。二国の臣民間で、彼らに応じて、貨幣の変更後に続いて起こる悪化の負担は等しいので、取引ができなくなることはない。つまり、売り手と買い手の必要が等しければ、価格は常にほどよくなる。為替も、口先を除けば、法外なものではない。要するに、大したことでは

（注8） decreto.
（訳注7） 初版では、ここまで全文大文字でイタリック体。
（訳注8） 初版では「信じさせて」（fatto） credere。
（注9） La Mothe, *op. cit.*, t. I, pp.276–77.
（注10） decisione regina in contrasto col parlamento.
（訳注9） ジョセフ・パリ・ドゥヴェルヌィ（Joseph Paris-Duverney, 一六八四年〜一七七〇年）。一七二六年にルイ一五世の治世にデビューして以来、ローのシステムの崩壊後フランスで財政を指導した（伊仏対訳版訳注。p.658.［14］）。
（注11） La Mothe, *op. cit.*, t. I, p.285.

ない。もし為替がローマ・ナポリ間で一対一、〇〇〇になるとしても、ドゥカートがスクードの一、〇〇〇分の一になれば、為替は常に平価だろう。もし外国商品の価格が高騰すれば、そのために売りは細るに違いない。だから、金は少ししか流出しない。もし国産品の消費が減少すれば、その分は国外に送られるまでである。贋造は常に懸念される害悪であったが、価値の引き上げと何ら関連のなかった他の時以上に、その時に懸念されねばならない理由もなかった。実際、どの近隣国家もフランスに貨幣を送らなかったことが分かった。

〈租税法院の不服〉　カミュ（ニコラス・ル・Nicolas Le Camus, 一六八七年〜一七五六年。一七一五年以来初代）長官は、租税法院[訳注10]の側から、後にはもっと雄弁に語ったが、大した学識も示さずにこう語った。

すでに感じはじめられた商品価格の高騰は、きわめて大きな損失であります。食料不足によって、国民の生活の余裕が奪われております。販売の減少によって、製品は処分され王国から職人たちが流出しています。君主の税収も減少し、消費も細っています。もし君主たちが前任者たちと同じことをなさったとしたら、深刻な争いと極端な欠乏の時代になったでしょう。これほど重大な価値の引き上げはかつて実施されませんでしたし、平穏無事に戻るために、常にそれを撤回することが約束され遵守されたのであります。しかるに、悲惨きわまる危険な戦争の疲弊の後の、深い平穏の只中で、それは、あまりに早まった残酷なショックでした[注12]。

〈先行する議論に値する応答〉　オルレアン公が回答しなかったそのようになされた議論に対して、私は、彼がこのように答えても良かっただろうと思っている。諸国民が多くの便宜を欠いたままでいて、それについて不満を言っていることは我々も知るところだが、何百万リラ（リーヴル）もの債務のうち一リラ（リーヴル）すらも我々は契約していない。是が非でもそのすべてを帳消しにし、信用を失墜させた多くの債券から国家を解放してやらねばならないと。販売はもっと減るだろうし、我々もそう思っている。しかし、そのことから、我々は、商品がもっと引き出されねばならないし、職人たちではなく、布地が外国に出ていき、戦争で干上がった金がフランスに残ることを期待している。もし消費税は過少消費によって減っても、関税は輸出の増加で増えるだろう。もし我々の先任者たちが、何らかの価値の引き上げを実施したとすれば、それを実施するやよし、後悔ばかりしていてはならないというしるしである。もし彼らが深刻な戦争のさなかにそれを実施したとすれば、我々は、フランスにかつてなかった最大の戦争の終わりにそれを実施するのだ。我々は、ルイ一四世が、彼の衰退期にあれほど深い傷を癒す思いやりをもたなかったまさにそのために、回復期とよい季節が強い薬よりも適切だというまさにそのために、平和を待ち望んだ。何百万とも数限りない悪質債券をかかえたまま、安らぎや平穏を享受しようとすることは気違い沙汰だ。実施される価値の引き上げ解消の約束を望むことは、明らかに拙い事態を生む致命的な欲求である。

〈高等法院と他の諸宮廷の誤りはどこから生じたか〉　上述の反対のすべては、この真実への無知から生まれる。すなわち、苦痛に満ちた災害のまことしやかな解決法を排除しようとすれば、さらなる良策を生み出

（訳注10）　初版、他では Camera dell'Aiuto.；伊仏対訳版では Chambre des Aides。メローラ版では Corte de' sussidi, o *des aides*。

（注12）　La Mothe, *op. cit.*, t. I, pp.289–91.

さねばならない。なぜなら、国民は、現状に不満があれば、改善を期待して、常に新たな忠告に倣うから。だから、ある著作者が述べたように、[注13]高等法院が注意を払われなかったフランスでは致命的ではなかった。しかし、このような軽率な行動によって、国民の意見を宮廷の意見以上に支援することで、ずっと以前から両立させてきた権威と評価のすべてが一瞬のうちに消え失せたので、高等法院が異議申し立てを考えたのは致命的であった。操られる武器と激突する楯の力に気づかねばならない時に、つまり、一方が壊されなくても、他方は確実に壊れることを、高等法院はうっかり忘れたのだ。こうして、他方に対して、本当に堅牢な物体に対して強いというよりも恐れられた武器を振り下ろしたために、先が折れてしまってもう役に立たなくなったのだ。

〈実施された価値の引上げから生じた結果〉 だから、価値の引上げは実施されたが、銀行制度 banca（初版、他 B.）やミシシッピー会社[注14]により中断されたので、その結果からは規範が得られなかった。それによって、オルレアン公の名声だけが傷つけられた。彼に対して、思いつかれも明示されも信じられもしない中傷や耐え難い侮辱は残らなかった。それは人間の判断力の不当性の偉大な教訓であった。ルイ一四《ママ》（五）世は、ペンと雄弁の賛辞にうんざりさせられた後に、確かに彼にふさわしいグラン *grande*（初版、他 G.）の称号を得た。オルレアン公フィリップは、私は健全だとしておくが、フランスが死に瀕しているのを見いだしたことは疑いなく、栄光の威信ではなく、嫌悪の思い出をもって死んだ。そして、これも奇妙なことではない。なぜなら、私は、人々が（かなり深刻なことにも冗談めかした言い回しをからませていただくと）、女友だちをではなく外科医をののしるのをいつも見てきたからだ。

（注13）『オルレアン公の生涯』の著者。これらすべての事件は広く語られた。

（注14）「ミシシッピー会社、あるいは、西方会社。ローによって企てられたフランスの商事会社」（compagnia del Misissipi, o d'Occidente : la compagnia commerciale francese tentata dal Law）。

第四編　貨幣流通について

〈序　文〉

金・銀の無益さを証明し、確かにそれらが行過ぎた評価に値しないという軽蔑を示すために詩人たちはミダス王 **re Mida**（初版、他 **R. M.**）の寓話を案出した。その話では、彼は、見たり触れたりするものが金に変わるようにユピテル（ジュピター）**Giove** に頼み、そうすることができた故に、惨めにも困窮と飢えで死んだと言われている。かくして、彼らは、貨幣について、無益で化学的に鑑定される物質でしかないと大喜びし声高に嘲笑して、からかい、わが身に引き比べて金持ちを余り意に介せず、自分たちの方が数段上だとうぬぼれる。しかし、彼らが、どんな根拠からそのような結論が出るのかを知ろうとしたら、以下のように話を敷衍できたろう。ミダス王は、自らの誤りを悟り、てっきり富だと思い込んでいたのに、きわめてひどい飢餓を体験したので、再びユピテルに、すべてをパンに変えてくれるように頼んだ。するとそうなった。ところが、今度はこうなった。王は、パンを身にまとい、パンの上に坐臥《ざが》し、パンだけで栄養を摂る羽目になり、渇きを癒すこともできず、怒り狂って死んでしまった。この寓話の後半部の帰結を引き寄せようとする人は誰でも、即座に前半の結論の誤りを理解したことだろう。パンも無駄でないように、金属が無益なのではない。すなわち、真実は、この地上では、万人の必要のために自然にこと足りる以上のものは、何も創られていないというだけのことである。取引の状態では貨幣だけでこと足りるが、このことは貨幣にではなく人々に由来するのだ。彼らは、情愛によって誰かに恩恵を与えようと結びついていれば、貨幣がなくても、それを必要としないだろう。だから、真の結果は、人々の愛がミダス王の飢えや渇きを癒す富であり、それだけが彼に求められるに値するということだ。ともあれ、詩人たちが犯した誤りは常に感染力があるので、ミダス王の寓話は今日、万人に語られ拍手喝采される。しかしながら、もしこれらの人々自身が、一国に貨幣が入ってくるのを知れば歓喜し、出て行けば悲嘆に暮れることに出くわさなかったら、その種のことは見過ごせるだろうし、どれだけそれを軽蔑したか、もはや思い出すまでもなかろう。だから、私がここで、社会の維持が唯一の利益であり、社会の利益に寄与するために、適正量の貨幣の入手に努め、それを管理する必要があることを証明するのは有益だろう。しかし、それを常に増やすことは有害である。それどころか、それの所有者の安全とか便宜のためになるなら、辛抱して、出てゆくがままにされねばならない。最後に、君主には、多くの貨幣ではなく、節度ある適切に配分される貨幣のすばやい動きへの愛好が求められる。

第一章

〈I.（訳注1） 貨幣の流通について〉

〈**貨幣流通が有益で妥当なのはいつか**〉 貨幣がある人から他の人へ作業とか骨折りの代価として移転することを私は〈貨幣が流通する〉（訳注2）と言う。それによって、貨幣を受け取る人に何がしかの快適さの取得や消費を生み出す。なぜなら、もしそうでなければ、貨幣が移転しても、私が、ここで話すつもりではない無駄な循環になるから。そこで、もし君主が、毎朝ある臣民の家から他の臣民の家へ運ばれる一、〇〇〇ドゥカートを割り当てたとしても、多くの循環は国家の利益にならないし、力や幸福も増やさず、煩わしさと市民への移転でしかない。だから、貨幣流通は、富の原因ではなく結果である。つまり、もし取引できる多くの有用な商品が前もって存在することが仮定されなければ、貨幣は、無駄で実利のない循環をするしかない。だから、商品販売の増加に寄与する秩序が有益なのである。他の秩序はすべて欠陥があって有害である。閉じられたある部屋の中で、一〇〇人の人が一定額の金を持って賭け事をしているとする。長い遊戯の後、金は確かに数え切れないほどの入れ替わりを経ただろうし、賭けた人の貧富の浮沈も同様にさまざまだろう。しかし、金の総額は、決して増えも減りもせず、その場では富が変化したとは言えない。事実、速やかな金の流通は勤勉の継続を誘発するのに対して、金の流通がないことは勤勉の継続を阻害するから貧困を生み出す。しかし、事態をよく見据える人は、貨幣流通は、国家の中にすでに存在し始めている富を増加させ確かなものにはできるが、富がなければそうすることができないことに気づくだろう。だから、一方の人々にすみやかに販売され消費されて、後を継ぐ他方の人々に場所が譲られるために、まず商品を所有し、次にそれらを流通させると考えねばならないことは、常に事実である。貨幣の急速な循環が、実際にはない富をあるように見せることも事実である。貴族が、贅沢に、つまり、自分の収入以上の金を費やして、支払えない債務を負って生活する場合のように。貴族たちは、自分が貧乏になっていることを納得しない。しかし、自分の信用をある種の富として数える商人は金持ちと見做され、信じ込んだ収入に基づいて支出を増やす。貴族と商人は両者とも貧乏になり下がるが、正気を取り戻す時はあまりにも遅い。だから、富の幻想に満ちたそのような循環がひどくなればなるだけ、事実とは違うのに自分は金持ちだと思い込んでいるから、貧困の度はますますひどくなる。

だから、俗物の声に欺かれるがままになり、結果を原因と取り違え、貨幣量を増やすことを自分の君主に熱心に提案し、有益で専ら真の流通が発生する農業、工業、住民を思い出しもせずに、流通増大を切望するかの著作者たちは、大いに非難されるべきである。金の量は、窮地に陥ったりそのまま放置されることを除いて、全取引を動かすのに十分でないと分かる時でなければ、増やされるべきではない。そのような理解がどうしたら得られるかが、今私が説明したいことなのだ。

(訳注1) 初版、他では、**I. II.** …が付いていない。

(訳注2) 初版、他では *correre* la moneta。

〈ロックによってなされた一王国に必要な貨幣量の計算〉 ジョン・ロック[注1]は、貨幣利子の低下がイングランドにどれだけの損害をもたらすかを証明しようとして、たまたま起こる流通必要量の減少によって、どれだけの金がイングランドの必要のために求められるかを調べ、それがいかに不十分にしか準備されなかったかを論証し始める。彼が、ほとんど薄明の中に見つけようとする真実の発見に満足してしまって、結果的に正確な計算をしていないのは事実である。彼は、国民全体を四階級に分ける。我々が〈人足〉と呼ぶ第一の労働者の階級。彼らは、農民と下層職人全部である。借地農業者と親方衆がもう一つの（第二の）階級、すなわち、彼らによって督励され差配され収穫された骨折りの成果について、第一の階級を差配し賃金を支払う人々である。彼らは、取引団体をつくり、第三の階級である商人や商店主に成果を売りさばくことに専念する。彼が、英語で〈仲介商（金融業者）〉 *brukers*[注2]（brokers 初版 *Br.*）と呼ぶ人々は、土地耕作とか技芸に精神を傾注しない連中であるが、彼らの唯一の基盤である貨幣によって製品や食料品を買い集め、然る後、輸送、保存、集積、配分をすることで、消費者たちに仕入れより高く売って儲けるのである。第四の階級は、他の三つの階級の手を通った商品を消費する人々である。

第一の階級は、手から口への生活をしているから[注3]、ふつう多くの貨幣を持とうとは考えない。つまり、毎週土曜日に支払われるので、彼らの手には一週間分の骨折りの価格か年額の五二分の一の稼ぎにあたる金しかないことが分かる。

借地農業者は、自分たちか彼らの雇主たちの手中にある流通外の貨幣のうち、地代の四分の一だけを手に入れる。イングランドでは、地代は、三月 marzo（初版 M.）（二五日）の受胎告知の日と九月 settembre（初版

S.）の聖ミカエルの日に満期になる半年毎に二回支払われるので。

商人については正確な計算ができない。卸売商と小売商が彼らの貨幣を何度も回す速度の間には極めて大きな差異があるから。彼らも、常に手中に残している現金で年利潤の二〇分の一を分けて全員に与える。最大多数の消費者については、誰も計算していない。それは不可能だし、間違うから non abbagliare（注4）。そうは言ってもやはり、ここまでの事実すら大して確実ではない。彼ら自身に一階級にはまとまらない多数の人々がいるし、同時に、土地の所有者、商店主で消費者の人もいるから。さらに、女性、聖職者、行政官、他の無数の身分については、これらの手がかりをたどって計算することはできない。公租や貨幣流通についてさえ計算できないように。しかし、ジョン・ロックが、当時のイングランドの状態について行った考察は、十分有益で明敏であるから、後で言及することにしよう。

〈ナポリ王国にはどれだけお金があるのか〉 とりあえず、私は、一王国が十分に貨幣を持っている場合と持っていない場合が見分けられるように思われる方法を、ナポリ王国を検討することで証明したい。ナポリ

（注1） 初版注（1）。Nel trattato della riduzione degl'interessi dal 6. al 4.per 100. 編者注「六％から四％への利子率の低下について」の学術論文で。Cfr. *Appendice*, II, pp.380 sgg. 補足史料五一二―三〇ページ。

（注2） *brookers*（*brokers*）のこと。文字通りでは農業経営者 proprietari agricoli だが、G. によって *banchieri* 金融業者として使われている。Cfr. *Appendice*, II, p.382. 補足史料五一二―三〇ページ。

（注3） *vivendo...all bocca*：「自分の生活の資として持つ物をすぐに費やしてしまうので」（spendendo immediatamente qual che hanno per il proprio sostentamento）。

（注4） sbagliare.

王国には、それについての最善の情報によって、諸銀行にあり、三〇〇万ドゥカートを超えない金も含めて、一五〇万ドゥカート弱の銅貨、ほぼ六〇〇万ドゥカートの銀貨、さらに、一、〇〇〇万ドゥカートの金貨があると考えていい。（注5）

〈その取引に十分かどうかが検討される〉 そのような貨幣をそこで消費される全商品の取引に役立てねばならないのだから、一、八〇〇万ドゥカートだけでまかない得るかどうかを知るために、目下のところ、これらがどれほどあるのか知る必要がある。イギリス人騎士叙勲者ペティ cavalier（初版 C.）Petty（William. 一六二三年〜八七年）は、まさに、ほとんど同じことを計算した。さらに、同国民の別の著作者も、少し前に、国家債務が見かけほど多くなかったことを証明しようとして、きわめて長い作業を伴うにも関わらず、非常に巧妙にイングランドの価値を計算した。（注6）私は、その結論が妥当であることを知っているけれども、敢えて彼の方法には従わない。この国民については、行動での勇気が向う見ずに傾くように、思考の鋭さが難解で奇妙なことに同調して、しばしば真実から遠ざかるので。私には、たとえ真実そのものに導いてくれなくても、近道があるように思われる。それは常に困難だろうが、ある真実の確かな境界内に私を導いてくれる。そこから、私の必要とする推論の結果は十分引き出せる。

〈王国全体の成果の価値計算〉 まず、ナポリ王国の総消費が、その産物全体にほぼ等しい incirca uguale（訳注3）ことは確かである。きわめて多くの商品が国外から入って来て消費されても、国産品の多くもその分出て行くので。つまり、どれほどの額に達するか知ろうと腐心しなくても、両者の価値がほぼ等しいことは、結果から確かである。王国は、過剰に豊かになりすぎもしなければ、貧しくなりすぎもしないから。そのような結果のうち、入りと放出の間にひどい不均衡があれば、過剰か過少の結果になることは不可避である。だから、一年でどれほど消費するかを知れば、我々には十分である。ある人が、貧乏なために、住む家の家賃、自力で着たり身を養ってやりくりするものの全額、それになお、金は使わなくても、農民たちのささやかな勤勉がそうであるように、雌鳥《めんどり》、卵、猟の獲物、薪、食糧、新鮮果実その他を寄せ集めるための全部が、価格に換算されねばならないとすると、一ヶ月二〇カルリーノ以下では、王国のどの土地でも暮らせない。私が真実を懸命に探求していることは誰にも分かる。ナポリでは、六ドゥカート以下では暮らせない。それ以下で暮らしている人は、食糧、衣料、居住費を他人に払ってもらっているのだ。それなのに、周知のように、多くの人々が、自分たちだけで、一ヶ月一五や二〇ドゥカートまで費やしているし、五〇とか六〇ドゥカートを暮らしに費やしている人までいる。今私が言及しているこのことは、僅かなことではなさそうだ。なぜなら、大領主たちは、自分たちに仕える人々に生活の資を与えるために支出しているし、この貨幣を私はこの人々の支出の計算に入れているから。だから、私は、公租についてさえ語らない。君主の報酬や給料で暮らす人々の支出に含まれているので。平均的状態は、金持ちより貧乏人の方がずっと多くいるので、一ヶ月で一人当たり七ドゥカートか八ドゥカート以上になるだろう。しかし、女性は男性よりも少額で生活し

（注5） Cfr. la nota XXIV del G., alle pp.333–4. 注釈四三二ページ。

（注6） おそらく、この言及はガリアーニよりも少し年長のイギリス人（経済学者）、ジョサイア・タッカー Josiah Tucker（一七一二〜一七九九年）のものだろう。

（訳注3） 初版「等しい」（uguale）。

ているとみなされている。子供たちは、ごく僅かしか消費しないとはいえ、成人の四分の一になる。最後に、私はここで、賭け金、贈与金、賃金になる別の消費を豊かにする支出についてではなく、必需品の消費からなる支出について語っていることを注意しておく。私は、各人の消費が一ヶ月四ドゥカートにならして定められると、あるいは、もっと正確に、各人が消費するものを全部含めて、四ドゥカートに相当すると考える。ナポリ王国には、三〇〇〇万人強の住民がいる。だから、一ヶ月で一、二〇〇〇万ドゥカート、一年で一億四、四〇〇〇万ドゥカートの商品価値が消費されるのだ。

〈この計算の結果〉 さて、計算で、結果を間違えないためには、誤りが、常に望む結果の逆になり終わる必要があるので、私は、自分の計算で倍の誤りを犯したことにして、ナポリ王国で一年に消費された成果と骨折りは、二億八、八〇〇〇万ドゥカートに相当すると仮定したい。それでもなお、一、八〇〇〇万ドゥカートの貨幣があれば足りることが証明されたと言える。第一に、貨幣を必要としない収穫者自身の消費全部を控除しなければならない。このように、（ナポリ市を除いて、ほとんど王国全体にいるような）[訳注4]自分の持家に住み、自作の小麦を食べ、自作のワインを飲んで、他のあらゆる物を自給している人々は、貨幣を必要としない。このことが、主に貧乏人たちにとってどれほど重要であるかは、誰にも自明だろう。第二に、商品の物々交換の取引全部が差し引かれねばならない。そんなわけで、労働者たちに、ほとんどすべての所で、賃金として小麦、ワイン、塩、ラードが与えられた。それから、これは、主人も買わなかった。取決めの将来価格に規制されて行われる各種物々交換全部が差し引かれねばならない。そして、最後に、わが国民の四分の三をなす農民たちが、自分たちの消費価格の一〇分の一にだけ貨幣を費やすことに留意したい。そうすれば、ナポリ王国の成果の半分だけ貨幣なしで消費されたから差っ引いてよいということになり、私が内心かなり妥当な真実を推量したと公言できよう。一、八〇〇万ドゥカートの八倍の一億四、四〇〇万ドゥカートが残っている。そのためには、貨幣全体が、多くの取引を欺くために、支払いの形で、一年間に八人の違った人の手を通過すれば十分なのだ。そのような動きは、不可能だとか困難だとか言われるほどのスピードではないように思われる。つまるところ、我々の貨幣はこと足りていると納得できる。それを増やすことは、単に無用であるだけでなく有害でもあるから、次章で証明されるところによれば、貨幣の更なる蓄積を助長する人々は、へぼな助言者である。

〈不適切な流通と中断の有害な結果〉 目下、私が論じる必要があることと、次いで、それに付け加える解決策について、多くの有害な結果をその後に出したくなければ、貨幣が、その水路のすべてで、もっと速くだけでなく、より良く配分され、さらにむらなく流通することがことさらふさわしい。

〈農業と技芸の損害〉 I．貨幣の流通が不十分だと農業と技芸を破滅させる。政治体も、人体と同じである。大血管はまさしく最先端の毛細血管にまで血液を送る役割を果たしている。すなわち、これらの毛細血管で、肉体、四肢の新たな生成と器官の栄養摂取がなされるのだ。血液がからになれば、一番有用な毛細血管が干上がり、血液の残りは、何の栄養分も摂取しない一番大きな腔《こう》 cavità にすべて集められる。このように、貨幣の欠乏は、農夫たちに自分たちの収穫物を〈取決め〉 *voce*（初版、他 v.）の将来価格でまだ穂が出

（訳注4） 初版、他には、括弧（ ）はない。

ないうちに売らざるを得なくする。そのために、彼らは、高価格の利益を享受することなく、災害の全損失を被る危険に身をさらすのである。だから、彼らは、貧しくなるし、その場合には、もっと狭い土地に耕作を狭め、自分自身を守るために、国家全体に損害を与えるのだ。それなのに、貨幣は全部、最大の利益をあげる取引の専制君主と言っていい商人の手中に集まる。たとえ彼らが、耕さず、加工せず、実のある便益を何一つ生産しない人々と同じく、国家のために役に立たなくても。

〈貧乏人の迫害〉 Ⅱ．差配人の貧困は、苦労がすべて後に最も惨めな農民たちや人足たちに落ちかかるようなやり方で、この連中によって繰り返された ribattura(訳注5)。彼らは、自分たちの雇主たち conduttori(注7) から現金で払ってもらえず、小麦、ワイン、オリーブ油、チーズ、ラードで支払われた。それらは、彼らに、きわめて高値に評価されただけでなく、貪欲の友である残酷さと野蛮さによって、しばしば、腐って悪臭を放ち、中毒しそうなものだった。それほどひどい暴虐によらなくても、包括的に見れば、百姓 villani は救われない。このように、百姓という国家に最も役に立つ人々の生活条件がきわめて惨めなものになる。

〈農場の破滅〉 Ⅲ．他方では、農場も破壊される。なぜなら、工匠たちが、労働者たちに生活必需品で支払い始めると、徒弟たちにそれらを支払いで配分するために、少数者が大量の商品を仕入れで買うだけになり、市場や市で買い手が減少するので。売り手が僅かか買い手が僅かだと、自由価格はなかなか形成されない。だから、農民たちは、自分たちの商品が極めて低価格であることに気付く。そのため、農場の支出が回収できないので、これらの農場は直ちに経営が悪化する。そのような不都合について、ジョン・ロックが書いた時には、織物商たちが貨幣不足によって、前述の原因で差配人たちの大部分を破産させたので、イングランドはそれほどの不利益をかこったのだ。

〈高利の起源〉 Ⅳ．貨幣量の僅少は、高利や我々によって〈利子〉の名に隠され粉飾された一種の報酬の起源によっても保たれることになる。その名は、大して憎くもぞっとするほどではないものの、しばしば少しも褒められるものではない。商品を買い入れ、ほんの数ヶ月寝かした後に、再販売することで得られるこれらのあり余る稼ぎは、同じ原因も隠す。つまり、自分たちの収穫物をあまりにも早く始末する必要があった土地所有者たちに対する利子 interessi（初版、他に）や徴収された高利をきわめてうまく言いあてている。

〈利子の差はどこから生じるのだろうか〉 多くの人々が信じているように、貨幣の増加は、高利の程度に対策を講ずるものではなく、流通を改善し独占を破壊するだけである。一〇〇ドゥカート持っている人と一、〇〇〇ドゥカート持っている人の間には、二〇〇ドゥカート持っている人と二、〇〇〇ドゥカート持っている人の間にあるのと常に同じ不平等がある。しかし、もし年収で一〇〇ドゥカート得る人は、貸す立場にない人々の一〇ドゥカートの申し出を受けいれても、一人きりの年取った無慈悲な高利貸しから受けるほどの困難な条件には甘んじないだろう。だから、ナポリ王国では、利子は七％から九％の間にあり、ナポリ市では三％から五％の間にある。そこでは大抵、支払われるべき利子は各市で同率である。中心地ではほとんど無数の率がある。多くの場合、率が決まっていないことすらある。しかし、そこには、幾つかの堂々た

（訳注5） 初版、他「償われた」（riparata）。

（注7） *conduttori*：日雇い労働者を差配する農業者（contadini che assumevano mano d'opera）。

る礼拝堂とか信心会があり、それらの管理者たちは、弁済のつもりなしに、莫大な利子でも気軽に金を借りる。後に、弁済の希望が破綻してしまっても、彼らは、それらの破滅によって銀行業者 trapezita（初版、他C）が取得した敬虔な場所の収入を増やすのだ。こうして、現在では、貧乏人が金持ちの高利貸しになり、金持ちが貧乏人の収入の管理者になってしまった。[注8]

〈貨幣の滞留から生じる損害〉　前編で約束したことを果たしたので、ここは、貨幣を少数者の手中に滞留させて集め打刻することが、どれだけひどい害になるかを述べる箇所だろう。このことは、常に政府の根本的秩序にある不備に由来するから、それをすっかり変更した後でなければ確かに救われないし、そうしてだけ改善される。古代ローマは、第一次ポエニ戦争までに王から解放されたので、市民たちの富の不平等による訴訟以外の事件は起こらなかった。そこでは、新たな領土の獲得、植民地や農地均分法によって改善されて、自然秩序の類似の変化に応じて共和国 repbblica（初版、他R.）も変わり、ついに一つだけになったほど共和国は貴族的から民主的になった。過酷な高利、隷属、民衆の暴動、債務の廃止はすべて富の不平等から生じ、主として、これらは確かに絶え間なかったし、兵士の、すなわち、農業労働と収穫を放棄した百姓の負担で行われたから、戦争に端を発する。だから百姓は、まったく金持ちと高利貸しで構成されていた元老院 senato（初版、他S.）に、本気で喧嘩を売ることになった。つまり、戦うことで、国民は強くなり、しばしば勝ち誇りもしたので、略奪の成果が彼らには苦痛の緩和になり、得られた力量が、とうとう政府形態を貴族的なものから大衆的なものへ変える勇気を与えた。だから、戦争が富の移し替えの第一の原因であった。すなわち、富はすべて、現代でも、戦時では、地方監督官、商人、公租の徴収人の手に蓄積された。だから、君主たちがこの連中から解放される価値の引き上げは、国民に有害ではなく有益なのだ。

〈過少流通の対策〉　私は、貨幣の過少流通を数え上げたので、その対策にも言及することが妥当だろう。

〈Ⅰ. 少額の、頻繁な支払い〉　第一の対策は、短い時間に分けて支払いを小額にすることである。もし一、〇〇〇人が、一日だけで一〇〇万ドゥカート支払う必要があるとすれば、二人が同じ貨幣で支払えないので、一〇〇万ドゥカートが彼らの手に必要になるのは確かである。しかし、もし六ヵ月でその都度五〇万ドゥカートずつ払えば、支払われる貨幣の多くが、再登場するために彼らの手に戻せるから、六〇万か七〇万スクードで一〇〇万ドゥカートの代わりができよう。もっと少額のもっと細分された支払いがあればあるだけ、ますます少ない貨幣でぐるぐる回せ、動きの遅い貨幣や溜め込まれる貨幣はますます減るだろう。この点についてロックは賢明に論じた。しかし、ナポリ王国は類似の不備に不平を言えないように思われる。

〈Ⅱ. 市《いち》と市場《いちば》〉　市と大規模市場。それらでは一箇所で大規模な流通が行われ、しばしば、全契約者が居合わせるので貨幣がまったくなしでもすむ。直ちに完売の場へ運ばれる市では商品価値は常にいっそう大きいので、市を奨励するために幾分関税を免除してやらねばならない。特に、ほとんど海の突端の活況の港なので、僅かなコストでどんな国からでも近づけるナポリ王国では。

〈Ⅲ. 契約と商品での支払いの慣例〉　〈口頭〉契約は、〈取決め〉が確実なら、耕作を奨励するためには一国では有益である。食いものにされたり、酷使されたりしなければ、労働者たちへの支払いは現金でよりも

（注8）　trapez(z)ita, cioè banchiere.

商品での方がずっと評価されよう。

〈Ⅳ．公租徴収での適切な秩序〉　税金の適切な徴収は、貨幣の流通規制よりも明らかにずっと有益である。こうして、［もしプーリアの税関で五月の市《いち》の終りになされる支払いが(訳注6)］、暑さのために放置されて九月になされたら、羊群の所有者たちは破産しただろう。だから、納税者がいつも金を持っている時分に課税すべきである。公租が、自分が必ず買わねばならない商品で一部でも徴収されることは、君主の配慮としてあるまじきことでもあろう。自分の軍隊に一〇万トゥモロの小麦を配給する君主が、公租として徴収した現金でそれらを買い入れるとすれば、あたかも一三万トゥモロを強要したかのように、土地所有者に負担をかけよう。つまり、三万トゥモロの価値が、金持ちの、すなわち土地所有者ほど有用ではないから、それを儲けるに値しない人々、商人や銀行家の儲けになる。さらに、その貨幣は、もっと長い紆余曲折 ravvolgimento(注9) を被る。河床をひどく蛇行させることは、流れを遅くすることと常に同じである。

〈旧諸公国の力の源泉〉　野蛮な諸世紀に、公益への熟慮や愛のためではなく、必要によって利用された、貨幣ではなく労働で公租を徴収するような規則から、偉大で驚くべき効力が生じた。我々は、その効力がそれらの時代の国民や君主の中にあったことを知っているし、諸時代の建造物 fabbriche(注10) や他の豪華で驚くほど美しい作品が、どれほど現代以上の効力をもったかを証明している。つまり、もし農場から遠く離れて暮らし、貨幣だけを得て、それから、必需品を現金で買わねばならない人よりも、自分の農場の真ん中で暮らして、何も買わない私人がいっそう富裕になるように、自分の財産を全部金に変えない君主はますます富裕になるだろう。

〈V. 速やかで適正な裁判〉 訴訟の簡潔さと文書契約の少なさ。おそらく、このことは、真っ先に枚挙に値するだろう。

〈VI. 明確な法律〉 貨幣の自由と法律の僅かな拘束。財産税、信託遺贈、贈与、遺留分、抵当権、先行債務の解けないもつれのある土地は、存分に耕作が行えない。買い手に金になる保証もないから、売れもしない。それから、未耕地であることがどれだけ大きな損失になるかは、私は十分にくり返し述べた。

〈屁理屈好きな裁判所の不利益〉 だから、揚げ足取りばかりで無秩序な裁判所の混乱が、富を動かし、連日新たな家族を生み出させて、国益に寄与し得ると考えることは誤りである。訴訟が、単に停滞を生み出すばかりでなく、財産にきわめて激しい動揺を与えることになるのも私は否定しない。富を所有者から野心に燃えた人に移す代わりに、両当事者から弁護士に移転する財産のように。彼らは、確実に富を充用する場所を見出せないことにうんざりして、それらすべてを気前良く使って零細な民衆の間に散逸させてしまうし、辛うじて集められても、再び弁護士に貪り食われることによって、はじめから騙され続けるのだ。訴訟も一般的貧困を引き起こさない。とはいえ、同時にそれらが生活を極めて苦々しく痛ましくし、所有者の手を変えることにではなく、富の実質量を増やすことにすべて捧げられていれば、きわめて多くの儲けが得られる

(訳注6) 初版、他「もし市が終わって、プーリアの税関でなされる支払いが」(se i pagamenti, che si fanno alla dogana di Puglia finita la fiera)。

(注9) giro, percorso.

(注10) *fabbriche*: edifici, costruzioni.

時間と精励をすり減らすことも告白すべきである。

〈わが国の現状〉〈Ⅶ．無限の利益は自国の君主である〉(訳注7) ナポリ王国での貨幣流通に関わるかぎりで、私がその叙述のために別所を充てたとしても、いかにそれに二つのきわめて重大な損害が信じられているかをここでも言っておきたい。すなわち、資本の不釣合いな大きさと裁判所の不釣合いな大きさである。それら二つのことは、かつて害があったと言った方がよかろう。しかし、あらゆる伝染病も、時間と共に治るか、病気に対して免疫ができて、自然にそれを変化させるように、肉体の体質を変えるかするので、今日、もはやこれらは病気ではない。自己の君主の到来は、不可避的に固有の法によって、彼が在住する場合には、ますます資本を増加させることは事実である。裁判所にもより多くの訴訟を引きつける。しかし、両方とも短時間で改善するに至る。資本は、諸地方が自由と取引を獲得して、住民でいっぱいになるのと同時に、終いには新しい主人たちを自ずと追い払うほどの大きさに至る。裁判所は、訴訟の果てしない混乱に圧迫されて、もうそれ以上悪化のしようもなく、人事を論ずることが決して認められもせず、再組織され改善されねばならないように、堕落しめちゃくちゃになる。だが、これらすべての出来事については、自然の原因から派生するので、市民たちの罪でも功績でもない。

だから、君主の存在だけで、国家をあらゆる疾患から癒すにはほとんど十分なのだ。さらに、もし彼が、神がナポリ王国に与え給うたごとく、最良で徳の高い意志と思慮深い偉大な精神を担うようになれば、おそらく、ひどくてこれほど長い不運への同情の念にかられて、回復の時は大いに早められるだろう。それどころか、各君主が暴君でなければ、国家は常に正道に戻る。だから、君主の存在は、貨幣流通を改善するためのきわめて重要な七番目の原因に数え上げられよう。彼によって、誰にでも職と勤労への刺激が与えられるのだ。ここから奢侈が生まれ、奢侈から豪華、歓喜、甘美な慣習、芸術、高貴な研究、幸福が生まれる。そして、私は、非常にしばしば、この奢侈を引き合いに出したから、一度は落ち着いて論じても自分の意図からは外れない。

〈II. 一般的に考察された奢侈をめぐる逸脱〉

〈奢侈に対する嫌悪〉〈その真の観念〉(訳注8) 人は誰でも、ある種の言葉に対して嫌悪の念を抱くが、それらに対応する観念は非常に曖昧でさまざまである。だから、これほど普遍的な同意によって非難されるのは、ことがらではなくて言葉であるように思われる。しかし、識者を非常に驚かすのは、これらの嫌われることがらが、それらを嫌う人々全員かほとんど全員に根ざしていると信じられていることである。私は、そのような特性をもつと思われる言葉全部をここで列挙するつもりはない。なぜなら、特性がそのようなものだと証

(訳注7) この欄外見出しは、同段落の一二行目「自国の君主の到来は……事実である」(Vero e che la venuta d'un Principe proprio) の余白にある。

(訳注8) この欄外見出しは、同段落の三一行目「しかし、それが何であれ」(Ma chiunque) の余白にある。

明しないことには、あるいは、無茶で当てにならないと見なされる危険を冒さずには、少しも口に出せないから。それでもなお、一つだけあげて見よう。つまり、それは〈術策〉*politica*（初版 *P.*）という言葉である。それは、誰もが生活態度の中で切にもとうとし、同時に、無辜や美徳に対する敵として非難する。そのくせ、決して敢えてそれを定義しようとしないのだ。〈奢侈〉*lusso*（初版 *L.*）という言葉もそれに類するものだ。それは有害で見苦しいと言われる。慣習の師匠たちはそれを禁じる。歴史家がそれを嘆き、雄弁家や詩人もそれ以上に嘆く。喜劇役者たちはそれを嘲笑する。法律はそれを憎む。だが、私人たちの会話で回復する。どっちみち、世界は奢侈に満ちている。諸国民全部と全時代が、野生人、野蛮人以外は、奢侈を手にしていた。本当のところ、奢侈が何であるか誰一人知らないし、敢えて言う人もいない。そんなわけで、この幽霊は、こう言うのがふさわしい、我々の周りをさまよい、決してその真の外見を見せず、決して説得的でもなく、おそらく突き刺される真の心臓も持たないだろう、と。しかし、それが何であれ、奢侈が、平和、善政、社会への有益な技芸の完成の息子であることは確かである。だから、それはこの世の幸福の兄弟である。すなわち、奢侈は、生活に絶対必要でなくても、楽しくする業《わざ》の導入とそれらの商品の販売以外のものではあり得ない。だから、奢侈は、必要な諸技芸がすでに十分に現場の職人を準備していなければ、生まれることはできないのだ。つまり、このことは二つの仕方で生じる。すなわち、人口が増加し、彼らが平和と優れた法律の下に生まれてくる時とか、以前より少数の人々で、あるいは（同じことであるが）短時間で製品が仕上がる新しい手段の発見に他ならない技術改良がなされる時に。そうなれば、多くの人々が失業の憂き目を見るが、この連中が飢えて死なないためには、大して必要でない仕事でそれらの人々の要求に応えてやる。それがまさに奢侈なのである。

〈奢侈の真の損害〉 もっとも、奢侈が一国家のまじかに迫った頽廃の確実な兆しで予告であることも常に事実である。しかし、小麦の穂が黄ばむことは、乾いて枯れてしまいそうなのとまったく同じである。それは、衰退の兆しではあるが非常に期待され熱望されたし、多くの汗が流され、多くの手間がかけられ、多くの労力に支えられたものだ。すなわち、美しい季節の表れ、満面的歓喜に常に結びつけられた兆しである。その植物は青々としていて新鮮でも、冬の嵐の真っ只中には実らない。実りでいっぱいになれば枯れてしまう。だから、神の荘厳な庭園の植物である王国も帝国も、戦争と内紛の中で成長すれば力と荒々しい活力に満ちている。しかし、軍隊の勇気と法律の慎重さによって、平和と富裕に戻されると、長い間同じ状態に止まることは許されないので、富と奢侈が人々を堕落させ始める。奴隷状態に戻されると、隷属状態に発端がある罪悪のごた混ぜのすべてが、再び現れることになる。こうして、混乱から秩序へ、秩序から混乱へと永久にすぎていく。だから、奢侈を繁栄の中で妨げようとすることは、長期間耕されて夏に実る麦が実らないようにするか、実りの後でも麦をなお青々とさせておこうとするようなものだ。

〈それらは繁栄の結果だから対策はない〉 だから、ムロンのように、奢侈を拍手喝さいしたり、あらゆる利益の源泉として称賛したりすべきではない。それは、良い政府の結果であり原因ではないのだ。すなわち、奢侈についていくと、しばしば風俗紊乱者にも良い政府の敵にもなる。しかし、奢侈によって外国人のではなく、同胞市民の勤勉を拡げれば、大した害ではなくなるので、言われるほどすべてが忌まわしいわけではない。この害が避けられれば、悪く言われる他のすべても、それほどひどくはない。もし奢侈によって高貴な家族が貧しくなり、家系が絶えるとしても、国民大衆は増加し負担は軽減されるだろう。唯一の違いはここにある。すなわち、旧家族は、野蛮時代に出現し、軍隊以外には起源がなく、強欲、戦争、確執が彼らに与えた富しか持たないからだ。新たな富は、勤勉によって、平和の内部で、奢侈の時代に増加された。どのような方法で増加したのか、どのようにして改善したのかを見出すのはたやすい。しかし、詩人や雄弁家には、軍事的蛮行を〈勇気〉*virtù*（初版、他v.）と呼んで栄光をたたえ、商業上の勤勉を卑しいと公言することが好まれるので、人々は、後者より前者の富裕への道を高く評価する。このことについて私は驚かない。多くの慣習の師匠が、共通の誤りに身を委ねていることに気づかずに、しばしば過去何世紀もの不幸の有名な記念碑としてしか役に立たないそれらの家族の維持に汲々として、これほど強く奢侈に反対して叫んでいることの方が、私には驚きだ。君主は共通の父だから、似たような配慮を育むべきではない。つまり、国家内に富があれば、平和裏に、それをある人から他の人に移すことだけ配慮すればよい。世界が住民でいっぱいの今日、ある人は、他の人を貧しくせずには富裕になれないことは確かである。つまり、天上からほとんど地上全体を見渡せる人は、中国人とか日本人を見、その上に富裕なヨーロッパ人がいることを見出すだろう。この違いは、軍隊によってか勤勉によって富裕になるかの間にある。すなわち、軍隊が近隣住民を略奪した後に、臣民や仲間がそこにいることになるから。商業は、確かにあまり名誉なことではないが、もっと快適にいっそう遠隔の住民の血も吸い取る。だから、君主たちは、臣民たちを外国商品の奢侈の食い物にさせまいと、むしろ、できる限り贅沢で怠惰な、もっと正確には、拙く統治された国民を基に豊かになるように気をつけるのだ。要するに、自然法則によれば、勤勉な者は常に自分の骨折りによって報われ、怠け者は常にいがみ合い貧乏になるしかないからだ［si］pensi（初版、他pensi）。

〈前述したことの例外〉　私が述べたことは、一般的に検討された奢侈のすべてを意味する。だから、多くのことが殊のほか悪いことになる。多くの人々が、奢侈を何もせずぶらぶらし、貧乏人への施しを減らし、債務者の几帳面さが身についていないこととみなす。すべての欠陥は、当然再検討され訂正される。だが、これらの一つ一つを語れば、私の目的から遠く逸れることになろう。(注11)

（注11）ここで、ガリアーニは、『新しい科学』*Scienza Nuova*（*Principi di una scienza nuova d'intorno alla comune natura delle nazioni*）のヴィーコ（Giambattista Vico 一六六八年〜一七四四年）の無数の文章を書き直している。このことについては、cfr, F. ニコリーニ Fausto Nicolini,「G・B・ヴィーコとF・ガリアーニ」(G. B. Vico e F. Galiani, 1918)。

第二章　〈貨幣量の増大について〉

〈医者の誤診に似た政治家の失政〉　人体と社会の混合体の間にはすばらしく称賛すべき類似があることは、きわめて適切に十分認められていることである。しかし、そのような認識から、なぜ今まで考え得る有益なことが引き出されなかったのかは知らない。なぜなら、医学は、その多くの部分で改善され事実になったのだから、その姉妹である政治学が、その光りの反射によって照らされることは自然であった。長い間瀉《しゃ》血《けつ》を嫌悪した派閥が医者たちの間で優勢であった。彼らは、常に血液は最も純粋で最も貴重な養分であり、組成のためにはきわめて長い時間ときわめて多くの辛苦を必要とし、その中に生命の主要な中枢があるから、自然が多くを欲し、増やし、保存するものを放出することはそれに反すると繰返した。けれども、経験が、三段論法に打ち勝って、瀉血の有効性と必要性、すなわち、多くの血液の獲得とか保管ではなく、それの完全な組成と肉体や血管内の動きに比例した量が生命を支えることを明らかにして、ついにこれらの亡霊を消し去った。こうして、多くの致命的な誤りが追放されたので、以前には治せなかった多くの病が危険ではなくなった。統治の科学には、なおガレノス学派 **Galenici**(注1)がある。彼らは、断固として、貨幣は国家の血液で、栄養に満ちた生気ある体液であり、常にそれを増加させねばならず、貴重な什器の中に決して沈殿するままにしておいてはいけないと教えている。彼らは、金・銀を取得するために、余分に持っているものすべてを国外に送り出し、造幣所を経営し続け、こうして金の中に浸り漬からねばならないと言う。彼らは、自国の鉱山の採掘、外国の鉱山の征服を提案する。彼らは、貴金属を枯渇させた旧インド諸島との取引の断絶を切望し、最後に、現存する打刻ずみ、未打刻の金属の輸出を厳罰で禁止する法律も非難しない。原理、議論、結果の類似は、あいにく誤りが共通していたと疑わざるを得なくした。すなわち、この見解における全政治家の一様な同意も、それを事実として保証するのに十分ではない。だから、私は（おそらく最初に）、同じ虚偽によって医者 **I medici**（訳注1）や統治術の著作者が誤りを犯しているから、前述したどれもが適切で正確な助言ではないことを証明する。

〈ムラトーリの間違った見解〉 ルドヴィコ・アントニオ・ムラトーリ（注2）（Ludovico Antonio Muratori, 一六七二年～一七五〇年）（初版注。Felicità Pubblica c. XVI. sul principio.）は、以下のように書き残した。

だから、他の何にもまして、一国の経済運営のすべてを、唯一のきわめて重要な原理に適合させること、すなわち、国家からの貨幣流出をできるだけ少なくし、できるだけ多く導入することだと認識すべきである。誰もが貨幣が優れた友であることを知っている（注2）（初版、他　全文イタリック体）。

（注1） Galeno（一三一頃～二〇一頃、Claude Galien）。経験主義の医者。ギリシャの医学者、解剖学者。体液病理説を主張。古代ローマ最大の医学者としてルネサンスまで権威と仰がれた（ロベール仏語大辞典）。

（訳注1） 初版「哲学者」（i filosofi）。一七八〇年版で現行。

（注2） *Dell pubblica felicità*, cit., p.125 della ed. Curata nel 1958 da M. Brunetti.

第二編で、私は、国家の逆境では貨幣は最良の友ではなく、非常に忠実な臣民であることを証明した。すなわち、誰にとっても、大財産よりも真の友の方が常に有益だから。ここで、私は、貨幣がありすぎると、いかにそれが味方になるのと同様敵にもなることを証明する。

〈貨幣の増加の無益〉 まず、ナポリ王国には三、六〇〇万ドゥカートあるので、すでに十分な貨幣の準備があるけれども、なお同額が提供されたと仮定しよう。多くの金属が我々の元にある限り、さらに金持ちにもさらに安楽にもならないだろう。貨幣の流通と配分は、もし新貨幣が、旧貨幣が配分されたのと同率で拡がるとしても、新貨幣を増加させることで訂正されないだろう。より良い秩序が与えられなければ、やはりこうした状況がつづくだろう。だから、それによって、我々は、以前に三オンスで得られたものを六オンスで交換する羽目に陥るだけのことだ。つまり、そのことは、何の利益にもならず、最悪の負担で迷惑になるだろう。我々の間に新貨幣が残っているかぎり、その贈り物は無益であまり望ましくないものなので。もし我々が、貨幣を得るなら、多くの商品と多くの生活の便宜を引き出せることは確かである。しかし、ナポリ王国は、生活必需品として求められるものすべてを十分に生産するので、我々は、奢侈や快楽の商品以外は買わないだろう。目下、このことは、外国産業の販路を奨励し、彼らの骨折りに報い、彼らの富を増やし、わが国の小麦、ワイン、オリーブ油をその貨幣自体で買いに来られる手段を与え、こうして、栄養を取り、人口でいっぱいになり、我々に対して強力で恐ろしいほどにすることにほかならない。(注3)だから、多くの貨幣は、一箇所にとどまれば無駄になるし、浪費されれば害になる。統治者が、美徳や宗教を傷つけない技術や手段で常に他の公国を弱体化させることに専念し、自国臣民の生活を近隣諸国民より幸せで望ましいものにしなければならないのは明白である。

〈貴金属を過剰に買わせることは有害である〉　しかし、なお悪いことは、金・銀が我々に提供されないことである。金・銀はアメリカに送られたか当該諸国民に送られた我々の商品で買われ、しかも高く買われるのだ。一国家が、取引の水路をいっぱいにするだけの金属量を調達するかぎり、その出費はまったく正当であり、必要なだけの金属を買うならどんな価格であっても高くはない。しかし、適正量というものがあるから、もう金属ほど有用でなく、その時まったく無用になった商品ではそれを買えない。だが、なぜ我々が奢侈や美の飾りで満たされるために、外国人や時には敵にすら有り余る便宜を少しでも増やすべきではないのか。私が、第一編で、金属の内在価値が、架空か恣意的にではなく、かの性質に基づいて決定されることを証明したのは事実である。実際、だから、私は、小麦やワインが真の内在価値をもたないとは言わなかった。どちらか一方を豊富に持てるとすれば、常に前者（金属）より後者を持つ方がいいだろう。

〈過剰な貨幣は人口を減らす〉　このことに過剰な貨幣が人口に及ぼす支障が付け加えられる。多くの貨幣があるところでは、安っぽくないはずはないので、商品と労働が高くないはずもない。だから、製品は十分高く評価されねばならない。ところが、結局のところ、孤立するだろうから、貨幣不足によってさらに遺憾な事態になり、高い価格が邪魔をして、そこでは僅かの販路しかないだろう。さらに、外国人たちは金満の王国に居を構えるのを避けるから、招かれざる客である裸同然の惨めな身の連中しか来ない。何がしかの収

（注3）　temibili e pericolosi per noi.

入のある人まで、価格が高すぎれば、最良の要素である生活のゆとりがないことにたちどころに気がついて、非常ににいやがるからだ。市民たち自身も、自分たちにこんなにつましい生活を強いる祖国を放棄し、今以上の骨折りなしに、もっと豊かになるために立ち去る気にさせられる。イングランドやオランダの現状は上述したことの明白な例である。イングランド政府の命令は、食料や小麦自体の高価格を配慮せずに、常に引き出され近隣諸国民に売られるならば、イングランドに莫大な額の貨幣を持ち込ませるためには、きわめて適切なものである。そのようにしてなされた命令の結果、外国人はきわめて僅かしか来ないので、イングランドではどうしても人口が増えなかった。フランス（注4）を追放されたユグノーの大部分は、オランダがいっぱいになった後、生活できる保証がない場合には、最も近いイングランドを避けて、ドイツに押し寄せた。印刷術のようなきわめて多くの技術が、一方では、イギリス人は低価格で本が売れないし、他方では、外国人はそんなに高い本が買えないので低下した。つまり、製品が優良でなかったら、イギリス製品は何一つ買われなかっただろう。ことのすべてから、命令が、金属よりも人々をひきつけるのにふさわしいオランダが、イングランドとは比べ物にならないくらい人口稠密になり、比例して非常に大きな力が示されることになった。最後に、イギリス人自身は、旅行の経験で、祖国で貧乏に暮らすより豊かに旅をした方が楽しいことを試したので、自分たちの多くの富の流出に取り返しがつかないほど扉を開いてしまった。

〈政府の正しい原則〉　だから、結論付けると、あらゆる優れた政府の基礎は、ムラトーリのそれではなく、これである。すなわち、金の中にではなく豊富な食料の中に浸《ひた》ることであり、できるだけ人々の流出を少なくし、できるだけ多くの人々を流入させて、ぎっしり並んでいる仲間や市民の群から見られて満足すべきである。「では、あなたは、売り物の食料を国外に送らないのか」[訳注2]と多くの人が、私に聞くだろう。私は、土地が生み出せるだけ多くのものが収穫され、次に、一リッブラさえ国外に送らずに残すほど我々同胞が多くいることを望みたいと答える。子孫の養育が高くつかず、住みに来たくなり、容易に食料が得られ、そうして生活苦から離れられるなら、なんと幸せな政府であることか[注5]。

〈貴重な什器を溶かしてはならない〉 今私は、台所用具やミサ用の聖具一式の貴金属が溶かされないのを見て、大いに遺憾であると言うだろうか。そう言ったとすれば、それは、ほとんど宗教色抜きの卑しく不正に教唆された貪欲だろう。私は、わが国の貨幣の増加を非難しているので、限りなく多くの根拠によって、多くの滞留金属の増加を非難したいのは事実だ。しかし、神聖な礼拝に多くが捧げられ、大いに装飾や豪華さを維持することは、常に非難すべきことではない。

〈自国の鉱山を採掘するまでもない〉 自国の鉱山を採掘することをめぐって、ジョン・ロックのこれらの賢明な言葉を肝に銘じるべきである。

金属を自然に埋蔵している国のほとんどが貧困であるという事実が注目される。これらの金属の採掘と精錬は労働力を吸収し、多くの人命を消耗するからである。中国人が、彼らの所有する鉱山を無理に操業させないと

（注4） 寛容が保証されていたナントの勅令の取り消しに続いて一六八五年に追放された。

（注5） Cfr. la nota XXV del G., alle pp.334–5. 注釈四三二―四ページ。

（訳注2） 初版、他では“……”（「 」）がない。

いう賢明な政策をとっているのはこの理由によるのである。また事態を正しく考察すれば、鉱山から採掘された金・銀は、実際にはトレードによって獲得された金・銀と同程度には富裕をもたらすものではない。軽い方の秤を反対側の秤より下げようとする人は、あいている方の秤に新しい分銅を足すことによってすぐに下げようとしないで、軽い方の秤につけ加える分銅を重い方から取るようにするだろう。なぜなら、その場合には半分の分銅で十分間に合うからである。〔同じように〕富は、金・銀をより多量に所持することに存するのではなく、世界の自余の国々、あるいは隣邦諸国に比してより多量に所持することにある。…またかりに新鉱山が発見され、世界の金・銀の量が現在の二倍となり、彼らの金・銀量の分け前が倍増したとしても、彼らは少しも富裕にはならないだろう。[注6]（ロック著、田中・竹本訳、一六ページ）

〈鉱山を征服するために戦争すると損をする〉 自国の鉱山の採掘が無益なら、自然が優しくそれを与えてくれた人々にとっても採掘の必要さえない他国の鉱山を、暴力で占領し奪い取るために戦っても損するに決まっているだろう。人間の真のきわめて大きい価値が認識されるなら、金属を武力で略奪するために人々に大損害を与えることが、いかにひどい狂気にかられた大損失かが分かるだろう。すでに私が行った計算によれば、人間は、少なくとも一、二〇〇ドゥカートの資本に相当し得る。次に、若く他人の役に立つには一番ふさわしい年齢の人間である兵士は、少なくとも二、〇〇〇ドゥカートに相当し得る。[注7]今すぐ、戦闘の損失に要する金属の鉱脈が、安くつくか高くつくか比較すれば分かるだろう。しかし、私が、このようなことについて屁理屈を言うのは間違っている。新たな生産の原理があり得るためには、破壊の原理もなければならないので、戦争があるということは自然の秩序である。つまり、人間たちは、最も美しく輝くばかりの実体の獲得を競い合わない時には、資格、優位、象徴的図案の色彩、衣装の形、言葉とか考えで自然にはあまり実質もなく重要でもないことのすべてを互いに競い合うだろう。だから、私は、おそらく、隠れた私的利益に憑かれて伝えられた大方の忠告に反して、造幣所を運営することが、いかに僅かな利益にしかならないかを証明した方がいいと思う。

〈造幣所を経営しようとすることは無駄な配慮である〉　君主が収入を得るためか、国家を貨幣で満たすという二つの目的のために、いつも新貨幣の打刻が忠告される。どのような見解に拠ろうとも、一方は惨めで他方は根拠がない。そして、まず前者について論じると、私は、野蛮時代に、君主たちが、僅かで疑わしい収入の中で、誰一人造幣所を改善しなかった時代には、これが利得のために実行されても、称賛すべきか少なくとも許されるべきだったと言っておく。しかし、現在では、それに与えられた古い印象のために、なおそれを機械的に持続するほか動きようがなかったと考えるべきだろう。造幣手数料は、できるだけ少なくしなければならない。二パーセントであれば、それで十分である。だから、そうすれば、一〇〇万ドゥカートで、君主は二万ドゥカートを得る。すなわち、ひどく貧しいわけでもない君主にとって、現在では大して考慮に値する権利取得ではない。そのような利得から金属の輸送費やその提供者のものになるはずの所得が控除されると、彼らにも僅かしか残らない。造幣所は、二〇〇人にしか仕事と給養を与えられない。だから、

（注6）　Cfr. *Appendice*, II, pp.386–7. 補足史料五一二―三〇ページ。

（注7）　Cfr. la nota XXVI del G., alle pp.335–6. 注釈四三四―五ページ。

彼にほんの僅かしか、国民には何にも与えない作業場は、君主の配慮にふさわしくない。二〇〇人の人間が(訳注3)いても、私は一国家全体ではまったく一人もいないと見なす。ヴェネツィア人の知恵の例も、私が言うことに対抗するに値しない。ヴェネツィア人たちは、造幣所によってではなく金に施す未知の焼入れによって多くの利益を得るので。つまり、私は、彼らが金に焼入れして、然る後それを延べ棒で商品として転売すれば、より大きな利益を得られることに納得した。さらに、他の諸国家についての例は、私の何の支援にもならない。なぜなら、人々は、良いとも考えず、良いことの原因にもならない、自分たちに無益で時おり有害でもある他人の所業をむしろ卑屈にも真似るから。つまり、私の言うことが事実であることは、このように考えれば理解できるだろう。馬の踏み付けで脱穀する費用は、ナポリ王国やシチリア Sicilia(訳注4) の大部分で習わしになっているように、運搬用メスロバの死亡や流産の損失、若駒の損害、それらによって無駄に食べられる草その他あらゆるものが計算されると、収穫の総支出の四分の一と評価される。すなわち、ナポリ王国では、二カルリーノがトゥモロ tumolo(注8) になる。恵まれた時代には、我々の間では、馬たちによって、少なくとも五〇〇万トゥモロが踏み付けで脱穀された。だから、動物なしで脱穀する機械は、もしこれがあれば、年一〇〇万ドゥカートの利益になるだろう。二万人以上の人々に、彼らのために致命的で宿命的な多大な労働に捧げられるべき動物たちに生草を食われずに、耕作を進めるべき無限量の土地に加えて、大して骨の折れない仕事に雇われるから一ヶ月の自由時間が与えられるだろう。今や私は、公益に専念して述べられていることについて、ある著作者が示すすべてのことに挑戦する。公益は、造幣所のような僅かな利益を示唆する代わりに、前述したほど多くの利益といくらでも指摘できるはずの少なくないその他の利益を示した。人々が、自然によってすべて農民に創られていて、あらゆる富や実益が地面の土くれの下に隠されているのを知ることは、［なんと幸せなことか（訳注5）（!）］。なぜなら、彼らは、金属で、言葉で、書類で、他の神秘的な装置で、満たせない無に実体を与えようとはしないだろうから。

〈造幣所は十分な貨幣を打刻しない〉　造幣所の別の信じ込まれた利益は、期待され望まれる貨幣の豊富である。そのような欺瞞は、虚構の話として笑い飛ばして消し去るほかない。かつて、ある人が、ひどく貧乏なのに気がついて、それを自分の不徳と愚行のせいに accagionarne（注9）しないで、一度も近くを通ったことがない造幣所からひどく離れた所に住んだからそうなのだと思い込んだ。そこで、急遽住所を変えて、大きな刻印機のある場所から僅かしか離れていない小部屋を借りた。つまり彼は、すき好んで執拗な振動、刻印機の打刻の騒音を、一日中我慢した。夜になって、貨幣がはき出されて、自分の部屋の床に溢れてくるのを期待して。しかし、日がな一日打刻の音を聞けばひどい不快感を引き起こす刻印機に期待して夜もむなしく見守っていて、不安にかられて立ち上がり見に行って、なぜ貨幣がもう刻印機の部屋にないのか、心底驚いた。だが彼には、貨幣がその場から出て行って人々の間にまき散らされて、なお出所にほど近い家からこぼ

（訳注3）初版、他「一〇〇人」（100. Uomini）。
（訳注4）初版では Italia。一七八〇年版で Sicilia。
（注8）Cfr. la nota XXVII del G., alle pp.336–7. 注釈四三五―六ページ。
（訳注5）初版、他では平叙文になっているので！ではなく；。
（注9）attribuirne la responsabilità.

れ落ち、その後、ものすごい勢いで富裕な商人の家に押し寄せていく事態がどうして起こったのか、理解できなかった。彼はこの事態について嘆き悲しみ、悪口雑言を吐き、自分の悲惨な運命を呪った。彼の近くにいたある老人が同情し、彼の嘆きの理由を聞いて、終いに、打刻された貨幣は、国民の間に流布され、街路や広場にではなく、非常にさまざまな水路に流れ込み、循環するのだと彼を納得させた。それから、そのうちの多くが、商人たち、君主の行政官たち、他の人々に注ぐので、この連中はさまざまな仕方で金持ちになるのだとも。すると、その不幸な人は、自分の思い違いに気がついて、貨幣のうちに、打刻が与える不都合のすべてと消費の与える楽しみが皆無なことを感じとって、前よりもっと悲痛な気持ちになって悔やんだ。

〈その理由は、打刻された場所に常に貨幣を残さないからである〉 同じことは、造幣所のある諸都市にも言わねばならない。すなわち、貧乏きわまる都市に世界最大の造幣所があることは至極よく起こり得るから。つまり、市民たちが、それを強奪しなくても、時には、貨幣がまったく払底状態になることもあるだろう。いずれかの水路を通って金が造幣所に流入し、然る後貨幣がそこから流出し、水路に流れ込むことを知らねばならない。すなわち、常に金がその国の商品で買われなければ、貨幣は決してそこに留まることはあるまい。

〈なぜ戦争は一国を貧しくするのか〉 同様の理由によって、一国を貨幣でいっぱいにする戦争は、決してその国を豊かにしない。戦争の中心地だったら、その後短年月ではじめは貨幣の収集機能を果たしても、やはり貧しくなり破壊された中心地に近い諸地方に貨幣が集められることが分かる。その理由は、五〇樽のワイン、一〇〇トゥモロの小麦、一〇ドゥカートを持つ人は、三〇ドゥカートを持ち、ワインも小麦も待たない人よりは豊かであるということである。軍隊は、与えるよりますます奪うのだから、与えた損害の全部を償うことは不可能である。軍隊が与える貨幣については、それが消費した全体の一部は買い戻されるが、失われた分をすべて取り戻そうとすると、それの手中にある旧貨幣も費やさねばならないからだ。

〈貨幣を貯めこむ意見はどこから来るのだろうか〉 さて、現にいる賢人とかばかな人間の欲求すべてについては常に理由があるし、それが分かれば非常に有益だから、私は、イタリア人のうちに貴金属を増やし、彼らがほとんど全く失った取引を大いに論じる強い欲求がどこから生じたのかを追究したい。ことの起源を理解するためには、二つの公国の運命を理解しなければならない。かくして、各公国には二つの階級があるとする。一方の人々は耕し生み出し、食料やその他の商品に作り上げる。すなわち、他の人々は、何一つ新たなものは作らず、すでに作られたものに動きを与える。私は、前者を〈農民〉*coltivatori*（初版、他 c.）、後者を〈商人〉*mercanti*（同 m.）と呼ぶ。前者は、貨幣を僅かに必要とするにすぎないが、富を生産するために多くの材料と土地を必要とする。後者は、彼らの元手として貨幣を持っている。農民に貨幣を提供して儲けを引き出し、安っぽい価格で商品を手中にすることで、貨幣を全部自分たちの手に取り戻すことが彼らの唯一の関心事である。次に、必要のないものは、価格が上がるまで、辛抱強く押さえておくことになる。だから、彼らは、国家に対して有用な役を果たしていないし、時おり有害でもある。

〈公国の違いが原則の違いを説明する〉 同じことは、諸国民にもある。フランス、スペイン、イタリアの大部分がそうであるように、広大で肥沃な、自然によるあらゆる恵みで豊かな土地の住民がいる諸国は、幸せに生きるために多くの貨幣を必要としない。彼らの取引は、耕作と製造の産業以外のものではない。他の諸国民は、あるいは、ジェノヴァやスイス諸国のように、アルプスや不毛な場所に、あるいは、ヴェネツィアやオランダのように、限られた湿った土地に生きている。ここでは、やせた自然が、すべてを拒否する。だから、彼らは、世界の商店主や商人になって、彼らの近くにある大王国に依拠して、商人は農民とともに使用するものを集めることになる。だから、そのような共和国は、貨幣を増やすあらゆる方法を慎重に探した。貨幣の獲得が、それらにとってほとんど新たな領土の征服だったのだ。しかし、肥沃な自然の真ん中に生きているのに、うまく耕作できずに、子供じみた妬みに動かされて、非常に違った状況にある人々を不適切にも真似しようとする諸国民は愚かだと言ってよかろう。他国と同等になることは、常にそれを模倣しそれに従うだけで得られるものではない。だから、山向こう oltramontano(注10) の酸っぱいブドウに夢中になって、自分たちの肥沃な耕地を植物もなく耕作もせずに放置しておいて、軽率にもイタリア人たちに貨幣を溜め込むことが提案されたのだ。

〈外国貨幣に認めるべき流通について〉　論述を終える前に、多数の国家で許されている他の君主の貨幣の導入と流通については述べておきたい。そのことをめぐって、私は、銀貨について、イタリアの諸公国かドイツその他の選帝侯国のような、大公国か小公国について語られることを述べる。前者では、銀貨を常にまったく排除する方がいい。後者では、むしろ市民たちの取引をあまりに混乱させる。極めて多くの市民が、さまざまの君主の下でほとんど平等に生活しているから。しかしながら、私は、自国の貨幣は、外国の貨幣と価値では決して等しくならない方が便利だと考えたい。私が、このように考えることは、むしろ、常に煩わしい差異を避ける方が便利のように思えるから、確かに奇妙に思えるだろう。しかし、私は、その国家に受け入れられた外国貨幣は、常にそれ自身で、それが自国で被る変化や損失を受入れ国でなお試していないから危険であることを教えておく。だから、常に国民に諸観念の関連をあるがままにしておかず、それの一方だけが君主が保証人で、他方はそうではない二つの貨幣をまったく平等とみなさない方が得策だろう。摩滅、削り取り、価値の変化が君主にもどうにもならないだけ、それだけ国家に有害な貨幣の不均衡を引き起こしかねない。

〈金貨はどこででも重さで流通することになる〉 次に、金については、至るところで、重さで受け入れられ、価値については、共通の承認しかないことが良策である。自由は、至高の極めて重要な原因と必要がなければ、諸君主が、決して誰からも奪ったり制限したりすべきではないほどの神の貴重な贈り物である。だから、金を導入しそれを評価することは所有者に関する限り好ましいし、損しなければ禁止すべきではない。それの輸出 **L'estrarlo**(注11) が必要かどうかは、次章で扱うことになる。

（注10） *ubbriacati...oltramonotano*：「比喩的な意味で、蒸留酒に酔って、すなわち、アルプスの向こうから来た理論に魅せられて」（ubbriacati dal liquore, in senso figurato cioe attratti dalle teorie venute d'Oltralpe）。

（注11） esportarlo.

第三章

〈I.[訳注1] 貨幣輸出の禁止について〉

〈ほとんどすべての国家で貨幣輸出が禁じられた〉　貨幣の不正な鑑定人が、自分の君主に与えた拙い助言全部のうちで、貨幣輸出を拍手喝采して遍《あまね》く受け入れよと言うのがなかったように、厳罰で禁止せよと言うのもなかった。さらに、それより劣悪なものもなかった。このことは、文明諸国でも未開諸国でもすべて確認されるし、なお幾つかの政府では、当然得られた市民的英知の称賛に加えて、東方諸国と取引する金属を得る必要があるということよりも奇妙なことである。法律で輸出を禁じても遵守されないから無駄なことは明らかである。臣民たちが遵守しても、君主がそれに違反するに違いないし、両者共々が違反を差し控えても、時には有害になるかもしれないから無駄である。

〈遵守されないから、そのような禁止は無駄である〉　法律が遵守されない点に関しては、各人が物事についての主人で支配者であるという観念が人間精神に深く刻み込まれているので、そのような権限を各人から取り除こうとする各法律も常に踏みにじられ、法律の侵害が容易なら、それは実効のないままになろう。このことは、法律の侵害が、理性や自然的正義に反することが理解されない時に分かる。なぜなら、徳性や宗教を自己の禁令の仲間としてもつ法律が、最も強力であるのと同様最善な法律だからだ。しかし、宗教や徳性との関連が見られない法律を検討すれば、嘲笑されるのは確かである。だから、私は、優れた政府の原則すべては、次のことだけになりそうだと思う。すなわち、それが示唆する利益と共に、何らかのことを禁止する唯一の法律を一公国内で決して互いに論争してはなるまいということに。どんな自由であれ、自由の行為の実行は我々の精神に常に有益で好ましいので、それほど多くの利益も要求されない。

〈そのような法律違反は阻止できない〉〈我々の勅令に関する考察〉[訳注2] 次に、なんの技法も才覚も要しない為替手形で、極めて僅かの場所しか占めないので非常に楽にできる密輸の金属輸送と同じく、輸出禁止をごまかすことがどれほど容易であるかは明らかである。一七〇八年にはドイツ人 **alemanno**[注1] の政府の下で、(外国人によって貨幣がすっかり吸いとられた) わがナポリ王国に勅令 **prammatica**[注2] が公布された。私は、他のところでは類似の勅令は一度も公布されたことはないと思っている。それは、次のように定められ命じられた。

いかなる階級、身分、状態の何人《なんぴと》たりとも、たとえ特権を与えられし者でもいかなる量の、いかなる種類の、いかなる領土の貨幣でも、どの状態の貨幣をも、ナポリ王国から持ち出し、ローマもしくは教会国家の他のい

(訳注1) 初版、他には **I. II.** はない。

(訳注2) この欄外見出しは、九行目「勅令」(**pramatica**) の余白にある。

(注1) 一七〇七年七月に、オーストリア軍がナポリに入城し、そこにオーストリア帝国権限が据えられた。

(注2) 「許可なくして貨幣の打刻とそれらの贋造および錬金と両替を禁ずる」と題する勅令。ガリアーニが、**la nota XXVIII, alla p.337.** 注釈四三六—七ページに再録。(なお、初版の注(1)、**Prammatica 50. de Monetis. p.308.**)

かなる領域にであれ、何人の例外なく、いかなる理由、口実によろうとも、特権を与えられし者も、直接か間接に、自らでも人を介してでも、敢えてそれを移転することあたわず（原文ラテン語。編者のイタリア語からの訳）。

そして、違反者には、四倍の罰金と同等の刑罰が科せられた。さらに、それはつけ加える。

同一刑罰の下に、左のごとく命じられ定められるものとする。いかなる階級の者でも、直接でも間接でも、ローマ市もしくは教会国家の他の領域に呼応する目的で、ジェノヴァ、リヴォルノ、ピアチェンツァ、ヴェネツィアその他の市場経由によっても、指図でも為替手形でも、右と同様いかなる理由によろうとも、どの状態の貨幣をも敢えて受け入れ、支払わせもしないことと。前述の法律違反を証拠立てるために、司直は特権含みの証拠調べも要請やむなきことを定めるものなり（同）。

そのような勅令で大騒ぎが起こらないのが不思議である。それは、あらゆる状況に注意を払っても、ローマ人がいつも［厳格に禁止し、追放する］(注3)ものに極めてよく比較されるが、一時的影響については比較できないし、教会国家からナポリ王国に浴びせかけられる聖務停止や破門よりも影響は甚大だからだ。そのような命令は、直ちに改宗 **cambiamento di communione**(注4) 沙汰なしにはすまないことが分かるから、為替手形に関わる分が反故《ほご》にされ、他の物に関わる分が保証されたことは確かである。しかし、ことをよく考慮すれば、第一の勅令の方が第二の勅令よりも賢明だったことが分かるだろう。ひどく不条理を含んでいても、それでもなお前者は、輸出禁止が為替手形によって裏をかかれ誇示される事実認識を証明したように思われる。第二の勅令は、熟慮した助言で作成されたように思われるものが、激怒のはずみで作られたことを暴露し、他のことの遵守を無に帰するほどの役割を果たした。それらの勅令を二つとも無効にし、［望まれない貨幣輸出には］(訳注3) 非常に違った対策 riparo(訳注4) を講じねばならないというのが妥当なところだ。

〈各君主が自国からきわめて大量の貨幣を輸出する〉 しかし、臣民たちが（決してそうしないだろうが）輸出禁止に神妙に従ったとしても、それでもなお、君主自身が法律違反せざるを得まい。なぜなら、貨幣輸出の禁止によっては、自国商品量の販売が増えず、為替手形を振り出せないから。だから、ナポリ王国が、四〇〇万ドゥカートの価値のある商品を輸出したとすれば、法律に違反しなくても、住民たちは為替手形によって別の四〇〇万ドゥカートの外国商品を買えるので、王国の為替手形すべてを弁済したことになる。今、ある人が、各君主に自国外でいくら歳出が必要になるか検討すれば、それが多額なことを知るだろう。つまり、わが国の君主について言えば、外国宮廷にいる行政官すべての出費、トスカーナ要塞 Presidi(注5) の出費、航行中の船舶の出費、その他多くを計算すると、年五〇万ドゥカートを超過したと私は考える。要する

（注3）［…］内ラテン語（*aqua et igni interdicere*；interdire rigorosamente, mettere al bando.）。編者のイタリア語からの邦訳。

（注4）初版、他では religione。

（訳注3）初版では、「貨幣輸出には」（alle estrazion del denaro）となっているが、一七八〇年の二版では、現行 alla non voluta estrazion del moneta に変更。

（訳注4）初版、他「代償」（compenso）。

に、多額の貨幣が君主の意志によって毎年国家から出ていくはずだ。更に、私が国民によって違反なしに完全に弁済されることを証明した割引や手形では送れないので、現金で送らねばなるまい。こうして、君主が命ずる禁止は、彼自身によってとてつもない金額で侵害された。要するに、一王国の自国製品の販売が外国製品の購入より多ければ、為替手形は求める人には決して不足しないから禁止は無意味だし、販売（と購入）が等しければ、自分の臣民が敢えてしないことを君主が行わざるを得ない。（購入より）販売が少なければ、臣民も君主も法律に違反しなければ損をするだろう。すなわち、これが、今私が約束どおりまさに証明していることである。

〈必要でない時には余計なように、必要な時に輸出を禁止すれば有害である〉　さて、議論を順序良く進めることにして、貨幣を持つどんな国でも、自国の鉱山から金を引き出すか他国からそれを買うことになる。金を採掘する人は、自分の取引に必要以上の量の金属を常に持つから、金属輸出を禁止すれば、愚かにも余剰分をしまい込むので、我々が最高の豊作の年に自国産小麦の輸出を完全に禁止することと同じく、非難を招くだろう。貨幣を購入する諸国は、彼らが買うものの所有者にとって貨幣が必要以下になる毎に、金を引き出す。このことは、二つの仕方で起こる。すなわち、大豊作によるか大災害によるかである。前者の場合には、奢侈の精華である家具調度品が買われるか他者への見せびらかしで家屋が買われる。奢侈品の購入は富裕の結果だから、貧困の原因になることはあり得ない。だから、貨幣を得るために辛い骨折りを要する彼の臣民たちが、それの報酬である罪のない楽しみを得ることを君主は禁止してはならない。しかし、国外の不動産に貨幣を投資することについては、きわめて重大な問題なので、次に、詳しく論じることにしよう。

〈貨幣の流出は災害の原因ではなく結果である〉〈いやむしろ、輸出は災難の特効薬である〉(訳注5) 貨幣が国家から出て行けば、国家が貧しくなるというのなら、その場合には、貨幣を出て行かなくすることが得策で有益であるように思われる。こうして生まれた不安によって、輸出禁止の助言者たちは専ら心を動かされてきた。常に皮相で散漫な考察が、重大な誤りと大方には大いに俗受けする意見の根源であることをますます認識させるから。貨幣輸出を禁止する前に、それが貧困化の原因なのか結果なのか検討することが分別というもので、どっちであるかが明らかになるのに応じて、別々に規制されねばならない。送り出された貨幣は、みだりに提供されれば貧困の原因になるかも知れない。しかも、それが商品と交換されれば、何かの災害の結果である。ある地方が災難に苦しんでいなくて、貨幣がいつも過剰なら輸出すべきである。貨幣の売却から債権や為替手形の供給が生まれ、それで、現金を要せず外国商品が買われる。災害は自国の収穫不足に他ならない。今、多産と欠乏の永続的浮沈があり、一方で他方が救済されることが自然の秩序であるなら、必需品さえも不足している時に、自国の余剰商品で買われた貴金属以上に公正などんなものが転売されるのか。神によって豊饒が回復されるようなら、明らかにその国に再流入すべき第一のものはその金属だろう。

(注5) *Presidi di Toscana*: 一五五七年来スペインの、一七〇七年以後オーストリアの、一七三六年以後ナポリ・ブルボンの主権下で、いわゆる「要塞国家」をなしたピオンビーノ Piombino、ポルトフェッラーイオ Portoferraio、タラモーネ Talamone、オルベテッロ Orbetello、ポルト・サント・ステファノ Porto Santo Stefano と近隣の諸領土。

(訳注5) この欄外見出しは、三〇行目の「それから、確かに」(E certamente) の余白にある。

それから、確かに伝染病の帰結は、大抵自然が自己の力でそれを克服し癒そうとする動きであるし。このように、貨幣の流出は、少なくとも災害の特効薬 **medicina presentanea**（注6）である。我々に自国産の小麦が不足していれば、他国産のそれを買うための貨幣輸出が飢餓の解決策になる。つまり、金が食用にされるべきか流出されるべきかだ。諸国家の災害で住民の生命が救われるなら、万事救われたと言っていい。なぜなら、災害のうち、損失をもたらし、人々の生命を奪い、彼らを惨めに半端にしてしまう人口減少にまさる災害はないから。だから、国民の流出は損失である。貨幣の流出は、国民を引き止めるのに役立てば利益になる。だから、貨幣の輸出を阻止するためには、良い法律が命じられ、隔離病院が建てられ、勇敢な軍隊が編成され、思慮深い行政官が任命され、土地が勤勉に耕やされねばならないと言った人は、輸出の真に確かな解決法を言い当てていよう。およそ平和、健全、真の徳性や自由があればどこでも、富裕と幸福がないことはあり得ないから。（注7）つまり、そのような富裕は、一定限度に達すれば、自ずと同じ目に見えない新しい蛇行模様を通して広がり、別の所に迸《ほとばし》り出、溢れるから。あらゆるものに備わる均衡力から生まれるこの限度は保護しなくていいし、保護したくても誰も受け入れまい。まさに必要なことを、私は、本章の次の箇所で取り扱う。

〈Ⅱ．別の君主に属する財産の購入で市民が行った貨幣使用に関する考察〉

〈過度な繁栄によっても諸国家から貨幣は流出する〉　災害とまったく逆の理由によっても、すなわち、過度の繁栄と富裕によっても同じように一国家から貨幣は流出する。それらは、勤勉と盛んな節約から生まれてきて、それらが生じた祖国に適切な限度を超えて市民の富を増やして、貨幣を国外で使用させ、それが流出せざるを得なくする。この事態は、主に共和国で見られる。とりわけ、ジェノヴァほど多産で類似の模範になった共和国は一つもない。ジェノヴァ人たちは、富を引き出す当の王国であるイタリアやスペインに家族と住み付いている。それが損か得か、いかにしていつ改善されねばならないかに言及する前に、どのような原因によってこうなるのかを探究しても無駄ではあるまい。

〈このことが君主国でよりも共和国で多く起こる原因〉　共和国は、土地よりも動産を占有すべく、征服よりも取引をすべく企てられた。なぜなら、製造や航海は、無数の社会に基づいているので、確実で長期の平穏と安全を必要とするから。つまり、君主国では、君主の徳性が閑暇、平和、安全を与えるにしても、やはり、それは、その君主の一生を超えては持続させられず疑わしいし、彼の後継者の性格や習慣が分からないだけ常に不確かである。しかし、共和国では、君主権力が市民たち自身によって組織されるので、取引は君主の行為で、彼が自分自身を保証すると言える。これに加えて、共和主義者の生活は、豪奢や華美を生じさせる君主や王族の例をあげなくても、金遣いにあまりそそのかされず、常に危険な群衆の称賛や情愛も求め

（注6）　che opera con rapidità.　—四四ページ。

（注7）　Cfr, la nota XXIX del G., alle pp.337–41. 注釈四三七

ないので、慎ましく質素な生き方を時には法律によっても強いられる人々の生活のように、非常に質素である。しかし、戦争をするとなると、共和国の動きはきわめて遅いし、やる気もないのでまったく不向きである。だが逆に、たとえローマ共和国の例が持ち出されるとしても、誰がその政府形態を考察するにせよ、ローマは共和国ではなく兵士の陣営であったことが知られよう。現代にもっと近い時代には、マメルク mammalucchi(注8)、カリフやスルタンの下のアラブ人、チンギス・ハーン Jen-ghiz-kan(注9) の下のタタール人やトルコ人がそうであったように。だから、彼らの取引は略奪品であり、彼らの技能は大虐殺であった。しかし、他の共和国はすべて征服したのではなく、(我々の祖先の時代にヴェネツィア人たちがそうであったように) 貨幣で軍隊を召集し、同盟を育て、土地を占領し、会戦 giornate(注10) に勝利し、平和を得たのだ。同様に、わずかな配慮で、他のイタリア諸都市も統治された。金で征服された土地は、後に、鉄で防衛できなかった。

さて、はじめの議論に戻ると、市民たちが前述の理由によって大金持ちになり、彼らが、取引で流通している貨幣を引き上げようとするので、国境が広がらず (寄る年波か業務の疲れが彼らを駆り立てるにせよ、自分たちの一族の富を安定させ、未成年者、女を保護し、財産相続者の浪費癖から安全にしたいからにせよ)、貨幣に転換できる安定資産を求めるとすれば、つまり、祖国が何も提供してくれないので貨幣がダブついていれば、近隣の諸公国の資産を手に入れることは不可避である。

〈そのような流出は取引を減少させない〉 けれども、富のそのような流用 derivazione(注11) によれば、取引が損なわれ、それを疲弊させると考えねばならないという人は誤解している。貨幣が、取引の水路から流出するのは事実だが、河床の狭さが、もうそれを含みきれないから、洪水のようにあふれ出るのである。商人にそれができる限り、儲けがさらに多いなら、貨幣を商売にとどめることがつねに得策だとするだろう。人々の儲けへの貪欲は、年齢によってもいくら稼ぎが多くても、癒されも減りもしない。しかし、取引のどこかの水路が、もっと多額の貨幣に場所を開けないなら、貨幣はほとんど洪水状態になり、別の所に誘導されない限り、流出し商人の金庫に滞《とどこお》る。だから、そのような金の用法が取引に損害を与えれば与えるだけ、自由に動き回る水を抜き取れば、ますます河川の水の主要部を減らせることになる。

〈無駄な貨幣を保持することは共和国の利益にならない〉 市民の貨幣を私人の家に閉じ込め、埋もれたままにしておいても、共和国に有益だと考えることも些細な欺瞞ではない。そのためにつくられた法律が決して遵守されない状態になれば、共和国がその必要に多額の貨幣を速やかに準備したことをどのように評価しようとも、私はその法律は少しも役に立たないと思うからだ。確かに、苦労して得られた富を使って楽しむことを禁止されれば、誰でも獲得する気をなくさせられる。つまり、貨幣は（スコラ学派に言わせれば）〈現在のではなく、潜在的で将来の〉 *in fieri, non in facto esse*（注12） 富だから、快適さをもたらさないので、それほど望まれないだろう。そうなれば、共和国は、技術、製造業、商業を失うことになるだろう。もう海上でも強

（注8）「イスラム・エジプトの職業軍人。エジプト親衛軍」（soldati di mestiere dell'Egitto islamico）。

（注9） Genghiz Khan.

（注10） sott. campali, le battaglie.

（注11） *derivazione* : storno, esportazione.

（注12） L'espressione scolastica in fieri「準備中のスコラ学派的表現」...esse, vale : non una richezza presente, ma potenziale, futura.

力でなくなり、富も取るに足りなくなるだろう。さらに、市民たちが維持している財宝は、災害ですべて一挙に費やされてもたっぷり残り安っぽくなるから、それが評価していた商品の四分の一さえも買えなくなるだろう。最後に、臆病の姉妹でもある貪欲は軍事的勇気の敵だから、平時に所有者に享受を容赦なく禁じている富は、戦時には常に一瞬にしてすべて敵に奪われ楽しみに使われざるを得まい。

〈貨幣を共和国外で使用することはそれの自由を制限する〉 しかし、二つの前述の見解が誤りだとしても、多くの著名な家族が国外に居を構えるために出て行ってしまう共和国が、常に大部分の自由を失うだろうと考えることは、少しも事実に反していない。どんな政府でも、私的利害は、公的決定において貴族的政府でほどの役割を演じない。つまり、多くの人にとり、一気に剥ぎ取られ貧しくされかねない君主のための戦争に駆り出されるのは御免だから、共和国は常に戦争には反対だろう。戦いに機敏でも果断でもない共和国は、人をして軍務に就く気にさせねばならない。そんなわけで、彼らが取引していた諸国家で共和主義者によってなされる貨幣使用は、これらの国家が奪われたように思われる富の回復なのだ。だから、自由を存続したければ、公国は自国の臣民たちを大金持ちにはしないだろう。

〈それにもかかわらず、このことは禁止されるべきではない〉 しかし、他方で、自分たちの生活を甘美なものにしようと企てない法律は有益と言うより上辺だけだと見なすなら、我々は、リュクルゴスの律法やそれを真似た多くの法律を軽蔑するだろう。それらは、社会を自由にするか気遣うようにするが、不幸で惨めにもするから。我々は、どこに生まれる運命にあったにせよ、人々が無心に精進し、能力を増進でき、さらに、すすんで労苦を味わおうとするどこにでも移動できることを願うだろう。ともあれ、天は、義務として、王国や権力を配剤する。古代諸国民が行使するような、残忍でむごい慣習に守られた片意地な自由は、私には隷属より劣るように思われる。著作者たちの媚びへつらいの賛辞は、現代が比類なく良い時代であることに気づかないほどには私を幻惑しない。だから今、臣下の諸国民は、慣習の優しさや宗教の尊厳によって、常に国内・外の血が染み込んだ古代の自由国民より幸せである。

第四章 〈人々の間の取引で通用した貨幣の代理について〉

貨幣の代理を検討し、考えられている神秘的な難解さによってと同じくその議論の真実と大きさによって、正当にもきわめて重要だと言われるこの箇所を詳論しようとすれば、少なくとも現行書に等しい著作を書かねばなるまい。しかし、それは私の第一の目的ではないし、そのことだけに関われば済むので、手短に論じておけばいいように思われる。

〈役割の分割〉 貨幣の代理は債務の宣言に他ならない。模倣の困難さからそれらの保証が生まれる。債務者の信用と人徳からそれらの引き受けが生まれる。だから、それらの価値は債務の確実さ、債務者の支払い厳守、手にしている証拠物件の確実さからなっている。前述の三つの必要条件すべてがこの上なく確実なら、人々は、確かにどんな意志表明でも、現在価値があるはずの将来価値を現在価値に等しいと評価するから、その代理は代理物の価値に等しい。だから、そのような代理は手に取ればすぐ分かるから、前述の特性のどれかを失くすや否や悪貨や贋金にならなければ、本物の貨幣とまったく等しい貨幣になるのだ。だが、それらの特性は、本質に内在するものではないので、本物の貨幣を組成する金属の美しさや輝きは確かにその身に備えていない。だから、私は、それらの代理のすべてを数え上げ、その起源と利益を説明してから、貨幣の完全なイメージになって、貨幣と同様に流通できるように、信用で代理を支えるためにはどうすべきかに限って論じたい。

〈貨幣を代理する方法〉〈「代用」とも言われる必要貨幣〉[訳注1]　既述のように、偽造から安全であることが代理に必要なので、私人たちは、ふつう債務の表明に独特の書体の文字を添えている。それは、単に各々で驚くほど違っていて、各個でいつも驚くばかりに同形式であるばかりでなく、他人が真似ることが極めて困難なものでもある。しかし、君主たちは、彼らの幾人かの閣僚の書体とか紙、皮革、卑金属の上に刻印された印章や国王の楯の紋章を代わるがわる使用した。そこから、いわゆる〈必要の〉貨幣が生まれた。これらの究極の貨幣の安全は、専ら他者による容易な模倣を禁じた法律の恐怖に基づいていた。だから、それらの法律は、短期間だけ有効だったのだ。同じ類の中には、攻囲された要塞の司令官によって打刻された（攻囲された都市の）〈緊急〉*obsidionali*（obsidional（ux), obsidionalis）貨幣がある。その時は、貨幣が不足し外部とのいかなる連絡も途絶えたので、攻囲の不安が一掃されたら直ちに、兵士たちに貨幣を与える支払いの証拠や確実な約束を与えざるを得なかったのだ。保存されているそのような貨幣のうち最古のものは、一五二四年と一五二六年にフランソワ一世 **Francesco I**[注1]（ドゥ・ヴァロワ、一四九四年～一五四七年）によって攻囲されたパヴィアとクレモナで打刻された。次に、スレイマン二世 **Solimano II**[注2] に攻囲されたウィーンで、それから、一五七〇年にセリム二世 **Selimo II**[注3] によるキプロス島の首都ニコシアの攻囲で、ヴェネツィア人によって打刻された。最後に、フランドル地方 **Fiandra**[注4] の執拗で惨害に満ちた戦争で、あちこちの戦場でほとんど持続する

（訳注1）　この欄外見出しは、本段落の一六行目「同じ類の中には」（Dell'istessa classe）の余白にある。

（注1）　フランス王。神聖ローマ帝国皇帝カール五世との戦争時に。

貨幣不足のためと同じく長く持続された攻囲のために、緊急貨幣が頻繁に生じた。しかも、それらが兵士たちによって進んで受け入れられればそれだけ、熱狂と強情が、同意とか隷従よりはむしろあらゆる極端な忠告を尊重させた。

〈アメリカで使用された紙幣〉 私が短期間に限ってしか使えないそのような貨幣について語ったことに対して、イングランドのアメリカ植民地の例が反対することになろう。そこでは、評価を下げることなくきわめて長く紙幣だけが流通したから。そのような事実は奇妙きわまるので、まず事実を証明し、次いでその原因を説明しなければならない。『南部アメリカ旅行の報告』の第三編第九章(注5)には、ボストンとペンシルベニアについて以下のように述べられている。

これらの植民地は非常に大きく豊かで人口も稠密なので、金属貨幣は使われていないけれども、通常の貨幣に似た外形の紙幣が使われている。それらの紙幣は、イングランドの軍隊によって互いに貼りつけられ密封された二枚の小さな丸紙でつくられている。最低価格から最高価格までそのようにつくられている。つまり、これらで交易が行われるから、銀も金も必要ない。次に、磨り減ったり破れたりするのに応じて、新札を印刷する造幣所というべき所があり、それから、分配される場合には、あらゆる町とか別の土地に、捨てられ焼却されるぼろぼろになった旧札と新札が交換される所がある。そのことでは、財産管理人の信用と公正さは驚くべきものである。そうしてつくられた貨幣を自分たちの利益のために増やすので、不正行為を犯さないのだ。しかし、非常に奇妙で信じがたいことも、ペンシルベニアの植民地の大部分にクェーカー教徒が住み着いていたことに気づけば、驚きは消えうせるだろう。だから、彼らの掟によって今日も統治され繁栄している。クェーカー教徒は、非常に滑稽で風変わりな儀式で、ほとんど迷信的に結び付けられた自然法を遵守する厳格さでは称賛に値する類の信徒である。その政府の掟が信徒に誓約を求めて宣誓させる場合、イングランドで想像できるどんな責め苦でも十分ではなかった。すなわち、クェーカー教徒の素朴な金言が非クェーカー教徒によってなされた厳粛な誓約に匹敵することを、議会が認定せざるを得なかったほどだ。

〈そのように造られた貨幣はどのようにして維持されるのか〉 だから、非常に困難で努力を要する義務が維持された。I．なぜなら、ペンシルベニアの植民地には隣接地の所有者として、彼らの紙幣を偽造する心

（注2） 実際には、一六八三年には、ウィーンの攻囲は、スレイマン二世 SolimanoII によってではなく、もっと後でスルタンになったオスマン・トルコの大臣 visir、カラ・ムスタファ二世 Kara Mustafa II によって指揮された。おそらく、ガリアーニは、スレイマン大王 Solimano I il Grande によって一五二九年にウィーンでなされた攻囲と混同しているのだろう。

（注3） キプロス島のニコシアは、一五七〇年九月にセリム二世 Selim に指揮されたトルコ人の手に落ちた。

（注4） すなわち、カール五世の退位後（一五五五年）低地諸国で勃発した反スペインの宗教戦争。一七世紀の初頭に決定的に終結した。

（注5）（初版注（1）同文）子午線測定のために、二人のきわめて博学なスペイン人を伴なった、パリ科学アカデミーによるそのような旅行記（『南アメリカ旅行の歴史的報告』）は、ドン・アントニオ・デ・ウルロア氏によって書かれた。それから、彼は、帰路イギリス人に捕らえられてボストンに連行され、この地についても叙述した。メローラ版の表題は以下のとおり。*Relacion historica del viaje a la America Meridional hecho de orden S. M. para medir algunos grados del meridiano*, Madrid, 1748.

配のない未開人しかいなかったし、Ⅱ．未開人は、きわめて慎重に監視できるイングランド人とだけ交易し、Ⅲ．最後に、人間の能力を超えるように見える異常な行為が、勇気によって十分示唆されたからだ。しかし、幾らかの集団のために狂信（なんと惨めな境遇だ）と頑固な義務だけで、誰もが確実にそれを遂行させられるのだ。その結果、キリスト教徒が実際に真似はできないが感心した行為が不自然な宗派に見られたのだ。要するに、クェーカー教徒からは紙幣を模倣する教訓は得られない。(訳注2)

〈債務証書のさまざまな性質〉 ところで、さまざまな種類の債務証書について述べる段なので、私は、ある人々が私人の債務を、他の人々が公人の債務を表明していることを述べる。全体で利付き証書と無利子証書に分かれる。私人の証書については、彼らの署名は十分に承認されていず、それがもつ効力と正当性はごく僅かしかないので、それらは、直接債権者にも他者にも受け取られることはめったにないから、貨幣として流通しないので、ここでは触れない。公人の債務を表わしている証書についてだけ述べよう。

これらの証書はすべて、保証金か同意貸付か連合会に起源があった。それらそれぞれから、ナポリには、銀行、スペイン語で賃貸借 *arrendamenti*（アレンダミエント arrendamiento）（初版 *A.*）を意味する国債証書、さらに商社が生まれたのだ。

〈銀行の起源とそれらの本質〉〈オリエントでの宝石の使用〉(訳注3) 銀行が始まったのは、人々が経験によって、大規模取引や大帝国に足りるだけの三つの金属が存在しないことを知って以来のことである。つまり金自体も、多くの商品の価格に比べて安っぽくなって、運搬され取引されるのにひどく不便で危険になったのだ。そのために、慣習の違いに応じて、然るべき必要に対する補償がさまざまに与えられた。君主に公正な政府が、諸国民に徳性があるどこででも、貨幣は、少しの内在価値がなくても、それでもなお、偽造が不可能か少なくとも困難な印しで代理をすると考えられた。独裁政治と誤った信念が資産を確実なものとみなせなかったどこででも、貴重品の安全な担保物件が所有された場合は、小さな分量に最大の価値が含まれる金以上の内在価値を含む物体に頼るほかない。そのようなものは宝石である。だから、オリエントでは、銀行もなく確かな商人もいないから、宝石が貨幣として使われ、わが国の銀行業者にあたる人々は、そこでは宝石商である。旅行には、我々が為替手形を持ち運ぶように、宝石が持ち運ばれる。最後に、彼らは、宝石を飾りとしてよりも貨幣として使うと言っていい。すなわち、私が、第一編で証明し、最高の保証が内在価値にあり、価格と評価は、人々による自然の産物の美しさへの同意にあることが、なおいっそう真実だと認められるので。ともあれ、もしそれらを買うために宝石に託しても、王国に送る必要のある莫大な量の商品のきわめて大きな損害を被らなかったなら、一国家でそのような慣習が寛恕されよう。だから、信用だけが価値を与え、少しの費用もかからない証書をきわめて貴重な貨幣に変身させるのは、徳性のきわめて貴重な所産である。

〈なぜ私有銀行は廃止されたのか〉　最初の銀行は、貨幣を溜め込んだ私人の手にあって、彼らによって債

（訳注2）　初版、他にはⅢ．はない。フランス語版には、Ⅰ．Ⅱ．もない。

（訳注3）　この欄外見出しは、同段落の二〇行目の「そのようなものは宝石である」（Tali sono le gemme.）の余白にある。

権の信用を与えられ、今日公立銀行で使われているのとほとんど同じ規則をもっていた。イタリア人たちは、単に、彼らの再興 **restaurazione**（注6）（伊仏対訳版、ルネサンス **renaissance**）後、あらゆる科学の創始者で師匠であったばかりでなく、全ヨーロッパで貨幣の保管者で、〈銀行家〉***banchieri***（初版 *B.*）と呼ばれたので、商業の手本で主人でもあった。今日でも、商人が集まっている街は、ロンドンやパリではロンバード **Lombardi** 街と言われる。ヴェネツィア人、ジェノヴァ人、フィレンツェ人に、そのような名で知られてきたので、アムステルダムの為替交換所がロンバード街と言われるのだ。しかし、惨めな諸世紀に、人々は、まっとうな道を歩めなかったし、真実の規範に基づいて他人の行動を判断することもできなかったので、ロンバード街の人々によって合法な取引 **co'leciti**（注7）と一緒に多くの非合法な取引も行われた。こうして、［金持ちであるために悪党と同じだと考えられた被害者が］（訳注4）高利貸しといっしょくたにされた。

〈もっと有名な銀行の歴史〉　商人たちが、ひどい高利を払わずに必要とする貨幣を調達でき運用し取引するには、貨幣が不慣れな人の手にむなしく滞留しない限り、そのような銀行が有益で健全であることを疑う者はいなかった。だから、その人々によって、信用と誠実を介して、貴金属のように、インド諸島に送られた商品ほどコストのかからない同量の紙幣の創造によって、貨幣が二倍にされたのだ。しかし、商人たちは当時彼らほど富裕ではないが、彼らより権力をもつ人々の悪意と同じく、運命の過酷さによって無数の災難にさらされていたので、破産して信用が失われ手中の証書が無価値になって、多数が極貧状態に陥るということがしばしば起こった。だから、ヴェネツィア共和国は初めて公共の銀行を創設したが、後一六〇九年にアムステルダム市に、つづいて、ハンブルグ市に模倣された。イングランドでは、ウイリアム三世の治世に、以前には宝石商の手に保管されていた富が流れ込むようになると、〈王室会計局〉*exchequier*(注8)と言われる王室金庫がほとんど公立銀行としての力をもち始めた。最後に、一七一六年にジョン・ローが、フランスに一般銀行を開設した。それについての悲劇的で特異な事件は、もっと後で報告されることになる。多くの他の諸国家でも、ほとんど同時期に銀行が設立されたが、ほとんど知られずじまいであった。

〈ヴェネツィア銀行とアムステルダム銀行の形態〉 ヴェネツィア(訳注5)、アムステルダム、ハンブルグの銀行の形態は、次のようである。第一に、債権者が帳簿に記帳されて、銀行で各人に貨幣を仲介することが認められた。次に、支払いは、その帳簿上で債権者の単なる名義変更でなされる。それで所有権が移転されることになる。貨幣の変更や価格差を避けるために、貨幣が、それが含む純粋金属量にしたがって受け取られることが決定された。銀行の貨幣と通貨間の価格差はここからきている。そのような差は〈銀行の打歩〉*agio di banco*（初版 *A. d. B.*）と言われる。貨幣は、一度仲介されると、後に再度引き出すのは得策とされず、前述のように利用することだけが良しとされた。そこから、「健全な銀行は金を払わないものだ(訳注6)」という諺がで

（注6）すなわち、中世に続く覚醒によって。：「一七・一八世紀」（伊仏対訳版訳注、p.662.［7］）。

（注7）insieme con i leciti.

（訳注4）初版、他「高利貸しと、金持ちであるために悪党と同様の被害者が」（usurai, e perseguitati non meno perché erano ricchi, che cattivi）。

（注8）*sic*, per *exchequer*.

（訳注5）初版、他では、改行されていない。

（訳注6）初版イタリック体（*B.*）。メローラ版 "b."。

きた。銀行の効用は、輸送や他のリスクを免れさせる支払いの容易さと自分自身か私人の金庫よりこの上なく万全な保管の安全である。しかし、そのようにしてつくられた便宜も、経験によれば、実物貨幣を人々が手放すように仕向けるには不十分であるし、共和国の信用も吝嗇《りんしょく》家の懸念を取り去るのにさえ不十分であるように思われた。そのため、人々に貨幣の預託を強いるほかなかった。その解決は、法律の権威によって、所与の平均以下の額を超える為替手形、すべての大口取引、他のあらゆる高価格を、銀行にある貨幣以外では支払えないということでなされた。こうして、買い手が使用を強制され売り手が拒否できない貨幣が金・銀以上に必要になった商業諸国では、銀行は直ちに貨幣でいっぱいになった。ヴェネツィアの銀行は五〇〇万ドゥカートの保管を決定した。しかし、アムステルダムの銀行は、明らかに、ほとんど三億フロリンを仲介した。目下どれほどの額が蓄えられているかは、同じくハンブルグの銀行が不明であるように、不明である。しかし、共和国は、銀行を安全にし、そのための保証人になって、銀行に貨幣がなかったならば、共和国によって供与されるべき貨幣で払い戻しを請求されないようにする。つまり、私人から区別された共和国は非現実的 chimerico(注9) 機関なので、私人の資産が公共の必要に転換されたと見なすしかそれに期待できないのだ。だから、私人はそれと気づかずに自分自身の債権者になり、このことが貨幣を増やせたことだけしか気づかせずに、わざわざ掘り出さなくても無数のフロリン金貨を代表するのである。なぜなら、「以前に私人の銀行業者 benchieri が彼らの預金を遊ばせて oziosi おかなかったように」(訳注7)、共和国が銀行の貨幣で彼らの深刻な必要を救済したことも確信していいから。こうして、預託された大部分の金が、外部に引き出されれた。そのため、彼らの銀行の貨幣は性質を変えて、預金から大衆になされる貸付になった。しかし、貸付は賃貸借とちがって、無償なので利子という果実がない。さらに、かつて導入された貨幣の輸出禁止は、取引を妨げることが分かった。それから、優良な銀行は金を支払わないことが正しかったとしても、信用度の高い銀行は金の支払いを渋らないということも正しい。ヴェネツィアに現金支払いの公庫が設立されたが、そこは銀行の信用を確かなものにしたから富を減らすどころか増やした。オランダでは、現金販売の約定が許可されて決まっていたし、多くの商人が八パーセントの儲けによって銀行で債券に現金で支払った。八パーセントは紙幣以上の現行実物貨幣に相当する儲けである。

〈ロンドンの「王室会計局」の形態と性質〉 王立銀行とも言われるイングランドの〈王室会計局〉*ex-ciquier*（初版、他*E.*）は、その信用が自由な取引にあるという以外には、すでに言及したものに似ていない。ところでそれは、元々私人によって君主のためにつくられた貸付団体で、利子が徴収された。だが、常に支払日が確かでも常に安全でもないので、そのような可能性の中で取引を始め、支払い可能性の大小に応じて、この信用の価値が変化する。取引は人と神の法に反すると常に苦情をいう庶民以外には、不正と思われなかった。しかし、間違って取引が非難されても、敢えて危険に出くわす価値が利益に変えられれば、それ自体では利益を生まない商品が多産になる。価値が常に不確かで未知の貨幣の流通を放置している政府が、非難されないことはない。祖国に有益な効力は、まれには利得の貪欲や狡猾さと結びついているので、（ま

（注9） 抽象物、幻想（chimera）un'astrazione。

（訳注7） 初版「商人たち」（i mercanti）、「隠しておかなかった」（non lasciavano sepolti）。

さにフランスで起こったように）兵士の勇敢な仕事の賃金が、祖国に奉仕しなかった〈相場師〉*agioteurs*（初版A.）によって持ち去られるということが起こる。

〈フランスの銀行の歴史とローのシステム〉　スコットランド人のジョン・ロー Law, John（一六七一年～一七二九年）が摂政公（オルレアン公フィリップ、一七一五年～二三年、ルイ一五世の摂政）の保護下に設立する一七一六年までは、フランスにはどんな種類の銀行もなかった。これが第一歩で、大体世上よく論じられるローのシステムの基礎で、確かに人知の最も奇妙な産物の一つだったので、そのようなシステムについて私が論評しても不都合とは言えまいと思う。私の意見は常に、オルレアン公は、称賛すべき極めて稀な才能の持ち主ではあるが人徳も信仰もないローの計画の共謀者ではないというものであった。だから、ローのシステムには二面があったと思う。一方は、オルレアン公とフランス全土に彼によって示された実利の亡霊が満ちあふれている面。他方は、彼の貪欲を適《かな》えるためだけに予定されたので、彼が大胆であればあるだけ、それだけ長い間貧しく惨めにならざるを得なかった面が。

〈システムの効用〉　フランスがルイ一四世時に貨幣を使い果たし、しかも貨幣の質は悪く、信用のおけない紙幣で満ちていたことは争われない。そのような紙幣でも確定したか安全な価格が付いていれば、取引は何ら損害を被らなかったろう。しかし、〈相場師〉*agioteurs*（初版A.）によって、きわめて大きい価格差で不正取引されて売り手に受け取りを拒否されたので、〈王室銀行券〉と言われたかかる紙幣に対してあまねく不平が起こった。そこで、それらを廃棄処分しなければならなくなった。一つの失敗によって、フランスは貨幣なしの状態になって大損害を被った。宮廷に貨幣がなかったので、貨幣で支払いができなかった。それで、王室銀行券を、国民がもっと信用する別物に変えねばならなくなった。一国家が貨幣を失うというのは、極貧の果てに自分の手職の道具を売り払う職人のようなものである。それでは、彼は、再び鉄を買う貨幣もそれを加工して貨幣を得るための鉄（の道具）も持たないので、永久に破滅してしまう。こうして、フランスは、貨幣がなければ勤勉も広がらなかったので、勤勉と安穏によって国力を取り戻すことはできなかった。だから、商品にコストがかからず、製造業を元気付け、それをペテンにかける方法を与える紙幣でフランスを富裕にすることは、職人に彼の道具一式を取り戻してやるのと同じことだった。そうなれば、十分に平穏と時間があれば国家はすぐに復興する。これがローのシステムの有益で優れた側面である。すでに公共の信用を失った王室銀行券は引き上げられねばならなかった。フランスに銀・金を引き寄せるために、信用をもつ新通貨が創造されねばならなかった。然る後、フランスが十分復興できたら、新紙幣も旧銀行券の運命をたどるはずだった。

〈ミシシッピー銀行と会社はどのように創られていったのか〉　王室銀行券を引き上げるために、全紙幣の一律引き上げではなくて、祖国に奉仕して国内に債権者として残って紙幣で支払われていた人々の功績に応じて区別しながら、まずその縮減が実施された。それは、国民を喜ばせるにふさわしいきわめて賢明な操作だった。人は、自分よりも他人がひどい損害を被った姿でしか慰められないし、自分の繁栄と同じだけ他人の妬み（我々の意地の悪さはひどいものだ）がないと満足できないので。縮減後も、なお二億リラ（リーヴル）の債務が紙幣で残っていた。そのような残りも炎に奉納する consagrar[注10] ために、全貨幣の三分の一の価値の引き上げ alzamento（rehaussement）が提唱された。ナポリ王国より少なくとも六倍以上富裕で、六億リラ

（リーヴル）以上所有しているフランスは、確かに宮廷債務を返済していたが、ひどい貨幣不足が避けられたというにすぎなかった。総合銀行 **La Banca Generale** は、一、二〇〇株で一二〇万スクード（エキュ）の基金を確定していたので、預金から貨幣を引き出しても仲介してもらえたので、その紙幣が拒否されなかったような債権を所有していた時には、フランスの通貨を恐らくその取引に釣り合った程度以上にまで増加させた。だから、債権で銀行を支えるほか仕様がなかったフランスは癒され、債務は解消された。銀行券の信用を高めるための方法ならさらになんでも採用された。宮廷にその銀行券でだけ公租を払えと命じられたので、それらが必要とされた。かくして、それらの取引は極めて大規模になった。他のあらゆる紙幣にもほとんど銀自体に基づくかのように特権が与えられることが宣言された。つまり、これらの条件が維持されていれば、オルレアン公の政府には、それ以上有効で輝かしい業務は一つもなかっただろう。

〈ローによるシステムの濫用〉〈銀行の廃止とシステムの崩壊〉(訳注8) しかし、ジョン・ローは、自分の財産を限りなく増やすことでしか満足できなかった。彼が案出した貨幣は紙幣だったので、それの価値を殖やすことしか考えなかった。そうして、これらがその貨幣の典型になったことだけでは満足せず、彼は、その紙幣をさらに高価にしようとした。摂政をペテンにかけることは、すなわち、うまく行っていると分かっている秩序の強化なら有益であるはずだと彼を説得することは困難ではなかった。だから、株が利益を生み高値を付けるために、まがい物で取引のまぼろしに満ちた商社が創設された。株の利益は計り知れないほどす速くそれらを高騰させた。一方、実物貨幣への戦いが、信じがたい凶暴さと残酷さを伴って布告された。すなわち、実物貨幣は、突如として極めて大きな飛躍を伴ってから乱高下したのだ。次いで、王国から追放され、その後、それの導入が禁止され、輸出が許可された。最後に、無理やり所有者から取り去られ、すでに〈王立〉*reale*（初版 *R.*）になっていて東インド会社に吸収された銀行の紙幣と交換された。多くの浮沈と混乱を経て、紙幣が実物貨幣より五％多い価値をもつことが分かった。この会社の株式は、二、〇〇〇％に評価されるに至るほど追い求められた。そこで、上がらなかったら、信用に値しないという称賛すべき結果が出てくる。戦場で将校だった夫の軍務によって僅かな債権をもつナミュール **Namur** の未亡人は、六、〇〇〇万リラ（リーヴル）の金持ちになった。銀行は、紙幣を二七億リラまで増発した。つれて商品価格はみかけでは高騰した。ついに、債務のすべて、税金、公債が消え去って、ヘブライ人の祝祭日に似た五〇年節（大赦年）**giubileo**（注11）がわが国の一七二〇年に当たるときわめてうまく言われたほどの、だが、特異であればあるだけますます異常な、大王国にはあまり見られない変化がフランス国家に訪れた。ひどい混乱の真っ只中で、ほとんどすべて現金と極めて貴重で安定した王室債権で、四、〇〇〇万リラ以上を獲得したので、確かにローは自分の狙いを達成した。だがしかし、そのシステムが始まってからたった二年にしかならない一七二

（注10） consacrare, consegnare.

（訳注8） この欄外見出しは、同段落の四四行目の「だがしかし」（**Perciò**）の余白にある。

（注11） *giubileo degli ebrei*：イスラエル人によって、五〇年毎に休息と赦しと共に祝われる祝祭日。「五〇年節、ヨベル［安息］の年：ユダヤ民族がカナンに入った年から数えて五〇年ごとの年で、奴隷の解放、負債の棒引き、田畑の休耕、人手に渡った土地の元の所有者やその後継者への返還が行われた」（ロベール仏和大辞典）。

〇年五月二一日に、紙幣の縮減と信頼喪失によって彼に最初の凋落が訪れた。それらの紙幣は、一〇月一〇日に廃止、消滅が宣告されたのだ。こうして、国家紙幣で二億リラの債務を返済するために、二七億リラの銀行券の返済義務が残った。これが、要するにローのシステムの史実である。この事件は、猛り狂って事態を最初から冷静に見極められないアマチュアである一国民の真っ只中で、人間の才知が、どんなことを可能にしたかを証明するにはふさわしい記憶すべき事件であった。

〈既述のことに関する考察〉 いずれにせよ、あまりにも極端に行き着いたので、誰もがそのシステムが有害であったことを理解できた。だが、フランスは、それほど深刻な事件の後に、健全な状態になっていた。なぜなら、農民はシステムを害だと感じなかったし、土地とその産物は価格が上がり消費が増えたのでシステムから恩恵を受けていた。最後に、想像上のユダヤの立法者の英知によって、一王国がヘブライの五〇年節のそれに似た変更を行うことは、時折それ自体並外れて大きな利益を含む英知として、他の立法者には誰一人真似のできないことに他ならない(注12)。

フランス王立銀行 banca reale di Francia の史実について、さらに長く詳細に論じる意義はあっただろうが、私の著作の紙幅がそれを許さないので、銀行については以上で終えて、公債について言及したい。

〈別種の債務証書は君主による債務契約から生まれた〉 違った性質の債務証書がある。すなわち、あるものは利子を生み、他のものは生まない。利子を生むものの中でも、あるものは永久に生み、他のものは終身で生む。第一の種類の中に、私が前述した公共の必要の際に転換される銀行預金がある。他の種類には、我々が〈国債証書〉*arrendamenti*（初版、他 a.）、〈国庫債〉*fiscali*（同 f.）、〈権利証書〉*istrumentari*（同 i.）と呼ぶ不償還国債のすべてがある。ローマでは、〈質権持部〉*luoghi di monte e vacabili* と、フランスでは、〈市債〉*rentes sur l'Hotel de ville*［あるいは、〈王室債〉*effets royaux*[訳注9]］と言われた。最後に、公国ごとに違った名称で象徴された。（利子を獲得する権利によって多くの地域で〈株式〉*azioni* と言われた）基金あるいは資本が、既述のように、利子を生むにせよ、取引でもやはり、利益やそれらの見込みによって、ある確実で周知の価値を受け取るだろう。こうして、ほとんど貨幣同様、与えられ買われるのだ。ナポリ王国では、そうして得られた収入は、信託遺贈、抵当権設定、債務によって縛られ、書き加えられてかまわなかったので、それらの買い入れは、債権信用の移転以上にずっと長く困難な取引になった。そのために、国債証書一式 partite（単数 -a）は貨幣のように流通しないということになった。ともあれ、借入貨幣の利子支払いに充てられる税金が、債権者に〈債務なしで〉*in solutum*[注13] 譲渡されたから、国債証書は性質が変わって、形態では商業諸国民の会社にまったくよく似た団体や会社の基金になった。唯一の違いは、ナポリ王国で〈受託販売者〉と言われる株主 azionari（初版 *a.*）が、輸送、取引、長期無担保にではなく、彼らに委託された公租の取り分を厳格に管理し利殖を図ることに従事することだった。

〈一種の終身定期年金であるトンチン式年金〉　終身利付き債権の中には、十分知られた質権持分以外に、

（注12）Cfr. la nota XXX del G., alle pp.341–2. 注釈四四四―六ページ。

（訳注9）初版にはない。（o *effets royaux*）一七八〇年二版で挿入。

（注13）未払い金の清算 in assolvimento, a saldo.

ナポリ人（銀行家）、ロレンツォ・トンティ Lorenzo Tonti（一六三〇年〜一六九五年）の考案したきわめて優れた〈トンチン式年金〉*tontine*（初版 T. 他 t.）がある。[訳注10] それは、一六五三年にフランスで初めて提案されたが、一六八九年彼の死後やっと実現した。その形式は以下のようである。きわめて多くの証券とか、我々が言うように、〈株〉に分散された貨幣の一基金が設立された。次に、これらが僅かな等級に限定される。たとえば、各等級が一、〇〇〇株になる。幾つかの等級で証券を持っているこの連中は、その等級の資本全体の利子を分け合い、こうして、一人きりになるまで、常に死んだ仲間の分も手に入れる。彼は一等級の利子全部を受け取り、彼が死ねば、君主の利益に帰することになる。しかし、終身定期年金とトンチン式年金の証券は、貨幣のようには、[宝くじ券のようにさえ][訳注11] 流通し得ないから、これ以上長く論じないことにする。

〈会社の起源〉 それらの会社は、儲けが大きいだけ、逆に危険ときわめて大きい損失と出費も要する東インドや遠隔地への航海と取引のために設立された。それらの株式は、しばしばほとんど貨幣と同じく取引され、多くの国々で、会社に貨幣が与えられるか君主の債務を支払ったので、性質が変化し、一部はわが国の国債証書に似たものになった。その形態はまったく似ていて、フィレンツェの[著名な illustre]（初版、他、旧 antico）書記官（マキアヴェッリ Machiavelli, Nicolo, 一四六九年〜一五二七年）が真っ先に記述したと言えるジェノヴァのサン・ジョルジョ San Giorgio 銀行（一四〇七年創業、一八一六年廃業）の形態によって理解できよう。

ジェノヴァ人たちは、——と彼は言う——[訳注12] 何年も前から彼らの間で戦われていたきわめて重大な戦争の後、ヴェネツィア人たちと和議を結んだが、ジェノヴァ共和国は、多額の貨幣を貸し付けていた市民たちに債務返済ができないので、彼らに関税収入を譲渡し、その共和国から全額返済されるまで、各人が債権額に応じて主要総額の利子によって、収入を分かち合おうとした。互いに好都合だったので、ジェノヴァ人たちは、自分たちの関税に関与する宮廷をヴェネツィア人たちに引き渡した。そこで、これらの債権者たちは、公事を決議する一〇〇人会議と全体の指導的立場により公事を実施に移す八人の市民からなる行政委員会を組織して、彼らの間で統治方法を取り決めた。それから、彼らは債権を分割して、それらを「持分」と呼び、彼らの団体全体を「サン・ジョルジョ」S. Giorgioと名付けた。こうして、この統治機関が配置されると、新たな必要がその都市共和国に生じた。そのために、サン・ジョルジョに新たな援助が求められた。すなわち、それは富裕であり、うまく管理されていたので、共和国の役に立った。その代わり、共和国は、以前それらに関税を譲渡したように、貨幣の担保として持っていた自分たちの土地を譲渡し始めた。ともあれ、共和国の必要とサン・ジョルジョの尽力から生まれた事態は先に進んだ。サン・ジョルジョは、ジェノヴァの権力に従属していた大部分の土地と市をその支配下におき、それらを統治し防衛した。毎年公式の投票によって、共和国はどの陣営にも煩わされずに、そこに自分たちの行政長官を送り込んだ。このため、職分がうまく平等に管理されたのでサ

(訳注10) 枢機卿マザラン Mazarin, Jules(一六〇二年～六一年)に提案された(伊仏対訳版訳注、p.662. [14])。ガリアーニは、トンチン式年金は「彼(トンティ)の死後一六八九年になってやっと実現した」と言うが、没年は一六九五年とされる。だとすれば、死ぬ六年前になる。

(訳注11) 初版、他にはない。二版で追加(come nemmeno que' delle lotterie)。

(訳注12) 「ガリアーニは、一三八一年にヴェネツィアの勝利とトリーノの和約で終結したキオッジャ Chioggia の戦争を暗示している」(伊仏対訳版訳注 p.662. [16])。

ン・ジョルジョに愛情が向けられて、ジェノヴァ市民たちの愛情は、圧制的だという理由で共和国から離れてしまった。そのために、安易で頻繁な国家の変更が生じた。そして、サン・ジョルジョがではなく、共和国が政府を取り替える varia[訳注13] から、時には一同胞市民に、時には一外国人に服従することになった。共和国の地位で対抗するフレゴージ家 Fregosi とアドルノ家 Adorni の間で統治権をめぐって争われた時[訳注14]でも、大部分の市民は傍観を決め込み、共和国を勝ち組が奪うに任せた。サン・ジョルジョの任務は、ある者が国家を掌握した時、その者に法の遵守を誓約させることだけだった。それらの法は、サン・ジョルジョが軍隊、貨幣、統治機関を備えていて、幾分あぶない反乱の危険を冒さずには変更できないから、この時期に至るまで変更されなかった。同胞市民の同じ圏内に、自由と専制、礼儀正しい生活と堕落した生活、正義と放縦を見ることは、哲学者たちに頻繁に想像され試された共和国にもかつて見られなかったまったく稀な例である。なぜなら、ただそれだけの秩序で、ジェノヴァ市は、旧来の尊敬すべき慣習を十分維持しているからだ（初版、全文イタリック体。［マキアヴェッリ著、齊藤寛海《ひろみ》訳『フィレンツェ史』、岩波文庫（下）、四四九～四五二ページ］訳文は訳者）。

先立つ記述の多くの部分は、現在の会社に、主にアムステルダムの東インド会社にきわめてよく当てはまった。それは、その時生まれた他の共和国よりもおそらく時おり強力で整備された共和国になっただろう。

〈ナポリ王国の諸問題に関する考察〉〈『法の精神』の著者の間違った考え[訳注15]〉さて私は、自分の主題を祖国の問題、主に、銀行の問題に限って言及する所にきた。それらの保護は、長いことわが国で支えられてきたので、確かに、我々にはきわめて大きな名誉になる。『法の精神』の著者によれば、フランス、スペイン、その他の君主国 m.（初版 M. 以下、同）のように、奢侈の取引をする王国では銀行は設立できないと言われた。君主政体で銀行を設立することは、と彼は言う。

一面では金銭を、他面では権力を前提としていることを意味する。言い換えれば、一面では権力なくしてすべてをもつ能力を、他面では何物をももつ能力のない権力を前提していることを意味する。このような政体にあっては、財宝を持っていたり、あるいは持ちえたのは君主だけであった。そしてこのような財宝のあるところではどこでも、それが度のすぎたものになるや否や、まず最初は君主の財宝になる。[注14]

君主は、しなくてもすむのに、自分の臣民の富を占有しようと思わずにはいられないらしい。しかし、モンテスキューがわが国を検討していたら、確かに、いやむしろ、君主の勅令 decreti が［もっと絶対的］[訳注16] piu

---

（訳注13） 初版、他では cambia.

（訳注14） 「アドルノ家とフレゴージ家は、ジェノヴァの民衆的党派の主要な二家族であった。彼らは、長い間対抗していがみ合った。一四五八年、フランス人を追い出すために団結した後、再び争った」（伊仏対訳版訳注 p.662.［17］）。

（訳注15） この欄外見出しは、同段落の九行目の「（君主政体に）銀行を設置することは」（Ponergli, dic'egli）の余白にある。

（注14） C. De モンテスキュー、『法の精神』1. XX, c. 10（pp.57–8 dei vol. 3 della ed. 1958, a cura di J.Brethe de la Grassaye）岩波文庫（中）、二二一ページ（訳文は一部変更）。

（訳注16） 初版、他「もっと尊重されて」（piu venerati）。

assoluti かつ速やかに遵守されれば、オリエントの野蛮な王国を除けば、恐らく世界に一つもないほどの君主国を知っただろう。やはり君主政体であるフランスの高等法院と聖職者の抗議が煽動的であるように見えそうな一王国がある。つまり、この王国でもごく古い時代から銀行が設立され維持されていて繁栄し、小さい王国には確かにそぐわないほどの富が満ちてあふれていたことが分かったろう。統治者の徳性が権力の濫用から国民をそれほど安全にできる。さらに、人事の浮沈にあるような時の大きな隔たりの中で、幾つかの銀行が管財人の略奪によって動揺したし、（たとえそんなに悪質な原因でなくても）一つは破産さえしたことが分かる。しかし、多くの非常にさまざまな事件、スペイン君主政体の多くの必要、半世紀で三度も交替した政府のきわめて頻繁な変更、最後に、最近の戦争や悪疫の不安の中で、こうした事態が分かる。私が理解するのは、政府は、大衆に不安の影さえ決して与えないこと、銀行の幾つかの不運にゆめゆめ関与しなかったこと、君主の貨幣は、あらゆる惨めな貨幣以上に尊重されて、銀行に散布されなかったことだ。絶対政府との自由の成果のこの称賛すべき接木は、我々の最高の栄光である。つまり、たとえ僅かできわめて稀な例しかなくても、それでもなお、その著者は、フランスの総合銀行の悲劇的事件から一般的結果を引き出しても、君主制政府の性質をそれ自体に欠陥があるものだと宣言してはならない。(注15)彼がいつもそう宣言していたら、パリに生まれた、しかも人間解放の一八世紀に生まれた人にだけ妥当するように見える金言に満ちた著書はできなかっただろう。

〈わが国の銀行が維持されている理由〉 だから、宮廷がほとんど銀行を知りさえしないことを証明したので、我々の銀行は信用で維持されたのだ。それらの運営は、きわめて正直な私人たちの手にある。彼らは、公益の配慮を公正にも敬虔で慈悲深い事業と見なして至高の無欲を実践しているので、私はほとんど奇跡的だと言いたい。預けられた貨幣は、神妙に保管されている。それから、たとえ貨幣の滞留は損だとしても、やはり銀行の赤字はもっと害になるだろうし、問題の双方が君主政体にあるはずがないので、銀行に貨幣が残ればいい。だから、まさにここに、共和政体r.（初版R.）と君主政体の銀行の違いが出てくる。前者は、貨幣を増やし国家を救うのに向いていて、公共の信用に支えられている。だから、最高権力が保証人であることは良いことである。後者は、貨幣を専ら保管するのに優れているし、ぐるぐる循環させるのになお向いている。私人の徳性と法律の厳格さ、君主の恣意の排除、常に速やかに払い戻される預託貨幣の存在が安心させる。だから、敢えて（ある者がそうしたように）前もって君主によって保証された銀行から貨幣を引き出すことを提案しそれを取引に委ねる者は誰でも、私が、祖国と公共の平穏の敵と見なしてさしつかえあるまい。

〈その基本法の卓越性〉 万事慎重きわまるわが国の銀行の秩序は、世界に周知させるに値しナポリに名誉を引き戻せよう。そうして、私は、本書の枠内に納められたなら、喜んでそうしただろう。だが、今はそれができない。祖国と法的慎慮の期待に応えるべき人である銀行の出納係の弁護の中で、［短い年限で］(訳注17) 行われた申し立てに記された幾分かが分かるだろう。(注16) 以下のことだけが、私に改善できるように思われることで

（注15）ガリアーニは、破産（システム崩壊）後書かれた思い出で、そのような自己弁護的立論を語ったジョン・ロー（の著書）を示唆している。

（訳注17）一七八〇年二版、メローラ版には（ ）はない。

ある。

〈なされうる改善〉　Ⅰ．全銀行が、唯一の銀行のようにほとんど一体化されること。私は、各銀行 banco（初版、他B.）の保証書が各行で自由に受け入れられ、支払われたことと理解する。

Ⅱ．[訳注18] 出納窓口の計算は、不確定日に全銀行でまったく同じ時間に行われること。そうすることで、ある銀行が他の銀行に対して持つ債権の虚偽証明による出納係の不正行為を隠せなくした。

Ⅲ．認証資格のある公証人の人数は少ない方が望ましいだろう。おそらく、そうすれば署名がはっきり確認でき、法定鑑識人、すなわち、保証書の確実性の認証を任される官吏が見落としにくくなる。

Ⅳ．ナポリ王国のめぼしい都市ごとに、銀行にその認証が登録されていて、疑惑の余地のない非常に誠実な公証人が選ばれるべきだろう。すなわち、そうすれば、諸地方で生活している人には都合がいいだろう。つまり、ガッリポーリ Gallipoli やフォッジャ Foggia のように、幾つかの都市で銀行が設立されるかナポリのどれかが移転されたとしても、害にはなるまい。

〈我々が銀行で行う大規模使用の由来〉　ナポリの諸銀行が、ヴェネツィアやオランダの銀行でと同様、他の銀行の大部分とちがって貨幣利得を少しも与えず、法律によってどんな支払いにも保証書を必要としないのに、貨幣が十分満ちているのは奇妙に見えると私が言っても、外国人には称賛に値するように見えよう。しかし、そのような驚きは、国民の性質に、恐ろしく訴訟や拒絶に向かう傾向があることに着目すればやむ。債権の保証書は、単に支払いだけではなく個別の一定基準によって我々に支払い理由も保証するのだ。つまり、こうして他国では法律の力と儲けの刺激が果たすことを、わが国では腐敗した習慣と信用のなさが果たしている。しかし、銀行を訴訟の消滅に役立てたことが立派で賢明であったことは、否定されない。

〈商社を支える取引は何か〉 商社は、わが国にはそれらが存続できるほどの取引がないので存在しない。そのような取引不足は、海上勢力の現状をねたむ多くの人々によって、愚かにも我々の不備に帰せられた。しかし、この取引は、彼らが理解しているように、諸国家の大きさが第一原因ではない。人口稠密な国土が諸国家の力になるのだ。より多くの土地と臣民を擁する君主がいっそう強力なのである。支配力は、ローマ人たちがそれを引き出したように、すなわち、征服と他者の隷属からしか生まれない。これが、イギリス人、オランダ人、フランス人の商社の取引である。大征服が、広大な領土、多大な成果、多数の奴隷を生んだ。しかし、彼らは遠くにいるので、我々が「軍隊だ、軍事力だ」(初版、他には……「」はない)と言う代わりに、「商売だ、商売だ」(同)と叫んでいる。我々は、地図上で彼らの最小の植民地を測り、その大きさがほとんどナポリ王国ほどなのを認識できる。

〈オランダの推測で犯された間違い〉 私は、ヨーロッパの全君主の政治問題と事件を論じる率直さによって、他人から尊敬される男を知った。この男は、かつてオランダの地方を計測して、そこが、わがカラブリアよりも狭いことを知って、長い沈黙の後、胸から深いため息を吐いて言った。「ウサギとカエルしか棲まないじめじめした砂がちの僅かな土地が、いかほどの値になるか考えてみたまえ」。誰もがそのような物言

(注16) Cfr. la nota XXXII del G., alla p.343. 注釈四四七ページ。

(訳注18) 初版、他では、改行されていない。

いに拍手喝采した。そのうちに、別の人が、さらに賢明な好奇心に動かされて、全植民地、すなわち、オランダ、アメリカ、ギニア海岸、ケープ Capo(注17)、セイロン、ジャワ Java、ボルネオ島、モルッカ諸島の全植民地、最後に、その他の植民地が、どれほどの土地を占有しているかを測りたいと思った。彼は、それらの植民地に、それらが納税義務を負う全君主と彼らに全面的に依存している親族の土地を加えた。すると、彼は、七州 provincie(注18) に統一された多くの政府がフランスよりかなり大きかったことに気付いた。だから、オランダ低地諸国は、共和国ではなくそれの市場である。共和国は世界中に散在していて、大部分が同じ海上で永続的に生きてきた。一国家が自国産商品の販売で大きくなることは、商業のではなく農業の賜物であると見なす人は、次に、オランダ産商品をどれだけ自分が消費するかに気付き、農業が富の母であることを知るだろう。農業の次には、漁業が商品と富のもう一つの源泉である。最後に、モスクワ大公国の国民のように、狩猟から多くの国民が多くの獲物を引き出す。残りのすべては些細なことである。

〈どうしたらわが国の取引は増やせるか〉 我々が、損失に泣き、それを自分のせいにし、それを取り戻す商業は、鯨がいっぱいいる幾つかの場所、ニシンのいる幾つかの岸とかメルルーサの幾らかの群を地中海で見つけているので、スエズ海峡を横切って、我々が、他の人々よりも先にアラビアやインドに行くことになれば、モルッカ諸島、セイロン島、バタビア Batavia（現ジャカルタ）、喜望峰は我々のものになるだろう。

〈どうしたらわが国の取引は増やせるか〉(訳注19) 私は、わが国で、商業が大きな改善を得られないとは言わない。それは、非常に力量のある君主の存在によって期待されるべきであり、すでに多くのことが達成され始めている。しかし、農業の増加なしの（なぜなら、漁業と狩猟は我々には少しもないから）商業は、幽霊で空しい影法師でしかないことを納得しなければならない。つまり、たとえ商業と農業が、各々が相互に他方の結果で原因であるように共に繋がり合っているとしても、さらに注意深く検討すれば、やはり、常に農業が商売に先んじていることが分かるだろう。なぜなら、商業の隆盛は、豊富な余剰商品に、つまり、これは農業に由来するのだ。そして、農業は人口に、人口は自由に、自由は公正な政府に由来する。後の二つは、すでに、我々にはあるし、一部では人口も増加している。それでは、なぜ我々はもっと多くの耕作を行わないのか。それは、それ自体計りがたい税金のためである。その負担が首都以上に諸地方をひどく圧迫している。すなわち、それが旧来の弊害であるが、急速に軽減しつつある。それがすべて消え失せないとしても、現政府だけのせいにはできず、いやむしろ、たった一六年[注19]で多くの非常に急速な変更がなされたことが称賛に値する。[注20]つまり、その根拠が君主の至高の力量にあることが認識されなかったら、信じがたい不可思議なことだろう。

（注17）*Capo*：喜望峰の領土、すなわち、南アフリカの領土。
（注18）l'Olanda オランダ。
（訳注19）ダブっているが、初版に従う。
（注19）一七三四年にあったナポリ王国のブルボン朝（シャルル三世の）征服時から。
（注20）Cfr. la nota XXXIII del G., alle pp. 343-4. 注釈四四八ページ。

第五編　貨幣の利子について

〈序　文〉

これは、深刻だし困難でなおかつ危険な問題である。だから、自分の目的が私を導き、穏当に解決できたとしても、私があまり進んで関わりたくない問題である。契約は、貨幣利子が絡むと、違った意見をもつ人から蒸し返される恐れがあって、何一つ是認も否認もできないほど議論が紛糾した。なぜなら、議論することで、契約が尊敬や評判を得た人々は、一兵士がわずかな金銭や一人分のパンを掠め取りに来る人に注意するのと同じ腹積もりで、彼らに反対するどんな人にでも狙いを定め、まさに残忍に報復するから、そうした議論は、いつも血なまぐさく残酷なものになったからだ。それでもなお、私は、高利をめぐるわがキリスト教と古代の教父や博士の真の訓戒が、不幸な何世紀かのために、もっと近代の注釈者によっても十二分に表明されなくてよかったとも、まして自分に預けられた羊群を導く至高の超自然的英知によって誠に尊敬すべき統治者、教皇 supremo pastore（初版、他 S. P.）の大勅書 bolla（訳注1）（同 B.）が完全に理解されなくてもよかったとも思っていないのだが。だから、私はここで、腹蔵する幾つかの意見をためらわず説明したい。もしそれらの意見がキリスト教の徳目と矛盾しても、いつも速やかに十分に明示し、もっとうまく落ち着いて弁護すべきだし、私と別意見で真実に従って手ほどきができる人がいれば、自分の意見を断念し撤回してもかまわない。

（訳注1） 教皇ベネディクトゥス一四世（一六七五～一七五八年、在位一七四〇～五八年）が、一七四五年一一月一日に発した勅書（伊仏対訳版訳注 p.663（本文 p.527）の［1］）。彼は「すぐれた教会法学者であり、彼の著した典礼や列聖手続きは後世の準則となった」（ロベール仏語大辞典）。

第一章 〈利子と高利について〉

〈高利に関する論争の簡潔な説明〉 きわめて古い時代から、富裕な人々は、さまざまな形の契約で貨幣から利子を引き出していた。同時に、貧民たちはそのような契約の大部分は不正で非道だと非難していた。つまり、利子を得る人が、他人が悲嘆に暮れるのを黙って見過ごして慣れっこになるように、逆に、利子に不平を言う人は、いつも声をきわめて喚いたり大声で怒鳴ったりする。だから、あらゆる貨幣利子を非難し嫌悪することに同意する声は、一五世紀になるまですべての時代に満ち溢れていたのだ。一六世紀に西インド諸島の発見、技術、工業、商業、貨幣の増加、国債に基づく金利制度が、フランスのフランソワ一世によって君主政体で初めて実現され、他の君主によって模倣された。冷酷きわまる高利貸しのユダヤ人の撲滅と公的質屋制度 monti di pietà（初、他 Monti di Pietà）が、高利をほとんどまったく消滅させたので庶民は落ち着いたけれども、異例の偶発事によって、存続していても誰にも擁護されないからすでに死んだも同然の高利を保護し支持するきわめて鋭い才人が出現した。たとえ［少数者に利用されただけ］fatto uso solo nel piccolo（訳注1）であったにせよ、おそらく並外れた才人で多読家ではなかったかと思われるクロード・ド・ソメーズ（Claude de Saumaise）Claudio Salmasio（注1）が、少なからず高利を正当化する傾向の学説を余さず叙述してみせた最初の人物であった。彼の後には、ユトレヒト教会の司教座聖堂参事会員、ニコラウス・ブルーダーセン Nicolaus Brodersen（注2）が書いたし、後には他の人々も書いた。

彼らに対しては、あらゆる国民のきわめて多数の著作者が反対した。過去の時代では、イタリアで再び論争に火がついた。そこでは、ヴェローナの貴族、シピオーネ・マッフェイ Scipione Maffei が『貨幣の運用』*Dell'impiego del denaro*[注3]を書いた。彼の高貴で寛大な精神、その徳性と［学識に満ちた dottrina[訳注2]］見解は、誰にも正当に評価され、彼が何らかの情熱や配慮に身を委ねているのではないことが理解されたので、その書は、多くの人の心にきわめて大きな感動を呼び起こした。それには、ダニエッロ・コンチーナ修道士 fra Daniello Concina[注4]（一六八七年～一七五六年）が、説教師の法規について、二巻本（そのうちの一巻はナポリで出版された）で異議を唱えた。それらは信じがたいほどの熱意と情火に満ちているが、同じ君主に仕える博識な同志の間で大して期待されないだけ、その分穏やかに検討されねばならないように思われる。しかし、それ

（訳注1） 初版、他「ほんの僅か利用された」（fatto uso assai piccolo）。

（注1） Claude de Saumaise（一五八八～一六五三年）、フランスの著名な博識家。『自由高利論』（*De modo usrarum liber*、リヨン、一六三九年）の著者。

（注2）『利子是非論』（*De usuris licitis et illicitis*, ユトレヒト、一七四三年）の著者。ユトレヒト教会のオランダ人カトリック司祭。

（注3） Roma, 一七四六年。

（訳注2） 初版、他「知恵のある」（sapienza）。

（注4） Daniele Concina（一六八七～一七五六年）、ドミニコ派修道士、神学者、説教師。『ローマ教会が、貨幣の運用と題する書物の反駁と共に、高利をめぐって考察されていることに提案する教義の説明』（*Esposizione del dogma che la Chiesa romana propone a credersi intorno l'usura, colla confutazione del libro intitolato dell'impegno del denaro*, ナポリ、一七四六年）の著者（伊仏対訳版訳注 p.663. [5]）。

らの論争は、至高の権力による賢明な助言で打ち切られた。つまり、高利の罪業を大いに論じる連中は、それを犯せる能力を平素神から授けられていないことを、逆に、罪を犯し得る連中は、自分の教育の過ちによって、その論争を理解する状態ではなかったことを自覚して。

〈この問題の曖昧さはどこからくるのだろうか〉　たとえ、その根拠が大抵コンチーナの側に有利だとしても、反対者たちが多くの尤もらしい上辺の根拠を賛成の便《よすが》にしていることは否めない。今、私は、真実が二つの対立する見解にほとんど分裂し、もはやどちらの側にも傾かないことを知ったので、言葉の目くらましや欺瞞が中間にあるに違いないと確信した。真実は、その光りで直ちにその起源と他のすべての真実との連鎖を発見し、それと気付かないはずのない誤りをしっかりと黒く塗りつぶすので。だから、私は、自身の胸のうちで考え直して、多くの議論を生ませたように思われることどもを知らせ、ここで自分にできる最善の説明をしていきたい。

〈財産をめぐる古代人の間違った判断〉　無知の時代には、人々は、偶然や運命のいたずらにひどく脅かされた。それは、馴化されていず、たけり狂う馬をおそれて逃れさり、何とか危険を免れようとするのとまったく同じであった。ついに、真の科学の光りが、不可抗力によらないことは何一つなく、それらの変化には確実な秩序と規則にかなった根拠があり、確実な現在と不確実な未来の間には均衡が見られることを発見した。こうして、懸念は少しずつ鎮められ、人々は運命に飼い慣らされてそれと係わり合い、それをめぐってたわむれはじめた。彼らは純粋な運命のゲームの中で、正義の議論をはじめて聞き及んだ。推測の術は非常に侮られたが、ベルヌーイ Jacobus Bernoulli(注5) の手中で数学と真実の娘になって、ゲームからもっとまじめな問題に移された。航海、人命、田畑の収穫は、すでに長いこと運命のいたずらの下にあったが、人間の思慮がそれらに手綱や鎖を据え付けたので、計測され、評価され、運命の恣意に対して保証されるようになったと言える。その時、本来備わっている価値は、何かものを享受できるかできないかの可能性の程度に応じて常に変化することが分かった。ある人の手から遠くにある一〇〇ドゥカートが、失わない可能性が九〇ドゥカートあり、失う可能性が一〇ドゥカートあるなら、目下の九〇ドゥカートになり、九〇ドゥカートのためには、どんな契約でも、賭けとかバーターでも歓迎されねばならない。こうして、数学によって、多くの因習が矯正され、正義が思い出され、偽科学の暗闇が追い払われた。偶然に対する人々の大胆さが計算され、一定の決まった限界内に狭められた。

〈為替や利子とは何か〉 だから、為替や利子が互いに兄弟として生まれた。片方は、現在貨幣と遠隔地貨幣の間の均《なら》しである。それは、最低の便宜か最大のリスクで減少する互いの内在価値を均すために、時おり現在貨幣に、時おり遠隔地貨幣に付け加わる〈見かけの余剰〉によってなされる。利子は、場所が及ぼすのと同じことを時間が及ぼすので、まさに現在貨幣と時間的隔たりの間に成り立つ事実である。双方の契約の根拠は、真の内在価値の等価である。このことが、為替で時おり現在貨幣が遠隔地貨幣以下になり、〈[平

(注5) Jacobus Bernouilli(一六五四〜一七〇五年)、バーゼル大学教授、ライプニッツの弟子。師の微積分学を発展させ、確率論にはじめて体系を与えた。『無限連鎖の容易な推測術』(*Ars conjectandi Tractatus de seriebus infinitis* バーゼル、一七一三年)の著者(伊仏対訳版訳注、p.663. [6])。

価〕以下の為替〉*cambio di sotto al pari*（訳注3）と言われることも事実である。いずれにせよ、将来貨幣に他ならない貨幣を代表する証書が、しばしば現金よりも高く評価され、おまけに、これが〈額面差〉と言われた。

〈ブルーダーセンの誤りの根源〉　今こそニコラウス・ブルーダーセンの見解の誤り全体が、いかに誤った観念から、言葉の悪意ある使用から生まれたかが明らかにされる。つまり、透けて見える事実の外見すべてが、真実誤認の中に隠される。平価に達するために想定された欠損を満すことを貨幣の〈儲けや利益〉と呼ぶことは誤りであった。多かれ少なかれ、実を結ばない性質の貨幣から与えられたあらゆる儲けは、非難されていい。すなわち、労苦は、与えた人によってではなく、借りた人によってなされるので、それは労苦の成果とは言えない。しかし、同等であれば儲けはどこにもない。内在価値が危険や不便によって台無しにされたり減ったりすれば、それを埋め合わせても儲けとは言えない。さらに、貧乏人と金持ちの差を見て、正義と同情をゴッチャにすることは根拠のない考えだから、そう主張する人とその追随者を嫌悪すべきである。適性価格は、最も不幸な人々と同様、最も金持ちで幸福な人々にも当然のこととして要求され強く主張されていい。すなわち、不正は何人《なんぴと》といえども主張できない。貧困を他人のせいにする人が、天の配剤を訂正し、自分の極めて根拠薄弱な行為によって、繁栄と悲惨を珍妙に配分することに与すべきでもない。貧困は、逆境よりもしばしば不徳によって引き起こされるからだ。

〈幾つかの定義の説明をめぐる幾人かの神学者の誤り〉　逆に、多くの神学者は、高利貸しと貸付をきわめてうまく定義しながら、後に自分自身の定義を誤解した。〈高利とは、貸付契約によって資本以上に受け取られる儲けである〉。これはきわめて正しい定義である。（ごく最近非カトリック教徒たちがしたように）その定義を変え、有償の貸付は貸付ではないから、その場合には、貸付の成果は高利ではないと言おうとした者は誰でも、まさに埒もなく不敬虔に言葉をもてあそんでいる。すなわち、神に命ずべき術も手立てもないし、人々にはその必要もないのだから。高利に対する人倫の厳しさの裏をかこうとする多くのさまざまな形式が案出された。実際、後に、それが、正義の認識すべてを冒涜し、それを混乱させようとさえ望むのは行き過ぎで許しがたい。貸付の定義は、〈等価物を返してもらう契約で、ある物を引き渡すこと〉から成り立ち、〈それ以上のことではない〉ので、同様にきわめて公正である。しかし、ラテン語で〈丁度同じだけ（の量）〉***tantundem*** と表現されるこの〈等価物〉について、その観念は、もっと分かり易く明瞭でなければならない。価値は、諸物が我々の必要に対してもつ割合である。〈等価〉と言われるのに釣り合って、人に同等の便宜をもたらす物に等しい。別の原理に従って、別種の同等を捜し求め、それを重さとか似たような形で見つけようとする人は誰でも、あまり人事に通じていないように思われる。重さでも形でも違っている紙でできた証書が、しばしば貨幣と同じ価値をもつ。すなわち、逆に、重さや品位が同じで、形も似かよった二つの貨幣が、しばしば等価値ではない。ある場所では（わが国のローマ銀貨のように）良貨にもかかわらず、外国貨幣に流通が認められないなら、自由に流通してはいるが、無益で誰からも拒否される金属片のもつ他の類似の金属片に等しい便宜しかもたらさない。だから、禁止された貨幣は支払いで価値が低くなろうが、拒否されないかぎりは、すなわち、その貨幣の内在価値によって、それなりに評価されるべきである。これ

（訳注3） 初版、他では *al pari* だけがイタリック体になっている。

は、非常に正当で理に適った交換の仕方である。最後に、確かに、人々の間には快楽以外に価格はないし、便宜以外は買われもしない。人は、他人の不都合や不愉快なしには快楽を感じられないので、他人に損害や快楽の喪失がなければ金を支払わない。何か懸念を背負《しょ》い込むのは苦痛である。だから、それに払う必要がある。〈貨幣利子〉と呼ばれるそれは、合法的であれば、懸念の価格に他ならない。それを違ったことだと考える人は誤解している。

〈ベネディクトゥス一四世の大勅書の説明〉 今私が説明した原理によって、教皇ベネディクトゥス一四世 Benedictus XIV の教訓に目を向けるならば、それらが驚くほど知恵と真実に満ち溢れているのが分かるだろう。もし人々によって非難されなかった人間行動に注目するなら、前述の原理に一致しているのが分かるだろう。

〈ようやく到達した〉*Vix pervenit*[注6] に始まる大勅書での四つの主要な教義が、信者たちに教えられた。第一に[訳注4]、貸付は等価の返還である。すなわち、高利は、右の等価以上の儲けである。それから、「元金を超えて生み出されるようなあらゆる利得は、不法で暴利である[注7]」と結論される。きわめて正しい教訓である。しかし、主要な価値の誤った価格評価のせいでそのように示される見かけ上の観念的な増加は〈儲け〉と呼ばれるべきではない。

第二に、〈人間の契約には、基礎と根拠として平等があるので[訳注5]〉、あらゆる儲けは、多かれ少なかれ、邪《よこしま》で咎められるべきものとして、まったく当然のこととして非難される。

第三に、この「超過」**“soprappiu”**（初版、他 *s.*）は、貸付に本来備わっていないと言われる。すなわち、このことについては、それ以上妥当な言いようはない。それどころか、超過が多様であればあるだけ、損失の可能性の度合いもほとんど限りなく多様である。超過は、時には（海運の高利でのように）きわめて大きいこともあり、時には（共和国の銀行や商社でのように）ゼロにまで下がるし、時おり（ローのシステム時にフランスで起こったように）ゼロを下回りマイナスにまで下がることもある。

第四に、あらゆる貸付に、等しい重さの金属の超過 *s.*（同 *s.*）を強要する理由がないのは明白である。このことも分かりきっているように妥当な意見である。逆が真であったなら、共和国の銀行は存続できず、利子なし貨幣は多くは見られなかったろう。利益なしで銀行に貨幣を預けて満足したり、利子を生むのに私人の手に貨幣を預けるのを拒否する人もなおのこといないだろう。オランダやヴェネツィアの銀行が預託銀行から貸付銀行に、だが、その最高の安全保障によって、公正に無利子の貸付銀行に性質を変えたことは周知だから、それらの銀行が預託銀行だとも言えない。

〈この懸案の結び目がある二つの問題〉 私がこれ以上この問題に付き合うなら、自分が言わねばならないことの限度を超えてしまうだろう。ともあれ、私が述べたことが精神に何か疑惑や困難を惹き起したとして

（注6） 大勅書は一七四五年一一月一〇日に発布された。*Omne propterea huiusmodi lucrum, quod sortem superet, illicitum et usurarium est.*: ogni lucro di tal fatta, che superi il capitale, e illecito e usurario.

（訳注4） 初版、他では **La I, II, III** となっていて、改行されていない。

（注7） 編者のイタリア語からの訳。ラテン語テキスト（訳注5） 初版、他では全文イタリック体の大文字。

も、別の箇所でもっと気軽に論じることができよう。ただ、私に異議を唱え私を打ちのめそうとする人々にお願いする。つまり私は、貴方がたによって思い通りに創り出され武器を携えた見せ掛けの敵ではない。それから、議論の結び目を見誤らないためには、何にもまして以下の諸問題を解決すれば足りよう。等価物の返還が、他の考慮なしに金属重量の等しさによって常に測定されるどの国でも、貸付は困難でごく稀だろうということは確かである。ところで、人々に貸付をかきたてるために、富裕な商社が、貸付を受ける人から支払われる高率のマージンを通じて、貸し付ける人々を保証することを決定したら、そのような保証は合法だろうか不法だろうか。これが解決された後に、別の問題が解決されるべきである。もし貸し付ける人が、部外の保証を配慮しないで、彼自身が保証の価格を回収したら、契約は性質を変えるだろうか、当然ながら罪を犯すことになるのだろうか。(注8)

〈高利を緩和させるための諸手段〉　ようやく、統治術を検討する箇所で利子について語ることになる。このことをめぐって、第一に、利子は、公正でも不正でも同じく、どんな資格の下であれ市民の身分において徴収されるのが常だから、できるだけ少なく控え目であることが望ましいのは明白である。私は、正しい契約と不正な契約を一緒に結びつけた。永遠の刑罰の恐れのみによって、つまり、宗教の敬意によって損害の償いをすることは政治に関わらないから、すべてが慈悲に任されるなら滑稽で間抜けなことになる。道徳は人々を導き善良にし彼らの徳性を高める。すなわち、政治は、彼らをなお堕落した粗野な情念に満ちた者として見なすべきである。だから、君主は、悪辣な高利貸しが望んでも、はなはだしい暴利で金を貸さないように配慮する必要がある。罪を罰するよりもそうしないで済ませる方が常に称賛されよう。

前述の説明にしたがって、利子を低くするには、貨幣の独占を避け返済を保証するだけでいい。だから、二世紀この方、高利を低くしほとんど撲滅したのは、貴金属の豊富さだけではなく、主として、あらゆる王国でほとんど享受できた統治の優しさであった。訴訟の簡素、確実な裁き、国民の大いなる勤勉、節約があり、金持ちすべてが金を貸す気になったのだろう。大勢の資金提供者のいる所では、貸付の条件を厳しくできない。こうして、貧乏人はひどい扱いを受けずに済んだのだろう。

〈なぜ貨幣の利子は法律で固定できないのか〉 同じ原理から、貨幣利子を法律によって一定の限度内に固定できないことになる。もし利子が、損失の見込みが返済の見込みにあるように、元金との釣り合いにあるとすれば、無数の状況から〈貨幣の利子〉*frutto del danaro.*（初版、他 f.d.d.）と言われ、さらに当を得て〈保証の価格〉*prezzo dell'assicurazione*（同 p.d.a.）と言われるものの決定によるはずである。しかし、そのような問題に関して、ジョン・ロックが、その学術書で長々と論じているので、私はそれに依拠する。たとえ彼の原語が英語であっても、我々にもっと親しみ易い comunale[注9] 言語に一度ならずも翻訳されることを疑わないから。

〈法律によっても変更できない〉 最後に、利子の価値は法律によっては変えられず、思い通りに高くも低くもできず、自然自体によって形成されねばならず、国家や王国内の習慣の変更によって得られることは明

（注8） Cfr. la nota XXXIV del G., a p.344. 注釈四四八—九ページ。

（注9） *comunale* : familiare.

らかである。法律が自然に反していれば、契約で違反が生ずるように、利子をめぐって時宜にそぐわずに作られた法律からは、一国の復興や救済は期待されない。

利子を減らす最善の策は、国債の利子をできるだけ減らすことである。そのことについて、私は次章で論じたい。

第二章 〈国債とその効用について〉

〈公債の起源〉 ほぼ二世紀来、君主たちは、戦争の必要に応じて、私人から貨幣を借り受けるために、いつもこれを役立てた。自発的に貨幣を差し出すように仕向けるために、君主たちは、税金の一部をばらばらにし、自分たちで利益を山分けする貸主たちに譲与して、それが利を産むようにした。かつてはどんなに願っても自国の君主には、国民に信頼する気を起こさせるだけの徳性も信用もなかったので、高利で金を貸すユダヤ人やイタリア商人の迫害が、富を得るための常套手段であった。

〈国債〉 *debiti dello Stato*（初版、他 d. d. s.）と言われるような収入をめぐって、政治家たちは、それらが有益なのか有害なのかを長いこと論じてきた。私には、そのような不一致の責任は、それらの本質についてもたれる認識の曖昧さにあったように思われる。だから、ここで私がそれについて説明しておけば、判断し易くなるだろう。

〈その真の本質〉 君主は、確実に彼のうちに生き、行動し、身を持するといえるすべての臣民を代表する人物なので、君主が自分自身の債務者になれないのと同様に、自分自身の臣民の真の債務者にもなれない。君主の富は、市民から徴収された税金であり、彼らのために費やされる。だから、貨幣を彼らに貸し付けて費やせば、彼はもうそれを返したのだ。古代共和国の歴史には、国庫を満たすために自分の財産を競って運び込む市民たちの例がしばしば読まれる。祖国と自由が人々によって神聖なものとしてもう偶像視されない今日、似たような例はほとんど見出されない。だから、必要から、貸付で貨幣が受け取られ、後に返却されたり、利子が支払われたりする。しかし、双方が新しい税金を介して行われるので、流通が始まったところへ戻り、それ自らに向かうのは明らかである。だから、貸し主によって回収された新たな貨幣でなされた貸付は、返却されないに等しい。税金が、貸し付ける人々にだけ直接課されないことは事実である。だが、負担が課されるどこででも、それほど完全強固に一体でなくても、各々に負担をかけるとかかけられたら分離して引き下げるとか、そのような市民に社会的連帯感があることも事実である。だから、負担を支えられるのだ。（税金が直接賦課されれば）まさに、人が足や頭の上か腕に担っている重荷のために跳躍が妨げられるも同然になり、それらを衣服に結びつけたら、衣服が裂けるか、その人に全負担をかけたままになる。

〈公債の利益〉　要するに、公債の真の利益はこうである。

（訳注1）Ⅰ．一時に全部集められる多額の負担が多年に分割されること。そうすれば、おそらく平和と平穏が享受できよう。

Ⅱ．期限付賃貸借の持分 partite d'arrendamenti（初版、他 *p. d'a.*）について常に安全が望まれる取引や契約に有利であり、土地よりもずっと安全で確実な収入である。

Ⅲ．教会、病院、質屋、他の多くの慈善団体は、同種の収入だけで富裕であるにちがいない。ちょうど献身的で用心深い経営者の配慮や懸念を必要とせず、拙い管理からも安全で、多産と災害の浮沈にさらされない収入のように。そして、それらの慈善施設が公益に向けられているように、税金で支えられていれば、それはきわめて公正なものだろう。

〈公債に基づく収入の害〉　しかし、公債の損害は、利益を超えなくても、確かにそれを均してしまう。第一に、公債は、生憎、内向きになりがちな金持ちには怠惰を育むのに、貧乏人をほとんど耐え難いまでに虐げる。（支払うために農民が骨折って苦しむ）公租が、何一つ心配も労苦の種もない裕福な人々を楽しませるために充てられるほどひどい無秩序が国家にあってはならない。

第二に、公債は、農業に損害を与える。最も容易で確実なために非常に高く評価された収穫物に比べて土地の価格を低くし、金持ちが農園を買わないので、耕作で金持ちの支援のない惨めな百姓の手に地所が残るために。つまり、土地が赤貧の人々に所有される無数の細片に切り刻まれている国の耕作は常に劣悪になろう。広大な農地を所有する富裕な地主から賃金で支払われる小作人たちが不作の危険に見舞われないかぎり。

〈公債の最大の害は債権者の質による〉　しかし、大損害のうちで最悪なのは、国家が、長い深刻な戦争の災害の後に債務を負う時である。その時には、臣民たちは貨幣を使い尽くしているので、貸付は、大部分隣接国民とか、せいぜい全般的悲惨の真っ只中で成金になった輩によってなされた。一国家が外国人に対して債務者になることが重大な災難であることは、証明を要しないほど明白なことである。だから、サン・ピエールの修道院長が、フランス政府に〈市役所充ての〉 *sur l'Hotel de ville* 新たな公債の創設を提案しそれを大いに称えた時、彼は敵国人のように有害な忠告を与えたのだ。彼が、〈フランスの蛭《ひる》（高利貸し）〉 *san-*

（訳注1）　初版、他では、改行されていない。

guisughe della Francia（初版、他s. d. F.）と呼んでいた一部はオランダ人、一部は財務官自身に、それらが買われていたことに気付かなかったとはいえ。

第三章　〈債務返済と財産税について〉

〈決定額が支払われねばならない貨幣をめぐる問題の検討〉　本章が短いことに注意する人は誰しも、いかに私が困難で長い間続いている古い問題を、すなわち、たとえ重さは等しくなくても、すでに約定されたものと同じ名目を得た貨幣でか、契約者間の決定量に金属量で等しい貨幣でか、どのような貨幣で債務が支払われねばならないかの問題を論じているかを知って驚かれるだろう。その議論が、さまざまな場所で、時間の流れの中で、さまざまな君主の実定法に応じて別人によって、すなわち、理性の教訓にしたがって、自然的正義によって取り扱われたことを考慮すれば、その驚きはやむだろう。そのような方法のうち、一方は私に関わりがないし、他方は私に適合しない。貨幣の変化の結果をめぐる諸君主のさまざまな法律に関して議論することは、私の仕事よりも法学者にふさわしい仕事であるから、彼らに委ねる。さらに、理性の教えを知ろうとして、それを望んで探求でもしようとすれば、自ら恥いることだろう。貨幣の価値の引き上げは、自然によって行われ、国家の災難によって必然化された暴力であり、それは、確かに、自治体の債務の差し迫った支払いを国民にもっと我慢し易くするために、言葉の濫用で、観念上なされた策略であると言っていい。今自然が攻撃され破壊されるところで、自然的理性のいかなる光りが見出せるのか。似たような探求は、貨幣の価値の引き上げとは何かが分かる人には必要ない。

〈金属の同じ重さの返還は常に等価ではない〉　そうは言っても、大部分の著作者たちは、同じ重さの復元は自然的正義に一致しているから、臣民たちは君主を見習っても彼に従ってもならないという見解につい導かれる。しかし、もし彼らが、金属の同じ重さの復元で常に等価が支えられると信じるなら、契約の精神とは何かを誤解している。貨幣の内在価値が額面価値とほとんど同じく変化することが、あらゆる等価を破壊する。こうして、ナポリ王国では、一〇〇年前に、銀一〇〇リッブラの貸付が契約されたとして、もし今日一〇〇リッブラが返済されても等価にはならず、かろうじて決定額の三分の二になるだけだろう。なぜなら、今日銀は当時の価値より三分の一少ないからか、俗っぽい表現では商品（の価値）が三分の一上がったからだ。物と物とのバーターでも、一〇〇年経てばあらゆる物が内在価値で変化するので、物での方が等しかったとも考えられない。人口や領地の収入は、増加するか減少する。賃貸の価格も、市の住民数が変化したので変わった。様式、慣習、技術の多様性に応じて、農場の収穫物の価格も変化する。そして、最後に、人事の安定性も、一〇〇年経てば同じものでも評価や所与の価格で同じではなくなる。古い交換は、その当時は公正でも、一〇〇年後に見直されるなら、常に莫大な損害になっていよう。時間は、公正なものを不正なものにし、公正なものを不正なものに変える。では、どんな自然的平等を契約で見出したいのか。財産税にどんなに無駄でばかげた保護を見出したいのか。もし貨幣の額面価値の変更がその価値を下げなくても、金属の豊富さと国内価格の変化が起こっているだろう。

〈「君主の行為」であってはならないことは契約されない〉　さらに、貨幣をめぐる〈君主の行為〉*facto principis*（注1）に従わずに契約しようとする臣民の企ては向こう見ずでばかげている。市民生活での契約の有効性は、君主以外の誰にも依存していない。今自己の意志に反して決められたことを支持し実行させる君主に、どうして援助が見込めようか。しかし、諸君主が自分たちの法律を制定しようとせず、彼らの大臣が臣民自身の意見と解釈を法律として尊重する約束をしたことから、法律にひどい混乱と曖昧さが、ひいては、臣民たちにひどい横柄さが生じたのだ。

（注1） all'operato del principe.

第四章　〈為替と打歩について〉

〈為替〉*cambio*（初版、他c.）という言葉は、現にあるか遠隔のある貨幣の他の貨幣との交換を表す。それから、これらの交換には［多くの種類 molti generi］（訳注1）があるので、為替にも多くの異なった性質があり、すべて個々別々に定義するだけの意義がある。まず、目下手中にある貨幣（これを私は〈現在の〉*presente*（初版、他p.）と呼ぶ）が、違った金属か違った公国の、やはり現在の他の貨幣と交換される。さらに現在の貨幣が、同種かそうでない遠隔地の貨幣と交換される。そういうわけで、私は四種類の為替について語らねばならない。

〈自然の為替〉　ある金属貨幣と他の金属貨幣の交換は、我々の間では、〈両替商〉とか〈手形商〉と言われる仕事に就いている人々によってなされる。この両替の規則は、貨幣に含まれる貴金属の内在価値の割合と同様、法律によって貨幣に与えられた価格の割合である。次に、生活する、つまり暮らしを立てるために、それに両替商の僅かな儲けが付加されるべきである。最後に、銅は与えないが、輸送によって貴金属の与える最高の便利さが尊重される。すなわち、そこから、我々の間で〈打歩〉（*alagio*、変化して*agio*）と言われるものが派生する。それは貴重な貨幣に与えられる愛着の代価である。だから、それを両替商に持っていく人は、科料として彼に何かを支払う代わりに報償や打歩を受け取るのだ。両替が同一君主の二人の臣民によってなされる時、君主の法律に反した自然価値が二つの貨幣の価値計算の判断に加われば、誰かに疑いを招くかもしれない。しかし、法律で指図されていないことを他人に要求する人が打歩を得ても、その支払いが合法なのは確かなことで一般に正当である。そんなわけで、法律は誰にも両替を強制できないので、両替する人がいなくなるか、支払うよりも溶かした方が得になるから、良貨を得るために悪貨は提供されなくなるだろう。同一金属だとしても、一国に他国の貨幣が流通していないなら、ふつう一国家の国境で行われる別の君主の貨幣間の為替も同様である。為替の基準は、その内在価値、あるいは、二つの貨幣の金属量である。そうでなくては、時には一国は他国の貨幣すべてを干上がらせてしまうかも知れない。これらの為替は〈自然〉*naturali*（初版、他 n.）、〈純正〉*puri*（同 p.）、時おり〈小形〉*minuti*（同 m.）為替とも言われた。

〈商業為替〉 しかし、さらに頻繁に、現在貨幣と不在貨幣の交換が、あるいは、〈為替手形と言われる証書を通じて、ある人が他の人に行う債権の譲渡〉（訳注2）が〈為替〉*cambio*（初版、他 c.）と言われた。だから、真の商業為替は、債務者、債権者、債権を譲渡された者三人を仮定する。三人のうち、実際には二人しかいなければ、その為替は擬制の為替になる。為替手形は、これらの債務証書に法律が認めた特典を受けるために為替手形で債務を表現するか、高利の貸付を隠すために振り出される。その場合には〈素手形〉*cambio secco*（初版、他 c. s.）と言われる。

〈為替の本質の説明〉 さて、真の為替に関する議論に戻れば、まずもって、債権なしに為替が譲渡されないことは明らかである。だから、手形の多くの大口の供給がある所には、別の債権者がいるはずである。さ

（訳注1）初版、他「多くの発生」(molte generazioni)。

（訳注2）初版、他ではイタリック体ではない。

らに、為替価格の、あるいは、二金属の現にあるか遠隔の等しい重さに付加される見かけ上の超過の頻繁な変化が派生する原理と原因を知りたければ〔つまり、それが絶対的にも〈為替〉と言われる〕、為替の本質について考察すれば足りるし、直ちに明らかになるだろう。為替は、貨幣輸送を避けて、遠隔地で一定額の貨幣を獲得することであり、そこで、貨幣を所持している人から譲与させることで得られる。すなわち、このことが〈裏書きする〉と言われる。だから、同等以上の重さの金属を得る人に支払われるすべての為替は、手形をではなく、輸送される金属が甘受するリスクの全段階の経費に混じり合う輸送費を超えないはずだ。だから、まさにここに、為替価格の上限があるのだ。それを超えては、為替価格は、時には予想外の変動で限度を超えたとしても、安定して長い間は持続しない。適正限度とは、さまざまな貨幣に含まれる純度の高い金属の重さで規制される時であり、〈為替平価〉と言われる。時おり、商品が評判を落とすのと同じ理由で、平価以下に下がることがある。安値は売り手多数や売り急ぎによって生じる。このように、一箇所に貨幣の回収を焦る商人の債権が多数あると、債権譲渡は、それを受け入れ現金を支払う人の方が債権譲渡をする人よりも有利になるので、振出人が損をして、交換人が得をする条件になる。だから、銀行業者に順調な為替は、一国家の貧困と頽廃から生じる。つまり、逆に、為替が安いだけ、一国の債権は近隣諸国に対してそれだけ高いはずである。これらの債権は商品が売り捌かれねば生じないから、それだけ輸出が多いことを証明する。だから、君主は、為替で利益を得ることだけに配慮すればいいのだ。為替が一臣民の手から出て行って他の臣民の手に入るように、国家全体は得も損もしないし、為替の安値は、貿易商にとって不都合でも、国家の繁栄を愛する人にはばかる必要はないからだ。だから、周辺で大騒ぎする著作者たちは、恐らく同胞市民の利益よりも彼らの手職でもある商売の方に愛着を示しているのだろう。正に、貨幣に熱中した金持ちに大いに敬意を払って聞き入れられる判断は、広大な父方の所有地に実のなる多くの樹木や低木があるために、植物の成育とそれらの内部組成に関する議論や感情を解明しようと決心した人の判断に似ている。(注1)

〈為替の変化に気付くことからどのような利益が引き出せるか〉 しかし、君主の懸念にふさわしくなくても、為替が大問題の原因に関わる限り、当然ながら社会の民間団体の脈拍として考えられるので、あいにく、もっと大きな事件の結果や兆しになるだろう。だが、それをよく探るためには、二つの配慮が要る。すなわち、一つは、ナポリ王国の為替の総計を常に見守ることであり、もう一つは、銀行の流通経路を経ずに、感知できない排水路やすき間を通る現金の出入りを調査することである。国家が、全商品市場で高い為替を得ると害になる。しかし、一つの市場だけでも安ければ、後には、他のすべての市場でもそうなると考えていい。こうして、ナポリの市場で我々がシチリアと行っている取引とそこから入る貨幣に気付かなかった人は、おそらく、わが国の現状判断で思い違いするだろう。第二に、一国がまったく限りなく高い為替でも貧しくならないことは頻繁に生じる。そんなわけで、ローマとの為替が、平価だった一三〇ドゥカートより二二ドゥカート高かった時に、わが国でもそうだった。我々には、あらゆる貨幣がすぐに使い尽くされるように思われたが、そのような結果を後で知ることもなかった。その原因は、アブルッツォ Abruzzo（イタリア中部の州、ローマのあるラツィオ州 Lazio の東側）の諸地方と教会国家の間に極めて大きな取引があること

（注1） Cfr. la nota XXXV del G., alle pp.344-5. 注釈四四九—五〇ページ。

だった。ローマの田畑ではアブルッツォ人が働いていたので、ローマ人は大部分アブルッツォ人に給養されていたと言えるから。だから、王国に戻ったあらゆる農民は、自分の身と共に何がしかのツェッキーノ貨を節約して持ち帰った。こうして、為替手形なしで、その逆流が銀行や市場に現れずに、ナポリ王国は活力を回復し、ほとんど我々の心臓であるフォッジャ Foggia（ナポリ王国の都市、現プッリャ州）の市《いち》に吸収された貨幣が再流入し新たな力を与えたのだ。

〈打歩とその本質について〉 為替の話はここで終わりにしたい。為替のあらゆる状況を証明するためにさらに深く問題に踏み込むことは、商売に浸りきった人々の教育に関わらない自分の目的に適っていないように思われるからだ。打歩 agio（初版、他 *a.*）についても同じく手短に言及しよう。それは、［愛着の代価のために、一貨幣と他の貨幣の間にある差異］(訳注3) である。こうして、ヴェネツィア銀行の貨幣は取引用現金以上に必要だし、安全によって高く評価されているので、現金価額以上の打歩付と評価された。現金と間近の破産か減価の恐れから内在価格が減少した債務証書の差異も〈打歩〉*agio*（初版、他 a.）と呼ばれる。これがフランスで信用を失った紙券でなされた取引であった。それは、純度の低い信用のない貨幣が、純度の高い貨幣と一緒に流通している所ならどこでも行われていて、各自が一方を切望し他方を拒否するから、損になっても排除されよう。

（訳注3）　初版では、この箇所は〝……〟、他は《…》、仏語版は、イタリック体。

〈本書の結語〉

私は、自分としては義務の一部を果したと思うし、人間の役に立つテーマを書き記したのだから、たとえこの作品の結果がどうなろうとも、書き上げたことだけでも十分報いられたと思って、心に大きな喜びを感じている。確かに、もう祖国を崇める時ではないが、それを愛し、擁護し、敬慕する時は常にある。しかしながら、私はナポリとシチリアの両王国が、自分の君主の存在で再び立ち上がり、気力を取り戻しているのに、イタリアの他の地域が、日に日に目に見えて窮乏し衰退していることを悔やみ、憂える。そのような衰退については多くの徴候があるので、政府に関する、取引に関する、及び、至る所でなされ、競って企てられた市民社会の秩序すべてに関する法律や諸制度の限りない議論、無数の改革、改善がなされることが最も重要であると思う。なぜなら、古えの人々にとって、偉大な思想と絶えざる弱々しい動揺は、諸器官の内奥の苦悩と傷みから生まれていて、常に身近の避けられない死の兆しだから。だから、わが古えの詩人(注1)の箴言は、私にはもう支持しがたい。

「イタリアの民の心に、古えの勇武は、今も滅びざれば」。

しかし、結局、平和になっても、こう言い始めねばならない。

「イタリアは廃れ、野蛮になりゆく」と。

〈貨幣について五編と結論を終わる〉（初版、他に付いている）。

（注1）　Il Petrarca, nella canzone *Italia mia*, vv. 93-4. 邦訳、池田廉訳、ペトラルカ『カンツォニエーレ』（名古屋大学出版会）一九九二年、二二八ページ。

〈第二版への注釈〉［1780］

I

自分に反対する著作者たちの名前の引用をできるだけ少なくすることが私の意図であったことは、本書を読めば容易に分かる。人々の名ではなく諸見解が、反対意見をもつ人によって互いに争われるべきだと私には思われるからだ。さらに、私が（『貨幣論』の）著者であったことが知られるに至った時、大方は、尊敬すべき名前に敬意を払っていない非常識な若造だと呆れるだろうし、さらに理由をもっと先まで熟慮せずに、適切に説明できなかったからだと直ちに結論するだろうと、私は予見している。すなわち、我々の自然本性は常に、物事固有の理由から大いに離れていると思っている原因を探しがちだから。もう若くないし、コレッジョ Antonio Allegri Correggio（一四八九年～一五三四年）が言うように、「私も画家である」今では、貨幣について下品に描く書いたので当時非難の的にし、それでもなお引用され権威があった著作者のうち、特に私の懸念は、ほとんどベルナルド・ダヴァンツァーティとサン・ピエール神父に向けられたと言っても構わない。ダヴァンツァーティは、前世紀初頭に〈最良のものの堕落は最悪である〉という周知の公理で確証されている、イタリアのすべての俗語の中で間違いなく最も不快な言語である）下品なフィレンツェ俗語で『貨幣に関する学術講義』を書き、それは『フィレンツェ散文集』の第四巻に収められた。文体の改善がそれの教訓ではない。サン・ピエール神父（イレネー・ドゥ・カステル Ireneo du Castel）も、有名なローのシステムの好結果だけに目をつけて、やはり貨幣について書いている。一七四三年にオランダで完全版になった彼の著作集(注1)があった。それは、最近イタリアで増補されたばかりで、著者の名声によって熱狂的に受け入れられた。彼は、確かにとても誠実とか有徳であるとは言えない性格だったが、なかんずく、ニッコロ・マキアヴェッリがその好例になるように、その頭脳はまれに心情と一致する。今では、彼の著作の評判は適正水準に引き下げられた。フルリー枢機卿(訳注1)は、彼を〈お人好しの夢想家〉（原文ラテン語。編者のイタリア語からの訳）と呼ぶ。実際に、彼らはそのような人々である。

Ⅱ

ジョン・ロックの英語の学術論文「貨幣利子に関して」と「貨幣に関して」は、ムロン氏の『商業論』に時期的に先行する。しかし、私は彼をあまり評価しないから、二番手に指名しておいた。本書（『貨幣論』）が刊行された年である一七五〇年（実際には五一年）には、どの外国語にも翻訳されず出版もされず、少し後

Ⅰ

（注1）『政治論集』の表題で、一七二九～四一年、七巻。

（訳注1） Fleury（アンドレ・エルキュール・ド Andre Hercule de）、一六五三年～一七四三年。高位聖職者、政治家、ルイ一五世の信頼を得、宰相、枢機卿を務める。

の一七五一年にフィレンツェで、博識者で私の友人のジョヴァンニ・フランチェスコ・パニーニ氏とアンジェロ・タヴァンティ氏により、アンドレア・ボンドゥッチの手によって、二分冊でイタリア語で出版された。フィレンツェの翻訳者は、それに、ノート、考察、注釈、照合をつけ加えた。さらに、彼らは、本文全体を切り離したり、移したりした。こうすることで、章や節に分けられ、主題に何らかの秩序が与えられたのだ。多大の骨折りにもかかわらず、本書はおそろしく曖昧なままであった。自分の英語の勉強のために、一七四四年（一六歳時）にこの翻訳を行った私は、まさに、著者が組み立てたように、息もつかせぬ混乱とその連続が読者にもたらす不快の念に気付いたために、それを推敲したり出版する気をなくした。さらに、私は、彼の多くの原理と多くの見解を受け入れないから、長い注釈と論駁を余儀なくされるだろう。それよりも、自分の思想だけを含むこの作品を完成するためにもっとうまく時間を使う方が得策だと考える。(注1)

Ⅲ

この一節は、秘密を守るために私が自発的に余儀なくされた他人のあらゆる援助とあらゆる助言の放棄を暗示している。つまり、私は、うまく自分を隠すためには、本書の著者が、逆境に抗って疲れ果て、あまりに世間を知りすぎてうんざりした熟年の威厳ある人であったかのようなふりをすることが好都合のように思われたことを、何人《なんぴと》にも一度ここで知らせたいのだ。その書を称賛させも著者を推測させもしないためには最早何ひとつ役立たなかったほど、この見せ掛けと無害な策略は私には有効だった。この目論見がなければ、本書に散らばった幾つかの章句の、特に、その時は私にはまったく必要がなかった第二編第四章の末尾（一六五ページ）にあるそれの根拠（訳注1）は理解されまいし、神は、私の残りの短い人生の中味にこの上なく有益なことしか望まれまい。

IV

これらの短い期間が、一八歳の時から私が骨折ってきた一書のごく短い要約を含んでいる。しかし、それは、ほとんど子供っぽい思考能力は超えているけれども、まだ十全さが不足している。それの表題は〈地中海における最古の航海史〉*Dell'antichissima stroria delle navigazioni nel Mediterraneo* となるはずだった。す

II

（注1） Cfr. *Appendice*, II, pp.380–389. 補足史料五一二―三〇ページ。この注釈でのガリアーニのロック評はかなり辛らつだが、それでも『貨幣論』自体ではかなりロックが援用されていて、ガリアーニのロック評価はかなり高いと言える。たとえば、本文二―三、七六、一七三、一九六、二二六―七、二八八―九、二九四―五、三一一―二、三七一、四四一、五〇〇ページ参照。

III

（訳注1） 該当箇所には、別著『統治術』公表の指摘がある。Feltrinelli 版には未刊行史料III『統治術について』Dell'arte del governo が収録されているが、わずかな文章とあとは内容項目しかない。これだけでは意味不明だが、後掲の注釈XVI（四一九―二〇ページ）を見ればガリアーニの意図は判明する。

なわち、それは、果てしなく扱われ論じられる主題だが、私がひと渡り調べようとした方法による主題ではまったくなかった（注1）。

物理学的と同じく道徳的・化学的・天文学的な寓意の体系を放棄すれば、その主題は、古代神学やギリシャ史には妥当だと思われそうだし、ごくわずかを除けば、すべて多彩な才能の努力や悪戯である。私は、語源学の不確実な案内もそれほど信用しないから、これまでの新世界へのコロンボ（コロンブス）やヴァスコ・ダ・ガマによる近代旅行史と最古のギリシャ史の間にある顕著な類似点を与えてくれた手引にしがみつく。私は、歴史全体が、似たような出来事の繰り返しでしかないと確信するので、ギリシャ神話がはなはだ気まぐれで幻想に満ちていると思われる一方で、そこに含まれるきわめて多くの歴史的・物理的事実を妥当だと信じた。その中からここでは、どれかわずかな例をあげておこう。巻きついて、ラオコーン Laomedonte（訳注1）と子供を殺した蛇は、少しも寓話的ではない。すなわち、それは、今なおソンダ島 Sonda やアフリカの奥地にいて、不意に襲って動物に巻きついて、それらを押し潰し、その後に喰う大蛇 serpentaccio である。ヒッポリュトス Ippolito（訳注2）の馬を驚かせた動物は海驢《あしか》（胡獱《とど》）leone marino で、増えて人々がそれに驚かなくなった土地ならどこにでもきわめて頻繁に出てくる、別名〈海象《せいうち》〉vacca marina か〈海牛〉（訳注3）lamentino であった。セイレン sirene（訳注4）は、水棲の鳥でペンギン pinguim と言われる。今ではマゼラン海岸にいっぱいいて、ずっと以前から水の外にいる裸の女に似ている。ステュンファロス stinfalidi（訳注5）やハルピュイア arpie（訳注6）も、別種の水棲で大食の鳥であり、人がほとんど近づけない荒れた岩の上に群をなして巣を作る。当時、我々に海には海の怪物、鯨がいたし、地上には、人食い人種、恐らく体が大きいパタゴニア人がいたし、トラ、ライオン、蛇がいた。(自然の征服者) 白人は、それらを追い払い絶滅させた。もう我々の地域では見られなくなってしまうと、古《いにしえ》のありさまの物語は疑わしく寓話的になってくる。しかし、初期の植民地の容易な破壊と頻繁な移転は、古代の神話と近代の旅行物語に似ている。未知の土地に植民地を建設して健全な空気と地面を確保す

Ⅳ

(注1) ガリアーニ文書で、ナポリ祖国史協会の蔵書には発見されなかった文書。この問題に関しては、F・ニコリーニ『ガリアーニ神父の手稿』(*I maniscritti dell'abate Galiani*) p.173参照。ナポリ祖国史協会の蔵書のコードXXXI-A-9中の、ff.72r.–85v.に、Mondafaucon,t. 4, parete II. から模写された『古代船団に属する情報』(*Notizie appartenti alla Marina antica*) の表題で、ガリアーニの多数のメモが収録されている。

(訳注1) Laocoonte ラオコーン、トロイ戦争のアポロンの神官。トロイ戦争時、ギリシャ軍の木馬を市内に引き入れることに反対したため、二人の子供とともに大蛇に締め殺された(小学館ロベール仏和大辞典)。

(訳注2) ヒッポリュトス。アテナイ王テセウスの子。義母パイドラの邪恋を退けたため、海神ポセイダーオーン(ポセイドン)に殺される。エウリピデス、ラシーヌの戯曲の題材となる。

(訳注3) アフリカ西岸、アメリカ東岸の河口付近に生息するマナティー科の哺乳類の総称。体長約四メートルで、ジュゴンに似ている。尾は団扇《うちわ》状のひれで、前肢はひれ状、後肢は後退。

(訳注4) セイレン。シチリアの近くに住む半人半魚または半人半鳥の海の妖精。海の精、人魚とも。美声で船人を魅惑し難破させたという。

(訳注5) ステュンファロスの森の鳥。ヘラクレスが第五番目に退治したという鳥の大群。アルカディア Arcadia のステュンファロス市の近くの森と湖に巣を作っていて、町の人々に害を与えていた(研究社新英和大辞典)。

(訳注6) 鳥身女面の大食いの怪物。

るために、研究や観察が腸卜占術やエトルスキの卜占官の起源になった。土着の野蛮人との戦争と同時に彼らと行われた交易は、あれこれの物語に似ている。舟は持たないが、野蛮で未開な人々の急襲に容易にさらされがちな大陸を避けて、植民地を建設するために極めて惨めな小島に与えられた優先は、フェニキア人の最古の物語やアメリカのそれに同じく似ている。アンブロシア（神肴）ambrosia（訳注7）やネクタル（神酒）nettare（訳注8）は、ヨーロッパの未開人にもたらされた甘美な食物や生気を与える飲み物である。彼らは、そのためにきわめて大食いになり、それらを異教神の飲食物と呼んでいる。なぜなら、神々は彼らを文明化し征服するために、東方起源のもっと教養のある人々を呼び寄せるから。オルフェウスは、未開人に宗教的礼拝の最初の観念を与えるためにエジプトから来て、そこで命を落とす伝道師である。

ここで話をやめにする。私が示唆することの展開や証明は、単なる注釈ではすまない主題だから。私はいつか本書を仕上げずにはおくまい。私は、本書が、まったく新規の他人の言及していない多くのことで満ちてもいないが、それらを単に一つの見解にまとめ、ほとんど一番尤もらしく最も簡潔な物語の体系を生み出すことを無邪気に告白しよう。しかもそれは、博識者たちの熱狂と空想の飛翔に浄化されて、恐らく有益で新奇のものだろう。

V

すでにトロイ戦争時には、「大贄《おおにえ》」“ecatombi”（神々へのいけにえ）という言葉が、子羊や山羊の犠牲を表し

ていたことを論証するために、ここでホメロスの二節を報告すればこと足りると思う。『イリアス』第一書六五―七行で、

「あるいは我らの起誓のかどか、大贄《おおにえ》につき咎めたもうか言ってくれよう。もしもや子羊、また申し分ない山羊などの脂《あぶらみ》肉を焼く煙を享《う》けられ、我々のため疫癘《えやみ》を防いで下さる御意《こころ》があるまいものかと」（原文ギリシャ語、イタリア語訳、呉茂一訳、岩波文庫『イリアス』（上）一三ページ）。

さらに、同じ編でクリューセーイス Chryseis（訳注1）の、父親への返還と贖罪でギリシャ人によってなされる大贄の犠牲を説明して言っている。

「それからアポロン神へと、申分ない大贄をささげまつった、牡牛やあるは山羊の犠牲《いけにえ》を荒涼とした海のなぎさで」（同、邦訳、二七ページ）。

さらに、大贄に捧げられた動物の数が一匹以上ではなかったことは、その詩の他の章句によって、すなわち、大贄が積まれたオデュッセウス（ユリシーズ）の船の小ささによって［『イリアス』Ｉ、三〇九行］、それから、〈ホメロスの詩に描かれた限りでのトロイ戦争時の貨幣の状態〉に関する論文で私が収集した他の多

（訳注7）アンブロシア。オリュンポスの神々の食物。永遠の命を与えるとされる。

（訳注8）ネクタル。神々が飲む不老不死の酒。

Ⅴ

（訳注1）アポロンの祭司、クリュセス Chryses の娘。捕らえられてアガメムノンに与えられた。

くの論拠によって、容易に論証できる。その論文は、一七四八年（二〇歳時）にエムーリのアカデミーで読まれたが、私には相変わらず未熟すぎる作品のように思われるので、決して読者の目にはさらさない。それに不滅のマッツォッキ Mazzocchi（訳注1）がすすんで手を加えてくれた。これだけでも私には貴重なので、私は書き込みのある飾りつきの自分の文書の間へしまっておく。

VI

当時のナポリ王国の住民は、一般に二四〇万人以上だと考えられていた。しかし、バルトロッメオ・インティエーリ（訳注1）は、少なくとも三二〇万人だと計算するが、それは間違いではない。だからその時、私は、パンとパスタの大食漢で肉食は少ないわが国民では、小麦の消費を一、五〇〇万トゥモロと計算した。他の諸国民の下では、年一人当たり三・五トゥモロと計算され、一般的にはかなりそれを上回るのではと考えられても、それ以上ではない。さらに、王国の人口は、小麦の消費が二、〇〇〇万トゥモロ以上に増えているので、今日四五〇万人を超え常に増加していっている。しかし、耕作も少なからず増加しているので、常にない豊作の年にだけでなく、中位の豊作の年にも小麦の幾分の余剰があったかもしれない。だがしかし、以前よりも余剰は少ないから、取引のどんな些細な便宜供与にも速やかな是認を。それから、頻繁な警告やいちばん簡単な専売、時には適正な、時には見せ掛けの気遣いを。事実小麦は、極貧で人口過少な諸国民にとってだけ取引の大項目である。実際の耕作は、すでに少なくはなく、ナポリ王国の大部分で明らかなように多いし、非常に増えていることで私に異議を唱える人はいない。なぜなら、私はここで、一般的な耕作ではなく、小麦に関する耕作だけを語ろうとしているから。今もし、わが国の耕作の最大の進歩は、我々が、すでに以前に種が蒔かれた耕地に〈低灌木〉と呼ぶものを付け加えることにあったことが熟慮されるなら、たとえ今ある耕地が、小麦に加えて、ワインや〈低灌木〉によって薪も一緒に供給するものとして、より多くの産物価値をもつとしても、それでもなお、小麦の生産は以前より少なくなることが理解されよう。同じように、限りなく増やされた桑、オリーブ林、大麻、今日以降タバコの栽培が、小麦の耕作を再び狭める耕作のすべてである。だから、私が、〈いささか〉だけ小麦の耕作が増えたと言ったことは間違っていないと思う。ナポリ王国の土壌は、大部分が貧弱でじめじめした牧草地になり果てているその平野部や沿海部が十分に耕作されるなら、今日よりもかなり多くの産物を供給できることは事実であろう。しかし、このことについては、ばか者がうわさを撒き散らしたり、奔放に空想をめぐらす旅行者が、目ざとい観察者のように思われて印象付けるように、国民の怠惰のせいにも政府の怠慢のせいにもすべきではない。罪はきわめて古い不幸な立法にある。この法律によって、これらの土地は、国有化されて私人には属さないか、すでに貧民救済の性質をもつ一定の権利が導入されたために、囲ったり、管理したり、十分に耕作したりできなくなってしまっ

VI

(訳注1) Bartolommeo Intieri(一六七六～一七五七年)。フィレンツェの経済学者、ナポリ王国の農業行政官。

(訳注2) アレッシオ・シッマコ・マッツォッキ Alessio Simmaco Mazzocchi(一六八四～一七七一年)。ナポリ大学の『聖書』の教授。その『聖書』研究は、彼にヨーロッパ的名声を得させた(伊仏対訳版訳注、p.665.[19])。

たのだ。今、政府は市民の最古の権利を侵害するように思われる法律を公布することを恐れている。栄光ある気遣い。人々に説得で命じ、〈主の道 *vias Domini* を準備する〉(訳注2)ことは賢人の業である。その法律は、国民が最大の利益を受けることを納得し、認知した後に出されねばならない。この迷いを覚ますには長い時間が必要で、時には延々と何世代も必要である。

VII

本書が書かれた時である一七五〇年まで、小麦の価格は順調な時期には諸地方で一〇カルリーノ以下で、一三カルリーノに達したら高いと言われた。今では、価格は大分変わって、豊作の年々でも一二〜一四カルリーノで、いつもの飢饉 strilità(注1) の時には一七〜一九カルリーノになる。一七六三年のきわめて異常な飢饉は、この甚大な変化に衝撃を与えた。

VIII

本項と以下の項で、想定貨幣、すなわち、計算貨幣に関して言及されることのすべては、カルロ・ブロッジャの著作に反論することに向けられている。そこでは計算貨幣が極めて称揚されており、それのわが国への導入が提案されている。あたかも常に計算しているわがドゥカートはそれの価値を刻印しないので、今日ではそれも想定貨幣でなかったかのように。

IX

国王シャルル一世（一二二六年〜八五年。アンジュー伯）の公式記録所の一二七四年の記録簿には、なお公文書lett. 13, fol. 2.がある。それによれば、ナポリ税関に基づいてこの俸給が修道士fraトッマーゾ・ダクイーノ（トマス・アクイナス、一二二五年頃〜七四年、イタリアの大哲学者・神学者）に支給されていて、t. I, p.142.で、一七五三年に出版されたジャン・ジュゼッペ・オリーリア(訳注1)の博識の書『ナポリ研究史』に報告されている。しかし、ここで私は、聖トッマーゾに俸給として支給された一オンスの金を六ドゥカートに相当すると評価したとすれば、このことは、一つの表現だけにまとめて、貨幣価値が、その時からこの方、我々の間で起こした変化のすべてを速やかに理解させるためであったことに気付いてもらわねばならない。一オンスの重さ

（訳注2） praeparare vias Domini ; preparare le vie del Signore.

VII

（注1） carestia.

IX

（訳注1） Gian Giuseppe Orilia『ナポリ研究史――王国の文学史の優れた要素と共に、初期の君主から現在の君主までの王国の最も顕著な出来事を含む』（*Istoria dello Studio di Napoli, in cui si comprendono gli avvenimenti di esso piu notabili da'primi suoi principi fino a'tempi presenti, con buona parte della storia letteraria del Regno*）, Napoli, G.di Simone, 1753-4, Vol.2.（伊仏対訳版訳注、p.665.[20]）

だけは変化しなかった。残りのもの全部が変化したのだ。ドゥカートは、六分の一オンスに相当する金貨であった。今はもうそうではなくて、辛うじて往時の三分の一にすぎない。だから、一八分の一オンスに相当する。銀と金の比率は限界まで変わった。当時は一〇対一強であったのに、今は一五対一である。最後に、貴金属の最大量と、それから、価値下落は、アメリカ発見後、私が行った調査によれば、我々の間で金の量は三倍に、銀の量は四倍になったからであった。だから、聖トッマーゾの俸給は、現在の六〇ドゥカートか少し下回る額に釣り合わされた。このような莫大な俸給も驚きを引き起こさないし、異常であったとすら思われず、至高の並外れた学説にだけ容認された。なぜなら、我々は、当時、ジョヴァンニ・ディ・カーサミッチョーラ[訳注2]（イスキア島の村落）で医学教授に年二〇オンス、教会法教授に二五オンス与えられたことを同じ記録簿から入手するので。しかし、当時科学の巨匠にはきわめて高い威信があり、その珍奇さによって、きわめて気前の良い報酬で抱えられ、時には遠方諸国からも招かれたのだ。

　要するに、結論的に言うならば、すでに上述の意見は、現実の貨幣と〈そのような問題を検討する〉*ad hoc* 章で、窃盗の罪の重さを量るために前もって定められたシャルル一世の時代の金のオンスの間には、今日事実上の等価があるように思われるというのだ。アウグスト金貨 **augustale**[訳注3] の下で、窃盗は鞭打ち刑やその地方からの追放によって、アウグスト金貨とオンスの間では手の切断によって、オンス以上には死をもって罰せられることが決められているので。この妥当性の研究で、古代の立法者、法律の注釈者や語彙編集者のすべてによってなおざりにされ考察されなかった研究に目下専心している人々は、私がここで与えたくなる指標を好意的な精神で受け入れるはずだ。私の意見では、そのオンスは、今日五四ドゥカート、おそらく六〇ドゥカートにも、アウグスト金貨は、上述の額の四分の一に評価されねばなるまいということだ。少なくとも、私の見解は、それを確認するか争うか反論するために、彼らの専門研究の対象や目的になろう。

X

不動で普遍的な価値を見出すために守るべき方法に関するこの私の考えは、きわめて多くの読者にはあいまいのように思われるだろうし、私の意見の内容から分かるように、事実、自分でもあいまいだった。すでにその方法を見出していれば、私は、〈おそらく見い出すだろう〉とも言わなかったはずだ。その時には、その人自身と他の人々との関係について、この不動の価値が見出されるだけの兆しと道が、私にはほとんど見えるように思われたにすぎない。さらに、私は問題を解くために絶えず熟慮を重ねた。私は（その時、私には可能であるように思われた）奴隷の価格に対する規制は遂行できないことを理解した。もっと良い指標は兵士の賃金だろう。しかし、それは、さまざまな時代と雑多な国民によっていろいろに扱われ評価されたか

（訳注2） **isola d'Ischia** イタリア南西岸ナポリ湾外の火山島。一八八三年に大地震を記録した。面積一四七平方キロメートル（研究社新英和大事典）。

（訳注3） アウグスト金貨は、一二三一年以後、神聖ローマ帝国皇帝、スウェーデンのフリードリッヒ二世（一一九四年～一二五〇年。神聖ローマ皇帝在位、一二二〇～五〇年）によって、ブリンディジとメッシーナで打刻された金貨である（伊仏対訳版訳注、**p.665.[21]**）。

ら、確かな指標ですらない。さらに、計算を妨げるものは、兵士にも、どんな技能であれ職種であれ、労働者にも、賃金が与えられるにしても、全部が貨幣で与えられなかったことである。そのために、次のようにしなければならないように思われる。まず、人ひとりが生きていくために必要とするもの全部を貨幣価値に還元すること。次に、貧乏人が死なずに生きていけるだけの最低の非常に困難な生活状態を求めること。この条件に適合されたこの金額が、あらゆる時代とあらゆる国民での富の比率と貨幣の状態の観念を与える不動の確定された価値になるだろう。なぜなら、美とか知性ではなく、(馬や猟犬のように)単に家畜として価値を提供するあらゆる精神的価値を剥奪されほとんど野獣として評価された肉体的人間が、社会の残りの者にもつ比率を表すのだから。この価値の根拠は常に確実であるはずで、どの時代にもどの場所にも常にあったことは明らかである。私の考えをもっと分かりやすく述べよう。すなわち、ナポリでは、私は、今日では、妻があり、子供がいない男子は、どれだけの必要があり、どれだけ受けとるかが全部貨幣で評価されるとすれば、一ヶ月八ドゥカート以下では生活できないと計算する。アンコーナの辺境地方では、恐らく五ローマ・スクードで生活できよう。パリでは七〇リラ(リーヴル)以下では、ロンドンでも一〇〇シリング以下では生活できないだろう。だから、私は、一七八〇年のナポリの八ドゥカートは、アンコーナの辺境地方では五スクード、パリでは七〇リラ、ロンドンでは一〇〇シリングに相当すると言う。これは、実質的等価である。それは、貨幣の名目と数では、時間や場所のどんな僅かな変化にもきわめて大きく変化するが、常にそれ自体では不変だろう。それに対して、金属の重さだけで規定される現金の等価は、不変のように見える。なぜなら、ナポリで流通している五タリは、フランスの四リラ(リーヴル)と二ソルド(ス)ほどの重さがあるのは常に確実だろうから。しかし、土地の豊饒か不毛、収穫の幸運か災難のどんなわずかな変化にも、等価は常に変化するだろう。数の比率を知ることは、為替を規制すべき商人にだけは有益である。しかし、道義的比率は、歴史家や立法者の役にたったにすぎない。これは、博学者によって今までわずかな年月だけ何ほどかの研究に手が付けられただけで無視されてしまった。

だから、私は、たとえ第一に必要だと考えたにせよ、確実に必要であるものは一つもないので、一商品の価値だけを求めずに、あまり大きく変化しない人間の第一に必要なものすべての堆積と全体を求めねばならないと思う。しかし、人間の絶対に正確な必要のすべてを計算し、それを金《かね》で評価する方法は、以前に現れた方法より非常に困難で厄介である。そして、私は、きわめて多数の人々が、ナポリでは妻帯した男子の必要の総計は、今日では一ヶ月八ドゥカート以下には評価されないと言ったら驚くと思う。彼らは、それよりずっと少額で生活していると思っているから。彼らには、あわてて私を非難せずに、貧乏人たちが、公的・私的な慈善や偶然の利益から引き出すどんな援助の可能性も、私が貨幣に還元し計算に付さねばならないことだけは気付いてもらいたい。それから、この計算は、事実から大きくかけ離れていないことは、本書の第四編第一章二三三（邦訳二九〇―二）ページで言及したことから確認される。（訳注1）

ここでは、この私の考えをもう少し明らかに、然る後にもっと十分な熟考を指摘すれば足りる。それを完

X

（訳注1） 見出し〈王国全体の成果の価値計算〉の以下の文章がこの指摘に該当する。

全にするとか論駁するのは他人のすることだろう。

XI

絹織物業者ジュリアーノ・パッサロ Giuliano Passaro は、文学的教養はまるでないが最高にお人よしで、極めて興味深い彼の『年代記』*Cronica* は、一五二四年まで書かれていて、我々の怠慢でなお手稿のままだが、私が今までに読んだものの中では、安い食料品の災難に言及し、それがいかに同情されるべきかを考えている唯一の著書である。しかし、本当に、西インドの発見この方、ナポリは、一国民の災難のうちで最大のもの、すなわち、自己の君主の喪失を体験した唯一の王国だったので、金属貨幣の増加によってヨーロッパ全体が食料品の高騰を嘆いていたのに、我々だけは、貨幣不足を、そのために、あらゆる商品の価格の低下を体験した。ここに、私の友人の著名な国庫検察官、ドン・フェルディナンド・デ・レオン氏 **don Ferdinando de Leon** が保存している手稿本から引き出されたこの年代記作者の言葉を彼の生国の方言で書き写してみる。

本年一五〇九年と一五一〇年に、私は、ナポリ王国に、小麦、肉、ワイン、オリーブ油、アーモンドのような、少しも金にならないあらゆる大量の食料必需品を用意した。これが、かの王国に大貧窮を引き起こした。なぜなら、その王国は、スペインのカトリック王、フェルディナンド陛下の官吏によって新たに課された多くの納付金を促迫されたからだ。プッリャの海岸では、馬車一杯分の小麦が五ドゥカートにしかならず、なんの稼ぎにもならなかった。それから、なおナポリの小麦粉倉庫では、コッシーナ cossina（南イタリアの小麦の尺度）の小麦粉は四トゥモロに相当した。コッシーナは七・八カルリーノに相当するのに。ナポリ市場では、カンタロ（五〇～八〇キログラム）の重さもない豚が一二カルリーノもして、値段はつかないようなものだ。商人もひどく不満の様子だった。

カルリーノ貨が当時実際にもった妥当値については、以下の注釈で分かるだろう。欲張って、今日我々の間で低い消費税と低価格を切望し、国民の幸福は、それらから成り立つと考えている人々は、この箇所で熟考し、我々が、一五一〇年の状態に戻ったことが望ましいかどうかを決めるだろう。

XII

生活必需品のこのように著しい高騰を、あるいは、もっと正確に言えば、さまざまな時期に行われた貨幣の価値の引き上げからと同じく、大量の金属から生み出された三世紀この方つづく貴金属の価値下落を証明するために、私は、無数の証拠を提示できるし、本書の最初の出版後、諸国民におけるそのような変遷の探求に打ち込んできた外国国民の何人かの博学者の熱心な仕事を読者諸兄にも参照してもらえる。しかし、ここでは、その幾つかを指摘しておけば読者諸兄にはなお好都合だろう。フィレンツェ人、ジョヴァンニ・アントニオ・ダ・ウッツァーノ Giovanni Antonio da Uzzano によって一四四二年に書かれ、パニーニ氏によって、彼の『フィレンツェの一〇分の一税・商業・貨幣の研究』（*Trattato della decima, mercatura e moneta de'Fiorentini*）の第三分冊で一七六五年に出版された『実践商業』*Prattica della mercatura* の第五三節には、並みの収穫の年々には、プッリャでは卸《おろし》で「一〇〇サルマ（一サルマ＝約二七〇リットル）、すなわち、八〇〇トゥモロの小麦が、二五か二七、だが三〇オンスまでで買われ、小売でトゥモロかそこらが、一カルリーノで売られた」と言われる。出版された著作には、このように読めるが、出版の基となった手稿に誤りがあるのか、出版者が見間違ったのか、〈タリーノ〉*tarino* という語を〈カルリーノ〉*carlino* と読んだのかは分かりきったことだ。常に我々の間ではカルリーノはオンスの六〇分の一であって、タリーノが常に二カルリーノに相当したことは確かだ。今では、ウッツァーノが、以前八〇〇トゥモロのサルマが二五と三〇オンスの間に相当したと言うことと、八〇〇カルリーノは一三と三分の一オンス以上にはならないのだから、トゥモロが一カルリーノに相当したと彼に言わせたことは一致しないだろう。しかし、〈タリーノ〉と読めば、二五と三〇オンスの間の平均水準にきわめてよく一致する。次に、銀の重さが当時はカルリーノであったことに関して、我々は、『ナポリの王室造幣所で造られた諸貨幣の異なった量の報告　一四四二年〜一六二九年』（*Relazione delle diverse qualità di monete costrutte nella regia zecca di Napoli, cominciando dal 1442 fino al 1629*）よって、そのことを正確に受け取っている。それは、担保物件会議 Collaterale(注1) の命令で記述され、保管され、造幣所監督のジョバンニ・ドナート・トゥルボロ Giovanni Donato Turbolo によって『ナポリ王国の貨幣論集』（*Discorsi sopra le monete del Regno di Napoli*）の中で公表された。それには、次のように言われている。

アラゴン家のアルフォンソ一世陛下 il serenissimo Alfonso がこの王国を支配していた一四四二年に王室造幣所で、アンジュー家のシャルル一世陛下 Carlo I の時代に定められた旧純度カルリーノのカルリーノ銀貨が刻印された。いわばその王の名（カルロ）からカルリーノ貨と呼ばれたのだ。その造幣所は、それらの銀のリップラに八、三、五・五ドゥカート支払い、各カルリーノ貨は四トラペソ（一トラペソ＝二〇アチーノ）一・五アチーノの重さがあり、一〇グラーノ毎に支払われた。

シャルル二世とフィリップ五世の治下で刻印され、今日流通しているカルリーノは、二トラペソ六アチーノの重さがあり、その純度は、旧カルリーノよりは幾分品位が高い。だから、細部を無視すれば、アルフォンソのカルリーノ貨は現在の一八グラーノに相当し、タリーノは結局三六グラーノに相当するといえる。それらは、四倍にされれば、ちょうどプッリャの海岸で、平年作の小麦価格である一四・五カルリーノになる。

ジョヴァンニ・アントニオ・ダ・ウッツァーノ自身によって、樽あたり二四コーニャ（一コーニャ＝三・二五リットルの枡）の分量の二樽半のマッダローニ Maddaloni 産のワインは、三〇カルリーノ支払われるのがふつうだった。すなわち、各樽が銀の重さと同じく今日現行の約二二カルリーノ以内で売られていたのだ。それらは、四倍されると、今日そのレベルのワインの正規価格である約九ドゥカートになる。しかし、この二

XII

（注1） Consiglio collaterale, supremo consesso del Regno di Napoli, creato da Ferdinando il Cattolico nel 1516.

番目の計算では、初めの計算ほど確実ではない。すなわち、確かにアルフォンソ一世この方トゥモロという尺度は変化しなかったのだから、王国の各地でさまざまであり、当時から現時点までに変化していたかもしれず、造幣所の原則によって決められていなかったので、ウッツァーノが樽の大きさをどのくらいに理解したのか疑わしい。コーニャ **cogna**（*congium* というラテン語からの崩れ）は、幾つかの地方でオリーブ油の尺度としてだけ伝わった。

平年作の小麦価格の資料から、最悪の飢饉の一つに移るとする。ジュリアーノ・パッサーロは、彼の手稿年代記（前述の注釈Ⅺ）で、一四九六年に以下のことを注記して残した。

この時期に、ナポリは極めて深刻な飢饉に見舞われた。トゥモロの小麦が九カルリーノに、トゥモロの小麦粉が一〇カルリーノに値した。この事態は、きわめて質《たち》の悪い猛烈な三ヶ月も続いた雨期に起こった。食料品は、海路からも陸路からもナポリには届かなかった。かつてこのようなことはなかったと人々は思いをはせた。しかし、わが主なる神が望み給うたごとく、三ヶ月経つと悪天候は止み、このため、ナポリに食料品が豊富に入り始めた。

当時の九カルリーノは現行の約一六カルリーノに相当する。それらは、四倍にされれば、トゥモロは約六・五ドゥカートの価格になる。一七六四年の記憶すべき飢饉が、王国に辛うじて若干の例を与えただけの過大な価格である。しかし、パッサーロによって説明されたこれは、ただ一つの町に、それもごく短くつづいた特殊な例による偶然の原因から始まっていた。

この情報には、（私が注釈XIで報告した）一五一〇年に最高の豊富さで得られた捨て値についてのパッサーロ自身が残した別の情報が引き続いて生ぜざるを得なかった。しかし、すでに前述の年に、アメリカ発見によって莫大な量の貴金属が運び込まれ、ヨーロッパで流通して商品価格を大幅に変えた。その結果、アラゴン人によって刻印された二カルリーノ以下でナポリに一トゥモロの小麦粉が供給され、プッリャ海岸で三六トゥモロの小麦が五〇カルリーノで売られることは、実際に起こったように、耕作者の破滅を生み出すような下落であったことに気付かねばならない。

つまり、貨幣の最悪の不足、したがって、商品価格の低下という災難が王国を悩まし続けたということは、一世紀後、すなわち、一五四七年に（博学で謹厳実直なヴィンチェンツォ・メオーラ氏 signor Vincenzo Meola（一七四四年〜一八一四年）によってこの文章[注2]の他のメモの間に挿入された）オノラート・ファシテッリ猊下 monsignor Onorato Fascitelli（一五〇一年〜一五六四年）の書簡をふくむ資料を見れば分かる。その書簡は、クリスマスイヴに、トッレ・マッジョーレ Torre Maggiore からジャンバッティスタ・ポッセヴィーニ Giambattista Possevini あてに書かれた。それではこう言われている。

私は、小麦の取引で相応の利益をあげようと、プッリャにまいりました。ところが、貴殿がお笑いになりますように、私は、大量の小麦をトゥモロあたり八・五グラーノで売却する羽目になりました。

（注2） *Honorati Fascitelli aeserniensis opera*, Napoli, 1776.

当時、一〇グレインのカルリーノ貨は、アラゴン人の時代に打刻されたカルリーノ貨の八分の一以下の重さしかなかった。なぜなら、我々は、一五四二年に三トラペソ、一〇・五アチーノの重さで刻印され始めていたことを、前に引用されたわが造幣所の報告によって知っているから。だから、ファシテッリが小麦を売った時のカルリーノ貨は、現在の約一六グレインに相当したのだ。つまり、小麦を売った価格は、金属の重さで実際の約一四グレインに相当するだろう。それらは、四倍されれば、五・五カルリーノの価格になり、すなわち、それは、最高の豊作で輸出が禁止されれば、今日プッリャで小麦価格が引き下げられる笑うべき最低価格だろう。それから、その年から今日までの価格差が三倍以上でないことは、他の資料からも得られる。だから、ファシテッリは、今日五カルリーノ以下で売られるとしても、それ以上で小麦を売るには至らなかったのだ。スペインの不幸な地方で兌換されるのが見られて以来、王国もなんと極端に貨幣が奪われ困窮させられたことか。

つまり、まさに一五四七年この方、諸価格が三倍にしかなっていないことは、（彼の友情を特に誇りとする）メオーラ氏自身の謹厳実直さが私に解明させた他の資料に明示されているように思われる。これは、フラッタマッジョーレ Frattamaggiore（o Fratta Maggiore）切っての富裕な一家の司祭であるドン・ジェロニモ・デ・スペニス don Geronimo de Spenis（訳注1）の手稿の年代記的自伝である。彼は、一五四三年から一五五〇年までのナポリ市の幾つかの注目すべき出来事を生来のナポリ方言で書こうと腐心し、それらの真ん中に若干の私的な事実も挿入した。そのうち最も重要なことは、彼の意見では、自分が賛美歌を歌った最初のミサとこの折に村全体に与えた〈市民に供与される祝宴〉*epulum populo datum*（注3）の古い慣習の名残である）公然の正餐、および慣習に従って、類似の職責で彼らになされる奉献の祈祷であった。祝宴のために買われた物すべての価格の情報は、こうして我々に伝えられた。この話全部が非常に面白いし、今日廃止された古い慣習の多くの思い出を我々に保存してくれる。ただ、私は全事実を忠実に引用して論ずることはできない。すべてが私の目的を果たしてくれるわけでもないので。(注4)

一五四六年八月の初日に、日曜日にフラッタ Fratta で、私、ドン・ジェロニモは、私の最初のミサに聖ソッシオ教会 Santo Sossio 内で主祭壇に向かって、多くのさまざまな司祭や世俗の詠唱隊員とともに賛美歌を歌った。そこには、さまざまな所、町、村、部落の、特にナポリ、マリリャーノ Marigliano、アヴェルサ Aversa、ユリャーノ Jugliano、マラノ Marano、キアーヤノ Chiayano、パーネクオコロ Panecuocolo、サンタンタモ Santantamo、カサンドリーノ Casandrino、グルモ Grumo、カザポザーナ Casapozana、オルテ Orte、プミリャーノ・デ・アテッラ Pumigliano de Atella、クリスパーノ Crispano、フラッタピッコラ Frattapiccola、カルディト Cardito、プミリャーノ・アダルクラ Pumigliano ad Arcula、サント・ペトロ・アド・パテルノ

(訳注1)『ナポリ小年代記』《Cronichetta napoletana》, *Archivio storico per le provincie napoletane*, II (1877), pp.511. sgg., *storico per le provincie napoletane*, II (1877),III,pp.511–531 pp.529–31.に発表された。ここでは、我々は、ニコリーニ(伊仏対訳版訳注、p.666 [36])。

(注3) banchetto offerto al popolo.

(注4) 以下のテキストは、カパッソ Capasso (Bartolomeo,) によって『ナポリ地方歴史公文書』*Archivio* 版・学術書『貨幣論』では、*cit.*, pp.326 sgg.,に Capasso 版を再録しているニコリーニとは違って、ガリアーニ版に従っている。

Santo Petro ad Paterno、カゾリア Casoria、セコンディリャーノ Secondigliano、アルツァノ Arzano、カセルタ Caserta、カポデリーゼ Capoderise、それに全フラッタの多くの住民が参列した。そこで、私は、非常に数多い備えものと食品を、非常に多様な楽器、凱旋門、櫓《やぐら》、ガレー船や別の花火を用意して、きわめて大規模で決してそれ以上はないような祝祭を催した。

そのような祝祭は、アニェッロ Agnello やガブリエーレ・デ・スペニス Gabriele de Spenis の家や庭で行われた。なぜなら、先週の木曜日に前述のアニェッロの家で、メネケッラ Menechella de Spenis と呼ばれ、サンティッロ・デ・カステッロ Santillo de Castello に嫁いでいた彼の姪が死んだので、彼女の死が私に二〇エキュ（scuti, ecus）以上の費用を支払わせた。なぜなら、男も女もその家の住人全員が、彼女の死を悲しむあまり、破滅的状態に陥ったからだ。そのメネケッラは、六ヵ月以上病気をしており、死にかけていて、今死んだのだ。要するに、みんなが招かれ、雌牛、子豚やその他すべてのものが買われたので、もう延期できず、ミサを執行し葬儀を行わざるを得なかったのだ。そのために、私は、約八〇ドゥカートを費やした。しかるに、二〇ドゥカート以上がごまかされた。ミサの祈祷文集、テーブル・クロス、テーブル・ナプキン、食器一式、素焼きと木の皿、なべ、甕《かめ》、鉢、水差し、ガラス製品、生きの良い子豚、盗まれるかもしれないもの全部、盗まれるに足るだけの物がなくなったとしても、六〇ドゥカートで足りただろう。

次に、供与された正餐に消費された商品と価格のメモが出てくる。それは以下のごとくである。

主として in primis、六頭の極上の若い雌牛につき……三五、〇、〇
大小の子豚につき……五、二、一〇
五〇羽の鵞鳥の子につき、二五羽は買い入れ、他は家の……二、二、一七
一一羽の鴨につき……〇、二、一五
六〇羽の食用鶏につき……二、一、五
四〇〇個の鶏卵につき……一、〇、〇
一本のハムと豚肉につき……〇、三、六
三六ロトゥーラ rotura（rotura＝〇・八九キログラム）の重さの自家製八片のチーズと五ロトゥーラの塩あえカ
チォカヴァッロ caciocavallo（訳注2）につき……二、〇、五
八〇ロトゥーラのヴェルミチェッリ（少し太めのスパゲッティ）につき……一、四、六
一〇ロトゥーラの米につき……〇、四、〇
多量の香料と砂糖につき……二、〇、〇
杏子《あんず》、胡桃《くるみ》、桃、梨、およそすべての果実につき……一、一、一〇
ポンテ Ponte と セリーチェ Selice の極上メロンにつき……〇、四、〇
豚の脇腹肉のすべてにつき（訳注3）……〇、一、一〇
二種類のプロヴォーラ provole につき……〇、一、〇

（訳注2） イタリア南部産の乳牛から絞った梨の形のチーズ（小学館イタリア語中辞典）。

三一ロトゥーラのベーコンにつき……………………… 一、二、一五
五八、一、一九

食料品の実勢価格に精通している人にとって、逆に現在の価格より高い米の価格を除けば、このメモの価格表が実勢価格より三分の一弱高いと容易に見てとるだろう。私は、万事をその年がそうであった不作のせいにしたいとも思わない。だが、米の耕作が少ないことは原因になると思う。

だから、話を結ぶとすれば、アルフォンソ一世の時代の一カルリーノは現在の七カルリーノに相当すると言えるので、貨幣価値の変化と貴金属量の変化がともに結びついていることは妥当なことだと思われる。

XIII

わが国で銅貨を打刻し続けるために維持されるべき形式や規定に関するこの自分の見解によって、前言を撤回するのは正しくない。それどころか、その後に起こった出来事がそれを確証して私を勇気付けてくれた。だから、恐らくどんな歴史家によっても説明されないだろうから、自分が言及することを、つまり、歴史が、単によくある人間性の弱さによる政策上の誤りや錯誤についてばかりではなく、ほとんど名誉にはならない意見の修正や取り消しについても保管することを、私は優れた君主の栄光には必要であると子孫に伝えたいと思う。

（訳注1）一七五五年に、君主は、新銅貨の打刻を重さが七カラット以下のグラーノ貨に決定するように説得された。旧銅貨は、グラーノ貨が重さ一二か一〇カラットで打刻されていた。その時、都市代表や最も賢明な行政官がそのような致命的な助言に対して行った正当な抵抗は、かなりあからさまな非難だと考えられた。しかし、公正で賢明な君主は、速やかに誤りに気付き、銅貨の打刻をすべて中止し、もう二度とそれを考えなかった。

（訳注2）二〇年以上前何人かの企画者が、その時起きた事実は恐らく人々の記憶から消え去っただろうと考えて、グラーノ貨に七トラペソの内在価値を与えて、それによってキンタル（cantaio, quintal, 一キンタル＝約一〇〇キログラム）につき 七ドゥカートまで利益を提供するとして、二人の君主にまたぞろ新銅貨打刻計画を提案した。都市エリート（訳注3）と行政官の熱意が彼らに対して行った抵抗は弱いものではなかった。これに苛立つどころではなかった君主の公正さと慎慮はこの度《たび》も大いに称賛された。

（訳注4）しかし、類似の計画を受け入れないことで事態が完全にひっくり返ったとしても、君主が臣民の幸福のために自己の利益を犠牲にしたことをきわめて多くの人々が確信している貨幣問題に国民がまったく無知であ

（訳注3）　牛乳から作られる軟らかなイタリア南部産チーズ（同）。

XIII

（訳注1）　伊仏対訳版、ディアズ版では、ここで改行されていない。

（訳注2）　同。

（訳注3）　伊仏対訳版、ディアズ版では、ここで改行されている。

（訳注4）　伊仏対訳版、ディアズ版では、ここで改行されていない。

ることは黙過されてはならない。貨幣の内在価値を減少させることで（『貨幣論』第三編全体で証明したように）言葉でではなく、取り立てる君主の収入が実際に減らされ、支払う国民の税金が軽減される。だから、銅貨の内在価値を三分の一減らすことで、君主は、短年月の間に数千ドゥカートに満たないきわめてわずかで無視してよい利益とひきかえに、すでに今受け取るのと同じ額のドゥカートをそのとおりに得ないからではなく、物価全体が上がって、そのような額が、国家の同等の必要を提供できなくなったために、実際に一五〇万ドゥカートの年収を失ってしまっただろう。

ところで、私は、国民が自分の税金の軽減に反対するようなことがどうして起こり得るのかと問われるだろう。(訳注5) このことは、当初は驚くべきことのように思われようが容易に説明できる。国民は、主権者の収入が減るなら、それを満たすために新しい税金が賦課されるしかないことを知っている。あらゆる新しい税金が、国家全体にどんなショックを与えるかはここで言う必要はない。

XIV

カルピオ公爵が行なった新たな打刻以来ナポリで造られた銀貨は、リッブラにつき純銀一一オンスであった。この状態で一七三五年まで打刻された。その時君主は、公文書で刻印だけ変えて、旧貨幣と同じ重さ、同じ純度の貨幣の打刻を命じたのだけれども、ヴェズヴィオ山 Vesuvio を一望して流れるセベト川 Sebeto (注1) の刻印と〈筆頭者〉*De socio princeps* という銘のある新貨幣が一〇オンス一八スターリング、一一オンス以下二スターリングで打刻され始めた。
一七四七年一〇月六日に、いつもの比率にするように取り計られて、一〇オンス一八スターリングの貨幣になったのに、会計監督官 deputazione が異議を申し立て、打刻された貨幣を自由に流通させようとしなかった。一〇月七日、彼は、そのような変更による臣民の損害に加えて、リッブラにつき一四グラーノの新貨幣の打刻による旧入札にしたがって、王室造幣所の利益はなくても、不足の二スターリングの儲けによって、入札者はリッブラにつきもう一三グラーノ稼ぐことになろうということになったと説明して、君主に抗議した。
一七四七年一〇月一一日の公文書によって、貨幣は、〈大いに適切にも、どこにおいても銀の価値は増加するので、一七三五年と一七三六年に打刻された通貨と同じ重さと価値で〉[注2]造られるとの命令で、君主によってその問題は決着を見た。多年の実験が、わが国の銀貨の金貨と銅貨の均衡を立証したので、その解決は賢明だった。さらに、私は、何年間この方、不評や損失なしにそれに応札できる者がいなかったので、後に打刻が止められたほど銀貨は高くなったと言っておく。しかし、なおさらに多年の間、銀貨が打刻されずに流通したとしても、わが国では誰も不便を感じないほど銀貨は豊富にある。

(訳注5) 同。

XIV

(注1) *L'impronto del Sebeto*: ナポリ田園地帯のセベト川の絵姿の刻印。
(注2) 原文スペイン語。編者のイタリア語からの訳。

一七四九年一一月二七日に出された通達で、君主によって三つの新しい金貨の重さと純度が宣言された。六ドゥカートに評価されるそれは、つまり〈オンス〉の呼称が望まれた金貨は、九トラペソ一七・五アチーノの重さであると宣言された。〈ドッピア〉の呼称が望まれた四ドゥカートの金貨は、六トラペソ一一と四分の三アチーノの重さである。最後に、ナポリの〈ツェッキーノ〉と呼ばれるべき二ドゥカートの金貨は、三トラペソ五と四分の一アチーノの重さである。これらのすべての金貨の純度は同じで、二一と四分の三カラットである。

ほとんど同時に、三〇カルリーノに評価される〈オンス〉と呼ばれるシチリア金貨の自由流通が認められた。それらの純度は、一七五〇年一月三〇日に一団の代表によって行なわれた試金にしたがって、二一と四分の三カラット、すなわち、四トラペソ一九アチーノの重さに等しくされた。

その時以来、ナポリにシチリアのオンス金貨がきわめて大量に出回り、一七五八年まで造幣所が打刻を止めていたのに、ナポリ王国ではなお極めて大量に存在した。わが造幣所で打刻された金貨についても、一七七三年中に打刻され始めて以来一五、五九一、一六八ドゥカートの価値で、さらに一七七四年の初頭から一七七八年六月一一日までには、別に四、〇五八、〇八〇ドゥカートの価値で打刻されたので、同じく豊富に存在する。

大量の金貨によって、実際全部消失した外国金貨を我々はもう必要としていなかった。それどころか、わが国の何がしかの金貨が近隣諸国やオスマントルコの東方諸国で流通し始めた。私は、ナポリ王国の富裕増進と幸福をこんなに与える確実な証拠を、もう何一つ与えられなかったので、造幣所の記録簿から正確に引き出されたこの事実を喜んで転写した。

銀貨については、わが国では、一七四七年から一七七三年までに、総額四、六〇九、八二八カルリーノ打刻された。その後、更なる打刻は止められたが、一七五〇年以前には、自由流通と合法的受け入れが許されなかったシチリアで造られた銀貨が大量に流通し始めた。

以上が、三〇年この方貴金属貨幣に起こった変化である。しかし、容易な流通とそれらの間の適正な均衡は常に同じままであって、政府の最良でもっとも真摯な功績の一つである。

XVI

以前に指摘したように、著者の名を推測させないために、熟年者の著作と思わせるためにすすんであらゆる手を尽くした。だから、二一歳の若者が、実際、すでに二冊の本を著すことは不可能のように思われるだろうから、すでに私が『統治術のすべて』*Arte tutta del governo* に関する別著を、どのようにして創作した

XV

（注1）『貨幣論』第二版（一七八〇年）の注釈XVは、誤ってXVIの番号が付けられ、別の注釈XVIの後にある。（すなわち、注釈XVIとなっていたこの注釈XVを、メローラ版では編者が訂正して順番どおり注釈XVIの前においたということ）

のかを述べたのだ。このごまかしはうまくいった。それでもなお、すべてが嘘というわけではなかった。若者の心は、計りかねる自分の実力をはるかに超えた企てをしがちなので、私は本当に政治学全体について書こうと思い描き、そのために多くの部分をスケッチするとか推敲したりした。(注1)本書には、それほど不完全にではなく転載されており、税金、奢侈その他に関する部分のように、脱線の形でつけ加えられた。さらに、別の時期に別の言語で、私は穀物立法について書いた。(注2)少し別のことも私の書付の中に残っているが、決して作品全部を私がつくったのではない。無限量の仕事、率直さの危険、お追従の赤面、故意の言い落としの苦痛が、私を思いとどまらせた。しかし、とりわけ、至高の威厳に心をふさぎ、いつか俗事に倦《う》み、それから、心の中を打ち明けて、「フェルディナンド、私を信じよ、人というものは支配されることを望まず、それに値しもしない(注3)(訳注1)」と私に言った最高の偉人の物言いが、私の気持ちをそいだ。

何年経とうとなお心に響くこれらの言葉は、私は納得できないけれども、それでもいつも心を乱してきた。

これがムロンの言葉である。

XVIII

「結果がその報告をまったく否認し、報告者（プレン Poulain）のひどい無能か悪意を知らせた。恐らく、両方なのだろう。それでもなお好評は得たものの、彼に対して、大臣は自分の通告が決定した貨幣に関する覚書をつき返すことになった。確かに、最も優れた人々は、不当に得られた好評に騙された人ほど苦しまなかった。起用する人々を慎重に吟味していなければ、当然立法者自身もそうだったろう。重々しく威厳のある態度、常に神秘に包まれたやり口、幾許《いくばく》かの皮相な知識の巧妙なひけらかし、鋭い才能に対しては横柄に沈黙してやり過ごす気安い術、利己主義の説教師、しばしば世論が評価するよりひどい無知、良かれ悪しかれ運のいい我欲から得られた富と威信、それらすべてが、ずっと後に国家の不幸を通して偽善が暴かれた人物を劇《ドラマ》に仕組んだのだ」（Jean-François Melon,『商業論』*Essai politique sur le commerce*（メローラ版もフランス語）、1736, pp.219–20）。

XVI

（注1） Cfr. *Appendice*, III, pp.390–392. 補足史料五三一—五ページ。

（注2） ガリアーニは、『穀物取引に関する対話』*Dialogues sur la commerce des blés*, 1770.を示唆している。

（注3） ガリアーニは、恐らく教皇ベネディクトゥス一四世を示唆している。彼は、小冊子『教皇ベネディクトゥス一四世の賞賛について』*Delle lodi di papa Benedetto*（一七五八年、ナポリ）で、政策としての〈無為〉*non fare* 原則を褒め称えている。

（訳注1） 対訳版は、伊仏両語共イタリック体にして《…》で括っているが、メローラ版は、単に“…”、ディアズ版は（…）で括っている。

わが国の造幣所の歴史、あるいは、フェデリコ（フリードリヒ）二世（一二七二年〜一三三七年。シチリア王、在位一二九六年〜一三三七年）以来のナポリ王国の貨幣価値の変化の説明は、もし祖国愛が我々の精神を掻き立てたり、あるいは、もっと適切に言えば、誰かが祖国愛を育んだりしても、市民同胞の拍手喝采とか統治者の激励を得ることはなかったろう。というのは、この大君主の時代に先立った貨幣価値の変化については記憶が欠けているか、それについては、無秩序、野卑な行動、濫用だけしか思い浮かばないから、わが国に若干の著作者を見出すにすぎない問題だったろうからだ。私が、その問題に適合する計算と対比の潔癖な正確さでそれを企てることは、一息ではいかないばかりでなく、一つの注釈の限度を超える仕事になるから、恐らく（私が市民同胞の嗜好について判断を誤らなければ）読者諸兄に教訓や楽しみを与えるどころかうんざりさせるだろう。だから、大雑把に、あるいは、重さか純度でのわずかな変化から、あるいは、最後に、目立たないが常にすすむ金貨・銀貨間に起こる比率の変化から生まれるあらゆる些細な計算は無視して、私は、金貨は、国民からは〈アゴスタロ〉***agostaro*** すなわち、フェデリコ二世のアウグスト金貨 **augustale**（一二三一年に打刻された）と呼ばれているが、五分の一オンスの重さで打刻されたということにする。ドディチ（一二）カルリーノ（シャルル・ダンジュー一世 **Carlo I d'Angio**［カルロ一世。一二二六年〜八五年、シチリア王位一二六六年〜八二年、通称ナポリ王位一二八二年〜八五年］によって打刻され始めた銀貨の名。一二七八年に打刻された）が、アウグスト金貨に相当する。だから、一オンスの金は六〇カルリーノに相当する。オンスは決して貨幣ではなく、変化しない単なる重さである。二カルリーノは一タリーノに相当する。しかし、造幣所はカルリーノより大型の貨幣を打刻しなかった。すなわち、それらは、ごくわずかな重さの変更しかなくダ（ア）ンジュー家の治世を通じて残り、アラゴン家の初代アルフォンソ（五世、一三九六年～一四五八年、シチリア王位一四一六年～五八年、ナポリ王位一四四二年～五八年）の下で、四トラペソ一・五アチーノの重さに固定された。こうして、それらは、フェルディナンド・イル・カットリコ Ferdinando il Cattolico 治下で一アチーノ減らされて一五一〇年まで残っている。だから、金貨と銀貨の間の比率が変更されていくのに応じて、持続的に減らされることになるのだ。それらの重さの減少と、カルリーノが旧来のほとんど半分になるまで減らされた前世紀の終わりに銀貨全体に実施された価値の引上げによって生み出された異なった評価は、大きかった。とかくするうちに、アメリカの発見と西インドとの最も容易な取引以前に一対一一であった金貨に対する銀貨の比率が一対一五に跳ね上がったので、打刻された時には一二カルリーノだったアウグスト金貨が、今や現行の約四二カルリーノに相当することになった。アウグスト金貨を継承する旧ダンジュー家の貨幣であるスクードは、五トラペソ、あるいは六分の一オンスの重さのある常にきわめて純粋な金貨であって、一〇カルリーノの価値で造られた。しかし、一六世紀の初頭には、すでに一一カルリーノに相当していて、その後、価格は、重さと純度の変更なしに、一五八二年に金貨の打刻が終わるまでに、一三カルリーノまで上っていった。一五九六年に、一オンスの重さで、三トラペソ一一アチーノの価値をもつ銀貨の打刻が開始された。しかし、貨幣の縁を削ぐ人の貪欲によって、それらは直ちに台無しにされ、消耗してしまった。少し後、〈チャンフローネ〉*cianfroni* と言われる〇・五ドゥカート銀貨が、ほとんど同じ運命をもって打刻され、それから、かなり大量に、カルリーノ銀貨とタリ銀貨の打刻がつづいた。これらは、ますます品位を下げられ、ついに、一六八四年末までに至った。その年に、カルピオ公爵は、ドゥカート、あるいはスクードを、もう金貨ではなく、大型銀貨で打刻する決心をしていた。彼は、一オンスの重さの、（一オンスの三〇分の一である）一トラペソと一五アチーノの価値の貨幣を、一一分の一の純度で打刻した。この貨幣は、わが国でなお流通しているが、きわめて希少になっていて、その細分だけ、特に、今日二六グラーノと一三グラーノに相当するそれのタリとカルリーノが、一般に用いられている。これらすべての貨幣が、一六八八年には一〇％、一六九一年には、もう二二％、すなわち、計三二％、価値が引き上げられた。しかし、タリとカルリーノはあまりに細かすぎる分数を避けるために、三〇％だけ引き上げられた。サント・ステファノ伯が打刻したその細分されたドゥカートは、一六九一年に上述の価値の引上げによって、二〇％価値が引き上げられたので、一二カルリーノの小片になり、それらの細分されたカルリーノは一二グラーノになった。その時以降、一二カルリーノ貨は、わが国最多の銀貨であり続け、一〇カルリーノ、あるいは、一〇ドゥカートに相当する貨幣も打刻されなかった。あまり高純度で造られたために、貴金属商によって溶解され、消滅の憂き目を見たカール六世（注1）（一六八五年～一七四〇年、在位一七一一年～四〇年）によってごくわずか打刻された貨幣を例外として。ともあれ、その後、カルリーノ、タリ、ドゥカートが考慮され続けることになる。それから、時おり（まったく理想上の、現実の六ドゥカートに等しく打刻された貨幣）オンスで、タリ、グラーノが考慮される。〈ビロン貨〉（訳注1）、あるいは、銀貨、銅貨については、わが国は、ノルマンディーのウィリアム一世以来一六二二年まで所有していた。シュヴァーベン家治下や傍系のアンジュー家（注2）治下で、それらはきわめて大量に存在し、わが国の最悪の災害期にも変わらずに存在し続けた。
以上が、大雑把に言って、わが国の貨幣の変遷の概要である。そのことから、金のオンスの重さが確実に維持され、ドゥカートとカルリーノの名称だけが変わらず、内在価値が変わったので、四世紀のうちに銀貨に対しては二倍以上の、金貨に対しては三倍以上の価値の引上げが実施されるに至ったことが分かる。このように、金のオンスは、シャルル一世によって六ドゥカートに評価されたが、今日では、金がごく純粋なら、一八ドゥカートかそれ以上にも値する。それから、シャルル一世時の七カルリーノに相当する銀のオンスは、今日では、一三ドゥカートとさらに数グラーノに相当する。つまり、このことは、二つの貴金属の間の重さと相対価値を比較している。さらに、諸金属の価値と食料品および他のあらゆる商品の価値の変化に関しては、注釈XIIで十分に論じたつもりである。

XVIII

（注1） 一七三四年以前、すなわち、皇帝がハプスブルグ家のカール六世であったオーストリアのナポリ支配期に。

（訳注1） 伊仏対訳版、ディアズ版では、ここで改行されている。

（注2） すなわち、アンジュー家のジャンヌ二世とアンジュー家の相続人。ジャンヌ二世は、アンジュー家のジャンヌ一世（一三二六〜八二年、ナポリ王国女王在位一三四三〜八二年。四度結婚）が君主の時期に開始された長期の抗争の後にナポリの玉座に就いた。

XIX

本項で、〈ビロン〉貨によって懸念される無駄と損害について言われることもまた、わが国でその種の貨幣の価値を回復させようと提案したブロッジャの意見への反論に向けられている。政府はその種の助言を嫌悪する分別をもっていた。ローマでは、それは評価されたが、その結果がどれほど役に立たなかったかを証明した。教皇クレメンテ一二世（在位一七三〇年〜四〇年）治下で、旧来のジュリオ giuli（訳注1）やパオロ paoli（訳注2）が消失したと見られたので、この国に残っていたはかない希望によって、その種の貨幣が打刻された。しかし、この旧貨幣は消失したのではなく、溶解されて、トスカーナに現れた。すなわち、その理由は、トスカーナでも教皇国家でも両国ともに、金貨と良質な銀貨は自由に受け入れたけれども、フィレンツェのツェッキーノとローマのツェッキーノが、上述の二つの領土で銀に関して異なって評価されたからである。だから、金をトスカーナからローマへ、銀はローマからトスカーナへ運べば利益になったのだ。

XX

わが国の法律にはロベール Roberto（注1）（Robert le bon, le sage）の〈慎重な討議〉*Perpensa deliberatione* という一章がある。そこでは、王国からのカルリーノ銀貨の輸出が厳しく禁じられている。しかし、それでもなお、外国商人にはわが国に運ばれた商品の販売によって得られた銀貨を自分と共に持ち去ることは禁じられていない。ひと目で、はなはだ笑うべき不条理のように思われるし、無知な注釈者の誰によっても明確にされなかったそのような決定について、その理由は、上述の君主が貨幣問題で犯した誤りにあるに違いなかった。彼によって打刻されたカルリーノ銀貨は、（際立った思いやりに加えて並々ならぬ精神修養を積んだベネヴェントの貴顕、ジャンバティスタ・ペディチーニ侯爵 marchese Giambatista Pedicini が一人、それについて証明したように）四トラペソ一〇アチーノの重さがある。ロベールの祖先である二人のシャルル（注2）の貨幣は、四トラペソ五アチーノの重さもなかったのに。だから、この貨幣は、良質で非常に有益なので、当然起こらねばすまないことが、すなわち、外国人によって持ち去られる事態が起こった。彼らは、それと両替して悪貨を残したのだ。だか

XIX

（訳注1）ジュリオは、教皇ユリウス二世（一四四三～一五一三年。在位一五〇三～一五一三年）治下でグロス grosso・グロ銀貨 gros d'argent（八分の一オンス、三・八二四グラム）に付けられた名称（伊仏対訳版訳注、p.666, [45]）。

（訳注2）パオロは、パウルス三世（一四六八～一五四九年。在位一五三四～一五四九年）の就任以来、教皇国家内で打刻された銀貨。パウルス三世はイギリス国王ヘンリー八世（一四九一～一五四七年）を離婚問題で破門した。一五四五年トリエント宗教会議を開催。ミケランジェロを支援した（同、[46]）。

XX

（注1）アンジュー家のロベール（Robert d'Anjou, 一二七八～一三四三年。一三〇九年から一三四三年までシチリア王。善王、賢明王）。教皇派の首領として神聖ローマ帝国のハインリッヒ七世に対抗。文芸を愛し、ペトラルカ、ボッカッチォ等を庇護した（伊仏対訳版訳注、p.666, [47]）。

（注2）アンジュー家のシャルル一世（ナポリ王在位、一二六六～一二八五年）とシャルル二世（一二八五年～一三〇九年）、ロベール王の祖父と父（同、[48]）。

ら、主権者はこの両替だけを禁止しようとし、おまけに商品と貨幣の交換はすでになかった。しかし、そのような禁止ですむと信じられた対策はひどく見当違いで、依然効果はなかった。それでもなお、その君主が名君の誉れを得たほどこの時代は不幸だったのだ。他の人々は、彼についてはもう知らなかった。

XXI

幾人かの地方行政官のいつもの怠慢のおかげで、小麦、オリーブ油、絹、その他の商品の〈取決め〉という公正で正しく見積もられた価格に対して、ずっと以前から受けていた以上の最大の致命的ショックを与えわが国の取引に甚大な損害を与えたことを、私は到底黙っていられなかった。新たな方法に訴える必要があった。すなわち、〈取決め〉の評価を上級裁判所によって点検させ、評価を改めさせ、余計な時間をかけても、裁判や訴訟をする必要があった。契約の意義には不確実さや法的な問題が、なされた取決めと改められた取決めの間には論争が、それをどれだけ、どのように公表すべきかについての躊躇《ちゅうちょ》が生じた。だから、悪意、新たな策略、注文者と受注者の対立、停滞と破滅が生じた。多くの危険の中で、まったく永久に取決めを廃止してもそう拙くないと考える人もいた。この助言は、本書が書かれた当時（一七五一年）には軽率であったろう。それは、諸地方の豊かさと耕作者の富が、本質的に不確実な利子の儲けが生じる金の先払いで青い果実を売ることに他ならない契約の逼迫から、彼らを解放するほどにまでなれば有益だろう。

XXII

その時、私は、一人も例外がなかったので、特殊な偽造者の仕事として金銀メッキされた貨幣を検討する古代研究者全員の一般的意見に従った。私が、貨幣研究に常にもっていた嗜好と熱情が、後に、メッキした貨幣もすべて公的な権限によって刻印され、二種の金属（銀と銅）の貨幣の、すなわち、〈ビロン〉貨の代りをしたという意見を思い起こさせた。だから、コンソラーレ銀貨 consolari とインペリアル銀貨 imperiali が、全部銀でできていれば、デナーロ銀貨かクイナーリ（デナーロの五分の一）銀貨で、メッキした貨幣はセステルス銀貨であった。私は、自分をこのように考えさせた議論を一つの注釈のわずかな紙幅に収められない。それどころか、本書が対象にするほかない長い論考の主題であるはずだから。ここでは、メッキ貨幣が打刻されたどこででも、〈ビロン貨〉は存在せず、メッキ貨幣が使い尽くされた時、ガリエヌス帝 Gallieno（二一八年頃〜二六八年。ローマ皇帝、在位二五三年〜二六八年）治下で、インペリアル〈ビロン〉貨の使用が始まることに注目すべきであるとだけ言っておく。さらに、メッキ貨幣の詐欺に対処するために、貨幣の浮彫《レリーフ》を低くするという他人の意見に従って本書で述べたことは、事実でないことを私は認めたい。浮彫のあまり高くない貨幣を打刻する嗜好は、なお共和国時代のローマで、カプアのエトルスキの貨幣 medaglie（a）や幾つかの近隣の地方の貨幣で始められたことが分かるし、銀貨と銅貨で利用されたことが同様に分かる。つまり、まさに、浮彫のきわめて高いシチリア、アテネ、その他のもっとずっと大型の銀貨が、かつてメッキされた金貨が一つもなかったように、メッキ貨幣と少しもぶつかり合わないのに、あまり高い浮彫のないコンソーレ銀貨の間で、最も多くのメッキ貨幣がぶつかり合っているのだ。これは偽造者に由来しない最大の論拠である。（訳注1）五世紀以上の間、ローマ共和国と南イタリアの古代ギリシャ植民地群 Italo-greche でだけきわめて多量のメッキ貨幣が見られることは大した論拠にもならない。歴史家たちが、メッキ貨幣について災難として語らず、その損害補償のために法律が制定されたことに出会わなかったためしはないので。

XXIII

スペインの健全な良識人で、きわめて毅然とした心の持ち主で広範な読書人であるディエーゴ・ヴィダニア猊下 Monsignor Diego Vidania（一六三一年〜一七三二年）は、一七三二年に一〇〇歳を超えて、死の少し前、私の伯父でタラント大司教をしていたガリアーニ猊下にその役職を譲って辞するまで、わが国の最高の礼拝堂付き主任司祭 Cappellan Maggiore の職責を栄光のうちに全うされた。ヴィダニア猊下は、ナポリに移る前には、スペインで異端審問官の職務をきわめて長いこと務められた。彼は、素朴にも、秘書官のドン・ジャーコモ・タッコーネ don Giacomo Taccone に告白した。すなわち、彼とその同僚たちが、多年にわたって、いかに魔術、占い、呪《まじな》い、幽霊に関わる審問を実施したか、宗教裁判の記録簿には別のもっと古い時期に作成された覚書があったが、それらが欺瞞か故意の思い込みであるかは、結局暴露されずに終わったことを。ただ多くの徒労のうちに、きわめて重要な二つの化学上の秘密に出会った。一つは練り物の秘密である。ふつう囚人の鉄格子に使われる太さの鉄でも包みこんで、それから、押し付け、温かい手で握って、五・六時間間《ま》をおけば、赤く熱せられたよりもうまく捩《よじ》ったり、折り曲げられる程度にまで鉄を柔らかくするという代物である。すなわち、こんなに強力な薬物なのにそれらを手中に握って持っている人間の健康を損なうこともなく。彼は、その鉄に託された各人の生命・財産の安全すべてが専らこの金属しだいであることを慮《おもんぱか》って、こんなに恐ろしい秘密を忘却の闇に葬ろうと決意し、その組成を決して誰にも伝えないことにした。もう一つの秘密も、私が叙述したこの練り物からなっている。この練り物については、大して厳格に守秘されず、タッコーネに託された。彼は、私にスペインの大型スクード貨を見せた。念入りにそれを観察しても、何も欠陥があるようには見えないし、刻印のどの部分も削られているようには見えなかった。それでもなお、ただそれの重さを量って、練り物を押し付けて剥がされたきわめて薄い銀板をまじかに見比べれば、その貨幣に欠陥のあることが分かるだろう。ドン・ジャーコモ・タッコーネは、その学説と良識にたがわない廉潔の士だった。カステルヌオーボ Castelnuovo の王立教会の司祭であった彼は、一七六一年に死んだ。ごく親しかった彼から、私が先に述べたことすべてが語られ、彼もまた生きているかぎり、変わらぬ徳性をもって誰にも隠し通して、このもう一つの危険な秘密を消えゆくがままにしようとした。事実、私は、自分の全人生を通じて、今までに他人にこの話を聞かれたことは一度もなかったので、まったく知られないままだと信じている。

XXII

（訳注1） 伊仏対訳版、ディアズ版では、ここから改行されている。

XXIV

私は、一七五〇年のナポリ王国で、もう一五〇万ドゥカートを超える銅貨が流通していなかったことを知らせた。すなわち、私は、次の［初版］二七五ページ（本書二九〇ページ）で十分明らかに説明したように、結論を間違えないために、実数をかなり下回るとみなすことが重要だから、そうしたのだ。私は今、昨年造幣所を補助する当市の税官吏が、総額三三〇万ドゥカートまでになったのを君主に確言したことを知ってよろこんでいる。彼らが主張したこの数字をどのように正確に計算したかは、私には分からない。私は、幸せにも（彼らの職務と彼らの登録簿や公的記録を自由に参照できたお陰で）さまざまな時にどれだけ打刻されたか完璧に知り得たことを十分承知している。しかし、更にどれくらい台無しにされ、散逸し、流出したかは、推測によるしか知りようがない。どっちみち、私は、税官吏によって確言された量は、私が間違いなく実数以下だと推測した量よりも正しいと思う。同じことは、わが国で流通している銀貨と金貨の量についても言える。さらに、すでに注釈XVで知らせたように、王国には金貨と銀貨の量の最高で二倍の増加があるので、実際には、銀貨で八〇〇万ドゥカート以上、金貨で二、〇〇〇万ドゥカート以上あると確言できる。(注1)

XXV

私が（『貨幣論』初版出版の）二〇年後の一七六九年（実際は一七七〇年）にパリで出版され、多くの賛否両論を受けたが恐らく双方とも等しくあまり妥当しない『小麦取引に関する対話』*Dialogues sur le commerce des bleds* で長々と論じたことが、萌芽どころではなく究極の分析で結論だということを、読者諸兄はこの短い文章の中で容易に認められよう。だから、彼が書いた駁論の一つで、私の『貨幣論』と『対話』との間の矛盾に気付いても、私が慨していつも自由のために言ってきたことを輸出取引に適用すれば、それで私見に納得できそうなのに、私の著名な友人であるモルレ神父 Morellet（注1）は誤りを犯した。私の意見は、小麦の輸出取引は決して絶対的に禁止されるか妨害されねばならないということではなかった。私は、時宜を得ない法律の禁止によってではなく人口増加によっても、一国民がもう禁止をしなくてもいい時が待ち望まれねばならないと言っただけだし、そう言い続けているのだ。すなわち、私は、君主によって穀物輸出は法律の禁止のためにではなく、それはむしろ人口増加のために犠牲にされねばならないと重ねて言う。プーリア王国は、そのような状態に達しているか、そのごくわずか前のように思われる。シチリアは自由輸出を続けられるし続けねばならない。ディオニュシオス Dionigi（Denys）（訳注1）やヒエロン Ieroni（Hieron）（訳注2）治下にいた、その後一度

XXIV
（注1） Cfr. pp.325-6（本書四一八―九ページ）.

XXV
（注1） André Morellet（一七二七～一八一九年）、『小麦取引に関する対話の駁論』*Réfutation de dialogues sur le commerce de bléds*,（ロンドンの表示があるが）パリ、一七七〇年。

（訳注1） 前四三〇頃～前三六七年。シラクーサの僭主、シチリア島からカルタゴ人を追放（ロベール仏和大辞典）。

（訳注2） ?～前四六六年。在位、前四七八～前四六六年。シラクサイの僭主、シチリア全土を平定し、対エトルリア戦に勝利。文学を保護し宮廷にアイスキュロス、ピンダロスらを招いた（同）。

も戻らなかったその目を瞠《みは》る人口に戻らないかぎり。

XXVI

王国は、住民がいなくなってしまったら、何の価値もないだろう。だから、王国は、住民がいるから価値があるのだ。今日では、住民は約四五〇万人いる。成人と子供の間の平均条件での各個人の消費は、首都の最も高価格の食料品を地方の最も低価格のそれと均《なら》したうえで見ると、年四八ドゥカートに相当する。この限度下にあるとすれば、首都を貨幣（利子）が五、六％の間か、ごく異常な時にはそれ以上である地方と均して見れば、貨幣利子は、四と四分の三％以上に相当する。すると、首都での各個人の価値は一、〇〇〇ドゥカートになるから、王国は四五億ドゥカートの価値があることになる。この資本の利益が（前述の指摘によって）二億一、六〇〇万ドゥカートで、王国の動産・不動産全体の年価値になる。しかし、この額のほとんど半分は、所有者自身によって消費されるか現金の代わりに現物で与えられるので、現金で代表される必要はない。だから、貨幣で代表されねばならない約一億二、〇〇〇万ドゥカートが残る。つまり、わが国の現実の貨幣量は約三、〇〇〇万ドゥカートあることが確実なので、平均年に四、五回回転するだけで、全額を動かすのに十分であることは誰もが知っている。わが王国に、全種類の貨幣が豊富にあるように見えるのは、まさにこのためである。私が、決して実際以上ではなく、常にそれ以下で推測したことには誰もが同意するだろう。だから、一、二〇〇ドゥカートの資本として彼らを評価しても、王国の一人ずつに過剰な価値を与えたことにはならないだろう。私がこう言ったとしても、ある人には漠然としすぎているように思えるかもしれないが、それは、注釈のスペースが私に敷衍の余地を残さないからである。だが、私は注釈の敷衍が必要だったら、その書を敷衍する必要も理由もないものにしたい。

XXVII

この論点は、プッリャで小麦を脱穀する優れた方法を見つけるために、多年ドン・バルトロメオ・インティエーリ氏によってなされてきた有益な研究について暗示した。プッリャでは、住民の乏しさと収穫の多さが打ち棒で麦殻を叩くのに足りる人数を確保できないのだ。運搬用の若い雌馬の使用を節約するために、さまざまな精巧な器械が彼によって考案された。しかし、実際にはうまく実施に移せない。だがとどのつまり、一つの器械が据えつけられた。それは、雌馬の必要をすっかりなくしはしなかったが、それから致命的労苦を軽減してやれた。それから、これは、マンフレドニア Manfredonia の貴顕、ドン・フィリッポ・チェレンターノ d. Filippo Celentano 氏によって使われ始め首尾よい成果を得た。しかし、彼の死とその後まもなくのインティエーリの死、我々の無関心と生来の怠慢、習慣的に今度もまた決して考えを変えられそうもない農民の知性的愚鈍が、私は記憶にとどめることが後代に有益であると信ずるのだが、インティエーリによって構想されたこの実践を廃止へと向かわせてしまった。恐らく、その使用が戻るもっと勤勉な時代はそう遠くないだろうが。

すでに麦打ち場全体が、（我々が〈グルニュ〉gregneと言っている）刈られた麦束で覆われた時、それらを脱穀するためにそこに直ちに馬を入らせる代わりに、二・三時間、木製の器械が回転すれば問題解決になることをインティエーリは望んだのだ。それは、木製の棒がもっと長くもっとずっと細くなければ、〈フリジアの馬〉*cavallo di Frisia*（訳注1）と呼ばれた軍事的構造物にそっくりである。これが、一頭の畜牛にゆっくり引かれていき、麦束、すなわち、刈られた麦の穂束を最初に作る役を果たす。腹まで突っ込んですっかり小麦の穂の背後に入り込む労苦の大部分を雌馬から取り除いてやっても、蹄の下に固い地面ができていないと、ほとんど小麦の打ち場で泳いでしまう。しかし、上述の器械によってなされる回転を介して、麦打ち場はすでに非常に低く均《なら》されているのでごく短い行程で解放される。こうして、柱幹がひどく湿っているから、砕くのが非常に困難な朝の早い時間を節約でき、多くの休息と世話する時間ももっと増えるから雌馬はあまり苦痛を被らないし、数も少なくて済むので、流産しがちになったり、刺激が強く不健康なミルクを吸った乳飲み子のひどい憔悴につながる、身重とか出産したてや乳飲み子持ちの雌馬を無理に麦打ち場に入れなくもよくなった。

XXVIII

まさに、この我々の勅令は、国益のための経済的方策からよりも政治的理由から押し付けられた。この王国は、先年マルティニッツ Martinitz（訳注1）伯によって達成されたドイツ人支配下で過ごしてきた。教皇（クレメンス一一世、在位、一七〇〇年~二一年）に報土授与を許可する恩顧が望まれた。しかしなお、全面的闘争が損害を与えたので、大胆な預言者である以上に賢明な高位聖職者である教皇は結末を予測できなかったので、好機を待つことにした。彼を動揺させ、おどろかせ、威嚇することが望まれた。司法上のさまざまな争いがせめぎ合い、この勅令がつくられた。それは争いに不向きな君主に対する一種の宣戦布告になった。しかし、私には、どう見ても、執行不可能の法律を制定することは妥当ではなかったように思われる。つまり、その法律は一度制定されても、完全に廃止されねばためにならなかったから。この法律が支持されるかぎり、ローマ・ナポリ間の為替は常に平価からかけ離れる原因になるだろう。つまり、妥当値からかけ離れた為替は、わが国の商人には利益になっても、決して国益全般のためにはならないのだ。

XXIX

一八世紀の諸君主にとって、ナポリ王国の災厄が、一世紀前に始まり、常にゆっくり深刻化して悪化の極

XXVIII（訳注1） Georg Adam comte de Martinitz. 一七〇七年八月二日から一七〇八年七月一日まで、オーストリアの第一総督（伊仏対訳版訳注、p.667,[59]）。

XXVIII（訳注1）「フリジアの馬は、一〇か一一ピエーデの長さの木片で作られ、五か六指尺《さしじゃく》（一差尺=二二か二四センチメートル）pans に切られた鉄の先端部分で補強された堡塁の境界標である」（伊仏対訳版訳注、p.667 [58]）。

みに達した時、貨幣と為替の混乱や無秩序は最悪になった。わが国のすべての貨幣が国外に流出したために、専ら、損害の結果として検討されねばならないこのことが、政治経済学に無知な者によって、（当時、最も重要で著名な人々も共有していた無知）損害の原因として検討され、損害を償う代わりに、損害を増やすきわめて多くの誤った規則や勅令によって鎮静化がはかられた。今日まったく記憶が失われたこれらの問題に関して、当時世に出された諸著作を収集し、新たに説明と注釈をつけて公表することは、これらの類まれな研究を愛好する人にふさわしい仕事だろう。つまり、無為の時間があったら、私は何度もそうしようと考えた。そして、過去の災難の記憶ほど人間精神を元気付けるものはないので、当時王国の状態がどれほど困難で悲惨であったかをこれらの諸著作から気付かされて現状の慰めと喜びが大きくなるだけ、私は、ますますよろこんでそれを企てただろう。しかし、注釈の紙幅が限られていてそう詳しくは論じられないので、またぞろ繰り返し別著を出版する気に駆り立てられるから、私は、少なくとも、これらの著作者の名を指摘しておきたい。

彼らの中で、最も考慮に値する人物は、ジョバン・ドナート・トゥルボロ Giovan Donato Turbolo である。彼は、ナポリ造幣所の管理者で、一六一六年に、タルクイニオ・ロンゴ社 Tarquinio Longo から『近隣列強の他の貨幣とナポリ王国の貨幣との差異および不等、さらにそれらの不足の原因の問題点――公益のための推進者としての王国の貨幣のこのような調整と豊富の方策を付して』(訳注1) を出版し、本書を議会代行のサン・ジュリアーノ侯爵 San Giuliano に捧げた。同人は、一六二三年にも、総督にあてて、題して『貨幣、為替、銀行の現在の混乱に対する救済のための解決と秩序を基礎付けねばならない必然的原理――商談と契約が公正で適切で正規の規則へ向かい始めるように』(訳注2)という別の小論を発表した。一六二九年、最後に、彼は、四つ折り版の小冊子を発表した。それには、「ナポリ王国の貨幣に関する議論——一六二二年に命じられ実施された貨幣の純度の改革とそれに先立つ結果のために、すなわち、王国外での為替高は、王国国民の利益になるか損失になるか」(訳注3)が含まれる。この議論には、結果的に三つの報告が続く。第一報告は、「一四四二年から一六二八年までに刻印されたわが国の貨幣のさまざまな品質」。第二報告は、「一五九九年から一六二八年までに造幣所によって認可された金貨・銀貨の量、質、価値」。第三報告は、「一五三八年から一六二八年までに認可されたわが国の金貨、および、それらとその他列強の金貨との比較」である。その小著は四つの議論で終わる。すなわち、二つは、国庫監察官ファビオ・カペーチェ・ガレオタ Fabio Capece Galeota の願いにより、為替支払いを外国貨幣で命ずるその年に発布された勅令の取り消しによって、一六一八年に陽の目を見た。もう二つは、一六一九年と一六二〇年に発表されて、貨幣問題も検討している銀行と造幣所の評

XXIX

(訳注1) *Discorso della differenza e inequalità delle monete del* Regno *di Napoli colle altre monete di potentati convicini, e della causa della penuria di esse, con l'espediente dell'aggiustamento ed abbundanza sí delle monete di* Regno *come di forastiere per beneficio pubblico.*

(訳注2) *Massime necessarie sopra le quali si deve fondare le risoluzioni ed ordini per la provisione alli disordini correnti di monete, cambi e banchi, acciò li negozi e contrattazioni s'incaminano alla lor giusta, conveniente ed ordinaria regola.*

(訳注3) *Discorso sopra le monete del* Regno *di Napoli per la renovazione della lega di esse monete ordinata ed eseguita nell'anno 1622, e degli effetti da quella preceduti : e se il cambio alto per estra* Regno *sia d'utile o danno de'regnicoli.*

議会に献呈された。これらの作品については、単に、トッピ Toppi[注1] やニコデミ Nicodemi[注2] によってすら言及されなかったどころではなく、自分で持っているもの以外に、別の見本がどこにあるのか、私にも分からないのだ。トゥルボロは文体がきわめて不明瞭で、その問題を法哲学者としてよりも造幣所の管理者として扱った。しかし、彼は、理解されたくなかったか、不適当に、ほとんどあべこべに実行に移された多くの事実をそのまま教え込もうとしなかった。つまり、恐らく不慣れだからではなく、誤った事実を当時沈静化できなかった原因から隠して、大方の目からそれを隠そうとしたのだ。

トゥルボロに少し先立って、マルカントニオ・デ・サンティス Marcantonio de Santis[訳注4] は、貨幣と為替の混乱という同じ問題に関して書いていた。しかし、どれほどさがしても、私はこの男の作品に首尾よく出会えなかった。つまり、彼を論駁した人によって指摘されなかったら、知らずじまいだろう。この人は、コゼンツァ人、ドットール・アントニオ・セッラ dottor Antonio Serra（経済学者、生没年不詳）であった。彼は、一六一三年に、ラッザーロ・スコッリージョ社 Lazzaro Scorrigio から、『鉱山のない王国に金銀を豊富にし得る根拠の小論——三地方に分けてナポリ王国に適用』[訳注5] を出版した。この学術書を読む人は誰しも、経済学の完全に無知な一世紀に、その著者が、自分が叙述したこの問題の観念をどれほど明晰・公正に把握していたか、わが国の災難の原因と唯一の有効な対策をどれほど堅実に判断していたかを知って、確かに驚き称賛することだろう。無味乾燥、無内容で曖昧な文体、つまり、時おり議論をうんざりさせるほど長びかす多くの分割、細分、区別、記事、段落を使って、みんな似通った教条的で法律顧問的、落第生的な文体以外には、自分の時代の不幸は何も見えてこない。だがこの欠陥にもかかわらず、私は、政治経済学 scienza politicoecinomica の最初で最古の著作者の地位に彼を据え、この今まで知られなかった彼の祖国という名誉をカラブリアにも授与することを疑わない。しかし、何か赤面する理由のすぐそばで出会う栄光しか思い出せないのが我々の宿命である。私が、フランス人ムロン、この職分ではイギリス人ロックと敢えて比較するこの人（セッラ）は、だがしかし、ずっと以前の経済学の闇と誤謬の世紀に生きたために、両者に克服される人である。あれほど見とおしの利く知性とあれほど健全な判断力をもったこの人は、生前は無視され、死後は著書と共に忘れ去られてしまった。かつて彼の著書から引用した者は一人もいなかった。だが、恐らく、バルトロメオ・インティエーリが所有していて、私に贈られた一部だけが、それを忘却から救うことになった。しかし、状況はさらに悪くなった。セッラは、その書をレモス Lemos 伯に捧げたが、それに「ヴィカリア Vicaria の監獄から」（二版、メローラ版"…"、伊仏対訳版イタリック体）と書いた。アントニオ・セッラという人

（注1） Niccolo Toppi。『著名人のためのナポリ図書館と政府組織・王国自体に存するナポリ、王国、家族、土地、都市、宗教の文書で』（*Biblioteca napoletana e apparato agli uomini illustri in lettere di Napoli e del regno, delle famiglie, terre, città, religioni che sono le stesso Regno*, Napoli, Bulifon, 1678）。

（注2） Nicola Nicodemi。トッピの著書に対する『ドットール・ニコロ・トッピのナポリ図書館への大量増補』（*Addizioni copiose alla Biblioteca napoletana del dottor Nicolo Toppi*, Castaldo, 1683）の著者。

（訳注4） 『王国における為替の結果をめぐる議論』*Discorso intorno alli effetti che fa il cambio in Regno*, Napoli, Vitale, 1605（伊仏対訳版訳注、p.667,[63]）.

（訳注5） *Breve trattato delle cause che possono far abbondare li regni d'oro e d'argento, dove non sono miniere, coll'applicazione al Regno di Napoli, diviso in tre parti*.

が獄中で憔悴し、マルカントニオ・デ・サンティという人が富を積み、国家会議Collateraleの有力者だった時に、貨幣問題がめちゃめちゃになったとはなんと驚くべきことか。その後、セッラに何が起こったか私は知らない。彼には、世間には尊重されなくていいものが三つある、［人足の力、娼婦の美貌、臆病者の忠告］（伊仏対訳版イタリック体）であるという、わが国の庶民の小気味良い理に適った箴言が確証されるけれども、彼の助言が何一つ採用されなかったことは確かだ。(訳注6)

最後に、たとえ外国人であっても、わが国の貨幣の損害に関して書いた著作者の箴言を言っても差支えなかろう。その人は、〈学士〉licenciadoのドン・ルイ・エンリケ・ド・フォンセカdon Luis Enriques de Fonseca（一六二〇年～?、医者、ナポリで劇作や教訓的著作を書いた著述家）であり、マラガMalagaの行政官、つまり、王室歳入管理官をしていた。彼は、そこからナポリ王国に移って、ここで一六八一年にサルヴァトール・カ

（訳注6） セッラは、トッマーゾ・カンパネッラ［Tommaso Campanella, 一五六八～一六三九年、イタリアの哲学者、『太陽の都』*Civitas Solis*、一六二三年の著者］の陰謀か貨幣贋造の累でヴィカリアVicaria監獄に収監された。

F・フェッラーラは経済学へのイタリア人の功績を追究する『全集』第五巻*Opere*.vol.Vの「貨幣とその代替物について」で、ガリアーニの注釈XXIXでのアントニオ・セッラへの注目を評価する。「ガリアーニは、周知のように、彼（セッラ）の著作に言及した最初の人であった。（ヴィカリアの）監獄で朽ち果て、（カンパネッラの）共謀者の責め苦tormentiを被ることを運命づけられた気高く不幸な天才の同胞として、ガリアーニは彼を闇から引き出し権威ある者として記憶にとどめる幾らかの賛辞を捧げる理由を得た」（Francesco Ferrara, *Opere Complete*, a cura di Bruno Rossi Ragazzi, vol.II Prefazioni alla Biblioteca dell'Economista parte prima, Roma, 1961, p.223）と。さらに、

Bousquet, *Esquisse*, pp.19–22.邦訳、四三〜五〇ページ、も参照。ただし、ブスケーはガリアーニのセッラ評価は少し割引くべきだと言う。

さらにフェッラーラは、「一八世紀前半ではイタリアでのみ貨幣研究は大いに多産であった」（*Opere*.vol.V, p.98.）とし、「多かれ少なかれ著名な」四人の経済学者の名を上げ、「時代順で最初はC・A・ブロッジャ、見解や主張の活力と決然さではガリアーニが、堅固な基準と考察の完全さではP・ネーリが、博識な探求範囲ではカルリ伯が勝利する」と玉虫色に論評する。次にフェッラーラは、ブロッジャに対するガリアーニ価値・貨幣論の優位を認め、『貨幣論』はイタリアがもつ「順序や観念の正確な連鎖の各部で非常に難がある」が「困ったことに最良の書である」と評価するが、ムロンに拠ったとされるガリアーニの「貨幣価値の引き上げ」については、以下のように否定的に解釈している。

「ガリアーニによれば、財政的必要に促迫されれば〈名目的増加〉*nonimali aumenti* を通じて貨幣価値の引き上げを勝手に実施しても政府には何ら非難されるべきことはない」（p.100）。しかも「ガリアーニは、ヒューム同様、引き上げは無害か、それどころか時には〈価値増加〉*aumento* によって引き上げの利益を派生させる。…価値の引き上げが布告されれば、当然不均衡、価格の激高が起こるが、徐々にしか起こらないから長いインターヴァルができる。それで、社会は価値引き上げの悲惨な結果を味あわず、財政はその操作の成果を得る。

／だがそもそもこんなことは常には起こらず、過去の時代にはしばしば起こったにせよ、現代にはほとんどあり得ない。歴史は、過去の時代に何度も君主の布告が貨幣の名称とか比率を変更してからも、大多数のソルドとかリラが〈リラ〉とか〈スクード〉という語で表現されるように、価格が不変で持続したことを我々に教えている。もし今日フランス政府とかサルデーニャ政府が、ムロンの理論を採用して、一スクードが、五リラではなく六リラに相当すると言ったとしたら、リラに釣り合わされて全価格が五分の一増加するのが分かるから、なおその布告を発しなかっただろう。ガリアーニが否定し、長い時間に徐々に起こそうと望む混乱 perturbazione はたちまち起こり、大量の商取引にその全負担をかけるだろう」（p.101.／…訳者による段落）と。

スタルド社 Salvator Castaldo からスペイン語で小冊子『ナポリ王国の貨幣に関する諸論考——その損害状況と起源、およびその損耗に対する解決策』(訳注7) を出版し、それから、この研究と別の『銀貨より商業に便利なために、まさに使用されようとする銅貨に関する論考』(注3) がまとめられた。本書は、浩瀚で選び抜かれた蔵書をご所有のサルノ Sarno 侯爵殿のご厚誼がそれを指摘してくださらなかったら、私は知らずじまいだったろう。それは、わが国の貨幣史への幾らかの有益な情報を含んでいるが、さらに私には、わが国へ〈ビロン〉貨を導入するためのブロッジャの思想と計画の大部分が、彼によって引用が示されなかったこの著者から採られたことを知るのに役立った。

XXX

当時生きていたすべての著述家は、それどころか、すべての人はと言っていい、誰であれ、銀行の破産とフランス自体を破滅させかねなかった無限量の紙幣を創造するというローの犯した誤りに気付いた。私は、この大天才の錯誤の原因がどのようなものであったかを言う著作者を今まで一人も知らなかったし、過ちを犯さないために創造されるべき予定銀行券量がどれほどでなければならないかを言う人もごく少なかった。だから、私はここで一つの注釈の限度内で可能な限り絞って、ごく手短に自説を述べたい。〈財務総監〉*controleur* ローが、彼が設立した銀行がすすむ目標だけが、フランス王国を立て直し、戦争の災害が流出させるに至った貨幣すべてを再流入させて、ある種の疲弊した国家にみられる製造業と商業が陥った衰弱を回復させるものであるとしたことは、これまで忘れられてはならなかった。ところで、どのような活動が銀行の基本であるかの問題を解決するためには、方法は容易であった。その絶頂期であった一六九八年のフランスにはどれだけ貨幣があったかが計算されねばならなかった（計算はむつかしくなかった）。すなわち、その額は五億リラ（リーヴル）と推定される。それから、どれだけ出て行ったのか計算すると、三億リラ（リーヴル）と推定される。だから、紙幣、すなわち、紙の貨幣で、流出貨幣が現存するものとして表示させることを保証する銀行は、三億リラ（リーヴル）あったらこと足りたのだ。平和の安らぎによる勤勉と取引の回復で、たまたま元の貨幣量が回復したので、これが紙幣分の弁済に役立っただろう。しかし、単に、繁栄期には流出した分の貨幣量を再流入させるだけではなく、さらに増やし、一六九八年にあった以上の貨幣量になったので、ローは、確信をもって、四億リラ（リーヴル）まで紙幣数を増やせた。一五年間の平和は、完全な回復のために十分に違いなかった。だから、この時に、年二、〇〇〇万リラ（リーヴル）で始めて、年々それを増やしながら、全紙幣の償還と実物貨幣へのそれらの兌換が行われねばならなかった。同様に、繁栄と短期間で紙幣 carta が貨幣へ確実に兌換できることが、つねにそれの受取りと流通を保証するので、紙幣はちっとも信用を失いはしなかっただろう。一五年後、その銀行は完全に廃止されねばならなかった。

（訳注7） *Tratado y discurso sobre la moneda de el Reyno de Napoles, su estado y origin de sus daños, y el remedio para su consumo.*

（注3） *Discurso en orden à que le moneda de vellon se disponga á modo de uso, por el qual sea mejor para los commercios que la moneda de plata,* 一六八七年にナポリで出版された。

誰でも、その種の銀行を永久に存続させねばならないと考えたなら、すでに回復した肉体に投薬し続けることが最悪の助言だということに気付いたろう。ローはこのことで誤りを犯した。すなわち、彼は、紙幣で国家債務すべてが返済できると信じたので、フランス王室の債務総計と同じ水準まで紙幣創造を行ったのだ。あれほどの大人物にしては、きわめて重大で許しがたい誤りである。なぜなら、ある事は、別の事に対して何にもならないからだし、国家債務すべてを弁済することは有益でもないし実現可能でもないからだ。最後に、それが首尾よくいったとしても、正義は、現在の実際価値も将来の可能価値もなんら代表しない紙幣の欺瞞によってではなく、実物貨幣によって弁済されることを求めるからだ。

XXXI

あらゆる専制的政府に対するモンテスキュー長官 presidente の嫌悪が彼の著作全部から透けて見える。彼が、どれほどありふれた言葉で意味を変え、フランスがそうであったというのではないが、現実の君主制に専制体制や独裁政治の名を与えて、自分が到来を求める混合政府、それから、ほとんど共和制的政府を君主制と呼んで隠そうとしても。彼は、君主制に対してはできるだけ告発を増やし、長所には沈黙し、君主の罪を君主制形態の内在的欠陥と混同し、いつも個別事例から一般原則を引き出そうとする。彼の精神に取り付かれて、他の高等法院のメンバーは、短年月でその旧来の必要な団体を完全な破滅に導いてしまった。つまり、こうして、その書『法の精神』は、彼が、良かれと思って書いたらしいフランスに最悪の災難を引き起こしたのだ。事実、統治術について書く人は、それらがかつてどうなっていたかを望むのではなく、現にどうなのかに言及しなければならない。

XXXII

この人は、弁護士ドン・カルロ・フランキ don Carlo Franchi（訳注1）（一六九八年〜一七六九年）で、その後、同時代の最も著名な弁護士としての名声をもって一七六九年に死去した。彼は、弁舌と著述で天賦の才能を与えられ、多様でえり抜きの博識で飾られた真に最良の才人であった。つまり、賛辞の仕上げをすれば、彼は、詭弁やこじつけに惑わされない精神を維持でき、正義と不正の観念を明確にできたほど十分に法律を熟知していた。〈きわめてまれなことだが、法律学では、彼は穏健派だった。（注1）〉彼は、ツェッキーノの重さの重大な不正行為で告発されたスピリト・サント Spirito Santo 銀行の出納係ガスパーレ・スタラーチェ Gaspare Starace の弁護で、貨幣とわが国の銀行について長々と弁論を展開し、一七四七年に二つの証言を公表した。

XXXII

（訳注1）『ナポリ等の起源、位置、領土論考』（*Dissertazione su l'origine, sito e territorio di Napoli etc..*, Napoli, s.m. e.,1754. 伊仏対訳版訳注、p.667,〔66〕）の著者。

（注1）*habuitque quod est difficillimum, in iuris sapientia modum.* 編者のイタリア語からの訳。

XXXIII

急速な開始の後、わが国で農業の進展と回復の流れをひどく遅らせたと見られた大原因となる障害について、私は、本書で二点指摘した。すなわち、首都で決定された重さと比較して諸地方で生じる重さの不釣り合いと共有の権利とか束縛に妨げられて国有地か封土の広大な面積の土地を十分耕作できないことを。私は、第三の最大原因を述べずにこれらの注釈を終わりたくない。本書を書いた青年期には、私はまだそれを認識しなかった。時間と経験がその認識を与えてくれたので、大方に納得してもらえない危険があっても私は黙っていられない。私は、災害の最大原因の中にフォッジャ Foggia の関税制度を数える。すなわち、それは、君主に四〇万ドゥカートの収入を生むから、衆愚には神聖で尊重されそうな制度である。だが賢人には馬鹿げて見える。二〇〇万ドゥカート与えられる土壌の拡張から四〇万ドゥカートしか集まらず、三〇万人を給養し豊かで幸せにできる一地方に一〇万人しか住まず、耕地より未耕地が、人の食物より家畜のそれが、定住生活より放浪生活が、家屋より麦わら貯蔵小屋が、家畜小屋の庇護より季節の不順が選ばれ、最後に、文明化されたヨーロッパには他の類例がなく、荒涼としたアフリカや粗野なタタールにだけある一種の野良仕事が守られるのがまさに分かるからだ。

XXXIV

貨幣の利得の正義と不正についてのこれらの自説を公表する時、私は、何らかの党派の批評家の側から大反対と酷評に会うのを、逆に、私と同意見の人々からの称賛と賛成に会うのを予期していた。しかし、驚いたことには、何の称賛も非難も起こらなかった。それで、私は、スコラ哲学者に気に入られるには、単に意見で彼らに合流するだけでなく、彼らが利用するのと同じ典拠から引き出された同種の論拠も利用しなければならないことを悟った。だから、（彼ら以外の……訳者）ある者によって数学の計算で論証されることになるどんな学派の真実であろうとも、彼らを狼狽させ、嫌気を起こさせ、不愉快にさせるだろう。それでもなお、私は（スコラ哲学者が何を言おうとしても）常にこのようになる全契約の正義の一般方程式をここで与えたと信じる。それは、どんなことが我々それぞれの実益の割合を変化させても、為替で我々に与えられるはずの等価物の総額を変化させるにちがいない。

XXXV

これらの言葉は、商業についてのベッローニ Gerolamo Belloni[注1]（?～一七六一年）侯爵の著書や商業に没頭した人による他の少なからぬ文書にすでに何度も引用されたブロッジャの著書を暗示する。それらすべては、為替の利益について国家にとってきわめて重要なことのように判断している。すなわち、君主の努力を自分たちのみみっちい投機と乏しい利益に集中させたがる人だけにふさわしい愚かな意見である。四つか五つの商店が大王国全域でおこなう為替に基づく儲けは、彼らのためにはかなりの富であるにせよ、王国のためには無に等しい。王国のためには、為替全体がもっとうまく操作されるよりも製造業のうち最も貧弱な製造業を奨励し、たとえば、ピンや粗末な布袋の輸出を行う方が得策だろう。

人体の脈拍からと同じく為替から常に忠実に指摘される混成体の政治的健康状態を推測するには、為替水準を監視することだけが政府には必要なのだ。

注釈Ⅸと注釈ⅩⅧへの追補

リッカルド・ダ・サン・ジェルマーノ Riccardo da San Germano は、その『年代記』で一二二一年一二月にブリンディジとメッシーナの造幣所でアウグスト金貨を打刻したと報告し、翌年それらに四分の一オンスの価値を付与したと報告している。こうして後に、わが国の著作者たちは、〈妻なら誰でも〉*Quicumque mulierem* の手続き書類を注釈した、ダッフリット d'Afflitto[注1]、スッモンテ Summonte[注2]、ヴェルガーラ Vergara[注3] のように、受け売りし、最後には、誰もがそうした。注釈Ⅸ（三九九―四〇一ページ）を印刷した時には、私も同意見であった。しかし、多くは名所の博物館にあり、多くは地下で見つけられて偶然巡り会ったために、心に何か疑念が生まれて、私はアウグスト金貨の重さを正確に測定したくなった。試金のために、私は保存状態が完全な一枚を選び抜いた。その一枚とは、それが沢山ある博物館で、ポテンツァの司教で、選り抜きの碩学、有徳の精神をもち、柔和で慎み深い人で、私の無二の親友でもあるカレザーティ Calesati（Alessandro Maria）猊下が所有するものであった。だが、私は、この貨幣がぴったり六トラペソ、五分の一オンスの重さがあり、混ぜ物はきわめて少ないが、銅ではなく銀の混ぜ物があるので、金貨につやがなく色あせていることを発見した。この測定によって、リッカルドの『年代記』には誤りがあると考えるに至った。年の決定でも、一二三二年と解釈すべきなのに、一二二二年にしてしまうほどにきわめて不正確なことが分かるので、恐らく原文もダメであることを私にますます納得させた。リッカルドの不正確な原文は、他の者全員を誤りに導いた。ラッフリット L'Afflitto は、カルリーノ金貨は一二六六年頃に打刻され始めたことに注意しないで、アウグスト金貨が一五カルリーノに評価されていたと言って、年代の錯誤をつけ加えた。フェデリコ二世の銀貨は、シチリアからナポリに運ばれて、なお我々に残っている言葉の〈タリーノ〉

IX・XVIIIへの追補

（注1） Matteo d'Afflitto（一四四八〜一五一四年）。とりわけ、『両シチリア王国を聖別する一般勅法についての特別講義』（*Singularis lecturasuper omnibus sacris constitutionibus Regnorum utriusque Sciliae*, Napoli, s.m.e.,1517.）の著者。（伊仏対訳版訳注、p.667,[68]）

（注2） Giovanni Antonio Summonte（一五五〇〜一六〇二年）『ナポリ市とナポリ王国の歴史』（*Historia della città e Regno di Napoli*, Napoli, 1575.）。（同、[69]）。

（注3） Cfr. p.185（一二三〇―一二ページ）.

XXXV

（注1） 『商業論』*Dissertazione del commercio*、ローマ、一七五〇年。銀行家で経済学者。ベネディクトス一四世の信任の厚い人。「A・カラッチョロ編のG・ベローニの再版著作集中に『未刊行文書と学術書《商業論》』、イタリア・リソルジメント史研究所（*Scritture inedite e dissertazione《Del commercio》*, a cura di A.Caracciolo, Roma, Istituto per la Storia del Risorgimento italiano, 1965.）」（伊仏対訳版編訳注、p.667,[67]）がある。なお、本書の翻訳状況については「訳者解説」六〇六―七ページ、及び注（66）を参照。

と呼ばれていた。ともあれ、私は、注釈XVIII（四二二―五ページ）の誤りを訂正し、アウグスト金貨は五分の一オンスだったとためらわずに言う。皇帝フェデリコが、最早五分の一オンスの重さがなくなったのに、それにこれほど途方もない内在価値を与え、それを五分の一オンスに評価したがったことは私にはあり得ないように思われるので。もし彼がそうしていたとしても、そんな根拠のない評価が、明確な事実に反して長い間支持されるはずもなかったろう。

一七八〇版の後記

寛大な人々と友人たちは、ここで新刊書に付き物の請われた賛同や賛辞の代わりに、誰にでもあるように、私にもある自己愛という自然衝動を許して下さるだろうから、私は、この作品が誕生の際に甘受した長い間世に知られなかった境遇に、それだけに何にもまして私に価値のある賛辞を添える。わが国を堂々と統治されているカルロス国王に、私は、本書を出来しだい捧げたいと切望していたけれども、なんとしても自分の名を伏せたかったので、その献呈が、出版業者ライモンディの名になったことを君主にご寛恕願う必要があったことを弁《わきま》えねばならない。そのライモンディは、増刷を避けるために、同時に新刊書に認められる普通の特典を要望した。最初の要望は風変りで大胆なように思われた。そのため、君主の管轄権を委託されていたニコラ・フラッジャンニ Nicola Fraggianni 侯爵にそのような献呈を受け入れるべきかどうか君主からご下問があってから、君主から彼にその要望に対する好意的なお気持ちが伝えられた。著者が誰かまったく分からなかった時分にその作品の評価が下されたけれども、自宅できわめて頻繁に会っていたごく若い当のガリアーニだったとは、彼には夢想だにできなかった。この情報は、管轄区の古文書館に人知れず隠されていて、そこの管理者のドン・ジュゼッペ・カルッリ殿 Don Giuseppe Carulli のご厚意によって、近年やっと私に教えられた。彼は、変わらずに尊敬するに足り、常に思い出すに値する今は亡き行政官の弟子にふさわしい。その代表者は、次のように述べている。（以下、伊仏対訳版はイタリック体）

陛下に対し、出版業者ライモンディなる者が、印刷し献呈することを求める『貨幣論』なる作品についての拙《つたな》い愚見を事実にもとづいて謹んで奉るために、私は、その至高の命令を考慮して、最高礼拝堂つき主任司祭cappellan maggiore（チェレスティーノ・ガリアーニ）の命令により、それらの研究についてある大学教授（ダンブロジオD'Ambrosio）によって作成を命じられた抜粋には満足できず、たとえ印刷が終わっていなくても、それについて自分で調べたいと存じました。私は、それを見つけて大喜び致しました。その方法、その考えの正確さと繊細さ、その言い回しの明晰さと上品さを愛好する者なら誰でも、私は同じように喜ぶだろうと存じます。対象となる貨幣問題は、多くの外国の著作者のペンで叙述されました。しかし、私は、その誰もがわが匿名氏ほど光りを投げかけた者はいないと、敢えて申し上げます。少なくとも、わが同胞の著作者のなかで、彼は、単にこの主題の歴史だけでなく、もっと重要なことを、その実際、つまり、わが国の特殊な貨幣にも適用される実際全体をも扱っていて、これまでにその的を射た唯一の人であります。これらのきわめて有益な教訓の明晰さと共に、政治算術の予測によって、それ以上に経験によって何度も確証したので、彼は、これまできわめて解決困難だった諸問題を理解し易くしました。すなわち、わが国の内外のあらゆる種類の貨幣流通、それらの貨幣の増減、最高・最低利子、そして、貨幣の効率的な流通とわが国の造幣所の控え目な営業を検討するだけでなく、すべての問題を規制することを。

一言で申し上げれば、この作品は、彼の整然とした配置で確固とした原理と至極思慮深い金言に満ちております。いくら貨幣問題が無味乾燥で扱いにくいとしても、政治の形而上学と見なされるやり方でも、わが著者は、嫌気を起す雰囲気を払いのけ、実り多いと同時に人の気を引きつける目的から決して外れずに、適宜な逸脱とともに例示にも変化をつけ知識を広げ得ております。つまり、多くの有益なメダルで飾られなかったとしても、少なくとも、一試金として、国家にとりこの最も重要な主題でもてる才能を発揮すべく、国民に満ちている他の優れた才知への糸口や刺激として役立つことでありましょう。
確かに、この分野では、今までにナポリでこれほど完全な学術書は出版されませんでした。結局、彼は祖国の期待に応え、科学や美術に活力を与えて、その輝かしい配慮をになう文芸守護者アウグストゥスのもと、わが国で人文学の至上権を生ましめた新たな水準の尊厳のそねみを外国人たちに引き起こすことでありましょう。
であリますゆえに、陛下が、別命を与えられることなく出版を許可し、タイトルページにかのアウグストゥスの名を帯びる名誉をもお与えになることが得策かと存じます。著者は謙譲にもつねに名を伏しておりますゆえ、出版業者から献呈状をお受けになるのがお嫌でないのなら。
さらに、その作品の希少性と洗練が、利をむさぼる他の出版業者に新版を出す気を起こさせますので、被ることになる損害から立派な著者を保護するために、一部一〇カルリーノとかように価格を決定し、陛下のご寛恕が出版業者に一〇年の専売権の恩恵を授けられますように。
陛下に
一七五一年八月一六日付け、ナポリ
ニコラ・フラッジャンニ(訳注1)

君主は、サンタ・キアーラ Santa Chiara の王室議会に向けられた八月二八日の公文書によって上述の会議に応ぜられる。(訳注2)

（訳注1）　ここにはニコラ・フラッジャンニだけの署名があるが、ラッファエーレ・イオヴィーネによると、この文章はフラッジャンニの友人で有能な弁護士、ジュゼッペ・ディ・レッチェ Giuseppe Di Lecce も関わっている。むしろ、イオヴィーネは、実質的な筆者はディ・レッチェではないかと言う。同年八月一日に意見書を書く命令を受けたフラッジャンニは、ディ・レッチェに意見書の記述を依頼した。急を要するため、後者は『貨幣論』の第二編まで読んだだけで二週間あまりで意見書を書き、前者が上述の文章に署名したと断定する。さらに、イオヴィーネは、両者とも意見書を提出した後に『貨幣論』の著者を知ったと言う。Raffaele Iovine, "Il trattato《Della Moneta》di Ferdinando Galiani" in: Frontiera d'Europa società · economia · istituzione · dritto del Mezzogiorno d'Italia, *Rivista storica semestrale* 1999 n.1, pp.223–7.

（訳注2）「フラッジャンニが〈意見書〉*consulta* に署名した後、若い君主はサンタ・キアーラの王室会議に向けられた八月二八日の公文書で、その出版者の献呈を承認し、彼に一〇年間の〈版権〉*jus prohibendi* を授与し」、「九月一〇日この作品は〈出版可〉*Imprimatur* の書に登録された」。*ibid.*, pp.229–30.

以下の史料は、A・メローラが自ら Feltrinelli（二版準拠）版に収録した六点の史料である。読者諸兄の便宜のために、同版のページ数を示しておく。

（XXXIX.）「ガリアーニの著作の注釈を統一するために、時には独自の価値を維持していて、少なくとも一部は、一七八〇年版への注釈で著者自身によって言及されている幾つかの未刊行史料を付録として公表することがうまい具合にに考えられた。その中でも最初の三点が、ガリアーニが、どのように予め仕上げられた試論とメモを自分の学術書の作成に役立てたか、どのように幾つかの文節が、これらの文書から主著（『貨幣論』）に再録され、時おりほとんど文字通り挿入されたかを証明する。それらの未刊行文書は、ナポリ祖国史協会の図書館にすべて保存されていた。その館長であるアルフレード・パレンテ教授 prof. Alfredo Parente が、図書館に頻繁に出入りし、手稿を再現する許可を与えてくださったことに、我々はこの場を借りて感謝する」（A・メローラ）。

以下、〈史料〉の次にある「…」（史料 II. 以下は全部 XLI.）内の文章はA・メローラの解題文。解題文はメローラ版では全〈史料〉冒頭にまとめて書かれているが、訳書では各〈史料〉に該当する解題文を各々の冒頭に掲げた。

〈史料Ⅰ〉

（XXXIX.）「第一の未刊行文書は、完成論文になる長さだし、ガリアーニによって後に『貨幣論』諸編で取り扱われる問題への言及の量からして、他の文書よりも重要である。少し以前にナポリのアンジュー家の城にあるガリアーニ文庫に保存されていた貴重な手稿の中からそれが発見されるや否や、五一年の「学術書」の現行版の読者は、その由来と後続する多くの叙述の評価のために、まさに経済学的・貨幣論的にも、歴史叙述的・哲学的にも、なお未知のこれらのページを心に留めるチャンスを直ちに得たようだ。（XL.）その比較対照は、特に古典古代での貨幣表象の使用の端緒の問題に戻る現行版の二五ページの随所（訳書〈貨幣の由来〉一六―八ページ）にあるそれらの命題によっていかに興味深くなるかはほとんど予告しなくてもいい。

この手稿が出版される明白な利益は、ファウスト・ニコリーニによって引き出された。彼は、なお現行版以前に、雑誌の要約でそれについて話しその出版物の編集をしなければならなかった。だから、彼が我々に求めたように、彼によって用意され、テキストと照合され、注釈を施されたような試論のテキストを出版する困難は、今我々にはない。さらに進んで、彼の望みに応じて、ここで我々は、ニコリーニが自分の出版物に書いた序文のテキストを本文どおりに引用しよう。彼は序文で以下のように言っている。

すなわち、『古典学術書『貨幣論』―確かに一七五一年に出版されたが、ガリアーニが一七四四年か四五年以来手がけ始めていた学術書―第一章で、その著者は、貨幣の遠い昔の起源を論じて、とりわけ、以下の二点の細部を浮き彫りにしようとする。

(a)トロイ戦争時以降、ギリシャとトロイの間になお打刻されていず、それほど多いとは言えない分量でだが、金の貨幣と銅の貨幣（それに対して銀の貨幣はなかった）が流通した。それらの価値は時おり重さで計られただろう。

(b)「生け贄」ecatombeという言葉は、起源では実際に語源の一〇〇頭の牡牛の犠牲を表していた。だが、すでに戦争時には、その言葉は牡牛だけではなく、大雑把に時には羊や山羊にも（かなり少数の）どんな数であろうとも生け贄を意味した。後にガリアーニはこの第二命題を支持するホメロスの二つの文章を、若年期の学術書（『貨幣論』初版）に一七八〇年（二版）に追補した注釈V（本文三九四―六ページ）に添えた。彼自身が、その点に関する他の多くの議論を〈ホメロスの詩に由来するトロイ戦争時の貨幣の状態〉に関する論稿でまとめたことも付け加えて（ニコリーニ版、バーリBari、1915, pp. 316・7.）。一七四八年にナポリのエムリ・アカデミーAccademia napolitano degli Emuliで朗読されたけれども、（ガリアーニは）会員中でも当時まだ二〇歳の無気力どころか闊達な神父ではあったが、そのような論稿は著者自身にも実際に〈未熟すぎる作品〉と思われたので、未刊のままにされた。だが、彼は、それが貴重で〈不滅のマッツォッキMazzocchi（注釈Vの訳注2）が手にするだけの価値があるとみなす註解postilla〉に多少でも愛着をおぼえる限り、その論稿を文書中に保存しておこうと考えたのだ。

実際その論稿は今ナポリ史祖国協会に保存されていて、ガリアーニの手稿の中に見出される（XXX. A9, ff. 155a–182bと記された種々雑多な手稿本）。だが、手稿に多かれ少なかれはっきりマッツォッキの記した書き込みがあると信じてはならない。文章の出来も非常に未熟で恐ろしく解釈しにくい実にはっきりしない自筆の手稿でしかないし、行間の無数の追補となお多くのしばしば非常に長い欄外の追補も、どこに挿入するのか指示する適切なしるしがまったくないし、その上欄外の追補は、ひどく込み入っていてテキストに密接している。(XLI) つまり、ガリアーニが筆写した多くのホメロスの文章を、才気や強調がほぼ皆無なことと幾つかの文字の不明瞭といっていい無思慮と比較照合する必要が無視されれば、それですべて終わってしまう。』

だから、一九六一年一一月三〇日付けナポリというファウスト・ニコリーニの序文は、やはり文字通り以下のように結論する。『このすべてが、彼の未熟さ、スコラ的教条、恐らく幾分推量し過ぎの無鉄砲さを度外視すれば、そこかしこに独創的に先駆的な考察を示しているこのガリアーニの未刊行文書を出版する気を私になくさせた。けれども、リンチェイ・アカデミー Academia dei Lincei（一六〇三年創設）に最初に提出された古典的論文で、故ルイージ・エイナウディがその書が経済学史上でどれほど傑出した地位を占めるかを証明してから、今や一新されたそれにふさわしい幸運が『貨幣論』に微笑んだ。そのために、その準備作業をもっと深く知りたい欲求が、経済学者間で増していくのと同時に、私が前述した論稿を世に出そうと決心する緊急性はいっそう強まった。私は、自分が若いどころではないのに、友人のヴィンチェンツォ・チレント Vincenzo Cilento に助けてもらって、角括弧の間に不備を完備し引用を訂正して、ホメロスの文章を台無しにする多くの誤りを訂正して、幾つかの短い脚注を付け加えることにした。』」

(351)〈トロイ戦争時の貨幣の状態に関して(注1)〉

私には、トロイ戦争時に、どんな種類の貨幣もギリシャ人の間で使用されていなかったと考える人々の誤りを見過ごしてもいいかどうか分からない。すなわち、確かに、貨幣についてホメロスやヘシオドスによってなされた稀で曖昧な言及に注意が払われるのかどうか、ホメロスが使用したもので価格をつける方法が考えられるのかどうか、ギリシャ時代の慣習と現代のそれとが比較できるかどうか、そのために最大の差異を検討するのかどうか、最後に、単に他の諸国民のそれらと違っているだけでなく、それどころか、後代のギリシャ自体の著作者ともきわめて異なっている古代ギリシャの著作者の言語や表現を十分理解し遂げることはひどく困難だと考えられるのかどうか分からない。つまり、私は、もしこれらすべてが当然のこととして検討されても、誤りの同情や弁明でしかないように思われるだろうと言うのだ。しかし、それに対して、すべての碩学がホメロスの著書から引き出す令名、美、快楽、最高の利益に注目する人は、これらの著書が、そこに秘蔵された宝物がごくわずかしか知られていず、それほど読まれず、援用されてもいないことをどうしても見逃すわけにはいかないだろう。つまり、碩学の名にあこがれる大部分の人々は互いに模倣しあうだけで、絶えずホメロスを引用しながらも、決して根気も詮索癖ももたないのだ。私とてすでにそれらすべてを読んだと言うのではなく、少なくとも、それらの箇所や他の箇所を信用して敢えて引用する威信を出典で比較し研究すると言うのである。(ホメロスの著書が限りなく援用されることになる) 貨幣使用の古さの問題では、多くの碩学が、トロイ戦争時にはまだ使用されていなかったことを証明するために、『イリアス』の第六・七書のいつもの箇所にしか言及していないと、彼らは、ホメロスの泉ではなく遠くの小川で水を飲み利用したのだと、つまり、意味や重要性を理解せずにそれらに言及したのだと一体誰が考えただろう。(352)だが、ホメロスもやはりこんなふうな扱いなのだ。碩学陣の中で確かに侮りがたいオーギュステン・カルメ神父 **Agostino Calmet**（注2）が、彼の『聖書注釈』への序説の論考『古代貨幣の刻印について』*De antiquitate monetae signatae* で、このことについてどのように語っているかをどうかお聞き願いたい。「トロイ戦争時には、ギリシャではどんな貨幣も使用されなかった。もっと後で時代の花を咲かせるホメロスとヘシオドスでも、牡牛とか牡羊の財産評価によって財産の価値を表現しているけれども、金貨、銀貨をめぐる言及はない。金持ちの財産税は、羊の数を基に計られる。牧草や金属が豊富にある地域が豊饒と言われる（注3）」。この根拠は、カルメがホメロスをまったく読んでいず、現代の文学事典に従って、[『学説彙纂』*Digesto*, XVIII, 1, 1.]

補足史料I

（注1） すでに〈テキストへの注釈〉で述べられたように、我々は（感謝にたえない）ナポリ銀行の懇切な認可により、すでにファウスト・ニコリーニによって準備されていた未刊行の論考の校訂版を先取りした。それは、ニコリーニによって配置され、ギリシャ語やラテン語の章句の説明とか幾つかの術語の解明に対応する何ほどかが付け加えられた注釈とともに、ナポリ銀行の傑出した研究所が出版する『ナポリ銀行歴史資料公報』*Bollettino dell'archivio storico del Banco di Napoli* でじきに陽の目を見るだろう。

（注2） Calmet, Augustin（一六七二〜一七五七年）。碩学、『聖書注釈者』。『全旧・新約聖書の文献学的解釈』（*Commentaire litteral sur tous les livresdel'Ancien et du Nouveau Testament*, パリ、一七〇七〜一六年）の著者。

第六・七書の「購買契約について」*De contrahenda emptione* の第一原則で、パウロによって、及び他の多くの人によってすでに引用された二つの俗語しかこれらに関してホメロスの原典を見なかったのに、逆に、この神父が自分の博識に満ちた『注釈』で証明した浩瀚な読書がそのほとんど普遍的な該博ぶりを我々に証明しかったなら、彼が（ホメロスを）引用していることをもちろん十分に納得させる。やはり、博識者とても、常に問題のすべてを同じ気配りで徹底的に検討していないことを告白せざるを得ないように。つまり、このカルメの見解も、彼によって少なからず見境なく模倣されているのだ。その三文文士 volgo dei letterati が俗悪な法律家連中とはずいぶん違うと考えてやる必要もない。だから、トロイ戦争時に貨幣が使用されていなかったことをめぐって、そうだと信じた人々によって、どれだけがホメロスに書いてあると考えられていたかここで十分言及できたろう。さらに、ホメロスの、当時の貨幣状態の証明の真意を解き明かせただろう。

ホメロスから引き出される根拠のすべては、私見では、これらすべてが本人によって引用されたとしても、多くを自分自身が（再）構成したのだ。私は、単に対立する根拠だけでなく、対立し得るすべての根拠にも先手を打たねばならない。

第一に、金銀の極度の乏しさ、すなわち、希少性が対立する。それらについては、当時王や大領主が、現代の君主が今多数の宝石を利用するのとほとんど同じ仕方で利用していたほど乏しかったことが知られる。だから、銀の弓を支える〈銀製の〉ἀργυρότοξος シンボルが、その時代の祭司によってアポロンに非常に豊富に捧げられるのが見られる。こんなふうに、アキレウスの剣の握りも銀製であった。『オデュッセイア』では、ユリシーズの華麗なベッドには銀の象眼とか斑点が施されていた。それから、他のきわめて多くの場所には、大王の家具や衣装にだけ現在のように卑《ママ》 vile（貴）金属が利用されているのが見られる。(353) 金の評価は何ものにも劣らない。こうして、ホメロスが第一書［『イリアス』の二四五行他 sgg.］に多くの章句を使うアキレウスの権杖は、かなり長い叙述と歴史を織りなすので、〈金の鋲を打った縞模様の〉(注4) χρυσείοις ἥλοισι πεπαρμένον 木材でできていた。第二書［四五行］にあるアガメムノンの剣の握りには銀の小鋲 ξίφος ἀργυρόηλον の飾りが付いていた。第三書［三三一行］には、すね当ての小さい留め金だけが銀、それから剣も銀製 ἀργυρόηλον で、パリスの甲冑はすべて銅だったと説明されている。これらのことすべては、現代の一詩人によって宝石がちりばめられていたことにされてしまった。同じように、ヘクトルの槍は、第六書［三二〇行］では銅の先端に金の小さな輪がついているだけだった。第一〇書［〈現行の〉*corr.*：第一一書、六三二―五行］に非常にこと細かに叙述されたパトロクロス［〈現行の〉ネストール］の有名なカップは、わずかに釘状の金、壺の飲み口を象《かたど》った縁の辺りに八つの金の鳩型しか付いていなかった。そして、最後に『オデュッセイア』第八書［四〇一―四〇四行］に、エウリュアロス Eurialo は、アルキノオス王 Alcinoo の命令によって、口頭で侮辱されたユリシーズを宥めなければならず、ホメロスの言うところでは、きわめて価値のある剣を彼に贈った。その剣は、それにもかかわらず、〈銀製の〉握り以外はすべて銅製だった。それらの小鋲は、当時は常用され、今我々がありがたがる価値をもっていたようである。だがしかし、それら

（注3）原文ラテン語、〈編者の――以下、同〉イタリア語訳に準拠。

（注4）原文ギリシャ語、〈ガリアーニの――以下、同〉ラテン語訳。イタリア語訳に準拠。

については、私が知るかぎりでは、ホメロスに何の記録もないし、かつて常用されたのかも知られていない。数限りない他の権威たちも、ここでは今までまったく同様に引用されたこれらに判断を委ねるのだろう。しかし、そのために新たなことに言及するよりむしろ、もしこれらが後に私見の支持に役立たないようなら、恐らく今までに引用されたことは余計だったように思われる。

さて、まさにこの希少さは、物々交換と手厚いもてなし（厚遇）が必要になるほど頻繁に明らかになることであった。恐らく一見して幾分は問題含みであるように思われるこれら二つの提案を明確にするためには、我々の目的から遠く離れていないこの論点を幾分さらに敷衍することが許されよう。

金、銀、銅を人間のために貨幣に役立てるには、それらが、一定量存在すること、すなわち、乏し過ぎもせずあり過ぎもしないことが必要である。こうして、たとえば、もし銅について、世界に石とほとんど同じ量だけあったとしたら、何の価格も貨幣のための何の利用もありえないだろう。つまり、現在量の二〇倍以上の量があったならば、我々には用途よりも困惑の種になるだろう。すなわち、三グラーノか四グラーノの食品を買うために、その場合には、嵩によっても重さによっても手間がかかりすぎる現在の七〇か八〇グラーノに相当する量の銅を持ってくることが求められよう。つまり、どんなつまらないものを買うためにも、支払いのためにラバいっぱいの負担を背負わねばなるまい。この厄介を、ローマ人やスパルタ人が彼らの共和国の初期に実際に苦しんだ史実が我々に語ってくれる。だが逆に、あまり乏しすぎても、これらの金属のどんな取引にも等しく無意味になるだろう。(354) こうして、たとえば、もし金が現在あるよりも二〇倍以上希少だったら、その場合には、人は今一ツェッキーノで買えるものが、二〇分の一以下の貨幣で買えるはずだと思わないか。そのように金が少なすぎても、貨幣はきわめて容易に消え失せ消耗するだろう。第二に、金は、当時重大な損失なしには取り扱えなかっただろう。なぜなら、目下取り扱われていて、現在の三か四グラーノに相当するアチーノが容易に消耗するように、当時どんなわずかな摩擦によっても現在の六か八カルリーノに等しい量が摩滅しただろう。第三に、それでは大財宝でも小箱にしまえたし、結局、盗まれただろう。それによって、誰もが自ら容易に理解できるように、他の無数の不便が後に続いただろう。さて、もしトロイの包囲時にホメロスによって描かれたほど金銀が希少だったら、人々はそれらを貨幣としてまったく利用しなかったか、利用したとしても利益としてどころか困惑の種、つまり、ほとんど物々交換に類するひどい厄介物として受け取ったことだろう。だから、物々交換の不便に対する救済手段である貨幣は少しも使用されなかっただろう。

さらに、手厚いもてなしは、そこに貨幣がないことの必然的結果だから、それは貨幣を使用しない国民すべてではすばらしいことに違いないが、一国民で貨幣が豊富になり始めるや否や、目に見えてなくなっていくはずだという私が先に進めた別の主題についてよく考えれば、このことはもう奇妙には思えまい。私は、手厚いもてなしについて、人々が外国人を慇懃かつ友愛的に饗応する美徳とも理解しておらず、あるじが自分たちにつながりをもつ古代人の間で一種の姻戚関係にある外国人を饗応する慣習だと理解しているだけだ。そのような慣習について、我々は名残すら保存していないが。この古代の儀式については、『オデュッセイア』第三書に記された彼の（領地）ピュロス Pilo でネストール Nestore によってテーレマコス Telemaco になされた饗応、同書第一一書のアルキノオスによってユリシーズに、および第四書にスパルタでメネラオス Menelao（スパルタ王、アガメムノンの弟、ヘレネの夫）によってなされた饗応、最後に、グラウコス Glauco とディオメーデース Diomede が、『イリアス』の第六書で、および『オデュッセイア』の第一五書で、彼ら［ネストールの息子、ペイシストラトス Pisistrato とテーレマコス］の間で言及している饗応に十分明瞭な叙述が見られる。つまり、実際に、貨幣の総体的不足が仮定されても、物々交換はいつでもできるとは限らなかったのだから、旅行は不可能だっただろうし、少なくとも極度に危険で不快だったろう。なぜなら、たとえば、もしテーレマコスが、自分の旅費を支払うために、生活必需品と交換するワインを背負っていって、きわめて豊富にこの酒がある国に容易にたどり着けたとする。だが、そこではワインと交換する人はまったく見つからない。そして、よくても、ごく短い日数しか食いつなげない僅かな物としか交換してもらえなくなる。貨幣不足の必然的帰結として宿泊所に泊まれないことも当然付け加わる。だから、宿泊所については、ホメロスには、私の知るかぎり何の言及もない。したがって、古代人たちは、旅行をし易くするために、ほとんどの客の間に血縁のきずなを導き入れ、外国人を饗応する慈愛と危害が加えられず物が盗まれないように注意することを彼らの地域の本質的な点にし始めたのだ。すなわち、他の国民すべても、何かの不便とか骨折りを償うために見つけ出された諸制度をそれら諸地域の尊厳や敬意をになう慣習として認めたのだ。(355) 若干の俗事に認められる破門などもそうであるように、戦闘的宗教（注5）がこのことの明白な例である。つまり、許可証とか粉砕された貨幣などのように偽造できない〈心付け〉ξενία といわれる幾らかのささやかな相互的贈与や幾つかの符丁によって、双方の客の各々か彼らの子孫がたまたま旅行するのに応じて、彼らの家では同じようにして絶えず相互的に饗応しなければならないという沈黙の義務によって、客の間に協定が結ばれることになると考えられる。それから、この協約は民の法で適法だと認められもせず、世俗の罰則によって実施を教示されもしないのに、彼らの保護のために見守ることは、いわば〈客を厚遇すること〉ξένιος, *hospitalis* だから、他の神々に加えてユピテル Giove（ギリシャ神話のゼウス Zeus にあたる）自身も指名して、宗教によって異論の余地なく神聖不可侵にする通常の解決法に訴えるほかなかった。客の間の血縁は、ほとんど、彼らが、たとえ敵方の違う君主に仕えていたとしても、グラウコス Glauco とディオメーデース Diomeden の事件から分かるように、互いに争えないように決定された。平等の報償というこの安全な約束は、当時、貨幣はなしで支払い（注6）argomento の代りになった。しかし、貨幣と共に、旅行の頻度も距離も増えた現在、この慣習は不可能なくらい不都合になった。つまり、宿泊所に一切泊まらず、宿泊せざるを得ないいずれかの家の人々すべてと手厚いもてなしの契約をし、その家にまったく均等の義務をすべて背負《しょ》い込むことは、ドイツ、イタリア、フランス全域を周遊するイギリスの騎士に、ありがたく得になるのだろうか。それに、いったいどうして多くの名や多くの家族を覚え、多くの符丁を識別し、多くのとっさの贈物を持つことが、つまり、宿泊所に少額の支払をするより他の無数の厄介事の方が利益になるのか。だがそうは言っても、もしトロイ戦争［時］にそれほど頻繁に手厚いもてなしがあったのなら、なおそこでは貨幣の使用はなかったと言わねばならない。

（注5）「（テンプル騎士団の、看護修道会員の）騎士階級の意味で」（ニコリーニ）。

（注6）「自筆分では argomento になっているが、〈支払い〉'pagamento' の〈ミス〉だろう」（ニコリーニ）。

貨幣の記憶と当然出会うはずのまさにそれらの箇所で、貨幣がまったく見過ごされている最も考慮すべき全根拠のうち、今別の根拠が生じる。こうして、『イリアス』の第一書［一三行］に、祭司クリューセースが、貨幣については何の言及もないのに、自分と共に〈値の付けられない贈り物〉ἀπερείσι' ἄποινα を運んで、娘を身請けしにいくことが聞かれる。それから、『イリアス』の多くの箇所で、ギリシャの将軍たちが、貨幣ではまったくなく、傑出した馬とか武器、最後は男女の奴隷たち以外の褒美を略奪品や獲物として持ち帰らなかったことが読まれる。このことは、アガメムノンとアキレウスについて第一書で語られ、ネストールとパトロクロスについても多くの箇所で言及されることからはっきり分かる。第二に、『オデュッセイア』の第二書では、テーレマコスが、ネストールに自分の父のニュースを聞きにピュロスに行かねばならないのに、そのために金は一切持たず、食べ物しか用意していない。(356) これがホメロスの独自の立場である。テーレマコスが自分の奴隷に語る。

「さあばあや、どうかお酒を、いくつもの両耳瓶《アンピボレウス》に注ぎ込んでくれ、甘いのをだよ、まあお前が大切《だいじ》にいつも除《の》けとく、その次のでいい、あのふしあわせな方のためだもの、いつかはゼウスの裔のオデュッセウスが、死の運命を遁れおおせて、帰って来ようか、とて（取り除けておくのだから）。それを一二の瓶いっぱいに入れ、みなしっかり蓋をしてくれ」(注7)（『オデュッセイア』第二書、三四九―五三行。呉茂一訳［以下、邦訳］（上）、岩波文庫［以下、略］、五九ページ）。

一二瓶《かめ》の良いワインと（樽はかなり後に作り始められたので、当時我々の皮袋のように獣皮でできた）一二袋の小麦粉、これらが、当時の王の息子たちが、長旅に備えた蓄えであった。これらについては最高権威に委ねていいだろう。これらについて、私は、プリニウスによって第三三書第一章に、次に、法学者パウロによって、彼の「購買契約について」*De contrahenda emptione* の第一原則で、最後に、トリボニアヌスによって、彼の『法学提要』の第三書第二四章、「購買と売却について」*De emptione et venditione*［第二節］に引用された一節のように、すべてのうちで最も著名な一節をよろこんで選ぶ。ところが、そのような名誉にかけて、まさにカルメのように、博識の最高の当事者が［それを］引用した。これが、彼が第七書の終わりでしている引用全部だ。そこはふつうこのように解釈されている。

「折ふしレームノス島から、葡萄酒《さけ》を運んで来た船が、浜にかかった、…頭髪を長く垂らしたアカイア人《びと》らは、酒をとって来た、ある者どもは青銅に換《か》え、あるいは輝く鉄《くろがね》に換え、あるいはまた牛の皮に、あるいは生身《なまみ》の牛そのものに、他の者どもは奴婢《やつこ》に換えて」[注8]（『イリアス』第七書、四六七―七二行。呉茂一訳［以下、邦訳］（中）、岩波文庫［以下、略］、三八―三九ページ）。

今この一節から、当時、貨幣はなくすべて物々交換されていたことの証明が強く主張される。

第五に、ホメロスでは、〈まさに〈モーゼの五書〉*Pentateuco* で家父長がするように〉何か富が数え上げられる

（注7）原文ギリシャ語、ラテン語訳。イタリア語訳参照、邦訳に準拠。

（注8）同。

時には、とにかく貨幣ではなく家畜や彼が所有する土地にだけ言及される。(357) こうして、たとえば、ホメロスの言い分によると、二〇人の金持ちの分を一緒にまとめたものに等しいユリシーズの富も、以下のように考えるほかない。

「本土にゃ二〇（メローラ訳では一二、357, n.9）の牛の群がある、同じ数ほどの羊の群と、同じ数ほどの豚の集団、同じ数ほどの山羊どもの群が散らばっているのを、余所者《よそもの》やまたお家の牧人たちが飼うてる」(注9)（『オデュッセイア』第一四書、一〇〇―〇二行、邦訳（中）四〇ページ）。

さらに、詩人の語りに従えば、子羊の数は、各々から毎朝ユリシーズにもたらされる家畜の群で生まれたのと同数だった。ここで、王の資産がそんなに小額からなり、それ以上あると記憶されているのを聞かなくても、領民によって支払われる税金についてどこにも書かれていなくても驚くに当たらない。慣習の違いと非常に多い言葉の錯覚が、このあらぬ驚きを引き起こすのかも知れない。

（他のほとんどすべての言葉と同じく）「王」"re" という言葉は、あたかも同種の人物を意味するかのように使用されても、きわめて違った意味になる。それだから、私の口でとルッジェーロ・ノルマーノ **Ruggiero I il Normanno**（一〇九三年～一一五四年。一一三〇年からシチリア王）の時代に生きたわがナポリ人の口では、その言葉は非常に違って響く。「王」という言葉に結びついている支配力、富、権威の度合いの観念はきわめて異なっていてさまざまである。言葉の真の意味は、多くの人との会話に他ならない辞書とか書を読むことからではなく、もし可能なら、言語や武勲を知ろうとする国民と話すことから引き出されねばならない。こうしてホメロスを完全に理解した人は、κήρυξというギリシャ語の意味と価値を説明しようとすれば、決して「布告役人」banditoreではなく、「ラッパ手」trombettaとか「鼓手」tamburrinoという語でうまく訳すだろう。なぜなら、当時ギリシャ人たちは、軍隊でラッパや太鼓を使わなくても、我々が言いたい布告役人とか〈ふれ役〉*praecones*という言葉ではなく、κήρυκεςというこれらの言葉を口頭で使っているから。こうして同様に、私はフランス語で「ルワ」roiで説明された辞書に英語の「キング」kingという言葉を見出すからではなく、これら両国民が、「キング」と「ルワ」という言葉で、同じことを理解していると考えざるを得ない。ああ、これらの言葉がこれら二国民に掻きたてる観念はなんと違っていることか。一方は、「ルワ」で、彼の全臣民の生命と全財産の絶対的支配者たる一人物と理解している。この支配者は、自己の力量しだいで戦争し和議を結び休戦し、彼の気の向くままに禁止し許可する。だが、他方は、「キング」という言葉で、共同体の首長、二つの議会の背後の第三権力、下院から、軍隊と同じく彼も報酬の支払いを受ける軍隊の総指揮官と理解している。(358) この支配者も、戦争を引き起こしたり和議を結んだりするが、戦時課税もせず、議会に負担を命じもしない。だから、法に従って、監督教会に属し、精神面でも宗教の首長である。これらの観念が、彼らの間でどれほど違いほとんど対立していることを理解しない人がいるだろうか。それでも、ホメロスの「王」Βασιλεὺςと我々の「王」reという言葉の間の違いはもっと大きい。ホメロスの「王」は、かなり狭い地域の裁判官を指すにすぎず、「上長」ἄναξ ἀνδρῶνという言葉は隊長以上の意味

(注9) 原文ギリシャ語、ラテン語訳。イタリア語訳参照、邦訳に準拠。

はない。この事実は、ホメロスからと同じく、彼の同時代人であるヘシオドスからも明らかである。ヘシオドスは、その作品『仕事と日々』（Ἔργα καὶ ἡμέραι）〔二五節〕で、父方の財産分割をめぐって争った訴訟で弟のペルシウス Persa に話しながら、「贈与者」δωροφάγες, "donivoros" という丁重な添え名を与えて裁判官たちを「王」（βασιλῆας）と呼んでいる。だから、他所では、これらの王は、他の君主とか上長を自分の上に戴《いただ》かない我々の王にはたとえられない。まさにそれを言うかぎり、サン・マリノ共和国と破壊されたローマ支配に似ていると言っていい。きわめて博学のジャン・ルクレール Jean Leclerc[注10] も、王への彼の注釈と『パルラシアーナ』*Parrhasiana* で認めるように、両方とも共和国の名をもっているから。つまり、これらの王についてもっと明確な観念を得るために、我々は、アブラハム Abramo（古代ヘブライ民族の始祖）、イサク Isacco（アブラハムの息子）、アビメルク Abimelech（ペリシテ人 Filistei の王）、メルキゼデク Melchisedech（カナーン人 cananeo の王）や『聖書』に出てくる他の人々にかなりうまく準《なぞら》えることができる。それによって、当時、領民たちが、戦時に提供する個人的奉仕と、恐らくこの村落内の家畜群の世話をする平時の何か別の奉仕に加えて、その地の最も裕福な家族であり、自己の財産で生活する裁判官たちに何も支払わないか簡素な進物で支払いに替えていたことが分かる。

この観念が一度心中に定まると、アルキノオス王 Alcinoo の娘、ナウシカア Nausicaa が衣服を洗濯しに行ったり、ペネロペーの求婚者たちが、雌鳥や子羊を食い、ワインを飲むだけのためにユリシーズの全財産を略奪したり、アガメムノンとアキレウスが二人の侍女のために掴み合いの喧嘩をしたり、スペインやフランスの現在の王だけを「王」だと思う人には、滑稽でしかありえないように思われる他の似たようなことを見ても驚かなくなるだろう。

さて、恐らく必要以上に広げられた我々の目的に戻るために、つまり、当時の支配者の富から貨幣の使用に反して引き出される証拠を引用し続けるために、第二に『イリアス』第一書の一節が引用できよう。そこでは、アキレウスが、トロイア人たちは自分には何も損をさせなかったとアガメムノンに言おうとして、次のように言っている。それはこう解釈される。

「いかさま彼らがこれまでかつて、私の馬や飼牛どもを掠めたためしも、また一度とて丈夫《ますらお》を養い育てる土塊《つちくれ》ゆたかなプティエーの郷《さと》で　畑の実《みの》りを害《そこの》うた例《ためし》もないのだ」(注11)（『イリアス』第一書、一五四―五六行。邦訳（上）一八ページ）。

(359) だから、その時、これらはアキレウスの富だったのだ。同様に、『イリアス』第一一書に、アガメムノンに殺されたイーピダマース **Ifidamente** について言われている。イーピダマースは、大切な将来の結婚からはるか以前に死んだが、結婚する前に、彼は以下の贈り物をした。

(注10)『パルアシアーナ、あるいは、批判、道徳・政治史のさまざまな問題に関する考察 **M. L. C.** のさまざまな作品の擁護とあわせて』(*La Parrhasiana, ou Pensées sur diverses matières de critique, d'histoire de morale et de politique avec de la defense de divers ouvrages de M. L. C.*) は、一六九九年にアムステルダムで出版された論争家で教会史の碩学ジャン・ルクレール **Jean Leclerc** の作品である。

(注11) 原文ギリシャ語、ラテン語訳。イタリア語訳参照、邦訳に準拠。

「その結納とは、まず百匹の牛、さらに千匹を約束した、山羊や羊をとり混ぜて、数限りなくその牧にいた中からである」[注12]（『イリアス』第一一書、二四四―四五行。邦訳（中）一六六ページ）。

しかし、富が家畜から成り立つことになるホメロスの根拠全部を引用しなければならないなら、決して終わりにもならないし、「本題で明らかに不必要な証拠に訴える」[注13]人のように、それを望んだ人にはこの労力は何のためにもならないだろう。

結局、一定数の家畜に委ねられる物に価格をつける問題になる。そのことの証拠としては、『イリアス』では、ホメロスの他の有名な一節が引用される。それはふつうこう訳される。

「この折またもやクロノスの子ゼウスが、グラウコスの心をまどわしたので、テューデウスの子ディオメーデースに対して代わりに贈ると、青銅の物の具にかえ黄金のを、九牛の値《ね》のに百牛の値《あたい》のものを贈ってやった」[注14]（『イリアス』第六書、二三四―六行。邦訳（上）二一九ページ）。

ここで、それらに相当する牛の数によって甲冑の価格が比較されているのが分かる。同様に『イリアス』には、パトロクロスの墓の上でアキレウスによっておこなわれた試合がホメロスによって語られ、アキレウスが二人の戦士に提案する報償が叙述されている。

(360)「その勝利者へは、火の上に掛ける、三脚《あし》の　大きな鼎《かなえ》 tripode を、――それはアカイア人《ひと》が、仲間うちで、一二匹の牛に値ぶみしたもの、また敗《やぶ》れた者へは、一人の女を　真中に据えて置かせたのは、多くの手技《てわざ》に堪能で、四匹の牛と値ぶみされていた」[注15]（『イリアス』第二三書、vv. 七〇二―〇五行。邦訳（下）三〇七ページ）。

この箇所は、鼎 tripode が牛一二頭に相当するのに、最もありふれた（青）銅の甲冑全部がたった九頭の〈牛〉βοῦς に、多才な奴隷女が四頭の牛に相当することに誰もが気付くので、古代人たちの値踏みの方法と鼎が当時持っていた大きな価値をさらにいっそう明確に我々に証明する。

いったいこの鼎が碩学の間で不確かだったとは。多くの人は、それが同じ長さの足で火の近くに置かれる何かの大鍋を支える三本の棒からなる道具だと考えた。つまり、確かに、「火にふれずに」[注16]それが常に与える属性は、新しい鼎を意味するために、それが調理道具だったことを明白に証明する。しかし、私は、〈酒壺か盥〉には何も付いていなくても、それが三本の脚の付いている〈酒壺か盥〉[注17]と少しも違わないへこんだ壺だったと考えたくなる。このことは、『イリアス』第二三書のなお十分に認められていない一節から引き

（注12）同上。
（注13）原文ラテン語、イタリア語に準拠。
（注14）本文第三編第一章〈金銀間比率の歴史〉、二〇三ページ（p.165.）に同文引用。邦訳に準拠。
（注15）原文ギリシャ語、ラテン語訳。イタリア語訳参照、邦訳に準拠。
（注16）原文ギリシャ語、ラテン語訳。イタリア語訳に準拠。
（注17）原文ギリシャ語。「ここでは常にガリアーニは、女性名詞を男性名詞（酒壺 lebete, 盥 catino）にする。当然ここでさらに常に相関的代名詞形態の性に変化して、誤りが訂正される」（ニコリーニ）。

出される。そこでは、アキレウスによって提案された幾つかの報償が説明されて、鼎が以下のように叙述される。

「それに耳形《みみがた》の飾りがついた鼎《かなえ》の、二升二合も入ろうものを」[注18]（『イリアス』第二三書、二六四行。邦訳（下）二八一ページ）。

だから、〈適度〉μέτρον はまさに液体の容量の単位だったので、少し後では〈四単位〉τέσσαρα μέτρα 入る酒壺と、さらにすぐ後に〈六単位〉[注19] ἓξ μέτρα 入る銀のカップに言及されているので、袖つきで一定容量の道具だったのだ。このことに、常に酒壺と結びついた鼎があり、それらの中にほとんど同じか類似した物があって、両者とも同じ属性を備えていたことが付け加えられよう。この鼎の用途や評価と習慣の変化は、我々にはまったく分からない。それに、どんな目的と用途で、鼎が神々に寄進されたのか我々には奇妙に思える。（361）恐らく、もし我々の子孫が教会に灯を灯す習慣をまったくなくしたら、ランプや蝋燭を見ても、使用しようと思わないだろう。私見では、時代々々にある鼎、小ガラス瓶、カップ、他の多くの調理道具や食器は、他の人々には、犠牲式で残り、祭司や同じ神殿に生け贄を捧げた人々から食べることを義務付けられる肉を用意し食べるために、他の人々には手を洗うためなどに役立っているのだ。

もし何度も銀や金の鼎や酒壺と呼ばれていることが、誰かに異議を唱える気を起させるとすれば、その人は、すべての水瓶がこの名で呼ばれているようなのに、ホメロスの酒壺は、いつもふつう大鍋と、しかも、明らかに間違って説明されていることに気付くだろう。だから、『オデュッセイア』の第四書で、メネラオスがテーレマコスに手を洗うために差し出すと、ホメロスは次のように言っている。

「すると洗手の水を、侍女《こしもと》がさも黄金《こがね》づくりの水さしに入れ　持って来てから、白銀《しろがね》づくりの鉢の上で、注ぎかけた、手を洗うようにと」(注20)(『オデュッセイア』第四書、五二—三行。邦訳(上)九八ページ)。

まさにここでは、手洗いの水盤がλέβηςと言われたのだ。だから、私は、銀や金の鼎と酒壺を見ても驚かなかったし、これらの貴金属が台所で品位を下げたとも思わない。

これらが、私見では、古代ギリシャでは「トロイ戦争時には何一つ貨幣が使われなかった(注21)」ことを証明するために、ホメロスから引き出せる根拠のすべてである。

だから、これらの根拠のすべての重要性を検討するためには、若干のことを前もって述べておいた方がよかろう。第一に、これらの議論すべてが、(貨幣の存在が)否定される類のものであることに気付かねばなるまい。すなわち、あらゆる別の根拠が欠けている時には、たとえ証明が十分であったとしてさえ、それらの議論の効力はそれだけではきわめて弱い。なぜなら、それらの効力のすべては、以下の三段論法に基づいているからである。すなわち、もし貨幣が存在したなら、ホメロスはそれの名をあげただろう。彼は貨幣の名

(注18)　原文ギリシャ語、ラテン語訳。イタリア語訳参照、邦訳に準拠。「二升二合」は「二二メトロン入りの」(但し、メトロンの容量は不明——呉茂一)。

(注19)　原文ギリシャ語、ラテン語訳。イタリア語訳に準拠。

(注20)　同。

(注21)　原文ラテン語。イタリア語訳に準拠。

をあげていない。だから、貨幣は存在しなかったのだ。さて、これら多くのことは、時々きわめて可能性があったかもしれないにせよ、たとえ彼がまったく貨幣に言及していなくても、かの著者の時代には常に何か貨幣がたまたまあったかもしれないので、誰もしっかり確実に決して議論の余地のない程には（貨幣がないという結論に）至っていないとしか思わないのではないか。だから、この議論の仰々しさ全体は、何か貨幣に言及されているホメロスの根拠が証明されるだけですぐ消え失せるだろう。少なくとも（貨幣に）まったく言及されなかったとしても、ホメロスでは何一つ貨幣に言及していないことを除いて、他の何も断言できないだろう。そこからは、彼が貨幣の存在を書き忘れたから、貨幣がなかったことは確実だという最高の可能性しか出てこないだろう。しかし、もしさらに多くの箇所で言及されていたら、貨幣はあったかも、幾らかの量と使用頻度があったかも知れないと肯定的に認めねばなるまい。(362) しかし、問題をもっとうまく説明するには、対立する困難すべてに一つずつ答えることが肝要である。

最初の困難は金銀の乏しさから生じる。つまり確かに、金銀の乏しさが当時極めて深刻であったことは疑いを容れる余地がない。この乏しさは、まさにホメロスに貨幣使用の叙述が乏しいことに帰すべきであるが、だからと言って、幾人かの碩学が語るように、ギリシャ人の間で貨幣がまったく使われなかったという結論にはならない。つまり、実際には、もしトロイ戦争時には、やっと貨幣使用が始まったけれども、物々交換の利用の方がなお多かったのだと言っておけば、誰も反対しないだろう。しかし、それについて、まったく意見をもたなかったのに支持しようとするなら、根拠なしの主張というものだ。（きわめて乏しいわけではないなら）貨幣の乏しさが、たとえ大方で貨幣使用を減らした方が得策だとしても、使用をまったく排除したかもしれないと考えてもなるまい。こうして、我々の権利の回復 redenzione の一〇・一一世紀には、金銀は、おそらくトロイ戦争時より多くはなく、その時とほとんど同じくらい稀れだった。だから、人々は物々交換を信じ、長距離の取引や長旅を急にやめ、手厚いもてなしを信じたが、貨幣が世界からまったく排除されたわけではなかった。それでもなお、金の量は、ヨーロッパでは現在のほぼ五〇分の一以下でしかなかった。ローマ人たちも、古い時代の共和国では、まったくひどい金の欠乏によって、わずかしか使用しなかった。今や、トロイ戦争時に金の量はいったいどれほどだったかを知る時であろう。

私は、その量が決定できるとは思わないが、ホメロスがしばしば口にし、反対者たちが強く主張するよりもずっと多く利用されていたし、芸術や金箔用にすでに取り入れられるほどであることから、その量はそんなにわずかではなかったと思う。つまり、実際、金メッキは、金を多く消費し、それが決して元に戻らないように、商人の手で外部に手渡されるほとんど唯一の方法である。まさに、インドからヨーロッパに運ばれたきわめて多くの財宝を失わせたのが、この金メッキである。さて、もしトロイ戦争時に、金メッキがなされていたなら、幾人かが陥ったほどの高価格も高評価も金にありえなかっただろう。金メッキについて、我々があまり気付かないので、ここで全文引用するに値する『オデュッセイア』の第三書末尾に最良の証拠がある。ネストールが、テーレマコスを同伴して出かけなければならないので、ミネルヴァに一頭の牛を生け贄に供し、角に金メッキすることを望む。すなわち、

「その次には、いま一人が黄金《こがね》細工師ラーエルケース Laerceo を、ここへ来るよう呼んで来てくれ。牝牛の角

へ黄金をずっと被らせるため[注22]」(『オデュッセイア』第三書、四二五—六行、邦訳(上)九〇ページ)。

(363) ラーエルケースは、

「鍛工も飾金《かざり》に使う道具を両手に携えてきた、技工《たくみ》をすべておこなうのに入用な、金砧《かなしき》だの金槌《かなづち》だの、こしらえのよいやっとこなど、すべて黄金の細工に使いなれていた道具であった。そこへアテーネーさまも贄《にえ》の供物《くもつ》をお受けなさると、お出ましあった、さて馬を駆《か》る老ネストールが、黄金《きん》(の地金)を渡せば、それを工匠《たくみ》が細工して、牝牛の角にぐるりと被せた、立派な供物を女神が御覧《ごろう》じ、嘉納されるよう[注23]」(『オデュッセイア』第三書、四三二—三八行。邦訳(上)九〇—九一ページ)。

この箇所は、当時、金の消費があり、金銀の加工だけに割り当てられた職人 artefici[注24] がいたことを証明する。このことは、わずかとは言えない金銀量の存在も証明する。リディアやシチリアの鉱山やエチオピアのもっとずっと大きな鉱山は、アラビア、ペルシャ、スペインによって、現在まったくか大部分掘り尽くされたけれども、恐らく過去には今よりも多くの量をそれ自体で供給していただろうから、彼らには、鉱山がなかったと反対しても無意味だろう。つまり、確かに、ソロモン王の時代には、トロイ戦争時とほとんど等しく、エルサレムで流通していた金の量は我々を驚愕させる。エクバタナ Ecbatane[訳注1] やバビロニアの富、およびキュロス王に先立って彼の神殿についてヘロドトスが我々に語ることも同じ驚愕をもたらす。ここで、クロイソス Creso[訳注2] の富、デルフィやエフェソスの神殿の富を思い起こしても仕方がない。もしはるか遠く隔たった時代に、ホメロス自身によって引用されるように、アジアに多量の金があり、テュロス人やエジプト人がその時までギリシャ人と多くの取引をしていたとしても、おそらくトロイ戦争時に、取引に貨幣で流通させられるだけの金があったと誰が明言したがるだろうか。現在よりも、三〇倍か四〇倍以上も希少であったことを、私は否定しない。そうして、結局、現在よりも厄介だったので、ずっと頻繁に物々交換が行われた。しかし、このことから、取引がまったく貨幣で行われなかったという結論にはならず、これら諸国民がこれらの金属を受け取って全部使ってしまったので、ギリシャ人だけがそれを使えなかったのだ。

立ち向かう別の困難は、手厚いもてなしの慣習から引き出されるので、確かに非常にうまく着想された。

(364) 私は、この慣習の始まりや真の理由が、まさに貨幣不足にあったことは誰一人疑うまいと思う。しかし、幾つかの国民に手厚いもてなしの慣習があることが、そこでの貨幣の総体的不足を証明することに役立つなら、キケロやカエサルの時代のローマ人には、まったく貨幣がなかったことがかなり容易に証明されよう。私は、この時代のローマ人には、王たち自身がローマの有力市民ともてなし契約を結ぶことを誇りとしていたことは周知のはずなので、手厚いもてなしがどれほど頻繁にあったか、儀式がどれほど宗教的に敬われたかをここで証明するまでもないと思う。だから、トロイ戦争時にまだ貨幣がなかったことを手厚いもてなしから推定したければ、当時貨幣はなかったが、その時初めて導入されたことを証明しなければならない。

(訳注1) 古代メディア Media の首都、現在イランのハマダン Hamadan。

(訳注2) 前六世紀、古代リュディア最後の王(前五六一頃〜前五四七年)。莫大な富で有名。

(注22) 原文ギリシャ語、ラテン語訳。イタリア語訳参照、邦訳に準拠。

(注23) 同。

(注24) artisti, artigiani.

い。何かの支障を償うために人々によって定められたすべての制度は、害がなくなればたちどころに止むのだから。すなわち、このことは、現代では、我々が頻繁に観察している。しかし、この推定は、真実ではないように、一度も証明されないだろう。アブラハムの時代以来、この儀式が東洋人の間にあったことを我々は知っているし、いかにアブラハムとロト Lot（訳注3）（Loth）が天使を受け入れ、いかにアビメルク Abimelec がアブラハムをもてなしたかは作法からも分かるし、思うに、イタカ島 Itaca（訳注4）でのユリシーズの歓迎がどのようであったかはいつもの足の清めなどからも読み取れるので、儀式がどうなっていたかは我々にも分かる。手厚いもてなしの頻発が当時の深刻な貨幣不足を証明したと認めても、それから、全般的欠乏だと結論できるものでもない。

　さて、手厚いもてなしがあっても、否定的論拠の類の中に論証力になんら疑問の余地のない反対意見が当然出てくる。しかし、私は、幸運にもそれへの返答では、それが真実であるどころか、ホメロスが、トロイ戦争時に貨幣があったと明示したことを確かに論証するような証拠を提示したいと思う。事実、明示はしなかったけれども、やむをえず貨幣の記憶を残さざるを得なかったように見える箇所が、ホメロスの一節にある。しかしさらに、指摘されねばならない他の多くの箇所で、彼が実際それに言及していたら、反対者は何と言っただろうか。もし、価格、身代金、販売、財の値踏みで、彼が金や銅に言及していたら、反対すべき何が残るだろうか。思うに何も残らないだろうし、ホメロスが貨幣について語っていないと敢えて否定した人は、彼を十分読まなかったのだといつかは告白せざるを得まい。今、ホメロスの中で行きあうとすれば、私がすすんで引用する僅かな根拠から、これらのことは容易に納得できよう。『イリアス』の第九書で、アガメムノンが、アキレウスをなだめるために、もはやトロイ人よりも劣るが、それらの外見のよさのために、誰にでも尊重されるに足る莫大な贈り物をすると彼に約束する。

「まだ火に掛けぬ　鼎《〔かなえ〕》を七つ、それに黄金の錘《〔おも〕》りを一〇個、照り輝く釜を二〇個、さらにまた一二匹の駿馬と、それもがっしりとした、脚で優勝した馬どもである」（『イリアス』、邦訳（中）八一ページ）。

（鼎《かなえ》に加えて言われることを暗示する「新しい」を象徴するために、ここでは「火に掛けぬ」ἄπυρος, igni non admotus の付加形容詞が記された）七つの新しい鼎《かなえ》、一〇の黄金の錘《おもり》、（ここでも後で言われた「よく洗われた」を象徴するために「照り輝く」αἰθῶν, lucente という割り当てに注目すべきである）よく洗われた二〇の釜、および一二匹の馬。

（365）その後、ホメロスは、「望まれた金は」これを所有した人には少しも乏しくなく、貧弱な黄金片 **ἐριτίμοιο χρυσοῖο** ではなかったろうと付け加えた。(注25) 今、もし貨幣がなかったなら、いったいこれらの重さ **talenti** はどうなるのか、貨幣がなかったら、どのように金量が決定され、どうしてしかじかの価格になるのか。タラント **talenti** が重さをさすと言うのなら、言葉の問題になろう。これ以上に、私は、貨幣がないの

（訳注3）イスラエルの族長アブラハムの甥。神がソドムの町を滅ぼされることを知り、妻を連れて逃げ出すが、戒めを破って後ろを振り向いた妻は塩の柱にされた。

（訳注4）ギリシャ西岸沖のイオニア諸島の島でオデュッセウス（ウリクセース［Ulixes ラテン語］ユリシーズ）の伝説上の故郷。

（注25）ホメロス『イリアス』第九歌一二二。原文ギリシャ語で邦訳に準拠する。

で、決まった価格もなく、売り買いもなく、どんな取引もない国民のもとでは、重さを理解できない。この根拠だけは非常に明らかだから、別にさがさなくてもいいほどだ。しかし、やはり〈うんざりするまでずっと〉*usque ad fastidium* 引用されるだろう。ここに一つだけでは満足しない人のために、別の根拠もある。第一九書に、パトロクロスが死んで、すでに残忍になったアキレウスがアガメムノンになだめられて、約束された贈り物と共に、彼にブリーセーイス Briseide が残された。ホメロスは、再び次のように叙述する。

「ユリシーズは、総計一〇タラントの金を量り、ついで、先に立つ」[注26]（『イリアス』第一九書、二四七―八行）。

そのギリシャ語 *πάντα* は、まさに、ローマ人が "optimum maximum" と言い、我々が「あふれ出るほどいっぱいの」traboccante と言っていることを意味する。

第一八書には、アキレウスの有名な盾《たて》 scudo が叙述されて、ホメロスは、その一部に裁判の様子が刻印されているのが知られ、民衆を前に訴訟当事者と裁判するために座っている老人たちの二つの部分からなると説明し、さらに、次のように言っている。

「彼らの真中の地面に、彼らのうち、最初にまさしく正論を述べた者に渡される二タラントの金がある」[注27]（『オデュッセイア』第一三書、三九二―三行）。

『オデュッセイア』の第八書には、ユリシーズが、アルキノオス Alcinoo のもとに着くと、イタカ feaci の王は、国民によって贅沢な扱いを受けた後、彼らの王の命令によって贈り物を受けた。

(366)「その各自《めいめい》が客人に、よく濯《すす》ぎ浄めた広布《ひろぬの》と、下の着衣と、それに価のとうとい黄金の錘《おも》りを、寄進してくれるがよかろう」(注28)（『オデュッセイア』第八書、三九二―三行。邦訳（上）二四二ページ）。

そして、最後に『イリアス』の第二四書では、プリアモス（トロイの王）が、ヘクトル（プリアモスの長男）の死骸を請け出そうとして、アキレウスのもとへ運ぶために、彼の大箱を掴む。

「一二枚の、この上もなく美事な幅広布《はばひろぎぬ》と、一二枚の一重仕立《ひとえじたて》の上衣《うわぎ》と、さらに、同じ数の敷物とを取り出した。また同じだけの　被布《かぶりぬの》に　加えて同じ胴着《どうぎ》の数を。〔さらには黄金の錘《おも》りを　皆で十斤だけ量《はか》らせて取り寄せ、〕また二つの　ぴかぴか光る三足《みつあしかなえ》　鼎に、四つの釜《かま》と、わけても美々《うつく》しい酒杯は　使節に赴いた折、トレーィケー人《びと》らが彼に贈った　大した値打《ねうち》の宝物だが、それとて些《すこ》しも老王は館の中に吝《おし》まなかった」(注29)（『イリアス』第二四書、二二九―二三五行。邦訳（下）三三三―四ページ）。

（注26）編者のイタリア語訳に準拠。ただし、邦訳では、同所（二四七―八行）は「オデュッセウス（ユリシーズ）は、黄金《こがね》の錘《おもり》を、みんなで十貫　秤《はかり》にかけて（携《たずさ》え）、先頭に立てば、他のアカイアの若殿ばらも　進物を手につき従う」（（下）一五六ページ）。

（注27）原文ギリシャ語、ラテン語訳。編者のイタリア語訳に準拠。ただし、邦訳では、同所（三九二―三行）は「『……あなたと一緒に、女神さま、もし気を入れて御助勢あれば』。すると今度は、それに答えて、燦めく眼の女神が言われるよう」（（下）三〇ページ）。

（注28）原文ギリシャ語、ラテン語訳。イタリア語訳参照。邦訳に準拠。

（注29）同。

多くの関連から、この箇所は注目に値するが、主として、これらの贈り物が、僅かな文節の前《ママ》（後…訳者）［二七六行］で、ホメロスによって〈莫大な贖い代〉ἀπερείσι᾽ ἄποινα とみなされているためである。だから、第一書［一三行］で司祭クリューセース Crise の身代金は〈莫大な贖い代〉にされていると漠然と言われる時には、ホメロスはやはり貨幣やタラントだと理解していたのだろう。つまり、ここで持ち出された、クリューセーイス Criseide の身代金で、ホメロスが貨幣に言及しなかった困難が解決されたのだ。すなわち、そのことは、ホメロスが貨幣に言及しなければ、身代金というものがまるでないかのような誤りである。つまり、誤りの原因である〈贖い代〉ἄποινον という言葉は、別の意味で解釈されるべきなのだ。さて、身代金には、貨幣が使用されるということと、これが〈贖い代〉と言われることは、まさに第二書の冒頭で、テルシーテース Tersite がアガメムノンに対して言うことから新たな証拠になる。

「それでも足らずにまだ黄金が欲しいというか、馬を馴らすトロイエー人《びと》の誰彼が、おのが子の贖《あがな》い代《しろ》に、イーリオスから持って来るのが（注30）」（『イリアス』第二書、二二九—三〇行。邦訳（上）五九ページ）。

(367) まさに身代金の金であり、「供物」munus よりむしろ「前払い」praetium である〈贖い代〉ἄποινον の本当の意味である。

『オデュッセイア』の第四書では、テーバイのエジプト人でポリュボス Polibio の妻、アルカンドレー Alcandra がした贈り物の中でそれがこう説明される。

「三脚の鼎《かなえ》を二つ、黄金の錘《おも》りを一〇個まで贈り物にと寄越《よこ》したもの」[注31]（『オデュッセイア』第四書、一二九行。邦訳（上）一〇三ページ）。

『イリアス』第一九書（正確には、第二三書…編者）では、アキレウスが、パトロクロスの墓ににぎわいを与えるために、二輪戦車レースに提供される他の報償を、以下のように提案している。

「四等賞にと出したのは、二本の黄金《きん》の延棒《のべぼう》」[注32]（『イリアス』第二三書、二六九行。邦訳（下）二八二ページ）。

すなわち、後にそのような報償はメネラオスが獲得した。

同書の少し後には、徒競走の勝負が発議されて、最後の箇所で、アキレウスが提案する。

「最後に、最下位の者にも半タラントの金（金の延棒半分）」[注33]（『イリアス』第三〇書、七五一行）。

それは、後にアンティロコス Antiloco が獲得した。これが、タラントの金の延べ棒がその役割を果たし、

（注30）同。

（注31）同。

（注32）同。

（注33）原文ギリシャ語、ラテン語訳。イタリア語訳に準拠。

結局、万事我々の貨幣と似た状態であるのが見られる根拠である。

これらすべての根拠と手短かに途中でやめられた他のそれが、このことが積極的根拠になるので、論理学者たちが言うように、決して対抗できない否定的根拠すべてが何一つ価値をもたないほど明白に金貨の存在を証明している。要するに、私はここで自分の証明を十分しおおせているので、これらの根拠のすべてによってすでに自分の主張を証明したと考えたい。しかし、さらに、私に反対して申し立てられるその根拠自体から、私が自分に有利な新たなもっと強い根拠を引き出すとすればどうなるか。もしホメロスが貨幣に言及しなかったと仮定されるまさにそれらの箇所に、それら自体に、私がそれについての明白な記憶があるのを証明するなら、誰もが降参すべきではないのか。物々交換だけに言及していると考えられている第七書末尾の有名な一節は、私に貨幣の新たな根拠を与えるものである。この一節の初めの文は、こうなっている。

(368)「ある者どもは青銅に換《か》え、あるいは輝く鉄《くろがね》に換え」[注34](『イリアス』第七書、四七三行。邦訳(中)三九ページ)と。

今、私は、ホメロスが〈青銅〉χαλκός の語を銅貨のつもりで使ったことをかたく信じているし、ずっと信じるつもりだ。つまり、これがまさに私をそのように信じさせた根拠である。もしここで〈青銅〉が、銅貨、あるいは、量られて、(まさに貨幣である)ワインと交換される適性を備えた銅にあたらなければ、いったい何の意味になるのか。銅製品か甲冑の意味以外にはなりえない。しかし、ホメロスで〈青銅〉という語が「銅の道具」の意味になるように絶対的に解釈される箇所はどこにあるのか。唯一つの箇所でも引用されれば、私は降参するだろう。しかし、そんな箇所はない。もしギリシャ語で、しかもギリシャの著作者で、絶対的に使われた〈青銅〉という語が、常に貨幣 danaro、まさにラテン語の「貨幣」"aes" のように、(「ポリュデウケス」Pollice 第九書第一章で、[注35]『碑文』*Epigrafi* の第二書で、『福音書　聖マルコ伝』第一二章でのように)〈金銭〉*pecuniam* の意味になるなら貨幣の意味になるのに、なぜこの箇所では、気まぐれな事物の本質自体に反する別の意味に頼らねばならないのか。もし〈青銅〉という語が、もっと個別的にギリシャ語でオボロース銀貨 obolo の七分の一や八分の一の意味になるのに、まさにラテン語で「アス銅貨」"as" が、"aes" に由来しほとんど同じ言葉であるかのように、タラントという古代の重量単位が知られていないのだからのなおのこと、なぜここで貨幣の意味になると考えてはならないのか。さらに、いったいなぜ、非常に詳細に語っているホメロスが、武器、道具などを明示しないで、絶対的に〈青銅〉、「銅貨」aes と言ったのだろうか。おそらく、同じように、彼は鉄製品と言うつもりだったけれども、きっと鉄を σίδηρος と言ったのだと答えられよう。しかし、その答えは機敏であり、私見をますます強固にする。描く「輝く」"lucente" と説明される鉄に付け加わる形容詞 αἴθων に注目すべきである。さて、このすべてを明確にするためには、別の altri[注36] 多くの原理によって問題を反芻し、幾分敷衍しなければならない。

(注34) 原文ギリシャ語。イタリア語訳参照。邦訳に準拠。

(注35)『オノマスティコン』Onomasticon(西欧古代の特定分野にかかわる用語集、固有名詞集)。

(注36)「別の」Altri、すなわち、「違った」differenti が本文にある。しかし、それは、むしろ〈うっかりミス〉*lapsus* で、ガリアーニは「もっと上の諸原理」piu alti principi と言おうとしたように思われる(ニコリーニ)。

二種類の付加形容詞 attributi をホメロスは使用している。すなわち、（我々が適切にそう呼んでいる）一般的永続的にと別に個別にと。前者を、ホメロスは、説明する問題や事実を配慮しないで物の名を呼ぶ度に使用している。すなわち、この種の付加形容詞は、〈脚速き〉πόδας ὠχύς アキレウスの、〈目輝く〉γλαυκῶπις ミネルヴァ（アテーネー）の、〈馬を駆る〉ἱππόδαμοι トロイ人たちの、〈脛当てよろしき〉ἐυχνήμιδες ギリシャ人たちの、などである。後者は、問題に何の配慮もなしに名詞で名があげられる度ごとに配置された。後者については、我々は、慣用と手法をまったく失ってしまった。だから、我々は、脚の速いアキレウスが泣くのを聞いて、神に似た θεοειδής パリスが恐れて足早で逃げ、好戦的なトロイ人たちが逃げ、頭髪を伸ばしたギリシャ人たちに追われると繰り返す。もし正しかろうが間違っていようが繰り返されるなら、ここで決定する根拠はない。他の付加形容詞は特殊である。すなわち、問題と話題の必要に応じて活用された。つまり、我々の付加形容詞に実によく似ている。ところが、「輝く」αἴϑων というこの付加形容詞は、すべての金属のうちで、鉄はあまり光らない金属なので、この一般的な付加形容詞にまったく値しないから、この後者の類であることが分かる。ホメロスやヘシオドスによって与えられた鉄の一般的な付加形容詞は、現在とまったく反対に「黒い」μέλας, "negro" であるからなおさらである。(369) だから、それが、ホメロスが、ギリシャ人たちが、ワインでお返しをする、まさに磨かれ加工された鉄、すなわち、鉄の道具であった何物かの本質を表現しようとした付加形容詞なのである。つまり、別の箇所からは分からなくても、私が上で指摘しておいたように、つねにホメロスによって αἴϑωνας すなわち「磨かれてよく加工された」"puliti e ben lavorati" と言われる酒壺、鼎、その他の道具を見れば、このことははっきり分かるだろう。だから、今ホメロスは、αἴθωνι σιδήρῳ すなわち「加工された鉄」と言ったけれども、道具と明示する必要はなかった。逆に、もし彼が銅の道具と解釈したかったなら、この付加形容詞は〈青銅〉に対立しないからずっとうまく確定されただろうが、それどころか、この語が絶対的に提示されれば、彼は貨幣について語るつもりだったろうということになる。もし私が、ホメロスが、銅貨の意味をもたせるために常に〈青銅〉χαλκός という語を活用しているのを証明しようとすれば、なんと言うべきであろうか。これが、ホメロス自身の新たな根拠で証明されることなのだ。『イリアス』の第六書に、アドレーストス Adrasto は、メネラオスに負けて囚人になったが、自由になるために身代金を払うことを約束して、自分の父の宝物には、

「青銅にしろまた黄金にしろ、または沢山人手をかけた鉄《くろがね》とても」[注37]（『イリアス』第六書、三三八行。邦訳（上）二一八ページ）

あったと言っている。そこでは、同様に付加形容詞「沢山人手をかけた」πολύκμητος が、鉄に付けられているので、鉄については道具と製品、銅と金については貨幣であったことが分かる。実際君主の財宝がすべて金属の壺や道具からなっているはずだと誰が信じたがるか、彼は絶対に貨幣や金属の道具で自分を贖わないのか、もし金属の道具だけでこれらの富が成り立っているなら、なぜ、確かにホメロスにふさわしいそれらが道具として利用され、銅以上に価値のある銀も、何の因果で他の金属の中に指名されなかったのか。

（注37）原文ギリシャ語、ラテン語訳。イタリア語訳参照。邦訳に準拠。

だがしかし、金だけや銅を貨幣にするためでなければ、それを言う必要もない。金については、金の延棒 **talenti** と半延棒 **mezzi talenti** だったように、銅についても、重さと貨幣で同じだったと認めなければ、常に富が〈青銅にしろまた黄金にしろ〉成り立っているというふうには、ホメロスは決して解釈しないだろう。『オデュッセイア』の第二書には、ユリシーズの財宝で「黄金《きん》や青銅の器具がいっぱい[注38]」（『オデュッセイア』第二書、三三八行。邦訳（上）五八ページ）と言われている。『イリアス』第一九（二〇…編者）書では、アンティロコスが、アキレウスと話をし、彼が非常に金持ちであると言おうとして、こう言っている。

「お前は、自分のテントに多くの金と多くの青銅を持っている[注39]」（『イリアス』第二〇書、五四九行）と。

それから、我々はアキレウスによってテントから多くの金の延べ棒が引き出されたこと、彼はそれを一〇年前にアガメムノンから受け取ったこと、この事実の後、プリアモスからも別の延べ棒を受け取ったことをすでに見ている。(370) だから、絶対に〈黄金〉**χρυσος** と言われたのは、まさにこの金であった。だが、「輝く」や「沢山人手をかけた」といった付加形容詞なしに「青銅」と言われれば、貨幣の役割を果たす銅だと理解すべきだと誰が言わないのだろう。

『イリアス』の第二書［二二六行］に、テルシーテース **Tersite** は、アガメムノンの悪口を言い、不正の富を誉めそやして、「あなたの陣屋は青銅に満ち[訳注5]」と言い、少し後で［二二九行］、彼は、身代金で儲けた「黄金」に満ちているとも言っている。さて、もしアガメムノンが、アキレウスに与えるために金の延べ棒 **talenti** を自分のテントから持ち出し、彼の富が常に「黄金」から成り立っているとすれば、私は金の延べ棒が

「黄金」として理解されるように、なぜ銅貨が「青銅」として理解されてはならないのかが分からない。ギリシャの全君主の富が常に、兜、楯、鼎、大鍋、焼き串、小楯から成り立っていたはずがないことは信じていいが、なぜか私は知らない。私は、金の延べ棒が身代金、報償、軍団の取引で使われていて、常に富が「青銅にしろまた黄金にしろ」これらからなっていると言われたことも知っているし、「青銅」がギリシャでは銅貨の意味になることも学んでいる。さらに、「銅で」ワインが買えると分かっても、ここでは貨幣を指していないと言うべきなのか。しかし、いったいなぜ貨幣は銅の別名ではないと言えるのか。しかし、私はこの事実は驚くにあたらないと答える。なお（貨幣との）出会いが始まっていなかったために、ギリシャ語に関する限りホメロスの中で出会わないのではないのか。〈財産〉τύχη という語も〈法律〉νόμος という語もホメロスにない理由は、当時は財産も法律もなかったからではないのか。なぜフランス人たちが貨幣を「銀」argent と呼んだのかを、我々から何代も隔たった子孫は、我々の慣習をよく知らないから、フランス人たちには銀貨 moneta d'argento がなかったので彼らの取引では「銀で」avec de l'argent 何かが買われる時には、銀の皿、銀の水盤などで買われると理解されるべきだとでも言わねばならないのだろうか。まったくお笑い草だ。だから、（『イリアス』）第七書の著名な一節［四七三行］（「ある者どもは青銅に換《か》え、あるいは輝く鉄《くろがね》に換《か》え」）でのように、引用された他のすべての節と実際には私が引用を省いたなお別のきわめて多

（訳注5）原文ギリシャ語、ラテン語訳。邦訳に準拠。

（注38）同。

（注39）同。

くの節で、〈青銅〉χαλχός を銅貨と解釈して差しつかえない。

つまり、我々はまさに富を評価する方法から引き出された別の反対意見に同時に答えたのである。それによって、我々は、ホメロスによって多くの人々の富が彼らの不動産を考慮して評価されたように、他の人々の富は彼らの（金属の）現物を考慮して評価されたので、ユリシーズ、アキレウスやアガメムノンの富は、金や銅と同じく家畜や土地から成り立っていることを誰もが理解できたことを証明したのだから。すなわち、このことが、当時の貨幣の存在の新たな証拠である。金銀や銅が非常に高く評価されても、貨幣になっていなかったら、当時の王の富や報償になりえなかったからだ。このことは、アメリカの最初の発見で明らかにされた。そこでは、金を貨幣に利用しない人々が、この金属の全量を手鏡とかナイフとすすんで交換した。金をほとんど何にも利用しないごとく、少しも評価もしないので。今までに引用された根拠のすべては、十分なだけでなく、敵が反対できる推測のすべてをひっくり返しているだけではなく、貨幣の使用を余す所なく証明し尽しているように思われる。

思うに、私に立ち向かう唯一の困難はこうである。上に引用された大部分の箇所によれば、金の延べ棒 talento は単に重さだっただけではなく、自ずと役に立つという評価からも導きだされた。(371) すなわち、それから、金の延べ棒は貨幣ではなくて重さだったという結果になるだろう。次のギリシャ語〈最高単位〉τάλαντον は時おり一定の重さを意味したからなおさらである。こうした困難に、私は、金の延べ棒が、他の金貨全部のように、重さで規制されることを否定しているどころか、私の推量ではこれを確認していると答える。すなわち、このことは、ホメロスの時代には貨幣の固有名詞になったものがなく、抽出金属の名称で呼ばれたことは、まさになお打刻がなされていないことから生じたのであろう。私は、この貨幣が「貨幣」と呼ばれてはならないということだけを否定し、結局、「トロイ戦争の時代には貨幣の使用はまったく目立たなかった」temporibus belli troiani nullus monetae usus obtinebat と描く言われているのだと再び断言する。だから、この問題は、公的権威によって打刻されるか否かが貨幣の固有の本質に関わるのかどうかを調べることになる。

幾人かの三百代言 leguleio どもは、原文の誤った研究で不幸にも頭脳がだめになってしまって、これらの貨幣問題を理解できず、結局常識的判断の習慣も失ったので、いわば、（彼らの主張は）取引の形而上学だから、それらを理解するどころではないにもかかわらず、恐らく彼らは、刻印されることが貨幣の固有の本質に重大な関わりがあると敢えて言い張ると思う。つまり、恐らく天与によって折よく若干の法律をやっとのことで引用して、「刻印が完全に円形であるもの(注40)」をなお探したとしても、その本質に付け足せなかったことは神のみぞ知るだ。しかし、この問題を根本的に扱った良識ある人なら誰でも、それに賢明な著作者なら誰でも、決してそう言おうとはしないだろう。なぜなら、たとえ語彙の定義がまったく自由でそれを利用する各自の恣意だけに依るとしても、人々がその語であれこれの問題を解釈する言い分は、確かに自由でもないし人の意のままにはならないからだ。要するに、ある人が利用しようとするむき出しの語に与える定義が自由なだけ、辞書の定義は義務付けられ必然性に従う。だから、辞書では、定義は、国民をその響きに結び

（注40）彫刻された文字が完全に円形なこと。

付ける観念だけを表現すべきである。だから、どんな観念がこの「貨幣」という響きに好ましいにせよ、利用することは各人の意のままである。しかし、人々が、この語にずっと以前からあれこれの観念を合わせてきたとはまさか言えない。

だから、人々が「貨幣」という語によってどう理解したかの問題が残る。今、もし我々が金貨を持つと言っても、重さだけで規制し打ち抜き型 conio で何らまったく規制しなければ、金属を貨幣にできるのは打ち抜き型だけだとは誰も思わないのではないか。このことは、もし打ち抜き型を持たない諸国民は貨幣を持ってはならないなら、中国人、ほとんどすべてのペルシャ人、インド人は、金貨を持たなかったという結果になるだろう。アブラハムやイサクが自分たちの埋葬に支払うシケル（銀貨）sicli は、公的権威によって打刻されていない金属の重さなのだから、貨幣ではなかっただろう。それでもなお、『聖書』Scrittura によっても、すべての解釈者によっても、公的貨幣とみなされた。セルウィウス・トゥッリウス Servio Tullio（Servius Tullius, 前五七八年～五四三年、Etruria 生まれ。古代ローマの第六代目の伝説的王）以前の古代ローマ人の下では「アス」as は、打刻されない銅の一定の重さ以外のものではなかったとしても、それでもなお、「貨幣」と考えられ、そう呼ばれたし、セルウィウス・トゥッリウス以前のローマ人たちが使用せず、貨幣との認識をもたなかったということは、なお誰も夢想だにしなかった。(372) それどころか、打刻されていなくても誰もが使用し、貨幣だとの認識をもっていたと言われている。その貨幣と打刻貨幣との間にはなんと大きな差があることか。こうして、スパルタ人たちは、たとえ打刻貨幣を持っていなかったとしても、彼らのリュクルゴスの律法によって、彼らが重さで規制する銅と別の貨幣も、彼らは立派に貨幣を持って使っていたと言われる。だから、人々が、打刻される義務を貨幣の観念に含めていないことが明白になる。つまり、事実上、このことは、カルメ Calmet 自身がやったように、打刻されたものについて語ると理解されれば、「印」signata という語も「貨幣」に付加せざるを得なかったということである。だから、ギリシャ人やトロイ人が、トロイ戦争以前にも、物々交換の不便から解放されるために、今日中国人がしているように、彼ら自身が量った一定重量の金や銅と生活必需品を交換し始めていたことは十分あり得る。つまり、これは、たとえ打刻されていなくても、十分に「貨幣」と呼んでいい。

さらに、ギリシャで公的権威がいつ貨幣の打刻を始めたかの探求は、今の探求とまったく違うだろう。つまり、たとえ金鉱がきわめて豊かにある国が、打刻を最初に行ったことがヘロドトスから分かっても、私見では、古代人たちが何の形跡も残さなければ、その時期を知ろうとしても無駄な骨折りになろう。

さて、人々が「貨幣」を常に打刻されたものと考えなかったことが証明されたので、貨幣の本質自体は、常にどのようなものとして探求されてきたのかを見よう。きわめて博学なジョン・ロックは、なお元の英語で流布しているその学術論文「利子の引き下げと貨幣の価値の引上げについて」(*of the lowering of interest and raising the value of the coin*；dell'abbassamento dell'interesse e dell'alzamento della moneta) で、貨幣をこのように定義する。「貨幣とは、人々の一般的合意が受け取るべき共通の安全と公的な担保を得て、保持する人が引き換えに誰からでも等価物を与えられるものである」。この定義から幾らか僅かな結論でも引き出されれば、この問題は、もう何の意見の相違もないほど明白になるだろう。つまりまず、人々がこの共通の担保として、金属を、その中から（それの硬度、希少さ、腐敗しないこと、保管の容易さ、採掘の困難などから）主に金と銀を選ぶことに決めたとしても、これらの金属は、今別々に考えられるそれ自体二つのきわめて違った性質を含んでいると考えられるべきである。一方の性質は、それらが、石、木、布などの状態で壺、台所用具、彫像、道具その他類似品として、それに応じて人々の役に立ち、なおそれらの製作や加工によってと同じく、それら固有の価値を構成する重さによって考えられる種類、あるいは、いわば商品である。他方の性質は、前者とはまったく違ってそれらに特有で、人類社会に共通の担保として役立つものである。それらは、消費されることによってではなく、ある人の手から他の人の手に移すことだけでそのサーヴィスを提供するのだ（つまり、このサーヴィスもなお、時には、その場合にはすべてが貨幣になったであろう石、皮革、樹皮、貝殻、果実で、最後に、金属が出会う便利さと安全のすべてがそれらにあれば、文字の記された紙片で提供されたように、提供されるだろう）。(373) この性質やこのサーヴィスでは、私が言ったように、金属については自己の重さ、あるいは、それを組成する性質しか考えられていない。というのは、内在的と言われる価値は、関与する世界やすべての場所にある同じ金属の堆積全体と量に対して、リッブラのように、打刻された金属の何がしかの合計がもつ割合や比率にだけ従うので、金属の内在価値は、他のあらゆるものと同様、さまざまな場所に応じて違うからだ。さて、打刻は、元をただせば、しかじかの重さか別のしかじかの重さであることを、つまり、しかじかの価値か別のしかじかの価値を証明するために、金属の一部に公的権威によって捺されたマークや印象にほかならない。今、打刻が与える便宜は、一定価値総額の多くの部分で一国に流通する金の全堆積を分割すると共に、銀を各個に分割し重さを量る手間を減らすことにほかならない。たとえ公的権威が時おり打刻を濫用したとしても、同一の軽重量か純度の一片に固定してあるから、金属自体では、騙されずに信用を増すためにも役立つ。すなわち、それによって、内在価値を現行価値か公的価値、あるいは、打刻で決定された価値から区別することになる。この例外も我々の目的の用をなすほかない。すなわち、君主は呼称を変更し、たとえば、以前にその名称をもつ重さの三分の二しかなくなるある重さの銀を同じ名称で呼ぶことを命じることしかできず、これは単なる名称変更なので、問題の本質自体を変更できないからだ。

さてそれはそうと、これらの事実を前提にして、我々の問題に戻ることにしよう。貨幣を使用していると言われるためには、金・銀を認識するだけではダメなことは明らかである。すなわち、金と銀を道具、壺、他の加工品にだけ利用する国民は、それらの商品の第一の性質に応じてこれらの金属を利用すると言うだけなら、貨幣の認識を得たとは言えないだろうから。しかし、逆に、代価として役立つものは、それらの二次的性質に従って公的担保と言えささえすれば、市民生活に何の用もなさなくても、貨幣を使用する国民として考えられねばなるまい。これらの金属ではなくて、ベンガル国民のように皮革、貝殻のような、西インドやメキシコ国民のようにアーモンドやカカオのような、タタール国民のように樹皮のような別のものを利用している国民がいると言われることも事実である。エチオピア国民のように、量られた銀や金がわが国で役立つ同じ用途によって、塩でもやはり、貨幣が使用されると言われ、同じものが彼らの貨幣だと言われるだろう。だから、その固さと苦さによって虫にも人間にも食べられないから、貨幣として使用されるカンボジアCambaiaの有名なアーモンドは、西インド諸島のすべての港では、それらでパン、ワイン、肉や必需品が買えるので、相応に貨幣と考えられる。このことは、人々が、そのような貨幣の授受で、それが何か生活に役立つのかをではなく、それを授受する人々の世論によって、それを渡せば等価物を寄こす人が常に見つけられるようなものだけを求めていることを明らかに証明する。(374) このことは、削られたり混ぜ物のある量目不足の貨幣でも、全部流通していれば、もっと明らかに見られるし、それほど明白でなくても、ミシシッピー会社の紙幣の有名な事実にも見られる。

つまり、ここで、この問題すべてを明らかにする物々交換と販売の真の定義を与えるところに行き当たる。物々交換は、市民生活で使われているある物を他の使われている物を得るために与えることである。このように、トゥモロの小麦粉で衣装と交換することが「物々交換」と言われる。このことは、銀とか金の壺に衣装を与えることも「物々交換」と言わねばならないことは同様に事実である。だからここでは、銀・金(たとえ貨幣を形成する同じ金属であっても)は、それらの第一の性質に応じて考えられることで、社会に有益なのである。つまり、重さが量られていず、交換に予定されていない未加工の金・銀の一片と衣装を交換することも、常に同様に「物々交換」と言われる。販売は、与えたものの等価物を受け取るはずの販売者にとっては安全な担保でしかないが、他の未使用の物で市民生活に有用物を与えることである。こうして、一〇スクードの貨幣は飢えも渇きも寒さも取り除くことに役立たないが、他者から、多量の小麦粉、ワイン、織物、所与の衣装の価値に相当する物すべてを得るための安全な担保だけにはなるので、一〇ドゥカートを得るために衣装を与えることが、「販売」と言われる。だから、西インドでは、一〇個のアーモンドと引き換えに一片のパンを与えることが「販売」と言われるし、アーモンドは、食用や他の用途にはまったく役立たないが、買い手の担保だけにはなる。それから、同様に、衣装を紙幣と引き換えに与えることも「販売」と言われる。つまり、このことは、交換用紙片が貨幣の流通とほとんど等しく流通している商業都市と都市でもっと明白に見てとれる。

これら二つの定義は、法学者によって注意深く認識されたなら、もし金・銀の二つの違った性質が無造作にその問題と混同されなかったら、学術書『売買について』*De emptione et venditione*（注41）は、たまたま現にあるよりもっとずっと明らかで正確だったろう。

だから、もし、ギリシャ人やトロイ人が、重さが量られ、完全にこの用途のためにあてられた金や銅の小片を、囚人の身代金を払い、報償し、賭けをし、贈り物をし、最後に、ワインや他の商品を買うために役立てたなら、もしこれらの金属が今と同じ欲求と評価の下にあるなら、もしそれらが現在と同じく当時の君主の富を形成していたなら、ギリシャ人やトロイ人が、トロイ戦争時に貨幣を使用していたことはもう明らかだろう。銀貨については、私が知るかぎり、何の痕跡にも出会わないし、今までに銀は富と財宝の中には決して数えられていない。つまり、このことは、すでに述べたように、私には新たな証拠である。なぜなら、もし当時、銀が動産、壺とか装飾で確かに使われていたとしても、他の諸金属は（真の富である）貨幣として利用されたのに、銀はまったく利用されなかったと推測する以外に、銀が富の中に数えられなかった理由は決して理解できないだろう。

これらすべてのことが、私見では、ギリシャ人が、トロイ戦争時に貨幣を使用していたことを十分証明している。つまり、もし〈最高単位〉***τάλαντον*** という語が幾分困難を託《かこ》ったとしても、しばしば金属の重さを

（注41）ユスティニアヌス帝の『学説彙纂』*Digesto* の一部の表題。

意味する語として、当否にかかわらず、もし我々の子孫が、我々の歴史と慣例を読んで、オンスの金・銀で財産刑を計算され常に科されていたことを知れば、それで、我々がどんな種類の貨幣も持たずに金・銀の重さだけを利用していたことを納得して信じるだろう。(375)

人が思い込んでいるように、家畜による物の価格のつけ方から取り出された最後の困難が残るだろう。しかし、この困難に対しては、多くのまったくきわめて頑強な返答が与えられる。

第一には、貨幣の存在がすでに明らかに証明されているので、もはや根拠がないという憶測で悩む必要はない。反対者たちの主張が認められたとしても、貨幣だと知られずに始められたとしても、ギリシャ人がそれを使い始めた後も、この使用とこの物の価格の付け方がいかに不変で当たり前であったかに驚かざるを得ない。しかしながら、イギリスやわが王国のように、幾つかの国々では、あらゆるものが、今までに一度あったという理由だけで、多くはもう存在しない貨幣によって評価されているのにも同じく驚かされるので、これがそのような類の唯一の慣習ではなかろう。

第二に、この価格のつけ方が証拠の役に立つに違いなくても、あまりに立証しすぎれば、結局このために何も立証しないも同然だろう。ラケダイモン(スパルタ人)Lacedemone の王、ポリュドロス Polidoro の寡婦が一定数の牛と引き換えに家を売ったことを知っているので、我々は当時なお貨幣が使用されていなかったことを推測できよう。すなわち、まったく根拠がないことは、ポリュドロスに何世代も先行していたリュクルゴスが、自分が賢明だと信じた政策の特色として、当時ギリシャの残りの領土では十分流通していた銀・金貨を自国民に禁止した後に、銅貨だけ彼らに約束したというものである。

第三に、恐らく、あるいは確かに、ホメーロスや当時のギリシャ人は、右に引用された箇所で、〈牛一〇〇頭に値する〉ἑκατόμβοιον、〈牛一二頭に値する〉δωδεκάβοιον、〈牛九頭に値する〉ἐννεάβοιον、〈牛四頭に値する〉τεσσαράβοιον という語について、まったく別の意味を考えていたと答えていい（我々も、明らかに証明された多くの真実になぞが混ざることをかつて許している）。すなわち、我々が「牛」と呼ぶ動物はどうしても貨幣の名称にはなれないのか。時代のあまりに大きな隔たりと情報の余りの少なさが我々に何事も確実な明言を許さない。もし、ラテン語について、我々がホメロスの言語・ギリシャ語について知っている以上のことを知らなければ、もしラテン語の本が一冊か二冊しか我々に届けられなかったら、誰が確実なことを知っているのか。すなわち、思うに、我々が物の本に、「財産」peculium という語を見つけても、直ちにその語を羊 pecore の群と解釈せず、それに古代ラテン語には貨幣という語がないから、家畜で物に値段をつけたと考えられることを誰が知るのか。かくして、我々が極小の銅貨に「カヴァッロ（馬）」cavallo（注42）と言う名をつけたように、大型の金貨にもその名をつけたことで、おそらく、我々のはるか遠い世代の子孫は我々より情報がかなり曖昧なので、わが国にはこれほど沢山いるこの名の動物と引き換えに、かつて物が買われたと信じるしかなかったのではなかろうか。（376）〈大贄《おおにえ》〉ἑκατόμβης と呼ばれる生け贄の名称を注意深く考察す

（注42）「後に縮められて、そのような語の「カッロ（馬の跗蝉《ふせん》…胼胝《たこ》）」callo で、その語義でなおナポリに幾らかの地名として形跡が残っている。たとえば、「オットカッリ」Ottocalli。同じように、小額すぎる価格を指すために「トレ・カッリ」tre calli の語句が、なお方言の中に存続し消え去らない」（ニコリーニ）。

れば、私の推測は目的を外れていないように思われるので、これは単なる推測でもない。事実、この生け贄について語っているホメロスの『イリアス』の第一書［六五―六七行］（本書、三九四―六、及び四六〇ページのニコリーニの指摘も参照）を読めば、彼が、実質一〇〇頭の牛とは大違いの組み合わせをしているから、結局、我々にはこの動物の名を含むように思われるこれらの語の合成は、実際には一〇〇頭よりかなり少ない数、恐らくきわめて僅かでまったく違った数を表していると信じるしかない。だから、古代人たちがこの非常に高くつく生け贄を容易に提供することに加えて、この書にはこの生け贄が一〇〇頭の牛だったと信じさせるに足るすべてについて不可解な沈黙が見られ、（空想と雄弁にはきわめて幅広い領域をもつ）饒舌なホメロスが、乗船し、上陸し、多くの動物の屠殺では、口の利けない人になるようだ。つまり、それ以上に、彼はこの生け贄を他のすべての箇所では、一頭だけか僅かな動物として叙述している。一〇〇頭の牛の生け贄の説明にはまったく不十分だが、このすべてを説明することは省略する。つまり、私は、ユリシーズの船の収容能力の考察だけを採り上げてみたい［（第一書）三〇八（九）行など］。この船には、いつでも全員で二〇人の漕ぎ手がいる。船は甲板がなく、陸地まで、すなわち、ひたすらゆっくり移動する。オールと一枚の帆だけをもち、舳先《へさき》に立っているマストは、我々の二本マストの小型船のそれらのように、必要に応じて帆があげられたりたたまれたりする。ようするに、ユリシーズの船が、まさに一六本オールの我々の二本マストの小型船の一隻ほどの大きさであることを認めるためには、この話はホメロスで十分なのである。それでもなお、もし、〈大贄〉ἑκατόμβηςが一〇〇頭の牛のことだとすれば、この運搬船には、クリューセーイースCriseideが自分の持ち物全部の上に、幸運にも一〇〇頭の牛全部が積み込まれたのだろうか。〈愚か者しかそれを信じないだろう〉 *Credat Judaeus Apella.*（注43）。これに、雄牛一〇〇頭 ecatombe 全部が、生け贄としてたった一つの祭壇に供えられ、それ以上に、これら二〇人によって牛全部が火であぶられ、食べられたことがつけ加えられよう。すなわち、もし〈大贄〉が「一〇〇頭の牛」の意味なら、二〇人が、実際に一回の正餐だけで一〇〇頭のあぶった牛を貪り食ったことになろう。当時の人々は大変な健啖家であったに違いない。

しかしながら、このことすべては、同じホメロスが、私が助言したいように読まれて、主に、クリュセース Crisa（e）のところにいった大贄のみならず、ギリシャ軍が身を清め、「次いで、荒れた海の海岸近くで、雄牛や山羊を惜しまずに、アポロンに大贄 ecatombe を捧げた（注44）」（『イリアス』第一書、三一四―五行。邦訳（上）二七ページ）ことに気付いたら、かなりましなように思われる。このことが、〈大贄〉をギリシャ人が行った何らかの犠牲式だと呼んだホメロスの間違いだったとも言えない。（377）だから、少し前で、アキレウスが、カルカース Calcante にどんな理由で彼らによってアポロンが侮られたのかを聞いて、次のように言っている。

「神が咎めたもうたのは、起誓のためではなく、大贄 ecatombe のためである。娘を解放し、身代金の受け取りを拒んだので、アガメムノンがかつて辱めた神官のためである（注45）」（『イリアス』第一書、九三―五行。邦訳

（注43）箴言に言う。*Potrebbe crederlo soltanto uno sciocco.* イタリア語訳に準拠。

（注44）原文ギリシャ語、ラテン語訳。邦訳参照。行論上、

（注45）同。

（上）一四ページ）。

それは、すでに雄牛ではなく、羊や山羊だけが指定された大贄でのことである。このことは、エウスタティオス Eustazio（di Tessalonica テッサリアの。ビザンティンの碩学、ホメロスの注釈者）が、ホメロスについての人口に膾炙した注釈で、この箇所では多数の動物の生け贄すべてが、〈大贄〉と言われていたと考えることに納得したほどの事実である。とにかくこのことが、この語を他の語源に捜し求めるべきか、〈牛〉βοιον という語をつねに「牛」bue と解釈しなくてもいいとしたとしても。

さて、屠殺されねばならなかった数が事実からあまりにもかけ離れていることに加えて、もし「大贄」が一〇〇頭の牛の生け贄と言うだけなら、どうしてここに山羊が入らないのか。だから、〈牛〉βοῦς という語はなお未知の何かを意味し、（恐らく、ローマ人の間では、「スオウェタウリーリア」suovetaurilia か「ソリタウリーリア」solitaurilia（豚、牡羊、牡牛からなる犠牲[*]）だったように、ギリシャ人のもとでは祓い清め用とか贖罪用の生け贄であろう）「大贄」という語は、かなり少数の動物のことだと言わねばならない。

私は、これらの自分の憶測がどのように受け取られ聞かれるのか知らない。しかしながら、他の人々はこれらの憶測を、ありふれているか凡庸かですでに言い古された類の意見以上には評価するだろうと思う。また、他の人々は、いかなる方針にすがり付こうかと仰天して、一方では普遍的権威の、他方では理性の根拠の間をさまようだろう。さらに、他の人々は、可もなく不可もなくそれらの憶測を是認し、最後に、他の人々は、世論がそれらに投げつける困惑から免れるよすがを教示してくれと言うだろう。わがアントニオ・

ディ・フスコ Antonio di Fusco が、ホメロスのこの第一書が「一〇〇頭の牛」ἑκατὸν βοῦς ではなくて、「一〇〇足」ἑκατὸν ποὺς あるいは二五頭の牛と読むと考える人がいたと説明した折に、私を〈おめでたい精神〉(注46) ὁ μακαρίτης と言ったのを私は思い出す。つまり、このことは、何か手稿とか著者を信頼したのではなく、真実自体と問題の本質が、「一〇〇頭の牛」と理解されざるを得ない仮説でそれらに創りだした克服しがたい困難を免れるだけのためだったのだ。しかし、たとえこの謎に出くわすにしても、本当のところ常に、物に価格を付ける方法はまったくないのではなく、貨幣の僅かな使用と恐らくなお貨幣発明の新奇さしか示せないだろう。

(378) いかにカルメ神父がほとんど矛盾を免れず、よかれ悪しかれ、いかに情報を集めることにしか腐心しなかったにせよ、私の役に立つ彼自身の一節の引用だけはここで省略したくない。まさに、これが彼の言葉である。「マケドニアのピリッポスの父であり、アレクサンドロス大王の祖父であるアミュンタスの貨幣は、ギリシャ全土において最も古いものとみなされている」"Inter graecos omnium remotissimae aetatis habentur nummi Amintae, patris Philippi Macedonis et avi Alexandri Magni."。ここで、カルメは博物館にある貨幣について語っている。しかし、ここで、神父はこのアミュンタス Aminta (AmyntasIII, マケドニア王、在位前三九

(注46) 原文ギリシャ語。「アントニオ・フスコ。ガリアーニが、一七七九年に『ナポリ方言』でも、概括的に記憶するギリシャ語学者、法学者」(ニコリーニ)。

(*) クィンティリアヌスから。Quintiliano, Marcus Fabius, 三五~九五年。スペイン生まれの古代ローマの修辞家。『弁論術教程』の著者、(邦訳、『弁論家の教育』、森谷宇一他訳、京都大学学術出版会)。

三年頃〜三六九／七〇年頃）の貨幣がもっと古い別の貨幣と交換されたことに〈偶然〉*obiter*[注47]気付くはずである。古いシラクーザのイエローネ Ierone の貨幣 medaglie はよく流通したから、このアミュンタスの貨幣よりもはるかに古いものである。それは以下のように知らされる。「その歴史では、テーセウス Theseo（Theseus, アテネの王アイゲウス Aegeus の子、立憲的王制を樹立してアッティカ Attica の諸都市をアテネに統一した）の下で〈デカトンベ〉decatombe, *decaboeis*（一〇頭の牛）と〈ヘカトンベ〉ecatombe, *hecatombeis*（一〇〇頭の牛）に言及されている。しかし、それが未加工か打刻された貨幣であったかどうかは明らかではない[注48]」。まさに、カルメ神父自身によれば、この牛の値踏みの仕方は、信じるに足るほど確実でも議論の余地のないものでもないのだ。つまり、さらに彼自身によれば、テーセウスからこの方貨幣があったから、これが、「印章（シニャータ）」signata ではなく、「細い棒（ルディス）」rudis であっても、やはり「貨幣」と言われることになるのだ。これらすべては、彼自身が右に述べたことに真っ向から対立している。

だが、これでついに私の証明の最後にたどり着いた。さて、すべてを少ない言葉に詰めて言えば、私は、たとえきわめて希少でも当時金が、我々が貨幣を利用するその同じ用途に活用されていたが、この金はなお公的権威によって打刻されておらず、それを役立てようとする時には、各人が自分で重さを量っていたことを証明するのに十分な根拠をあげたと信ずる。つまり、貨幣の固有の本質がそれが打刻されていることを求めもせず、人々の共通の使用が、打刻されていなくても貨幣の名を否定しないことも証明されているから、この金《きん》を私は疑いなく貨幣と呼ぶ。たとえホメーロスがこれらの金だけについて語っているにせよ、貨幣のこれらの小片には、「タラント」、「半タラント」の名が、おそらくなお他の名もつけられていたことが証明された。銀は、この任務に役立てられず、富の中にも列挙されないことが証明された。〈青銅〉の一般的な名で象徴される銅は、ホメロスでは、確かによく貨幣の個別名として出会わずに、常に〈黄金と青銅〉の呼び名で示された。それから、最後に、『イリアス』の第七書の一節は、それが貨幣と販売にふれる時には、物々交換と貨幣の欠如の証拠として今まで誰からも誤って解釈されてきた。そして、第六書の別の箇所は、誤解されなくても、少なくとも、〈一〇〇頭の牛〉と〈牛〉が貨幣名であるとごまかされていないとは言い切れない。以上が私の主要な配慮であった。さらに、議論の中で、手厚いもてなしの真の起源と儀式の原因が説明された。なぜホメロスには税金の言及がないかの理由、今まで疑われて不確かな鼎の本当の形、金メッキする慣わし、最後に、一〇〇頭の牛の慣習やそれを構成する動物の数に関する新たな憶測が生じた。

すべてのことを私が十分に証明したかどうかは、自分では決められない。(379) それの決定権は聴衆諸兄に帰する。今は別の折りにもまして、私と私の問題に対する諸兄の善意と同様、確かにご寛恕 sofferenza (注49) が試されたものと言えるだけだ。あまりに長くしゃべりすぎたので、もはやこれ以上の研究上の推論は無用な言葉の濫用になろう。

(注47) incidentalmente.
(注48) 原文ラテン語。イタリア語訳に準拠。
(注49) : pazienza, sopportazione.

〈史料Ⅱ〉

「ガリアーニによる一七四四年以後の、ジョン・ロックの小冊『利子・貨幣論』のイタリア語訳が、略号XXX・C–1（ff. 1r. –92r. e 106r. –112v.）でここに所蔵されている。表題はない。多くの注釈つきで最後まで至らないガリアーニが翻訳した一～一四ページ。ここには、特にガリアーニの字数の少ない注釈がいっぱいある。したがって、紙幅の都合と現行版の特徴をゆがめないために全手稿ではなく、ガリアーニ思想と経済用語の形成を認識するために興味ある最初のページだけが採録された。編集者は〔 〕括弧の中に手稿にある著者の異文と訂正を表示した。」

(380)〔邦訳、三ページ〕〈ジョン・ロックの『…利子低下の結果の考察』の翻訳(注1)〉

拝啓（シニョーレ(注2)）

私は〈利子〉の授受にはほとんどかかわりをもっていないので、利害や性向のために偏った見解をもつおそれはないとしても、無能や無知のために間違いを冒す危険はあるかと思う。〔したがって〕〈利子〉を四パーセントに引き下げる法律によって引き起こされる諸結果について、十分完全で明快な説明ができるかどうか危ぶまれる。しかしあなたが愚見をお求めになっておられるので、私はこの〈利息〉（*Use*）の問題を最善の能力を傾注して公正に述べることに努めたいと思う。

第一に考察すべき主題は、貨幣の貸借の価格は〈法律〉によって規制しうるかどうかという点である。その問題については、一般論としては、規制しえないことは明白であると世人は言うだろう。というのは、人が自分の好む者に貨幣や所有地をやってしまうのを防止する法律を作りえないのと同じように、どのように法律を巧みに立案しても、自己の財を処理する能力とその財を他人にもたらす方法とに熟練した人々が業務上貨幣を必要とする場合には、どのような利率《レイト》であっても、彼らが貸しつけられる貨幣を取得するのを、防止することはできないだろうし、銘記すべきことだが、たんなる道楽で金を借りたり、〈利息〉を支払ったりする者はいないからだ。借金のあのわずらわしさや負担を人に甘受させるの（に）は、金が要るからである。この入用の程度に比例して、どんな犠牲を払っても、誰もが金を手に入れようとする。そこで巧智にたけた人間が、例の禁令を回避し、法の刑罰をまぬがれるように、事をいつも巧みに処理する場合、どう対処することができるだろうか。（四ページ）そのような法律から生ずる不可避的な結果は結局どのようなものだろうか。

一、それは貸借の困難さをはるかに大きくし、その結果（富の基礎である）トレードが妨害されるだろう。

Ⅱ

（注1）この文書については、我々の *Nota al testo*、p. XLI と la nota II del G., alla p.307. 注釈三八九―九〇ページ、参照。

（注2）ジョン・ソマーズ氏（Mr. Som（m）ers, John, 一六五一年～一七一六年。イギリスの政治家、一六九二年法務長官、一六九三年国璽詔書、一六九七年大法官）。

二、それは最も援助と救済を必要としている人々にだけ損害を与えるであろう。私は寡婦や孤児、およびより巧智にたけた人々のもつ技術《アーツ》や経営の仕方を身につけていない人たちのことを言っているのである。これらの人々は財産を貨幣でもっているので、彼らは、特に孤児たちは、かの法律が公に認めている〈利子〉以上には、貨幣から利益を得られないことは確かである。(381)

三、それは銀行家や金貸し(Scriveners)、ならびに他の同様に老練な仲介業者《ブローカー》の利益を大きく増加させるであろう。彼らは、トレードと貨幣および債務の現状とが〈利子〉をたえずその点まで引き上げる〔貨幣の〕真実の自然的価値に従って、貨幣を貸付ける術に熟練しているので、〈利子〉の真実価値《トルー・ヴァリュー》が法定価値を超過する分を確実に利得するだろう。というのは、予告すれば即座に金を確実に入手できる場合には、無知で怠惰な人々でも、手持ちの貨幣を預けることの便利さを知るようになり、自分たちの貨幣を喜んで受け入れることが知られている人々の手に——預けた金を必要とするどんな急場のときでも、その全部または一部をたやすく引き出すことができるかぎり——進んで渡すからである。(五ページ)

四、そうした法律の一〇中八・九確かな結果の一つとして、国民の間に大きな偽証罪を生み出しやすいことが気づかわれる。この罪ほど立法者が注意深く防止せねばならぬ罪はないが、それには明白な立証された偽証に対する刑罰を定めるだけでなく、できる限りその誘惑を避け、かつ少なくする必要がある。なぜなら、偽証への誘惑が強い場合には(人が自分自身の利益のために誓う場合がそうであるように)、それに伴う刑罰の恐怖も、あまり抑制にはならないからだ。とりわけ、その罪の立証が困難な場合はそうである。このような場合には、〈利息〉以外の他の名目で貨幣を受け取るためのあらゆる方策が案出されることとなり、法律の規定と厳格さとが巧みに回避されるように思われる。その上、人々の間には秘密の同盟《トラスト》や共謀が生まれるであろうが、それらは疑うことはできても、自白されない限り、決して証明することができない(注3)。私は(訳注1)非常にまじめで観察力の鋭い人々が、世間に偽証が頻発し流行しているため、人々の生命と財産が危険にさらされていると訴えているのを聞いたことがある。信義と誠実は、とくに宣誓によって天なる神に厳しゅくに訴えて誓う場合にはすべて、社会の偉大な紐帯となる。これを注意深く支援し、できるだけ人々の心の中で神聖で畏敬すべきものたらしめることが、為政者の知恵というべきである。しかし、かりにも宣誓の頻用のため、宣誓が法律上の形式にすぎないと思われるようになり、真実を強制する習慣がひとたび人々を偽証にはまりこませ（人々が自身にかかわる訴訟事件で宣誓を行うとき、そうしたことに陥りやすいが）、誘惑に伴う罪がきわめて広範に広がり、さらにある場合にはほとんど流行にさえなると（これらの紐帯が分解するので）、社会は存続が不可能になるだろう。（六ページ）そして、あらゆることが粉々に解体し、混乱に陥るに違いない。(訳注2)自分自身の事件で誓約するということは日常会話の場合にそうであるように、徐々にそのような宣誓にあまり顧慮を払わないように人を導きがちである。この種の事柄に関してこれまで観察されてきたことから、そう疑うだけの理由がある。(382) 商船の船長は、一般に勤勉でまじめな種類の人間であり、彼らの数と地位のゆえに、他のいかなる種類の人々に比べても等しく正直だと考えられていると思う。だがそれにもかかわ

(訳注1) イタリア語訳では、ここから改行。

(訳注2) 同。

(注3) 「イギリスでは、どんな犯罪にも、国事犯罪にも、どんな種類の拷問も行われていない」。

らず、私は他の国々の商人たちと交わした談話から、船長たちがこれらの地域では税関宣誓(訳注3)を次のように随分と勝手気ままに行っていると、商人たちが考えていることがわかった。すなわち、かつて海外の商業都市である船長について聞かされた話では、その男はまじめで公正な人間だと評価されていたにもかかわらず〔虚偽の〕〈税関宣誓は断じて罪にならない〉と言うのを抑えられなかったとのことである。私はこのことを、他のいかなる人々にも劣らず廉潔で、イングランド中でその臣民の誰よりも勤勉で有益な人々として大切にされ評価されるべきだと私が確信しているたぐいの人々を、かりにも非難するために言っているのではない。（七ページ）しかし、私がここでこのことに触れざるをえないのは、自分自身に何らかの関係がありうる場合に習慣的に宣誓を行わせることが、いかに危険な誘惑であるかということを示す一例としてである。国民の心の中の宣誓に対する考え方を、それが当然あるべきように崇高かつ神聖なものに維持しておくことは、常に立法者の配慮と考察に値いするものといえるだろう。しかし、利害によってゆがめられた頻繁な宣誓が、それを軽視する慣習を確立し、しかも流行が（頻繁な宣誓は必ずと言っていいほどそうした流行を招くものであるが）それによって利益をもたらすものに暗に支持を与える場合には、こうしたことは不可能である。

　しかし、ぶどう酒や絹、あるいはその他の非必需品に〔きまった〕値段をつけることがいかにむつかしく、また飢饉のときに食料品の相場を決めることがいかに不可能であるかということに思いをいたすならば、規定以上の〈利息〉を徴収するのを法律では阻止できない（貨幣に対する必要がその価格を規制する唯一の事情であるから）ことが多分明らかになるだろう。なぜなら、貨幣は、普遍的な商品で、食物が生活に必要なように、商業《トレード》に必要なので、いかなる利率を払ってでも、誰もがそれを手に入れなければならないからだ。したがって、貨幣が欠乏し、トレードのためだけではなく、債務の支払いのために借金が流行している場合には、高い利子の支払いは避けがたいからである。(注4)(383)) その明白な例が銀行家である。(訳注4)というのは、数年前、貨幣の不足のためイングランドにおいて貨幣が実際に六パーセント以上の価値になった時、(注5)貨幣を六パーセント以上で貸付けたり、法律に基づく刑罰からわが身を守る手腕をもたない人のほとんどは、貨幣を銀行家の手に—もっと有利な使いみちの機会があるときには、要求次第返還されるようにはなっていたが—預けたからである。(八ページ) そのため、法定利子率は、貸手の利益とならず、また自由に放任される場合、貨幣に対しその商品〔＝貨幣〕が産む価格〔＝利子〕を喜んで支払う借手にとっても、ほとんど利益とはならない。したがって、銀行家だけが得をすることになる。かりに〈利息〉を四パーセントに引下げてみても、金を借りる貿易商人や商工業者が現在よりもほんのわずかでも安く借りられることはなく、かえって次の二つの悪影響が起ることは確かである。第一に、もっと高い利子が支払われることになるであろう。そ

(訳注3) 邦訳の訳注では (7)。「税関宣誓。商船が入港すると、船長は税関において積荷、積出港等について通関手続きをし、それに誤りがないことを宣誓しなければならなかった。しかしこの宣誓は手続きの不正を抑止する手段としては効力がなく、当時の人々にも税関宣誓は形式問題にすぎないとみられていた」(一九〇ページ)。

(注4) 「イギリスには公立銀行がないので、最も富裕な商人が、公立銀行の代わりの役をして個別の資金を所有している。これらの人々は〈ブローカー〉*brockers* と呼ばれる。私は銀行家 banchieri と訳している」。

(訳注4) イタリア語訳では、ここから改行。

(注5) 「当時その法律は、利子を六パーセントに決定した」。

して、第二に、国内にはトレードを動かすための貨幣が少なくなるだろう。というのは、せいぜい四パーセントたらず〔の預金利子〕を支払い、六パーセントから一〇パーセントないしそれ以上〔の貸付利子〕を受取っている銀行家は、そうした低利率になると、利率がずっと高い現在よりもいっそう多くの貨幣を手元に退蔵することに甘んじうるからである。そのためトレードに動いている貨幣はいっそう少くなり、いちだんと大きな不足が生じ、銀行家によるこの〈独占〉のため、借手の側にいっそうはげしい貨幣不足がもたらされるだろう。銀行家の技能や経営手腕と、その他の人々の怠惰と技能不足とが相まって、わが国の資金《トレジャー》のいかに多くの部分が銀行家の手中に流れやすいかということは、〈国庫〉支払い停止[訳注5]のさいに、大量の貨幣が銀行家に預金されていたことが判明したことからも知られるはずである。[注6]（九ページ）しかも、ロンドンのある民間会社の金匠が、彼一人の保証で一時に一一〇万ポンド以上の融通を行なっている（通常は彼の使用人の一人が署名した手形を発行するだけのことだが）というのは、確かに本当のことではあるけれども、にわかには信じがたいほどの事実である。根本にある前提が同じなら、トレードは以前と同じように維持されるかもしれない。しかし、法律で利率を四パーセントに引き下げた場合には、誰も銀行家[注7]から四パーセント以上を受け取れるとは思わないだろう。トレードに使用するために貨幣を必要とする人々は、その場合でも現在と同様、五ないし六パーセント、人によっては七ないし八パーセントより低い利子で金を借りることはできないだろうが。しかし、法律が貨幣からより多くの利益を引き出すことを許していた時に、銀行家が国の現金の大部分を手中にしていたとすれば、この法律が原因で、その大量の貨幣が今やもっとロンバード街[注8]に流入しないと誰が考えうるだろうか。というのは、他の人々には六パーセントでも貸付けないのに、銀行家には四ないし五パーセントで貸付ける人々が現在多数いるからである。だから、[訳注6]〈法定利子《ユース》〉が〈自然利子《ユース》〉にきわめて近い点に維持されるならば（私の意味する〈自然利子〉というのは、貨幣が平等に配分される場合に、現在の貨幣の欠乏が自然に到達される金利のことである）、おそらくは借手にとって金利が引き下げられ、貨幣は確実に国のトレードにいっそう役立つようになるだろう。（一〇ページ）なぜなら、その場合には、法律によって完全な〈自然利子〉近くのものを取得することを許されている人々は、銀行家に預けるためにわざわざロンドンへ貨幣を運ぶことはせず、その地方の隣人に貸付けるだろうから。(384) しかも地方ではその方が、トレードにとって好都合なのだ。しかし〈利子率〉を引き下げるならば、金利を維持することに関心をもつ貸

（訳注5）　邦訳の訳注では（8）。「〈国庫〉支払い停止。チャールズ二世は一六七二年に、国庫が支払いを約束していた各種の政府証券や支払指図書の元金や利子の支払いを停止した。利子の支払いを正式に再開したのは一六七七年であったが、その間にも事実上は利子の支払いが行われていた事実もあり、ロックの指摘するように、政府に貸付けていた金匠の打撃は必ずしも決定的なものではなかった」（一九〇ページ）。

（注6）　*Chiudersi della tesoreria*：報告されているエピソードは、恐らくチャールズ二世（一六三〇～八五年。英国王在位一六六〇年～八五年）によって決定された一六七二年に起こった信用の停止だろう。

（注7）　ガリアーニのイタリア語訳では、この人物は mercatante となっている。「この人物は銀行家 banchiere であって、彼の銀行にはまさにこの金額があった」。

（注8）　*strada de'Lombardi*：ロンバード・ストリート。Lombard street, ロンドンの旧〈シティ〉*City* にあり、ロンバード lombardo は商人の同義語である。

（訳注6）　イタリア語訳では、ここから改行。

手は、法をおかせば完全な〈自然利子〉またはそれ以上を支払ってもらえることがたしかな商工業者や地主 gentiluomo（注9）にその金を貸すよりも、むしろ〈法定利子〉で銀行家に貸すであろう。なぜなら、法をおかす危険があるばかりでなく、銀行家が市場を独占しているからである。〈自然利子〉が七パーセント、〈法定利子〉が六パーセントと仮定した場合、第一に、貨幣所有者は、彼の貨幣が生むであろう最高の利益の七分の一をうるために、あえて法律の刑罰をおかさないだろう。また銀行家も、彼の利得がわずか一パーセントの場合には、あえて借り受けないだろうし、貨幣所有者も国内で合法的にいっそう多くの利益をあげようと思えばあげられるものを、銀行家に貸しはしないだろう。危険はすべて次の点にある。すなわち、仕事や支払いが滞っているため、〈自然利子〉が高くなって商工業者《トレーズマン》が自分の労働では生活を営めなくなり、またわが国の富裕な隣国人がわれわれよりも廉価で販売するため、われわれがあげる利益では〈利息〉を払い、生計をたてるのに不十分になるとすれば、わが国のトレードは損失をこうむるだろう。この事態から立ち直る方法は、全般的な節約と勤勉か、あるいは他の国では供給されえないため、世界の人々がわが国の決めた価格で買わざるをえないようなある商品のトレードの支配者になる以外にない（一一ページ）。

さて、私の考えでは、貨幣の〈自然利子〉は二つの方法で引上げられる。第一は、住民相互間の負債額に比べて一国の貨幣がごくわずかしかない時である。バーミューダ島のトレードを営むのに一〇、〇〇〇ポンドで十分であるとし、最初の一〇人の植栽者が二〇、〇〇〇ポンドを持ち越して、それをバーミューダ島のさまざまな商工業者と住民に貸付けたと仮定しよう。〔次に〕その商工業者と住民が彼らの利得以上の生活をして、この金のうち一〇、〇〇〇ポンドを消費してしまい、したがって、この島から流失してしまったとする。万一すべての債権者が一度に彼らの貨幣を回収するとすれば、貨幣の大欠乏が起ることは明白である。この場合、トレードに使用されている貨幣が必要なので、債権者の意のままにされるに違いない。その結果利子は高くなるだろう。しかしある異常な全般的危機にさらされない限り、債権者全員あるいはその大部分が同時に貨幣〔の返還〕を要求するという希有な事態は、以下に述べる〔第二の〕場合ほど数多くはなく、またしばしば感知されるものではない。ただし、人々の負債額がいっそう大きな割合を占めるようになる場合は、その例外である。なぜなら、負債が大きな割合になる場合には、つねに貸手よりも多くの借手を生み出し、貨幣を稀少にして〈利子〉を高くするからだ。(385)（二二ページ）第二に、貨幣の〈自然利子〉が不断に引上げられるのは、一国におけるトレード〔量〕に比較して貨幣が少ない場合である。なぜなら、トレードにおいては、誰もが必要に応じて貨幣を要求し、この不均衡はつねに感じられるからである。仮にイングランド人が全部で一〇〇万ポンドだけ借金をし、他方イングランドに一〇〇万ポンドの貨幣があるとした場合、貨幣は十分負債に釣合っているであろう。しかし、もしトレードを行うのに二〇〇万ポンド必要だとすれば、一〇〇万ポンドが不足し、したがって貨幣の価格は引上げられるであろう。それは丁度他の〔貨幣以外の〕任意の商品が、市場で半数の顧客にしか供給されず、したがって一人の売手に二人の買手がある場合と同じことである。

だから、法律によって利子の市価《プライス》を効果的に引下げようとこころみるのは無駄なことである。家屋や船舶

（注9） proprietario terriero. 地主。

の賃貸の場合と同様に、貨幣の場合にも、固定的な価格を設定したいと望むのはもっともであるかもしれないが。取引の機会を失うより〔公益のための〕船舶を欲する者は、市場価格でそれを購入することに躊躇しないだろうし、また利子率が法律によって制限されていても、所有者に担保を入れて購入する方法を見出すであろう。海運やトレードを失うよりもむしろ〔そのための〕貨幣を欲する者は、そのために〈自然利子〉を支払い、貸手を法律の適用外におくような狡猾な取引の仕方に甘んずるだろう。したがって、法律はせいぜい貸付の技術を発達させることに役立つだけで、借手の負担を少しも軽減しないだろう。〔一三ページ〕借手は余計面倒にみまわれ、〔事業を〕さらに行おうとすると、借金のためにさらにいっそう多く〔の利息〕を支払うことになりそうである。ただし、すでに設定された抵当や契約に干渉したり、また〈そうしたことは予想されるべきではないが〉合法的になされた取引を法律によって事後的に無効にし、一方が借手で他方が貸手であったという理由だけで、Aに当然払われるべきものをBに与えるということを意図するならば、話は別であるが。

しかし、[訳注7] 法律がその提案者の意図にかなない、しかもこの法律がもくろまれたように、貨幣の自然価格を無理におさえて、誰もが一〇〇ポンドにつき四ポンド以上の〈利息〉で貸付けるのを阻止したとすると――そうしたことは明らかに不可能だが――、どのような結果が起るかを次に考察してみよう。

一、寡婦や孤児ならびに自分の財産を貨幣の形態でもっている人々はすべて、彼らの財産の三分の一を失い、そのことは、大多数の人々にとって極めて耐えがたい境遇となるだろう。国家の英知ある人々に慎重に考えてもらいたいことは、丁度地主が自分の土地を賃貸してできる限り多くの利益をあげる権利をもつのと同じように、自分の財産を貨幣で所持し、貨幣をその価値通りに（それ以上は不可能としても）利用する権利をもっている多くの罪のない人々に、彼らがこのようにして一撃を加え、罰金を課し、貧困化してしまうのではないかということである。（一四ページ）何の罪も違反行為も犯していないのに、財産の三分の一の罰金を課すことは、非常に残酷なように思われる。

二、貨幣所有者にとっては大変な損失と損害になるのに、王国にとっては全然利益とはならないであろう。というのは、トレードが束縛を受けず、わが国産の物産や製造品の輸出が妨げられないかぎり、国民の内部で誰が得をし損をしても、王国にとっては問題ではないからである。(386) ただし、自らの口を糊することがまずできない人々が、法律によって最大限保護さるべきだということは、まさに人類共通の博愛心が教えるところではあるが。

三、借金をしている商人には利益となるだろう。というのは、仮に彼が四パーセントで借り、彼の収益が一二パーセントだとすると―現在は、利潤を等分に六パーセントに分割しているのに、―彼は八パーセント、貸手は四パーセントを得るからである。しかし、トレードで商人も貸手もともにイングランド人だと仮定すれば、このことは王国にとって得にも損にもならない。前述のように、そのことは貨幣以外には生活するすべをもたない貨幣所有者の財産の三分の一を商人の懐に、しかも前者には何の利益もなく、後者には法を犯させることなく、移すにすぎないであろう。私人の利害はこのように無視されるべきではないし、公共

（訳注7） イタリア語版では改行されていない。

の明白な利益がある場合以外には、何物の犠牲にも供されるべきではない。（一五ページ）ところが、この場合、事態はまったく逆である。貨幣所有者のこの損失(訳注8)はトレードに損害を与えるだろう。国の貨幣が退蔵され、その結果トレードに損害を与えることのないように、貸付を奨励することがいかなる結果を生むかを考察する時になったら、やがてもっとはっきりするように、危険に比して利益がこのように不釣合では、金を貸す気を失わせるからである。

四、それはトレードを阻害するだろう。なぜなら、ある大きさのトレードを動かすには一定の割合の貨幣が必要であり、その一部の貨幣の動きが止まると、それだけトレードが減少するからだ。ところで、危険が大で利得が小である場合（イングランドで低〈利子〉で貸付する場合にそうであるように）、多くの人々は、そのような条件で貨幣を貸出して危険にさらすより、むしろ退蔵する方を選ぶであろうと、当然考えざるをえない。このことは王国にとって損失であり、ここイングランドでは、当然重要な配慮を与えられねばならない種類の損失であろう。なぜなら、我々は鉱山をもたず、トレードによる以外国内に富を獲得し保持する手段がないので、わが国と隣邦諸国間の逆貿易差額は不可避的にわが国の貨幣を流出させ、急速に我々を貧乏にし、危機にさらすに違いない。(注10)金・銀は(訳注9)〔それ自体としては〕ほとんど役立たないけれども、それは生活のあらゆる便宜品を支配する。だから、富は金・銀の豊富さに存するのである。

鉱山のみが金銀を産出するということは、周知のことである。しかし、同時に、金・銀を自然に埋蔵している国のほとんどが貧困であるという事実が注目される。(387)これらの金属の採掘と精錬は労働力を吸収し、多くの人命を消耗するからである。中国人が、彼らの所有する鉱山を無理に操業させないという賢明な政策をとっているのは、この理由のためである。また事態を正しく考察すれば、鉱山から採掘された金銀は、実際にはトレードによって獲得された金・銀と同程度には富裕をもたらさない。軽い方の秤を反対側の秤より下げようとする人は、あいている方の秤に新しい分銅を重い方から取るようにするであろう。なぜなら、その場合には半分の分銅で十分間に合うからである。〔同じように〕富は、金・銀をより多量に所持することに存するのではなく、世界の自余の国々、あるいは隣邦諸国に比してより多量に所持することに存する。そうすることによって我々は、隣接する諸王国や諸国家が手にできる以上に、豊富な生活便宜品を獲得できる。こういう隣国は、世界の金・銀をより少ない割合でしかもっていないので、富と力の手段に欠けるので、わが国より貧しいのである。また仮に新鉱山が発見され、世界の金・銀の量が現在の二倍となり、彼らの金・銀量の分け前が倍増したとしても、彼らはそれ以上少しも富裕にはならないだろう。世界の金・銀

(訳注8) 邦訳の訳注では(9)。「『私人の利害はこのように無視さるべきではないし…貨幣所有者のこの損失は』の箇所は第二版で付加された」(一九〇ページ)。

(注10) 「その時、その国が受け取るのと同額の商品価値を輸出していれば、一国の収支は均衡している。もしその国が余剰をさらに送り出せば、貨幣が入ってくるはずだから、このことだけが一国の富裕を生み出すのだ。輸出が少なければ、残りには貨幣を与えねばならないので、この国に鉱山がなければ、彼らには債務が残り、間違いなく破産に向かうだろう」。

(訳注9) 邦訳の訳注では(10)。「『金と銀は〔それ自体としては〕ほとんど役立たないけれども……』から原著一六ページの『……他の何事よりも富裕にいたるより確実でより近い方法であるトレードを、少なからず奨励することであろう』までは、第二版で追加された」(一九〇ページ)。

という時、地中に埋蔵されているものではなく、すでに鉱山から採掘されて人々の所有に帰しているものを意味していると解して貰わねばならない。（一七ページ）これらのものは、よく考えてみると分かるが、熟練と勤勉さをもって管理される場合、他の何事よりも富裕にいたるいっそう確実で近い方法であるトレードを少なからず奨励することだろう。

鉱山に恵まれていない国では、富を増大する方法は、征服か通商《〔コマース〕》の二つしかない。(訳注10) 前者によってローマ人は世界の富の主人となった。しかし、今日の環境の下では、武力によって世界の富を手に入れたり、被征服国からの略奪品と貢納品とを政府の諸費用の調達資金にあて、その剰余を国民の必需品や、また同じように飽くことのない贅沢や流行を追う虚栄心を満足させるための資金にしようという考えを抱くような、愚かな人間はいないと思う。

だから、商業(訳注11)は富裕になるためにも、はたまた生存の維持のためにも、我々に残された唯一の道である。わが国に地理的位置の有利さが、わが国民の勤勉さと海上での勇敢で器用な性向と相まって、自然に我々をこういう交易の仕事に適合させている。交易によって、イングランドの国民はこれまで養われてきたし、上述の自然的利点に助けられただけで、ほとんど放任されてきたトレードが、我々に豊富と富裕をもたらし、隣邦諸国のいずれと比べても、優越していないまでも、つねに同等の地位に、この王国を維持してきたのである。海運の改善以来、より大きくなったり、よりよく理解されるようになったトレードの利益が、わが国に対する多くの競走相手を出現させなかったならば、疑いもなくトレードは、この王国をさしたる困難もなく前記の状態に維持し続けたことだろう。（一八ページ）しかし、最近の数治世にわたる驚くほど愚かな政策が海上の競争者を許してしまった。我々が拙劣なやり方をしたり、貨幣に不足したりする場合、これらの競争者が、我々の手から落ちこぼれるトレードのいかなる部分をも奪取することは確かである。しかも、ひとたびトレードが失われた場合には、あとになって手配りをして、失われたものを再び手軽に回復したいと望んでも、遅すぎるだろう。(388)というのは、水流と同じように、トレードの流れはそれ自身で水路を作り、堤防を深く浸食してしまった川のように、後になってその水路から向きを変えることはむつかしいからだ。トレード(訳注12)は、それゆえ富を生み出すのに必要で、貨幣はトレードをいとなむのに必要だ。このことは第一に留意し、心を用いなければならない点である。なぜなら、この点が見落とされるなら、我々が国内で工夫をこらし、我々の持っている僅かな貨幣をお互いに寄せ集めて、欠乏に備える努力をしても、結局は無駄だから。トレードの衰退は、急速にその他一切のことを疲弊させるだろう。その時には、〈利子〉を下落させ

(訳注10) 邦訳の訳注では(11)「この文章は初版では以下のとおりであった。『自然から金銀鉱山を授けられていない国では(しかも私の知る限りでは、それらの金属の採掘と精錬は労働力を吸収し、多くの人命を消耗するため、それらの鉱山はまた、一般にかなり疲弊のもとになる。中国人が、彼らの所有する鉱山を操業させないという賢明な政策をとろうとしているのはそのためである)富を増大する(すなわち富をより多くもたらし、その結果あらゆる生活の便宜品が近隣王国や諸国が手中にする分け前よりも多くなる)二つの方法があり、それらの富を増大する二つの方法は征服か通商のいずれかである』」(一九一ページ)。

(訳注11) 邦訳の訳注では(12)「初版では改行されずに、文章が前文と続いている」(一九一ページ)。

(訳注12) 邦訳の訳注では(13)「初版では改行されずに、文章が前文に続いている」(一九一ページ)。

ることによって土地の価値を引き上げようとおそらく思っている地主 proprietari de' terreni(注11)は、ひどく判断を誤っていたことに気がつくだろう。貨幣が流出してしまったら(トレードが維持されなければ、そうなるのだが)、地主は、その土地を賃借する借地農もその土地の買手も見つけられないからだ。(一九ページ)それゆえ、貨幣の貸付けを妨げるものは何であれ、トレードに損害を与える。したがって、貨幣〔利子〕を四パーセントに引き下げて貸付けに水をさすことは、トレードの車輪を回転させる貨幣の流通を著しく停止させる点で、王国に損失となるだろう。しかし、以上の記述はすべて、貸手も借手もともにイングランド人だという仮定にたっている。

貸手が外国人の場合には、〈利子〉を六〔パーセント〕から四〔パーセント〕に引き下げることによって、年々外国人に支払う〈利子〉の三分の一を王国に与えることになる。それが重要なことだと考えたいなら、そう考えてもよい。しかし、このように〈利子〉を四パーセントに引き下げる場合には、次の事態の一つが起る可能性がある。すなわち、(訳注13)国産品の価格の下落か、またはトレードの減少かのいずれかを招くことである。こういう事態が起こらないとすれば、意図したように〈高利〉を抑制できない。すなわち、〈利子〉の引き下げが行われる時点では、わが国はトレードのための貨幣を必要としているか、必要としていないかのいずれかであるが、必要としていないなら、隣国人から高利率で金を借りるのを妨害する必要はないからだ。というのは、トレードに貨幣が必要でない場合に隣国から〔貨幣を〕借りる国はないから。誰も退蔵するために外国人から余分に借りはしまい。(二〇ページ)また、もし実際に金が入用なら結局はその必要性が、どこでも借りられるところで、(訳注14)しかも法律ではなく必要が決める利率で、借金させるだろう。それが行われずに、貨幣が不足する場合には、貿易商人による購入と輸出、ならびに工匠《アーティザン》の製造業が阻害されるに違いない。さて、利子の引下げ[注12]（低〈利子〉が続く間商人が利益をうることは問題ないとして）による王国の損得

（注11）「イギリスでは、自分の土地を耕す地主はなく、誰もがそれを賃貸する。」

（訳注13）邦訳の訳注では（14）「『すなわち、〈利子〉の引き下げが行われる時点では…』から原著一九ページの『…誰も退蔵するために外国人から余分に借りはしないであろう』までは、初版では『すなわち〈利子〉の引き下げが行われる時点で、わが国は貨幣を必要としているか、必要としていないかのいずれかである。必要としていないなら、隣国人から高利率で金を借りる必要はない。というのはトレードを行う目的の他は貨幣を借りることはありえないからである。すなわち、トレードに使用されていないものは休眠しており、誰もそのために借りない。我々がある人から借りて、借金している別の人に支払うことは、一般にはトレードのためのものと考えられ、貨幣を回収し、それを死蔵させておくために貸す人々は滅多にいない』と書かれていた」（一九一ページ）。

（訳注14）邦訳の訳注では（15）「『その必要性が、どこでも借りることができるところで』Necessity will still make you borrow where you can, は、初版では、Necessity will still make you borrow of them, である」（一九一―二ページ）。

ジョン・ロック：田中正司・竹本洋訳『利子・貨幣論』（東京大学出版会、一九八二年）*Locke, John*: *Some considerations of the Consequences of the Lowering of Interest, and Raising the Value of Money*, London 1692.

（注12）「利子を考慮して、外国人が自分の貨幣を速やかに貸さないことは明らかである。ようするに、外国人から送り出される六パーセントの利子で貨幣を豊富に所持すべきか、あるいは、四パーセントの利子で乏しい貨幣を所持すべきか、儲けの多寡が見定められる。すなわち、外国人から利子つきで貨幣を受け取って、取引に充用することで利子率を高く維持すべきか、あるいは、貨幣を受け取らず利子も支払わずに、結局取引を失ってもよいか、いずれの方策が有利であるかを検討すべきである」。

は〔外国商品の消費が以前と同一だと仮定すれば〕、貨幣の不足とトレードの停止のために利得が妨げられて流入が押えられる外国資金に比べて、どれだけ多くの、または少ない資金が外国人に対する〈利息〉の支払いのために流出するか否かにまさに比例して決まる。(389) このことは、外国人からどれだけの貨幣をいかなる率で借りるのか、またその貨幣を使ってトレードからどれだけ利潤が得られるのかということを知っている人々だけが判断できるのだ。

外国人から〈利子〉付で借金することが、わが国の利得のいく分かを運び去ることは本当である。しかし調べてみれば、我々が貧富のいずれかになるのは、〈利子〉付で〔外国から〕借金するか否かによるのでは決してなく、消費財の輸入と輸出とのどちらの方がより大きいか小さいかにのみ依存するということがわかるだろう。すなわち、二〇〇万ポンドの貨幣がイングランドのトレードを動かし、しかもそれを行うに足るだけの貨幣を我々が自ら所持していると仮定する。もし自国の産物と製造品ならびにそれで購入した外国商品のうち一〇〇万ポンドを消費するが、残りの一〇〇万ポンドについては消費せず、それが〈年々〉一〇パーセントの収益を生むとすると、我々は毎年一〇ポンドずつ豊かになり、原資《ストック》もそれだけ増加するに違いない。しかし、もし消費財を輸出する以上に輸入すると、わが国の貨幣はその支払いのために流出し、我々はそれだけ貧しくなるに違いない。[……]（ここでガリアーニのイタリア語訳は終わっている。）

（390）

〈史料Ⅲ〉

〈統治術について[注1]〉

「略号XXX・C–8（ff. 1r. e 随所 passim 15r まで。分冊の半ばで、ff. 8r. に、おそらく章の作成に役立つはずの古典期と同時代の著者から章句や引用が集められた）に、「統治術」Dell'arte del gverno の標題で伝えられるメモ appunti。日付はないが、一七五〇年以前の、おそらく一七四七年にさかのぼる。」

〈序　言――統治術とは、社会で結ばれた多くの人々に幸福を与える術である。〉

人間の幸福は、ともに結合された内部的・外部的原因に依存するが、不幸は二つのうちの一つでも欠けていることに由来する。内部的原因を見えなくしている幸福に対する障害を取り除くことが道徳哲学にかかわ

史料Ⅲ

（注1）この文書については、上述を参照。pp.XLI, 135 e pessim, e la nota XVI del G. alla p.326. 注釈四一九—二〇ページ。

り、徳性の実践と愛に、宗教の完成に、また信念に依存する。

政治学は外部的原因に関わる。統治術は幸福を与えるというよりむしろそれを準備する術だから、すべて不幸を生む外部的原因を取り除くことからなる。だから、よい政府といっても、すでに万人のために幸福な政府があるわけではない。こんな政府は今までなかったろうが、内部的か個別の原因が政府を妨害しなければ、万人が幸福になれる政府はある。専制政府は少数者だけが幸福になれる政府であり、残りの者すべては犠牲になり損害を受けて不幸になる。

ここでは、幸福とは、この浮世 **vita** には存在しない楽しみの永続的占有とか、徳性から引き離されず、専制君主にも生じ得ない完全な楽しみの占有とか、狭い意味に受け取ってはいけない。そうではなくて、幸福とは、人間精神への長く強い楽しみの占有と享受としてもっとも頻発するふつうの観念なので、広い意味で理解される。こうして富の占有、商人が得る利得は、たとえ道徳哲学がそれを軽蔑せよ、それを幸福の根拠と見なすなと教えても、それでもなお、政治学では幸福の手段と考えられるから、政治学がその臣民に得させるために配慮して専念する対象の一つである。

だから、これらの原理に基づいて論じるなら、人間が得られ、政治学によってそれらを確実に持続的に得られる最も強く最も大きい楽しみとはどのようなものかの検討に移らねばならない。ここでは、政治学の対象ではない完全で至高の楽しみ、永続的な安定や持続は少しも考えなくていい。すべては、つねに実際に amaramente(注2) 言われ、その観念によれば哲学によって昇華されない意味に解釈される。命令する野心、富、奢侈、生活のゆとりのすべては政治学がいつも話題にする幸福の構成要素である。

(391)人間は熱情の混成体である。色々な熱情の満足が楽しみであり、楽しみの占有が幸福である。ここでは、他の生きがいについては論じなくていい。それらすべては宗教や神学が教える。すなわち、統治術は啓蒙されてもいない諸国民全体に共通でなければならず、諸科学でいかように各々の限界と境界が混乱し互いに入り組んでも我々にはそう不都合なことではないから。

人間の最も強い楽しみは熱情の最大の力で測られ、この力は個々人すべてで違っているし、熱情は非常に多種多様だから、人間の最大の楽しみを見つけることは困難を極めるだろう。こうして、たとえば、楽しみの極みを酒に酔っ払うことに託す人もいる。しかし、この人々は大きい規則の中の極めて小さい例外だから考察に値しないし、よい政府は決してワインを享受させ、臣民を酔っ払わせたりもしない。しかしながら、たとえ他のあらゆるものにも増して女性の共有を最大の幸福だと切望し評価する何人かの個人がいても、嫉妬は男の一般的熱情だから、最良の政府は女性の名誉を守る政府であろう。この連中は、規則の例外であり、よい政府は一般的に言って誰もが楽しめる政府である。物理学 **machina**(注3)と慣習の不備のために他人から逸脱する少数の者は考慮しなくていい。

(注2) praticamente

(注3) *di machina*: fisica.

〈第二章——人間の熱情とそれらのさまざまな力や普遍妥当性の検討〉

よい政府は、最高の普遍的な楽しみを維持し助長すべきである。男にとって、これらは、(1)自分自身への愛、(2)女と子供への愛、(3)富への愛である。

古代の宗教。
偶像崇拝と迷信の原理。
教条。信条。信仰。
犠牲。
祭司と教会収入。
異教 gentile（注4）による衰退の原因。
政治学。
政府と行政官。
教会法と民法（両法）。
財政。
戦術。帝国権力。公共の製作場。
帝国の衰退の原因。

私人の習慣。

食糧。

(392) 衣服。

奉仕。

芸術と科学。

法律。医学。デザイン芸術。音楽。賭け事。

子息の教育。

この作品の目的は、主として、近代世界とつぶさに比較することで、古代世界の生活状態の想像を助けることにある。新たにどれほど有益であるかは、それを読めば分かるだろう。

(注4) paganesimo.

（393）

〈史料Ⅳ〉

〈シエーナのマレンマ湿地帯Maremma（訳注1）の人口減少の原因とその対策についての私見（注1）〉

「日付の指摘がないが、恐らく一七七〇年と思われる。略号XXX・C–12（ff. 164–170.）」

〈災難の諸原因〉

ふつう健康によくない空気がある。人間は、文明国民と健康にいい気候の中で誕生・死亡間の不均衡を経て、五世代すなわち一一〇年で二倍になると計算されているように思われる。未開人の間では、幼児と成人の生命を、それに女性の多産を守り引き延ばす技術も科学もないからかなり人数が少ない。

もし一国の人口増加が一世紀で二倍以上になれば、外部からそこにやって来た外国人家族の増加に帰せねばならない。多かれ少なかれ、一世紀でのこの二倍への人口増加は、ペスト、飢餓、とりわけ戦争のような異常な災害によって破壊される。そのうちで最も致命的なものは、一住民と他の住民との間の小競り合いである。

マレンマ湿地帯Maremmaの非衛生は、今日では一世代で住民の実際の人口が減少するようなものではない。それどころか、たとえ健康な村々ほどではないにせよ人口は増加している。そのため、私は、異常な災害がなかったので、一世紀の間に三分の一かそれ以上増加しただろうと思う。だから、私見では、非衛生がマレンマ湿地帯の人口減少の最大の原因ではない。

異常で最大の原因は移民である。このことは、富裕で勤勉で余裕のあるagiata(注2)住民が貧しく窮迫したdis-aggiata住民を引き寄せるという一般原理から生まれる。なぜなら、誰もがよりよい条件でいられ、多くの職、多くのパンと金のある所に流れる。フィレンツェやリヴォルノがマレンマ湿地帯（の人々）を魅了するので、まさに湿地帯の人口が減るのだ。

活動と富の中心である首都や都市は、それらの余地の割合で人を引きつける。もしペストがリヴォルノから二万人を取り除いたとしても、近年には同数の人口が見られるだろうが、ほとんどの人はマッサMassaやグロッセートGrossetoには残らないだろう。このことが、なぜ長い破壊的な戦争があった村々で人口減少が見られないかを説明する。軍隊の都合でつねに平野や最も肥沃な土地で戦争が行われてきた。これらの

史料Ⅳ

（訳注1）Maremma：トスカーナ地方のマレンマ湿地帯。今日では干拓されゆたかな農業地帯。

（注1）ディオダーティ（Diodati, Luigi, ガリアーニの伝記作者）は、『神父F・ガリアーニの生涯』（1788, p.59）で、この文書を一七七〇年末にあったガリアーニの商業裁判所書記官指名に続く時期に帰している。

（注2）*agiata*「余裕のある」：手稿では、*agitata*「動揺した」と読める。ただし、訳者は文脈から判断して、本文どおりに訳しておく。

村は空っぽになると人を引きつける。軍隊によってそこに残された金が人を引きつける動機になる。(394)結果的に多くの近隣地で人口減少が起こる。

一六世紀にマレンマ湿地帯で起こったよりも急速な人口減少の最大原因を見つけるためには、そこ独自の災難ではなくイタリアの災難が追求されねばならない。シエーナ、ピサ、フィレンツェ、ローマの災難が想起されよう。いわゆる〈粗野な〉ムーア人 mori が運んできて、一四九二年にイタリアでしょうけつを極め、一五三〇年までにスペインに吐き出されたほとんど持続的なペストが付け加えられよう。スペイン人に保護されていた沿岸地域の港の損失が付け加えられれば、その並外れた現象が説明されるだろう。その時以来異常な原因が減ってきたので、人口は大体維持されている。もしリヴォルノやフィレンツェ、おそらく保護地自体が人を引き付けなければ増えるだろう。

さらに、一国民が、もはや自己の健康やその自然的富、すなわち、自己の港、堤防、道路、上水道、下水道、病院、医師、専門家、耕作地、馴化された家畜を保護する力を失うような災難に見舞われるなら、その時、非衛生と人口減少が、移民であれ死亡であれ、あらゆる新たな衰弱が新たな災害の原因なので、果てしなく加速度的に進むだろう。

〈不健康の物理的原因〉

たとえ信用ある著作者によって本当に信じられていても、目に見えるものと見えないものが、真実とそうでないものがある。

風は、しばしば過言《かごん》を吐くランチージ Lancisi[注3] とドーニ Doni[注4] が何を言おうとも、なんら不健康の要素ではない。海の沿岸地域、海浜とか岩礁も一切関係ない。真の目に見える原因は淀んでいる水である。しかし、それらの有毒な臭気は、信じられているほどそんなに広がりも高く立ちのぼりもしない。

真の目につく原因は、高すぎる位置にある地域の風土の厳しさと気候の不順である。しかし、一年のどの月にも散らばって病気を引き起しているから、健康な地域にも起こる。だから、その地域は決して住民でいっぱいになることはない。人が本能的に進んで住もうとして山の頂上を選んだことはかつてなかっただろう。永続的な戦争、急襲、蹂躙が、自己防衛によって難を避けさせてきたのだ。平和的風習にある今日は、それに注意を促がし、折り合いを付けさせねばならない。山の上には災難があり落ち着かない。

不健康の真に目につかない大原因は炭酸ガス mofeta[注5] である。火山の土地の広がりと死火山の無限の影響

（注3） Giovanni Maria Lancisi（一六五四〜一七二〇年）、科学者で医者。『湿地の有害な流出物とその救済策について』（*De noxiis paludum effluviis eorumque remediis*. Roma, 1717）の著者。

（注4） Anton Francesco Doni（一五一三〜一五七四年）、詩人で著作家。彼は一六世紀後半に、さまざまな文化と自然科学分野でも博識ではあるがありふれた作品を書いた。

（注5） *mofeta* 炭酸ガス：「かび muffa、確実に μεφιτις から、起源はエトルスキの、次いでギリシャ語・ラテン語の言葉で、〈毒気〉siro *mephith*、呼気 afflatus から、極めて不快で有害な悪臭」（『ナポリ方言辞典』、ナポリ、一七八九年。周知のように、語彙の複雑さは、大部分ガリアーニ自身のなせる業である）。

に無知なので、たとえランチージやドーニ及び現代に至る物理学者すべてに知られないけれども。(395)最も致死的で動かない大気の一種である炭酸ガスは、私見では、地下の最も困難な水路とか濾過を遮断した火山灰の噴出に覆われるために、目につかない地下水脈から湧き出る。この水から、後に未耕作地の固い表面によって押えこまれて残り、炭酸ガスになる湿った有害鉱物の沁みこんだ大気が噴出する。この空間全体に極めて古い死火山がいっぱいあるから、これが、トスカーナのマレンマ湿地帯と同じく、アグロ・ロマーノ **Agro romano**（ローマ周辺の平野地域）全域のマラリア **malaria**（湿地の毒気）の最大原因である。炭酸ガスは、単に平野だけでなく丘陵でも見舞われる。だが、目につく土の上に淀んでいる水とは関係ない。最高に美しく快適な外観をもつ場所が有害な場所になる。

〈移民の実質的原因〉

シエーナのマレンマ湿地帯にとって、貧困とそれ故の移民の最大原因は、今日シチリアの保護地になっている自然の港、沿岸地帯の喪失である。

現在までについては、私は、精神的権力でなお強く富裕なローマが、目下内部経済に無頓着でも不注意でもなかったからこそ、ローマの吸引力がそこまで及んだのだと考える。今日、ローマはもう人を引きつけないか、将来は引きつけないかだ。

〈不健康に対する対策〉

淀んだ水はぜひ何とかしなければならない。淀んだ水への対策が最も重要だという考えを思い違いせず、必要な金を他のことに濫費しなければそれでいい。自然の厳しさに立ち向かって、あまり傾斜が急で耕作地から離れすぎた土地から住民を遠ざけ、平地や丘の中腹に配置することも必要である。彼らは、よい大気を吸うためにではなく、戦争に名をかりた略奪で一七世紀までイタリアに猛威をふるってきた先ずはサラセン人、次いで小圧制者や権力者を恐れて離れていたのだ。

極めて重大な損失であるすべての住民の衰弱に対しては、二つか三つの村落を一つにまとめた方がいい。すなわち、そうすれば、彼らの上水道、整然とした道路、しっかりした家などを支える物理的な力がもっと備わるだろう。さらに彼らに金銭的援助をしてやるとすれば、けちけちしないことだ。しかし、住民を少数に絞り、あまり険しくない傾斜地に配置できれば安上がりだろう。ごまかしは論外だ。土地の健康の度合いに目だった変化がなくても、平地はやはり居心地がいい。そこは、平野でも火山灰地だから必ずしも健全ではないにせよ、そうひどくはなかろう。

(396) 炭酸ガスに対しては、解決策は二つだけ分かっている。すなわち、一つの最善策は、犂《からすき》 aratro か鋤 **vanga** の使用である。もう一つは、生垣で領域をすっかり閉じることである。地面の硬い表面が崩れると、ほとんどどこでも炭酸ガスが消え失せる。牧草地のままになっている土地では、つねにきわめて深刻である。森林はいいとはいえないが、牧草地よりはずっとましである。マレンマ湿地帯の地域が健康に適した大気を得ねばならないかぎり、牧草地をすべてなくして土壌を砕かねばならない。さらに、土地を生垣と境界の排水溝でこまめに仕切る必要がある。なぜなら、排水溝は、たとえ狭く浅くても排水のためには異例の効力をもつし、生垣は炭酸ガスを抑え、居住地域までの噴散を阻止するのに信じがたい効果を発揮するからだ。

しかしここでは、どれだけの土地を牧草地のまま放置すべきかも考慮しなければならない。と言うのは、誰かが牧草地をわざわざ残しておかなかったら、マレンマ湿地帯にさらに固定された無数の人々が試みる無益な気まぐれのために、結婚をつうじて、最良の諸地方がマレンマ湿地帯住民を引き寄せるので、トスカーナ地方を困窮させ、何も得ないだろうからだ。

牧草地として放置される土地には、固定された永住民をまったく空にしなければならないが、それは彼らにはとんでもないことだ。と言うのは、人は元来過激な暴力による死のほかは恐れないし、追い立てでも食わなければそこにいて愚かしく死んでも我慢してしまうものだからだ。それらの牧草地には、わがプッリャでのように、一一月から五月まで羊飼いが住んでいるだろう。つまり、その場所には定住者がいないのに、同時期には医者、判事、主任司祭といったあらゆる政治組織の便宜や余剰の諸方策が受けられよう。だが、火山灰の平地や牧草地として変わらぬ土地のどこでも、その地の発散物によってつねに大気は有害だろう。家の方位、窓、道路、清潔さ、良質な水、墓場、遠くの野菜畑、その他の、雪の利用までもの細かな予防措置のすべてでも、辛うじて病人数を一〇〇分の一、死亡者数を五〇分の一減らすだけだろうから、結局のところ些細な効果のない予防策であることはほとんど言うまでもなかろう。

〈移民対策〉

トスカーナの主要都市や渓谷地帯が人口の自然的最高潮に達しているなら、確かにもう人を引き付けないだろう。だから、今日最良の君主(注6)がトスカーナ全体を統治する幸せな政府は、たとえ特にそれにほとんど配慮しているようには見えなかったとしても、マレンマ湿地帯の人口減少への最良の対策になろう。活動と商業の中心がそれ自体かごく近間にあれば、人口はもっと急速に増えるだろう。けれども、このことはトスカーナがまた沿岸地域を獲得したとか、少なくともピオンビーノ **Piombino** の領主がトスカーナにまた腰を据えるとかしなければまったくありえない。これは、経済学のではなく、高度な政治学の仕事である。

まさに現況を幾分でも改善したければ、以下のように進めればいいように思われる。

(397) 健康によくない火山灰地でも、海岸は悪くないことを確信すべきである。なぜなら、海砂からは炭酸ガスは発散しないし、それどころか、海の塩がそれを消滅させるからだ。家々はほとんど塩分を含んだ波に接しているから、適切に利用された砂州によって改善と人口増が始まるに違いない。もし淀んだ水から離れた場所でも見つかれば、少し不便でもそっちの方がずっといい。淀んだ水が取るに足りない距離にあるだけで明らかに人体に害を与えるからだ。さらに、そこは何ほどか小さな商業中心地になりはじめ、輸送物資の

(注6) その時代には君主はトスカーナ大公ピエトロ・レオポルド・ディ・ロレーナ granduca di Toscana Pietro Leopoldo di Lorena であった。

積み込みの容易さも求められる。そこから内陸部にむかって道路が延びるだろう。

内陸部の土地については、私は多くを一つにまとめる必要があると言った。それらの土地の周囲の少なくとも二マイルは、犂とか鋤で土壌がすっかり破砕されよう。さらに、忍耐、時間、よい政府の持続的配慮、それから、もし異常な災害がトスカーナのどの地域も損なわなければ、マレンマ湿地帯の人口のいく分かが増え、速やかにいく分かの価値を回復することは確実だろう。

気候が生み出す夏期の伝染病は、他でもない大量の雪解け水との戦いにならざるを得ない。他のあらゆる対策は間違いである。だから、伝染病は、非常に容易につい雪解け水が飲めてしまう場所のすべてで起こった。

砂浜に近い森林の伐採は海風を通しても害はないから、それ自体伝染病に無関係であることが分かるだろう。

外国人の移民については考えていないし、子供についてはまったく検討が及ばない。成人については、植え替えられた成木のようには根付かないし、それどころか、住民たちを不安にし損害も与える。

植民地は、アメリカでのように、土地がまったく空っぽで新しくなければ繁栄しない。古代ローマ、サラセン、トルコの植民地に見られるように、征服国民が被征服民に相対していたとすれば、既居住地域に損害を与えそこの住民を減らしてしまうだろう。主人は、まったく放っておくことが最善策であるかのように横柄だし無精で、とりわけ、機嫌が悪く嘆きっぽい。快活さがない所には多産はない。嘆いていては子供もできない。だから、外国人の招致も考えられない。いかさま giuoco de'bussolotti(注7) 同然になるだろうから、トスカーナ人でさえ招致されまい。できるかぎり減少の原因が管理されれば、自然が自ずと増大を引き起こすだろうし、我慢が肝要だろう。

最悪状態の人々でも利益を得るだろうから、公租の免除特権も考えられない。悪人は、死に対して向こう見ずでも労苦に対して億劫《おっくう》がることが分かっている。マレンマ湿地帯は、まさに逆の、すなわち、疾病を予防するために労苦を惜しまない人々を必要としている。だから、個々人の力だけでは並外れた事業に力不足の地域社会に（公租の）免除がなくても、君主が救済してくれるだろう。

急速に驚くほど増大しないからといって悲嘆にくれる者がいなければ、幻想を雲散霧消させて、確実で適切な批判が、マレンマ湿地帯にはいつの時代にも極めて深刻な問題など一度も起こったためしがないことに思い至るだろう。

おわり。

（注7） *giuoco de'bussolotti*：「サイ筒 bussolotti は、さらに特別にブリキ壺とも言われ、賭博で博徒 bagatellieri が利用する」（クルスカ学会『辞典』）。

（398）「ガリアーニによって一七八一年八月一四日に提出された意見書。彼は商業最高裁判所（自由領 Allodiali）の顧問官であった。略号 XXX・D-3（ff. 53r. -55r.）」

〈史料V〉

〈全マルク金（銀）貨についての見解〉

閣下、

先月二一日の公文書とともに、全マルク金・銀貨をこのナポリ王国に制定することに鑑みて、提出される運びのわが卑見を聞かれんとして、閣下がドットーレ・ピエトロ・アントニオ・チリッロと宝石商、ピエトロ・リベラーティによって国王陛下に謹呈される計画書を私に委任されたことをかたじけなく存じます。

国王陛下に謹呈された書類には三通のメモが含まれております。

〈第一のメモ〉。それには、この主都で、さらに王国でも、刻印が付されていないために、金と銀の売買交渉で内在価値をかなり上回る価格で売却されるというひどい濫用がなされているとあります。

(2)現存か将来製造されるどんな種類であれ、加工された金・銀片全部と、同じく国外から流入するものか、流入したがなお商人の店にあるもの全部が刻印されるための立法計画が提案されております。

(3)印章付きの書類に金・銀に課税することが提案されています。しかし、この税金はどのくらいが妥当であるかは決定されていません。その年に少なくとも六万か五万スクード君主の国庫にもたらすことが、計画でのみ言われております。

これら三つのメモ全体に関して、個別に論じてみます。

第一のメモについては、刻印されていない金貨と銀貨が濫用され、それがこの首都でも将来頻繁に起りそうなことは、あいにく事実です。さらに、王国では、泥棒稼業とか強奪と呼ばれるほど厚かましい濫用があります。最悪なことは正義を見い出せないことです。というのは、一個人が損害を受けて当然詐欺になるはずのこの種の［濫用の］訴訟を起こすと損害と比べものにならない費用がかかるからです。つまり、その上貴金属商自身の鑑定と時には彼らの業務権限しだいにならざるを得ません。それに、これらのこととか欲得で濫用を支持することもあり、彼らの仲間への同情の念にも動かされるので、彼らに厳格で周到な正義を見出すことは望めません。ようするに、この濫用には、真剣で効果的な対策の必要ありという意見であります。

第二の論点については、計画では九品目に分けて決定されねばならない金・銀マルク貨のための法規が提案されています。それらには、全体的に私の気に入ることは何一つないと率直に申しあげます。幾つかは不条理で実行不可能ですし、幾つかは不正です。少なくとも、わが立法で適用するためにはすべて手直しされる必要があります。しかし、手直しされたとしても不都合はまったく避けられません。というのは、詐欺が行われても見せしめとして直ちに罰を科すという法規を制定しないからです。(399) 刑罰によって支えられなければ、法律は何の役に立ちましょう。

計画で提案された品目をさらに細かく詮索することは squittinare（注1）致しません。なぜなら、さらに詮索すべきだと言っても、それを用いた人によって全生活がむなしく疲弊するでしょうから。何がなされるべきかを言うことが肝要で有益です。これは大衆にも君主にも重要なことです。今、私は、このことについて、当然のこととして自分の助言や才能に希望を失ってはおりません。私は、提案された法規は優れたものではないけれども、どのように適用し実施に移すか決定することは、私のではなく他者が担う重荷 altri omeri soma（注2）であることをよく承知しています。

一七四六年に商務監査官の監査が廃止されて以来、今日、技術や製造の改善に指定されたと言える行政機関がないので、君主の先見の明ある事柄を適切に運営しようとすれば、私はこの重大な目的を再検討することが非常に重要な責務だと存じます。十分教養があり勤勉な外国国民の取引と立法の一般理論に精通した貴金属商の代表、造幣所総裁、他の行政官によって構成される会議が指名されるでしょう。これら三者の代表が会議を開いて giustandosi（注3）、わが現行規則はこの問題に関してどうなっているのか、何に欠陥があるのか、何が貴金属商の代表の正しく妥当な特典なのか、何が貴下の至高の祝儀の免除特典なのかを入念・綿密に検討する必要がありましょう。しかし、とりわけ、どうしたら詐欺瞞着が速やかに発見され、見せしめに罰せられるかの容易で明白な方法の決定を期待しなければなりますまい。

おそらく、このことは、貴金属商の代表が、実際に、その老齢と耐えがたい持病によって、新しく重大な責務を担える状態でないはヴァルガス侯爵殿 signor marchese Vargas）* であり、造幣所総裁が、あまりにも負担の重い問題にと同じく、おぼつかない健康状態にも丹念に気を使わねばならないコッポラ伯爵殿であることを鑑みるなら、私は閣下に何程か苦言を呈することになるでしょう。この上なく英邁であられる閣下はこの苦言を熟慮なさるでしょう。彼らの責務の本来の性質のために、彼らの手に決定されることすべての執行権が残らざるを得ないので、これら二人の行政官の了解事項に異を唱えさえできれば私は結構です。

＊ Francesco Vargas Macciucca, 一六九九年～一七八五年、ナポリの行政官で多数の公務を引き受けた。

第三のの論点、すなわち、五万から六万ドゥカートの国庫歳入について請願者から委託される希望に移ります。このことについては、私は確実に大変な誤りを犯したと、到底この成果に達しないときっぱり申し上げます。このことについては、手短に証明します。

第一に、マルク金・銀貨の手数料を受領しても誰の負担増にもならないというのは間違いです。マルク銀貨の手数料として、リッブラ毎に三カルリーノ支払わねばならないと仮定すると、一リッブラの銀を加工する人は、（製造を計算せずに）一三スクードではなく、一三スクードと三カルリーノ支払わねばならないことは閣下もよくお分かりですから、買手の負担増になります。(400) それから、もしそれを売ったり、差し押さえるとか溶解したりすれば、内在価値はそれだけですから、一三スクードしか取り戻せません。すると、

史料V

（注1） scrutare, considerare.

（注2） è peso per altre spalle che non le mie.

（注3） riunendosi.

所有者は三カルリーノ損します。ですから、個別に最高の負担増になるほかにはこの手数料は過重にはならないと思います。貴金属商の技巧には損害を与えず、密輸による金・銀貨の国外製造も助長しないし、他の重大な不都合も生み出さないから、きわめて取るに足りないはずです。

フランスでは、〈マール金貨〉*marc d'or* の手数料は、幾らかの加工で三パーセントに達し、当然のこととしてきわめて深刻に受け止められています。ですから、もしそれを支える加工が最高に優れていなかったならば、その技巧を破滅させるでしょう。私は、ナポリ王国では二パーセント以上の手数料が課されるとは思っていません。それでも高すぎるでしょう。今ナポリ王国では、二万スクードの製品を産出するためには毎年金・銀で総額一〇〇万スクードが加工されると推定しなければなりますまい。しかし、金メッキ、銀メッキ、金・銀の飾紐、金・銀糸、象眼、極めて精細な加工品すべてや宝石の飾はこれに含まれないので、確かに多くの額が加工されません。今閣下は、二万スクードから役人の給料が都市と王国用のマルク金・銀貨から控除されれば、辛うじて一万二、〇〇〇か一万五、〇〇〇スクードしか残らないことをよくご存知です。しかしながら、私は、この手数料の結果と同額に達したとは決して考えていません。生み出される妥当額はせいぜい八、〇〇〇か一万スクードだろうと考えます。最初の年だけに、すでに製造されたがまだ売られなかった貨幣に刻印がなされて、いく分その額を上回ったかもしれません。

そういうわけで、実質的に以下のように要約して私の論点の結論といたします。取引されている金・銀の品質に関して首都や王国で、ひどい濫用がある。対策を講じねばならない。このことは、すべてを比較考量してそれを決定することになる問題が了解済みの賢明な監査官によって考察され、徹底的に検討され

digerire[注4] ねばならない。この対策は、たとえどんなことであろうと極めて些細なので、幾ばくかの国庫利益よりもっと公益の視点から講じられねばならない。しかしながら、主権者の賢明な節約は僅かな利益を考慮することからなるので、それもよろしくなおざりにしてはなるまい。

閣下への限りない敬意の念とともにご寛恕を願って。

一七八一年八月一四日。

(401)

〈史料Ⅵ〉

「フェルディナンド四世の秘書官 Segreteria に一七八二年九月一四日に提出された意見書。略号 XXX・D–3（ff. 53r. –55r.）」

〈絹糸税についての見解〉

国王陛下は、今朝召喚された王室秘書官と政府部局 azienda[注1] のルートを通じて、絹糸税の現状と国民産業

（注4） riflettere, esaminare profondamente.

であるその生産部門に関する可能な改善について何ほどかの愚見を文書にせよと命じられました。同時に、王国の食糧管理機関 derrata(注2) の権限に関して私に必要なことを述べることが義務付けられました。これら二つの問題はその間でかなり違っているので、二つの別の文書で国王陛下のご命令に従うことに致します。

絹糸の現状に関しては、衰退 declinazione(注3) と崩壊の時点にあることは、陛下にはあまりにもご承知のことと存じます。陛下の王国の多くの地域で桑の栽培も蚕の産業も等しく目に見えて減少し、それどころか、畏れ多い今上陛下（カルロス三世。一七一六年～八八年。ナポリ王在位、一七三四年～五九年）augusto genitore(注4) はじめ諸陛下による限りない改善のご努力にもかかわらず、絹糸製造が五〇年来この方この首都や織機のある他の少数の場所で得てきた発展は皆無でありますゆえ。現状では衰退がひどく進み緊急対策の必要があるほど崩壊が差し迫っております。ですから、矯正しがたい制度の思い切った全面的変革の可及的速やかな実施の必要が最早それほど常軌を逸していないように見えます。とはいえ、それらの変革の実施には休止と成熟が必要です。私は、以下のごく限られた言葉で、健全と信じる愚見を陛下に謹呈し奉ります。すなわち、1）現在の災難の最大原因が、2）至る所で蚕に桑の葉をあてがう来《きた》る五月の到来前に、今日急に見出され災いを及ぼしているので、3）将来、精神がもっと落ち着きゆったりした熟慮によって実施していけるように、遠い見通しとしてのみ対策を指摘できるにすぎないことと。優れた統治術は、大規模な道路建設に似ています。ひどく激高して事に着手してはなりません。ことに着手したら、それが長く続くと信じて、そのことは忘れてもう心配しないことです。逆に、既設の施設を維持し手直しすることを常に考えねばなりません。常に作るよりも維持する方が難しいからであります。

ナポリ王国での絹糸の損害の原因はきわめて顕著です。そのことはグリマルディ侯爵(注5)が、私が依拠することができた彼の小冊子で事実さながらに叙述しました。それらは以下のように収斂します。多くの地方で収税吏たちが絹糸製造者たちに加えた虐政、国内外の生糸取引の停滞、この首都の絹糸の威厳ある技術の不条理な特権、絹糸の染色と加工の間違った規則に。(402)

その害悪と原因についてはそれ以上語らずに、私が対策として重視することを指摘しましょう。まず、今日絹糸捺染に対して徴収される税総計は、たとえ高くても、重すぎるというほどではないようなので、今のところ下げる必要はないと考えます。室内装飾《インテリア》で関係者を怒らせたり心配させる行為が、告訴、免除特典 **escomputi**(注6) の要求を生み出し、現在の緊急時には避けねばならない別の衝撃を国家に与えるでしょう。

今日の絹糸税の徴収方法は、実際には最も簡素で最も便利な方法でもありません。重さを量るかもっとよい方法で、まだ引き出されていない繭（総包《そうほう》） **folleri**(注7) の税金を徴収させるために、もっと望ましいもっと容易な方法が提案できれば、トゥモロやストッペッリ **stoppelli** で量れるでしょう。しかし、たとえ将来にその

史料VI

（注1） *azienda*：省庁 dicastero, ufficio di governo.

（注2） *derrata*：食糧管理制度 l'annona.

（注3） decadenza.

（注4） Carlo III di Borbone. スペイン・ブルボンのカルロス三世。

（注5） Domenico Grimardi, ドメニコ・グリマルディ（一七三五～一八〇五年）。ナポリの経済学者、『ナポリ王国の絹糸の製造と取引に関する経済的考察』（*Osservazioni economiche sopra la manifattura e commercio delle sete nel Regno di Napoli*, Napoli, 1780）の著者。

（注6） 免除特典 esenzioni.

狙いを失ってはならないとしても、私は、今急にそのような変更が行われねばならないとは思いません。つまり、私は、目下は時宜を得ないと思いますが、その時機が来たら奏上できると存じますことを幾分熟慮しているところです。さしあたり、私は、緊急かつ容易に実現できそうな次のような新たな処方箋に考えを絞っております。

絹糸紡績工に免許取得を義務付けることは、それの請負人とか管理者には許されないが、男女、子供、村人、外国人の誰であれ、誰かの許可を求めたり得たりする必要なしに自由に絹糸を引き出しはじめ、繭の所有者は自分の絹糸を引き出させるのに都合のいい人なら誰でも雇ってかまわないと法律で決定するのです。同様に、各人に自分の絹糸をロール機か撚糸 **mangano o organzino**[注8] かで、どんな形でどんな大きさの別の道具によっても都合に応じて引き出し、さらに自分の好きなように、細いか粗い絹糸を大小の枠《かせ》 **matasse** で巻き取っても良いと法律で決定するのです。税金は重さで徴収され、これは決して変わらないので、どんな方法で絹糸が枠に巻かれ、期待通りにいくかどうかには請負人は無関心です。あまり長時間引くと撚り糸が磨り減り、不正行為を監視する係官へのさらに長時間の賃金支払いを余儀なくして、浪費だということも当りません。なぜなら、請負人に許可を受ける必要のない紡績工の数は随意で幾らでもいますから、この連中の数は増やされて、どのグループでもロール器の数以上働いているので、収穫された繭（総包）の総巻き取りは、ごくゆっくり行われたとしても、今以上に速やかに困難を切り抜けられるからです。

最後に、絹糸は、納税後、もはや束縛があってはならないと法律で決定されねばなりますまい。(403) それは、自由に取引されていいし、生糸なら、〈特別〉関税さえ支払えば、何もナポリに運ばれなくてもよく、王国〈内〉*infra*〈外〉*extra*（注9）の望まれるどんな地域に運ばれてもいいのです。もし絹糸が加工されていれば、製品が現在か将来流布するであろうナポリからも王国の他の都市からも、輸出に際して何の支払いも必要ありません。

これだけは、ほかに何もしなくても、五月になる前に今やる必要があると考えます。更なる決定事項は、新情報が錯綜してはならないので、時期を先延べするべきです。それに慣れた人々に時間の余裕を与えねばなりません。とりわけ、実施の困難を克服できるかどうか、有能だと思われた人が後で役立たずかどうかを知るためには、つまり、実際に着手可能かどうかを知るためには、次々にそれを実施して見なければなりません。命令が適切でも、あわてすぎれば、命令がまったく実施されないか拙く実施されるので、その恩恵を実証しません。さらに、それを提案した人に反対する叫びが直ちに上がり、実は、直接命令した者ではなく命令された者から生じた損害が、下された命令のせいにされることがきわめてよく起こります。

上述の三つか四つの私が提案した事項については、きわめて多くの異議があるかも知れません。もしそれらを論駁しようとすれば、私は大著をなす長時間を費やしたでしょうが、おそらく、まさしく私にできる回答を先延ばし **indugerei**（注10）にはしなかったでしょう。ですから、異議の方が確信されることになって、異議申

（注7）*folleri*: 蚕自身の周りにできる総包（gli involucri che formano intorno a se i bachi）。；繭 i bozzoli.

（注8）個別に絹糸を扱う道具と最初の作業に委ねられる緯《よこ》糸《いと》（rispettivamente strumento per trattare la seta, e trama sottoposta a prima lavorazione）。

（注9）ナポリ王国の内外（entro o fuori del Regno）。

（注10）先延ばしする *indugerei*（indugiare）：手稿では、*indinerei* と読める。

し立てがなされ、私が自説を言い張るか、前言を変更し撤回するかを回答できるにしても、生の声の議論が必要です。

ですから、私は、自説の提案事項を議論するセッションへの参加を速やかに申し出ます。つまり、最善策を選び、陛下と国民への最良の奉仕を確認するために、出席者全員が次々に金切り声を上げて口々に言い争うのではなくて、まず、陛下に自説の開陳を命じられた者たちの誰かが発言し、次いで、別の者が意見を述べることが肝要かと存じます。

一七八二年九月一四日、チミティーレ Cimitile。

訳者解説

ルイ一六世治下のフランス財務総監で重農主義者でもあったチュルゴ（Turgot, Anne Robert Jacques, 一七二七年〜八一年）を、経済学史上効用価値論の先駆者、一八七〇年代の限界革命の源流とする意見がある。彼が、未定稿「価値と資本」（*Valeurs et monnaies,* 一七六九年）で価値の原因を真っ先に効用、卓越性、希少性に求めたとされるからである。

しかし、J・A・シュンペーターは『経済分析の歴史』（一九六四年）の「価値のパラドックス」の項で、効用価値論の先駆者の地位を『貨幣論』（一七五一年）の著者フェルディナンド・ガリアーニに与えている。ナポリ王国の神父で特異な啓蒙主義者であったガリアーニが長らくその地位を得なかったのは、チュルゴが『貨幣論』を読み彼の理論に注目しながら、「価値と資本」でそれを無視したからに他ならない。

ところが、重農学派の穀物自由取引論に反旗を翻したとされるガリアーニの別著『小麦取引に関する対話』（一七七〇年）が、ヴォルテール（Voltaire, François Marie Arout de, 一六九四年〜一七七八年）にも評価され一般にも盛んな賛否両論を受けて注目されたのは、ガリアーニがディドロ（Didorot, Denis, 一七一三年〜八四年）らの助けで本書をフランス語で著したからであった。『貨幣論』の一〇年あまり後に出るミラノの啓蒙主義者C・ベッカリーアの著書『犯罪と刑罰』*Dei delitti e delle pene*（一七六四年）が、出版後たちまち各国語訳され大評判を得たのもA・モルレの改編フランス語訳のおかげであった。

このような史実をふまえて、G・H・ブスケーは『イタリア経済学抄史』（一九六〇年）でマイナーな言語イタリア語の文献評価上での致命的制約を概嘆している。K・マルクスは、P・クストディ編のイタリア語版『貨幣論』（一八〇三年）を読んで自著『資本論』の貨幣論に援用し彩りを添えたが、肝心の価値論には触れなかった。アングロ・サクソン諸国では、J・A・シュンペーターが、やはりクストディ編『貨幣論』を読んでやっと二〇世紀半ばになって取り上げるまで『貨幣論』は当然ほぼ闇の中にあったし、『貨幣論』の存在を知っていたフランス経済学者ですら『貨幣論』を検討し評価できたのはイタリア語の堪能なJ・B・セーだけであった。この言語上の制約が『貨幣論』研究においてイタリア語圏外での評価の可能性を妨げてきたことは間違いない。『貨幣論』のイタリア語初版の出現後やはりA・モルレによるフランス語への部分訳の試みはあったが、注目されずに忘れ去られた。それでは、なぜガリアーニは一〇年に及ぶフランス滞在中に自ら『貨幣論』をフランス語訳しなかったのか。その理由は、『貨幣論』の出版事情とガリアーニが直接かかわった同時代のイタリア、フランスの歴史的・思想的背景を考察しながら探ることにしよう。

いずれにせよ、いくら言語上の制約が顕著であるとしても、経済学研究史上一八世紀中葉の経済学の事始《ことはじめ》の時期にあらわれた先駆的な古典経済学書『貨幣論』の意義と限界にわたる忌憚のない検証をなおざりにすることはできない。邦訳を世に問う由縁もまさにここにある。以下訳者解説では、ガリアーニの周囲の知的土壌と時代状況を探り、彼の経済学形成過程と『貨幣論』成立の顛末、ナポリ王国大使館秘書官としてのパリ滞在の顛末、言語的不毛に埋もれた『貨幣論』に比べてフランス語版の効能で賛否両論の喧しかった『小麦取引に関する対話』におけるガリアーニの主張の真意、それに現在に至るまでのフランスを中心とする『貨幣論』のたどった運命を明らかにしたい。

I．ガリアーニの家族、教育、時代状況

ガリアーニ家の起源はフランスにあったとされるが、(注1) 一一九三年には、ガリアーニ家はジェノヴァにあって、当時の政府を統治する五〇家族のうちに入っていたとされる。(注2) さらに、後には、ガリアーニ家は、その由緒ある家系と家人の才知とともに、一〇万ドゥカート以上の財産をもち、南イタリアで最も著名な家族のひとつになった。(注3)

『貨幣論』の著者、フェルディナンド・ガリアーニ（正式名Ferdinando, Ernesto, Francesco Saverio, Pietro Celestino Galiani）は、一七二八年一二月二日アドリア海側のキエーティChietiで、ルチェラLuceraの貴婦人、アンナ・マリア・ジャブッリAnna Maria Giaburriとキエーティの地方国庫検査官Uditore presso l'udienza provincialeをしていたマッテオ・ガリアーニMatteo Galiani（一六八四年～一七四八年）の間に生まれた。(注4) 父マッテオは、一七一二年、サン・ジョヴァンニ・ロトンドで生まれ、「両法」（民法、教会法）utroque iureの学位を得て司法官になった人であった。フェルディナンドは末っ子で、上に姉が五人、兄（ベラルドBerardo）が一人いた。父マッテオは職務遂行上転居が多かったが、ナポリ、サンタンナ・ディ・パラッツォの聖職者、伯父チェレスティーノは、マッテオの頻繁な転居を二人の甥の教育上よしとせず、兄ベラルドが一〇歳の時に、次いで一七三五年七月四日、フェルディナンドが六歳の時にナポリの自宅に引き取った。兄ベラルドは考古学、建築学に興味を持ち、後に聖職者になった。

伯父チェレスティーノの哲学的基礎は、ナポリの大司教にもかかわらず、ニュートンやロックの影響下にあり、それは当然甥の教育上のガイドラインにも反映した。チェレスティーノの教育計画は、イタリア語文献、ラテン語、ギリシャ語、ヘブライ語、数学、哲学、自然科学、法律学、経済学と広く及んだ。特にギリシャ語は伯父によって、法律学はパレルモ大司教で、高名な民法学者のマルチェッロ・クザーノによって教えられた。ヘブライ語、フランス語、スペイン語、ドイツ語は父マッテオの老いた召使から学んだ。なおチェレスティーノは自分のナポリ不在の間もフェルディナンドたちの教育をおろそかにはしなかった。マイエッラ Maiella のサン・ピエトロ修道院のチェレスティーニ Celestini 神父たちに彼らを託した。そこの神学校には、一一歳のフェルディナンドがラテン語で手紙を書くことになる当のラテン語教師アントニオ・モルランド Antonio Morlando、無限循環 infinito nel giro の概念で知られる『新しい科学』(Principi di una scienza nuova d'intorno alla comune natura delle nazioni, 一七二五年)で著名なジャンバッティスタ・ヴィーコ Giambattista Vico(一六六八年～一七四四年)もいた。因みに『貨幣論』にはヴィーコの「無限循環」概念の影響がみられ

(注1) Saverio Mattei, *Galiani e i suoi tempi*, *Napoli* 1879.

(注2) Alessandro Ademollo, "*Nuova Antlogia*", 16 ottobre 1880.

(注3) Biagio Aldemari, *Memorie istriche di diverse famiglie nobili*, Napoli, 1691.

(注4) 以下、ガリアーニの伝記的記述は、主として① *Illuministi italiani Tomo VI Opere op.cit.*, pp.XI–CVI. ② Franco di Tizio, *Ferdinando Galiani*, Marino Solfanelli Editore, Chieti, 1988. ③ André Tiran, Ferdinando Galiani : 'His life and the publication of the *Della Moneta*(With a note on the translations)', in : *Histry of Economic Ideas*,(以下、*HEI* と略。)Pisa・Roma, 2001による。

る（本文五八ページ参照）。

一七三四年五月、カルロス三世 Carlos III; Don Carlos, Carlo（一七一六年〜八八年。両シチリア王在位一七三四年〜五九年）がナポリ王国君主に即位した。彼は、宰相ベルナルド・タヌッチ Bernardo Tanucci（一六九八年〜一七八三年）の補佐によって、王国衰退の病弊である封建遺制の改革に乗り出し、税制・司法・行政改革、ローマ・カトリック教会の執拗な抵抗を伴った聖職者特権に対する改革を断行した。それは当然大学改革にも及び、その任務はチェレスティーノ猊下にまかされた。彼は、それまでアカデミズムの支配的風潮であったアルカディア派や修辞学の根強い軽蔑者であった。ナポリ大学には、それまで実験物理学の講座がなく、外科の教授が医学全般を教えていた。刑法と商法の講座がなかったのに、民法と教会法の講座は六つもあった。しかも、大学外にはなお実用的目的、科学的目的をもたず、社会的利益も与えない無益なクラブがあって、アルカディア派の純粋娯楽にしか役に立たなかった（そうした輩は、後に『貨幣論』で「精神修養の熱中者」、「賢人・碩学」、「師匠連」と頻りに揶揄されている）。しかしながら、チェレスティーノの改革努力によって、大学は、それまでのサン・ドメニコ・マッジョーレの聖職者のロビー支配から解放され、新たに自然法、植物学、化学、解剖学、天文学、航海術、オリエント言語の講座が創設された。この改革路線に沿って、チェレスティーノ・グループのカリスマ的存在であったトスカーナ出身の経済学者インティエーリ Bartolomeo Intieri（一六七六年〜一七五七年）の援助で、のち一七五四年に、ナポリ大学に「機械学、商学講座」cattedra di Meccanica e commercio が開設される。これは実質的にイタリアで最初の経済学講座であって、初代教授にアントニオ・ジェノヴェージ Antonio Genovesi（一七一三年〜六九年）が就任し、彼によって公然と社会経済改革の必要性が主張されるに至った。

ところで、フェルディナンドは、一七四四・五年（一六歳）に、独自に英語と経済学の勉強をかねてジョン・ロックの『利子・貨幣論』（*Some Considerations of the Consequences of the Lowering of Interest and Raising the Value of Money*, London, 1692.）のイタリア語訳を試みた。しかし、この翻訳作業は、彼がジョバンニ・フランチェスコ・パニーニ Giovanni Francesco Panini による同書のイタリア語訳が進行中ということを知るに及んで中途挫折した。その間一七四五年（一七歳）に、彼はチェラノのサンタ・カテリーナの四階級（最下位）の司祭職に任ぜられた。その後フェルディナンドは、インティエーリ・サークルやマッサ・エクエンセ Massa Equense のインティエーリの別荘で、当時のナポリ王国で喫緊の課題であった政治学、商学、公共経済学の研究、議論に熱中した。その成果の一つと言えるのが、一七四七・八年（一九歳）に書かれた「ホメロスの叙事詩から引き出されるかぎりでのトロイ戦争時の貨幣の状態」Sullo stato della moneta ai tempi della Guerra troiana per quanto ritraesi dal poema di Omero であった。この未刊行の作品は、ナポリのエムリ・アカデミーの講義で発表され、司教座聖堂参事会員で博学のいつも称賛にはごく控えめなアレッシオ・シッマコ・マッツォッキ Alessio Simmaco Mazzocchi（一六八四年〜一七七一年）、ジャーコモ・マルトレッリ Giacomo Martorelli、パスクワーレ・カルカーニ Pasquale Carcani（一七二一年〜八三年）はじめ、他のアカデミー会員の度肝を抜き、大いに称賛された。この作品の同文や指摘が『貨幣論』自体にあることは、本文で指摘したとおりである（なお因みに、注（63）の訳者の論文③も参照）。

一七四八年一〇月一八日エクス・ラ・シャペル Aix-la-Chapelle（アーヘン）の和約が成立し、オーストリア継承戦争が終結して、フランスがネーデルランドの占領地をオーストリアに返還しヨーロッパにひとまず平和が戻った。こうしてイタリア半島にも、ハプスブルグ家（オーストリア）とブルボン家（フランス・スペイン）の新たな勢力均衡が見られ、ナポリ王国はスペイン・ブルボンの支配に帰した。

ガリアーニの生きた時代のナポリ王国の人口数は四〇〇万人と見られ、そのうちナポリには三四万人近くがいたとされる。一七五〇年のフランスで断トツのパリの人口が五七万人で、ミラノの人口も一二万人と見られるから、ナポリは、イタリア半島では紛れもない最も人口稠密な大都市であった。だがその社会実態では、人口の過剰な集中と地方の過大自治、貴族的・王室的権威の弊害によって、多くの下層住民の生活は限りなく貧窮していた。ナポリは物乞いや放浪者、失業労働者の町になっていて、病人数以上の医者や弁護の原因以上に弁護士がいると自嘲されるような状態であった。旧体制の欠陥の克服、社会の啓蒙的改革は喫緊の課題だった。経済的不振の根源にあった貨幣価値の混乱は、一八世紀を通じてイタリア半島全域で見られたが、国際的錯綜下にあるナポリ王国ではそれはとりわけ顕著であった。貨幣価値の混乱は、それゆえにかえって貨幣科学の研究を喚起する。貨幣の歴史に関する研究、貨幣制度の本質の探究と改革の要請が、たとえば、カルラントニオ・ブロッジャ Carlantonio Broggia（一六八三年～一七六三年）、ガリアーニ、ポンペオ・ネーリ Pompeo Neri（一七〇六年～七六年）、ジャンリナルド・カルリ Gianrinaldo Carli（一七二〇年～九五年）といった貨幣理論家たちの著作を生み熱烈な論争を引き起こした。ブロッジャは、ナポリ・シチリア王国の計算貨幣か通貨としてフランスで流通していたビロン銀貨（当初は品位の低い銀貨、後に銀・銅の合金貨幣）の導入を提案した。とりわけ、ナポリ王国では、王室造幣所の貨幣の新規打刻に依る貨幣価値の引き上げが問題となった。一六八九年、流通での銀貨不足と公共財政の債務負担の軽減を策して、内在価値より一〇%低品位の新規ドゥカート銀貨が計算単位価値の銀貨として打刻された。この措置は、財務大臣レオポルド・デ・グレゴリオ Leopoldo de Gregorio と少数の上級行政官の間に意見の衝突を誘発した。この王国政府内の内部対立に対して、『貨幣論』第二版の「予告通知」で紹介されているように、ラウリーノ Laurino のトロイアノ・スピネッリ公 Troiano Spinelli duca は、『貨幣論』にわずかに先立って書かれた『貨幣科学』で、あらゆる貨幣価値の引き上げとこの新ドゥカート銀貨を計算単位価値銀貨として流通させることに反対した。フェルディナンド・ガリアーニの『貨幣論』もそうした時代の要請によって生まれた。

Ⅱ.『貨幣論』初版の匿名出版(一七五一年)

『貨幣論』初版は扉に一七五〇年と記されているが、実際には翌五一年にナポリで匿名出版された。「この上なく清廉にして寛恕に満ちたナポリ、シチリア、エルサレムの君主にして、スペイン親王でもあられるカルロス王へ」というカルロス三世への献辞の署名は、著者のガリアーニではなく、出版業者ジュゼッペ・ライモンディの名になっている。さらに、二版になってから、元々はなかった初版の日付一七五〇年一二月九日が付された。ライモンディは、献辞の中で、ガリアーニが『貨幣論』を匿名で出版した理由を、「著者が誰であれ、叙述の真摯さが証明するごとく、熱意ある一般人であるのと同様忠実な臣民であることがお分かりのはずです。何の野心もなしに生きていることを自分の名を語らぬことが証明しています」と説明し、献呈される『貨幣論』の出版を君主が許し同書を引き立ててくれることをひたすら乞い願っている。

「一七八〇年版の予告通知」には、『貨幣論』出版時に著者がフェルディナンド・ガリアーニであることを知っていた者はパスクワーレ・カルカーニとパスクワーレ・ディ・トッマージ Pasquale di Tommasi（一七一二年〜八七年）の二人だけだったと書かれている。前者は、ナポリのエムリ・アカデミーで、反アカデミーのサテュロス[注5]と呼ばれたフェルディナンドの親友であり、後者は、一五八三年、イタリア語純化を目的としてフィレンツェで設立されたクルスカ学会 Accademia della Crusca 編『イタリア語大辞典』に多くの語彙を集計した功績で知られた。クルスカ Crusca とは小麦粉を精製する際に出る麩《ふすま》のことである。フェルディナンドに代わって、彼らが出版許可を要請し出版業者と交渉し、最終原稿が印刷機に向かうまでの仕事を受け持ったという。

だが、この「予告通知」に明示されたフェルディナンドが『貨幣論』初版を匿名出版した理由は、たわいなく浅はかなものであった。本文によれば、『貨幣論』は匿名出版後二ヶ月以上著者が特定されなかった。その間、伯父のチェレスィテーノは本書を読んで称賛して、著者が誰かをしきりに知りたがっていたと言われた。しかし、伯父は、本書出版の「少し前、憂鬱症、四肢の極度の疲労という軽微な兆候からはじまって、この年（五三年）の初めには半身不随に陥って」、一七五三年七月二六日に死去した。フェルディナンドは、「伯父が体験した満足が、もし彼（が著者であること）を発見したら、重篤な病状をしばし抑えることに役立つのではという甘い考えでいた」というのだ。しかし、二版に付けられた注釈Ⅲでは、ガリアーニは「うまく自分を隠すためには、本書の著者が、逆境と戦って疲れ果て、あまりに世間を知りすぎて倦怠に至った熟年の威厳ある人であったかのようなふりをすることが好都合のように思われることを誰にでも知らせたいのだ」と言っている。しかし、これは「栄光と挫折」の一〇年間のパリ時代を経た三〇年後のまさに熟年五二歳になってからの言い分である。結局、『貨幣論』の匿名出版は、実のところ、ガリアーニが新旧政治的思想的勢力の激突のさなかナポリ当局の出版検閲官の判断と知識人たちの評判を過度に気にかけたせいだったのだろう。しかし、検閲官ニコラ・フラジャンニ侯爵は「まさに王国の書き手のうちで、たんに問題の沿革だけでなく、特に不等価で機能しているわが国の貨幣をいかに扱うかがわかる唯一の人[注6]」と、インティエーリは、「この種の議論で第一席を占めた人の惚れ惚れする才能から生まれた力量に感動した[注7]」と絶賛した。

ところが、ラッファエーレ・イオヴィーネは、当事者たちの書簡を丹念に確認した上で、若いフェルデナンドの著者隠蔽努力にもかかわらず、チェレスティーノ、インティエーリをはじめ、彼を知る人々の多くは、出版に反対したタヌッチも含めて『貨幣論』の著者を事前に察知していたことを証明し歴史の裏面の真相を明らかにしている。フェルディナンドに薫陶を傾けてきたチェレスティーノやインティエーリの側にしてみれば、著者を知らぬふりをして知りたがってみせることが『貨幣論』出版に反対する勢力に対するカム

(注5) ギリシャ神話に登場。一般に山羊の角や耳、長い尾にひずめのついた脚をもつ若い成人男子の精霊。野性的で色情的、酒を好む。ローマ神話のファウヌス faune にあたる。

(注6) *HEI, ibid.*, p.28. 本文、四五四ページ。但し、異文。

(注7) Franco di Tizio, *op.cit.*, p.49.

フラージュの意義をもつという老獪な判断があったのだろうか。いずれにせよ、『貨幣論』匿名出版にまつわる陰鬱なエピソードは当事の新旧両政治勢力の暗闘の激しさを象徴する一駒と言えよう。(注8)

アンドレ・ティランは、「多くの歴史家によれば、ガリアーニは自分が先行者たちの恩恵を認めることを拒否した」が、「この忘恩発言は、第二版への注釈で部分的に修正された」(注9)と指摘し、一七五〇年頃には著作権の概念はあいまいで、誰からかの出典を明示する慣習はなかったと弁明している。この点について、ガリアーニ自身は、第二版への注釈Ⅰの初っ端でこう言っている。「自分に反対する著作者の名前の引用をできるだけ少なくすることが私の意図であったことは、本書を読めば容易に分かる。人々の名前ではなく諸見解が、反対意見を持つ人によって互いに争われるべきだと私には思われるからだ」と。そして、ガリアーニは、自分の異論の対象として、本文で論争相手としたダヴァンツァーティと彼の「品のないフィレンツェ俗語」で書かれた『貨幣論講義』、サン・ピエールの修道院長イレネー・ドゥ・カステルと「ローのシステムの好結果だけに目を付けた」彼の『政治論集』の名を上げる。

ただ本文で明示された著作者と作品はもちろんこれだけではない。本文では、別に主にJ・ロック、J・F・ムロン、C・デュト、C・ブロッジャ、T・スピネッリ、L・A・ムラトーリの名と書名等々が縷々として出てくる（第二版への注釈XXIXで例外的にA・セッラの『鉱山のない王国』を絶賛。本文、四四〇―三ページ参照）。更にティランは、ガリアーニ『貨幣論』の典拠として、P.P.・di・S. マウロ Mauro の『改訂為替事典』、シピオーネ・マッフェイ Scipione Maffei やダニエーレ・コンチーナ Daniele Concina（一六八七年〜一七五六年）のような教会法の専門家のラテン語、ギリシャ語の原文の読解、『シャルル一世以来の公式記録』（一二七四年のシャルル一世の公文書Lett.13, fol. 2…G. nota, IX本文、三九九―四〇一ページ)、ナポリ王国造幣所長ジョヴァン・ドナート・テュルボロ Giovan DonatoTurbolo の「報告書」* などの一次資料も援用できたことを確認している。(注10)

* G. D. Turbolo, *Discorso sopra le monete del Regno di Napoli con deverse relazione e copie d'altri discorsi dati fuori nell'anni 1618–20 pertinenti alla medesima materia*, Napoli, 1629.『貨幣論考』

ところで、『貨幣論』の著者がガリアーニであることはまもなくイタリア国内の読書界では周知の事実となった。そこで、フェルディナンドは伯父の助言を受けて『貨幣論』の評判の実際を確かめるべくイタリア国内を旅行した。(注11) 一七五一年一一月一八日、フェルディナンドは親友カルカーニと一緒にナポリを出発しローマに向かった。行く先々で祝意と名誉を受け、知識人とは同感と友情で結ばれた。ローマでは予《かね》てから

(注8) Iovine, Raffaele, *op.cit.*, p.185., p.210.

(注9) Tiran, *op.cit.*, p.33.

(注10) *ibid.*, p.34.

(注11) イオヴィーネによれば、『貨幣論』の著者が判明してからのナポリ文化人社会の態度は称賛から冷めて批判的になり、チェレスティーノ自身も『貨幣論』を批判し始めた。それに対して、インティエーリは、終始その批判をかわしフェルディナンドを弁護した（一七五一年九月二五日のフェルディナンドからチェレスティーノへの手紙）。Iovine, *op.cit.*, p.232–3.フェルディナンドのイタリア旅行は丁度その開始の時期から見て、ナポリ王国の文化的雰囲気が彼に批判的になっていた時に、チェレスティーノから勧められたのであろう。

知遇を熱望していた教皇ベネディクトゥス一四世の招聘の栄に浴した。フェルディナンドは、一七五一年一二月一七日の伯父への手紙で、教皇が「口に言われぬ慈愛と威厳をもって私に接し」、「まず私の健康を祝し、ついで私の眼病について聞き、最後に『貨幣論』に触れ称賛してくれました(注12)」と書いた。ローマの次はフィレンツェで、ここでは、クルスカ学会とコロンバリア Colombaria 協会の会員に指名された。前者は『クルスカ大事典』新版に『貨幣論』の項を加えた。パドヴァでは多数の大学教授と知り合い、ヴェネツィアでも多数の友人を得、最後にトリノに着いた。オルメア侯爵 marchese d'Ormea がサルデーニャ王国君主カルロ・エマヌエーレ三世 Carlo Emanuele III（在位一七三〇年〜七三年）に紹介の労をとった。フェルディナンドは伯父への手紙で、君主が「自分の書を読んでいて、彼ほどよく理解してくれる人を知りません」、「貨幣問題でほぼ一時間談論」し、王子もそれに加わったと書いた(注13)。このように、『貨幣論』の評判はイタリア国内では上々であった。

他方で、『貨幣論』の著者探しの後には当然のことのように、これほどの著書が二〇歳を少し超えたぐらいの若者に物せるはずがないという疑いの声も起こった。ディ・ティツィオは、はるか三〇年後第二版の「予告通知」を見て、著者が誰であれ、『貨幣論』の理論的内容はガリアーニだけの功績に帰するものではないという見解がさらに強まったと言う。『イタリア公共経済学史』（一八二九年）で知られるジュゼッペ・ペッキオ Giuseppe Pecchio（一七八五年〜一八三五年）は、ガリアーニの若さからして、それはほとんどリヌッチーニ、インティエーリのものだとし(注14)、前出シピオーネ・マッフェイはガリアーニの功績を認めながらも、リヌッチーニ、インティエーリ、カルカーニの有力な貢献を指摘し、ガランテ侯爵は、ガリアーニはリヌッ

チーニ、インティエーリ、(パスクワーレ・ディ・)トッマージの作品の監修者に過ぎないとも言う。(注15)

だがしかし、ティツィオは、カルロ・パスカル Carlo Pascal* の説得的なガリアーニの才能の解明と特定によって、今日ではガリアーニを誹謗する声を信じるものはいなくなったと断定する。「分別をもつ者なら多くの事実を理解した。もしインティエーリが著者だったら、ガリアーニと一緒にあれほど喜ばなかったろうし、もしリヌッチーニ、カルカーニ、トッマージが著者だったら、この三人の大の支援者だったインティエーリには(出版当初から)確実に分かっただろう。しかも、この連中は、その書がガリアーニの作品であ

(注12) Tizio, *op. cit.*, p.52.

(注13) *ibid.*, pp.52–3.

(注14) Giuseppe Pecchio, *Storia dell'Economia pubblica in Italia*, 1829, p.69.

(注15) Tizio, *op.cit.*, p.48. それに対して、ジェロラモ・ボッカルド Gerolamo Boccardo は、『経済学・商業事典』(*Dizionario della Economia Politica e del Commercio* così teorico come pratico, Torino, Sebastiano Franco e Figli e Comp. Editori, 4 vol., 1858–61.) のガリアーニの項で、ペッキオのガリアーニは両者(R., I.)の単なる解説者にすぎないという意見を紹介した後に、ガリアーニを擁護している。「我々はかなり違った意見をもつことを明言する。若くしてすでに大数学者であったパスカル(Pascal, Blaise, 一六二三〜六二年)やクレロー(Clairaut, Alexis, 一七一三〜六五年)あるいは、二三歳でイギリスを統治した(小)ピット(Pitt, the Younger, 一七五九〜一八〇六年)の例をあげなくても、我々はペッキオが主張した(ガリアーニが『貨幣論』の作者では)ありえないとは考えていないと率直に言いたい。総合的に言って、我々は、この作品の性格と幸せな天分の継続部分の性格との間にある深い相違に幾分迷うものの、ガリアーニが剽窃したかもしれないという特殊な問題を若いからという理由で解消しようとは絶対に思わない」(vol.II, 1858, p.376)と。

るという世論に押されて、その書は自分たちの作品なのに、何かが喉に痞《つか》えてガリアーニをイソップのカラス（おしゃべり）のままにすまし、声高に（自分たちの書だと）明言しなかったのだろうか。そして、ガリアーニは、トッマージ、カルカーニ、リヌッチーニが生きていて仲良しである間は、『貨幣論』の著者は自分だと明言すればひどく厚かましいと思えたのだろうか。もしこの連中が自分たちの才能の証拠を残したとしても、それらの証拠でもガリアーニに敵わなかったら、どのような根拠でガリアーニよりこの連中を（『貨幣論』の著者として）選ぼうとするのか」[注16]と。かくして、『貨幣論』の真の著者探しの問題は、完全な解決に一世紀を要したけれどもガリアーニ称賛に収斂し、経済学説史上ガリアーニは紛れもなくナポリの改革的思想家グループの一級の貨幣学者、経済学者として認められた。

＊ Carlo Oascal, *Sulla vita e sulle opere di F. Galiani*, Napoli, A. Morano, 1885（Recens. in"Giornale storico letteratura italiana,"Torino, 1885, pp.457–59).

フェルディナンドは、一七五三年には伯父チェレスティーノの死によって彼の膨大な蔵書を受け継いだ。翌五四年ガリアーニは、師でもあるインティエーリと共著で『小麦の完全な保存について』*Della perfetta conservazione del grano* をライモンディ社から出版する。しかし、多才多情なガリアーニは、その後専ら経済学の研究に沈潜することはなく、風刺詩、翻訳、歴史作品、考古学、力学にも手を染めた。伯父チェレスティーノの死後そのグループの政治的立場は急に弱まりはしなかったが、フェルディナンドの態度は次第に現実主義的傾向に変化していく。他方、折からA.D.七九年八月二四日に起こったヴェズーヴィオ火山 Vesuvioの噴火で埋没していたポンペイ市Pompeiの発掘が進んでいた。当然のこととして、当時火山関係の書、噴火の史実関連、火山現象の説明の書の出版は汗牛充棟の如しであった。しかし、噴出した岩石の記録はなかった。そのため、ガリアーニは、一七五五年噴出した岩石一四一種類を収集し、そのコレクションを六つの箱に詰め記録書とともに教皇ベネディクトゥス一四世に贈った。この贈り物をかぎりなく喜んだ教皇は、ガリアーニをサン・ピエトロ・ディ・アマルフィSan Pietro di Amalfiの司祭館の司教冠を戴く修道院長Abateに指名し、四〇〇ドゥカートの年金を授与した。啓蒙主義的聖職者ガリアーニはかように処世術にも長けていたのだ。一七五八年五月三日ベネディクトゥス一四世（俗名プロスペロ・ランベルティーニProspero Lambertini）が死去すると、ガリアーニは「教皇ベネディクトゥス一四世の称賛」（ライモンディ社）の小冊子を発表した。

Ⅲ．フランスのガリアーニ

社交界の花形　ガリアーニの『貨幣論』は、前述のようにイタリア国内の知識人の間には賛否両論を引き起こしながら、結局称賛の対象となることができた。しかし、国外とりわけ、ガリアーニのその後の公務、研究の経歴で決定的にかかわりの深かったフランスでは『貨幣論』の評判はどうであったか。一七五九年一

（注16）　Tizio, *op.cit.*, p.64.

月一〇日、ナポリ王国宰相ベルナルド・タヌッチ*によってガリアーニは、ナポリ王国パリ大使館秘書官の任務を与えられた。四月末日、三〇歳を少し越えたガリアーニはフランスに向けてナポリを後にした。

＊ ベルナルド・タヌッチ Tanucci, Bernardo は、一六九八年にカゼンティーノ Casentino（トスカーナ州の山岳地帯）のスティア Stia で生まれ、ピサ大学の法学部学生、後教授になり、まずブルボン朝のカルロス三世（在位一七五九年～八八年）の顧問官 consigliere になった。一七五二年法務大臣、一七五四年外務大臣、一七六七年国務長官を歴任し、カルロス三世の全統治期間とフェルディナンド四世（両シチリア王在位一七五九年～一八一六年）の王権の初期にも政府の支配的な地位を維持した。後スペイン派の彼に敵意をもつ王妃マリア・カロリーナ Maria Carolina（マリア・テレジアの娘）の影響が強まると一七七六年に権力から遠ざけられた。一七八三年にナポリの邸宅で死去した。

ガリアーニは、まずジェノヴァを目指したが、馬車の御者が道に迷って宿泊地のヴェッレトリ Velletri に着けず、農家の家畜小屋の藁の上で寝るというハプニングにも見舞われた。ジェノヴァでは総督に紹介され長話をしたが、専ら時局の聞き役にまわったので、「イエズス会風の」総督は、彼が「ひどく無知で秘密主義だと思ったでしょう」と、ガリアーニは一七五九年五月一七日の手紙でタヌッチへ書き送っている。そこからリヨンに入った。六月一日のタヌッチへの手紙では、当地の人口が疎らなことに驚いて「二・三〇マイル過ぎても家一軒見られ」ず、「アーンテロ Antilo からエクス Aix まで」何人にも会わず「一二三〇マイルの行程で辛うじて七・八〇人にあっただけ」で、「プロヴァンス地方は荒地です」と報告している。リヨンは通過し六月四日か五日にパリに到着した。パリでは、ナポリ王国大使カストロモンテの侯爵、カンティッラーナ（ジュゼッペ・デ・バエサ・イ・ヴィセンテロ Cantillana, Giuseppe de Baeza y Vicentelo）によって歓迎された。同月中にヴェルサイユ宮殿でフランス国王ルイ一五世の拝謁の栄に浴する。謁見の初っ端、あまりの短身とぎこちない仕草で並みいる廷臣、国王自身の失笑を買うが、狼狽せず持ち前のエスプリを発揮して、「あー陛下、私は書記官の複製 echantillon にすぎません、書記官はあとからまいります」とあいさつしたので、一転同感の微笑を誘ったという。

ガリアーニは、当初は野暮な臆病者として以前にはまったく肝をつぶすしかなかったフランスの首都パリへの気後れと国王の離宮のある湿気の多いフォンテーヌブローの気候があわず、タヌッチに健康問題を口実にナポリ帰国を願い出ている。それに対して、タヌッチは「獄中のアルレッキーノ Allecchino* は、窓の鉄格子の外へ脚や腕を突き出して、できるだけ監獄にいないのだと言う理屈を自分に言い聞かせています。貴殿もフォンテーヌブローの湿気をそうなさい(注17)」と受け流す。

しかし、その後次第にパリの知的社交界になじみ、持ち前の教養と機知、軽妙なフランス語の談話によって、特にダランベール、グリム、マルゼルブ、ドルバック、レナル、チュルゴ、ビュフォン、ミラボー、バルテルミ、マルモンテル、ディドロ、ネケール、エルベシウスなどフランス啓蒙思想家、重農主義者、百科全書家たちと親交を深めていく。さらにデピネー夫人（Epinay, Louise Tardieu d'Esclavelles, dame de La Live d', 一

（注17） *ibid.*, p.64.

七二六年〜八三年）をはじめ貴婦人連の愛顧も得ていく。

一七六〇年、カンティッラーナ大使が一月二日、六ヶ月間マドリッドに帰国する代わりにマソネ Massones 氏がスペインのパリ大使として着任した。この人物は、カンティッラーナ伯とは違ってガリアーニとまったく打ち解けることがなく、自分の考えも一切漏らすことがなかった。ガリアーニはタヌッチに彼との交流には「悲しく落胆した」と告白した。タヌッチは状況を理解し機敏に手を打った。三月一五日、ナポリ宮廷は月俸三〇〇ドゥカート加増してガリアーニをパリ代理大使に指名した。ガリアーニにはまさに破格の厚遇である。七月初旬予定通りカンティッラーナ伯が大使に復帰すると、ガリアーニも書記官の職務に戻り、パリの社交生活も旧に復した。

「彼（ガリアーニ）は汲みつくせない水脈であり、ほとんど会話から精神の糧を得た」（ディドロ）。「政治、道徳、宗教の各々の深刻な問題に関して、彼には何か教育譚、何かなすべき良い配慮、しばしば深い寓意を隠した滑稽で人の予期しない明るい配慮があった」（サント・ブーヴ）。「誰もが全時間彼の言うことを傾聴しようと黙っている」（マルモンテル）。[**]

要するに、「フランス人はなお、機知によって自分たちの倦怠の無気力を振り落としてくれるイタリア人を見ていただけであった。それで、長い冬の晩には、無為に身をゆだね、夢が眉を重くする時、前にもましてナポリのちっちゃな神父の到来に慰安を求めたのだ」(注18)。

アルマンド・マルチャーニは、『アブルッツォ雑誌』でそんなガリアーニのエピソードを紹介している。「毎金曜日に、ガリアーニの友人の百科全書派の面々がドルバック男爵家に集まった。この連中の間で、神の存在に反対して騒々しく罵倒し合う熱烈きわまる議論に火がついたことがあった。（神父の）ガリアーニは神の存在に反対する諸見解を辛抱強く聞いていたけれども、全員が神の存在を否定する議論にうんざりして、それを遮ってしまいにこう言った」。「フィロゾフ諸兄、諸賢はあまり急いで歩いていなさる。もし教皇がいたら、私は諸兄を異端審問所に引き渡すでしょうし、もしフランス国王がいたら、バスチーユに送ると宣告することになるでしょう。でも、運のよいことに二人ともいませんから、金曜日にまた私は食事に来るつもりですので、私が、いかに諸賢の意見を我慢して拝聴して、私が反論するかお聞きになるでしょう」と。一同は声を合わせて「次の金曜日に」とガリアーニの挑戦を受けた。（注19）

＊　一六世紀中葉のコッメディア・デッラルテ commedia dell'arte の仮面喜劇の主人公。「二人の主人の召使」の主役。

＊＊　Marmontel, Jean François. 一七二三年～九九年、作家、ポンパドール夫人の援助で『メルキュール』誌を創刊し、百科全書にも協力した。

ガリアーニの人品のイメージも定着していった。「ガリアーニ神父は、人柄ではイタリアが生んだ趣味のいいちっちゃなアルレッキーノだったが、このアルレッキーノの肩の上にはマキアヴェッリの頭がついてい

（注18）　*ibid.*, p.66.

（注19）　Armando Marciani La personalità e lo spirito del Galiani, in "*Rivista Abruzzese*", Lanciano, 1970, n.1, pp.25–39.

た」(マルモンテル)。「ヴェズヴィオVesuvio*の麓に生まれたこのちっちゃな人間は真の天才である。彼は明敏で深い一瞥に、広く確実な博識が、天才の見解に人を喜ばせ気に入ることしか考えない者のエスプリとひょうきんさが対をなす。霊感はプラトンのもので、しぐさはアルレッキーノだ」(注20)(グリム Friedrich Melchior Grimm, 一七二三年~一八〇七年。童話作者とは別人)。

因みに、『犯罪と刑罰』*Dei delitti e delle pene*(一七六四年)の大評判でアンドレ・モルレらの招待を受けたチェーザレ・ベッカリーア(Beccaria, Cesare, 一七三八年~九四年)に同道してきたアレッサンドロ・ヴェッリ(Verri, Alessandro, 一七四一年~一八一六年)は、パリでのガリアーニの厚遇振りを少し時を経た一七六七年一月一五日のロンドンからの手紙で、兄ピエトロ(Verri, Pietro, 一七二八年~一七九七年)に次のように知らせている。「彼(ベッカリーア)がパリに到着した時、宮廷大使館書記官のガリアーニ神父がしばしば赴いていたナポリから戻りました。多彩な才知はあるが気の小さいこの神父は、パリに見倣ってここで受けている人で、どこでも知られています。

ガリアーニが旅行に出てまもなくパリに戻ったことが知られ、(パリの人々の)好意的な大喜びのニュースが広まっています。私とベッカリーアは、ジョフラン夫人宅の食事で彼に会いました。神父はいつも人目を引いているが、ベッカリーアが取るに足りない些細な称賛しか受けていないのは確かです。この神父の帰還は熱狂的なので、ベッカリーアへの(称賛)分も容易に彼に向かったでしょう。このことはガリアーニが我々みんなをひっくるめて、彼がいる所では誰もが黙り、彼を輝かせておくことは確かです。ベッカリーアは、他の人々と同じように、聴衆の側にまわらざるを得ません」(注21)。これはまさに、深い学識含みのフランス語能力と持ち前のエスプリをいかんなく発揮して上流社会の寵児として脚光を浴びた派手な公人ガリアーニの栄光と『犯罪と刑罰』一書でこそ世界の読書界で称賛されたが、なお社交界にデビューしたとは言えず世故に長けていない引っ込み思案の地味な私人ベッカリーアの悲哀という好対照を示す場面であった。

一方、パリの貴婦人連との親交が深いガリアーニへの嫉妬がらみの誹謗文書もあらわれた。「一度だってこの神父は色欲の、それもあらゆる種類の色欲を十分満たさずには上機嫌にならなかった」。「まともなイタリア人とフランス人を混ぜこぜにして、彼は女だけを熱愛し、彼女らを祭壇に供えた」。「彼はしばしば病み、その際にはガッティ Gatti とかいうピサ人の風評流布者 inoculatore が登場することになった。まったくお笑い種だが、治るやいなや、ガリアーニはまた自分のレースに戻った(注22)」。

だが、もちろんガリアーニは、ゴシップ好みに揶揄されたようにパリの甘美な生活に耽溺し切っていたわけではなかった。すでに、一七六二年からガリアーニは、それまで故国ナポリ王国には正確な地図がなかったことに鑑みタヌッチに発案して、彼の督励を受けてそれの作成に着手していた。ガリアーニはパドヴァ人の地理学者アントニオ・リッツィ（Rizzi-Zannoni Giovanni Antonio, 一七三六年～一八一四年）をパリに呼んで、一

（注20） Tizio, *op.cit.*, p.71.

（注21） *Carteggio di Pietro e di Alessandro Verri*, a cura di Emanuele Greppi e di Alessandro Giulini volume prima parte I. ottobre 1766 — luglio 1767, Milano Casa Editrice L. F. Cogliati, 1923, XILV（25）, p.212.； Tizio, *op.cit.*, p.72. この事実は、A・モルレにパリに招待されたのに、引っ込み思案のベッカリーアがミラノに早帰りしたくなった原因の一端を裏書する。

（注22） *ibid.*, p.72.

七六九年までにナポリ王国の完全で正確な地図を作成した。さらに、一七六四年、イタリア南部全域を襲った大飢饉の際には、タヌッチと食糧確保の方策を案じ、もし小麦が不足していて確保が無理なら、それ以外の代用食を利用すべきだと提案し、実際にそれらの見本を送っている。「穀物の飢饉で小麦が不足すれば少なくとも〈何としてでも〉*taliter qualiter* それの代わりになる作物の栽培で対抗しなければなりません。トウモロコシ **maitz**（maiz）もその一つです。トウモロコシがあるおかげでヨーロッパの飢饉は減りました。でもそれだけでは不十分です。私は、世界の半分、新世界全体で、アメリカでは無数の違った名のパンの素《もと》になったものを知っています。キャッサバ **manioco** などと呼ばれます。要するに、スペインやアイルランドのジャガイモ **patates** にあたります。ここの人々は皆、冬場は *pommes de terre*, 〈キクイモ〉*topinambours* など違った名で呼ばれるジャガイモで生きています。この作物は耕さなくても非常にやせた土地にでも生えます。…ナポリの裕福な人は、粗末で味気ない食物なので食べないでしょうが、貧しい人、山地の農民は喜んで食べるでしょう」（一七六四年三月一九日のタヌッチへの手紙(注23)）。

ガリアーニの大飢饉の経験とそれへの対応は、この時期に書かれたと思われる『小麦取引に関する対話』の第一話につながった。この時期、フランスではイタリアと同様、穀物の安定供給が不変の課題だったから重農主義《フィジオクラシー》が当然のこととして支配的理論であった。こうした風潮の下、後述するように、すでにイタリア語圏では好評を博した肝心の『貨幣論』に関しては、ガリアーニも声高に主張する機会を見出せなかったらしいし、フランス知識人も注目せず推奨してくれる者もなかった。一七六四年二月には、アダム・スミスがバックルー侯爵のグランド・ツアーのお供でパリを来訪した。エドアルト・ハイマンは、「フランス旅行時に、彼（スミス）は重農主義派にアクセスし、チュルゴとガリアーニに接触した。ケネーへの『国富論』献呈は、あいにく彼の死によって果たせなかった」(注24)と言っている。もっともこの折には、スミスは一〇日しかパリに滞在しなかったらしいが。(注25)

一七六五年、ガリアーニは、フランス宮廷から六ヶ月ナポリ帰還を許され、真っ先にナポリへ、次いでナポリ湾にあるイスキア島 **Ischia** に温泉治療に行く。はじめの六ヶ月が終わるともう六ヶ月パリ帰還を猶予された。この期間にナポリ宮廷は、外国列強との条約締結のために、アントニオ・ジェノヴェージとガリアーニに関連必要書類全部を回覧させ、意見を述べさせた。然る後一七六六年、宮廷は、その労に報いるためにガリアーニに最高裁判所評議員の任を託した。

一七六七年、ガリアーニは一七六四年から在ロンドンのナポリ公使の任にあったヴィッラマリーナ公爵 **maechese di Villamarina** で親友ドメニコ・カラッチョロ **Domenico Caracciolo** から招待を受け、ロンドンに赴き当地からタヌッチに手紙を書いた。そこにはガリアーニのイギリス認識が如実に表われていて興味深い。「私はアルビオン **Albione**（不実なイギリス人）ですが、陛下のご厚意に甘えすぎてはいませんし、一週間**したら閣下の支援でガッリ **Galli**（ガリア＝フランス）へ戻ります。大いに見る価値のあるこの国を見せてもらえ

（注23） *Illuministi italiani.*, *op.cit.*, pp.896–7.

（注24） Eduard Heimann, *History of Economic Doctrines*, an introduction to economic theory, A Galaxy book, New York, Oxford University Press, 1964. p.63.

（注25） 水田洋『アダム・スミス』講談社学術文庫、一九九七年、九八ページ。

た多大な恩恵に感謝します。（イギリスの実情が）他人の書いたものと考えていたことが大違いなのも分かりました。それを言い出せばきりがありません。かなりイタリアに似ていてフランスとは大違いです。現実的で妥当な方針を採っていることを知りました。ですから、フランスよりさらに先に進むでしょうし、唯一の国民になったら、新たに唯一の君主国に戻ったなら、ほぼイタリアもそうなっているでしょう。

／だがしかし、気候、ひどく不毛な土地、九〇〇万人以上にはならないしなりえない人口、すなわち、イタリアの三分の一以下の人口が（経済発展の）妨げとなり、必需品、すなわち、ワイン、各種食物、絹糸、オリーブ油などの外国産品を得る必要規模の少なさが妨げになります。最後に、海路に比べてずっと割安の隣接諸国との陸路取引、短距離輸送ができない島の位置が妨げます」（一七六七年一二月八日）(注26)。

* A.D.七九年八月二四日に大噴火したヴェズヴィオ火山（一二七七メートル）は、実際にはカンパーニア **Campania** 州ナポリ市の南東部にあって、アブルッツォ **Abruzzo** 州のキエーティ市からはかなり離れている。噴火で埋没したポンペイ市の遺跡は一七四八年に発見され、それ以後発掘が進められた。

** 一七六七年一二月二八日の実兄ベラルドへの手紙からすると、フェルディナンドは、実際には二一日間イギリスにいた(注27)。

ガリアーニは、ロンドンを探訪する前には、タヌッチとの間でもそうだが、フランスのサロンでも、イギリスとイギリス人に対して散々悪口を言っていたという。イギリス人たちも、ガリアーニの揶揄嘲弄にはまともに憤慨していた。ディヴィッド・ヒュームは、パリでガリアーニに会わなかったが、ガリアーニが不在中にアンドレ・モルレに次のように書いた。「ガリアーニ神父はナポリに戻りました。確かに、彼がイギリスで言った悪口すべてを抹殺するには、彼がパリを後にして良かったと思います[注28]」と。

フランスに戻ってからガリアーニは、イタリア、フランスの年来の懸案であった小麦をはじめとする食料の安定供給を提言する書『小麦取引に関する対話』をフランス語で書きはじめた。なぜそれをフランス語の対話体で書いたのかを聞いた人に、ガリアーニは「世界中で一番社交的な人々の言語であり、考えるためには話さざるを得ない国民の、十二分に考えてから話し、話すためにしか考えない一国民の言語は、対話に最もふさわしい言語だから[注29]」と答えた。しかし、この『対話』の完成と出版は、ガリアーニのパリ滞在中には叶わなかった。おしゃべり神父の自らまいた種が、フランス、スペイン王室の外交問題担当者の逆鱗《げきりん》にふれる舌禍事件となり、大使館秘書官職の実質剥奪の処置を招いたからであった。

Ⅳ. 舌禍事件と失意のナポリ帰還

ティツィオは、ナポリ歴史文書館所蔵のジュゼッペ・フェッラィオーリの「ガリアーニ神父の外交的失敗*」やフランス、スペイン宮廷とナポリ宮廷の往復書簡の調査によって、ガリアーニのパリ退去命令の顛末

（注26） *Illuministi italiani.*, *op.cit.*, pp.946–8.
（注27） *ibid.*, nota 2, pp.946–7.
（注28） Tizio, *op.cit.*, p.78.
（注29） *ibid.*, p.79.

を明らかにしている。すなわち、当時のヨーロッパの外交問題にからみ、ショアズル公爵**が進める王室の血族契約に基づく外交姿勢にナポリ政府の一外交官にすぎないガリアーニがみだりに容喙したからだというものである。ことの構図と結論は以下のようなものであった。

* Giuseppe Ferraioli, Un fallo diplomatico dell'Abete Galiani, in《*Archivio strico per le province napolitane*》, 1880, pp.690–8.

** Etienne-François, duc de Choiseul（一七一九年～八五年）、政治家、ポンパドゥール夫人の寵を得て、各国大使、主要閣僚を歴任、百科全書の刊行を援助した。

七年戦争（一七五六年～六三年）後のイギリスは、更なる海上覇権を求めてフランスと対抗していた。その折、フランスとスペインの家族協定 patto di famiglia やフランスのブルボン王家がオーストリアと結んだ血族の絆に対抗するイギリスが、ロシア、ドイツと団結していた。その時局では、スウェーデンが外交交渉の主戦場になった。そこではカッペッリ Cappelli とベッレッティ Berretti という二つの政治勢力が対抗していた。前者は国王特権とフランスの支持者で、後者が寡頭政治とイギリス、ロシアの支持者であった。対抗関係ではフランスの影響力が優勢で、ロシアがトルコの脅威を受けていたので、イギリスは威嚇のためにデンマーク沖にベッレッティ支援の艦隊を派遣せざるを得なかった。これに対して、ショアズル公は、イギリスの艦隊派遣に抗議するとともに、デンマークにこの抗争に介入しないように通告した。この抗議と通告は、パリでスペイン大使フエンテス Fuentes 伯（Joaquin Atanasio Pignatelli d'Aragona, グリマルディの後釜）によって好意的に支持された。しかしながら、事態は解決の糸口すら見出せず、教皇クレメンス一三世 Clemens XIII（在位一七五八年〜六九年）の「戦争がどこで始まるかは分かるが、どのように終わるかは予測できない」という不適切発言によってさらに緊迫していた。

ショアズル公は、ナポリ大使でもないガリアーニが、この時期のパリでデンマーク大使デ・グレイキン de Gleikin にナポリ宮廷の情報（ショアズル公の進める家族協定にフランス、ナポリの大臣の同意がないこと、ガリアーニのフランス・スペイン同盟というプランに基づいて、ナポリ宮廷はヴェルサイユとマドリッドの宮廷と別行動をとること、ナポリ宮廷はデンマークとの同盟強化に多大の注意を払うことなど）を漏らしたという報告を得た。こうした情報、お定まりの他者による揣摩《しま》臆測、曲解、流布された疑惑によってショアズル公は不安にかられ、パリのナポリ大使カストロモンテ Castromonte の侯爵に、穏やかな言葉ながら、自分が秘書官のガリアーニに対して激怒していることを打ち明けた。ショアズル公は、ガリアーニの流した情報を否定し、デンマークを威圧するためにフランス・ナポリのブルボン宮廷間の同盟が強固であることを示す必要にかられた。ショアズル公はおしゃべりガリアーニを激しく非難する手紙をマドリッドに書き、それが、パリの前スペイン全権大使で首相グリマルディ（Girolamo Grimaldi, 一七一〇年〜八六年、パリ在職一七六一〜六三年）のガリアーニの更迭を要請するタヌッチ宛ての私信を誘発した。

「閣下（タヌッチ）に不快なことを話さねばならないのは心苦しく存じます。国王陛下がそのことにつき特に閣下に詳細な報告をするように専ら私に命じられました。ガリアーニの表明がいかに不適切であったかは、それをお読みになればお分かりと存じます。いかに時宜をわきまえずに語ったかを知らしめるために、陛下は先行のいきさつを彼に理解させせよとお命じになりました。閣下は、公式書簡でこれらの情報をお受けになるでしょう。

／陛下はガリアーニ神父が、例の談話の後に新たな不始末をしでかさないために、即刻パリから退去することを望まれ、一族の二つの王位と異なった見解を示すことなく、独自の利益と適切な配慮のために、両シチリア王国の全行政官に教訓が与えられることをお望みです。

／陛下お独りと私だけが、派生した通知する事実の当事者です。ですから、ここに最高機密を厳守されんことを願い、自書にて閣下に一書をしたためます。コペンハーゲンへの宣言を書き換え、ことの経過をこの君主（デンマーク王）に伝える別の動機を仮定して、私は閣下に先の経過の抜粋と宣言の写しを送ります。同じ必要な配慮から、陛下は閣下が即刻ガリアーニ神父を召還するとともに、その理由を彼に明かしてはならないとお考えです。彼のナポリへの到着を待ってはじめて、（召還に）思い至るいわれがあろうと彼に事実を教えることが得策と存じます」（グリマルディ、一七六九年四月一八日、アランフエス **Aranjuez**）。

ナポリ償還命令は一七六九年五月二九日、カストロモンテの公爵からガリアーニに伝えられた。その知らせを受け取ったガリアーニは驚愕した。彼にすればまさに寝耳に水であった。すでにパリになじみ、上流社会の寵児となりいずれは大使になる野心をも抱いていたかもしれない彼は、自分の夢が一挙に潰え去ったことを知った。夢想だにしなかったことが起こったその日は昼も夜も食事がのどを通らず、夜には痙攣を起こし熱も出したという。ガリアーニはそれでもタヌッチに哀切に満ちた手紙を書いた。痙攣はその後の日々にも頻発し、脇腹と右足麻痺という後遺症を残した。タヌッチは「貴殿にはフランス大使館秘書官の長い勤務で得られた重要な商業目的についての教訓が備わっているので、まさに貴殿の才覚は商業裁判所での王室への奉仕には打って付けであると思います」とガリアーニにおざなりを言うしかなかった。

この後グリマルディは「抗議は無駄で事態をなお悪くします。どうしても取り外さねばならない〈頸章〉*collarino* とともにナポリに帰らざるを得ません。こうして彼は政治の舞台から消え去るのです」というガリアーニに引導を渡す手紙をタヌッチに送った。ただし、何を言ってもガリアーニを慰めることにはなるまいが、彼のナポリへの召還は処罰ではなくあくまで政府の政策遂行上の人事異動だという印象を与えよという配慮、むしろ注意も示されていた(注30)。

こうして一七六九年五月、後ろ髪を引かれながらもガリアーニはパリを後にし、同年夏を過ごすためにジェノヴァに滞在した。ジェノヴァ滞在をぐずぐず長引かせたのは、ナポリ人同胞の自分の王国召還への揶揄嘲弄も目に見えていたからだが、スペイン国王が翻意して、タヌッチを介してパリに呼び戻してくれやしないかというはかない期待からでもあった。だがしかし事態は変わらず、一七六九年一〇月ガリアーニはジェノヴァからナポリに向け出発した。ガリアーニの咎めを受けての帰国の事実は伏せられ、彼はナポリではフェルディナンド王はじめ手厚い歓迎を受けた。こうして、ガリアーニは栄光のパリ生活から永久に去る羽目に陥ったとはいえ、訳出した史料Ⅳ・Ⅴ・Ⅵからも垣間見られるように、その後ナポリ王国政府の高官

(注30) ibid., pp.83-6.

（商業最高裁判所、財政最高会議などの長）として重用され続けることになる。

V．『対話』出版（一七七〇年）をめぐって

ナポリ帰還後のガリアーニの仕事は、失意のきわみにありながらも、すでに一七六八年一一月から一七六九年一月の間に書いておいた全八話構成の『小麦取引に関する対話』をディドロやデピネー夫人の協力を得て出版することであった。ガリアーニは元々この『対話』を九話まで書く計画であったが、退去命令によって現行八話に収まったのであった。(注31) 出版を急いで苛立つガリアーニになお困難が待ちうけていた。パリ警察代理官サルティーヌ Sartine（Antoine-Raymond-Jean- Gualbert-Gabriel de 一七二九年～一八〇一年）がその出版に待ったをかけたからだ。日ごろ夫妻共々懇意にしていたガリアーニは狼狽しながらも、サルティーヌに『対話』の内容は時の農政を扱っているだけでそれ以上フランスの国策を云々するものではないと申し開きをしたり、彼の夫人にとりなしを頼んだりした。一七六九年一二月末〈財務総監〉が、自由主義者のマイノン Maynon d'Invault* から反重農主義者のテレー Terray 神父（Joseph-Marie, 一七一五年～七八年、政治家、聖職者、モープー、エギヨンと共に三頭政治の一役を担った）に代わると、一転『対話』の出版はサルティーヌを通して許可された。こうして、『対話』はようやく一七七〇年に匿名のままロンドンの表示で、実際にはパリのメルラン Merlin 印刷所から陽の目を見た。

＊　マイノン Maynon d'Invault（Etienne）は、一七六八年九月二七日、ラヴェルディ L'Averdy（Clement-Cherles-François de）に代わって〈財務総監〉になったが、一七六九年一二月末にはもう解任されてしまった。彼は自由主義者として重農主義者と同意見だったが、飢饉と穀物価格の上昇に出くわして一七六三年以来主張していた自由主義政策を取り下げていた。こうした政策転換はガリアーニと轍を一にするものであった。

ガリアーニの『対話』の内容は至極フランスの食料供給の実情に合致したものであった。一八世紀半ば以降のフランスでは国内流通路の不備が原因で、小麦が慢性的に不足していて穀物論争が続いていた。当時経済思想の主流派であった重農主義者《フィジオクラート》の主張する政策は、フランス全地方の安定的な小麦の自由取引であった。王室政府もこの主張を支持して一七六三年五月二五日以来六四年に至るまで小麦の自由取引を命ずる勅令を発していた。しかし、フランスでは穀倉地帯がフランドル、ピカルディ、ノルマンディなど北部沿岸にあるために、販路は輸送路の距離からして国内輸送より国外輸送が優先され、フランス国内の小麦不足はその後も一向に解消されず、重農主義者に与する者でももう小麦の自由取引を提案できなくなった。ガリアーニは、『対話』でフランス各地の小麦生産と輸送の実情からこの勅令が小麦不足を緩和するどころか助長したことを証明しようとした。つまり、フランスの小麦事情は目下自由輸出を許すような状態ではないというのだ。重農主義者の自由取引論に反対する現実主義者ガリアーニの『対話』の主張をめぐって、当然のこと

（注31）　*Illuministi italiani, op.cit.*, p.347.

として賛否両論がかまびすしかった。重農主義者に与する側からはフランスで近年出版された最も有害な書だという酷評もあった反面、ヴォルテールは『対話』の経済的内容ではないが形式を「プラトンとモリエールの合作」と絶賛したし、同様に「フランスの文化的定期刊行物の中で、最も普及し、しかも最も確かな筋の『メルキュール・ド・フランス』Mercure de France は、『対話』に対して文学面では称賛の言葉で客観的な書評を書いた」が、「経済理論の面では《騎士ザノービ Zanobi》の矛盾について多くの留保をした」。(注32)

それに対して、重農主義者で『市民の暦』Éphémérides du citoyen の編集者デュポン・ド・ヌムール（Pierre-Samuel Dupont de Nemours, 一七三九年～一八一七年）は、「一般には、確かに笑うべきだが、パンと自由を奪われる人々を犠牲にして笑うのはひどく残酷なことだろう」と『対話』を辛らつに批評し、同じ重農主義者であるメルシエ・ド・ラ・リヴィエール（Pierre-Paul-Henri Le Mercier de la Riviere, 一七一九年～一八〇一年）は、『対話』に対抗する四一八ページの『国家の一般利益、あるいは、小麦取引の自由』（一七七〇年、アムステルダム、パリ）の一書を著した。A・モルレ神父（Morellet, Abbe Andre, 一七二七年～一八一九年。百科全書家、ベッカリーア『犯罪と刑罰』第三版の改訂フランス語訳者）も『小麦取引に関する対話と題する作品への反論』*Réfutation* を書いた。本書は一七七〇年四月に印刷されたが、重農主義原理に敵対的な財務総監テレー神父が、本書に政府の禁書表明をしたために発売できなかった。(注33)

反面、ヴォルテールが「知ったかぶり」maitre Aliboron と呼んだフレロン Freron（Elie-Catherine, 一七一九年～七六年）は、保守的、敬虔的で反啓蒙、反百科全書派の拡声器 portavoce と言われた『文学年報』L'Annee litteraire で、奇妙にもガリアーニを支持した。フィロゾフの友だがエコノミストの敵を任じていたグリムや元々啓蒙主義の敵であり『民法理論に関する手紙』（一七七〇年）で重農主義者をひどく攻撃したロンゲ Linguet（Simon-Nicolas-Henri, 一七三六年～九四年）もガリアーニに好意的に論じた。ただし、ガリアーニは少し後に「リンゲがエコノミストを打ちのめすのは間違いでした」（一七七一年五月二五日のデピネー夫人への手紙（注34））と自分を批判したエコノミストにむしろ同情している。

このような無意味な論争に飽き飽きしてガリアーニは、まもなく、シュアールへの手紙で建前をかなぐり捨てた本音を吐露している。「ただ文字の陰影しか読まない人は拙著の決め手を何一つ見出しません。しかし、行間を読めば、貴殿は私が明記しなかったとはいえ、そこに何か読めるでしょう。どんな政府でも小麦立法の趣は政府の気質を示します。専制君主の下では自由輸出は不可能です。暴君は飢えた隷属民の叫びを過度に恐れます。民主政体では輸出の自由は自然で確実です。統治者と被統治者が一体なので信頼は無限で

（注32） *ibid.*, p.349. F・フェッラーラによれば、「ガリアーニ神父は、それのパロディを作り、グリムや友人たちを楽しませるためにデピネー夫人にそれを送った」（F.Ferrara, *Opere*, vol.II, *op.cit.*, p.98.）。

（注33） *Illuministi italiani*, *op.cit.*, pp.349–50.

（注34） *Epistolario*（*1769–1772*）, d'Epinay, Louise – Galiani, Ferdinando, Segnale ad un Amico Curatore ： Rapisarda, S. Editore Sellerio, Palermo, 1996. この『書簡集』は時期的に見て『対話』出版をめぐる情報やガリアーニの心境を知るには絶好の史料である。

（注35） *Illuministi italiani*, *op.cit.*, p.1048. 因みに、二版の注釈XXXI（四四六―七ページ）に見られる君主制批判者モンテスキューへの激しい批判は、ガリアーニの英邁な啓蒙専制君主への期待（現実主義）がその後も持続していることを裏書する。

す。混成の穏健な国家では自由は変形され穏健でしかありません」（一七七〇年九月八日のシュアール Jean-Baptiste Antoine Suard（一七三四年〜一八一七年）への手紙（注35））と。この主張をみると、「文字の陰影」では、貨幣政策を論じた『貨幣論』で専ら啓蒙専制君主の英断に期待したように見えるガリアーニが、穀物取引の自由を主張する『対話』の「行間」では、民主（共和）政体を強く推奨していることになる。それに、『貨幣論』第四編第四章のマキァヴェッリ『フィレンツェ史』から、サン・ジョルジョ銀行の公正な取引さえ損なわれなければ、専制、堕落、放縦があっても、自由、礼儀、正義も共存し「旧来の尊敬すべき慣習を十分維持している」ジェノヴァ共和国の事例が挙げられている（三四八—五〇ページ）。しかし、ガリアーニのこの主張は、『貨幣論』第二版への注釈XXXI（四四六—七ページ）のモンテスキューの君主制批判への反批判に真っ向から矛盾するし、フランス啓蒙主義者等からは非啓蒙主義的ですらあるマキアヴェッリ的折衷主義者とみなされていたことから、ここでも最終的な態度決定であるとは言えまい。

さらに、『対話』の是非論争は、一七七四年八月重農主義者のチュルゴが財務総監になって、九月一三日の勅令で先任者テレーが禁止した小麦取引の自由を復活した時に蒸し返された。A・モルレの『反論』もフランスで発売が解禁された。ジャック・アンリ・メステル Jacques-Henri Meister（一七四四年〜一八二六年）編の『文学通信』は、一七七四年一二月号でモルレの批判を辛らつに拒否して、『対話』に好意的な立場をとった。ガリアーニは、デピネー夫人に背中を押されて『対話』の増補新版を構想するに至ったが、生来の気弱さと無精からそれ以上の議論の紛糾を嫌ったのでその出版は実現しなかった。

ガリアーニの小麦取引に関する論争は、間接的に、常にチュルゴの自由主義政策に関連して、ネケール

（Necher, Jacques, 一七三二年～一八〇四年）の「小麦立法と取引に関して」（一七七五年、パリ）や、コンドルセ（Marquis de Condorcet, Marie Jean Antoine Nicolas de Caritat, 一七四三年～九四年）の「穀物取引に関する書簡」（一七七四年、パリ）、「小麦取引に関する省察」（一七七五年、パリ）といった著作を巻き込んで続いたが、それ以後『対話』の直接的反響はようやく消えていった。一方で『対話』の再版と翻訳が行われた。フランス語テキストの最初の再版は、一七九五年にベルリンのロトマン Rothmann から二巻本で出された。次に、一八〇三年にミラノでクストディ『叢書』「近代の部」parte moderna, 第五・六巻 voll.V, e VI として、さらに、一八四八年、パリのギョーマン Guillaumin から『一八世紀主要経済学者叢書』で出版された。ドイツ語の翻訳は四点出た。[注36] ファウスト・ニコリーニ編の『対話』の現代版は一九五九年、ミラノ－ナポリ、リッチャルディから出た。[注37]

（注36）① H.L.W. Barckhausen, *Dialogen über die Regierungskunst vornehmlich in Rücksicht auf den Getreidehandel*, Lemigo, 1777.
② H.W.Berisch, *Handelungs Dialogen*, Lauben, 1778.
③ D.C.W.Biecht, *Des Abbé Galiani Gespräch über den Kornhandel*, voll.II, Glogau, 1802
④ F.Blei, *Galiani's Dialoge über Getreidehandel*, con una biografia di Galiani, Bern, 1895.

（注37）Fausto Nicolini, *Dialogues sur le commerce de bleds, giusta l'editio princes del 1770*, con appendici illustrative di Fausto Nicolini, Milano-Napoli, Ricciardi, 1959.なお、イタリア語版には、*Enciclopedia di autori classici* volumi pubblicati, n.9, F.Galiani, *Dialoghi sul commercio dei grani*, Traduzione di Clara Parlato Valenziano, Editore Paolo Boringhieri, Torino, 1958.がある。

Ⅵ．『貨幣論』の運命

ガリアーニのパリの大使館秘書官としての滞仏一〇年（一七五九年―六九年、休暇で一年ナポリに帰ったので、実質九年）の間に、『小麦取引に関する対話』は、重農主義理論が高唱されていた時期でもあり、一七六三・四年にイタリア、フランスで実際に飢饉、小麦不足の事態が生じたために注目され論争も引き起こした。だが、一七五一年の出版以来イタリアでは好評を博した彼の最初の主著『貨幣論』の運命はどうなったのか。以下、フランスを中心とした『貨幣論』をめぐる歴史的沿革を、主として、前出①フェルトリネッリ版編者アルベルト・カラッチョロの「序文」、② *Illuministi italiani* 版の編者フリオ・ディアズの「序文」、注釈、収録書簡、③伊仏対訳版の監訳者アンドレ・ティランの「序文」、それに④リッカルド・ファウッチ他編 ***HEL*, IX**／2001／『貨幣論』「二五〇年記念号」の諸論文、その他⑤『書簡集』(注38) 等に依拠しながら検討する。

ガリアーニの『貨幣論』は、出版以来フランスでは重農主義者のサークルでわずかに知られただけだった。自由主義的な経済学者だったヴァンサン・ド・グルネ（Gournay, Jean-Claude Marie Vincent, segneur de, 一七一二年～五九年）の死後、彼の残した蔵書目録にイタリア語版『貨幣論』のあることが分かった。チュルゴ（Turgot, Anne Robrt Jacques, 一七二七年～八一年）も『貨幣論』初版を持っていたが、なぜか二〇年近くの沈黙の後に、未定稿「価値と貨幣」で「尊重価値」と「評価価値」という自分の概念を紹介した時、同じガリアーニの「価値と貨幣」の主張をテキストで引用している。『貨幣論』（一七五一年）の出版時、チュルゴは「紙幣に関するシセCiceの神父への第二書簡」を公にした。そこで、彼はJ・ローの意見を批判しているが、明らかにガリアーニを参照しながら二〇年後に導入する価値の問題で彼の理論的功績をまったく無視した。

イタリア語の新たな作品のうち、チェーザレ・ベッカリーアの『犯罪と刑罰』（一七六四年）やピエトロ・ヴェッリの『政治経済学に関する考察』（一七七一年）は、フランスでも早くから知られ出版後直ちに翻訳され注釈もされた。しかし、『貨幣論』の場合はそうならなかった。重農主義者の主要テーマは農業と商業であるから、当然のこととして貨幣問題へは関心は一般に低かった。彼らは、何はさておき自分たちの立場を強化するため農工商業の自由を論じる作品を流布し翻訳したがった。それに引き換え貨幣政策は君主の至上権が前提となるから、君主権力の制限をめざすフランスの啓蒙思想家や百科全書派には概して取り上げたくないという事情もあったのだろう。

つとにF・ケネー（Quesnay, François, 一六九四年～一七七四年）は、一七五六年の『百科全書』の「借地農」'Fermiers'の項、一七五七年の「穀物論」の項で、一七五八年には『経済表』（注39）で貨幣と富について実質的にガリアーニと同主旨の説明をしている。しかし、チュルゴに利用されたことを除けば、重農主義者のグルー

（注38）*Epistolario*（1769–1772）D'Epinay, Louise – Galiani, Ferdinando, Editore Sellerio, Palermo, 1996.; *Carteggio*（1749–1758）Galiani, Ferdinando – Cerati, Gaspare, Napoli, 2008.

（注39）François Quesnay, *Analyse du Tableau économique*, Paris, 1758, 1759, 1766.：平田・井上訳『経済表』岩波書店、一九九〇年、「シュリー公の王国経済要諦（経済表第三版）」第二二原則、六二～五ページ。

プに引用されなかった『貨幣論』は、後にジャン・バプティスト・セー（Say, Jean Baptiste, 一七六七年～一八三二年）に注目されることになった。幼少時から弟のオラス **Horace** とともにイタリア語の手ほどきを受けていた彼は、とりわけ一八〇三年にピエトロ・クストディによって開始された『イタリア古典経済学者叢書』の『貨幣論』を読んで、ガリアーニの理論的業績をようやく真正面から評価した。J・B・セーは、『経済学概論』の一八〇三年初版ではピエトロ・ヴェッリの『政治経済学に関する考察』の影響を受けたが、『概論』の二版以降では、経済学史上ガリアーニに重要な位置を与える。すなわち、「この作品は卓越したものをもち、何人かはそこにスミス学説の基礎を、なかんずく、労働が事物の価値、すなわち、富の唯一の創造者であることを、その作品に見られるように真に厳密にではないが、その最終結果に至るまで推し進められた、完全に生産の現象を発見し説明する方法に関してガリアーニに帰せられることになる原理を見出す[注40]」と。K・マルクス（Marx, Karl, 一八一八年～一八八三年）もクストディ版（一八〇三年）を読んで『資本論』[注41]第一巻で貨幣について八箇所引用し、自説に援用している。同じ時期に、オーギュスト・ワルラス（Walras, Antoine Auguste, 一八〇一年～六六年）も『貨幣論』に含まれた価値論に関心をもった[注42]」が、「ジョセフ・ガルニエ（Garnier, Joseph Clement, 一八一三年～八一年）は『経済学要論』の一八四六年版ではガリアーニの著作を参照していない[注43]」。

　イタリアのイデオローグたちは、賛否いずれにせよこのJ・B・セーの主張に注目した。P・L・ジェンゲヌ **Ginguene** はその『一般伝記、前近代と近代』（《*Galiani*（*Ferdinand*）》, in *Biographie universelle, ancienne et moderne*, XVI, Paris, Michaud, 1816, pp.300–9.）のガリアーニの伝記の項で彼の経済学史上の先駆的意義を認めて

(注40) J.B.Say, *Traité d'économie politique ou simple exposition de la maniere dont se forment, se distribuent et se consomment les richesses*, Paris, Renouard, 1814, I, *Discours preliminaire*, pp.XXXVII–XXXVIII. なお、アンドレ・レグリ(André Legris, "Galiani, *Della Moneta* and the French economisits", in：*HEI*, pp.183–216.)によれば、セーの『経済学概論』諸版におけるイタリア人著作者と『貨幣論』の著者ガリアーニへの参照度の変化は以下のようであった。一八〇三年の『経済学概論』初版(*Traité d'économie politique*, 1re edition, Paris, Crapelet, 1803.)では、イタリア人経済学者の参照はP・ヴェッリ(二)、G・ヴィッラーニ(一)の二名だけで、ガリアーニの名はない。

ところが、一八二六年の五版では、著増している。アルゴラッティ(二)、**ベッカリーア(五)**、ベッローニ(一)、カルリ(一)、ダヴァンツァーティ(一)、フィランジエーリ(一)、**ガリアーニ(八)**、ジェノヴェージ(一)、ゴラーニ(一)、インティエーリ(一)、リヌッチーニ(一)、セッラ(一)、**ヴェッリ(七)**、ヴィッラーニ(一)。

見られるように、ガリアーニ(八)、ヴェッリ(七)、ベッカリーア(五)と参照回数が多い。レグリは、この他『一般統計学年報』*Annali universali di statistica* で知られるジョイアMelchiorre Gioia(一七六七年―一八二九年)の名は現われ続けるという。さらに、セーは、一八一四年の第二版から一八六一年の第七版まで「緒言」Discours Preliminaire で『貨幣論』の価値論を引用した。*HEI*, p.193.

(注41) Karl H. Marx, *Das Kapital I Band*, Dietz Verlag, Berlin, 1867, S.88 n.27, S.104, n.42, S.105, n.46, S.115, n.58, S.173, n.18, S.333–4, n.2, S.672, n.87.：向坂訳(岩波文庫)I分冊(二〇〇七年)、一三五、一六一、一六三、一七八、二六八ページ、II分冊(二〇〇八年)、二三八ページ、III分冊(二〇〇八年)、二二八ページ。

(注42) Walras, Auguste "Memoire sur l'origine de la valeur d'echange ou exposition critique et réfutations des opinions les plus accreditees chez les économistes, sur cette question", (Séance du 15 septembre 1849), in: *De la nature de la richesse et de l'origine de la valeur*, 1938, Paris : Ferix Alcan, annexe n. 2, pp.316–339.

(注43) Garnier, Joseph (1846), *Éléments de l'économie politique*, 2nd *traduit.*, *op.cit.*, p.XXXVI.

いる。反面、ジェローム・アドルフ・ブランキ Jerome-Adolphe Blanqui は、『ヨーロッパ経済学史　前近代から現代まで』(*Histoire de l'économie politique en Europe, depuis les anciens jusqu'à nos jours, suivie d'une bibliographie raisonnée des principaux ouvrages d'économie politique*, Paris, Guillaumin, 1837, Vl.II, p.434.) でガリアーニが重農主義者に反旗を翻したとしてネガティヴな判断を下している。

凡例で示したように、一九世紀には、イタリア語版は『貨幣論』(一七八〇年)の第二版が再録された二つの新版が知られている。一方は、既出のＰ・クストディによって彼の叢書『イタリア古典経済学著作者』(第Ⅲ・Ⅳ巻、ミラノ、デステファニス書肆、一八〇三年)に、他方は、一八三一年にやはりミラノで、シルベストリ Giovanni Silvestri によって、『イタリア著作選集　前近代と近代』(第二八五・二八六巻、MDCCCXXXI.)に収められた。二〇世紀には、三つの新版が出ている。一九一五年には、Ｆ・ニコリーニ Fausto Nicolini が、バーリで二版のテキストを再録してその作品を叢書『イタリアの著作者』に収めた。一九六三年には、Ａ・メローラ Alberto Merola が、Ａ・カラッチョロ Alberto Caracciolo の「序文」を付した第二版のテキストをミラノのフェルトリネッリ社から出版した。それには三六の注釈の外に本書にも訳出したガリアーニの未刊行文書(=補足史料、目次参照)が補遺として付してある。一九七五年には、Ｆ・ディアズとＬ・グェルチ Furio Diaz e Luciano Guerci が、ナポリとミラノでリッカルド・リッチャルディ書肆から叢書『イタリア史文献とテキスト』で『ガリアーニ全集』として出版した。それには、『貨幣論』初版のテキストと二版のテキストの変更の照合、多数の未刊行文書、主たる書簡も収録されている。

フランスでは一九世紀末から二〇世紀初頭にかけても、『貨幣論』に限られるわけではないが、ガリアーニ理論がかなり組上に上った。デュブワ **A.Dubois**「一八世紀の重農学派の価値論」（一八九七年）、デセン **E.Dessein**「ガリアーニと一八世紀の貨幣問題」（一九〇二年）、ゴデメ **E.Gaudemet**「ガリアーニ神父と小麦取引問題」（一八九九年）、ジョヌー **C.-J.Gionoux**「ガリアーニ神父と一八世紀小麦論争」（一九二二年）のような諸研究によって、ガリアーニは穀物取引と価値の問題の著者の項目の対象にされた（注44）。その関心は、アリアス **G.Arias**「フェルディナンド・ガリアーニと重農学派」（一九二二年）とレブリュ **P. Lebrun**『経済学説史の方法論――ガリアーニとファンファーニ』（一九六二年）と共に世紀半ば過ぎまで尾を引く。しかし、ゴナール **R.Gonnard**『貨幣学説史』（一九三六年）とリスト **Ch.Rist**『貨幣信用学説史』（一九三八年）によって、ガリアーニの価値・貨幣論はＪ・Ｂ・セーに続いて誠実な分析対象になった。ゴナールは、「ガリアーニには、チュルゴ同様、しかし、なお彼の著書を読み引用したチュルゴに数年先立って、価値の問題との関連で貨幣理論を研究した功績がある。これにはほとんど新奇さがなかった。然るに、他方、価値の問題に関することでは、一定の独創性が証明された。チュルゴ、コンディヤックに先立って、ガリアーニは、価値を近代の経済学者たちのように分析した（注45）」とガリアーニの先駆性を正当に評価する。

（注44） A. Dubois, 'Les theories psychologiques de la valeur au XVIIe siecle', *Revue d'économie politique*, Vol.XI（1897）, pp.849–64 et 911–3 ; E.Gaudemet, *L'abbé Galiani et la question du commerce des blés à la fin du règne de Louis XV*, Paris, Lousseau, 1899 ; E.Dessen, *Galiani et la question de la monnaie au XVIIIe siècle*, Langres, Inprimerie champenoise, 1902 ; C.-J.Gignoux,'L'abbé Galiani et la querelle des grains au XVIIIe siecle', *Revue d'histoire économique et sociale*, X（1922）, pp.17–37. *ibid.*, p.XXXVI.

リストは、ガリアーニに等しく重要な地位を認めて言う。「ここに彼のえり抜きの席がなくてはならない。ガリアーニだけが、貨幣の役割とその重要性を過小評価することも、好んで過大評価することもなく誇張的表現に陥らずに定義できた」と、さらに価値論について「確かにコンディヤックに先立ち、スミスの著作中でよりもずっと見事に、真の価値論のすべての要素を総合した注目すべき章は、有益で稀少な金属が貨幣としての使用から離れてもそれ固有の価値をもつという結論に至っている」(注46)と。G・H・ブスケーも、『イタリア経済学抄史』(注47)(一九六〇年)で、一般にはイタリアの著作者たち、個別にはガリアーニに確かな地位を認めている。二一世紀に入ってもクロッツ G.Klotz「一八世紀フランスの小麦問題」(注48)(二〇〇二年)などで若干の経済学者がガリアーニの著作を扱っている。

それでもなお、経済学史上『貨幣論』の貨幣・価値問題における突出した分析の優越性は十分に読まれ検討されてきたとは言いがたい。その結果、ガリアーニの『貨幣論』の内容は同時代、それ以降のヨーロッパの知識人にも大して知られないままに推移した。『貨幣論』の著者に対して、『小麦取引に関する対話』という別著の議論と比較すれば、取り扱われ方はひどく不平等である。

確かに、金属貨幣の変更によって引き起こされた経済問題は、一七・八世紀には非常に多く発生した。だが、金属貨幣の問題は一九世紀の終わり以降もう同じ頻度で発生することはなく、議論の対象は金属貨幣と信用貨幣、紙幣の問題という近代的形態に移ってしまった。それでも、金・銀両本位制に関する議論はインフレーションに関してと同じく、一九世紀以降ずっと続いてきた。だから、確かにガリアーニが『貨幣論』で自ら精通者と自負して扱った貨幣と価値の問題は現代の異なった文脈に移ったとはいえ、「はるか後世の展開（限界効用）」の予見と「続く一〇〇年間の価値理論（リカードゥとマルクス）の先駆」というJ・A・シュンペーター[注49]（Schumpeter, Joseph Alois, 一八八三年～一九五〇年）の指摘に注目して『貨幣論』が読まれていたら、もっと関心をもたれただろう。だが『貨幣論』に関する現代イタリアの特筆すべき理論的研究は、ようやくL・エイナウディ（Einaudi, Luigi, 一八七四年～一九六一年）の『経済学説をめぐる書誌的・歴史的試論[注50]』（一九五三年）によってなされることになった。そこでエイナウディは、一九六三年以前の『貨幣論』の全テキストを参照して、客観的価値論（労働紙幣、貨幣の内在的価値論）、主観的価値論（効用逓減理論）の各々につ

（注45） G.Arias,‘ Ferdinando Galiani et la les physiocrates’, *Revue des sciences politiques,* Vol.XXXVII（1922）, pp.346–366. ; P.Lebrun, *Refléxions méthodologiques sur l'histoire des théories et des doctrines économiques. La soi-disant modernite de Ferdinando Galiani,* dans les mélanges *Studi in onore di A. Fanfani,* VI, *Evo contenporaneo,* Milano, Giuffré, 1962, pp.329–358. ; R.Gonnard, *Histoires des doctrines monétaires dans ses rapports avec l'histoire des monnaies,* Paris, Librairie du Recueil Sirey, 1936, Vol.II, pp.555–69 et p.157 pour la citation. R.Gonnard, *Histoire des doctrines économiques,* II, Paris, Nouvelle Librairie Nationale, 1922, pp.142–46. *ibid.*, pp.XXXVI–VII.

（注46） Ch. Rist, *Histoire des doctrines relatives au crédit et à la monnaie*, John Law jusqu'à nos jours, Paris, Librarie du Recueil Sirey, 1938, pp.100–101. 天沼紳一郎訳『貨幣信用学説史』実業乃日本社、一九四三年、一九、二〇、三〇一一、五四―五、一一九―二二ページ。

（注47） G.-H.Bousquet, *Esquisse d'une histoire de la science économique en Italie. Des origines à Francesco Ferrara*, Paris, Riviere, 1960, pp.27–38. 橋本比登志訳『イタリア経済学抄史』、嵯峨野書院、一九七六年、五七―七九ページ。

（注48） G. Klotz,《La question des blés en France au dix-huitieme siècle: Galiani, critique des physiocrates》, *Il Pensiero Economico*, 2002, pp.147–184.

いて詳細な検討を行ってその後の英語圏の経済学界にも大きな影響を与えた。F・ヴェントゥーリ（Venturi, Franco, 一九一四年〜一九九四年）も、ガリアーニの啓蒙主義を幾分「懐疑主義的」に見ながらも、「貨幣のメカニズム、インフレを洞察し、新たな仕方で法律、経済、政治の関係を例証した」『貨幣論』の学説史上の重要な意義を認めている。[注51]

シュンペーターのほかに『貨幣論』に注目した英語文献には、E・モンローの『スミス以前の貨幣論』[注52]（一九二三年、rep.一九六五年）、『初期経済思想』（一九二四年）、すでに前述したE・ハイマン『経済学説史』[注53]（一九六四年）がある。とりわけハイマンは、ガリアーニを、カンティロン、ヒューム同様、アダム・スミスの競争者であると見立て、「新古典派と歴史制度学派を一〇〇年先取りして」いて、価値論では「効用価値の概念を費用価値のそれ、もっと特殊的には労働価値論のそれに対立するものとして発展させた」[注54]と効用価値論の先駆者の地位を与える。エミール・カウダーは、主としてモンローの『初期経済思想』とエイナウディの論稿（注43②）を読んでガリアーニが「ほとんど限界効用の原理を発見していた」[注55]と評価し、チュルゴの「価値と貨幣」の価格理論を取り上げ、彼を事実上ガリアーニの追随者と考えている。このように英語圏でもガリアーニの価値・貨幣論への関心は持続していて、F・チェザラーノは、英語論文「フェルディナンド・ガリアーニの『貨幣論』の貨幣理論」（一九七六年）で、スミス理論との連想で「経済過程は、アダム・スミスの「見えざる手」invisible handの対応物にバイアスをかけた「至高の手」Supreme Hand, suprema Mano（第一編序文…八ページ）によって導かれる」から政策活動は自然法に規定されるし、「気紛れな要求」を避けるには、修道院では「徳性」が重要な要素だが、交換社会では「自利が貨幣使用を通じて同じ機能を果たす」（異文）から「貨幣は機構で自利はその推進力である」（同）というガリアーニの主張に注目する。

（注49）「ローと違って妥協を知らない金属論者であった彼（ガリアーニ）は、商品と考えられた金・銀の価値、結局すべての商品の価値を研究せざるを得ないと感じた。そうするために、彼は分析の手順をしっかり習熟し、特に注意深く定義された概念構成で手際のよさを示した。だから、それは、彼の『貨幣論』（一七五一年）のテキストがはじめに研究されていれば、価値の主題に関して諸派が参加した一九世紀の論争―そして誤解―をすべて不必要にするほどであったろう」（J.A.Schumpeter, *Historry of Economic Analysis*, New York : Oxford University Press.1954., rip.1994. pp.300–301. ; 東畑訳、二巻、六二九ページ）。

（注50）Luigi Einaudi, ①《Galiani Economista》,： *Saggi bibliografici e storici interno alle dottorine economiche*, 1953, Roma, pp.269–305. ② エイナウディの英訳稿「ガリアーニ論」がスピーゲル編『経済思想発展史』（Henry William Spiegel, *The Development of Economic Thought*, — *Great Economists in Perspective*, New York, John Wiley & Sons, Inc., 1952）、I「経済学の黎明」東洋経済新報社、一九五四年（九三―一二六ページ、高野利治訳）に収録されている。

（注51）Franco Venturi, ① "Galiani tra enciclopedisti e fisiocrati", in *Rivista storica italiana*, No.I.1960. ② *Settecento Riformatore Da Muratori a Beccaria*, Torino, Einaudi, 1969. ③ *Utopia and Reform in the Enlightenment*, Cambridge, 1971. 加藤喜代志・水田洋訳『啓蒙のユートピアと改革』みすず書房、一九八一年。

（注52）Arthur Eli Monroe, ① della *Moneta* in *Early Economic Thought*, Cambridge, Mass., Harvard University Press, 1924, pp.279–307. ② *Monetary Theory before Adam Smith*, Gloucester（Mass.）1965.

（注53）Eduard Heimann, *op.cit.*, p.62.

（注54）*ibid.*, p.108.

（注55）Emil Kauder, A History of Marginal Utility Theory, Princeton, New Jersey, 1946. ; 斧田好雄訳『限界効用理論の歴史』嵯峨野書院、一九七九年、三三ページ。なお三二―七ページも見よ）。

さらにチェザラーノは、未達成ながら「所得流通速度」の想定による一国の「最適貨幣供給量」の概念、「価値の引き上げ」のあくまで緊急時の異常手段としての認識、国際貨幣論のレヴェルでの「重商主義理論の論破」への関心を評価している[注56]。一九八三年には、K・プリブラムがガリアーニの時代からの貨幣問題の視点の変化を強調しながらも、「フェルディナンド・ガリアーニ神父は、〔……〕貨幣論と価値論への注目すべき貢献の事実について経済学的推論の歴史で特筆に値する[注57]」と評価している。一九九〇年にはジョン・クリーディが「矛盾する費用と効用の理論[注58]」と素朴だが率直な見解を示したし、***HEI* IX**／2001／3では『貨幣論』二五〇年記念特集 **A quarter millennium assessment** が組まれ、R・ファウッチとN・ジョコーリの巻頭論文をはじめ、すでにふれたものも含む九本のガリアーニ研究の英語論文が寄せられた。さらに、二〇一四年には ***HEI*** の編集者のR・ファウッチが『イタリア経済思想史[注59]』で、ガリアーニの「貨幣、価値、方法論」の意義を評価している。

日本の研究では、上原《うえはら》一男[注60]が先駆的にガリアーニ価値論をイタリア主観価値論の頂点に立つものと位置づけ、山川義男[注61]はチュルゴのガリアーニ価値論評価の文脈で二面の効用・労働価値論を肯じた。さらに、川俣雅弘[注62]はガリアーニ価値論の「希少性原理」に注目し、黒須純一郎[注63]は価値論の二層構造を確認し、さらに直近二〇一五年に未刊行史料の「トロイ戦争」を取り上げ、ガリアーニの貨幣・価値認識の根源を確認した。また奥田敬[注64]、堀田誠三[注65]は、ガリアーニの学説的史展開よりもナポリ啓蒙思想研究の文脈で非啓蒙的なマキア

（注56） Filippo Cesarano, Monetary theory in Ferdinand Galiani's *Della Moneta* in *History of Political Economy*, VIII-3,

1976, p.383., p.387., p.390., p.393., p.398.

（注57） Karl Pribram, *Les fondements de la pensée économique*, Paris, Économica, 1983, pp.116-7.

（注58） John Creedy, *Foundation of economic thought*, Oxford, 1990, p.127.

（注59） Riccardo Faucci, *A History of Itlian Ecinimic Thought*, Rondon and New York, Routlege, 2014. ファウッチは、それに先立って『イタリア経済学』（L'economia politica in Italia, UTET Libreria, Torino, 2000.）でもガリアーニの「利子、方法論、効用」を取り上げている。

（注60） 上原一男「一八世紀イタリア主観価値説の形成——フェルディナンド・ガリアーニ」『早稲田政治経済学雑誌』第二〇八—九合併号、一九六八年、四一九—四四ページ、所収。

（注61） 山川義男『近世フランス経済学の形成』世界書院、一九六八年、二〇〇—一九ページ。

（注62） 川俣雅弘「Ferdinando Galiani の希少価値理論の歴史的位置について」『三田学会雑誌』第八一巻第二号、一九八八年、一三六—一五五ページ、所収。

（注63） 黒須純一郎 ①「ガリアーニ『貨幣論』の基本構造」『イタリア学会誌』第三七号、一九八七年、四二—五六ページ、所収。②「ガリアーニ価値論の再検討」『明海大学経済論集』第五巻第一号、一九九三年、二二—三二ページ、所収。③「F・ガリアーニ『トロイ戦争時の貨幣の状態について』——『貨幣論』成立前史」『中央大学経済研究所年報』第四六号、二〇一五年、三五九—三八一ページ、所収。

（注64） 奥田 敬 ①「一八世紀ナポリ王国における『政治経済学』の形成（下）—アントニオ・ジェノヴェージ「商業汎論」とその周辺—」（『三田学会雑誌』第七九巻第六号、一九八七年二月、九二〜三ページ所収。②「ナポリ啓蒙研究文献案内」『経済資料研究』一九八九年、第二二号、一三〜三五ページ、所収）。③ 的場・内田・石塚・柴田編『新マルクス事典』弘文堂、二〇〇〇年、奥田稿「ガリアーニ」、八八ページ、所収。

（注65） 堀田誠三 ①『ベッカリーアとイタリア啓蒙』名古屋大学出版会、一九九六年第二章補論「ガリアーニの経済思想」（同書五七—六九ページ、所収）。② 経済学史学会編『経済思想史辞典』丸善、二〇〇〇年、堀田稿「ガリアーニ」、七〇—一ページ、所収。

ヴェッリ的現実主義者の方向に位置づけている。

それにしても、『貨幣論』の外国語の翻訳、特に英語、フランス語の全訳がないことは、ガリアーニの理論的貢献の判断の際に真実の手がかりの欠如として重くのしかかった。繰り返すが、ブスケーが慨嘆しているように、世界的にマイナーなイタリア語の言語的制約は致命的であった。一七五〇年から一七五九年に限ってみても、経済問題に関してイタリアで出版された五八点の作品中、フランス語への翻訳は、英語文献は一二点、スペイン語文献でも四点あるのに、イタリア語文献は、一七五五年のモルネ Morenas 訳によるG・ベッローニ（Belloni, Gerolamo, ?〜一七六〇年）の『商業論』[注66]一点しかない。イタリア語文献のこのような翻訳事情からすれば、なぜガリアーニ自身が、前述のようにいかに重農主義者に注目されなかったとはいえ、パリ滞在中（あるいはその後にも）自著をフランス語に翻訳しなかったのかが問われざるを得ない。だが、咎められるべきこの「怠慢」の理由は何か。彼自身が『貨幣論』をイタリア独自の、ことにナポリ王国の貨幣事情の現実に即した処方箋とだけ考えていたことによるのか。地位保全を慮って、そもそも『貨幣論』出版に反対していたタヌッチをフランス語版を出して再度刺激することにしり込みしたのか。あるいは、『貨幣論』の随所に見られる庶民蔑視と裏腹のナポリ君主の徳性に基づく改革への期待と英知の称賛の叙述をフランス啓蒙主義者に国権主義者、非啓蒙主義者と批判、揶揄されることに気が引けたからなのか。

つとに、A・モルレがガリアーニの作品を部分訳したと言われていた。その一部が近年再発見された[注67]。モルレは翻訳の際、ガリアーニ宛の手紙で、自分が『貨幣論』を翻訳することと『小麦取引に関する対話』に反論することは矛盾しているようだが、自分は二作品の骨格は自由取引という同じ原理に基づくものだと考えていると言っている。「実を言うと、私は自分が矛盾に陥ることを貴殿に仄めかしておきます。なぜなら、私が貴殿の作品（『貨幣論』）をフランス語に翻訳したからです。私はそれを翻訳できましたし、反論しないでそのために縛られずに存分に多くのことが言えました」と、さらに先で「（『対話』に対する反論を）述べた功績と翻訳を引き受けた不安だけが、私が正しいことを証明します[注68]」とつけ加えている。つまり、モルレ

（注66）Girolamo Belloni, *Del commercio*, Roma, Stamperia di Pallade, Niccolo e Marco Pagliarini, 1750. 本書はジェームズ・スチュアート（Stuart, James 一七一三年〜八〇年）が『経済の原理』（*An Inquiry into the Principles of Political Economy*, London, A.Millar and T.Cadell, 1767, p.430.：中野正訳『経済学原理』岩波文庫、全七分冊）で注釈した。因みに、本書はつとに例外的に一七五二年に英語に、同年フランクフルト、ライプチィッヒで独訳された。*Édite et traduit*, p.XXIX.

（注67）Christophe Salvat, *Formation et diffusion de la pansée économique libérale française : André Morelle et l'économie politique du dix huitième siècle*, Thèse, Univesité Lyon 2, Voll.II, annexe 6, Ms. Morellet 256a, pp.160–166. Les fragments retrouvés portent sur le chapitre II du Livre I du *Della Moneta* qui traite de la valeur.

（注68）*Édité et traduit.*, *op.cit.*, p.XXXIX. カルロ・ルスコーニ（Rusconi, Carlo）は、『経済学序論』（*Prolegomeni della economia politica*, Torino, Tip. E Stereotipia del Progresso, 1852）の「第三〇章　さまざまな国民の経済学の要約」でガリアーニを取り上げて両著を適切に要約する。「『対話』では、ガリアーニは、食糧管理機関annonaの事実では、最善策はいかなるシステムももたず、小麦法則の感嘆すべき分析に開かれることを立証」し、「『貨幣論』では、貨幣の自由な利子と高利に対するあらゆる規則の廃止を支持した」（p.234）と。

　なお、注釈XXV（四三二―三ページ）のガリアーニの指摘を参照。

は、ガリアーニが、一方の『貨幣論』で自由取引原理を推奨しているのに、他方の『対話』で取引規制を主張しているように見える矛盾に苦慮したと言うのだ。

だが、モルレの仏訳は数一〇ページ残っているだけである。その後、G・H・ブスケーとJ・クリサフッリCrisafulliによって、再度仏訳がなされたが、(注69)それもまた『貨幣論』全五編の五分の一以下にすぎない抄訳でしかなく、テキスト全文の厳密さを必要とする現在の研究基準にまったくそぐわない。結局、フランス語全訳版は、A・ティラン監修、『貨幣論』初版準拠、一・二版の異同照合と三六の注釈、詳細な編集者注付きの、二〇〇五年の伊仏対訳版の出版を待つしかなかった。だから、経済学史上重要なこの作品全五編と二版の照合および注釈の全容がフランス語に完訳されるにはまさに二五〇年あまりの歳月を要したことになる。英訳圏ではモンローの部分訳を除けば、すでに一九七七年、ピーター・R・トスカーノによって『貨幣論』の全英訳が実現しているが、あいにくマイクロフィルム状態である。(注70)全ドイツ語訳版 *Über Das Geld* は、一九九九年にヴェルナー・タバレッリによって達成されている。(注71)こうして『貨幣論』の主要言語への翻訳が出そろった今、さらにフランス語版での読解が広がるとともに、今後本格的な英訳版が出現し、さらなる『貨幣論』理解の深まりを望むことは邦訳者の望蜀になるのだろうか。

(注69) F.Galiani, *De la monnaie*（1751）, Traduit et analyse avec bibliographie, introduction et notes par G.-H Bousquet et J. Crisafulli, 1955, Librairie Marcel Rivière et Cie, Paris.

(注70) Ferdinando Galiani, *On Money*： *a translation of* Della moeta, by Peter R. Toscano, Ann Arbor ： Published for Denartment of Economics, University of Chicago, University Microfilms International, 1977.

(注71) Werner Tabarelli, Ferdinando Galiani《*Über Das Geld*》, Dusseldorf, Verlagsgruppe Handelesblatt Gmbb, 1999.

訳者あとがき

イタリア社会・経済思想史研究者である訳者のガリアーニ『貨幣論』とのかかわりは、一九八七年までさかのぼる。その年に『イタリア学会誌』第三七号に「ガリアーニ『貨幣論』の基本構造」を発表した。次いで、一九九一年の経済学史学会第五五回全国大会（弘前大学）で「ガリアーニ価値論の再検討」と題して報告を行い、後にその内容を一九九三年に『明海大学経済学論集』第五巻第一号に同名論文として発表した。この時訳者は、一七八〇年の二版に準拠したA・メローラ（フェルトリネッリ）版（一九六三年）によってすでに粗略な自分用の『貨幣論』の手書き訳稿を認めていたが、その後ガリアーニ研究は棚上げになってしまった。訳者のイタリア思想史研究は、そもそもの初めにはG・マッツィーニと「青年イタリア」から始まったのだが、訳者の関心がガリアーニ価値論研究をこえて、折からの「四八年ヨーロッパ革命」問題に向いてしまい、イタリア四八年ミラノ革命を含む一九世紀リソルジメント（イタリア国家統一運動）史研究に専念することになったからだ。その成果が『イタリア社会思想史　リソルジメント民主派の思想と行動』（御茶の水書房、一九九七年）であった。もちろん、広義のリソルジメント史はイタリア啓蒙主義時代にまでさかのぼるから、その時期にあたるガリアーニへの関心が失せたわけではなかった。ところが、その後二〇〇五年に日本経済評論社の『経済思想』シリーズ全一一巻中の第三巻「黎明期の経済学」に「ベッカリーアの公共経済学の原像」の執筆を依頼された。その後訳者は、この論文を核にして『ベッカリーア研究　『犯罪と刑罰』・『公共経済学』と啓蒙の実践』（御茶の水書房、二〇一三年）を出版した。しかもこれに先立ち、訳者は本来のリソルジメント期全般にわたって活躍した経済学者フランチェスコ・フェッラーラ（一八一〇年～一九〇〇年）の業績にも関心をもっていた。折よく、一橋大学教授山崎耕一氏のご好意によって、一橋大学社会科学古典資料センターの *Study Series No.49.* に「フランチェスコ・フェッラーラの経済的自由主義」（二〇〇三年三月）を発表する機会を与えられた。これを皮切りにその後フェッラーラ論文三本を『中央大学経済研究所年報』（第三七号・二〇〇六年、第三八号・二〇〇七年、第四〇号・二〇〇九年）に連続して載せることができた。その後、二〇一四年三月に二五年奉職した明海大学を定年退職して自由人になったので、訳者はフェッラーラ研究をさらに進めて一書にまとめる方向へもっていくか、棚上げにしていたガリアーニ『貨幣論』の研究をすすめ、ひいては『貨幣論』全訳を仕上げようかという段になっていた。

その折り、甲南大学教授でナポリ啓蒙思想研究の第一人者であられる奥田敬氏が、京都大学学術出版会の「近代社会思想コレクション」の一冊として『貨幣論』の翻訳を薦めてくださり、その後同出版会の國方栄二氏からご丁寧なオファーをいただいたので訳者はありがたくお受けし『貨幣論』の翻訳を優先することにした。『貨幣論』の翻訳はこのような紆余曲折を経て着手された。早速今度は一七五一年の初版に準拠し二版との異同も照合した一九七五年のフリオ・ディアズ版を読みながらパソコンに打ち込む作業を始めたが、自分用であるとはいえ正直言って元の手書き訳稿の粗略さにおのずと赤面することしばしばであった。だが、二〇〇五年のアンドレ・ティラン監修の伊仏対訳版は、初版に準拠し二版の異文も対照している上メローラ版よりも詳しい人物、事項の注釈がついていて固有名詞を中心に訳文の訂正に更なる助けになった。初版に準拠した一九九九年のヴェルナー・タバレッリの独語版もイタリア語テキストで代名詞になっている箇所が普通名詞で明示してある箇所が多く、語の特定に大いに参考になった。その他のイタリア語版の些細な異同は本文、注ともにあまりに煩瑣になるので無視した。この間、訳者はメローラ版に付けられたガリアーニの未刊行史料「トロイ戦争時の貨幣の状態について」に関する論文を『貨幣論』前史検討資料として『中央大学経済研究所年報』（二〇一五年・第四六号）に発表できた。それに幸いにも二〇一四年五月入会を許された「アダム・スミスの会」の第一九三回例会（二〇一五年五月九日、東京ガーデンパレス）で「ガリアーニ経済学とフランス」と題して報告する機会にも恵まれた。その際奥田敬氏はじめ幾人かからご質問を受けたが、それらへの回答は「訳者解説」の主として「ガリアーニのフランス」の内容に反映している。質問をしてくださった方々とこの報告の機会を与えてくださったフェリス女学院大学名誉教授八幡清文氏はじめ会員の皆様に記して感謝するしだいである。

浅学菲才ゆえ、ギリシャ語、ラテン語の不明箇所の読解は京都大学学術出版会の國方栄二氏に専らお願いするしかなかった。まず氏の懇切この上ないご教示に深謝することはもちろんのこと、出版でお世話いただいたすべての方々に記して感謝したい。

二〇一七年七月

訳　者

ナポリ帰還後10月初旬までイオリオ S. Iorio の別荘に行く。水腫と喘息に苦しみながら過ごすうち、国王フェルディナンド4世からポルティチ Portici の王の別邸の宴会に招待される。だが、フェルディナンドがやつれ果て惨めきわまる姿で到着するのを見て王も王妃も招待したことを後悔して、すぐ帰宅して医者を呼ぶように勧める(10月14日)。遺言書作成。フェルディナンド・ガリアーニ死去（10月30日夕)。享年58歳10ヶ月。翌日厳かな葬儀が営まれた。パードリ・チェレスティーニのキリスト昇天教会の伯父のチェレスティーノ・ガリアーニ猊下の墓の後に埋葬される。

＊ 財政最高会議。ミラノ公国の経済最高会議と同様、経済、財政の制度改革によって王国の経済的安定・発展を目指す機関で、ドメニコ・グリマルディ、ガエターノ・フランジェーリ、ジュゼッペ・パルミエーリも加わった。

1777年　王室財産管理委員会議長の職務を帯びる。自由御料地委員会の「顧問官」に選出される。

1779年　「ヴェズヴィオ火山の噴火のきわめて驚異的な叙述」発表。「ナポリ方言について」発表。

1780年　文の１部改訂、注釈、出版者の予告通知付きの『貨幣論』第２版出版。

1781年　（８月14日）商業最高裁判所（自由領）顧問官であるフェルディナンドによって提出された「全マルク金（銀）貨についての見解」。ローマに短期間旅行し、その著『君主の中立義務について』作成。

1782年　ナポリで『君主の中立義務について』、フェルディナンド４世の秘書官に宛てて「絹糸税についての見解」（９月14日）を発表。

財政最高会議[*]の筆頭顧問に指名される。その職務に付随した俸給を放棄し、スクルクォーラの修道院の利益を代償に得る。

デピネー夫人に「女性に関する対話の筋書」の手稿を送る。

1783年　（４月17日）デピネー夫人死去。フェルデナンド、６月10日デュ・ボカジュ Du Boccage 夫人に「デピネー夫人はもうおられない。ですから私もこの世にいなくなりました」と哀惜の手紙を書く。

1784年　「女性に関する対話」作成。財政最高会議の筆頭評議員の職を帯びる。バイアの港の改造を提案する。その事業は彼の指導下で開始された。

1785年　卒中の発作に襲われるが、回復する。

1786年　療養の目的で旅行する。

1787年　ヴェネツィア、パドヴァ、モーデナへ長旅をする。

1765年　タヌッチに宛てた報告、「1763年と1764年に公布されたフランスにおける小麦の自由取引の勅令に関する事件史」作成。
(1765年５月から1766年10月の）休暇期間によりパリを出発。
「小麦取引に関する第１話」作成。

1766年　民法と教会法（両法 utroque iure）の博士の学位取得。
商業行政の顧問官に指名される。その職を手に入れ、国王からパリに戻る許可も得る。パリに帰着（11月）。

1767年　オランダとイギリスに旅行。

1768年　『小麦取引に関する対話』作成に着手。

1769年　ナポリに呼び戻され、６月25日パリを離れる。それがフェルディナンドの最後のパリ滞在となる。彼の『対話』は完成していない。マダム・デピネーとの往復書簡が始まる。

1770年　パリ（実は、ロンドン）でディドロとデピネー夫人の改訂による『小麦取引に関する対話』を出版。
1770年12月にサルテーヌのアントワーヌ・レイモンに宛てて「1764年勅令の飢饉と損失に関する報告」作成。
「シエーナのマレンマ湿地帯の人口減少の原因と対策に関する私見」作成。商業行政の事務官に指名される。

1772年　タヌッチに宛てた報告、「当事者双方の主張の公正さに関する見解とともに、十分消息に通じた人物によって書かれたマルセイユの小麦論争の真の歴史」作成。

1774年　実兄ベラルドが死去。その後フェルディナンド、４人の姉（１人欠)、３人の甥と姪、２人のいとこの生活を１人で支える。姪には平等の嫁資を与え最良の結婚をさせる。

1775年　最初のコメディー「イメージのソクラテス」（秋）作成。

大学にイタリアで最初の経済学講座meccanica e commercio（*Lezioni di commercio*）が設置され、アントニオ・ジェノヴェージ（1713年～69年）が初代教授に就任。

1755年　エルコラーノ・アカデミー財団、彼をメンバーに指名。F.ガリアーニは、地質学とヴェズヴィオ（ヴェスヴィアス）火山の性質に関心をもつ。彼の火山の参考資料のコレクションを教皇に送る。それが彼に聖職者としての新たな利益を与える。

1757年　「異常な身長の人々、巨人について」作成（1757−8年）。

1758年　教皇ベネディクトゥス14世死去（3月3日）。少し経って、ベネディクトゥス14世の賛辞を作成する。

「巨人論」の出版を準備する。だが、それは彼のフランスへの出発によって中断される。

1759年　（1月10日）外務大臣タヌッチから、パリのナポリ王国大使館書記官に指名される。この職務を1769年まで続ける。

ナポリを出発（4月）。

ローマ、フィレンツェ、ジェノヴァ、ニースを通ってパリに到着（5月）。

1760年　（3月15日）ナポリ王国の摂政、タヌッチによって渉外職に指名される。

ジョフラン夫人とドルバック男爵のサロンに足繁く通い始める。

1762年　ナポリ王国の地図作成に精勤し始める。

1764年　「ホラティウス頌歌」と「ピソネへの書簡」に関する注釈を書き始める。

この年ナポリ王国で大飢饉発生。ナポリ市人口35万の1割弱が餓死。ナポリ王国人口400万のうち約20万人死亡。

1747年（1747年〜48年） 試論「ホメーロスの叙事詩から引き出される限りでのトロイ戦争時の貨幣の状態に関して」作成。彼はそれを1748年にナポリのエムーリ・アカデミーで講義した。彼は、アカデミーで最も活発で最も若いメンバーだった。

1748年 試論「プラトニック・ラブ」作成。

1749年 反アカデミーのサチュロス、パスクワーレ・カルカーニとともに、「ナポリの弁護士、ジャッナントニオ・セルジオによって集められ与えられたグラン・コルテ・デッラ・ヴィカリアの死刑執行人（ヘボ外科医）、ドメニコ・イアンナッコーネの死のためのさまざまな作品」作成。

1750年 「統治術」の起草が推測される時期。

1751年 『貨幣論』出版。

(1751–53年)『貨幣論』出版の後、イタリアの主要都市ローマ、フィレンツェ、パドヴァ、ヴェネツィア、トリノを旅行する。

1752年 フェルィデナンド、リヴォルノ、ピサ、フィレンツェに行く（1月から5月まで）。その折に、トスカーナの文化的エリートの代表全員と出会う。ミラノに再来（9月19日）。ピアチェンツァ、パルマ、ボローニャ、ロレート、ローマを経由した後、ナポリに到着（11月9日）。

1753年 伯父（チェレスティーノ）の膨大な蔵書を受け継ぐ。

1754年 F. ガリアーニ，バルトロメオ・インティエーリ（フィレンツェの経済学者、ナポリ王国農務監理官、農機具の発明者）との共著『穀物の完全な保存について』(Napoli, Raimondi) を出版。F. ガリアーニは不当にもそれを自分の単著だと言い張った。

この年、バルトロメオ・インティエーリの助力で、ナポリ

フェルディナンド・ガリアーニ年譜

1728年　（12月２日（木））フェルディナンド・ガリアーニ、キエーティに生まれる。（国庫検査官でフォッジャの貴族であった）マッテオ・ガリアーニと（ルチェーラの貴婦人）アンナ・マリア・ジャブッリの７番目で最後の子であった。

1735年　フェルディナンドは、しっかり教育を受けるためにナポリのサンタンナ・ディ・パラッツォの伯父のチェレスティーノ・ガリアーニ（1681～1753）のところに父によって送られた。

1737年　伯父のチェレスティーノは、政教協定の交渉への最後の参加者としてローマにいた。伯父はサン・ピエトロ・マイエッラのセレスチン教団の修道院に地位があった。フェルディナンドも1741年までそこにいた。

1741年　フェルディナンドと伯父のチェレスティーノ、ナポリに帰着。

1742年　フェルディナンドはエムーリのアカデミーに入り、そこに最初の文学的著作を提出する。

1744年　ジョン・ロックの『利子・貨幣論』の翻訳にとりかかる。

（1744-５年）　これは成就しなかった。

1745年　チェラノのサンタ・カテリーナの地位の低い４階級の聖職を受け入れ、修道士になる。

1746年　試論「地中海の航海のきわめて古い歴史について」作成。エムーリのアカデミーで「愛」に関する課業を発表する。（1746年～50年）「ソクラテスの死に関して」をまとめる。

起源の金貨。後には二カルリーノ carlini の価値のシチリアとナポリの銀貨。

トルネーゼ tornese：フランスのトゥール市 Tours で造られた貨幣**トゥール** tournois のイタリア名。イタリアにはアンジュー家によってもたらされ、ヨーロッパ、オリエント諸国で広く流通した。一五八一年に南イタリアでトゥール銅貨が六カヴァッロの価値で造られ、ブルボン王国の終わりまで流通した。

トラペソ Trappeso：ナポリ、パレルモの重さの尺度単位。三〇分の一オンス、二〇アチーニ acini、〇・八九グラムに相当した。

トゥモロ Tumolo（tombolo）南イタリアで特に小麦に使われた尺度単位、約五五リットルに相当した。

ウンガロ Ungaro：イタリアでフロリン金貨とかハンガリー・ドゥカート ducato ungherese に付けられた名称。

ザッネッタ zannetta：フィリッポ二世・三世によってナポリで造られた半カルリーノの価値の銀貨の名。

ツェッキーノ zecchino：一四〇〇年以降、ヴェネツィアのドゥカート金貨の呼称。最良の金貨と考えられヨーロッパ、オリエントで広く流通した。イタリアのどこででも模倣され、類似のさまざまな金貨がツェッキーノと呼ばれた。

ロッパ貨幣で、シャルルマーニュの改革以後、中世期には銀貨として使用された。一二世紀にアンリ四世の銀貨がミラノ造幣所で打刻され、後に他の都市での卑金属貨幣に広がった。一〇進法の導入で五チェンテージモ centesimi 相当になって、二〇世紀までイタリアで使用された。

ソリド solido：おそらく紀元三一七年にコンスタンティヌス帝によって導入された金貨。ビザンチン帝国の金貨の基礎になった。さらにオドアケル Odoacre（四三四年？～四九三年、四七六年、西ローマ帝国を滅ぼしたゲルマン傭兵隊長、後イタリア半島を支配した）によっても造られ、ゴート族やロンゴバルド族によって計算貨幣にされた。

スタイオ staio：穀類など粒状のものの容積を量る単位。主に南イタリアで使用され、フィレンツェでは地域に応じてさまざまであった。

タラント talento：ギリシャの尺度と貨幣。タラントは、六〇ミーナ mine（mina、約〇・五グラム、一〇〇ドラクマ dramma）、六、〇〇〇ドラクマ dramme に相当する。但し、時代に応じて造られる国と金属によって価値と重さはまちまち。

ターラ tallero、あるいは、**タッラーロ** tallaro、**タッレーロ** tallero（**ターレル**）：ドイツの旧大型銀貨。一五六六年の帝国勅令でマルコ（マルク）に代わるまでドイツの貨幣単位であった。オランダ、デンマーク、スウェーデンなど他の諸国でも使用された。一七四九年のマリア・テレジアのオーストリア・ターレルが最も有名で、とりわけレバント諸国にも広く流通し、一九四七年までエチオピアの貨幣単位でもあった。

タリ tari、あるいは、**タリニ** tarini：一〇世紀ごろシチリアでファーティミッド人 Fatimidi、後にノルマン人によって造られたアラビア

価値のローマの銀貨。帝政期にはクイナリオ金貨も造られた。

レアーレ reale（スペイン語、**レアル** real）：古代スペインの貨幣制度の単位。一四世紀ピエトロ・イル・クルーデレ Pietro il Crudele 治下で始めて銀貨で造られた。スペインのアメリカ植民地でも普及した。多くのイタリア貨幣が、レアーレの、さもなければ、それの倍数か分数のレアーレの名を帯びた。〈八レアーレのペッツァ pezza〉は、一スペイン・スクードに相当した。

レイス reis：ポルトガル、ブラジルの銀の旧計算貨幣。

ロトロ rotolo：アラビア araba 起源の旧尺度単位。中世イタリアでは、〇・七九キログラムに相当した。

ルブロ rublo：ロシアの貨幣単位。一四世紀初頭ノブゴロドで銀のインゴットで現れた。一七〇四年から正規に造られ始めた。

スクード・ドーロ scudo d'oro：フランスのルイ九世 Luigi IX il Santo 起源の金貨。次いで一三四六年にヴァロア朝 Valois フィリップ六世によって造られた。後に可変の価値でイタリア諸国家で、特にピエモンテ、ヴェネツィア、ジェノヴァ、教皇国家で普及した。

セステルス sesterzio：元は四分の一デナーリの価値のローマの銀貨。HS というシンボルで二アス半だったが、後に四アスになった。ローマ共和制末期青銅に、アウグストゥスによって真鍮になったが、帝政期中は標準的に青銅貨幣であった。

シケル siclo：古代のバビロニアやヘブライで使用された重量、貨幣単位。ヘブライ人のシェケル shekel（一四グラム）から派生。貨幣造り以前には一定重量（六〇か五〇ミーナ mina、一ミーナは〇・五グラム）の金属片だった。銀貨造りは前一二五年ごろシモン・マカベア Simone Maccabeo によって始められ、実際にはヘブライ人のローマ人への反抗の時期である紀元六〇、 七〇年に造られた。

ソルド soldo：ビザンチン帝国のソリド solido から派生した古代ヨー

変の価値単位。ナポリでは、二六・四センチメートルに相当した。

パオロ paolo：パオロ三世の在位期間（一五三四年〜一五四九年）に教皇国家で打刻された（大型）銀貨。時期によって重さと価値が違った。ジューリオ（ユリウス二世銀貨）と等価。なお、注釈XIX訳注（2）（四二六ページ）も参照。

パピエンセス papienses：中世にパヴィアの銀貨がこう呼ばれた。後にパヴィアでは一般に貨幣をこう呼んだ。

ペクニア pecunia：表現は羊類の家畜ペクスpecusから派生。最も古いイタリア・ローマの住民の慣例的な交換手段であった。

ペソ peso：一五世紀からスペインで使用された旧来の貨幣単位。スペイン征服後中南米の多くの国で使用された。

ペッツァ pezza：一四九七年にスペインのカトリック両王によって導入された硬貨で貨幣の一般的呼称になった。それには必然的に価値の指図がつく。たとえば、一〇ドッピエdoppieのペッツァpezza等。

ピエーデ piede：尺度法で極めて古い単位。イタリアでは可変の尺度で使用された。古代ローマでは二九・六センチメートル、フランスでは、三二・五センチメートルに相当した。〈ラインラント〉・ピエーデでは、ライン河流域では三一センチメートル。

ポッリーチェ pollice：旧ヨーロッパ諸国で可変の価値で使用された尺度単位。一般に一二ピエーデに相当する。

プッブリカ pubblica：一五九九年からナポリ王国で造られた銅貨。一トルネーゼ（フランスの古都トゥールの貨幣）に相当する。

クアットリーノ quattorino：元は一五世紀にイタリア諸国家、特にフィレンツェで造られた小銅貨。四デナーロに相当する。一七世紀に非常に普及し、一九世紀まで使用された。

クイナリオ quinario：おそらく前二三五年から造られた半デナリオの

入されたフランス金貨。最初の価値は一〇リラ（リッヴラ）であった。打刻は三〇リラにまでさまざまな価値で続けられた。

マラヴェディス maravedis：一一世紀から一二世紀スペインを支配した北アフリカのバルベリア berbero 人イスラム教徒のムラビト Almoravidi 朝によって一〇八七年以来造られてきた貨幣。古代スペインとポルトガルの貨幣。はじめは金貨だったが、後にはレアル reale（一三世紀にスペインのカルロス一世が造った銀貨）の三分の一の価値の銀貨になった。一四七四年からは銅で造られた。

マルコ（マルク）・ダルジェント marco d'argento：一二世紀に一六〇ペンス pence の価値で、ヨーロッパで流通した古代（一〇世紀）のイギリス貨幣。すでに九世紀にマルコはドイツに現れたが、一二世紀に最もよく知られたのはケルン Colonia のマルコ（マルク）であった。ケルン・マルコは、一五二四年から一九世紀半ばまでドイツの貨幣制度の重要な基礎であった。一五〇〇年には多数の銀貨に〈マルコ〉の名がついていた。一八七一年にマルコはドイツ帝国の貨幣単位になった。フランスでは、マール・ド・トロイ marc de Troyes が六四グロッソ grossi と一五二デナーロ denari であった。

ヌッモ nummo：マグナ・グラエキア Magna Graecia（イタリア南部にあったギリシャの植民市群）とシチリアの貨幣単位。ローマ人の間では貨幣一般をさした。

オンス oncia：長さ misura と重さ peso の古代の単位。ナポリでは、二六・七五グラムに相当した。貨幣として、オンス oncia は、とりわけ、シチリアの貨幣であった。ナポリでは、一七四九年に六ドゥカート ducati（六〇カルリーニ carlini）のオンス金貨 oncia d'oro が造られた。

パルモ palmo：尺度法 misura lineare の、古代ギリシャ、ローマの可

の国々では、フィレンツェのフロリンの重量モデルの貨幣が一般的に〈グルデン〉*Gulden* の、ハンガリーでは〈ウンガロ〉*ungaro* の名を得た。

ジューリオ giulio：ユリウス二世の教皇在位期間（一五〇三年〜一五一三年）に〈大型〉銀貨に与えられた名称。のち後続教皇期にも残存した。

グラーノ grano **貨幣**（複数 grana、グレイン＝重量単位、四分の一カラット、〇・〇五グラム）、あるいは、グラーノ・ドーロ grano d'oro：ナポリとシチリアの貨幣。この名の貨幣は最初アラゴンのフェルディナンド二世が造り、多くの倍数と分数で一八二五年まで造られつづけた。金の〈オンス〉oncia は、各一〇グラーノ grana の三〇タリ tari と六〇カルリーノ carlini に相当する。ナポリでは一二カヴァッリ cavalli に分割された。

グロッソ grosso：中世の銀貨。リラ lira のソルド soldo に、すなわち、一二デナーリ denari に相当する。造幣所 Zecche に応じてさまざまな重さ peso と大きさ dimensione で造られた。

リッブラ libbra：長さ misura と重さ peso の古代の単位。当時ナポリでは、三二〇・七五グラム（後にイタリアで約三〇〇グラム）に、英語圏ではポンドとして四五三グラム、フランスでは五〇〇グラムに相当した。

リラ lira（**旧称**リブラ libra）：その名は銀の重さリッブラから派生。シャルル・マーニュの改革で貨幣単位に、デナリオ銀貨が法定貨幣になって、計算貨幣の性格だけを帯びた。一六三一年にヴィットリオ・アメーデオ一世によってピエモンテにリラの計算法が導入され、一八六一年にイタリア王国の貨幣単位になった。

ルケンセス lucenses：ルッカの銀貨。

ルイージ・ドーロ luigi d'oro：一六四〇年にルイ一三世によって導

〜一三五〇年）によって造られた金貨。四〇マラヴェディ maravedi に相当。〈ドゥブロン〉dublone か〈ドブロン〉doblone の名で一九世紀まで造られた。

ドッピア doppia（**ドブロン金貨**。スペイン語では**ドブレ** doble）：おそらくその名はミラノの公爵ガレアッツォ・マリア Galeazzo Maria（一四六六年〜一四七六年在位）の貨幣の二倍の重さのドゥカートによって使われたからだろう。はじめ二スクードに相当した。ここでは、後にスクードは一般的に〈半ドッピア〉（mezza doppia）と呼ばれた。イタリアでは、特にパルマとローマで一九世紀まで造られた。

ドラクマ dramma：ギリシャ〈タラント〉talanto の分数（六、〇〇〇分の一）。旧ギリシャの銀貨。旧（アッティカ）ドラクマの重さは四・三六六グラム。

ドゥカート ducato：一二〇二年からヴェネツィアの銀貨の名。一五世紀半ばからツェッキーノ zecchino とも言われた。後一二八四年には金貨が造られた。聖マルコの前に膝まづく総督 doge（duca）の画像で。ヴェネツィア起源で doge から ducato。銀貨ではイタリアのどこででもヨーロッパ諸国でもヴェネツィアを模倣して造られ、一五〇〇年以後には *ducato corrente* の名で「計算貨幣」になった。

ドゥカトーネ ducatone：カール五世によって一五五一年ミラノで造られた大型銀貨。後に他の多くのイタリア国家、諸外国でも造られた。

フロリン fiorino：一一世紀に銀で、一二五二（三）年から金で造られたフィレンツェの貨幣。ユリの花と聖ジョバンニ・バッティスタ Givannni Battista の画像が刻印された。フィレンツェのフロリン金貨は、ヨーロッパ中で採用された。フロリンの名は、イタリアであれ外国であれ別の貨幣にも使われた。ドイツ語やオランダ語タリアの多くの都市で使用された。地域に応じて七〇センチメートルから八〇センチメートルまで変わる。

カラット carato：一オンスの二四分の一で貴金属の純度・価値、真珠、宝石の重さを表示する単位。二四カラットが純金。

カルリーノ carlino：一二七八年にアンジュー家のシャルル一世によって造られたシチリア王国の金貨と銀貨。金貨は銀一四カルリーノに値する。シャルル二世によって金貨造りは廃止された。銀貨造りは持続しユリ gigli で飾られた十字架によって〈ジッリャート〉*gigliato* の名も帯びた。後に、ドゥカート ducato あたり一〇の比較で「計算貨幣」になった。

カヴァッロ cavallo：アラゴンのフェルデナンド一世によってナポリとシチリアで一四七二年から何年間か造られた青銅貨。裏側に馬の姿が彫られていたのでこう呼ばれた。一デナーロ denaro と一二分の一ソルド soldo に値した。後に、ナポリ王国の諸君主によって、二、三、四、六、九、一二カヴァッロが造られた。スペインのフィリッポ四世治下の一六二六年に再登場した。

チァンフローネ cianfrone：cianfrinare 縁を削ることから。出来損ないのスクード銀貨。maltagliati（不ぞろいの長方形に切ったパスタから）とも言われた。一五二八年の包囲の期間にカルロス五世によって造られた。一六六五年までフィリッポ三世と四世の治下で造られ、二分の一ドゥカートを表示した。

コーニャ（ォ） cogna、cogno（ラテン語では**コンギウム** congium）：古代ローマでは約三リットルに相当する尺度単位。

デナリオ denario（ラテン語では**デナリウス** denarius）：一〇進法のローマの銀貨。前二二〇年ごろに造られ、元は一〇アス、後に一六アスに相当した。

ドブラ dobla：カスティリア王国のアルフォンソ一一世（一三一二年

度量衡・貨幣表

以下、読者諸兄の便宜のために、本書中でしばしば出会う度量衡・貨幣の単位を説明しておく。

アチーノ acino：薬剤師や金銀細工師によって使用されたナポリの尺度。四・四五五センチグラム centigrammi（センチグラム＝一〇〇分の一グラム）に等しい。

アスプロ aspro：一六七七年にジェノヴァで造られた銀片が〈アスプロ〉*aspro* と呼ばれた。レパントの九アスプロに相当。ビザンチンの、後にトルコの銀貨。ピアストラ piastra（一六世紀ボローニャの銀貨）の二〇分の一に等しい。オスマン帝国と商業関係のある諸国家で模倣された。

アス asse（ラテン語 as）：ローマの一連の青銅貨幣の単位。最初は一リッブラ libbra（三二七・五グラム）に相当した。

アウグスト Augustale（通俗的には、アゴスタロ agostaro）：一二三一年からスウェビ族のフェデリーコ二世によってブリンディジとメッシーナで造られた金貨。ローマ帝国皇帝の胸像と *Fridericus Romanorum Caesar Augustus* の文字が描かれていたのでこう呼ばれた。アラブ・ノルマンのタリ tari（古代アラブ金貨）の複合金貨 Multiplo。

アウレウス aureo：古代ローマ共和制末期から帝政時代に流通した金貨。

バイオッコ baiocco：一九世紀末まで教皇領で使用された古銀貨、銅貨。一六〇二年に半バイオッコ銅貨が、一七二五年にはバイオッコ銅貨が発行された。俗に安っぽい貨幣を言う。

ブラッチョ braccio：古代の長さの尺度単位。一〇進法適用以前にイ

リンチェイ・アカデミー　Accademia dei Lincei　461
ルイ金貨　luigi d'ore　117, 175
ルーブル　ruble　117
ルケンセス　lucenses　179
レアル　reale　117, 138
労苦　fatica　27, 38–39, 46–48, 55, 86, 97, 100 – 101, 194, 256 – 257, 330, 366, 375, 435, 436, 545
労働　lavoro　46–48, 50, 298, 309, 314, 520
ローのシステム　Sistema del Law　342–343, 346, 369, 389
ロト　Lot, Loth　484
ロムルス　Romolo　71
ロンバード街　Piazza Lombarda, la rue des Lombards　338

sia　436
ブリーセーイス　Brisede　486
フロリン（金貨）　fiorino　26, 30, 42, 117, 175 - 176, 180, 206, 229, 340
ペイシストラトス　Pisistrato　468
＜ヘカトンベ＞　ecatombe, *hecatombeis*　510
ペクニア　pecunia　21
ペスト（疫病）　peste　xxxii, 122, 131, 164, 536–538
ペソ　peso　68, 117
ペッツァ　pezza(e)　110
ヘブライ語　ebraico　18, 235
ペリシテ人　Filistei, Philistine　474
ヘレネ　Helene　468
ペンギン　pinguim　392
弁護士業（司法官職）　avvocato(i)　51
『法の精神』　350–351, 446
（第一次　第二次）ポエニ戦役（prima, seconda）guerra punica　21, 30
補強貨幣　moneta infortiatorum　180
ボス　Bos　18
ポリュデウケス　Pollice　491
ポリュドロス　Polidoro　18, 504
ポリュボス　Polibio　488
＜ポンド・スターリング＞　*lira sterina*　103

マ行

＜マクーテ＞　*macute*, macoute（仏）, Macuta（独）　110–111
マホメット教徒　maomettano(i)　57
マメルク　mammalucchi（Mamelike）　328
＜マラベディ銅貨＞　maravedi(s)　138
マラリア　malaria　540
ミシシッピー銀行　banco di Misissipi　343
ミダス王　re Mida, Roi Midas　284–285
メネラオス　Menalao, Menelaus　467, 478, 489, 493
メルキゼデク　Melchisedech　474
＜モーゼ五書＞　Pentateuco　13

ヤ行

薬草　erba medicinali　252
ユグノー　Uugunot　310
ユピテル　Giove, Jupiter　284, 469

ラ行

ラーエルケース　Laerceum, Laerceo　481–482
ラオコーン　Laomedonte　392
ラッザーロ・スコッリージョ社　Lazzaro Scorrigio　440
『利子・貨幣論』　512
＜利札＞　arrendamento　259–260
リッブラ（リラ）　libbra, lira *passim*
リュクルゴス（Licurgo, Lykurgos）の律法　330, 498

175, 229
ドラクマ（貨） dramma 30, 180, 205
トラペソ trappeso 146, 208, 230, 407, 410, 415, 418, 423–424, 427, 450
取り決め（価格） voce 349
トルネーズ tornese 135–136, 138
＜トンチン式年金＞ *tontine* 347–348
＜トンバック＞ *tombac*（*co*） 175

ナ行

ナウシカア Nausicaa 474
『ナポリ王国の王室造幣所で造られた諸貨幣の異なった量の報告 1444–1629年』 406
『ナポリ王国の貨幣論集』 406
『ナポリ研究史』 399
『年代記』 Cronica 25, 404, 450, 451
ネクタル（神酒） nettare 394
ネストール Nestore, Nestor 465, 467–468, 470, 481–482
ノア（の箱舟） l'arca, l'arche de Noe 12, 22, 73
農業 agricoltura 49, 164–165, 287–288, 293, 296, 356–357, 375, 448
＜農民＞ colvatori 317

ハ行

『売買について』 De emptione et venditione 503
パオロ paolo 20, 103, 426
パトロクロス Patroclo, Patroclus 465, 470, 476, 486, 489
パピエンセス papienses 179
バベルの塔 la torre di Babilonia 72
パリス Paride, Paris 465, 492
パルモ palmo 108
ハルピュイア arpie 392
『パルラシアーナ』 Parrhasiana 474
ハンガリー金貨 ungaro 117, 175, 229
東インド会社 Campagnie dell'Indie Orientali 345, 350
ヒッポリュトス Ippolito 392
『碑文』 Epigrafi 491
ヒューマニスト umanista 30
ピュロス Pilo 467, 470
ビロン貨幣（合金貨幣） billon,（monete di due metalli） 182
『フィレンツェ史』 350
『フィレンツェの10分の１税・商業・貨幣の歴史』 406
フォルティス fortis 180
『福音書 聖マルコ伝』 Evangelio di san Marco 491
＜物々交換＞（バーター） permuta 96, 292, 466–478, 471, 480–481, 483, 490, 499, 502, 511
プブリカ pubblica 135, 142
ブラッチョ braccio 237
フランク franco 135
フランス王立銀行 banca reale di France 346
＜フランスの蛭（高利貸）＞ sanguisughe della Francia 375
プリアモス Priamo（s） 487, 494
＜フリジアの馬＞ cavallo di Fri-

＜セイウチ＞（海象） vacca marina 392
聖ミカエルの日 il di S Michele, le jour de la Saint Michel 289
セイレン sirene 392
ゼウス Zeus 203, 469–470, 476
セステルス sesterzio 25, 31, 118, 205, 429
＜セント＞ *cento*, cent 110, 114
総合銀行 La Banca Generale, La Banque Generale 344, 352
『創世記』 18
＜相場師＞ *agioteurs* 342
総身分会 Stati 112
想定貨幣 moneta immaginario 73–75, 90, 103 – 104, 106 – 108, 113, 118, 138, 208, 398–399
造幣所 Zecca *passim*
租税法院 Conti dell'sussidi（Aiuto), Chambre（Cour）des Aides 277–278
ソリタウリーリア solitaurilia 508
ソルド（ス） soldo（sous） 112, 115, 135, 206, 226–227, 402

タ行

大勅書 bolla 360, 368
ターレル tallero 117
ダイス dice 80
ダナーロ（デニール） denaro(i)（deniers） 112, 115
タラント talento 17–18, 20, 204, 430, 485–486, 488–489, 491, 510
タリ(タリーノ) tari(tarini) 406
タルクイニオ・ロンゴ社 Tarquinio Longo 438
炭酸ガス mofeta 539–543
＜チャンフローネ＞ *cianfrone*（*i*） 423
中間貨幣 moneta mezza 185
腸卜占官 aruspicina 394
賃貸借 arrendamenti, Arrendamiento 113, 201, 262–263, 336, 341, 374
ツェッキーノ zecchino 117, 151, 175, 229, 384, 418, 426, 447, 466
ディオメーデース Diomede, Diomedes 203, 468, 469
ディト dito 237
『テオドシウス法典』 206
＜デカトンベ＞ decatombe, *decaboeis* 510
＜手形商＞ *cagnacavalli* 380
テーレマコス Telemaco 467–468, 470, 479, 481
＜デービリス＞ *debilis* 180
テューデウス Tydide 203, 476
テルシーテース Tersite 488, 494
ドゥカート ducato 62, 103
ドゥカトーネ ducatone(i), ducatons 150, 230
動産 mobile(i) 131, 246, 273, 324, 327, 434, 496, 503
トゥモロ、トーモロ tumolo, tomolo 56, 104–105, 298, 314, 316, 396, 405–406, 408–409, 502, 553
トウモロコシ maitz（maiz） 10, 76, 109
特効薬 medicina presentanea 89, 118, 182, 235, 251, 274, 325–326
ドブロン金貨 le doppie, doublons

378
計算貨幣　moneta di conto　xxxiv, 18, 103-104, 111-113, 115-118, 138, 140, 230, 398
ケシタ　Kesita　18
(縁の)削り取り　tosamento　148, 193, 209, 211-212, 214, 216-217, 219-220, 222-223, 225, 319
『公共の福祉について』　2
『公租、貨幣および衛生管理政策論』　xxxii
公的質屋制度　Monti di Pietá　362
高等法院　parlements　268, 270-276, 279, 280, 352, 446
効用　utilitá　36, *passim*
刻印　impronta　152, *passim*
＜黒色貨幣＞　moneta nigellorum　185
国璽尚書　Custodi de'sigilli, Garde des Sceaux　271, 276
五〇年節(大赦年)　un anno di Giubileo, une annee jubilaire　345-346
『古代イタリア』　31
コッシーナ　cossina　405
コーニャ　cogno(a)　407-408
『小麦取引に関する対話』　433
コンソラーレ銀貨　consolare(i) d'argento　429

サ行

財産税　censo　22, 299, 377-378, 463
＜ザッネッタ＞　*zannetta(e)*　211, 219, 220, 222
サラセン勢力　potenza(e) saraceno(i)　159
サルヴァトル・カスタルド社　Salvator Castaldo　442
シケル　siclo(i)　17, 18, 498
至高の手　suprema Mano　8
『仕事と日々』　474
ジャガイモ　pommes de terre, topinambours　580
受胎告知の日　il di l'Annunziazione, le jour l'Annonciation　288
＜主の道＞　*vias Domini*　398
純度　lega *passim*(特に第2編第6章)
商業為替　cambio commerciale　61, 381
『商業論』　2, 172, 421
掌尺　palmo　20, 108, 237
＜商人＞　*mercanti*　317
スオウェタウリーリア　suovetauilia　508
スクード（エキュ）　scudo（ecu d'or）　64, 103, 112-113, 116-117, 170, 176-177, 227, 231, 246, 278, 297, 344, 402, 423-424, 431, 502, 547, 549-550
スコラ（哲学　学派）　schola　34, 329, 449, 461
スタイオ　staio　35, 98, 104
ステュンファロス　stifalidi　392
ストア派　stoico(i)　37, 44
スピリト・サント銀行　banco dello Spirito Santo　447
(大)スルタン　(gran) signore, Grand Sultan　222, 328
『政治学』　33
『政治算術』　66

永小作納付金　censi enfiteutici 263
エウリュアロス　Eurialo　465
エピキュリアン（エピクロス派）　epicureo(i)　36
（ナポリの）エムリ・アカデミー　Accademia napolitana degli Emuli 460
＜エリキシル（経口用液剤）＞　elixir, elixrs　182
「王室会計局」　Exchequer　341
王室銀行券　billets d'Etat　342–343
＜王水＞　*aqua regia*　78
大贄　ecatombi　394–395, 505–508
大箱（カッゾーネ）　cassone　28–29, 487
『オデュッセイア』　Odissea, Odysseia　464, 465, 467–468, 470, 472, 478–479, 481–482, 486, 487–489, 494
オデュッセウス（ウリクセス　ユリシーズ）　Odysseus,（Ulixes, Ulysses）　13, 395, 470
オルフェウス　Orfeo, Orphee 394
オンス　oncia, once　*passim*

カ行

会計法院　Camera de'Conti, la Chambre des Comptes　277
『学説彙纂』　Digesti　463
価値の引き上げ　alzamento　2, 235, 343
鼎　tripode　476–479, 485, 487, 489, 492, 495, 511
カナーン人　cananeo, Canaanite 474
カメルレンゴ（高位聖職者）　camerlengo　25
『貨幣の運用』　363
＜貨幣刻印権＞　*droit de seigneuriage*　167
『貨幣の変遷について』　185
貨幣法院　Corte della monete, Cour des monnaies　113
カラット　carato　14, 20, 22, 84, 174–176, 181–183, 224, 233, 415, 418
カリフ　I Califi, les Califes　328
カルカース　Calcante, Kalchas 507
ガレー船　galere　412
ガレノス学派　Galenici, Galeniques 306
為替　cambio　xxxiv
『慣習』　costumi　33
カンタロ　cantaro　405
希少性　rarità　13, 17, 22, 30, 32, 36, 41–42, 45, 49–50, 54–57, 76, 88, 455, 464
キメラ（幻想）　chimera　113
キンタル　quintal　415
クェーカー教徒　quakero(i), quakers　334–336
グラウコス　Glauco, Glaukos　203, 468–469, 476
クリューセーイス　Criseide, Chryseis　395, 488
＜グルニュ＞　*gregne*　436
グロッソ　grosso　75
クロノス　Cronos　203, 476
＜君主の行為＞　*facto principis*

事項索引

（著作［大半は欧文略］は主要なものだけを収録した。
架空の人名、地名も含む。）

ア行

アウグスト（金貨） augustale 400–401, 422–423, 450–452
アカイア（ギリシャ）人 achei, Achivi 158, 471, 476
アカイア同盟 la lega Achea, Achaean League 158
アカデミー（フランス科学） Accademici delle Scienze 28–29, 78, 80, 87, 396, 460–461
アガメムノン Agamennon(n)e 465, 468, 470, 474–475, 484, 486, 488, 494, 496, 507
アキレウス Achille, Achilleus 464–465, 470, 474–476, 478, 485–487, 489, 492, 494, 496, 507
<アゴスタロ> *agostaro* 422
<アスプロ> *aspro*(*i*) 136, 222–223
アダム Adam 162
アッティカ・ドラクマ dramma attica 205
アテーネー（ミネルヴァ） Athene (Minerva) 482, 492
アドレーストス Adrasto 493
アトランティス Atlantide 16
アビメルク Abimelch 474, 484
アブラハム Abramo 16, 474, 484, 498
アポロン（像、神殿） Apollo 395, 464, 507
アムステルダム銀行 banca di Amsterdam 339
アルカンドレー Alcandra 488
アルキノオス（王） Alcinoo 13, 465, 467, 474, 486
アンティロコス Antiloco 489, 494
アンフォラ壺 anfora(e) 20
アンブロシア（神肴） ambrosia 394
イサク Isacco, Isaac 474, 498
イタカ島 Itaca 484
イーピダマース Ifidamente 475
『イリアス』 Iliade, Ilias 18, 203, 395, 462, 465, 468, 470–471, 475–478, 484–489, 490, 493–495, 506–507, 511
インフォルティアータ infortiata 180
インフォルティアトゥム（補強） infortiatum 180
インフォルティアトルム infortiatorum 180
インペリアル銀貨 imperiali 429
ヴィーナスの彫像 Venere de'Medici 53
打歩 agio 8, 339, 380–381, 384

Charles Louis de Secondat 351, 446

ラ行

ライモンディ（ジュセッペ） Raimondi, Giuseppe xxvi, 453–454
ランチージ Lancisi, Giovanni Maria 539–540
リスト（シャルル） Rist, Ch. 23, 33, 57, 69, 176, 223, 336, 360
リヌッチーニ（アレッサンドロ） Rinuccini, Alessanndro xxxi, xxxiii
リベラーティ（ピエトロ） Liberati, Pietro 546
リュクルゴス Licurgo, Lykurgos 134, 330, 498, 504
ルイ一四世 Louis XIV 270, 279, 342
ルイ一五世 Louis XV 270, 342
ルクルス Lucullo 20
ルクレール（ジャン） Leclerc, Jean 474
ルッジェーロ・ノルマーノ Ruggiero I il Normanno 472
ル・ブラン Le Blanc 177, 231–232
レオミュール（ルネ・アントアヌ） Reaumur Rene-Antoine Ferchault de 79
レオン（ドン・フェルディナンド・デ） Leon, don Ferdinando de 404
ロー（ジョン） Law, John 339, 342, 344
ロック（ジョン） Locke, John（Giovanni） 2, 34, 76, 170, 172–173, 196, 226, 238, 288–289, 294, 297, 311–312, 371, 389, 441, 499, 512
ロベール一世 Robert le bon（le sage） 426–427

Plinius Secundus） 25, 76, 79, 205, 260, 471
フレゴージ家 Fregosi 350
プレン（アンリ） Poulain, Errico（Henri） 172
ブロッジャ（カルラントニオ カルロ・アントニオ） Broggia, Carlantonio, Carlo Antonio xxxii–xxxiv, 3, 34, 183, 230, 398, 426, 444, 449
ヘシオドス Esiodo, Hesiodus 462–463, 474, 492
ベッローニ（ジェロラモ） Belloni, Gerolamo 449
ペティ（ウイリアム） Petty, William 290
ペルセウス Perseo, Persee 155–156, 160
ベルヌーイ（ヤコブ） Bernoulli, Jacobus（Jacques） 364
ヘロドトス Herodotos 15, 19–20, 204, 482, 499
ベンヴォリエンティ（ウベルト） Benvoglienti, Uberto 25
ボイル（ロバート） Boyle, Robert 77
ポッセヴィーニ（ジャンバッティスタ） Possevini, Giambattista 409
ホノリウス Onorio（Flavius honorius） 206
ホムベルク（ヴィルヘルム） Homberg, Wilhelm 78, 87
ホメロス Omero, Homerus 13, 17–18, 203–204, 395, 460–468, 470–474, 476, 478–482, 484–486, 488, 490–496, 505–509, 511
ホラティウス Quintus Horatius Flaccus 44
ボンドゥッチ（アンドレア） Bonducci, Andrea 390
ポンペイウス Pompeo（Pompeius Magnus） 20

マ行

マキアヴェッリ Machiavelli, Niccolo 348, 350, 389
マッツォッキ（アレッシオ・シッマコ） Mazzocchi, Alessio Simmaco 396, 460
マルケルス（マルクス・クラウディウス） Marcellus, Marcus Claudius 250
マルティニッツ（ゲオルク・アダム）伯 Martinitz, comte de Georg Adam 436
ムラトーリ（ルドヴィコ・アントニオ） Muratori, Ludovico Antonio 2, 31, 239, 307, 310
ムロン（ジャン・フランソワ） Melon, Jean Francois 2, 172, 256–259, 303, 389, 420, 441
メオーラ（ヴィンチェンツォ） Meola, signor Vincenzo 409–410
メディチ家 Medici 53
メネケッラ Menechella de Spenis 412
メローラ（アルベルト） Merola, Alberto 421, 441, 458, 472
モルレ（アンドレ）神父 Morellet,（abate） abbe Andre 433
モンテスキュー Montesquieu,

デュ（・）ト　Du Tot（Dutot）, Charles　239
トゥッリウス（セルウィウス） Tullius, Servius　21, 498
ドーニ（アントン・フランチェスコ） Doni, Anton Francesco 539–540
トゥルボロ（ジョバン［ニ］・ドナート） Turbolo, Giovan（ni） Donato　406, 438, 440
トッピ（ニコロ） Toppi, Nicolo 440
トリボニアヌス　Triboniano　471
トンティ（ロレンツォ） Tonti, Rorenzo　348

ナ行

ニコリーニ（ファウスト） Nicolini, Fausto　459–461, 506

ハ行

パッサロ（ジュリアーノ） Passaro, Giuliano　404
パニーニ（ジョバンニ・フランチェスコ） Panini, Giovanni Francesco　390, 405
パリ（長官）（presidente）Joseph Paris-Duverney　277
パレンテ（アルフレード）教授 Parente, prof Alfredo　458
ハンニバル　Annibale, Hannibal 19
ヒエロン一世　Ieroni, Hieron I 19
ヒッパルコス　Ipparco, Hipparchus　204
ビュデ（ギョーム） Bude, Guillaume　30
ピリッポス（フィリップ） Philippi, Philippe　19, 160, 509
ファシテッリ（オノラート）猊下 Fascitelli, monsignor Onorato 409–410
フィリップ（オルレアン公） Philippe II, duc d'　87, 270, 272, 278, 280, 342, 344
フィリップ五世　Filippo V, Philippe V　407
フィリップ六世　Filippo VI, Philippe VI　176
フェッラーラ（フランチェスコ） Ferrara, Francesco　178
フェデリコ（フリードリヒ）二世 Federico（Friedrich）II　176, 422, 451–452
フォンセカ（ドン・イル・エンリケ・ド） Fonseca, don Luis Enriques de　442
フスコ（アントニオ・ディ） Fusco, Antonio di　508
プトレマイオス（王） Ptolemies 20
フラッジャンニ（ニコラ） Fraggianni, Nicola　453
プラトン　Platone　204
フランソワ一世　Francesco I, Francois I　333, 362
ブリオ（ニコラス） Briot, Nicola（s）　172
フリードリッヒ二世　→フェデリコ二世
（大）プリニウス　Plinio（Gaius

サリンベーニ（ベヌッチョ） Salinbeni, Benuccio di Giovanni 25
サルノ侯爵 marchese de Sarno 444
サン・ジェルマーノ（リッカルド・ダ） San Germano, Riccardo da 450
サン・ジュリアーノ侯爵 marchese de San Giuliano 438
サン・ピエール神父 abbate di San Pietro 240, 262, 388–389
サンティ（マルカントニオ・デ） Santis, Marcantonio de 412, 440, 442
シャルル一世 Charle I 399–400, 407, 425
シュヴァーベン家 Svevo, Schwaben 424
スッモンテ（ジョンバンニ・アントニオ） Summonte, Giovanni Antonio 450
スピネッリ（トロイアノ）公 Spinelli, duca Troiano xxxiv, 3
スペニス（ドン・ジェロニモ・デ） Spenis, don Geronimo de 410, 412
スレイマン二世 Selimo II, Soliman II 333
セウェルス（アレクサンデル） Severo, Alessandro（Severus Alexander） 176, 206
セッラ（ドットール・アントニオ） Serra, dottor Antonio 440–442
ソクラテス Socrate, Socrates 1, 204, 205
ソメーズ（クロード・ド） Salmasio, Claudio（Saumaise, Claude de） 362
ソロモン（王） Solomon 14, 482

タ行

ダヴァンツァーティ（ベルナルド） Davanzati, Bernardo 34, 42, 168, 170–172, 239, 388
タッコーネ（ドン・ジャーコモ） Taccone, don Giacomo 430–431
ダッフリット（マッテオ） D'Afflitto, Matteo 450
ダリウス（一世 大王） Dario, Darius 19, 155–156, 158, 204
ダルジャンソン d'Argenson, Marc Pierre de Voyer 271
チェレンターノ（ドン・フィリッポ） Celentano, don Filippo 435
チルナウゼン（エーレンフリート） Tschirnausen, Ehrenfried Waiter von 77, 87
チレント（ヴィンチェンツォ） Cilento, Vincenzo 461
デ・ウィット兄弟 Johan et Cornelius de Witt 160
ディオゲネス Diogene 44
デイ（アンドレア） Dei, Andrea 25
ディ・トッマージ（ドン・パスクワーレ） di Tommasi, don Pasquale xxix
テーセウス Theseo, Theseus 510
デマレ（ニコラウス） Desmarets, Nicolas 270–271

Antonio da　405–408
エイナウディ（ルイージ）Einaudi, Luigi　461
（テッサリアの）エウスタティオス　Eustazio（di Tessalonica）　508
オレーム（ニコル）Oresmio, Nicolo, Oresme, Nicole　184
オルレアン公　→フィリップ（オルレアン公）

カ行

カエサル（ガイウス・ユリウス）Caesare, Gaius Julius Caesar　10, 483
ガマ（ヴァスコ・ダ）Gama, Vasco de　16, 26, 392
ガリエヌス　Gallieno, Publius Lucinius Egnatius Gallienus　429
カルカーニ（パスクワーレ）Carcani, don Pasquale　xxix
カルッリ（ジュゼッペ）Carulli, don Giuseppe　453
カルピオ侯爵　Carpio, marchese del　150, 218, 224, 230
カルメ（オーギュスト）Calmet, Agostino　463－464, 471, 499, 509–510
カルロ（シャルル・ダンジュー）一世　Carlo I　422
カルロス二世　Carlo II　142, 146
カルロス三世　Carlo III　552
カルロス五世　Carlo V　125
ガレオタ（ファビオ・カペーチェ）Galeota, Fabio Capece　439
カレザーティ（アレッサンドロ・マリア）Calesati, Alessandro Maria　450
キケロ　Cicerone, Cicero, M Tullius　483
キュロス　Ciro, Cyrus　156, 482
クストディ（ピエトロ）Custodi, Pietro　203
クセルクセス　Serse, Xerxes　158
グリマルディ（ドメニコ）Grimaldi, Domenico　553
クレメンス一一世　Clemens XI　436
クロイソス　Creso, Cresus　20, 482
グロノーヴ（ジョバンニ・フェデリコ）Gronov, Giovannni Federico　30
コッポラ伯爵　conte Coppola　549
コレッジョ（アントニオ・アッレグリ）Coreggio, Antonio Allegri　388
コロンボ（クリストフォロ　コロンブス）Colombo, Cristoforo　23, 69, 392
コンチーナ（ダニエーレ）修道士　fra Concina, Daniel［e］lo　363, 364

サ行

ザパッタ（アントニオ）Zapatta, Antonio, cardinale　219–220, 222
サルディ（アレッサンドロ）Sardi, Alessandro　30
サルダナパロス　Sardanapalo, Sardanapalus　155

人名索引

（家族名も含む。但し架空の人物は事項索引に収録した）

ア行

アイゲウス　Aegeus　510
アイスキュロス　Aischylos　19
アウグストゥス　Augustus Octavianus, Gaius Julius Caesar　71, 106, 455
アクィナス（トッマーゾ）　Aquino, Tommaso　107
アドルノ家　Adorni　350
アニェッロ　Agnello　412
アビメルク　Abimelech　474, 484
アミュンタス　Aminta(e), di Macedo(nia)　509–510
アラゴン家　Aragona　151, 407, 423
アリストテレス　Aristotele　33
アルカディウス　Arcadio　206
アルバ（三世）公　terzo duca d'Alba, Antonio Alvarez deToledo　220, 224
アルフォンソ一世、シチリア王兼務（アラゴン王としては五世）　Alfonso I, Alphonso V　407–408, 414
アレクサンドロス（大王）　Alessandro, Alexander Magnum Macedo　10, 20, 156, 158–159, 509
アンジュー家　Anjou　135, 151, 407, 459
アンリ三世　Enrico, Henri III　116
アンリ四世　Enrico, Henri IV　113, 115–116
インティエーリ（バルトロッメオ）　Intieri, Bartollomeo　xxxi, xxxiii, xxxv, 435, 436, 441
ヴァルガス・マッチュッカ侯爵　signor marchese Francesco Vargus Macciucca　548
ウァレンス　Valente（Flavius Valens）　206
ウァレンティニアヌス一世　Valentiniano（Flavius Valentinianus I）　206
ヴィダニア（ディエーゴ）猊下　Vidania, Monsignor Diego　430
ヴィッラーニ（ジョンバンニ）　Villani, Giovanni　25, 30
ウイリアム一世　Guglielmo（William）I　424
ウイリアム二世　Guglielmo（William）III　338
ウェスパシアヌス　Vespasiano, Tito Flavio, Titus Flavius Vespasianus　176
ヴェルガーラ（チェーザレ・アントニオ）　Vergara, Cesare Antonio　230–232, 450
ウェルギリウス　Virgilio, Publius Vergilius Maro　221
ウゴリーノ伯　Ugolino　42
ウッツァーノ（ジョバンニ・アントニオ・ダ）　Uzzano, Giovanni

訳者紹介

黒須純一郎（くろす　じゅんいちろう）

明海大学名誉教授、中央大学経済研究所客員研究員。

1947年　東京に生まれる。

1979年　中央大学経済学研究科博士課程修了。経済学博士。

1995～96年　ミラノ大学へ留学。

専攻は社会思想史、経済思想史。

主な業績

『社会思想史』（学文社、1984年）、『イタリア社会思想史』（御茶の水書房、1997年）、『フランチェスコ・フェッラーラの経済的自由主義』（一橋大学社会科学古典資料センター、Study Series No. 49, 2003年）、『日常生活の漱石』（中央大学出版部、2008年）、『中流階級の経済学』（北樹出版、2009年）、『帝国海軍始末記――No More 貧国強兵』（御茶の水書房、2012年）、『チェーザレ・ベッカリーア研究――『犯罪と刑罰』・『公共経済学』と啓蒙の実践』（御茶の水書房、2013年）。

貨幣論《かへいろん》　近代社会思想コレクション21

平成29（2017）年8月10日　初版第一刷発行

著　者　フェルディナンド・ガリアーニ

訳　者　黒《くろ》須《す》純《じゅん》一《いち》郎《ろう》

発行者　末原達郎

発行所　京都大学学術出版会

京都市左京区吉田近衛町69

京都大学吉田南構内（606-8315）

電話　075（761）6182

FAX　075（761）6190

http://www.kyoto-up.or.jp/

印刷・製本　亜細亜印刷株式会社

ISBN978-4-8140-0114-9　定価はカバーに表示してあります

近代社会思想コレクション刊行書目

（既刊書）

01　ホッブズ　『市民論』
02　J・メーザー　『郷土愛の夢』
03　F・ハチスン　『道徳哲学序説』
04　D・ヒューム　『政治論集』
05　J・S・ミル　『功利主義論集』
06　W・トンプソン　『富の分配の諸原理1』
07　W・トンプソン　『富の分配の諸原理2』
08　ホッブズ　『人間論』
09　シモン・ランゲ　『市民法理論』
10　サン－ピエール　『永久平和論1』
11　サン－ピエール　『永久平和論2』
12　マブリ　『市民の権利と義務』
13　ホッブズ　『物体論』
14　ムロン　『商業についての政治的試論』
15　ロビンズ　『経済学の本質と意義』
16　ケイムズ　『道徳と自然宗教の原理』
17　フリードリヒ二世　『反マキアヴェッリ論』
18　プーフェンドルフ　『自然法にもとづく人間と市民の義務』
19　フィルマー　『フィルマー著作集』
20　バルベラック　『道徳哲学史』
21　ガリアーニ　『貨幣論』